불교를 미학하다

지은이 **이진경**

지식공동체 수유너머 파랑 연구원, 서울과학기술대학교 인문사회교양학부 교수.
『철학과 굴뚝청소부』를 시작으로, 자본주의와 근대성에 대한 이중의 혁명을 꿈꾸며 쓴 책들이 『맑스주의와 근대성』, 『근대적 시·공간의 탄생』, 『수학의 몽상』, 『철학의 모험』, 『근대적 주거공간의 탄생』, 『필로시네마, 혹은 탈주의 철학에 대한 10편의 영화』 등이다. 사회주의 붕괴 이후 새로운 혁명의 꿈속에서 니체, 마르크스, 푸코, 들뢰즈·가타리 등과 함께 사유하며 『노마디즘』, 『자본을 넘어선 자본』, 『미—래의 맑스주의』, 『외부, 사유의 정치학』, 『역사의 공간』, 『우리는 왜 끊임없이 곁눈질을 하는가』, 『사랑할 만한 삶이란 어떤 삶인가』 등을 썼다.
『코뮨주의』, 『불온한 것들의 존재론』이라는 책을 통해 존재론적 사유를 시작했는데, 예술작품과 철학 사이에서 존재의 문제를 사유하며 『파격의 고전』, 『예술, 존재에 휘말리다』, 『김시종, 어긋남의 존재론』을 썼다. 과학·기술과 철학 사이에서 '친구'와 함께 사유하며 『지구의 철학』(최유미 공저), 『선을 넘는 인공지능』(장병탁 공저)을 썼고, 『불교를 철학하다』, 『설법하는 고양이와 부처가 된 로봇』에서는 현대철학과 불교적 사유가 만나는 지점에서 새로운 사유의 단서들을 찾고자 했다. 『불교를 미학하다』는 존재론과 예술, 불교 사이에서 이 새로운 사유를 내재성의 미학으로 응결시키려는 시도가 되리라 믿고 있다.

불교를 미학하다

내재성의 미학을 위하여
이진경 지음

그린비

일러두기

1. 단행본, 정기간행물 등은 겹낫표(『 』)로, 단편, 논문 등은 홑낫표(「 」)로, 그림이나 영화 등은 홑화살괄호(〈 〉)로 표기했다.
2. 본문에 진하게 표시된 부분은 저자의 강조다.
3. 외국어 인명이나 지명 등 고유명사는 2002년 국립국어원에서 펴낸 외래어표기법에 따라 표기하되, 국내에서 통용되는 관례를 고려하여 예외를 두기도 했다. 특히, 일본어 표기는 어두의 격음을 살리는 방식을 취했으나 도쿄나 교토 등 널리 통용되는 익숙한 지명은 예외로 했다.
4. 본문에 사용된 이미지의 출처는 해당 장의 도입부에 표기했다. 대체로 저자가 직접 촬영했거나 저작권자의 동의를 얻은 것이다. 다만 '위키 커먼즈'의 자료는 저작자가 요청한 경우에 한하여 출처를 밝혔으며, 책에서 인용한 이미지 또한 출처를 밝혔다. 아울러, 여러 가지 노력에도 저작권자를 찾지 못한 일부 이미지는 추후 확인되는 대로 필요한 절차를 따를 것이다.

가산 지관(伽山 智冠) 스님께

여는 글

불교미학, 내재성의 미학

세상은 아름답지 않을 수 있지만 세상에는 아름다운 것들이 가득하다. 그러나 잘 알려진 아름다운 작품이라 해도 그것이 내 감각 속으로 밀려 들어오는 일은 흔치 않았다. 감각이 둔해서였을까? 미술관을 찾아 빼곡히 늘어선 아름다운 작품들을 일삼아 보고 다녀도, 솔직히 말해 '별일 없이' 출구를 나서는 일이 대부분이었다. 거기 있는 것은 분명 탁월한 작가들이 만든 아름다운 작품들이었다. 내가 아름답다는 판단을 반복하며 그 작품들을 보았던 것도 확실하다. 그러나 모두 아름다운 작품일 뿐이었다. 아름다운 것들이 너무 많아 그랬던 것일까? 유심히 보지 않아 그랬을까? 하지만 로마의 산 카를로 성당이나 교토의 금각사처럼 홀로 서 있는 것을 일삼아 보러 갔을 때도 크게 다르지 않았던 걸 보면 작품 수의 문제만은 아니었던 게 분명하다. 그것들은 모두 아름다웠다. 그러나 '거기까지'였다. 그때 아름답다는 느낌은 맛있다, 부드럽다, 향기롭다, 좋다 등의 감각과 다르지 않은 일상적 감각의 하나일 뿐이었다.

그런데 아름다움이 나를 둘러싼 그 일상적 감각의 막을 찢고 내게 밀려 들어온 '사건' 같은 순간이 있었다. 일상적 감각의 막을 찢고 신체 안으로 파고드는 순간이 있었다. 내가 아름다움을 체감했다면 아마도 그런 순간이었을 것이다. 내가 만난 어떤 것에 내 신체가 휘말려드는 매혹의 순간이라 할 것이다. 매혹은 사실 이유를 모른다. 매혹이란 나를 초과한 어떤 힘의 작용이다. 그 매혹의 순간은 의무감으로까지 승격된 아름다움의 감각이 깨지는 순간이다. 습관에 가까운 판단을 부수고 들어온 그것은 아름답다고 느끼던 작품들을 다시 보게 하고 사물들을, 세상을 다시 보게 한다. 이유를 알 수 없던 그 매혹의 힘이 대체 무엇인지 되돌아보고 이유를 찾게 하는 것도 그것이다.

운 좋게도 내게는 몇 번인가 그런 매혹의 순간이 있었다. 빼놓을 수 없는 것 중 하나가 파리의 노트르담 성당이다. 워낙 잘 알려진 성당이고 사진만 보아도 아주 인상적인 아름다운 성당, 그래서 파리에 갔을 때 가장 먼저 찾아간 성당이었다. 그러나 정작 그것이 내게 파고든 것은 그 아름다움 때문이 아니라 거기서 느낀 당혹감 때문이었다. '빨갱이 유물론자'마저 무릎 꿇고 기도하게 할 것 같은 강렬한 무언가로 인해 모면할 수 없었던 당혹감. 건축사를 일삼아 공부하고 사회학 전공자가 박사학위 논문을 건축사로 쓰게 된 것은 바로 이 당혹스러운 사건 때문이었다.

불교미술에 관심을 갖고 공부를 하게 했고 끝내 지금 이 책을 쓰게 한 것 또한 약간은 다르다 해야 할 이런 사건이었다. 무엇보다 강했던 사건적 순간은 심지어 원본도 아닌 복사본 그림과 함께 왔다. 지금은 일본 사가현 카가미신사(鏡神社)에서 소장하고 있는 고려불화 〈수월관음도〉의 복사본이 그것이다. 그런데 그림에서 눈을 뗄 수 없었던 이유를 앞서와 같은 '당혹감'이라 할 수는 없을 것 같다. 그건 분명 '아름답다'라는 말이 최대치의 강도로 신체에 파고드는 그런 사건이었다. 반투명한 베일에 중첩된 상마저 미묘하게 묘사한 옷감과 문양의 섬세한 선과 형상, 감탄사를 반복하게 하는 아름다운 색, 그리고 곱디고운 얼굴과 격조 높은 포즈의 손발과 신체 등등. 하지만 그것만은 아니었다. 그 그림이 아름다움의 일상적 감각을 찢고 신체에 파고든 것은 '탱화'라는 말에 흔히 따라다니는 불화(佛畫)에 대한 통념과 그 그림 사이의 간극 때문이었다. 그 그림의 아름다움과 탱화에 대한 내 통념이 와해되는 사태가 중첩되면서 아름다움이 내 미감의 틈새로 파고들었던 것일 터이다.

이와 유사한 일이 그 뒤에도 몇 번 있었다. 먼저 티베트 라싸의 포탈라궁을 보았을 때 그랬다. 여기서도 사건적 미감은 내가 가진 동양의 건축물에 대한 통념을 깨부수는 충격과 더불어 내게 파고들었다. 처마가 벽 바깥으로 길게 나온 경사 지붕이 아니라 대비되는 두 색깔의 장대한 벽이 '얼굴'을 이루는 건물, 기둥도 없고 장식마저 최소화된 넓은 벽면, 아래는 비워두고 위에 몰려 있는 창문들, 모던한 느낌마저 주지만 무언가 낯선 느낌을 지울 수 없는 기하학적 입체감 등은 기하학적 미학을 서구에 귀속시켜두었던 내 통념과 감각을 단번에 깨버렸다. 산꼭대기에 세운 이 장대한 건물은 정말 얼마나 아름다운지! 여행을 별로 좋아하지 않는 게으른 영혼이 동남아시아의 불교 사원들을 찾아다니게 한 것은 티베트 고원에서 만난 이 사건이었다.

하나만 더 예를 들자면 태국 수코타이의 왓시춤 사원을 이야기하고 싶다. 방콕이나 아유타야에서 사원과 불탑을 보며 이미 태국인들의 미감에 감탄을 반복한 뒤였는데도, 왓시춤 사원의 그 불당과 불상은 사건이라 하기에 충분한 어떤 것으로 다가왔다. 훼손된 결과라하지만 무뚝뚝한 기하학적 평면 외벽과 조형성이 극대화된 내부의 대비, 좁고 날렵한 '뾰족아치'의 입구에 의해 살짝만 보이는 거대한 불상, 내부를 불상으로 가득 채워 전체를 한눈에 볼 수 없는 가까운 거리로 바싹 다가서게 하는 비좁은 구성, 중간에서 꺾여 올라가며 불상을 에워싸는 '벽기둥'들, 지붕이 무너진 덕에 보이는, 모여드는 그

벽기둥 위로 팽창하듯 열리는 푸른 하늘까지 실로 놀라운 불당이었다. 여기서 깨져나간 것은 불당의 통념이라기보다는 건물이나 조형물에 대한 통상적 예상 내지 감각이었던 것 같다.

우리의 미감이 눈을 뜨는 것은 아름다운 것을 통해서가 아니라 아름다움의 감각이나 미적 대상에 대한 통념이 깨지는 사건을 통해서다. 아름다움에 대한 익숙한 감각이나 통상적 관념과 의외성을 동반하는 어떤 아름다운 것 사이의 간극이 우리의 감각을 아름다움에 눈뜨게 한다. '아름다움에 반하는 아름다움', 혹은 '아름다움을 넘어선 아름다움'이 거기에 있다. 익숙한 미감과 낯선 아름다움 사이의 간극은 미감의 문이 열리는 '감각적 각성'(벤야민)의 장소다. 그 미감의 간극을 통해 어떤 것이 내게 밀려 들어온다. 그것 속의 무언가가 내게 파고들어온다. 그 간극을 통해 내가 그 어떤 것에 휘말려든다. 내 안의 누군가가 무언가에 빠져든다. 이 책은 그렇게 미감의 간극 속으로 휘말려 들어간 사건을 통해 불교미술의 세계 속으로 빠져들며 진행된 여행의 기록이다.

사건적인 매혹 때문이라 했지만, 이 책을 쓰게 된 것이 단지 그 때문은 아니다. 그것 못지않게 어떤 철학적 위화감이 그 사건적 순간들을 개념으로 변환하는 작업을 시작하게 했다. 초월자가 전제된 서구의 미학적 개념을 초월자 없는 불교의 예술작품에 그대로 사용하는 것에 대한 위화감이 그것이다. 이는 단지 불교예술에 국한된 문제가 아니다. 제작한 이들이 알지 못했고 그것을 보는 이들도 생소했을 미감이나 미학을 잣대로 삼아 작품을 보고 평가하는 것은 얼마나 부당한 일인가! 불교의 세계처럼 초월자 없이 지각하고 생각하고 살던 이들의 작품을 이해하려면 초월자 없는 미학적 개념들이 필요하리라는 것이다. 그들이 만든 작품들에는 그런 미감들이 말없이 깃들어 있을 것이었다. 그렇다면 역으로 그런 작품들을 통해 초월성의 미학과 대비되는 내재성의 미학이 구성될 수 있지 않을까? 그렇게 지배적인 서구의 미학과 대결하는 다른 종류의 미학을, 내가 아는 한 아직 존재하지 않는 그런 미학을 구성할 수 있지 않을까?

이런 생각에서 나는 이중의 의미에서 불교를 '미학하는' 작업을 실행하고자 했다. 미학이란 미감의 반복 가능한 특이성들을 개념화하는 이론이다. 그러니 어떤 특이한 미감의 작품들이 존재하는 곳이면 어디에나 미학이 존재한다. '미학'이라는 별도 이론이나 명시적인 미의 관념이 없는 곳에서도 이는 다르지 않다. 불교가 존재하는 세계면 어디나 불교미술이 있고 그 작품들에는 지울 수 없는 특이성들이 있다. '불교를 미학한다' 함은 아직 명시적 표현을 얻지 못했으나 불교미술 작품들에 잠재적으로 존재하는 미감의 특이성을 추적하여 개념화하는 작업을 지칭한다. 이로써 하나의 '불교미학'을 구성하고자 한다. 이를 통해 역으로 불교적 기준에 의해 불교미술 작품들을 보는 길을 찾아낼 수 있으리라는 생각이다. 이렇게 불교미술을 보는 내재적 기준을 탐색하고자 한다. 다른 한편 이러한 미감의 특이성이 불교적 사유와 무관할 리 없다면, 이 또한 연기적 사유와 마찬가지로 내재성의 구도 위에 있음이 분명하다. 미감은 사유가 아니지만 사유와 더불어 작동하고, 미적 성향은 지적 활동이 아니지만 그것과 하나로 얽혀 작동하기 때문이다. 따라서 불교미술 작품들에서 표현된 미감, 그 작품들을 만들어낸 미학을 통해 우리는 초월성의 미학과 대비되는 내재성의 미학을 '하나' 구성할 수 있을 것이다. 불교의 미감을 통해 '내재성의 미학'을 하나 구성하는 것, 이것이 '불교를 미학하다'라는 말의 또 다른 의미가 되겠다. 이로써 불교나 미술에 국한되지 않고 내재성이 작동하는 미감의 장에 다가가는 시도들을 촉발하고 싶다.

따라서 이 책은 '불교미술'에 대한 책이지만 그 이상으로 '미학'에 대한 책이다. 이 책은 작품의 내용이 무엇인지를 추적하는 도상학이나 양식적 특징을 특정하고 분류하는 양식사와는 거리가 멀다. 작품을 둘러싼 역사적 조건이나 맥락을 탐색하는 미술사와도 거리가 멀다. 이 책에서 내가 하고자 하는 것은 **다양한 불교미술 작품들에서 발견되는 미학적 특이성의 별자리들을 초월자가 사라진 내재성의 하늘에 그려 넣는 것**이다. 성부와 성자, 성신에 대응할 비례, 재현, 숭고의 미학적 삼위일체가 다른 별들을 배경으로 밀쳐내며 눈부시게 빛나는 단순명료한 초월성의 하늘과 비교하면, 별자리들이 제각각 빛을 내며 종종 이어지고 섞이며 때로 중첩될 만큼 인접한 이 내재성의 별자리들은 복잡하고 산만하다 싶을 것이다. 초월자가 지배하는 하늘이 그토록 간단명료하고 이해하기 쉬운 것은 모든 복잡하고 다양한 것이 초월자의 빛에 가려 보이지 않게 되었다는 점에 기인한다. 초월자가 사라진 내재성의 하늘에서는 어느 것이든 자기 빛을 발하기에 단순해지기 어려울 테고, 또 혼합과 횡단으로 복잡하여 무질서한 듯 보일지도 모른다. 그러나 저 초월적 단순성이 제공하는 용이함과 편리함이란 천의 얼굴, 만의 얼굴을 하나의 얼굴, 곧 백인을 모델로 하는 '인간'의 얼굴로 환원하는 무시무시한 폭력적 보편화와 짝을 이룬다. 반면에 내재성의 복잡다기함이란 하나의 동일한 사람에게서도 조건에 따라 달라지는 천 개의 얼굴을 보려는 태도와 짝을 이룬다. 별자리를 그리는 것이 각각의 별빛을 지우는 것이 되면 안 되듯 별자리들을 하나의 하늘에 그리는 것이 별자리 각각의 특이성을 지우는 것이 되면 안 된다는 것, 그것이 내재성의 미학으로 하여금 하나의 이름 안에서 천 개의 얼굴, 천 개의 손을 갖게 한다. 내재성과 짝을 이루는 공(空)이란 텅 빈 공허가 아니라 수많은 것들로 가득 찬 충만함인 것이다.

『불교를 철학하다』, 『설법하는 고양이와 부처가 된 로봇』처럼 이 책 또한 『법보신문』 이재형 선생에 연하여 쓰였다. 그렇게 현행화될 기회 덕분에 눈도 생각도 촘촘해지고 두꺼워졌다. 책이 두꺼워진 것 또한 그 인연의 두께 때문이다. 사진을 보는 것에도, 찍는 것에도 별 관심이 없는 편인 데다 그걸 관리할 생각을 하지 못한지라 찍어두었던 사진도 망실되거나 찾지 못하는 일이 많아 사진이 중요한 이 책에선 다른 분들에게 신세를 졌다. 사진을 제공해준 분들, 특히 공두경, 주수완 선생에게 감사드린다. 두 분은 있어야 했으나 갖지 못한 사진을 제공해주셨다. 또한 직접 찍거나 얻지 못한 사진들은 대부분 '공유재'(commons)에 기대어 사용했다. 자신의 사진을 공유재로 사용하게 해준 분들에게도 감사 인사를 전하고 싶다. 그렇기에 비록 별 것 없는 것이지만 이 책의 사진들 또한 작가 표시가 따로 없는 한, 공유재가 되어야 마땅하다 생각한다. 내용을 인용하거나 사진을 사용하려는 분이 있다면 자유롭게 사용해주십사 한다. 더불어 이 책을 쓰는 동안 세미나와 답사를 같이해준 수유너머 동료들에게도 감사드린다. 특히 정일영 선생은 내가 보아야 했으나 알지 못했던 것을 보는 데 많은 도움을 주셨다. 많은 분량에 더해 사진이나 표기법까지도 손이 많이 갔을 편집자 이진희, 남미은 선생과 갈수록 어려워지는 출판계의 사정에도 이 두툼한 책을 맘 놓고 쓸 수 있게 해준 유재건 대표께도 감사드린다.

　불교적 개념을 사용해서 글을 쓰게 된 것이나 불교미술의 문으로 들어가게 된 것 모두 가산 지관 스님과의 인연 덕분이었다. 생각해 보면 존재 자체만으로도 선물이 되어주셨던 분이었다. 너무 늦었다 싶지만 그래도 이 책을 스님께 헌정하고자 함은 이 때문이다.

차례

여는 글_ 불교미학, 내재성의 미학   6

01 초월성의 미학과 미학적 식민주의
: 미학의 내재론적 전회를 위하여 ……………………… 17

    사건과 예술   19
    보편성의 환영과 미학적 식민주의: 서양 예술의 미학적 삼위일체   24
    초월성과 내재성   38
    감각과 미감, 개념의 연속체로서의 미학   46
    불교미학: 침묵하는 미감들이 말하게 하기   50

02 미학적 여래와 현묘의 미학
: 숭고의 미학을 넘어서 ……………………………… 59

    고딕 성당에서 초월성의 미학   61
    보로부두르 사원, 혹은 해탈로 이끄는 길-기계   64
    바이욘 사원: 비의적 모호성과 끌어당김의 거리감   70
    초월자와 숭고의 두 형상   75
    세속적 숭고와 숭고의 미학   79
    미학적 여래   86
    현묘의 미학   93

03 형상의 독재에서 공-작의 미학으로
: 재료는 형상의 노예가 아니다! ……………………… 103

    주름에의 매혹   105
    형식의 미학, 형상의 전제주의   107
    재료의 봉기와 질료적 흐름   113
    공동-주어로서의 형상과 재료   117
    재료의 범람과 형상의 교란   121

재료의 존중, 혹은 재료와의 타협　　　　　　　　　　　132
　　형상과 재료의 이인무　　　　　　　　　　　　　　　142

04　대충의 미학과 불완전성의 힘
：세 가지 미감이 창안하는 '대충'의 세계 ················ 145

　　배흘림기둥과 엔타시스 양식: '착시교정' 이론의 착각　　147
　　완전성의 기하학주의와 강박증적 엄격주의　　　　　　157
　　이념적 정확성과 적절성의 감각　　　　　　　　　　　163
　　기겁할 기둥들과 파격의 미감　　　　　　　　　　　　171
　　미완의 미감, 혹은 '완결 없는 완성'에 대하여　　　　　178
　　춤추는 기둥과 삐딱한 보살: 삐딱함의 미감　　　　　　187
　　대충의 미학과 세 가지 미감: 미완·파격·삐딱함　　　　195

05　매달림의 미학과 상승의 미학
：기하학적 미학에서 미학적 기하학으로 ················ 199

　　티베트 고원의 낯선 '모더니즘'　　　　　　　　　　　201
　　매달림의 미감　　　　　　　　　　　　　　　　　　210
　　매달림의 기하학　　　　　　　　　　　　　　　　　219
　　날아오름의 감응과 상승의 미학: 미얀마의 사원과 불탑　222
　　솟구침의 감응과 상승의 미학: 태국의 사원과 불탑　　　236
　　다른 감각, 다른 기하학들　　　　　　　　　　　　　250

06　무한을 품은 유한과 외부성의 미학
：중심 없는 중심과 호옹의 미감 ······················ 259

　　담 아닌 담, 문 없는 문　　　　　　　　　　　　　　261
　　마당, 내부화된 외부　　　　　　　　　　　　　　　267
　　서원, 위계적 중심화와 대칭적 통합　　　　　　　　　276
　　중심 없는 중심성과 비대칭성의 미감　　　　　　　　281
　　주체적 중심화: 주인의 눈과 외부자의 눈　　　　　　291
　　건물과 마당의 포옹, 혹은 호옹의 미감　　　　　　　299

무한을 품은 유한, 혹은 유한과 무한의 연속체 308

07 은근의 미학, 혹은 피아니시모의 힘
: 은미함의 강도와 평면화의 미감 317

무심한 얼굴의 수많은 표정들 319
포르티시모의 미감과 피아니시모의 미감 327
피아니시모의 미학, 혹은 은미와 은연의 기술 338
평면화와 입체화 341
평면화의 수학과 탈초점화 350
깊이 없는 깊이와 감각적 원만 364

08 친원의 시선과 내맡김의 미학
: 도래할 사건을 기다리는 비인칭적 불상들 371

얼굴과 시선 373
반개한 눈과 내맡김의 시선 378
친근한 불상과 친원한 불상 383
'내맡김'의 중간 지대 387
'개성 없는' 형상, '그게 그거'인 불상 395
기다림의 시간과 내맡김의 미학 403

09 웃음의 철학과 유머의 미학
: 비극과 희극 사이, 두 가지 웃음 사이 411

극한의 웃음, 웃음의 극한 413
비극적 사유와 충실성 420
철학적 웃음과 웃음의 철학 427
웃음의 물리학 432
유머의 정치학 436
익살, 혹은 내용으로서의 유머 441
해학, 혹은 표현으로서의 유머 452
사유의 웃음과 웃음의 사유 463

10 검은 여래와 어둠의 미학
: 석굴의 어둠과 어둠 속의 산사 465

석굴과 어둠 467
빛과 어둠 477
존재론적 여래와 미학적 여래 481
어둠의 미학 490
어둠의 미학과 어둠 속의 산사 500

11 존재론적 여래와 '나름'의 미학
: 세 가지 미학적 여래와 탈속의 함정 507

불교미학의 불가능성, 혹은 불가능성의 미학 509
여래의 미학 512
여래의 미학과 내재적 비평 519
'불이의 미학'과 '와비의 종교' 528
'다선일여'와 차의 미학 538
나름의 미학과 파격의 스타일 544
미학적 여래의 세 극: 금빛 여래, 검은 여래, 하얀 여래 549

12 형상들의 합종연횡과 횡단의 미학
: 혼종의 감각과 불교 트랜스내셔널리즘 555

여성화된 신체, 혹은 혼성의 미감 557
지배자의 형상과 불보살의 형상 566
동물과 괴물, 혼종의 형상들 574
'연횡', 미시적 성분들의 횡단적 연대 583
연횡적 건축술의 조형 능력 597
역설의 철학, 역감의 미학 605
횡단의 미학과 불교의 트랜스내셔널리즘 617

닫는 글_ 불교미학의 얼굴들 623
참고문헌 631

01

초월성의 미학과 미학적 식민주의
: 미학의 내재론적 전회를 위하여

사건과 예술

보편성의 환영과 미학적 식민주의
: 서양 예술의 미학적 삼위일체

초월성과 내재성

감각과 미감, 개념의 연속체로서의 미학

불교미학: 침묵하는 미감들이 말하게 하기

■　이미지 출처

1.1　ⓒ Museo de Altamira y D. Rodriguez
1.2　장 길렌· 장 자미트, 『전쟁 고고학』
1.3　강우방, 『원융과 조화』

사건과 예술

사건은 예술을 부른다. 사건이란 '어떤 것'과의 잊을 수 없는 만남이다. 삶의 곡선을 단번에 바꾸어놓는 변곡점까지는 아니라 해도 그 감응이 신체에 새겨져 이제까지 가던 방향을 어떤 식으로든 바꾸어놓는 만남이 사건이다. 사랑하는 '사람'과의 만남, 경이로운 '장면'과의 만남, 경탄스러운 '동물'과의 만남, 혹은 매일의 일상을 전에 없던 것으로 다시 보게 하는 '생각'이나 '감각'과의 만남도 모두 사건이다. 사건은 그 만남을, 혹은 그 만남에서 신체를 흔들어놓았던 그 어떤 것을 남기고 전하고 싶은 욕망을 낳는다. 잊지 않게 하려 함이 아니라 잊을 수가 없어서, 자랑하려는 게 아니라 전하지 않고는 배길 수 없어서 그 만남의 감응을 어떤 식으로든 표현하게 만든다.

알타미라나 라스코 동굴에 그려진 그림을 두고 사냥할 동물을

그림 1.1 _ 알타미라 동굴 벽화

그림 1.2 _ 스페인 레반테 지역의 싱글레 델라 몰라 레미히야 바위 벽화

더 쉽게 잡으려는 제의나 주술 같은 것으로 설명하는 경우가 많지만, 그건 어떤 기능이나 목적 없이는 무언가를 그리고 만들고 표현하려는 마음을 생각해본 적 없는 척박한 영혼의 산물 아닐까 싶다. 사냥이 모든 것이었던 이들, 빈번하게 사냥을 해야 했던 이들이었기에, 매번 보던 것과는 비교가 되지 않는 멋지고 강한 감응의 어떤 특별한 동물이나 동물의 무리와 만났다면, 그것은 그 자체로 경탄스러웠을 터이다. 그 만남의 감응을 누군가에게 전하고 싶었을 것이다. 내가 본 그 멋진 동물이 어땠는지 어떻게든 '말'하고 싶었을 것이다. 문자가 없던 시절이었으니 그림으로 남기는 것이 가장 쉬운 방법이었을 텐데, 그 사람이 다행히 그것을 능숙하게 그림으로 그릴 줄 아는 이였다면, 그런 그림이 그려진 것은 대단히 자연스러운 일 아닐까? 그려진 그림의 탁월성에서 전문적 예술가를 상정하고 사냥꾼은 그런 그림을 그릴 리 없다고 가정하는 것은 근대적인, 너무나 근대적인 발상 아닐까? 그리 그려진 그림을 굳이 제의니 주술이니 하는 말로 설명하는 것이 오히려 대단히 구차한 것 아닐까?

'레반테 예술'이라고도 불리는 이베리아 반도 동부('레반테') 지역에서 발견된 수많은 석기시대 동굴 벽화들은 활과 칼을 들고 싸우는 전투 장면을 묘사한 게 많은데,[1] 이는 원시적 그림이 그런 제의적 목적이나 주술적 기원과는 거리가 멀다는 것을 확인해준다. 만약 벽화들이 그런 이유로 그려진 것이라면 사냥해야 할 동물 대신 승리를 위해 제압해야 할 적들을, 혹은 제압과 승리의 장면을 그리는 것이었어야 하기 때문이다. 수많은 전쟁 그림들은 아마 때로는 집단의 운명이 걸린 것이었기에 필경 '장대하다' 느꼈을 전쟁을, 그 장대한 장면

---

[1] 장 길렌·장 자미트, 박성진 역(2020), 『전쟁 고고학』, 사회평론아카데미, 180쪽 이하.

과의 만남에서 느꼈을 감응을 그리지 않고는 배길 수 없었던 표현욕의 직접적 산물이었을 것이다. 승리한 자의 그것이든 패배한 자의 그것이든 말이다. 석기시대만 그랬을 리 없다. 전쟁뿐일 리도 없다. 우리가 아는, 사랑하는 이와의 만남을 써놓은 수많은 시와 문장 또한 그랬을 것이다. 성공한 사랑이든 실패한 사랑이든, 자기 삶의 곡선을 확 휘어놓은 그 사건적 만남을 말하고 싶었을 것이고 전하고 싶었을 것이다.

그렇게 사건은 예술을 불러낸다. 자신을 휘어잡았던 감응을 멋지게 쓰고 그리고 만들어두게 한다. 그렇게 '작품'이 만들어진다. 그렇게 예술이 시작된다. 그렇게 만들어진 것을 통해 누군가, 자신이 아는 이든 모르는 이든, 그 감응을 다시금 느끼게 하고자 한다. 예술은 그렇게 만들어진 작품을 통해 사건을 부른다. 아직 일어나지 않은 사건을 향해 사람들을 불러낸다. 작품에 응결된 감응으로 누군가를 휘감아 자신이 느꼈던 감동이나 감탄의 장으로 유혹하고자 한다. 그런 점에서 작품은 사건의 미끼다. 예술작품은 도래할 사건의 미끼다. 직접 도래하기 이전에 신체에 감겨드는 어떤 사건들의 촉수다. 그렇게 우리는 직접 경험한 것 이상으로 경험하지 않은 사건들을 체험한다. 부재하는 세계와 만난다. 그 만남을 통해 부재하는 세계를 향해 간다.

종교는 사건과 예술 사이에 있다. 종교적 작품이 많고, 종교적 기능에 복무하는 작품이 인류사의 오랜 기간 지배적이었다고 하여 예술을 종교에 귀속시키는 것은 원시인의 멋진 작품을 제의적 기능에 복속시키는 것과 동형적인 착각이다. 이는 종교에서 훌쩍 멀어진, 근대 이후의 수많은 작품을 상기하는 것만으로도 쉽게 반박된다. 물론 종교가 사건과 예술 사이에 있다는 말은 종교가 예술에 귀속된다는 뜻이 아니다. 예술이 사건을 감각적으로 형상화한다면 종교는 사건을 개념적으로 교의화한다. 종교가 사건과 예술 사이에 있다 함은 종교적 개념화의 선이 사건과 예술 사이를 관통함을 뜻한다. 거기서 종교는 사건화된 개념들에 상상적 형상을 더해 감각적으로 재-사건화한다. 계시든 삼매든, 깨달음이든 '합일의 엑스터시'든 결코 일상적일 수 없는 어떤 체험의 순간을 감각적으로 형상화한다. 그렇게 형상화된 사건 속으로, 감각화된 감응의 장 속으로 사람들을 불러들이려 한다. 그 감응의 힘을 따라 부재하는 세계 속으로, 지금 사는 것과 다른 세계로 사람들을 불러들이고자 한다. 흔히 종교를 구원과 짝짓지만 이때 구원이란 고통의 감응으로 채워진 현행의 세계에서 벗어나 이 다른 세계로, 고통과 반대되는 방향의 감응의 세계로 들어가는 미래의 사건을 뜻할 터이다. 그 세계가 멀리 피안에 있든, 혹은 현세적 차안의 지금 여기에 있든.

그렇게 어떤 종교든 자신의 교의를 형상과 소리, 서사 등으로 표현하려 한다. 예술을 종교적 사건화의 장으로 끌어들인다. 이는 기독교나 이슬람교처럼 신의 직접적 형상을 금지하는 경우에도 다르지 않다. 예배를 보는 성전은 굳이 장식이나 신의 형상을 사용하지 않아도 충분히 성스러울 수 있다. 중요한 것은 교의를 재현하는 것이 아니라 사건을 불러들이는 감응의 장을 만드는 것이다. 성스러운 감응을 주는 표현을 통해 사건을 향한 길을 내는 것이다.

대중들이 문자를 읽지 못한 시기에 대중들을 이런 길(道)로 인도하는 데는 경전 이상으로 '예술작품'이 중요했다. 문자나 개념을 거치지 않고 직접 감각으로 파고드는 감응을 만들어내야 했기 때문이다. 종교적 가르침을 전하고자 하는 이들 또한 이를 잘 알고 있었고 효과적으로 이용할 줄 알았다. 때로는 텅 빈 벽과 어둡고 무거운 공간만으로 충분했지만 많은 경우 교의를 거스르며까지 아름다운 형상을 그 성전에 새겨 넣었다. 가령 미술사가 고트프리트 젬퍼는 고딕 성당을 '돌로 쓴 스콜라철학'이라고 명명한 적이 있는데,[2] 이는 단지 고딕 성당으로 국한되지 않는다. 불교 역시 그러해 인도에서 인도네시아, 미얀마, 캄보디아로, 혹은 바미안, 호탄, 키질, 투르판 등의 '서역'을 거쳐 중국, 한국, 일본에 이르는 광범한 지역에 엄청나게 많은 '작품'을 남겼다.

보편성의 환영과 미학적 식민주의: 서양 예술의 미학적 삼위일체

예술의 기원이 노동이냐 종교냐 하는 논란이 있었음을 안다. 하지만 앞서 말했듯 예술은 표현적 충동을 야기한 어떤 사건의 감응을 기원으로 한다. 노동이 예술이 되는 것은 일상적 노동을 벗어나는 어떤 충동이 발동할 때이니, 예술은 노동을 **떠나며** 시작한다 해야 한다. 종교가 예술이 되는 것은 종교적 목적이나 감응이 예술적 충동으로까지 나아갈 때이니, 종교는 예술 속으로 **들어가며** 예술이 된다 하겠다. 예술은 노동과 종교 모두와 만나지만 어느 것으로도 환원되지 않는다. 예술의 기원은 노동이나 종교가 아니라 어떤 특별한 감응을 표현하려는 욕망과 능력이다. 사건의 감응을 표현하려는 욕망과 그걸 작품으로 응결시킬 수 있는 그 능력은 제 발로 서 있다. 그렇기에 자신을 부르는 곳이면 어디든 갈 수 있다. 노동의 장소든 종교의 성소든, 혹은 국가의 공간이든.

---

[2] Panofsky, E. (1967), *Architecture gothique et pensée scolastique*, Pierre Bourdieu (Afterword), Les Editions de Minuit, p. 83.

예술을 불러들인 것으로 말하면 노동보다는 종교가 훨씬 빈번했고 강력했던 것 같다. 노동은 일상에 가까이 있지만 종교는 일상과 멀리 있기 때문이었을까. 확실히 노동보다는 종교가 사건과 가까이 있다. 노동이 **사건 없는** 나날의 일상 속에 있다면 종교는 **일상에서 벗어나는** 지점을 입구로 하기 때문이다. 종교란 그 '원시적'이고 신화적인 형태에서부터 이미 인간이 어떤 대상에게서 자신에게 없는 어떤 특이하고 강력한 힘을 감지하는 사건을 발생인으로 한다. 자신이 당면한 고통이라는 곤란을 그 힘을 빌려 해결하고 싶다는 욕망이 종교라 불리는 어떤 삶의 장을 형성한다. 예술이 작품이 되는 것은 대부분 많은 물자와 긴 시간을 필요로 한다. 따라서 작품을 생산하는 이들이 감당해야 할 생존의 노동을 다른 이들이 대신해주지 않으면 안 된다. 예술이 본격적으로 발전하려면 비축된 부가 따로 필요했다는 말이다.[3] 콰키우틀족이나 하이다족처럼 제작자의 노동을 면해주지 않는 사회에서 제작자가 작품을 만들기 위해서는 일상의 노동을 대신해줄 노예가 필요했다.[4] 도공이나 공예가 등 우리에게 익숙한 장인처럼 노동과 분리되지 않은 예술가도 있지만, 그들 또한 작품이나 그걸 만들어낼 수 있는 능력을 '사주는' 방식으로 그들의 생존에 필요한 노동을 누군가 대신해줄 때 출현한다. 어느 경우든 단지 먹고 살기 위한 통상적 노동을 넘어 제작의 기법과 제작품의 표현적 가치에 특별한 관심과 능력을 가질 때에만 제작자는 예술가로서의 장인이 된다. 다시 말해 예술은 노동을 넘어설 때 시작된다.

[3] 고고학자 고든 차일드는 전문화된 기술이 필요한 동기(銅器) 제작을 위해서는 사회가 집단적으로 그들의 생존을 책임져야 했다고 하는데(『신석기혁명과 도시혁명』), 이는 본격화된 예술에 대해서도 마찬가지라 할 것이다.
[4] Graeber, D. & Wengrow, D. (2021), *The Dawn of Everything*, Allen Lane.

단지 이 때문은 아니겠지만, 근대 이전의 예술작품은 대부분 종교와 인접해 있었음을 부정하기 어려운 듯하다. 이는 한편으로는 종교에 예술이 그토록 긴요했기 때문이고, 다른 한편으로는 작품 제작에 필요한 비용 때문이기도 할 터이다. 예술은 장대함이든 섬세함이든 재료나 제작에서 많은 비용이 들기에, 좋든 싫든 일정한 규모의 부가 없이는 아무리 멋진 아이디어도 현행화되기 어려운 것이다. 근대 이전에 비축된 부를 그러한 목적으로 과감하게 사용할 수 있었던 것은 종교 말고는 거의 없었다. 국가 또한 부를 비축하는 당사자였지만, 근대 이전의 국가가 대중을 포섭하는 데는 신이나 종교를 필요로 했다. 그래서 국가권력 또한 자신의 권력을 과시하고 대중의 복종을 감각적으로 설득하기 위한 기념비적 '작품'을 만들고자 했지만, 궁전이나 성 정도를 제외한다면 그 또한 대개 국가와 손잡은 종교의 교의나 형상을 매개로 했다. 지금이야 예술이 도구적 유용성과 분리된 것으로 간주되지만 19세기까지만 해도 전문화된 예술작품은 오랜 기간 일정한 기능을 위해 만들어졌는데, 그 기능이란 대부분 종교와 결부된 활동이었다. 그러니 어쩌면 종교와 분리된 예술이야말로 인간의 역사에서 그리 길지 않은 시간에 속한 특별한 현상이라 해야 할 것이다. 그만큼 예술과 종교는 인접해 있었다.

미(美)나 미감을 다루는 이론으로서의 미학은 결코 신학이나 종교학이 아니지만, 종교의 교의나 그것을 떠받치는 감각이나 무의식적 '망탈리테'와 무관하다 하기도 어려운 것은 이 때문이다. 가령 초월적 존재자에 대한 믿음에서 시작하는 종교와 신들마저 인간처럼 중생에 속하는 종교에서 성스러움의 미감이 유사하기는 어려울 것이다. 신이 현세의 저편에 따로 떨어져 존재하는 종교와 신과 인간들이 맺는 현세적이고 구체적인 관계가 중요한 종교가 동일한 미감이나

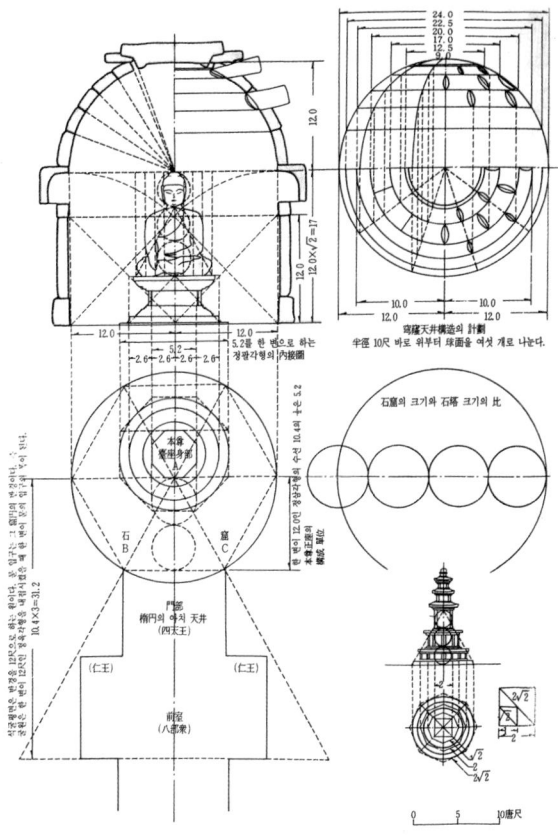

그림 1.3 _ 요네타 미요지, 석굴암의 비례 구조 분석

예술적 '영혼'을 갖기도 쉽지 않을 터이다. 그래서 기독교나 이슬람교처럼 어떤 형상도 만들지 말라는 교의 옆에서 슬그머니 형상을 빚는 종교도 있지만, 힌두교처럼 수많은 신상들로, 심지어 섹스하는 인물상들로 신전을 가득 채우는 종교도 있다.

그러나 인간이나 미의 보편성에 대한 확고한 믿음 때문일까? 인간의 감각들이 갖는 유사성에 대한 순진한 가정 때문일까? 종교적 성격을 달리하는 예술작품에 대한 미적 분석이 유사한 개념을 통해 이루어지는 경우가 통상적이다. 특히 여기서 대체로 사용되는 개념은 근대 이후 세계를 지배해온 서구의 예술사나 미학 개념이다. 예를 들면 한때 미의 보편적 척도라고 간주되던 '비례' 개념이 그렇다. 비례야말로 미적 가치를 규정하는 **보편적** 본성이라는 관념에 기대어, 동양의 작품의 미적 가치를 그것으로 분석하고 증명하려는 시도들을 빈번하게 보게 된다. 가령 한국미술에 관해서는, 1940년대 총독부 촉탁 건축 기사 요네타 미요지(米田美代治)가 아마도 이런 분석을 수행한 최초 인물일 것이다.[5] 그는 석굴암을 비롯해 삼국시대 및 통일신라시대의 건축과 미술의 수학적 구조를 추적하며 이를 메소포타미아의 천문 사상과 연결한다.[6]

한국에서 이런 분석으로 가장 잘 알려진 사람은 강우방이다. 그는 요네타의 분석을 좀 더 밀고 나가 치밀하게 석굴암의 비례 구조를 추적한다. 가령 그는 $1:\sqrt{2}$의 사각형을 '조화의 문'이라 명명하는데, "석가가 정각한 연기사상적 구조를 '조화의 문'이라는 비례의 구조로 장엄하게 표출한 것"이 석굴암의 예술이라고 한다.[7] 한국 아닌 인도 미술에 대한 것이지만, 다음 서술도 비례의 보편성에 대한 믿음을 잘 보여준다: "마투라의 자말푸르에서 발견된 불입상은 […] 그동안 이곳에서 축적된 기술적 역량이 정점에 이르렀음을 보여준다. 모든 부

---

(5) 요네타 미요지(2021), 『조선 상대 건축계획의 수학적 연구』, 온이퍼브, 1~2쪽.
(6) 이는 약간 당혹스러운 점인데, 통일신라 건축가가 메소포타미아 천문학을 알고 있었던 것일까, 아니면 존재 여부도 알지 못했던 신라에서마저 그 천문학 구조를 구현할 만큼 메소포타미아 천문학이 보편성을 갖고 있었던 것일까? '메소포타미아'를 그리스로 바꾸어도 이는 달라지지 않는다. 나중에 보겠지만, 그리스 기둥과 엔타시스 양식에 대한 서술에서 우리는 존재조차 알지 못하는 문명의 영향을 받는 기적을 다시 보게 된다.
(7) 강우방(1990), 『원융과 조화』, 열화당, 279쪽.

분이 치밀한 비례에 따라 구성되었다. 이것은 성스러운 상은 완벽한 비례를 가져야 한다는 인도인들의 조형관을 반영한다."[8]

이러한 방식으로 알려지지 않은 어떤 미감을 해명하는 것은 좋은 일이다. 정확히 말하면 알려지지 않은 미감을 발견하는 것이 아니라 잘 알려진 미감을 비례라는 '보편성'으로 설명하는 것이지만 말이다. 그러나 이러한 설명은 그런 비례를 갖지 않는 것들을 미적 보편성 바깥으로 밀쳐놓거나 열등한 작품으로 간주하는 대가를 치러야 한다. 예컨대 한국의 수많은 마애불이 그렇게 될 것이다. 비례가 이처럼 미적 보편성의 척도 자리를 차지하고 나면 그러한 비례를 갖지 못한 것들은 예술 바깥으로, 문명 바깥으로 떠밀려 나가게 된다. 이는 서양에서도 다르지 않다. 가령 서양인 자신이 오랫동안 고딕 성당을, 과도한 수직성을 갖기에 조화로운 비례에서 벗어난다고 보아 미와 거리가 먼 '야만적이고 거친' 건축물로 비하해왔음을 우리는 안다. 이런 것이 어디 마애불이나 고딕 성당뿐일 것인가. 아프리카 조각, 마야나 아즈텍의 조각… 엄격한 비례에서 벗어난 작품이 사실은 훨씬 더 많다 해야 할 것이다. 이 모든 것이 문명 바깥의 어둠 속으로 밀려난다. 그러니 토머스 모어의 유명한 문장을 이렇게 바꾸어 써도 좋을 것이다: "비례가 작품을 잡아먹는다".

비례만은 아니다. 보편성의 지위를 차지한 것은 모두 그것이 없는 작품을 잡아먹는다. 비례와 나란히 기하학이 그러했다. 형상의 '원소'라고 믿었던 몇몇 기하학적 형태를 모체로 하지 않는 것은 무엇이든 "고요와 균형을 완전히 잃은" '야만'의 탈을 뒤집어쓰고 미학의 칼

---

(8) 임영애 외(2007), 『동양미술사』 하, 미진사, 233쪽. 그러나 저자가 비슷한 시기 굽타 왕조의 다른 불입상에 대해서는 "상대적으로 어깨가 좁고 등이 가늘며 전체적인 비례도 짧다"(같은 책, 236쪽)라고 한 걸 보면, 적어도 인도인 모두가 이런 조형관을 갖고 있었던 건 아님이 분명하다.

에 참수된다. 가령 20세기 모더니즘을 대표하는 건축가 르 코르뷔지에는 이렇게 단언한 바 있다. "고딕건축은 근본적으로 구형, 원뿔, 원통형 등의 형태에 기반을 두지 않고 있다. […] 때문에 성당은 아름답지 않으며 […] 성당은 **조형작품이 아니다**."[9] 수직선과 수평선, 그리고 그것이 만드는 직각을, "완벽한 엄밀성으로 공간을 정하는 데 쓰이기에" "일하기 위한 필요충분조건이며" "결정론의 한 부분이고 의무"[10]라고 보는 이런 눈에는, 꾸불꾸불한 선과 직각 아닌 각들로 가득 찬 시에나 같은 도시는 **"야만"**을 뜻하는 "중세의 고통스러운 혼란"[11]의 표상으로 보인다. 이처럼 질서와 조화, 문명과 아름다움은 생각할 여지도 없이 등치되고 여기에 기하학 및 비례와 등치된 보편성의 관념이 다시 등치되면 문명과 야만, 질서와 무질서, 미와 추를 겨냥한 그 대립은 사물이나 문화를 재단하는 시퍼런 칼이 된다.

지금이야 고딕 성당의 예술성을 부정하는 이들이 별로 없지만, 그건 숨어 있던 그리스적 비례가 발견되어서가 아니다.[12] 아무리 '그리스적 기원'의 권위를 갖다 붙여도 그 개념은 서양에서조차 모든 예술작품을 관통하는 보편성과는 거리가 멀다. '비례'라 하지만 이 일반명사 속에는 선별과 재단의 칼이 숨겨져 있다. 특정한 비례만을 '비례'라고 간주하는 편벽된 보편성의 보이지 않는 칼이. 사실 수학적 의미에서 비례란 어디에나 있다. 벽이 있고 기둥이 있는 건축물이 어떻

(9) 르 코르뷔지에, 장성수·장성주 역(1999), 『새로운 건축을 향하여』, 태림문화사, 31~32쪽.
(10) 르 코르뷔지에, 정성현 역(2003), 『도시계획』, 동녘. 34~35쪽.
(11) 같은 책, 71쪽.
(12) 비올레르뒤크(Violet-le-Duc)는 기하학과 비례에 근간을 둔 합리주의적 관점에서 고딕 성당의 미학을 재발견한다[레시니코프스키, 박순관·이기민 역(1995), 『합리주의와 낭만주의 건축』, 도서출판 국제, 249~262쪽]. 그의 연구는 위고나 샤토브리앙, 모파상처럼 새로운 영감과 이상의 싹을 고딕 성당에서 찾으려 했던 예술가들에게 커다란 힘과 확신을 주었으나 고딕 고유의 매력을 기하학과 비례의 미학에 넘겨주는 것을 그 대가로 지불해야 했다.

게 비례가 없을 것인가. 고딕 성당은 수직성이 큰 비례를 사용한 것이지 비례가 없는 것이 아니다. 1:100의 길쭉한 도형도 기하학적 비례를 갖는다. 비례가 미의 본성이라 할 때, 그 말은 이런 비례의 '보편성'을 뜻하는 것일까? 그렇다면 아름답지 않은 건축물이나 조각은 없다. 다 나름의 비례를 갖고 있으니까. 그러나 비례나 기하학의 보편적 미학은 결코 이렇게 말하지 않는다.

미의 보편적 본질이 비례라는 말은 모든 비례가 미라는 게 아니라 **특정한 비례만이** 미라는 말이다. 특정한 비례를 척도로 삼는 미학인 것이다. 그런데 **어떤** 비례가 미적 보편성을 갖는 비례라고 해야 할까? 기하학과 비례를 우주적 보편성이라 믿었던 서구인들이지만, 르네상스 건축가들은 원과 정사각형을 좋아했고, 바로크시대 건축가는 직사각형을 좋아했고, 미켈란젤로는 이전이라면 '찌그러진 원'이라 했을 타원을 건축에 적극 도입했다. 어떤 게 '진정한' 미적 비례일까? 르네상스 지지자인 야코프 부르크하르트[13]는 바로크양식을 추하다고 했지만, 그의 제자 하인리히 뵐플린[14]은 바로크양식 또한 아름답다고 했다. 부르크하르트가 그런 뵐플린을 극도로 미워하여 자기 장례식에도 오지 못하게 했다는 사실을 알지 못하더라도, 이 두 가지 다른 비례의 미감이 서구 미술사에서조차 경쟁적이었음을 알기는 어렵지 않다. 어떤 것이 아름다운가를 둘러싼 이러한 대립은 서구의 미술사가나 미학자 사이에서도 단일한 '보편성'의 이름으로 쉽게 설득할 수 없는 것임을 방증한다.

부르크하르트나 뵐플린 같은 후대 사람이 아니라 당대 사람이라

(13) 야코프 부르크하르트, 안인희 역(2002), 『이탈리아 르네상스의 문화』, 푸른숲.
(14) 하인리히 뵐플린, 박지형 역(1994), 『미술사의 기초 개념』, 시공사.

면 어떠했을까? 르네상스인들은 정사각형 안에 들어가는 그리스 십자의 평면을 좋아했지만 정작 그들이 가장 소중하게 여겼을 성당조차 대개는 그렇게 짓지 못했다. 성 베드로 성당조차 처음에는 그리스 십자형 평면으로 설계되었지만(브라만테), 끝내 직사각형을 모태로 하는 라틴 십자형 평면으로 대체되었다(라파엘로). 일차적 이유는 그리스 십자 평면으로 성당을 지으면 신도들이 앉는 회중석이 너무 작아지기 때문이다. 현실적인 이유에서 자기 세계의 '미적 보편성'의 이데아를 등진 것이다! 르네상스 건축가들은 원과 정사각형을 통해 어디서 보든 완전한 형태를 볼 수 있어야 한다고 믿었지만, 이후의 예술가들은 얼마 지나지 않아 어디서 보든 비슷한 건물이란 쉽게 싫증나게 마련임을 깨달았다. 그래서 같은 건물조차 보는 지점마다 다른 형상으로 보이게 하려 했고,[15] 이를 위해 타원처럼 '기하학'—유클리드 기하학—에 없는 도형마저 사용했다.

그런데 타원이나 직사각형 중에는 어떤 것, 즉 어떤 비례가 미적 보편성을 가질까? 황금비? 그러나 건축에 관한 한 황금비는 그리 많이 사용되지 않았다. $1:\sqrt{2}$? 르네상스인들이 좋아하던 정사각형의 변과 대각선의 비례니 그렇다 할 법하다. 그러나 수학적 의미에서 이런 비례는 '비례'라는 말 자체에 반하는 아이러니가 포함되어 있다. 우주의 질서는 수에 있고 미와 조화는 비례를 본질로 한다고 보았던 피타고라스주의자들에게 무리수란 그런 믿음을 위협하는 치명적 사실이었다. 그래서 무리수의 존재를 비밀에 부쳤고 그 비밀을 누설한 동료를 죽여버렸다는 것은—사실인지는 모르지만—그들이 무리수에 대해 가진 적대감을 잘 보여주는 이야기다. 무리수(無理數, irrational

---

(15) 파울 프랑클, 김광현 역(1989), 『건축 형태의 원리』, 기문당.

number)는 일본인에 의해 '이성(理)이 없는(無) 수'라는 어이없는 말로 번역되었지만, 실은 비(ratio)로 표시될 수 없는 수를 뜻한다. 즉 무리수는 수학적으로 비(比)를 등진 수라는 말이다. 따라서 $1:\sqrt{2}$나 $1:\sqrt{3}$은 비를 등진 비례다. '비로 표시할 수 없는'(irrational) 비례다. 사실 황금비도 무리수(1.61803398…)이니, '가장 아름답다'라고 하는 비례 또한 수학적으로 비를 등진 비인 셈이다.

이런 수학적 아이러니에도 불구하고 $1:\sqrt{2}$ 같은 비례는 빈번하게 사용되었다. 정사각형에 대한 애호는 $\sqrt{2}$라는 무리수로 작가를 유혹하는 것이다. 하지만 정사각형을 애호하던 시절에도 $1:\sqrt{3}$, 2:3, 3:4, 4:5 등 다양한 비가 사용되었다. 그런데 1:2.327이나 $2:\sqrt{7}$은 안 될까? 그럴 리 없다. 필요하다면 1:10을 사용해도 된다. 아름다운 비례란 따로 있는 게 아니다. 조건에 부합하기만 한다면 어떤 비도 아름다울 수 있으며 조건에 맞지 않으면 1:1도, $1:\sqrt{2}$도, 황금비도 아름답지 않을 수 있다. 따라서 어떤 것이 아름다운 이유를 조건과 무관하게 비례나 기하학 자체에서 찾는 것은 수학적 근거도, 미적 이유도 없다. 그냥 비례가 미의 본질이라는, **단 한 번도 증명된 적 없는 가정**만이 익숙함과 손잡고 눈과 귀를 가리고 있을 뿐이다.

기하학이나 비례의 보편성만 문제는 아니다. 불교미술에 대한 책에서 매우 빈번하게 접하게 되는 '사실성'과 '초월성', 혹은 '감각성'과 '초월성'이라는 개념 또한 서구 미학의 보편성을 암묵적으로 가정하고 있다. 가령 중국 당(唐)시대 불상들처럼 신체나 옷을 '사실적'이고 '자연주의적'으로 표현한 것에 높은 미적 가치를 부여하는 문장을 자주 보게 된다.[16] 사실적 재현과 거리가 멀다고 보이는 한국의 마애

---

(16) 가령 마츠바라 사브로, 김원동 외 역(1998), 『동양미술사』, 예경, 121~123쪽; 한정희 외(2017),

불에 대해서도 그렇다. "부조의 꽃이라 볼 수 있는 조각적 예술미는 8세기에 조성된 마애불에 넘친다. 근엄한 권위의 표정, 양감이 넘치는 체구, 유려하게 흘러내리는 의습의 사실적 묘사, 전체적으로 곱게 다듬는 조각 수법 등에서 부조예술의 아름다움이 극명하게 드러나 있다."[17] 조각에서 양감이 넘치는 모습은 그림에서는 평면에 만들어지는 깊이감과 짝한다. 이것이 그림이나 조각에 사실성을 부여한다. 사실적으로 재현된 조각은 살아 있는 신체의 살처럼 생생하고, 사실적으로 재현된 그림은 정말인 것 같은 입체감을 평면상에 구현한다.

그런데 이렇게 사용되는 '사실성'은 재현을 미덕으로 삼았던 르네상스 이후 서양 예술에서 중요한 미적 대상이 된 개념이다. 1425년 피렌체에서 발명되어 확산된 기하학적 투시법(perspective)은 유럽 예술에서 대상의 재현에 대한 강박적 추구의 이유가 되었다.[18] 2차원 평면에 대상을 정확하게 재현하는 이 수학적 기법은, 『회화론』에서 알베르티가 입증한 것처럼[19] **대상의 비례를 화면에 정확히 재현하는** 방법이었다. 대상의 본질을 규정하는 보편적 이상이었던 비례는 이제 대상을 작품에 정확히 재현하는 규제적 원리가 된다. 이데아의 하늘에서 빛나던 비례가 이제 대상을 재현하게 해주는 기술이 되어 현실의 화면 안에 강림한 것이다. 이로써 사실적 재현은 작가의 능력을 표시하는 단적 지표가 되었다. 미술을 하는 이들이 인체 해부에

『동양미술사』상, 미진사, 118쪽.
(17) 이태호(2001), 「한국 마애불의 유형과 변모」, 『한국의 마애불』, 다른세상, 32쪽.
(18) 1425년 브루넬레스키는 투시법으로 그려진 그림이 대상을 정확히 재현한다는 것을 입증하는 두 번의 '실험'을 대중 앞에서 행한다. 같은 해 마사치오는 산타 마리아 노벨라 성당에 투시법을 이용한 최초의 그림을 벽화로 그린다(〈성 삼위일체〉). 투시법의 역사와 기능에 대해서는 다음을 참조. Damisch, H. (1995), J. Goodman tr., *The Origine of Perspective*, MIT ; Edgerton, S. (1975), *Renaissance Rediscovery of Linear Perspective*, Basic Books ; Wright, L. (1983), *Perspective in Perspective*, RKP.
(19) 레온 바티스타 알베르티, 김보경 역(2011), 『회화론』, 기파랑.

집착한 것도 바로 이 때문이었다. 근육과 뼈의 해부학적 구조를 알아야 정확하고 사실같이 인체를 재현할 수 있었다. 사실적 재현의 정도를 작가의 능력이나 작품의 질에 대한 척도로 삼는 것은 바로 이런 조건에서 발생한 것이다.[20]

그러나 이 또한 특정한 역사적 조건에서 발생한 미감에 근거 없는 보편성의 지위를 부여한 것에 지나지 않는다. 인류의 역사 어디에나 예술이 있었다 하겠지만, 재현적 방식으로 예술작품을 만들었던 것은 유럽이라는 특정 지역에, 15세기 이후라는 극히 제한된 시대에 지나지 않는다. 북미 하이다족이나 아프리카 말리의 조각상들은 대단히 멋지고 아름답지만, 재현적 사실성과는 아주 다른 이유에서 그렇다. 아라비아나 스키타이 문양이나 이집트나 마야의 상형문자처럼 양식화된 '그림'들, 크게 과장된 뿔만 남아 뱅글뱅글 도는 몽골 암각화, 익살스러운 비례와 동작으로 표정 없이 서 있는 아프리카 조각처럼 **사실성이라고는 없지만** 아름답고 멋진 것이 얼마나 많은가! 서양에서도 그렇다. 고딕 성당 파사드의 조각상들은 사실성을 떠나 수직방향으로 길게 늘어서 있고, 뾰족아치의 구부러진 두 선에 '갇힌' 채 구부러진 신체를 갖고 있지만 바로 그렇기에 아름답다. 사실적이어서가 아니라 길게 과장된 비례와 리브에 갇힌 채 줄지어 선 '인위적' 형태가 인상적이고 표현적이어서 아름답다. 스테인드글라스의 그림

---

(20) 사실적 묘사와는 거리가 먼, 경주 단석산 신선사 마애불에 대한 다음의 서술이 이런 경우라 하겠다. "고신라는 정치·사회적으로 고구려나 백제보다 150여 년가량 늦게 불교를 공인했기 때문에 서산마애불 수준의 조각미를 갖추기는 어려웠을 것이다. 두 마애불상군의 불보살상이나 승려, 공양, 인물 표현에서 신체의 볼륨이 적은 평면적 표현과 고졸한 묘사가 그 점을 방증한다"(이태호, 앞의 글, 30~31쪽). 조각에서 신체의 양감을 강조하는 것은 조각상에 대한 재현적 관점의 단적 표현이다. 그러나 이처럼 불완전한 묘사라 간주되는 '고졸함'이나 평면성에 대해 아주 다른 관점에서 접근해야 함을 뒤에서 보게 될 것이다.

은 사실성을 저해하며 인물들의 신체를 조각내는 선들과 강한 윤곽선으로 인해 아름답다.

대상을 정확히 재현하는 것만으론 예술이 되지 못한다. 관광지에서 돈 받고 그려주는 초상화가 예술작품이 되지 못하는 것은 이 때문이다. 이는 재현이 지배하는 시대의 서양미술에서도 다르지 않다. 〈모나리자〉가 모델이 된 여인의 모습을 정확히 재현했을 뿐이라면 우리가 잘 아는 예술작품으로 남지 못했을 것이다. 재현적 예술의 시대에도 재현되지 않은 어떤 것이 그려져야 그림은 예술이 된다. 이처럼 '재현 불가능한 것의 재현'을 흔히 '숭고'라고 정의한다. 사실성과 초월성이라는 개념은 재현과 숭고 간의 이런 관계의 다른 이름이다. 숭고는 재현된 대상을 다시 현실 저편의 초월적 세계로 데려간다. '초월적' 영성의 표현에 대한 예찬은[21] 정확히 이런 맥락에서 나온 것이다. 아니, 뒤에서 다시 보겠지만, 초월성에 대한 미감이 숭고를 미학적 개념으로 불러들인 것이라 해야 한다. 사실적이고 감각적인 재현을 통해 재현 불가능한 초월성을 표현하는 것. 바로 이것이 근대 서양 예술이 지향한 바였다. 이는 그림이나 조형물을 보는 미감의 또 다른 보편적 척도가 된다. 요컨대 **초월적 척도**로서의 이상적 비례는 대상의 비례를 화면에 재현하는 **현실적 기법**으로 강림하고, 재현 불가능한 것을 재현하는 숭고의 미학은 **성신(聖神)의 세계**로 작품을 승천시킨다. 비례, 재현, 숭고는 서양미술이 그 주위를 맴도는 미학적 삼위일체다.

'초월성' 개념은 현세적 세계 저편에 있는 **기독교적 초월자** 개념에서 기원한 것임이 망각된 채 보편적 개념으로 흔히 사용된다. 즉

---

[21] 가령 이주형(2015), 『간다라 미술』, 사계절, 146쪽.

초월성이란 눈에 보이지 않는 어떤 것, '성스러운 어떤 것'을 지칭하는 데 쓰이지만, '초월'이라는 말에 함축된 문법의 환상은 그 말을 사용하는 순간 어느새 기독교의 신처럼 현세 **저편**의 세계, 피안의 세계를 암시하는 어떤 것이 되게 한다. 예를 들면 인도(현 방글라데시) 자말푸르에서 발굴된, 눈을 내리깔아 보는 이와 시선을 나누지 않는 불상에 대한 다음의 서술이 그렇다. "붓다는 보는 사람과 다른 세계에 있다. 더 이상 인간의 차원에 있지 않은 초월적인 존재임이 암시되어 있는 것이다. 굽타시대의 불상에는 이같이 붓다의 초월적 성격이 한껏 강조되어 있다. 이것은 대승불교의 발달한 붓다관과 상통하는 것이다."[22] 이러한 '초월성' 개념은 '숭고'라는 익숙한 미학적 개념으로 이어진다. "이제 붓다와 보살은 더 이상 비인격적인 상징이 아니라 자애로우면서도 숭고한 존재로 모습을 드러내었다. 당(唐)의 미술에는 인간적인 아름다움과 초인간적인 위엄이 결합되어 있고, 그 초월성이 암시되어 있다."[23]

여기서 '초월성'은 분명 "경험적 현실을 초월하려는" 종교적 욕망의 표현이고, 이는 대상의 사실적 재현과 다른 어떤 표현 욕망으로 이어짐을 뜻하기에 단어 자체를 두고 부당하다 할 수는 없다. 그러나 기독교를 모태로 하는 이 초월성이라는 말은 세속적 욕망의 현실을 넘어서려는 욕망을 현실 저편의 초월자로 어느새 바꾸어놓고, 다른 삶을 향한 욕망을 초월자에 대한 욕망으로 채색한다. 종교적 초월은 초월적 종교로 오인되고, 내가 알지 못하는 것들에서 느낀 경외감은 초월자에 대한 경배로 비약한다. 경외감을 주는 특이한 분위기는 무

---

(22) 임영애 외, 앞의 책, 234쪽.
(23) 디트리히 제켈, 이주형 역(2002), 『불교미술』, 예경, 103쪽.

한히 거대한 초월자에 대한 선망을 불러들이는 '숭고'라는 개념으로 쉽게 설명된다. 이런 식으로 초월성이라는 말은 서구적 신 개념에 경외감을 주는 '신성한' 존재나 '위대한' 존재를 끼워 맞추게 한다. 가령 중국의 석굴 사원에 있는 거대한 불상들을 두고, **"우주의 주재자로서의 붓다라는 오랜 관념이 잔존하고 있음"**[24]을 보여준다는 말에서 우리는 초월성 개념 덕분에 여호와와 유사하게 '우주의 주재자'가 된 붓다를 본다.

    미의 본성으로서 '비례'라는 관념, 현세를 떠난 저기 높은 곳에 있는 '초월성'에 대한 선망, 재현주의적 예술에서 나온 '사실적'이라는 술어, 그리고 보이는 것 뒤편의 후광 같은 신성함을 표시하는 '숭고'라는 개념은 손쉽게 가정되는 보편성의 환영을 매개로 비서구 예술을 서구적 미의 개념에 복속시킨다. 동양의 어떤 건축물이나 그림을 상찬할 때조차 이는 서구가 동양을 대신하여 동양의 진실을 말해주고 동양은 그것이 자신의 진실이라고 믿는 오리엔탈리즘(에드워드 사이드)에 속한다. 서구의 잣대로 비서구의 예술을 보는 미학적 식민주의가 이런 방식으로 작동함은 이젠 잘 알려진 사실이다.

초월성과 내재성

신의 초월성은 이러한 세상을 떠나 세상의 변화와 무관하게 존재하는 특별한 자리를 표시한다. '우주의 주재자'는 우주를 만들고 지배하지만 그 우주의 변화에 의해 영향을 받진 않는다. 신은 우주를 지배

---

(24) 같은 책, 178쪽.

하지만 우주 안에 있지 않다. 우주를 떠난—초월한—초월자다. 이는 단지 신에게만 해당하지 않는다. 즉 어떤 것의 본성이 조건이나 관계와 무관하게, 즉 조건을 초월하여 존재할 때 그 본성은 '초월적인 것'이 된다. 세상 저편에서 세상 모든 것의 원본이 되어준다는 플라톤의 '이데아'도, 심지어 세상 만물 속에 있는 불변의 본질을 뜻하는 아리스토텔레스의 '형상'도 그렇다. 모든 것을 설명해주는 불변의 법칙을 추구하는 서구 과학 또한 초월성의 구도 위에 있다는 점에서 '형이상학'의 일종이다. 그리스의 고대와 기독교의 중세, 그리고 과학의 근대에 이르기까지 이 초월성의 구도는 서구의 사유를 규정하는 지배적 지위를 차지하고 있다. "초월성은 유럽에 고유한 질병이다."[25] 이 구도에서 인간에게 요구되는 것은 신의 뜻을 알고 따르는 것, 이데아나 형상 같은 본성의 질서를 최대한 충실하게 모사하는 것이다.

초월성(transcendence)이 어떤 조건과도 무관한 실체적 본성과 대응한다면, 내재성(immanence)이란 관계나 조건에 따라 달라지는 본성과 대응한다. 초월적 원인이 다른 것에 의해 변하지 않는 원인, 다른 것에 대해 오직 원인일 뿐이라면, 내재적 원인이란 다른 것의 원인인 동시에 그것의 결과가 되는 원인이다. 초월성이 변화의 바깥에 따로 있음을 뜻한다면, 내재성은 원인과 결과가 관계 안에 있음을 뜻한다. 즉 내재성이란 서로가 서로에 대해 원인이자 결과가 되는 관계다. 서로가 서로와 맞물려 변하는 관계라는 말이다. 가령 인간이 기계와 인공지능을 만들어냈지만 그 기계와 인공지능에 의해 인간 또한 달라지는 것이 그렇다. 이때 인간과 인공지능은 서로의 원인이지

---

[25] G. Deleuze & F. Guattari, *Mille Plateaux* [『천의 고원』 1(수정판)], 이진경 외 역(2023), 연구공간 너머 자료실, 24쪽.

만 동시에 서로에 의한 결과라는 점에서 내재적 관계 속에 있다. 이는 세상의 원인이지만 그것에 영향을 받지 않는 초월자와 초월성과 대비된다. 기독교의 신이 그렇다. 반면 스피노자의 신처럼 자연에서 발생하는 어떤 사태의 원인이라 해도 그 변화에 의해 자신 또한 달라질 때 신은 초월적인 것이기를 그친다. 자연과의 내재적 관계 속에 말려 들어간 것이다.

물론 서구라고 초월적 사유만 있었던 것은 아니다. '내재성의 철학자' 스피노자에 따르면, "신은 모든 것의 내재적 원인이지, 초월적 원인이 아니다."[26] 이때 그가 말하는 신이란 만들어내는 능력('만들어내는 자연', natura naturans)이자 만들어진 결과('만들어진 자연' natura naturata)로서의 자연이다. 즉 신이란 스스로 만들어내고 만들어지는 자연, 곧 전체로서의 자연을 뜻한다.[27] 우주적 전체로서의 자연, 세상을 만들어내는 자연의 능력이 바로 신이고, 그 능력에 따라 그때마다 나름의 '양상'(modality)으로 만들어진 각각의 존재자들(이를 '양태'mode라 한다) 전체가 만들어진 자연이다. 즉 신이란 자연이 갖는 산출 능력(원인)이며, 동시에 그로써 만들어진 산출물 전체(결과)다. 신이 모든 것의 내재적 원인이라 함은 이런 뜻이다. 흔히 말하듯 만들어내는 능력을 신이라 하고 만들어진 자연을 '자연'이라 한다면, 신은 자신의 능력대로 자연을 만들어내지만 자연 또한 자신의 모습대로 신을 만들어낸다고 바꾸어 써도 좋을 것이다. 신과 자연이 내재적 관계에 있는 것이다. 이런 관계 속에서 신과 자연은 둘이 아니라 하나다. 자연에 내재하는 신은 신에 내재하는 자연과 동일한 것이

(26) 베네딕트 데 스피노자, 강영계 역(1990), 『에티카』 1부 정리 18, 서광사.
(27) 같은 책, 1부 정리 29 주석.

다. 스피노자는 신이란 오직 하나임을 강조하는데, 그 말은 신과 자연은 하나의 동일한 것이며, 내재적으로 맞물린 변화에서 벗어난 초월자의 특별한 자리는 없다는 말이다.

이 '만들어진 자연' 안에서 각각의 존재자(양태mode) 또한 다른 존재자와 내재적 관계 안에 있다. 즉 각각의 존재자는 상호관계 속에서 자신의 이웃을 규정하는 원인이자 그에 의해 규정되는 결과다. 인간과 인공지능이 서로의 변화를 야기하고, 내가 글을 쓰면서 그 글에 의해 내가 달라지듯이, 또 사랑하는 두 사람이 서로에 대해 변화의 원인이자 결과가 되듯이. 여기서 '만들어낸다'라는 말은 애써 바꾸는 것만을 뜻하지 않는다. 나는 내가 만나는 것이 무엇인가에 따라 달라진다. 내가 만나는 이가 누구인가에 따라 선생이 되었다가 친구가 되었다가 한다. 그가 나를 선생으로 만들고, 다른 그가 나를 친구로 만드는 것이다. 그리고 그에 상응하여 그는 학생이 되고 친구가 된다. 내가 그를 학생으로 만들고 친구로 만든 원인인 것이다. 이처럼 관계 안에서 서로가 서로에 대해 원인이자 결과가 되는 것을 내재성이라 한다. 신과 자연(양태들 전체)만이 내재적인 것이 아니라 양태들도 서로 간에 내재적 관계 속에 있는 것이다.

내재성은 내부성이 아니다. 내가 학생인지 친구인지를 규정하는 원인은 나의 내부가 아니라 내가 만나는 외부에 있다. 어떤 외부를 만나는가에 따라 나는 달라진다. 따라서 **내재성(immanence)이란 외부에 의한 사유다**. 그렇게 조건(외부)이 달라져도 변하지 않는 본성, 초월적 본성은 없다. 반면 **초월성이란 내부성(interiority)의 사유다**. 어떤 것 내부에 변치 않는 본성이 있다고 하는 사유다.[28] 요컨

---

(28) 이진경(2002), 『노마디즘』 I, 휴머니스트.

대 내재성이란 어떤 것의 내부에 존재하기에 외부적 조건에 의해 달라지지 않는 내부성이 아니라, 관계 맺는 외부 조건에 의해 달라지는 것이라는 점에서 외부성과 짝한다. 내재성이란 내부성과 반대로 모든 것은 서로 영향을 주고받으며 현세적 세계의 구체적 조건을 떠난 것은 없음을 뜻한다. "이것이 있기에 저것이 있고, 저것이 있기에 이것이 있다"라고 종종 요약되는 연기법(緣起法)은 내재성의 사유에 속한다. 연기적 조건과 무관한 본성, 초월적 본성은 없다는 것, 이것이 내재성의 사유다.

초월성은 서구에 고유한 질병이라 하지만 그 질병이 서구에만 나타날 리 없다. 주희(朱熹)의 성리학(性理學)은 목적 없는 과정이나 본성 없는 흐름으로서의 내재적 '도'(道) 개념을, 선함을 본성으로 하는, 우주 전체를 관장하는 하나의 '이치'(理) 개념으로 바꾸어놓는다. 즉 성리학은 동양에서도 초월성의 사유가 내재성의 장을 떠나 초월성의 형이상학이 된 경우라 하겠다.

신(神)이라는 말의 의미를 서구의 신이 장악해간 것은 사실이지만, 그래도 신만큼 다양한 것도 없다. 세상천지에 별의별 신이 다 있다. 그 모든 신의 존재를 부인하고 오직 자신만이 존재한다고 주장하는 신도 있지만, 전쟁을 즐기는 신도 평화를 좋아하는 신도 있고, 나무에 깃든 신도 강물에 깃든 신도 있으며, 천상에 사는 신도 있지만 부엌 한구석에서 인간과 함께 사는 신도 있다. 그렇게 보면 근대의 역사는 신들에 대한 학살의 역사였다. '오직 하나'임을 자처하는 과대망상의 편집증적 신이 그 많은 신을 죽여온 학살의 역사였다. 자신의 시자(侍者)들을 앞세워 다른 신들의 종자(從者)들을 죽이거나 개종시키는 방식으로 그 신들이 머물 곳을 제거한 참혹한 역사였다. 그러나 그런 학살로도 죽이지 못할 만큼 신들은 많고 다양하며 아직도 여기저기 구석구석에 '숨어' 있다.

신이라 하지만, 신들 또한 두 종류가 있다. 두 가지 다른 구도 위에 있다. 인간이나 다른 존재자에게서 분리된 신, 심지어 그들에게 영향을 줄 때도 그들로부터 영향을 받진 않는 초월적 신이 있다. 이와 달리 인간이나 다른 존재자들과 서로 영향을 주고받는 내재적 신들이 있다. 세상 밖에서 세상에 명령하고 지배하는 신이 있다면 세상 속에서 인간이나 다른 존재자들과 뒤섞여 사는 신이 있는 것이다. 위계화된 힘들의 정점을 차지한 초월적 신이 한편에 있다면, 인간들과의 구체적 관계 안에서 작용하는 내재적 힘으로서의 신이 다른 한편에 있다. 현실의 모든 조건을 초월하여 존재하는 지고한 신과 현실 속에서 조건에 따라 달라지는 신이 있다. 이러한 차이는 단지 우주 전체의 지배자인 신과 현실의 일부인 신 사이에서만 발견되는 건 아니다. 예컨대 선신과 악신이 따로 있고 악신은 언제나 악신이라는 믿음은 초월성의 사유에 속한다. 반면 야차나 아수라처럼 악신이라고 믿었던 신도 조건이나 관계가 달라지면 선신이 될 수 있다는 생각은 내재성의 사유에 속한다. 그러니 어디에나 같은 신이 있는 건 아니다. 초월성과 내재성은 그 많은 신을 크게 둘로 갈라놓는 경계선이다.

불교라면 어떨까? 자신이 창조한 세계와 분리되어 그 세계의 모든 변화를 '넘어서 있는' 기독교의 초월자와 달리 불교에서 신이란 인드라, 브라만, 아수라 할 것 없이 모두 여섯 세계 중 하나에 사는 '중생'의 일부 아닌가? 다른 중생들과 만나고 부딪치며 연기적 조건에 따라 힘을 행사하기도 하고 행사받기도 하는, 세상 속의 존재자 아닌가? 역으로, 깨달은 자로서의 붓다란 어느 세계에서든 삶의 고통을 넘어서는 방법을 가르치는 '스승' 아닌가? 모든 세계에 존재하는 법신으로 확장된 부처(비로자나불)조차, 우주의 변화를 넘어서 있으며 그 우주의 변화를 주재하는 초월자가 아니라, 어떤 중생도 면할 수 없는 인연생멸의 법이라는 점에서 현실의 조건에 내재하는 '법칙'의 형상이다. 성스러움이란 중생인 신이 아니라 깨달은 자로서의 붓다, 깨달을 능력을 가진 자로서의 보살, 소급하면 결국 보살로서의 중생 자신에 속한다. 즉 기독교에서의 신성이 예수의 대속 이후에도 사라지지 않은 채 인간의 육신 속에 숨어 있는 '죄'의 반대편에 있는 심판자라면, 흔히 '불성'이라 명명되는 불교적 '신성'은 중생 각자 안에 있는 잠재성을 뜻한다. 그렇기에 성과 속을 외연적으로 구분하는 게 불가능하며, 그렇기에 성속의 이제(二諦)를 넘은 일승(一乘)의 도를 말하는 것 아닌가.

고통스러운 삶에서 구원해주고 죽음 뒤의 저 알 수 없는 세상에 대한 불안을 지워주는 아미타불이나 미륵불이라면 어떨까? 신이 초월자가 되는 것은 현세에 '내려와' 인간의 기도를 듣고 구원해준다는 점 때문이 아니라, 역으로 인간의 현세적 행위나 기도에 영향을 받지 않는 피안의 존재라는 점 때문이다. 현세적 충실성과 모방을 요구하는 플라톤의 '이데아'도 그렇다. 모방에 충실한 행위도 그에 반하는 행위도 이데아를 바꾸어놓지 못한다. 이데아와 신을 포개놓은 신플라톤주의적 신도 마찬가지다. 구원이란 신이 정한 바에 따르는 것이지 내가 원하고 행하는 바에 좌우되지 않는다는 것이 구교에 대한 신교의 근본주의적 비판 중 하나였음은 잘 알려진 사실이다.[29] 신의 사

---

(29) 인간의 언행에 의해 신의 판단이 달라질 때도 그렇다. 인간의 언행에 의해 판단을 바꾸는 신은 내재성에 의해 잠식된 초월자다. 인간의 생각이나 언행을 충분히 넘어서 있는 초월자가 아니라 서로 영향을 주고받는 존재임을 뜻하기 때문이다. 기독교 프로테스탄티즘이 기독교에서 현세적 행동이 그 인간에 대한 신의 판단을 바꿀 수 없음을 강조한 것은 이 때문이다. 이는 결과에 대한 **사후의 보상과 무관한** 신앙을 신도들에게 요구한다. 막스 베버는 사후의 보상과 무관한 현세적 실천의 강조가 서구의 자본주의 발전에 기여한 바를 추적한 바 있다[막스 베버, 박성수 역(1996), 『프로테스탄티즘의 윤리와 자본

랑도 신의 심판도 초월자의 본성에 속한 것이지 인간의 행위에 따라 달라지는 것이 아니다. 면죄부를 사는 것이 죄나 심판을 면해주지 않는 것은 그것이 '선행이 아니어서'가 아니라 인간의 행위에 의해 신이 좌우되는 것이 아니어서다. 반면 인간의 전쟁이나 사랑, 복수 같은 일들에 힘을 보태거나 기도에 응답하는 그리스의 신들은 초월자가 아니라 인간과 하나의 세계를 사는 내재적 신들이다. 마찬가지로 중생의 구원을 위해 번뇌와 속진(俗塵)의 삶 저편으로, '피안'으로 가길 거부하고 중생의 현실 속으로 들어가 그들을 제도하는 구원자 또한 초월자라 할 수 없다. 아마도 그런 구원자는 깨달음을 얻지 못한 채 삶을 지속해야 하는 중생들의 불안과 두려움을 없애주기 위해, 그것을 덜어주는 것만으로도 중생들의 현세적 삶이 크게 달라질 수 있음을 통찰한 눈이 만들어낸 것일 터이다. 구원의 믿음 속에서 지금 여기의 삶을 평온하게 사는 것이, 결가부좌를 하고 앉아 깨달음을 얻는 것만큼이나 중생의 삶에서 중요하다는 생각을 모태로 태어난 것이었으리라. 따라서 미륵불이나 아미타불 같은 인물은 자신이 만든 세상과 절연한 저편에 있는 신이 아니라, 생사심(生死心)과 고통을 떠나지 못하는 중생들의 세속적 삶 속으로 들어와 그들의 욕망이나 언행에 호응하며 행동하는 내재적 구원자다.

초월성의 구도와 내재성의 구도는 같은 이름으로 불리는 신들마저 '본성을 달리하는' 존재로 바꾸어놓는다. 이는 '초월'이나 '넘어섬'이라는 말이 사용될 때조차 그 의미를 상반되는 것으로 바꾸어놓는다. 그렇다면 **초월적 신성에서 기원한 '성'(聖)이나 초월, 숭고 같은 개념을 불교예술을 다루는 미학적 개념으로 사용하는 것이 과연**

주의 정신」, 문예출판사].

적절할까? 오히려 불교 경전의 개념만큼이나 불교예술의 미학 또한 '초월성'과 대비되는 '내재성'의 사유를 통해 펼쳐져야 하는 것 아닐까? 관건은 서양과 동양을 대비하고 서양의 종교와 동양의 종교 간 대립을 재확인하는 게 아니라 동양과 서양, 그리스와 기독교 등 어디서든 사유와 감각에서 이 상반되는 구도를 정확히 읽어내는 것이다. 감각이 작동하고 미감이 운동하는 상이한 구도를 구별하는 것이다. 철학이나 종교 이상으로 감각과 미감이 초월성의 구도를 떠나 내재성의 구도 속으로 들어가게 하는 것이다. 초월성의 구도와 결별하는 것이다. 따라서 초월성의 미학이 아닌 내재성의 미학을 시도해야 한다. 유행처럼 사용되는 말을 빌려 말하자면, **미학의 내재론적 전회(immanentist turn)**가 필요한 것이다.

감각과 미감, 개념의 연속체로서의 미학

미학이란 말은 바움가르텐이 창안한 개념인 '에스테티카'(Aesthetica)의 번역어다. 이는 감각을 뜻하는 그리스어 아이스테시스(aisthesis)를 어원으로 한다. 즉 에스테티카의 문자적 의미는 '감각학'이다. 사실 바움가르텐 또한 Aesthetica를 '감각적 인식의 학'이라고 정의한다. 하지만 그는 이 말을 동시에 취향, 미감 판단에 대한 지식으로 정의한다. 이로써 그 말이 감각학을 넘어 미학이라는 의미로 사용되기 시작한 것이고, 덕분에 그는 '미학'의 창시자가 된다. 칸트는 『순수이성비판』에서 미감에 합리적 원칙을 도입하려던 바움가르텐의 시도를 비판하며 이 말을 단지 '감각학'의 의미로 제한해 사용해야 한다고 주장한다.[30] 그러나 몇 년 뒤 『판단력비판』에서는 취향과 미감을 뜻하는 말을 받아들여 '미학'이란 의미로 사용한다.

칸트에게서 분명하게 확인되는 감각학('감성론')과 미학의 분리는 감각과 미감 사이에 작지 않은 어긋남이 있음을 보여준다. 감각적 판단과 미적 판단은 확실히 다르다. 그러나 미적 판단이 감각적 판단과 별개라고 하기는 어렵다. 무엇이 하나의 모태를 갖는 이 두 판단을 달라지게 하는 것일까? 감각적 판단에 미추나 호오의 판단이 덧붙여지는 것이라 해야 할까? 그렇다면 미감은 감각처럼 '자연적인' 것일까? 아니면 감각에 단지 여분으로 덧붙여지는 것일까? 이 경우 미감은 자연적인 감각에 덧붙여지는 문화적 습속이라 해야 할까?

랑시에르는 감각과 미감이 하나의 말이었음을 강조하면서 감각과 미감에 대한 이런 사유를 거슬러 간다.[31] 미감이란 자연적 감각에 덧붙여진 잉여가 아니라, 역으로 감각에 작용하여 감각을 바꾸는 어떤 분할과 식별 작용이라는 것이다. 아름다운 것과 그렇지 않은 것의 분할이 볼 수 있는 것과 볼 수 없는 것의 분할로 이어지고, 그 반대도 마찬가지라는 말이다. 즉 감각은 그저 대상이 감각기관에 들어오는 자연적 과정이 아니라, 감각 가능한 것과 불가능한 것의 분할을 바탕으로 작동하는 과정이다. 이러한 분할은 시대나 조건에 따라 달라진다는 점에서 결코 자연적이지 않다. 이를 단적으로 보여주는 것은 인상주의 이전과 이후의 유럽 미술이다. 19세기 고전주의 화가들에게 빛이란 단지 시선이 통과하는 '투명한' 매질―따라서 볼 수 없는 것―이었다면, 인상주의자들에게는 빛이야말로 눈이 볼 수 있는 유일

---

(30) 임마누엘 칸트, 백종현 역(2006), 『순수이성비판』1, A 21 주, 아카넷.
(31) 자크 랑시에르, 오윤성 역(2008), 『감성의 분할』, 도서출판b.

한 것이었다. 빛이 볼 수 있는 것이 됨에 따라 그려야 할 것이 달라진 것이다. 이제 그들은 저기 있는 대상이 아니라 대상에 반사되어 온 빛을 그리게 된다. 모네가 루앙 성당을 서른 번 이상 그린 것은 정확히 이런 이유였다.

인상주의자들에게서 보이는 것과 보이지 않는 것의 분할이 바뀐 것은 빛과 지각에 대한 지식 때문이었다. '시지각(visual perception)은 대상에 반사된 빛이 눈에 들어와 감지되는 것'이라는 헬름홀츠의 물리학 이론이, 보이는 대로 정확히 재현해야 한다는 화가들의 고지식한 관념을 경유하면서, 이제 사물이 아니라 자신들이 본 빛을 그려야 한다는 생각으로 이어진 것이다. 그렇게 그려진 그림은 이전의 그림과 아주 다른 미감의 화면을 갖고 있다. 요컨대 개념이나 이론이 예술가의 감각을 바꾸고, 그렇게 달라진 감각이 인상주의 회화의 새로운 미감을 생산한 것이다.

이와 반대로 미감의 분할 또한 감각의 작용을 규정한다. 가령 르네상스시대와 달리 바로크시대에는 빛에 대한 미감의 차이가 빛에 대한 새로운 감각적 분할을 산출한 경우로 보인다. 르네상스 건축가나 화가들은 대상이 잘 보이도록 빛을 가능한 한 균질화하는 것이 '좋다'('아름답다')고 느꼈다면, 바로크인들은 빛과 어둠의 대조를 이용해 대상을 부각하고자 했다. 이는 빛이 그저 시선이 통과하는 매질이 아니라 그 자체로 시선의 대상이라는 새로운 감각을 형성한다. 미감의 차이가 보이는 것과 보이지 않는 것의 새로운 분할로 이어진 것이다. 이 두 시대 사이에 존재하는 양식적 차이를 주목했던 하인리히 뵐플린이 그 근저에서 '지각 방식'의 차이를 보았던 것(『미술사의 기초 개념』)을 우리는 이런 방식으로 다시 읽을 수 있다. 파울 프랑클은 건축사에서 이러한 양상을 재발견한다(『건축 형태의 원리』).

미감의 분할과 감각의 분할이 이처럼 상호 규정하는 양상은 시각 아닌 다른 영역에서, 작가 아닌 청중의 일상적 지각에서도 쉽게 확인할 수 있다. 예컨대 우리는 음악회장에서 음악적 소리가 아닌 소음을 있어도 없다는 듯 지우며 듣는다. 제대로 집중하면서 음악을 들으면 소음은 들리지 않는다. 음악적 미감이 감각의 작동을 규정하는 것이다. 이런 점에서 랑시에르는 감각/미감은 하나의 체제를 이룬다고 한다. 조건에 따라 달라지는 상이한 감각/미감의 체제가 있다는 말이다.

랑시에르는 이러한 분할을 통해 감각과 미감이 하나임을 강조하지만, 감각의 분할선과 미감의 분할선이 동일하다고는 할 수 없다. 볼 수 있는 것을 미추로 다시 분할하는 것이 미감이니 이것이 감각의 분할과 동일할 리 없다. 물론 소음을 지우며 소리를 듣는 음악회장에서 그러하듯 미추와 호오의 분할은 감각의 분할에 관여한다. 그러나 불쾌한 감각이나 추한 대상이 있다 함은 감각의 분할 안에서 다시 미감의 분할이 작용하는 것임을 보여준다. 또한 감각의 작동에서 미감이 중요하지만, 감각은 단지 미감만으로 작동하지 않는다. 습관, 기억, 관념 또한 감각의 분할에 관여한다.[32] 그럼에도 랑시에르의 지적에서 중요한 것은 감각이 자연적이지 않으며 미감과 결합되어 작용한다는 사실이다.

미학은 미감과 감각의 중첩 지대에서 형성된다. 여기서 감각의 분할은 미감의 작용을 규정하는 조건이고 미감의 분할은 감각의 작용을 규정하는 조건이다. 다시 말해 미감이란 감각의 분할에 기대어

---

(32) 데이비드 흄은 감각적 판단이 습관의 산물임을 지적하고(『인간이란 무엇인가』), 베르그손은 기억이 감각(지각)의 작동에 관여하는 방식을 분석한다(『물질과 기억』). 들뢰즈는 이 두 가지를 지각의 두 가지 시제와 관련된 종합 작용으로 파악한다(『차이와 반복』).

작용하는 미추호오의 판단이고, 감각은 미감의 분할에 기대어 작용하는 지각적 판단이다. 양자는 하나의 회로를 이루며 서로에게 영향을 주고 서로에게서 영향을 받는다. 감각과 미감의 이 맞물린 회로에 개념이 끼어든다. 인상주의 화가와 헬름홀츠의 광학 이론 개념 간 관계에서 우리는 이를 이미 보았다. 과학 이론만 그런 것은 아니다. 종교적 이념이나 철학적 이론 또한 이 회로에 쉽게 진입한다. 호오의 판단은 물론이고 미추의 판단이 지식이나 관념, 습속이나 윤리 등과 결부된 개념과 이념에 기대어 이루어진다.

불교미학: 침묵하는 미감들이 말하게 하기

미감의 체제는 미감에 대한 판단의 기예를 동반한다. 그것은 일차적으로는 미적인 어떤 것으로 만들고자 하는 '작품'에 대한 판단의 기술이다. 미학이란 바로 이런 미감 판단의 이유와 근거, 방법에 대한 지식이다. 또한 역으로 작품을 만드는 미감의 해명이고, 만들어진 작품이 가동시키는 미감의 작용에 대한 이론이다. 따라서 패턴화된 미감이 있는 곳이라면 어디나 미학이 있다. 일정한 패턴의 작품이 있는 곳이라면 명시적 이론이 없어도 미학은 존재한다. 해명되지 않은 채 작품 속에 깃들어 존재한다. 그것은 작품이 만들어질 때 이미 작동하고 있었고, 만들어진 작품으로 존속하고 있는 것이다. 아니, 그 이전에 먼저 작품을 만들 도제들을 가르치고 인도하는 방식으로 존재했을 것이다. 해명되지 않거나 침묵 속에 존속해온 그 미감에 적절한 '이름'을 부여할 때, 미감은 작품 속에서 불려 나와 '미학'이 된다. **미감이란 작품 속에 말없이 잠들어 있는 미학이고, 미학이란 잠에서 깨**

어나 자신의 이름을 갖게 된 미감이다.

불교의 세계에 미학이 있는가? 불교라는 말에 미학이라는 말을 결합하려던 야나기 무네요시의 시도[33] 이전에는 적어도 명시적 형태로는 없었던 것 같다. 나중에 12장에서 자세히 다루겠지만, 사실 종교로서의 불교와 미학이라는 개념 간에는 근본적 이율배반이 있다. 이것이 그 오랜 기간 '불교미학'이 따로 존재하지 않은 중요한 원인 중 하나일 것이다. 그렇지만 '동양'이라 불리는 지역이면 어디나 불교예술이라 불러 마땅한 수많은 작품이 있다. 석굴에서 사찰, 스투파와 정원, 불상, 그림, 음악 등 모든 분야에 걸쳐 엄청난 양의 예술작품이 있다. 그것은 모두 나름의 미감을 갖고 장엄(莊嚴)하기 위해 만들어진 것이다. 아름다움이라는 미감에 따라 만들어지는 것이니, 예술작품마다 미감이 스며들어 있다 해야 한다. 따라서 미학 또한 존재한다. 작품 속에 말없이 숨어 존재하는 것이다. 아니 숨어 있는 게 아니라 작품으로 드러나 존재하고 있다. 다만 그것을 해명할 개념을 아직 갖고 있지 않을 뿐이다.

그 작품들은 각각의 지역이나 문화마다 나름의 양식적 패턴을 갖는다. 인도와 중국, 태국과 미얀마, 인도네시아와 캄보디아 등의 작품도 모두가 다른 지역과 구별되는 양식적 특이성을 지니고 있다. 아마도 조건에 따라 달라지는 감각의 체제로 인해 상이한 미감의 체제로 차이화되었을 것이다. 그러니 조건에 따라 다른 수많은 미학이 존재해왔다 해야 한다. 미감의 체제만큼 다양한 미학이 잠재적 형태로 존재해왔을 것이다. 미학이라는 명시적 지식이나 인식이 없었기에,

---

(33) 야나기 무네요시, 최재목·기정희 역(2005), 『미의 법문』, 이학사; 柳宗悅(2012), 『佛敎美學の提唱: 柳宗悅セレクション』, 書肆心水.

많은 경우 충분한 미학적 이름을 갖지 못한 채 말없는 미감으로 존재해왔음이 분명하다. 상이한 미감의 체제 속에서, 다양한 양식의 작품들로 구체화된 미감 속에 말없이 실존해왔다. 불교미학이란 작품 속에 숨어 침묵하고 있는 이 말없는 미감들이 말하게 하는 것이 될 터이다. 작품 속에 구현된 이 말없는 미학들을 채굴하여 지금 조건에 부합하는 어떤 개념들을 부여하는 것이 될 터이다.

초월성의 사유는 미감 또한 초월성을 향하도록 방향 짓는다. 비례나 형식 등 초월적 척도가 되는 어떤 미적 기준이나 그와 상응하는 감각의 체제로, 혹은 신성이나 숭고와 같은 초월성의 미감으로 방향 짓는다. 그 경우 미학 또한 그런 경험이 야기하는 심리적 효과나 작동 양상을 해명하는 작업이 될 것이다. 그렇다고 미감의 체제가 단일할 리 없고 양식들의 차이 또한 역사적으로 뚜렷하기에 하나가 될 수는 없지만, 감각을 인도하는 방향이 분명하기에 미학 자체의 **통일성**도 쉽게 얻어질 것이다. 반면 연기법을 통해 작동하는 내재성의 사유는 조건에 따라 달라지는 감각들을 모두 수긍하게 한다. 그 감각들은 조건에 따라 제각각의 방향으로 발산할 것이다. 미감 또한 그 감각들을 따라 흩어질 것이다. 방향이나 지역이, 대상이 달라질 때마다 기준이 달라지고 작품이 겨냥한 바도 달라질 것이다. 불교미학이라는 것이 있다면, 그것은 이 아주 다른 미적 기준과 미감의 양상들, 선호하는 형상들을 모두 포괄해야 할 터이니 명확한 통일성이 아니라 여러 방향으로 발산하는 다양성을 가질 것이다. 따라서 수많은 불교미학이 있을 것이라 해야 한다.

그래도 그것이 '불교미학'이라고 할 수 있으려면 그 상이한 미감들을 하나로 묶어주는 어떤 **일관성**은 있어야 할 것이다. 이를 해명하는 가장 쉬운 방법은 그 미감들과 상응한다 싶은 불교의 종교적 개념을 사용하는 것이다. 사실 불교의 예술작품이니 불교의 종교적 개념을 사용해 해명하면 된다는 것은 차라리 자명해 보인다. 자비, 해탈, 정토, 법공, 불성, 극락 같은 말로 예술작품에 대해 해석하는 경우를 흔히 보게 된다. 하지만 이는 그 다양한 미감들 '이후'에 속하는 게 아니라 '이전'에 속한다. 그것은 이질적 체제로 구체화된 미감들을 하나로 묶는 것이 아니라 구체화된 양상과 무관하게 개념화된 종교적 교의나 철학적 상징을 환기시키는 것이기 때문이다. 그러나 사랑이나 신성, 이성이나 인간성, 자애나 연민 같은 말로 서양의 예술작품을 해명하려는 유사한 시도를 생각해본다면, 그것이 미학 아닌 종교에 속한다는 말을 이해하기는 어렵지 않을 것이다. 종교적으로 아무리 중요한 관념이라 해도, 작품에 재현된 내용이나 상징일 뿐이라면 그것은 미학적 개념이 되거나 미감의 통일성을 해명하는 미적 이념이 될 수 없다. 그런 시도는 미학을 종교적 교의와 철학적 개념 속으로 해소해버린다.

불교미학을 처음으로 시도했던 야나기 무네요시 또한 여기서 벗어나지 못했다. 그의 불교미학에서는 '정토', '적정', '해탈' 등의 종교적 개념이 미학 개념을 대신한다. 물론 단지 이렇게만 말한다면 그의 작업을 과소평가하는 일이 될 것이다. 작품에 표현된 종교적 상징이나 내용이 아니라 미적 양식에 주목하여 분석했다는 점에서 그의 작업은 그저 종교적인 것이 아니라 미학적인 것이었다 하기에 충분하다. 그런데 자신이 발견한 미적 특이성에 지고한 위상을 부여하려는 유혹은 얼마나 뿌리치기 어려운 것인지! 이런 유혹 속에서 그는 그것을 너무 쉽게 지고의 도를 표현하는 종교적 개념으로 묘사한다. 뒤에서(11장에서) 자세히 보겠지만, 다도의 미학에서 말하는 '와비'(佗び), '사비'(寂)를 잇는 '시부사'(渋さ, 수수함) 같은 미적 개념을 제안

하지만, 이를 이내 '적정열반'이나 '성불' 같은 종교적 개념에 귀속시키는 것이다. 와비나 시부사 같은 개념은 분명 미적 개념이지만, 여기에 무, 정토, 해탈 등의 개념과 짝지어 불교적 '보편성'을 부여하고 이를 불교미학의 '정수'로 승격시키는 순간,[34] 그와 다른 많은 불교예술 작품은 불교미학 바깥으로 밀려나게 된다. 결국 불교미학은 그가 선호하는 민중들의 민예품이나 막그릇의 수수한 미감을 특권화하는 것으로 축소되고, '예술작품'으로 만들어진 것들은 그로부터 밀려나고 만다. 종교적·철학적 개념이 미학적 개념과 손쉽게 포개지는 순간 미학적 개념은 칼을 든 꼭두각시가 되기 십상임을 보여주는 경우라 하겠다.

물론 기독교 예술이 기독교 교리와 무관할 리 없고, 불교예술이 불교의 가르침과 무관할 리 없다. 문제는 종교적 교의나 철학적 개념이 예술작품이 되는 것은 교의가 **감각화되고** 개념이 **미감화되는** 매개 고리를 통해서만 가능하다는 점이다. 가령 서구 미학에선 신이나 성자를 그린다고 해서 그 신성이 미적인 것이 되는 게 아니라 '숭고'라는 경험을 산출하는 감각적 형상을 통해서만 신성은 표현될 수 있다. 이때 신성과 숭고는 상관적이지만 결코 동일한 것이 아니다. 자비나 법공, 여래 또한 그것을 종교적 교리나 철학적 이유가 아니라 감각적으로 체험할 수 있게 해주는 경로와 미학적 이유를 통해서만 미학적 개념이 된다. 미학적 개념으로서의 '여래'는 동일한 말로 표현될 때조차 종교적 개념으로서의 여래와는 다른 것으로 재정의되어야 하는 것이다.

덧붙이자면 이 점에서 미학은 도상학이 아니다. 어떤 불상이 아

(34) 야나기, 『미의 법문』.

름답다는 판단은 그것이 미륵불인지 아미타불인지 몰라도 가능하다. 같은 아미타불이지만 이것은 아름답고 저것은 그렇지 않다고 해야 하는 경우가 미학과 도상학의 차이를 잘 보여준다. 이 그림에 그려진 장면이 어느 경전에 나오는 서사를 그린 것인지, 그것이 의미하는 것이 무엇인지는 미술사의 중요한 주제이고 미학적 분석의 자원이지만, 그것만으로 미학적 분석이 되지는 않는다. '자원'이라고 했지만 전자가 후자를 대신하지 못하며, 그 자원을 잘 몰라도 미감 판단은 충분히 가능하다. 미감 판단의 이유는 도상적 판단의 이유와 다른 것이다.

종교적 교의나 철학적 개념은 그 자체로는 사유의 영역에서 작동하지만, 예술작품은 감각의 영역에서 작동한다. '원'이라는 개념이 둥글지 않듯[35] '신성'이라는 개념은 신성하지 않고 '웃음'이라는 개념은 웃기지 않는다. 아무리 멋진 개념이라도 그것을 감각화할 수 있는 고리가 없으면 미감을 주는 작품이 될 수 없다. 예컨대 석가모니의 열반 앞에서 통곡하는 장면조차 웃음을 야기하는 익살스러운 방식으로 표현한 그림은 개념적 설명이 아니라 감각적 해명을 요구한다. 슬프고 비장해야 마땅할 장면을 왜 그렇게 그린 것인지, 또 그 그림이 웃음을 주는 것은 어떤 표현형식을 통해서인지 등을 해명해야 하는 것이다.

교의나 개념과 감각이 연결되는 이런 미학적 연결 고리들이 드러날 때 교의나 개념은 비로소 예술작품을 분석하는 미학적 개념이 된다. 예컨대 '연기적 사유'를 다가오는 조건을 긍정하라는 가르침으로 이해한다면, 그것은 지역마다 다른 생각이나 감각이 섞이며 새로

---

(35) 스피노자, 같은 책.

운 감각적 형상을 만드는 혼성의 미감을 통해 불교미학의 한 단면을 보여줄 수 있다. '무심'(無心)이나 '무원'(無願) 같은 개념은 감정이나 느낌을 잘 드러나지 않는 방식으로 은밀하고 은미하게 표현하려는 미감을 통해 불교미학의 또 하나의 단면을 드러내줄 수 있다. 하나의 사물에서도 시방삼세의 우주를 보는 화엄적 사유는 유한한 공간 안에 무한의 우주를 그대로 끌어들이는 공간적 감각을 통해 미학 안으로 들어올 수 있다. 불교미학은 이러한 미감 모두를 포괄해야 한다. 아무리 중요하다 여기는 것이라도 그중 어떤 하나에 불교예술을 대표하는 특권적 지위를 부여하려는 욕망은 내려놓아야 한다. 이처럼 절단면에 따라 달라지는 수많은 미학적 단면들의 연속체, 또한 아직 시도되지 않은 또 다른 절단에 열려 있는 이 연속체가 하나로 묶이게 될 때 '불교미학'은 그 말에 충분히 값하게 될 것이다.

이 책에서 우리는 이 연속체를 따라가면서 그 연속체를 묶어주는 미학적 개념이 있을 수 있을까를 반복해 물을 것이다. 이것이 불교미학을 구성하는 긍정적 방법이라면, '부정적'인, 아니 '비판적'이라 하는 게 더 적절할 또 하나의 방법이 필요하다. 서구에서 수립된 미학과 대조되는 지점들을 통해 불교적 미감을 미학적으로 해명하는 일이 그것이다. 이는 불교미학이 없었음에도 불교예술에 대해 해명해야 했다는 그간의 사정으로 인해, '미학적 보편성'의 가정 아래 서구의 미학 개념을 불교미술 작품에 그대로 적용해왔다는 사실 때문에 필수적인 것이다. 역으로 지금 우리 자신이 서양 미학의 주요 개념이 익숙하다는 사실로 인해 그와 대비하여 어떤 예술작품의 특이성을 부각하고 개념화하는 것은 비서구의 미학을 구성하는 효과적인 방법이 된다. 석굴암 본존불 같은 작품에서 느껴지는 '성스러움'의 감응을 초월성이 가정된 숭고 개념과 대비하여 개념화하거나 '사물의 본성'의 자리까지 부여하며 형식을 특권화하는 미학과 대비하여 재료와 형식의 관계를 개념화하려는 것 등은 모두 이러한 문제의식에서다. 건축의 본질이라고까지 간주되는 그리스 신전의 기둥과 지붕에 대한 개념은 비틀대고 춤추는 기둥을 통해 상대화될 것이며, 완전성에 대한 강박증은 '대충'이라 명명될 불완전성의 힘과 대조될 것이다. 주인공과 엑스트라 같은 형상과 배경의 관계와 아주 다른 방식으로 구성되는 건축물과 공간의 관계도, 깊이감을 추구하기보다 평면화하려는 미감도, 보는 이를 사로잡으려는 시선 대신 애써 잡아당기려 하지 않고 내버려두는 시선도 서구 미학과의 경계선을 포착하는 중요한 요소가 될 것이다. 기하학을 사용하는 경우에도 서구와 다른 방식이 있음을 강조하는 것도, 초월성과 상응하는 비극의 미학과 대비하여 '지존'(至尊)마저 웃음의 대상으로 만드는 익살과 해학의 미학을 부각하는 것도 이런 이유다. 이렇게 그려지는 이중의 경계선을 통해 우리는 불교미학의 윤곽을 그리고자 한다.

불교를 통해 포착되는 이러한 비판적 경계선에 '비서구'라는 이름을 붙이는 것은 납득하기 어렵지 않을 것이다. 이를 서양과 대비하여 '동양'이라 명명해도 좋겠다. 이는 간다라와 '서역'으로부터 스리랑카, 미얀마, 태국, 크메르(캄보디아), 인도네시아를 잇고 인도에서 티베트, 몽골, 만주를 이으며 중국, 한국, 일본을 연결하는, 지리적 의미의 동양 전체를 포괄한다. 이는 '동양'이라는 말에서도 중국, 한국, 일본만을 떠올리는 우리의 협소한 감각을 넘어 동양을 사고하는 감각 자체를 바꿀 것을 요구한다. 불교란 그 장대한 지역 전체를 가로지르며 섞이고 연대했던 수평적 트랜스내셔널리즘의 사유와 감각의 이름이고, 불교예술이란 미감의 양상으로 생멸을 거듭하며 그 사유와 감각의 장을 지칭하는 이름이다. 불교미학이란 이 트랜스내셔널한 미감을 따라가는 감각의 여행이다.

이처럼 다양한 불교적 미감들의 연속체를 따라 그려지는 긍정적 경계선과 초월적 보편성 자리를 차지한 서구의 미학에 대한 비판적 경계선이 하나로 이어질 때, 내재성의 구도상에서 불교예술의 다양한 미감을 묶어주는 하나의 일관성이 출현할 것이다. 이는 '인간'이나 '문명'이라는 이름으로 보편성의 지위를 독점하고 자신과 다른 문화를 미개나 야만으로 간주하여 폄하했던 '서구'와 대결하며, 그와 대립되는 단어인 '동양'이라는 말을 그들의 사고와 감각에서 해방하는 일이 되리라고 나는 믿는다. 또한 이로써 불교예술을 통해 존속해온 상이한 미감들을 연결하고 소통하게 해주는 하나의 미학적 구도가 출현하리라는 생각이다. 두 개의 방향에서 서로를 향해 수렴하며 하나로 이어지는 이 미학적 구도를 나는 '내재성의 미학'이라는 말로 명명하고자 한다. 이는 다양한 미감의 예술을 불교미학이라는 말로 묶는 하나의 방법이 될 것이다.

02

미학적 여래와 현묘의 미학
: 숭고의 미학을 넘어서

고딕 성당에서 초월성의 미학

보로부두르 사원, 혹은 해탈로 이끄는 길-기계

바이욘 사원: 비의적 모호성과 끌어당김의 거리감

초월자와 숭고의 두 형상

세속적 숭고와 숭고의 미학

미학적 여래

현묘의 미학

■ 이미지 출처

2.1 ⓒ Renhour48
2.2 이진경
2.3 ⓒ 공두경
2.4~6 이진경
2.7 ⓒ Gary Todd ; ⓒ ; ⓒ
2.8 이진경
2.9 ⓒ
2.10 마츠바라 사브로, 『동양미술사』
2.11 한국언론자료간행회, 『중국대륙의 문화』 2
2.12 국가유산청

고딕 성당에서 초월성의 미학

서양 예술작품 가운데 초월성의 미학을 가장 극적으로 발전시킨 것은 고딕 성당이다. 생드니 성당의 주임신부였던 쉬제(Suger) 신부는 성당의 와해된 후진(後陣, apse) 부분을 복구하면서 이전과 다른 대대적 혁신을 시도한다. 작은 창에 요새처럼 두꺼운 벽이 인상적이던 이전 로마네스크 양식의 성당과 달리 뾰족아치 형태의 넓고 큰 창들을 내 밝은 빛을 성당 내부로 끌어들였다. 그 뒤 창문마다 스테인드글라스를 붙여 성당 내부는 밝고 화려한 빛으로 충만하게 된다. 이후 로마네스크 성당의 시대는 가고, 볼트(vault)를 지지하는 늑골(rib)과 첨두아치, 큰 창으로 가득한 네이브(nave) 벽을 지지하는 공중부벽(flying buttress)을 이용해 높디높은 건축물이 세워지기 시작한다. 지고한 것, 초월자를 향한 소망이 "좀 더 높이!" 상승하려는 건축적 경쟁으로 이어진 것이다.

초월성을 향한 지향을 높이를 향한 지향으로 표현했던 고딕 성당의 이 정념적 경쟁에 대해 미술사가 빌헬름 보링거는 '수직성의 엑스터시'라고 명명한 바 있다.[1] 그러나 신의 나라(Civitas Dei)의 영적 본성에 대한 믿음에도 불구하고, 성당의 벽과 천장은 물리적·세속적 신체를 벗어던질 수 없었기에 이러한 경쟁은 끝을 볼 수밖에 없었다. 에스토니아 출신 미술사가 게오르크 데히오가 '이카루스의 비상'이라고 적절하게 명명했던 것처럼, 보베 성당의 천장이 붕괴하는 사고가 그 끝을 보여주었다.[2]

그러나 고딕 성당에서 추구된 미학적 초월성이란 단지 하늘을 향해 상승하는 수직적 높이의 거대함만을 지칭하지 않는다. 차라리 초월성이란 최대 높이를 추구하는 그 가시적 수직성으로도 결코 도달할 수 없는 높이라 해야 한다. 그것은 그처럼 오르고 올라도 도달할 수 없는 불가능성과 가까이 있다. 초월성이란 **도달할 수 없는** 세계를 향한 욕망의 지향점이다. 고딕 성당의 수직성은 신이란 아무리 높이 올라가도 닿을 수 없는 곳에 존재함을 증거하는 건축학적 귀류법이었다. 이는 성당 내부에서 명확하게 가시화된다. 좌우의 문으로 들어가 네이브 앞에 섰을 때, 시선은 멀리 있는 제단에 가 닿기 이전에 촘촘하게 중첩되며 수직으로 상승하는 기둥과 늑골 들을 따라 천장으로 올라간다. 고개를 젖혀 높이 하늘을 보지만, 거기 있는 것은 뾰족아치를 이루며 리브들이 모이는 머릿돌(keystone)뿐이다. 신은 그 너머, 결코 시선이 도달할 수 없는 저편에 있는 것이다. 초월자란

---

(1) W. Worringer, *Formprobleme der Gotik*, 中野勇 譯(1968), 『ゴシック美術形式論』, 岩崎美術社.
(2) H. Jantzen(1987), *Kunst der Gotik: Klassische Kathedralen Frankreichs*, Reimer, Dietrich, p. 71.

그림 2.1 _ 프랑스 랭스 성당 내부

그처럼 신의 나라 안에서도 가 닿을 수 없는 바깥, 우리가 사는 이 세계 저편에 있는 것이다.

물론 그 초월자의 존재를 증거하고 그 초월자의 메시지를 전해주는 이들이 있다. 성당 곳곳에 성경의 등장인물들이 신의 나라임을 표시하며 인상적인 표정으로 서 있다. 로마네스크 성당에선 제단이나 주두(柱頭)에 저부조로 장식되어 있던 인물들이 고딕 성당에서는 외부와 내부 곳곳에서 환조(丸彫)나 그에 가까운 고부조(高浮彫)가 되어 신의 나라를 증거한다. 스테인드글라스의 화려한 창문도 그들의 형상으로 채워져 있다. 그런데 내가 그 창문의 인물들을 볼 때조차 나는 '보다'(see)라는 동사의 **주어가 아니라 목적어**다. 그 인물들의 형상을 투과하며 창을 통해 들어오는 빛은 저 바깥에서 나를 보는 초월자의 시선으로 내게 온다. 나는 볼 수 없는 누군가가, 창을 관통하는 저 빛을 통해 나를 보고 있는 것이다. 이러한 배치 안에서는 성상들마저 내가 보는 대상이 아니라 신을 대리하여 나를 보는 주체가 된다.

빛과 시선이 만드는 이러한 비대칭성은 차안과 피안의 비대칭성, 초월자와 속세의 비대칭성을 동형적 양상으로 가시화한다. 수직성의 건축학과 비대칭적 빛의 배치가 만드는 이 초월성의 미학은 그 안에 들어선 자를 무한의 거리로 압도한다. 최대 높이를 향해 치솟던 수직선의 길이로 내리누르는 그 거리감의 무게는 그걸 올려다보는 이를 신의 어린 양(Agnus Dei)으로 만든다. "무릎 꿇고 기도하라, 그러면 믿게 될 것이다"라는 파스칼의 말을 무엇보다 충실하게 수행한 것이 바로 이 초월성의 미학이다. 차안과 피안, 세속의 세계와 신의 세계를 갈라놓는 아득한 거리가 거기에 있다. **다가가고자 하지만 결코 다가갈 수 없는 무한의 거리**가 초월성의 미학을 가동시킨다.

보로부두르 사원, 혹은 해탈로 이끄는 길-기계

보로부두르 사원에서 부처는 그 거대한 건축물의 꼭대기, 그 지고한 곳에 있다. 보로부두르는 '산'이라는 말로 상징되는 그 지고함의 표현이다. 동시에 그것은 미감의 매혹을 통해 그 꼭대기를 향해 대중을 인도하는 길-기계다. 그 길을 들어선 자라면 어떻게든 꼭대기에 이르게 만들려는 장치들의 연속체다. 해탈·열반이란 아무리 다가가도 가

그림 2.2 _ 인도네시아 보로부두르 사원

닿을 수 없는 저편이 아니라 아득해 보여도 열심히 가면 도달할 수 있는 이편에 있음을 잊지 않도록, 선정에 든 부처들이 그 길의 도처에 말없이 앉아 중생들을 인도하는 제도(濟度)-기계다.

    인도네시아 사일렌드라 왕조 시기에 만들어진 보로부두르는 거대하게 축조된 종교적 사원이라는 점에서 고딕 성당과 비교해보고 싶은 유혹을 불러일으킨다. 파리의 노트르담 성당이 장축 128미터, 단축 48미터에 천장 높이 35미터, 첨탑까지의 높이 69미터인데, 보로부두르 사원은 가로세로가 각각 123미터 정도이고, 상부에 10미터 넘는 상륜(相輪)이 잘려 나갔어도 높이가 35미터 정도다. 실은 매우 높은 건축물임에도 넓게 펼쳐지는 수평성으로 인해 상승감은 안정성에 일차적 감응을 양보한다. 통상적 사원과 달리 내부 공간을 갖지 않

그림 2.3 _ 보로부두르 사원의 2층 갤러리

는 이 사원은, 5층의 방형 테라스를 빼곡하게 채운 부조와 측벽 위의 수많은 불상, 그리고 3층의 원형 테라스에 들어선 72개의 스투파, 그리고 정점에 있는 직경 16미터의 대형 스투파가 모여 이름 그대로 하나의 산 같은 모습을 이루고 있다. 이를 두고 수미산을 상징한다고도 하고, 사각형을 근간으로 하는 층층이 겹친 동심형 평면을 보며 만다라를 상징한다고도 한다. 그러나 미학적 관심을 가진 이에게 종교적 관념과의 상응성을 찾는 이러한 개념적 해석보다 더 중요한 것은 건축과 조각의 배치가 그 건축물 안에 들어선 이들의 감각을 둘러싸고 작동하는 양상이다. 일단 이 사원은 5단 테라스에 마련된 '갤러리'를 따라 4중 내지 3중의 연속적 부조를 보면서 사원 전체를 반복해 돌며 위로 올라가게 되어 있는데, 갤러리 양쪽 벽에 있는 부조를 제대로

보려면 총 5킬로미터 정도를 걸어야 한다.[3]

1층 갤러리의 좌우 두 벽과 2층 갤러리의 한쪽은 석가모니의 전생과 일생을 다룬 경전의 이야기가 새겨져 있고, 2층의 다른 쪽 벽부터 끝까지는 선재동자의 구도행을 다룬 『화엄경』「입법계품」이 새겨져 있다. 즉 보살행으로부터 시작해 불도를 위한 구도 과정을 따라 긴 여정을 걷게 하는 구조인 것이다. 1층 갤러리는 창 없는 측벽이 높아 밖이 보이지 않는다. 눈을 들어 텅 빈 하늘을 보는 것 아니면 시선은 벽에 새겨진 부조를 따라갈 수밖에 없다. 구도의 길 초기에는 아무래도 시선을 가두어서라도 집중하게 하는 것이 필요하다 믿었던 것일까? 위층으로 올라가면 왼쪽 외벽이 점점 낮아져 한쪽으로는 넓은 하늘과 벽의 부조 사이에서 내가 원하는 대로 보게 된다. 시선을 가두지 않아도 알아서 볼 만큼 공력이 올라갔을 테니 그 정도만큼 제한된 벽을 열어도 된다는 생각이었을까? 아니면 내가 보려는 바에 따라 길게 펼쳐진 불경의 세계와 넓게 펼쳐진 현실의 세계가 하나의 장 안에 나란히 존재함을 가시화하려는 것이었을까? 어쨌든 갤러리를 올라감에 따라 벽은 낮아지고 시선은 점차 확대되는 세상으로 열린다. 따로 구도의 길을 따라 벽을 세울 때조차 수행이란 세상 속에서의 삶을 향한 것임을 가시화하는 셈이다. 불도는 닫힌 성소가 아니라 열린 세상에서 구현되어야 하는 것이다.

넓게 열린 무한의 공간을 향한 것이든 구도자를 인도하는 길처럼 좁고 기다랗게 펼쳐진 유한의 세계를 향한 것이든, '보다'라는 동사의 주어는 걷는 사람 자신이다. 고딕 성당과 대조적으로 어디서 나를 내려다보는 시선이나 나를 엿보는 창은 없다. 물론 여기저기 결가

(3) 존 믹식 외, 김성훈 역(2019), 『보로부두르』, 학연문화사.

그림 2.4 _ 보로부두르 사원의 상층 원형 갤러리

부좌를 한 불상들이 있지만 각자 다른 방향을 향해 앉아 있다. 때로는 등을, 때로는 측면을, 때로는 정면을 드러내는 불상들의 모습은 보이는 대로 달라지는 부처의 형상을 가시화한 것처럼 보이기도 한다. 통로를 가는 이를 향해 있는 갤러리 위의 불상도 있지만 그 시선은 반개한 채 자기 자신을 향해 있지 걷는 이를 보고 있지 않다.

그 구도의 길은 곧게 뻗은 직선이 아니다. 100미터 넘는 각 변(邊)의 갤러리는 거듭하여 꺾인다. 걷는 이의 시선이 멍하니 어느새 멀리 앞을 향해 흘러가지 않게 하려는 것일까? 생각해보면 '나의 눈'이라 해도, 앞을 보며 간다고 하면서도 시선의 주어이길 그치는 일이 얼마나 많은가! 장애든 기회든 무언가에 부딪칠 때 우리는 비로소 내 몸에 눈이 가고 멍하니 흩어지던 내 시선에 눈이 간다. 그렇게 통로

그림 2.5 _ 보로부두르 사원 스투파 내부에 봉안된 불상

그림 2.6 _
스투파의 구멍으로 본 불상

를 꺾으며 튀어나오는 벽과 부조로써 시선을 챙겨 구도의 길을 따라
가도록 만든 셈이다. 그리고 그 긴 누층의 방형 갤러리가 끝나면 벽
없이 탁 트인 원형 갤러리로 넘어간다. 해탈의 해방감으로 시선을 풀
어놓으려는 것일까, 아니면 긴 구도의 길을 따라가면 해탈의 장이 있
음을 신체로 느끼게 하려는 것일까?

  그 원형 갤러리에는 종 모양의 스투파들이 가득하고 스투파 속
에는 불상이 하나씩 앉아 있다. 하여 불상은, 그냥은 거의 보이지 않
는다. 스투파의 종형 면에는 마름모 내지 사각형의, 창이라 할 수도
없고 구멍이라 하기도 어려운 것이 바둑판처럼 배열되어 있다. 그 안
으로 애써 들여다보려 하지 않으면 불상은 안 보이고 격자로 장식된
스투파만 보인다. 다가가서 보면 그 안에 무언가 있음이 보이고, 구멍
으로 들여다보면 인체 크기의 불상이 평온한 표정으로 정좌하고 있
다. 수행의 길을 따라 열심히 가다 보면 누구든 도달할 수 있는 해탈
의 경지가, 70여 구의 불상으로 표현되는 '누구든'이 이렇게 **바로 옆
에** 있는 것이다. 아무리 다가가도 도달할 수 없는 무한의 초월자, 고

딕 성당의 그 아득한 거리와 명확히 대비된다.

애초 스투파가 석가모니의 사리를 묻어둔 무덤이자 부처의 씨가 배태된 '자궁' 같은 곳이라고는 하지만, 이렇게 큰 불상을 잘 보이지 않도록 감추어놓은 배치는 유별나다 하겠다. 무덤 내지 '자궁' 같은 석굴 속에 조성해놓은 불상이야 많지만, 그래도 석굴은 사람들이 안으로 들어가도록 만든 것이니 불상은 그 안으로 들어가는 이들의 눈에 '자연스레' 들어온다. 구멍이 있다고는 해도 무심히 보면 있는지조차 알지 못하도록 스투파 내부에 커다란 불상을 조성하는 것은 결코 흔한 발상이 아니다. 불상과 스투파를 하나로 겹쳐놓은 이 특이한 배치는 하나의 조성물이 어떻게 보는가에 따라 아주 다르게 보이도록 하는 멋진 아이디어의 산물로 보인다. 떨어진 거리에서 무심코 보면 스투파지만, 다가가면 구멍 속에 무언가 있음이 보이고, 구멍에 눈을 근접시키면 불상이 어렴풋이 보이며, 구멍에 바싹 눈을 붙이면 불상이 크게 보이는 배치, 어느 구멍에 눈을 대는가에 따라 불상의 모습이 다르게 보이며, 어떤 구멍에서도 온전한 모습은 보이지 않는 시각적 배치가 거기에 있다. 보는 이와의 관계에 따라 다른 형상이 되는 이 스투파-불상은 보는 이의 눈과 신체에 작용하며 보는 이의 변화를 따라가는 갤러리의 배치 이상으로 관계의 내재성을 미학적으로 구현하고 있다 하겠다.

바이욘 사원: 비의적 모호성과 끌어당김의 거리감

크메르의 지나간 영화를 증거하는 바이욘은 관세음보살들의 산이다. 관세음보살들이 단단하게 다문 꽃봉오리들로 '우후죽순' 도처에서 '피어나' 있는 보살들의 숲이다. 명료함보다는 애매함을 선호하며 벽돌처럼 쌓인 돌들의 분절이 형상의 뚜렷함을 지우는, 아직 충분히 개화되지 않은 그로테스크한 돌덩어리의 비의적 매력이 거기 가득한 보살들을 향하도록 대중들을 유혹한다. 그 거대한 덩어리에서 피어날 꽃 같은 보살은 바로 그렇게 다가온 당신들 자신이라고 하며. 크메르 왕국의 자야바르만 7세가 세운 이 사원은 규모 면에서 보로부두르 사원만큼이나 고딕 성당과 비교되는 사원이다. 앙코르와트 인근 앙코르톰에 조성된 이 사원 또한 보로부두르와는 다른 양상으로 내재성의 미학을 가동하는 탁월한 미학적 기계다.

이 사원을 가장 두드러지게 특징짓는 것은 거대한 관세음보살상이 네 면에 새겨진, 꽃봉오리 같은 돌탑들이다. 전체로서는 약한 경사의 산 같은 형상인 바이욘 사원은, 네 개의 관음보살상 위로 연꽃 모양의 '상륜'이 있는 54개의 큰 돌탑들이(현존하는 탑의 수는 37개) 언젠가 벌어지며 꽃으로 피어날 봉오리인 양 사원 전체를 수놓고 있다. 돌들을 쌓아 만든 돌탑들이 새로이 돌탑을 만들고 그 돌탑들이 봉우리로 가득한 거대한 돌산을 이루는 듯 중첩되며 불규칙한 양상으로 반복되면서 조성하는 형상은 윤곽선으로 보나 형태로 보나 '전체'라는 것을 어디서도 알아볼 수 없는 모호하고 '그로테스크한' 분위기를 만든다. 돌들이 우거진 산인지, 조상(彫像)들이 피어나는 산인지 모를 이 산들에는 관세음보살의 얼굴들이 가득하다.

이를 두고 아쇼바르만 1세가 세운 힌두 신전 앙코르와트의 다섯 개의 수미산 '산봉우리'(시카라)와의 유사성을 지적할 수 있지만, 차곡차곡 둘러싸는 강력한 직선의 사변형 평면과 어디서도 뚜렷하게 보이는 다섯 개의 힌두적 시카라의 명료한 구조와 달리, 바이욘은 몇 개인지를 일삼아 세지 않고선 그 숫자를 헤아릴 수 없는 모호함과 어

그림 2.7 _ 캄보디아 바이욘 사원의 얼굴들

디서도 전체 상을 파악할 수 없는 애매함 때문에 '구조' 같은 게 있는지조차 알기 어렵다. 보는 데마다 달라지는 형상이 하나의 명료한 전체 상을 초과해 흘러넘친다.

이는 돌봉오리 같은 각각의 탑들에서도 다르지 않다. 각 면을 가득 메운 인물상의 크기 또한 배경을 거의 남기지 않으면서 돌탑을 채우고 있기에 시선을 모으는 형상과 그것을 떠받쳐주는 배경을 구별하기는 쉽지 않다. 그렇게 돌탑과 관음상은 하나인지 둘인지 알 수 없는 인접성 속에서 서로에게 스며든다. 바이욘 사원 하부에는 벽과 기둥, 기단의 직선이 있지만 돌탑들에 이르면 벽돌처럼 쌓인 각석들로 잘린 선분들이 돌탑이나 관음상의 형상을 분할하여 더욱더 얼굴을 식별하기 어렵게 한다. 하나의 돌이 아니라 벽돌처럼 조각난 많은 돌들로 만들어지고 울퉁불퉁한 면들과 세세한 장식 선이 섞여들어 돌덩이인지 인물상인지 모호하다. 그래서 보는 방향, 각도, 시점에 따라 다른 형상으로 보인다. 선분화된 석재의 형태와 돌봉오리, 관음상이 섞인 상이한 형상이 보는 곳마다 다르게 다가온다. 보로부두르와는 다른 방식으로, 보는 자와의 관계에 따라 달라지는 형상이 돌탑마다 깃들어 있는 것이다.

바이욘의 꽃인 이 사면(四面)관음 돌봉오리들은, 그저 올려다볼 수만 있는 시선을 전제한 고딕 성당과 달리 어떤 것이든 그 옆으로 가까이 다가갈 수 있다. 바로 앞이나 옆에 마주 설 수 있고 심지어 내려다볼 수도 있다. 크기가 아무리 거대하다 해도, 눈높이를 맞출 위치로 올라갈 수 있다면, 게다가 내려다볼 수도 있으니 보는 이를 압도하지 않는다(그림 2.8). 나아가 산꼭대기에 올라간 이들이 흔히 생각하듯 내가 그 크기의 힘에 실려 세상을 내려다볼 수 있다는 심리적 효과마저 산출한다. 아무리 다가가려 해도 도달할 수 없는 무력감과 그로부터 야기되는 불안을 증폭하여 "무릎 꿇고 기도하"게 하는 게 아니라, 다가가고 싶다면 얼마든지 다가오라고 곁을 내준다. 그렇게 보살의 세계에 내 발로 다가가도록 만든다. 이는 내 발로 부조된 구도행을 따라 길을 오르면 불도에 이를 수 있음을 가시화했던 보로부두르와 양상은 다르지만 동형적이다.

요컨대 바이욘에는 '신적인' 인물이 흘러넘치지만 어떤 초월자도 없고, 놀라운 비의적 '신성함'으로 에워싸여 있지만 어떤 초월성도 없다. 고딕 성당이 그 크기와 높이를 통해 닿을 수 없는 거리를 만들어 사람들을 밀쳐낸다면, 바이욘은 그 크기와 높이를 내가 하고자 하면 얼마든지 다가갈 수 있는 것으로 바꾼다. 멀리 있는 이들마저 전체 형상을 알아볼 수 없는 모호한 형태의 비의성 속으로 끌어당긴다. 명료하고 뚜렷한 구조를 갖지만 아무리 다가가며 시선을 주어도 보이지 않는 고딕 성당과 달리, 구조는커녕 전체 상을 짐작도 할 수 없을 만큼 애매모호한 형태이지만 어디서든 여러 각도에서 대면하게 되는 복수의 관세음보살이 있다. 모호한 비의성은 보는 지점마다 달라지며 다가오는 이 복수의 형상들, 하나의 얼굴이지만 관계에 따라 천의 얼굴이 되는 모호한 연속성에 접혀 들어간 내재성이다. 조건에 따라 다른 형상을 취하는 이 돌봉오리들은 보이지 않는 신의 압도적 힘 아래 무릎 꿇고 복종하며 기도하는 게 아니라, 아무리 보아도 전체를 알 수 없는 모호성 인근을 홀린 듯 맴돌며 돌 속의 관세음보살과 반복하여 대면하게 한다. 친근한 듯하지만 또한 낯선 느낌이 사라지지 않는 보살들의 미소는 아무리 다가가도 충분하지 않은 어떤 거리를 남겨두지만, 거기서 배어나오는 것은 밀쳐내는 초월성의 거리감이 아니라 좀 더 다가가기 위해 방향을 바꾸거나 새 걸음을 시작하도록 끌어당기는 비의성의 거리감이다.

그림 2.8 _ 바로 옆의 자리까지 내주는 바이욘 사원의 관음보살들

초월자와 숭고의 두 형상

고딕 성당은 화려한 '기적의 빛'(lux mirabilis)을 수직적인 신의 나라 안으로 끌어들였다. 그러나 그것은 진정 보고자 하는 것을 볼 수 없음을 보여주는 반어적(反語的)인 빛이었다. '무한'의 거리가 인간과 신 사이에 있는 것이다. 그러나 신이란 말할 수 없는 것이라 해도 그것을 말하려는 시도를 피할 수 없는 것처럼, 볼 수 없는 것이라 해도 보고자 하는 욕망은 제거할 수 없는 것이다. 내가 신의 나라 안에서 '보다'라는 동사의 목적어라는 것이야 피조물 처지에 어찌할 수 없다 해도 나 또한 그 동사의 주어가 되고 싶다는 욕망이 있었을 것이다. 자신이 체험한 어떤 '초월성'을 가시화하고 싶다는 욕망이 있었을 것

이다.[4] 신이라면 직접 드러내 가시화할 수 없겠지만 그 신의 존재를 증거하거나 그 신의 힘과 인접한 어떤 인물들이라면 그 욕망에 부응할 수 있을 것이다. 신은 멀리 절대적 피안의 세계에 있었지만 인간이 사는 차안의 현세에는 인간의 죄를 대속하며 죽은 신의 아들이 있었고 그를 낳은 세간의 가족이 있었으며 더 거슬러 올라가면 신의 부름에 응답하고 배신하고 다시 되돌아오던 역사적 인물들이 있었다.

초월성은 이제 이런 이들의 신체를 둘러싸고 가시화된다. 종교적 초월성을 표현하는 '숭고'(sublimity)라는 미적 범주는 무엇보다 이와 가까이 있다. 결코 볼 수 없는 직접적 초월자 대신 이 현세적 인물들을 통해 드러나는 간접적 초월성이, 정확하게 말하자면 어떤 가시적 대상을 통해 비가시적인 어떤 것을 가시화하는 것이 바로 숭고의 미학을 형성한다. "비가시적인 것의 가시화"[5]는 중세 서구인들이 예술을 규정하는 정의, 바로 그 자체였다. 숭고란 피안의 초월성이 차안의 현세적 대상을 둘러싸며 인간에게 나타나는 감각적 양상이라고 뒤집어 말해도 좋을 것이다.

'신의 아들'이라는 특별한 위상을 갖고 차안과 피안을 연결하는 인물이 여기서 특권적 지위를 갖는 것은 어쩌면 당연하다 하겠다. 이 경우 숭고의 일차적 형상은 인간의 죄를 대속하기 위해 '신의 아들'이 십자가에 달리는 고통의 거대함/위대함(greatness)을 표현하는 것이다. 끝을 목적으로 바꾸고 목적을 원인으로, 원인을 다시 기원으로 치환하는 목적론적 사고 안에서, 더없이 거대한 고통은 인간의 죄를 짐 진 '위대한' 목적이 되고 다시 그것은 그 죄를 짐 진 이의 탄생 이유가

---

(4) '생각하다'라는 말의 주어를 근거로 '존재하다'라는 말의 주어가 '나'임을 확인했던("나는 생각한다, 고로 나는 존재한다") 데카르트 이후의 근대적 망탈리테 안에서라면 더욱 그랬을 것이다.
(5) 움베르토 에코, 손효주 역(2009), 『중세의 미학』, 열린책들.

된다. 탄생의 순간으로 옮겨간 이 위대함은 이후 그 사람의 삶의 행적의 모든 순간으로 확장되고, 그와 결부된 인물들로 확장되며, 그 인물들의 모든 표정에 처음부터 항상-이미 존재하는 것으로 상상되게 된다. 고통의 형상을 벗은 이 성스러움은 숭고의 이차적 형상이다.

그렇기에 흔히 숭고 개념을 통해 설명되지만, 엄밀히 말하자면 레오나르도 다빈치나 라파엘로의 〈성모자상〉과 같이 평화롭고 자애로운 그림에서 광배(光背)나 표정으로 표현된 '초월성'은 숭고보다는 '아름다움'에 속한다. 물론 그 작품들에 등장하는 신의 분신들이 신과 이어진 초월성을 상기시키는 건 사실이지만, 칸트 식으로 말하자면 이는 '숭고의 분석학'이 아니라 '미의 분석학'에 속한다.[6] 즉 무심한 관심의 평정심 속에서 '아름답다'고 느끼게 되는 미적 대상이다. 숭고의 미학이 일차적 의미에서 가동되는 곳은 '은총'이 느껴지는 평화로운 세상이 아니라 영웅적 저항이나 희생이 발생하는 참혹한 비극이다. 삶의 기쁨이 피어나는 곳이 아니라 죽음의 공포마저 감내하는 곳이다. 서양의 예술이나 미학이 천착했던 것이 비극이었다는 사실은 이와 무관하지 않다.

이 점에서 보면 숭고미의 일차적 형상에 부합하는 것은 라파엘로의 〈성모자상〉이 아니라 벨라스케스의 〈십자가에 못 박힌 예수〉 같은 그림이다. 많은 화가에 의해 빈번히 그려지던 이런 그림 가운데서도 벨라스케스의 그림은 '초월성'의 도상인 광배마저 최소 크기로 축소시킨다. 못 박혀 늘어진 신체에 스며들어 잠식하는 새까만 어둠은 그가 감내해야 했던 고통의 크기가 상상할 수 없을 만큼 거대함을 보여준다. 이는 또한 그가 짐 지려 했던 인간의 죄의 크기이기도 할 것

---

(6) 임마누엘 칸트, 백종현 역(2009), 『판단력비판』, 아카넷.

그림 2.9 _ 벨라스케스, 〈십자가에 못 박힌 예수〉

이다. 이는 보는 이에게도 고통과 비감을 동반하는 감정을 야기한다. 그가 마주해야 했던 고통의 거대함, 그에 대한 놀라움과 두려움, 그로부터 나오는 경외감, 정확하게 이런 것들의 복합체인 숭고미의 탁월한 사례를 여기서 본다.

초월성의 사유는 숭고의 감정을 불러낸다. 숭고의 미학은 초월성의 미학이다. 일차적 형상이든 이차적 형상이든 숭고란 구체적 형상으로 재현된 대상을 통해 드러나는 어떤 것이지만 결코 재현될 수 없는 어떤 초월성의 표현이다. 그것이 없다면 〈모나리자〉는 단지 레오나르도 다빈치의 이웃에 살았던 한 여인의 초상화에 불과하게 된다. 가시관을 쓰고 십자가에 매달린 예수를 그릴 때 예수의 정확한 모습보다 더 중요한 것은 고통마저 성스럽게 만드는 초월적인 어떤 느낌을 그리는 것이다. 따라서 숭고는 '재현될 수 없는 것의 재현'을 요구한다. 재현 불가능한 것이니 명시적으로 재현해서는 안 되지만, 재현되는 대상보다 오히려 더 중요하기에 반드시 재현되어야 할 어떤 것을 재현하라고. 그리고 이는 언젠가부터 서구를 넘어 신성한 것, 비의적인 것, 대상을 넘어선 어떤 것을 표현하는 모든 것으로 확장된 것 같다. 이젠 비서구 예술을 다룰 때조차 무언가 성스러운 것, '영성'이 느껴지는 초월적인 어떤 것을 다룰 때면 어디서나 만나게 되는 개념이 '숭고'다. 숭고의 미학을 통해 '초월성'이 모든 신성함을, 재현된 대상을 넘어선 모든 비의적(祕意的) 감응을 포획하게 된 것이다.

이렇게 신을 떠난 위대함과 성스러움은 세속적 영역으로 확장되며 신의 분신들로부터 벗어난다. 볼 수 없는 초월자를 떠나 가시적 신이나 세속적 인물의 위대함으로 확장된다. 그것은 그리스 등의 이교적(異敎的) 신화 속 인물일 수도 있고, 왕이나 영웅적 인물일 수도 있다. 신의 영역을 벗어난 이 성스러움의 형상은 이제 역으로 일반화되어 숭고의 세속적 형상이 된다. 이러한 세속화는 숭고의 개념 자체가 종교로부터 독립될 때 완성된다. 숭고의 미학에서 칸트가 중요한 것은 이 때문이다. 그는 숭고를 수학적 내지 물리학적 크기의 개념을 통해 세속화한다. 숭고는 이로써 자연학적 사태로 변환된다.

세속적 숭고와 숭고의 미학

무한의 거리 저편에 있는 초월성을 뜻하던 숭고가 세속화되는 것은 르네상스와 근대를 거치며 예술이 종교적 영역을 벗어나 세속의 인물이나 대상, 사건이나 장면을 다루게 되면서다. 숭고 개념의 '기원'을 찾던 이들이 '롱기누스'(pseudo-Longinus)라는, 실은 제대로 된 이름도 알지 못하기에 '위'(僞, pseudo)라는 말을 덧붙여가며 1세기경의 그리스인 문헌을 찾아낸 건 신 없이 숭고를 정의하려는 이 세속적 관심이, 가능하면 좀 더 먼 기원을 찾고자 하는 근대적 욕망과 손잡은 결과였을 것이다. 숭고라고 번역된 그리스어 홉수스(Hopsus)는 '높음'을 뜻하는데, '고귀함', '고결함'을 함축한다. 롱기누스는 숭고를 '고결한 패배'가 주는 감동으로, 그에 따른 상승의 일체감으로 정의한다. 대개는 죽음으로 귀착되는 고결한 패배를 통해 높은 것에, **무한한 것에 참여한다는 일체감**이 주는 쾌감이 롱기누스에게서 찾아낸 '숭고'였다.[7]

여기서 보이듯, 기독교의 신에서 벗어나 초월성을 세속화하는 데 핵심 거점이 된 것은 **신과 무한의 등식**이었다. 무한자로서의 신 개념이 신 없는 무한으로, 무한에 가까운 거대함으로 치환되면서 초월성은 신과 그 분신들로부터 탈영토화되어 세속화된다. 하지만 숭고 개념의 종교적 기원에 애착을 가진 이들은 이 등식을 통해 역으로 무한을 신으로 되돌려놓는다. 등치된 것 간의 대칭성은 하나를 다른 하나로 되돌려놓는 통로이기도 한 것이다. 이로 인해 숭고는 종교적인 것과 세속적인 것 사이에서, 신과 무한 사이에서 동요한다. 롱기누스를 되살려낸 사람은 프랑스의 '고전주의자' 부알로였는데, 그는 이 '고전적' 숭고의 개념과 기독교를 분리한다. 롱기누스의 숭고 개념은 분명 기독교와는 다른 이교적 감각에 속하는 것이었고, 부알로는 이로써 종교에서 벗어난 세속적 미감으로서 숭고를 다루고자 했던 것이다. 반면 영국의 비평가 존 데니스는 이 숭고 개념을 적극 받아들이면서도 이를 다시 '두려움을 동반하는 열정적 정념'이라고 재규정하며 기독교의 종교적 관념과 연결한다. 이를 이어받으며 에드먼드

버크는 숭고란 '신의 무한한 힘 앞에서 느끼는 두려움'에서 비롯되는 감정이라 정의하면서 '아름다움'과 구별한다. 롱기누스와 반대로 무한한 것에 참여할 수 없는 유한성의 경험을, 그에 따라 공포와 두려움을 동반하는 불쾌한 쾌감을 숭고라고 정의한 것이다.

무한한 어떤 것의 힘 앞에서 스스로 고귀한 패배를 선택한 영웅을 통해 느끼는 일체감과 무한한 존재에 결코 도달할 수 없다는 데서 오는 미소(微小)한 자의 두려움. 숭고는 상반되는 것처럼 보이지만 실은 대칭적인 이 두 극 사이에서 동요하며 종교와 세속의 간극을 메우고 있었던 것이다. 하지만 이러한 대칭성 안에서 숭고는 여전히 종교적 신에게서 충분히 벗어나지 못한다. 칸트가 숭고의 대상을 피안의 초월자에서 차안의 거대함으로 바꾸어놓았을 때 이제 그 거대함은 종교적 초월자로부터 벗어나 세속적 일반성을 얻게 된다. 여기서 결정적인 것은 크기다. "숭고란 단적으로 큰 것", 즉 "일체의 비교를 넘어서 큰 것"이다.[8] 이처럼 숭고는 압도적 크기와 연결됨으로써 신이나 '영성'을 벗어나 세속화된다. 간신히 모면한 이의 눈에 들어오는 거대한 산사태나 경외감을 자아내는 거대한 폭포, 혹은 죽음이 기다리고 있을 뿐임을 뻔히 알면서도 피하지 않는 의연한 결단…. 사실 산사태나 지진처럼 압도적 힘으로 덮쳐오는 사태를 직접 대면할 때 우리는 '공포'의 감정을 경험한다. 숭고는 공포가 아니다. 공포와 달리 숭고는 그렇게 압도적 힘의 위험에서 한발 비켜난 '안전함'을 조건으로 한다. 즉 거대한 힘을, 위험에서 벗어난 지점에서 대면할 때 우리는 그 힘에 경탄하고 감동하며 '숭고'의 감정을 경험한다. 그런 점에

(7) 미셸 드기, 「고양의 언술」, 장-뤽 낭시 외, 김예령 외 역(2005), 『숭고에 대하여』, 문학과지성사, pp. 11~22.
(8) 칸트, 『판단력비판』, B80~81.

서 숭고란 공포 속에서도 결단한 자에 속한다기보다는 공포에서 벗어나 그 결단을 지켜보는 자가 느끼는 감정이라 하겠다.

이처럼 칸트는 거대한 것 앞에서 무력함을 느끼게 하는 동시에 거대한 것을 향해 상승하려는 초감각적 능력을 일깨우는 이 역설적 대상을 통해 숭고를 정의한다. 이때 거대함은 도달 불가능한 대상의 지고함을 상기시키는 게 아니라 결코 이길 수 없을 것과 맞서려는 주체의 위대함을 환기시키게 된다. '무한'이라 할 만큼 너무 거대하여 감각적으로 재현하려는 상상력마저 와해하는 대상이 될 때조차, 그것은 역설적이게도 무한을 향해 상승하려는 이성의 '이념'이 우리 내부에 존재함을 느끼게 한다. 상상도 할 수 없는 거대함이 주는 곤혹스러운 불쾌감과 무한한 것을 다룰 수 있는 이념적 능력이 존재한다는 사실이 주는 쾌감의 역설적 공존, 그것이 숭고라는 감정이다. 이런 점에서 칸트는 숭고를 아름다움과 대비한다. 숭고는 아름다움이 아니다. 숭고의 감정은 '아름다운 것'이 주는 무심한 평정심과는 반대로 두려움마저 동반하는 동요와 짝지어진다. 죽음의 공포와 직결된 압도적 사태는 결코 아름답지 않다. 하지만 처참하다 할 그 사태와 맞서는 자는 숭고하다. 이로써 크기의 '거대함'은 '위대함'의 감정으로 변환된다. 평정심과 쾌감을 주는 미감과 달리 슬픔과 비감을 동반하는 감동을 통해 고통의 거대함을 넘어 초월적인 것을 향해 상승하는 고양감을 얻는다. 나도 그처럼 그리할 수 있으리라는 동일시가 발생한다. 가장 소중한 것의 상실을 견뎌내는 비극성이, 거기서 얻는 고양감이 숭고의 감정에 곧바로 이어져 있음은 알기 어렵지 않다. 칸트는 상상력을 뛰어넘는 거대함을 이성의 형식인 '이념'이 담아낸다고 본다. 그 '이념적' 판단을 통해 거대한 것과 맞설 수 있는 용기를 갖게 된다는 것이다. '자유'란 계산을 넘어선 어떤 것, 어떤 이득도 보이지 않는 것을 향해 자신을 밀고 가는 것이다. 이런 자유와 짝하는 '이념'을 통해 숭고는 신이 아니라 인간에게 속한 위대함으로 치환된다. 숭고란 공포와 고통을 야기하는 그 거대한 것과 맞설 수 있는 어떤 것이 자기 안에 있다는 감정을 통해 얻어지는 것이다. 목숨을 걸고 죽음이 기다리는 곳으로 의연하게 들어가는 영웅의 비극이 주는 감동은 이로부터 발생한다.

숭고는 거대한 크기라는 자연학적 사실을 통해 정의됨으로써 신으로부터 독립한다. 세속적인 것 어디서나 체험될 수 있는 미적 감정으로 일반화된다. 칸트에게 그 세속적 현실은 무엇보다 '자연'이었지만 그것이 인간이 만든 것 안으로 들어가기란 아주 쉬운 일이다. 가령 20세기 중반 추상표현주의 예술가 바넷 뉴먼이나 마크 로스코가 한눈에 들어오지 않는 '거대한' 캔버스로 숭고의 미학에 다시 천착하고자 했던 것이 이를 잘 드러낸다. 프랑수아 리오타르나 장 보드리야르 같은 포스트모더니즘 이론가들이[9] 재현 불가능한 것을 재현하려는 숭고의 미학이 불가능하게 된 사태마저 숭고의 개념으로 다루고자 했던 것은 숭고 개념의 미학적 집요함이 얼마나 강력한 것이었는지를 보여준다.

여기에 우리는, 굳이 '숭고'라는 개념을 직접 사용하지 않을 때조차 여전히 작동하는 유사한 비극적 사유를 추가할 수 있을 것이다. 키르케고르는 초월자의 무한히 거대한 힘 앞에서 유한자인 인간이 느끼는 무력감과 전율을, 이후 벌어질 사태를 짐작하지 못한 채 심연

---

[9] 리오타르가 재현 불가능한 것을 보여주는 일의 불가능함을 통해 포스트모더니즘을 다루려 했다면(「포스트모더니즘이란 무엇인가」, 김욱동 편(1990), 『포스트모더니즘의 이해』, 문학과지성사, 166~169쪽), 보드리야르는 팝아트가 상품세계의 일상성과 평범성으로 과거의 종교적 숭고를 대신한 것을 숭고의 현대적 버전이라 본다(『소비의 사회』, 문예출판사, 279쪽).

을 향해 뛰어들려는 자의 '불안'이라는 말로 규정한 바 있다.[10] 『존재와 시간』에서 하이데거는 '죽음으로 미리 달려가보는 결단'을 통해 도래하는 다른 삶의 가능성을 받아들이는 것으로써 현존재(인간)의 본질적 실존(Existenz)을 정의한다. 이런 관점에서 자유란 선택 가능성이 아니라 반대로 '달리 어떻게 할 수 없음을 견디는 것'이 된다.[11] 비극적 영웅의 결단이 이런 사유의 모태라는 것은 분명하다. 여기서 '신 앞의 단독자'라는 키르케고르의 종교적 지향과 도래하는 가능성을 받아들이는 '실존적 각자성'이라는 하이데거의 세속적 지향이 결코 다르지 않은 감정임은 알기 어렵지 않다. 비극성과 숭고를 세속화하려는 반복적 시도에도 불구하고 그 감정의 태생적 기원인 신이라는 초월자는 끝내 사라지지 않고 되돌아오는 것이다.

숭고의 미학에 따르면, 위대함을 향해 상승하는 그 느낌이 우리의 일상적 감각을 압도하며 무언가 알 수 없는 어떤 것으로 다가올 때 우리는 현세적 현실을 넘어 저기 높은 곳에 있는 '초월성'의 세계로 들어선다. 초월자의 압도하는 힘에 두려워하면서도 그것을 피하지 않고 대면하면서 그것을 향해 상승하려는 욕망이, 그리고 반감과 공감이 뒤섞인 불안의 감정이 거기에 있다. 압도적 대상이 존재하는 곳에서 공포와 쾌감, 반감과 공감, 불안과 전율이 뒤섞이며 '감각적 착란'이 발생하는 것은 자연스러운 일인지도 모른다. 내가 끼어들 수 없는 '무한' 앞에서 느끼는 무력감이 그 무한의 힘에 대해 경외감으로 전환되는 것도 자연스러운 일이다. 그 경외감은 거대한 힘 앞에 선 자가 지닌 두려운 마음으로 그 대상을 '존경'하는 마음이다. 이

---

(10) 쇠렌 키르케고르, 임규정 역(2007), 『죽음에 이르는 병』, 한길사.
(11) 마르틴 하이데거, 이기상 역(1998), 『존재와 시간』, 까치.

런 마음은 이내 '숭배'하는 마음으로 이어진다. 그리고 그 존경과 숭배 행위를 통해 자신의 소망과 그 초월적 힘을 동일시하고, 그런 동일시를 통해 자신이 그 힘의 보호 아래 있다는, 그런 방식으로 그 힘을 갖고 있다는 오인이 발생한다. 종교만큼이나 정치가 거대함에 기대는 숭고의 미학을 선호하는 것은 이 때문이다. 거대한 궁전, 거대한 기념물은 시대를 막론하고 국가권력이 애호하는 것이었으며, 거대한 동상은 좌우를 막론하고 위대함을 증명하고자 할 때 즐겨 세우던 것이었음을 우리는 안다. 대중의 감동을 먹고 사는 영화나 드라마에서 비극적 감동을 증폭하기 위해, 맞서야 할 대상을 최대한 크게 만들고 다가올 사태를 최대한 불안하게 만들려는 시도가 반복되는 것은 이런 이유에서다.

잊지 말아야 할 것은 이 비극적 사유가 실은 목숨을 거는 사태를 향해 자신을 바치라는 통속적 선동에서 다시 발견된다는 사실이다. 여기서 주의해야 할 것은 전쟁과 테러를 향해 유인하는 섬뜩한 선동, 죽음을 향한 선동이 갖는 당혹스러운 설득력이 바로 이런 숭고의 미학에 기반하고 있다는 사실이다. 죽음을 감수하라는 선동은 감동 없이는 사람들을 설득할 수 없다. 이념의 논리가, 비극의 미학이 거기에 있다. 숭고의 미학이 가동하는 미적 감정이, 사유가 작동하기 전에 그러한 사태를 받아들이도록 설득하는 것이다. 이러한 미학은 초월적 신이나 가치 앞에서, 혹은 국가나 이념 같은 거대한 대의 앞에서 나의 삶을 작고 초라하게 만든다. 동시에 죽음을 무릅쓰는 결단을 위대한 것으로 만든다. 고통이나 패배, 비극 같은 부정적 사태를, 대결이라는 또 하나의 부정을 통해 '고결한 것'으로 상승시키는 숭고의 고양감이 종종 죽음마저 무릅쓰게 하는 것이다. 고통의 부정 같은 이중부정을 긍정으로 오인하게 하는 교활한 변증법이 이 감정과 손을 잡고 있다. 고통을 무릅쓰는 것을 '자유'라고 찬양하며, 목숨을 던지는 것을 고결하다 찬미하는 수사학이 그토록 오래 지속된 것은 목적의 광채로 과정의 중요함을 지우는 이 변증법 덕분이다. 이러한 종류의 언설은 모두 숭고의 고양감에 도취한 비극적 영웅주의 감정에 기대고 있다. 희생을 예찬하며[12] 우리에게 목숨 건 영웅이 되기를 권하는 전쟁의 언사들, 거창한 목적이나 대의를 이유로 처참한 폭력이나 살해마저 아무것도 아닌 듯 여기게 하는 이념의 언사들은 모두 이 비장한 숭고의 감정을 모태로 한다. 카미카제 비행기를 탄 청년 비행사들로 하여금 '죽음으로-미리-달려가보게' 한 것은 논리적 설득보다 선행하고 그것보다 강력한 그러한 미학적 감정이었다.[13]

미학적 여래

종교적 예술작품을 다룰 때 우리는 빈번하게 숭고의 미학과 만난다. 이는 초월자나 유일신을 가정하는 경우로 국한되지 않는다. 종교적 체험이 일상과는 단절된 어떤 비약을 포함하기 때문일 것이다. 그것은 일상을 '벗어나 있다'는 의미에서 '초월적'이라고 간주된다. 그런 체험적 사건과 그것을 멋지게 표현하려는 예술적 욕구 사이에서 조성되는 작품들이 주는, 통상 만나는 사람이나 사물과 다른 '성스러운' 느낌이 흔히 '숭고'라는 말로 표현된다. 그렇기에 초월이나 숭고라는 말을 배태한 애초의 조건이나 맥락에서 벗어나 성스러운 느낌을 주

---

(12) 하이데거, 신상희 역(2005), 「형이상학이란 무엇인가」, 『이정표 1』, 한길사.
(13) 오오누키 에미코, 이향철 역(2004), 『사쿠라가 지다 젊음도 지다』, 모멘토.

그림 2.10 _ 간다라의 석가모니 고행상   그림 2.11 _ 중국 빙링시 석굴의 석가모니 고행상

는 모든 것에 대해 초월이라는 말을 사용하고 숭고의 미학을 적용한다. 이는 불교예술에서도 다르지 않다.

　불상이나 그림, 혹은 공간에서 성스러움의 감정을 느끼게 되는 건 사실인데, 숭고 말고 그것을 표현할 마땅한 개념도 없으니, 변용된 의미를 담아 적절히 사용하면 되지 않을까? 부처가 초월자는 아니라 해도 재현된 것 너머에 있는 어떤 것이라는 점에서 이를 숭고미라고 할 수 있지 않은가? 불교미술에서도 불쾌감이나 고통을 주는 거대한 어떤 것과 대면하고, 그것을 넘어서려는 의지를 확인하며 느끼게 되는 숭고의 미감이 있지 않은가? 아니라고 하기는 어렵다. 간다라시대의 유명한 석가모니 고행상은 아마 불교미술에서 숭고의 미학을 보여주는 극적 사례라 할 것이다. 그 누구도 감당할 수 없을 듯한, 고행

미학적 여래　　　　　　　　87

의 압도적 크기가 홀쭉한 배와 앙상한 뼈, 돋아난 핏줄과 움푹 팬 눈두덩으로 탁월하게 표현되어 있다. 생명의 저편과 이어져 있는 그 거대한 고통, 그것과 맞선 수행자의 용기는 숭고의 감정을 일으키기에 충분하다.

그러나 이 불상은 부처의 형상 가운데 아주 예외적인 경우라 할 것이다. 간다라의 그리스적 기원을 상기시키는 미술사의 잘 알려진 해석을 진지하게 고려한다면 인도나 동양이 아니라 **그리스적 감수성에 속한 것**이라고 해야 할지도 모른다. 그래선지 동양의 그 많은 불상 가운데 이처럼 숭고한 고행자의 모습을 한 불상은 그리 많지 않다. 중국의 빙링시 석굴(炳靈寺 石窟) 169굴 남벽에는 부조된 고행상이 있지만, 이 불상은 갈비뼈와 가슴뼈가 드러난 와중에도 미소 짓고 있는 얼굴이라 신체적 고통은 얼굴 뒤로 사라져 고행의 숭고함을 느끼기 어렵다. 여기에선 고통을 넘어서는 숭고한 용기보다는 고통에 흔들리지 않는 평온함이, 아니 실은 고통의 신체와 웃는 얼굴 간의 어긋남에서 발생하는 익살의 감응이 느껴진다. 익살은 숭고를 지운다. 숭고는 **압도된 자들의 비장함**을 감정적 토양으로 하기 때문이다.

반복하지만, 숭고는 단지 성스러움의 미감이 아니다. 고귀한 패배도 위대한 대속도, 혹은 거대한 산사태도 결코 좋아할 수 없는 불쾌감에서 오는 역설적 쾌감이다. 그저 '아름답다'라고는 할 수 없는 어떤 비극적이고 고통스러운 사태 속에서 발생하는 감정이다. 상상할 수 없는 고통이나 대의를 위한 죽음, 그 거대한 고통을 향해 의연히 맞서려는 '이념'이나 '결단' 같은 것을 숭고의 미학은 불러낸다. 그러나 이런 고통스러운 사태나 비극은 불상이나 불화에 등장하는 부처나 보살과 별로 관계가 없다. 굳이 관계있는 걸 찾자면 남을 위해 자기 몸을 보시하는 석가모니의 전생담('본생담') 정도일 것이다. 하지만 이조차 감동을 주도록 증폭하지 않고 믿을 수 없을 만큼 담담하게 이야기한다. 몸 바치는 보시를 하라고 설하지도 않는다. 지옥의 중생을 모두 구한 후에야 성불하겠다는 지장보살의 '거대한' 결단조차, 상상할 수 없는 비극적 고통을 전제로 작동하는 숭고의 감정과는 거리가 있다.

그렇지만 불교 또한 석가모니를 '위대한' 스승으로 삼고, 부처라는 높은 지향점을 가지며, 이를 통해 세간의 고통을 넘어선 세상으로 상승하려 하지 않는가? 석굴암의 본존이나 보살상 같은 탁월한 불상에서 사실적 재현을 뛰어넘는 '초월성'을 보고 '숭고함'을 느낀다고 흔히 말하지 않는가? 그런 개념을 사용하는 것이 문제라 해도, 그런 사태를 부정할 수는 없지 않는가? 그것이 실은 작품을 만들 때 예술가들이 만들고자 하는 지향 아닌가? 그렇다면 최소한 그걸 표현할 다른 어떤 개념이 있어야 하지 않을까? '초월성'이나 거대한 고통과 무관하지만 예술작품에서 빈번하게 경험하는 지고하고 경외스러운 느낌을 표현할 적절한 개념이 필요하지 않은가?

확실히, 불상을 만들면서 부처의 몸만 만들었다면 그건 예술이라 하기 어렵다. 예술이라는 자의식이 있든 없든 탁월한 작가는 불상을 만들 때 **불상 이상(以上)**을 만든다. 재현된 형상 이상의 무언가가 불상에서 배어나오게 한다. 그들은 어쩌면 이렇게 말하고 싶었을 것이다: "성상(聖像)을 만들 때 우리가 진정 만들고자 했던 것은 상(像)이 아니라 성(聖)이었다." 돌부처에서 돌부처만을 본다면 그 돌부처로 표현하고자 한 것을 보지 못한 것이다. 돌부처에서 보아야 할 것은 돌도 아니고 가부좌하고 앉아 있는 불상도 아닌, 그 형상으로 귀속되지 않는 '부처'다. 의미는 미묘하게 달라지지만, 『금강경』의 유명한 문구처럼 이를 적합하게 표현한 것이 없다. "모든 상 있는 것에서 상 없는 것을 본다면 여래를 보리라"(若見諸相非相 卽見如來). 작가들을 겨냥해, 이렇게 바꾸어 써도 좋을 것이다. "상 있는 것을 만들 때 진정 만들어야 할 것은 상 없는 것이다." 따라서 우리가 불상이나 불화에서 진정 보아야 할 것은 '여래'다. **상 있는 것에서 배어나오는 상 없는 여래**다. 작품의 상 안에 거하는 미학적 여래다.

이를 굳이 '미학적' 여래라 명명함은 깨달은 자를 뜻하는 종교적 개념이나 불성이나 진리, 공성을 뜻하는 철학적 개념과 그것을 구별해야 하기 때문이다. 즉 여기서 '여래'는 분명 상을 갖는 것에서 보게 되는 상 없는 것이고, 상을 '넘어서는' 어떤 것이다. 이제까지 '숭고'하다고 표현되던 어떤 미감을 표현하기 위해 **미학적으로 재정의된** 여래다. 종교적으로 여래(如來)는 부처를 뜻하지만 미학적으로 여래는 '부처'의 형상을 넘어선 어떤 것을 뜻한다. 철학적으로 여래는 만물의 실상인 공(空)을 뜻하지만, 미학적으로 여래는 가시적 대상을 둘러싸고 배어나오는 어떤 비가시적인 것을 뜻한다. 상 없는 상이고 상을 넘어선 상이지, 그저 상 없음의 '공'이나 '무'(無)가 아니라는 것이다. 그것을 '여래'라 함은 상 있는 것에 응결되어 있는 어떤 것, 그렇기에 상 밖으로 배어나오는 **'성스러운' 어떤 감응**을 표현하기 위해서다.

따라서 미학적 여래는 여래를 조각한 상이 아니다.[14] 종교적 여래는 '여래를 조각한 상'으로 지칭되는 어떤 인물이나 그의 특이성을 뜻하지만 미학적 여래는 '여래를 조각한 상'에서 배어나오는 어떤 분위기이고 그 분위기를 타고 퍼지는 어떤 느낌을 뜻한다. 이것이 분명

---

(14) 이는 다음과 같은 말과 대비된다: "불상은 부처를 조각한 것이다. 여래를 조각한 것이다. '깨달은 자'를 형상화한 것이다. 그러므로 조각에 있어서의 양감, 면, 표면구조 등 조형언어를 통하여 부처가 무엇인지 그 본질을 파악할 수 있다고 믿는다. […] 그 조형언어를 올바로 읽을 줄 알게 되었을 때, 부처의 본질에 닿을 수 있다고 확신한다"(강우방, 『원융과 조화』, 25쪽).

하게 구별되지 않는다면, "불상이 깨달은 자로서의 부처의 본질을 표현하는 것이며, 불상을 볼 때 그것을 파악하는 것이 중요하다"[15]라는 생각은 미학적 판단이 아니라 종교적 판단에 속하게 된다. 종교적 여래는 불상으로 재현되지만, 미학적 여래는 그렇지 않다. 즉 여래를 재현한 모든 불상이 미학적 여래를 동반하지는 않는다.

미학적 여래도, 성스러움도 형상으로 재현할 수 없는 어떤 것의 표현이다. 그러니 이것만으로는 상 없는 여래와 숭고의 성스러움이 구별되지 않는다. 식별의 지점을 찾아내려면 '상 없는 것'이 무엇인지를 다시 물어야 한다. '여래'라고 했던 그 '상 없는 것'이, 무한을 극한으로 하는 거대한 크기로 정의될 수 있는지, 재현 능력을 넘어선 초월성과 포개질 수 있는지를 물어야 한다. 상 있는 것에서 '여래'를 볼 때 발생하는 '영적' 감응이 숭고라 불리는 저 거대한 힘 앞에서 느끼는 놀라움이나 경외감과 어떻게 다른지를 물어야 한다.

먼저, 탁월한 불상이나 그림에서 재현된 대상 이상의 무언가를 느끼게 되는 것을 두고 칸트적 의미에서 '아름답다'고 하기는 어렵다. 비록 그것이 아름다운 형상을 하고 있을 때조차 '아름답다'는 말은 그것을 표현하기에 적절하지 않다. 우리는 아름다운 것에 찬탄하고 그것을 좋아하지만, 아름답다는 이유로 그것에 절하고 경배하지는 않기 때문이다. 그렇다고 미학적 여래가 고통이나 불쾌감에 기인하는 쾌감이라곤 할 수 없다. 다시 말해 그처럼 절하고 존숭하는 대상으로서 석가모니나 일체의 부처들이 위대하다고 하지만, 이 또한 칸트적 의미에서 '숭고'라고 하긴 어렵다. 그것은 어떤 의미에서도 중생을 압도하는 거대한 힘 때문이 아니어서다. 중생인 우리가 아무리 왜

---

(15) 이인범(2003), 「종교적 무는 어떻게 표상 가능한가」, 『미술사학보』, 제20권, 13쪽.

소하다 해도, 부처 된 이들의 위대함이 우리로선 우러러볼 뿐 다가갈 수 없는 무한의 힘은 결코 아닌 것이다. 오히려 그 힘은 모든 중생 자신이 갖고 있는 잠재성이고, 지금 현행화되지는 않았으나 자신의 행을 닦음으로써 모든 중생이 도달할 수 있는 능력이다. 그렇기에 '지금 여기 있다'고 할 수는 없지만, 그렇다고 '없다'고도 할 수 없는 차안의 현실이다. 모든 상 있는 것에서 상 없는 여래를 보리라 함은, 그 상 있는 것 모두에 여래가 있음을 함축한다.

다른 한편, 불상 앞에서 절하고 숭배하며 구원을 비는 경우에도 그것은 압도적 힘 앞에서 느끼는 두려움에서 오는 경외감과는 근본적으로 다르다. 굳이 시무외인(施無畏印)을 한 불상이 아니어도, 모든 불상은 반대로 일체의 두려움을 없애주려는 의지를 가시화하여 중생의 마음에 평온함을 주고자 한다. 또한 부처나 보살의 위대함은 참혹한 죽음마저 감수하며 '고결한 패배'를 향해 의연히 나아가는 비극적 영웅의 그것과도 거리가 멀다. 부처의 형상을 통해 중생에게 '고양된' 삶을 촉발하고자 하지만, 그것은 현세 저편의 피안으로 '상승'시키기보다는 차라리 흔들림 없는 적정과 적멸을 향해 현세적 차안으로 '하강'시키고자 한다. 때로는 아미타불이나 미륵불처럼 세상을 바꾸는 거대한 능력의 부처를 통해 구원을 약속하고 그로 인해 '숭배'와 기도의 행위를 야기하지만, 그마저도 '불안'의 감정과 짝하는 구원의 약속을 통해 대중을 복속하려는 게 아니라 불안을 지워 지금 여기의 삶에 평정을 주려는 것이다. 그렇다면 이 미학적 여래가 주는 감응을 '아름다운 것'이 주는 쾌감과 대비되는 숭고의 감정이라 할 수 있을까? 평정의 상태를 깨며 불안과 동요를 야기하는, '불쾌감에서 기인하는 쾌감'이라 할 수 있을까?

모든 항목에 그렇다고 동의할 수 있을지는 모르지만, 미학적 여래의 상 없는 상은 도달할 수 없는 초월자나 끼어들 수 없는 무한의 압도적 크기와도, 그 거대한 힘 앞에서 느끼는 두려움을 짝으로 하는 고양과 상승의 감정과도 거리가 멂은 분명하다. 오히려 그것과 반대 방향에 있다고 해야 더 적절할 것 같다. 따라서 그러한 의미를 내포하는 초월성과 숭고 개념을 불교미술에 그대로 적용하는 것은 부적절하다. 그렇다면 탁월한 형상의 불상이나 그림 앞에서 우리가 느끼는 특이한 감응, 눈앞에 있는 대상의 사실성으로 귀속되지 않는 어떤 특별한 감응을 어떻게 명명하면 좋을까 다시 물어야 한다. 숭고의 미학과 다른 상 없는 '여래'의 작용을 어떻게 해명할 수 있을까? 어떤 초월자를 가정하지 않으면서도 상을 그저 상으로 보는 통상적 경험과 다른 이러한 경험에 어떻게 분석적으로 접근할 수 있을까? 가시적 상을 갖는 어떤 대상과의 만남에서 오는 것이니 그저 주관적이라 할 수 없지만 그렇다고 모든 상 있는 것에서 발생하는 것이 아니니 대상에 귀속할 수도 없는 어떤 경험을, 상 있는 대상과의 관계 속에서 발생하지만 그 관계를 슬그머니 벗어나버리는 이 넘어섬의 경험을 어떻게 개념화할 수 있을까?

현묘의 미학

미학적 여래는 상을 넘어선 상이다. 이는 불교예술을 방향 짓는 **하나의 미학적 이념**이다.[16] 이는 불상이나 불화를 만들 때, 제작자를 이

---

(16) 미학적 여래가 '하나의' 미학적 이념이라 함은 그것이 불교미학 전체를 포괄하진 않기 때문이다. 우리는 뒤에서 이 금빛 여래와 대비되는 검은 여래와 하얀 여래가 있음을 볼 것이다. 그리고 이러한 여래들이 불교미학 전체의 범위를 구성하는 것도 아니다. 가령 여래의 미학에는 성스러움의 감응을 낳는

끄는 방향이고 그렇게 만들어진 상에서 어떤 미감을 느낄 때 그 감응을 이끄는 힘이다. 미학적 여래를 구현한다 함은 경전으로 전해지는 정확한 상(像)대로 불상을 재현함이 아니라 보고 듣는 이들을 불도의 세계로 끌어들이는 매혹의 힘을, 최대치의 촉발 능력을 상 속에 응결시키는 것이다. 그렇게 있는 그대로의 상 속에서 다가오는(如來), 상은 없으나 비어 있지 않은 어떤 힘을 상 속에 새겨 넣는 것이다. 그렇기에 미학적 여래는 어떤 정해진 형상의 실체가 아니지만(무실無實), 그저 텅 빈 어떤 것도 아니다(무허無虛). 또한 여래는 있는 상 그대로, 그것과 만난 이들로 하여금 불법(佛法)으로, 고(苦)를 벗어난 삶으로 가도록 이끄는 매혹의 힘이다. 미학적 여래는 그렇게 상을 통해 연기법을 따라 우리에게 다가오고, 그렇게 있는 상 그대로 마주 선 이를 불법으로 가게 하는 미적 이념이다.

상 없는 상과의 만남을 중국 미학의 개념을 빌려 '의경'(意境)이나 '경계'라고 명명하기도 한다.[17] 한린더(韓林德)는 '경생상외'(境生象外)라는 말로 의경을 정의하면서, "실을 허로 만든다"라는 말로 도가의 도나 불가의 공 개념과 연결한다. 그런데 그 말은 과거의 저작들을 인용하며 때로는 뜻(意)과 경계(境)의 결합으로 다시 정의되고 때로는 경계와 정감(情感)의 통일로 규정되기도 하는데 이 세 가지 정의가 동일하다고 너무 쉽게 가정된다. 그러나 대상(境)과 뜻의 만남이 상을 벗어남이라 한다면 이는 표면화되지 않은 어떤 의미를 드러

미학적 여래만이 아니라 익살과 해학, 무한과 유한, 내부와 외부, 대충과 불완전성, 비서구적 감각의 기하학 등으로 요약되는 수많은 미학이 그와 나란히 존재한다. '미학적 여래'와 구별되는 '여래의 미학'에 대한 개념적 정의는 11장에서 다룬다.
(17) 이러한 해석은 이진오(2006), 「형상언어를 통한 불교의 경계의 표현과 예술」, 『미학 예술학 연구』, 23집; 장미진(2007), 「불교미학의 기초개념 연구 시론」, 『미학 예술학 연구』, 25집; 주성옥(2006), 「중국산수화 발전에 끼친 선종 미학의 영향」, 『미학 예술학 연구』, 23집 참조.

냄을 뜻하고, 대상과 정서의 만남이 상을 벗어나는 것이 의경이라 한다면 재현된 대상이 갖는 정서적 효과를 강조하는 것이다. 정서는 의미와 동일하지 않기에 양자는 같지 않다.

더 문제가 되는 것은 미학적 여래가 어떤 감응이고 분위기로 표현되기는 하지만 그것이 의미나 정감이라는 개념과 부합하느냐다. 미학적 여래는 상 있는 것에 응결된 감응이지만, 그것은 정서라는 말로 포괄되는 감응 일반이 아니라 차라리 '성스러움'이라는 말과 가까운 특이한 감응이다. 따라서 '정서와 대상의 결합'은 이를 표현하기에는 너무 포괄적이다. 베르그손 식으로 말하자면, '너무 커서 아무나 입을 수 있는 헐렁한 옷' 같은 것이다. 더 심각한 문제는 '의와 경의 결합'이다. 상을 넘어선다 함은 표면에 드러나지 않은 심층적 의미를 구현하는 것과 같지 않다. 상 없는 상으로서의 여래는 의식의 작용으로서의 의를 넘어서 있기에, '의와 경의 결합'이라기보다는 '경을 넘어섬'이고 그 넘어섬을 통해 의를 정지시키고 와해하는 작용이라는 점에서 차라리 월경(越境)이라 하는 것이 적절하겠다. 의경을 눈 내리는 걸 보며 도를 깨치는 선적 체험 같은 것으로 정의하기도 하지만,[18] 이때 의경은 '주객합일'로 규정되는 '미적 체험'이라는 주관적 사건이나 도를 깨치는 극히 드문 사건이 된다. 너무 작아 맞는 사람을 찾기 어려운 옷인 셈이다. 그러나 석굴암의 불상 같은 탁월한 작품에서 보게 되는 미학적 여래는 합일되는 주관(意)과 객관(境) 사이에서 발생하는 어떤 체험이 아닌, 오히려 상으로 빚어진 것과 그것으로부터 보이지 않게 배어나오는 어떤 대기 사이에서 발생하는 사건이다. 깨달음처럼 희소하지 않고, 특별히 강한 합일의 체험 없이도 감

---

(18) 주성옥, 같은 글.

그림 2.12 _ 석굴암 본존불

지되는 어떤 분위기다.

    부처의 형상을 하나의 모델에 귀속할 수는 없지만 불상을 대하는 이들뿐 아니라 만드는 이들이 모델이나 '이상'으로 삼았을 만한 것이 있다면 그건 아마도 석굴암 본존불이나 그 옆에 있는 보살상 같은 것이었을 터이다. 당(唐)에서 전래되어 이후 일본의 목조불상에 큰 영향을 미친 호류지(法隆寺) 소장 '목조구면관음보살상' 같은 것도 그렇다. 미학적 여래가 스며든 이들 불상은 '아름답지만' 이 아름다움은 대상의 형태보다는 차라리 형태로 귀속되지 않는 어떤 것에서 온다. '상 없는 것'에서 온다. 이 아름다움의 감각은 단순한 감각적 쾌감과는 다른 무엇이다. 그것은 상 있는 것의 상 없음에서 오지만 일종의 고통마저 동반하는 거대하고 초월적인 어떤 것의 무게에서 온다고는 결코 말할 수 없다. 여기서 감지되는 것은 거대함이라는 압도하는 힘이 야기하는 놀라움의 감정이 아니라 적정 속으로 침잠하는 힘이 주는 고요함의 감응이다. 무한한 것에 감히 끼어들 수 없음에서 오는 무력감에 대응하는 두려움의 감정이 아니라 번뇌 없는 세계를 예-시(豫-示)하는 평온함의 감응이다. 무한의 거리를 넘어 초월자를 향해 상승하려는 힘의 고양감이 아니라 들뜬 삶의 번뇌를 가라앉힘으로써 현세 속의 다른 세계로 잡아끄는 깊이감이다. 가 닿을 수 없는 무한한 거리 저편의 초월자와 마주 선 단독자의 불안이 아니라, 우리 자신 안에 내재하는 잠재성을 환기시키며 그 적정의 세계로 인도하는 안정감이다. 동시에 합일과는 달리, 아무리 가까워도 결코 가깝다고 느껴지지 않을 어떤 거리로 인해 '위대함'이나 '성스러움'의 감응을 야기하는 분위기가 거기에 있다.

우리는 그렇게 멋진 불상을 보면서 '여래'를 본다. 이 미학적 여래는 거대한 크기의 힘이나 그걸 갖는 초월자를 상기시키는 것과는 다른 방식으로 다가온다. 어떤 '거대한' 크기로 덮쳐오는 게 아니라, 차라리 대상의 형상에서 알아챌 수 없을 만큼 '작은' 움직임으로 빠져나가는 힘들의 흐름을 통해 야기된다. 그리하여 상 있는 것에서 흘러나와 그 상을 감싸는 상 없는 어떤 힘들의 흐름은, 지각 불가능하도록 작기에 그것이 작용할 때조차 고요한 무수한 힘들의 움직임이 그런 분위기를 조성한다. 거대함도 초월자도 없이, 그저 상 있는 것에서 흘러나와 그 상을 감싸고 있는, 대기와도 같은 상 없는 것의 존재가 '있을' 때 우리는 불상이나 그림 같은 재현된 대상에서 재현되지 않은 어떤 것을 본다. 흔히 '성스럽다'고들 하는 어떤 분위기를 감지한다.

상 있는 것의 상을 지우고, 상 없는 것이 상 있는 것을 둘러싸는 이러한 작용 양상을 '묘공'(妙空)과 '묘유'(妙有)라는 잘 알려진 개념을 미학적 개념으로 바꾸어 사용해 해명할 수도 있을 것이다. **상 있는 것의 상을 '지우며' 고요하고 평온하며 '성스럽다' 할 깊은 안정감의**

분위기로 바꾸어내는 작용이 '묘공'이라면, **상 주변의 빈 공간에 상을 둘러싸는 미묘한 대기를 형성함으로써 가시적으로 재현된 것이 없음에도 불구하고 어떤 것이 '있다'고 느끼게 하는 작용**을 '묘유'라고 할 수 있지 않을까? 그런데 있는 상을 지우고 없는 상을 있는 듯 느끼게 만드는 이러한 작용의 개념에서 미학적 시선이 주목해야 하는 것은 '공'이나 '유'가 아니라 '묘'(妙)이다. '공'이나 '유'라는 말이 어떤 대상의 존재론적 본성이나 존재적 상태를 표현하는 철학적 개념이라면, '묘'는 어떤 대상을 **공이나 유로 이끄는 감각적 작용**을 표현하는 미학적 개념이기 때문이다. 철학적 개념이 사물이나 작품의 유나 공함을 설한다면, 미학적 개념은 있는 것을 지워 공으로 이끌고 없는 것을 생성해 유로 이끄는 감각적 작용을 드러낸다. 감각적 작용으로서의 '묘'를 통해 '공'과 '유'는 미학의 영역으로 들어온다. '묘'를 통해 '묘공'과 '묘유'는 미학적 개념이 된다. 이런 '묘'의 작용을 동사적인 것으로 분리하여 '묘-공'과 '묘-유'라고 표기하는 것도 좋을 듯하다.

상 있는 것의 상 없음을 통해 표현되는 것이 미학적 여래라면, 묘-공과 묘-유는 미학적 여래를 표현하는 감각적 작용이다. 여기서 묘-공과 묘-유를 하나로 모으는 것은 '묘'이다. 이 **'묘'의 작용을 통해 형성되는 대기이자 그 대기에 스며 흐르는 분위기**를 '현묘'(玄妙)라고 하면 어떨까? 즉 현묘란 대상의 경계를 지우는 묘-공의 미묘한 작용을 통해 형성되는 분위기(atmosphere)와 대상이 없는 대기 중에 상 없는 상을 만들어내는 묘-유의 미묘한 작용이 산출한 대기(atmosphere)다. 묘-공과 묘-유의 작용이 산출한 이것이 결코 둘이라 할 수 없음을 부각하기 위해 '분위기'와 '대기'를 동시에 뜻하는 말 'atmosphere'를 이용하는 것도 좋을 듯하다. 현묘란 이 대기를 물들이고 있는 분

위기이자 그 분위기를 머금은 채 상을 둘러싸는 대기를 뜻한다.[19]

공이나 유로 이끄는 것이 묘의 작용이라 하면서 왜 그 작용이 산출한 결과를 굳이 '공'이나 '유'가 아닌 '현묘'라고 하는가 반문할 수도 있을 듯하다. 가장 직접적이고 표면적인 이유는 '공'과 '유'라는 상반되는 두 개의 단어 대신 '현묘'라는 하나의 단어로 묘-공과 묘-유의 결과를 응축할 수 있다는 것이다. 좀 더 중요한 이유는 언어적 편의보다는 개념적 함축이다. 먼저, 묘-공의 감각적 작용으로 산출되는 것은 고요함과 평온함, 안정감과 신성함을 오가는 어떤 감각적 분위기이지 '공'이라는 철학적 관념이 아니기 때문이다. 묘-유 또한 마찬가지다. 물리적 형상을 갖지 않지만 결코 없다고 느껴지지 않는, 눈앞의 물리적 대상을 감싸는 감각적 대기를 산출한다. '묘'가 산출한 이 감각적 결과는 공이나 유라는 철학적 개념이 아니라 현묘라는 독자적인 미학적 개념으로 표현하는 게 더 적절하다. 또 하나의 이유를 추가하자. 사실 중요하다고 생각하는 개념에 최고의 지위를 부여하려는 욕망은 철학 이상으로 미학에서 피하기 쉽지 않은 유혹이다. 이는 그 미학적 개념을 철학이나 종교에서 제시하는 지고한 개념과 포개는 방식으로 쉽게 현행화된다. 이는 가령 야나기 무네요시의 '불교미학'이나 그 자원이 되었던 '다도의 철학'이 극명하게 보여주는 것인데, 그들은 감각적 특이성을 표현하는 미적 개념을 '공'이나 '도', '청

---

[19] 이 개념은 노자의 『도덕경』에 등장하는 개념이라는 점에서 불교미학의 개념으로 적당한가 반문할 수 있다. 하지만 불교미학의 개념이 불교 안의 개념이어야 한다는 말은 '연기법'이라 명명되는 불교적 사유의 방법적 내재성(immanence)을 불교적 언어와 문헌으로 표시되는 영토적 내부성(interiority)으로 오인하는 것이다. 덧붙이면, 최치원은 이 개념을 '풍류'와 더불어 중국 아닌 자국의 '전통적' 개념으로 재영유하려 한 바 있고[최영성(2011), 「최치원의 현묘지도와 유·선 사상」, 『한국고대사 탐구』, 9권], 탄허는 삼교회통을 위해 이 개념을 불교적 사유 안으로 끌어들이려 시도한 바 있다[황상진(2021), 「탄허 택성 사상의 고유성과 독특성」, 『불교철학』 9권]. 하지만 여기서 제안한 '현묘'는 노자의 그것과 다른 미학적 개념임을 다시 한번 강조하고 싶다.

정자성', '불성' 같은 개념과 같은 것으로 승격시켰다. 그러나 이 발빠른 승격은 지고한 자리를 차지한 미적 개념과 다른 것 모두를 '도에서 벗어난 것, 미 아닌 추에 속하는 것'으로 밀쳐내고 배제하는 대가를 치러야 한다. 이를 고려한다면 '공'이나 '유'처럼 모든 것을 포괄하는 거대한 개념으로부터 감각적 작용을 표현하는 독자적 개념으로 '독립'시키는 것이 더 적절하다는 생각이다.

현과 묘가 만남으로써 '현'은 '묘'의 감각적 작동에 스며든다. '묘'와 결합된 '현'(玄)은 대상의 명료함을 지우는 어둠을 '묘'의 작용 속으로 불러들인다. 이는 형상의 경계를 어둠 속에 묻으며 생겨나는 어떤 깊이를 묘의 작용 속에 섞어 넣는다. '현'이란 그렇게 깊이를 드러내는 분위기로 대상을 둘러싸는 대기다. 대기 속에 있으나 대기 저편으로 아련히 멀어지는 **거리감**이다. 그렇게 멀어지지만 내가 있는 '지금 여기'와 결코 분리되지 않으며 차라리 그 '지금 여기'를 당기며 끌고 가는 **멀어짐**이다. 이렇게 '현'과 결합된 '묘'(妙)는 대상의 뚜렷한 경계가 사라져, 내가 보고 있는 것이 저기 있는 대상인지 그걸 둘러싸고 있는 대기인지, 눈앞에 있는 형상인지 그 형상 '뒤'에 있는 분위기인지 알 수 없게 만드는 **모호함**이다. 상 있는 것에서 감지되는 이 '상 없음'이 나의 감각에 속하는 느낌인지, 아니면 나와 마주 선 대상에 속하는 것인지 알 수 없게 만드는 **뒤섞임**이다. '묘'란 이처럼 깊이의 어둠과 뒤섞는 모호함이 맞물림으로써 대상의 경계가 지워지며 상 없는 것이 대상 밖으로 배어나오는 작용이고, 그 상 없는 것으로 인해 대상과 나의 경계가 사라지며 나와 대상이 섞여 들어가는 작용이다.

이처럼 현과 묘의 만남을 통해 산출된 결과인 현묘는 다시 산출작용에 되먹임 된다. '현묘'란 이 묘의 작용을 통해 보고 듣고 만지던 감각 사이의 경계가 사라져 눈으로 고요함을 듣고 귀로 어둠을 보게 하는 대기이며 눈을 통과한 시각적 상이 몸의 촉감 속으로 밀려 들어오는 분위기다. 스며듦과 배어 나옴을 통해 대상에 있는 것과 없는 것이 섞이며 없는 듯 있는 묘-유의 작용이고, 대상과 나의 경계가 있는 그대로 사라지는 묘-공의 작용이다. 그러나 그것은 흔히 말하듯 대상과 나의 '합일'에서 오는 엑스터시 같은 것은 아니다. 대상과 나의 경계를 지우는 모호함이 있지만 결코 '합일'이라 할 수 없게 하는 어떤 거리가 깊은 어둠 속에 있기 때문이다. 현묘란 차라리 경계를 그대로 둔 채 경계를 지우는 작용이고 상 있는 그대로 상이 지워질 때 다가오는 무언가를 보게 하는 작용이다. 상 있는 대상 속에 응결되어 깃든, 상 없는 감응의 작용이고 그 감응을 내 신체로 밀어 넣는, 소리 없는 힘들의 작용이다. 대상/작품에 응결된 감응이 경계를 흘러 넘치며 그 대상을 초과한 어떤 것이 배어나오는 사태다.

대상의 경계를 지우는 미시적 이탈의 벡터들이, 대상의 경계 밖으로 흘러나오며 대상을 지우는 식별 불가능한 힘들의 흐름이 거기에 있다. 그것은 대상과 나를 가르는 경계를 감응의 강도가 흘러넘치면서 그 경계가 사라지는 초험적(transcendental) 경험의 가능 지대다.[20] 지고하고 '초월적인'(transcendent) 어떤 것의 거대한 힘을 암시하는 대신 구체적 형상의 경계를 슬며시 지우며 범람하는 미시적 힘

---

[20] 질 들뢰즈, 김상환 역(2004), 『차이와 반복』, 민음사. 초험적 경험이란 '경험을 넘어선 경험'이다. 지각은 했지만 무언지 알 수 없는 어떤 것의 지각, 사유해야 하지만 사유할 수 없는 어떤 것의 사유. 이는 지각을 바꾸고 사고방식을 바꾸게 하는 것으로 이어질 수 있다. 하지만 이는 '초월적인 경험'으로 오인되는 경우가 많다. 지각능력이나 사고능력과 초험적 경험 사이의 간극을 초월자로 메우는 것이다. 이 경우 지각과 사고능력을 바꿀 기회는 초월자에 대한 안이한 헌정으로 끝나게 된다. 이러한 초험적 경험과 초월적 경험, 양자의 차이, 그리고 후자가 전자로 쉽게 치환되는 경향에 대해서는 이진경(2018), 『설법하는 고양이와 부처가 된 로봇』, 모과나무, 446~453쪽 참조.

들의 이탈이, 우리를 놀라게 하는 대신 알아보기 힘든 양상으로 대상을 둘러싸는 어떤 힘들의 흐름이 거기에 있다. 숭고의 초월성과 달리 두려움 대신 평온함을 주며 하늘 높이 상승하기보다는 적정의 고요함을 향해 하강하는 힘들의 보이지 않는 운동이 거기에 있다. 그렇게 흘러나온 것이 상 있는 것을 둘러싸는 대기가 되고 그 대기로 번져 나오는 분위기가 되어 상 없는 여래로 내게 오는 것이다. 말할 줄 모르는 돌과 주물(鑄物)이, 숨 쉬지 않는 그림이, 생명 없는 것으로 오인되는 '무정물'(無情物)이 거기서 그렇게 내게 여래가 되어 설법을 하는 것이다. 일찍이 남양 혜충(慧忠)이 설파했던 '무정설법'(無情說法)이 이런 것 아니었을까?

03

형상의 독재에서 공-작의 미학으로
: 재료는 형상의 노예가 아니다!

주름에의 매혹

형식의 미학, 형상의 전제주의

재료의 봉기와 질료적 흐름

공동-주어로서의 형상과 재료

재료의 범람과 형상의 교란

재료의 존중, 혹은 재료와의 타협

형상과 재료의 이인무

■ **이미지 출처**

3.1 ⓒ shakko(sofia Bagdasarova)
3.2 ⓒ
3.3~9 이진경
3.10~11 ⓒ Mckay Savage
3.12~20 이진경
3.21 국가유산청
3.22 이진경

주름에의 매혹

철학은 개념을 다루지만 예술은 형상(figure)을 다룬다. 멋지고 아름다운 형상에 대한 꿈은 적어도 현대미술 이전이라면 모든 예술가를 사로잡은 소망이었을 터이다. 이러한 소망은 실재보다 더 실재 같은 형상에 대한 욕망으로 이어지기도 한다. 포도를 그려 새들을 속인 제욱시스와 커튼을 그려 그런 제욱시스마저 속인 파라시오스의 이야기는 고대 그리스시대부터 '정말같이' 그리려는 욕망이 예술을 추동했음을 보여준다. 소나무를 그려 애꿎은 새들을 고생시켰다는 솔거의 이야기는 그런 욕망이 서양에만 있었던 건 아님을 짐작하게 한다. 정확한 재현에 대한 욕망으로 죽은 사람의 시체를 몰래 파내 해부하던 레오나르도 다빈치의 일화는 그런 욕망이 서구의 예술 전체를 장악하게 된 역사의 징후적 단면이었다. 1425년 피렌체의 브루넬레스키와 마사초가 거의 동시에 사용하기 시작한 선형 투시법은 그런 재현의 욕망을 구현할 수 있는 기술을 제공했다.

그러나 '정말 같은' 형상에 대한 욕망이 반드시 외양(appearance)의 정확한 재현만을 지향하는 것은 아니다. 그런 욕망은 종종 사실이라기에는 과도한 외양으로 예술가를 이끌기도 한다. 룽먼(龍門) 석굴이나 마이지산(麥積山) 석굴을 비롯해 북위(北魏)시대의 많은 불상에서 발견되는 과도한 옷주름이 그렇다. 가령 마이지산 44굴의 불상은 상하 비례로만 봐도 반 이상이 아래로 늘어진 옷주름이고, 정면에서 보이는 옷 표면의 넓이는 불상의 2배가 넘는다. 그뿐 아니라 옷주름의 화려함이 우리의 시선을 아름다운 미소를 짓고 있는 불상의 얼굴이나 수인(手印)을 지은 두 손의 신체로부터 벗어나 아래로 잡아끌만큼 과도하다. 불상에서 옷주름이 이리 클 이유를 일상이나 종교 안에서는 찾기 힘들다. 중국의 궁셴(鞏縣, 공현) 석굴 1굴의 불상도 그렇다. 종종 '룽먼 양식'이라고도 불리는 이러한 스타일에서 극적으로 나타나지만, 불상에서 옷자락 주름에 대한 관심은 비록 정도 차는 있으나 다른 시기, 다른 지역에서도 발견된다. 가령 삼국시대의 유명한 반가사유상이나, 일본 가마쿠라시대 케이파(慶派)의 불상들이 그렇다.

주름은 조각가를 유혹한다. 흘러넘치는 주름에 대한 조각가들의 이런 애호는 서양의 조각에서는 어쩌면 더 강력해 보인다. 이를 가장 극적으로 보여주는 것은 베르니니의 유명한 조각들이다. 특히 〈성 테레사의 법열〉에서 엑스터시에 빠진 성 테레사의 표정 이상으로 인상적인 것은 조각상 전체를 전면에서 가득 채우고 있는 화려한 옷주름이다. 그게 돌이라는 걸 믿을 수 없을 만큼 '자연스럽게' 흘러넘치는 옷주름. 이는 미켈란젤로의 〈피에타〉를 비롯해 르네상스 이후의 많은 조각상에서도 유사하게 발견된다. 이런 옷주름을 보면 그 주름에 홀려 그게 돌로 된 것임을 잊게 된다. 역으로 '돌로 만들어진 것임을 잊게 만들고 싶다'는 욕망이 조각상의 테마나 인물에 비추어 의당 부차적이었을 옷주름이 조각의 전면을 차지한 채 흘러넘치게 만들었을 것이다. 그것이 조각하는 작가 자신의 기량을 입증한다고 믿었을 것이다. 조각에 대한 평가나 양식사적 식별에서 옷주름이 중요한 것도 같은 이유일 것이다.

예술에 대한 오랜 통념에 기반한 이런 욕망 속에서 탁월하게 만들어진 작품은 그것이 무엇으로 이루어진 것인지를 잊게 한다. 작품의 가시적 형상 뒤로 재료(material)가 된 것들은 사라지고 망각된다. 이는 꼭 형상의 '모방'(mimesis)과 인접한 것으로 한정되지 않는다. 그리스 신전이나 르네상스식 성당, 혹은 바로크 양식의 궁전은 어떤 대상을 모방하지 않는다. 그렇지만 우리가 그것들의 아름다움을 보게 될 때, 우리는 그것의 형상을 본다. 가시적 형상에 감탄할 때 그것의 재료들은 그 형상 뒤로 사라진다. 만약 대리석 벽이 눈에 들어왔다면, 그것은 아름다운 무늬가 새겨진 매끈한 표면의 형상으로서 눈에 들어온 것이지 재료인 돌로서 들어온 게 아니다. 분명 재료의 사물성이 그 형상을 가능하게 만들어 떠받치고 있지만 보는 이의 눈에 들어오는 것은 형상이지 재료가 아니다. 재료가 눈에 들어온다면 그건 분명 형상을 감탄할 만큼 충분히 완성하지 못해서라고 해야 할 것이다.

형식의 미학, 형상의 전제주의

모든 예술이 이렇다고 할 수는 없지만, 예술이 가시적 형상을 다루는 한 형상에 일차적 지위나 특권적 지위, 아니 어쩌면 유일한 지위를 부여하는 것은 피할 수 없는 일인 듯 보인다. '형상과 재료', 혹은 '형식(form)과 질료(matter)'라는 개념에서 형상이나 형식이 지배적 위상을 갖게 된 건 이 때문일 것이다. 형상의 완전성을 위해 재료는 자신을 드러내길 포기하고 뒤로 물러나야 한다. 재료가 눈에 보인다 함은 형상이 그만큼 재료에 침식되어 불완전함을 뜻한다. 즉 그것은 충분히 잘 만들어지지 않은 것이다. 형상의 그 미진한 틈새로 재료가 비어져 나오는 것이다.

재료는 형상을 따른다. 아니 재료는 형상을 위해 자신을 바친다. 자신의 존재마저 지우는 방식으로 자신을 바친다. 재료는 형상의 그늘 속에 있다. 형상이 화려하게 빛날수록 짙어지는 어둠 속에 있다. 재료가 형상의 그늘로 사라지며 망각되는 것을 하이데거는 '은닉'이라고 명명하며 '존재'가 드러나는 진리의 중요한 양상 중 하나로 다루었다. 예술작품의 '진리'(aletheia)란 가시적으로 건립되는 '세계'와 그 세계 뒤로 내빼며 은닉되는 '대지'의 대립과 투쟁이라 할 때,[1] 대지는 이처럼 형상 뒤로 가려지고 은닉되는 재료의 사물성을 지칭한다. 가령 그리스 신전의 기둥이 지붕을 떠받치는 자신의 힘찬 모습을 멋지게 드러내며 신전을 둘러싼 세계를 가시화할 때 그 기둥을 만든 재료는 그 세계의 형상 뒤편으로 은닉되고 만다.

하지만 "세계와 대지의 대립과 투쟁"이라는 말은 변증법적 대립의 등가성을 형상-세계와 재료-대지 양자에게 부여함으로써 양자의 근본적 비대칭성을 놓치게 한다. 보이는 것과 보이지 않는 것은 언어상으로는 대립물로서 등가적으로 보이지만 실은 동일한 위상을 갖지 못한다. 보이지 않는 것은 망각되고 들리지 않는 소리는 묵살된다. 빛

---

(1) 하이데거, 신상희 역(2020), 「예술작품의 기원」, 「숲길」, 나남.

과 어둠, 형상과 배경, 주인공과 엑스트라의 관계 어디서나 그렇다. 스포트라이트를 받는 것과 그걸 위해 어둠 속에 묻히는 것은 결코 대등하지 않다. 이러한 비대칭성 속에서 재료의 존재론적 위상을 하이데거 식으로 말하기 위해선 차라리 존재를 '주다'(Es gibt…)[2]라는 말로 해명하던 논리를[3] 슬쩍 바꾸어 이렇게 말하는 게 더 나을 것 같다: "재료, 그것이 형상에게 존재를 준다. '준다'는 사실마저 지우는 방식으로 준다."

'투쟁'이라는 말도 마찬가지다. 재료는 형상과 투쟁하지 않는다. 형상을 버티어주며 형상의 그늘 뒤로 말없이 사라질 뿐이다. 형상 또한 재료와 투쟁하지 않는다. 형상은 재료를 '조화'의 이름 아래 형상화한다. 재료를 먹어 자신의 신체로 만든다. 그리스 이래 서양 철학은 형식에 본성이나 원인이라는 철학적 지위를 부여함으로써 이러한 비대칭성을 확고하게 이론화했다. 형상(figure)이라는 가시적 외양으로부터 형식(form)이라는 원리적이고 원소적인 것을 향해 밀고 올라감으로써 형상에 고귀한 이념적 지위를 부여한다. 잘 알다시피 플라톤의 이데아가 바로 그 이념적 지위를 차지한 모델의 이름이다. 사람의 머리나 바퀴나 그릇에는 둥근 형상이 들어 있고, 둥근 형상들 가운데 가장 완벽한 것은 원이라는 형식이다. 원은 모든 둥근 것의 모델이자 '이상'(Idea)이다. 감각적 형상들의 원소적 형식을 다루는 기하학은 현세적 형상들의 모델이자 원리를 다루는 지식이다. 물론 이때 이데아는 '선함 자체', '아름다움 자체'라는 말이 보여주듯 단지 가

---

[2] Es gibt…는 '존재하다'를 뜻하는, 영어의 There is…에 해당하는 구문이다. 그런데 그 직설적 의미는 '그것(es)이 준다(gibt)'라는 뜻이다. 시간(die Zeit)이 존재한다는 말은 '그것이 사물을 준다'(Es gibt die Zeit)라는 문구로 표현된다.
[3] 하이데거, 『존재와 시간』.

시적 형상에 국한된 게 아니지만, 기하학의 영향 아래 현실의 가시적 형상들을 피안의 형식(Form)으로 추상하는 방식으로 구성된 것이다. 이런저런 둥근 형상들의 공통형식으로서의 원이나 구는 그 형상들의 초월적(transcendent) 원인이자 모델이다. 불완전한 현실 저편에 존재하는 완전하고 이상적인 것들의 세계다. 현실의 세계는 이데아가 된 형식, 실재와 분리된 형식을 나누어 갖는 '모상'(模像)에 지나지 않는다.[4] 현실 세계의 물질성을 구성하는 재료 내지 질료란 이데아의 완전성을 교란하여 불완전하게 만드는 모사의 장애물이다.

플라톤의 이데아를 비판하면서 아리스토텔레스는 가시적 형상(morph)과 구별하여 이상적 '형식'(eidos)으로 이데아를 대체하고는 현실의 모든 것 속에 존재하는 실체의 자리를 그것에 부여한다. 피안에 있던 형식(eidos)을 현실 속의 형상(morph) 속으로 다시 끌어들인 것이다.[5] 형식(eidos)은 본질과 원리로서의 형식, 모델로서의 형식이 되어 신체(soma)를 갖는 사물들의 세계로 되돌아온 셈이다. 신체를 버티어주는 재료들에 형상을 부여하고 어떤 것을 다른 것과 구별해주는 내부적(inherent) 본성, 그것이 형식(eidos)이다. 가령 나무라는 재료는 그것이 집인지 테이블인지 의자인지 구별해주지 못한다. 그 모두가 나무로 만들어질 수 있기 때문이다. 또한 돌이나 쇠로도 만들어질 수 있다. 그렇기에 재료는 어떤 것을 바로 그것이게 하는 원인 내지 본질이 아니다. 의자와 구별되는 테이블의 형식, 그것이 테이블

(4) 플라톤, 전현상 역(2013), 『파이돈』, 이제이북스.
(5) 구체적 형상(morph, figure)과 거기 사용된 구체적 재료(material)는 다양한 형상에 공통된 본질인 형식(eidos, form) 및 재료들의 형상이 추상된 물질성으로서의 질료(hyle, matter)와 구별되어야 하기에, 이 책에서는 '형상'과 '질료'로 흔히 번역되는 eidos(form)와 hyle(matter)를 '형식'과 '질료'로, figure와 material은 '형상'과 '재료'로 번역하여 사용할 것이다.

을 테이블이게 한다. 형식이란 사물의 원인이자, 어떤 것을 '그것이게' 하는 본질이자 원리다.[6]

형상들의 본질이나 원인이 된 형식은 이제 가시적 외양이나 모습에서도 본질적인 것과 그렇지 않은 것을 구별하게 한다. 집들이 갖는 이런저런 상이한 모습 모두가 집의 본질이 될 수는 없기 때문이다. 가시적 모습 속에서 본질적이지 않은 것을 모두 지우고 핵심적인 것만 남겨야 한다. 필요한 최소한의 것만 남길 것을 요구하는 '오컴의 면도날'이나, 무언가 가감되는 순간 불완전한 것이 되기에 더하거나 빼는 것을 더는 허용하지 않는 게 '완전성'이라는 알베르티의 개념이 이런 발상을 명확하게 표명한다. 기단과 지붕에서 수평선을, 기둥에서 수직선을 보았던 모더니스트 건축가 미스 반데어로에는 그리스적 고전주의 건축과 이러한 기하학적 최소주의를 건축 원리로 삼았다. "적은 것이 많은 것이다!"(Less is more!)

따라서 형식은 어떤 것이 취한 현실적 모습보다는 차라리 그것이 **취해야 할** 모습을 뜻한다. 실제 모습이 거기에 얼마나 가까운가에 따라 완전성의 정도가 매겨지고 그 정도에 따라 좋은 형상과 나쁜 형상, 참된 형상과 거짓된 형상, 본질적 형상과 부차적 형상이 구별된다. 어디서 보든 이상적인 형상이 가시화되어야 한다는 르네상스 건축가들의 믿음, 그렇기에 정사각형과 원이, 특히나 원이 완전한 도형이라는 믿음, 우주와 팔 벌린 인간이 원 안에 들어가는 것은 그것을 창조한 신의 완전성의 증거라는 믿음이 모두 이와 무관하지 않다.

따라서 형식은 실제 모습에서도 본질적 요소('원소')로 압축되며, 가능하면 최소한으로 축소된다. 최소한의 요소만으로 가장 핵심

---

(6) 아리스토텔레스, 김진성 역주(2007), 『형이상학』, 1029a, 1036a~1036b, 이제이북스.

적인 모습을 표현하는 것, 그것이 형식 개념을 더 높고 고차적인 것으로 방향 짓는다. 그렇기에 형식은 단지 미를 다루는 예술뿐 아니라 '진리'를 다루는 철학에서도 중심 개념이 된다. 현실의 다양한 모습 속에서 원과 삼각형, 사각형을 발견하고 그것으로 세상을 재단하고 구성하려는 기하학주의가 그리스부터 20세기의 이런저런 예술론에서 확고한 지배적 지위를 가졌던 것은 모두 이런 연유에서다. 사람이나 사물을 구와 원기둥, 사각뿔로, 그걸 다시 원과 사각형, 삼각형으로 환원하려던 입체주의자들은 이런 전통에 아주 충실했다 하겠다. 몬드리안은 이런 발상을 더 밀고 나가 수평선과 수직선으로 세상을 환원했으며, 사선을 도입하려 했다는 이유로 '데 스테일'(De Stijl) 운동의 동료 반 두스뷔르흐를 비난하며 결별했다. 캔버스에 재현된 것의 환영을 사물로 대체하겠다며 '사물'에 주목했던 도널드 저드나 그의 동료 미니멀리스트 또한 단순화된 기하학적 형식에서 벗어나지 못했다.

    형식을 요체로 하는 이러한 사유가 뜻하는 것은 재료에 대한 형상의 전제적 지배였다. 기하학적 형식의 미학은 재료에 대한 형상의 전제정을 이론적으로 근거 짓는 것이다. 이러한 발상이 적어도 그리스를 전범으로 삼은 르네상스 이래 서양 예술의 역사를 지배해왔음을 우리는 안다. 형식의 미학과 형상의 전제주의, 그것이 그 역사를 방향 짓고 있었다 하겠다. 물론 형상이나 형식이 아무리 완전해도 재료나 질료가 없다면 이념과 현실을 가르는 강을 넘지 못한다. 그렇기에 개념이 아무리 강해도 현실의 역사를 자기 안에 가둘 수는 없다. 때로는 형상이나 형식의 이념을 초과하는 이 물질성의 힘을 따라 탈주선을 그리는 이들이 출현하기도 한다.

재료의 봉기와 질료적 흐름

사실 서양에서도 재료를 편드는 철학이 없었다고 할 수는 없다. 그러나 그들은 형상과 경쟁하며 재료를 좀 더 높은 자리로 밀고 올라가려는 시도와는 반대의 길을 간다. 사물에서 형상을 분리하려는 형이상학적 발상을 따라 재료를 더 아래로 밀고 내려간다. 재료라는 개념에 남아 있는 형상적 요소를 모두 지워 서로 다른 재료의 구별마저 사라진 흐름 자체로 만든다. 이로써 재료(material)는 이제 질료(matter)가 된다. 가령 화강암과 대리석은 돌이라는 점에서는 같고, 구리와 금은 다른 재료지만 금속이라는 동일한 질료로 추상된다. 원자나 분자라는 개념은 돌과 금속, 고체와 액체 등의 경계를 넘어 물질적인 것 모두를 하나로 묶도록 해준다. 질료란 액체가 된 재료들이 흘러 들어가는 바다다. 그 추상의 끝에는 물질성, 즉 '있다'라는 말을 하도록 해주는 단일한 물질적 흐름만이 존재한다. '존재'란 최대치로 추상된 이 물질성의 흐름이다.

어떤 것을 어떤 것이게 하는 본질, 다른 것과 구별되게 해주는 형상들이 사라질 때 재료는 모든 구별이 사라져 어떤 규정도 갖지 않는 질료적 흐름이 된다. 그저 '있다'고 말할 수만 있는 하나의 흐름, 고정된 형상들을 넘나들며 변형되는 물질성의 연속체가 된다. 존재론이 사유하고자 하는 것이 바로 그저 '있다'라고만 할 수 있는 이 '하나'의 흐름이다. 둔스 스코투스와 스피노자를 통해 본격화된 이런 사유는 형상들을 횡단하는 질료의 일원성에 존재론적 사유의 장을 마련해준다. "존재는 하나다." 상승과 반대로 하강의 길을 끝까지 따라감으로써 '형식'의 본질주의와 다른 새로운 사유의 장이 출현한다.

그런데 이런 사유가 역으로 보여주는 것은 하나의 속성으로 환원되는 질료란 재료로부터 모든 형태적 요소를 지우는 철학적 추상 없이는 도달할 수 없는 극한이라는 사실이다. 즉 현실에 존재하는 것은 각자의 특성을 갖는 재료들일 뿐이다. 그 재료는 어떤 식으로든 형상적 요소는 물론 형식적 차이를 갖는다. 따라서 재료는 단지 질료가 아니라, 형상 및 형식의 차이로 인해 각자의 특질을 갖는 구성물이다. 즉 재료란 형상이나 형식의 흔적이 새겨진 질료다. 기능적 사물을 만들 때든 예술품을 만들 때든 형식 못지않게 재료가 중요한 역할을 한다. 나무로 만든 불상과 돌로 만든 불상은 같은 석가모니불이라도 같지 않다. 같은 돌이라도 사암을 사용할 때와 화강암을 사용할 때 불상은 아주 다른 것이 된다. 재료에 남은 형식의 흔적으로 인해 재료마다 그에 어울리는 형상이 있고 그렇지 않은 형상이 있다. 가능한 형상과 불가능한 형상이 있다. 재료가 형식을 제한하고 방향 짓는다. 대리석이나 사암을 조각할 때의 형상적 정교함은 화강암과는 부합하지 않는다. 재료라는 조건에 따라 형상들이 달라질 수밖에 없는 것이다. 역으로 말해, 재료는 자신의 특질을 형상 속에 새겨 넣는다.

그러나 아리스토텔레스 이래 형식은 현실의 사물 안에 존재하는 원인이자 모델로서, 사물의 질서를 규제하는 보편적 원리였다. 애초 가시적인 것에 대한 선호나 취향, 가시적 형상을 만드는 능력과 관련해 사람들의 시야를 장악했던 형상은 원인과 본질, 규범적 지위를 갖는 원리로서의 형식이 된다. 이로써 형식은 예술작품, 아니 가시적인 것 전체를 지배하고 통일하는 초월적 이상이 된다. 사물 안에 존재하며 사물들 전체를 지배하는 초월자가 된다. 모든 것에 공통된 본질적 형상의 추구가 초월성의 형이상학에 속한다는 것은 다시 말하지 않아도 좋을 터이다.

이러한 사유에서 재료는 그러한 형상에 '몸을 대주는' 것이거나 형식의 '명령'에 따라 재단되며 그것을 떠받쳐주는 노예적 지위로 밀려 내려간다. 더 나쁜 것은 그 노예들을 형식의 이념적 완전성을 교란하는 것들로 간주한다는 것이다. 이러한 관점은 세상을 단지 구경하는 눈, 그것도 감응의 개입 없이 그저 윤곽과 표면의 형태로만 보는 시선에서 나온 것이다. 동일한 조각상이 어떤 재료로 만들어지는가에 따라 얼마나 다른 감응을 주며, 얼마나 다른 형상을 갖게 되는지를 모를 때에만, 형식의 전제주의는 힘을 발휘한다.

자신을 드러내지 않으면서 모든 형상에 사물성을 주는 재료가 이처럼 노예로 귀착된 역사에 대해 명시적 거부 의사를 표명하며 형식의 전제주의에 대한 재료의 봉기를 시도했던 이들이 있다. 러시아의 구축주의자 타틀린과 그의 제자들이다. 타틀린은 재료 자체가 갖는 표현적 능력을 직접적으로 가시화하고자 했다. 유리의 반짝이는 표면, 단단하고 매끈한 쇠붙이, 돌의 거친 질감 등이 만나며 그 재료의 성질이 작품을 구축하도록 하려 했다. 주어진 면에서 돋아 올라

그림 3.1 _ 타틀린, 〈카운터 릴리프〉

는 형상의 부조(relief)와 대비하여, 구석진 공간에 걸쳐진 재료들의 복합체를, '대항'을 뜻하는 말을 앞세워 '카운터-릴리프'라고 명명했다. 또 나선형을 그리며 올라가는 철근의 힘 자체만으로 '인터내셔널'을 상징하는 거대한 탑을 만들고자 했다.[7]

그러나 재료 자체가 형식에서 벗어날 수 없는 한, 더구나 재료의 힘이 여전히 시각적 효과의 영토를 벗어나지 못하는 한 시선의 움직임과 시각적 쾌감을 통해 작동하는 형상의 미학을 벗어나기는 쉽지 않다. 그로 인해 이후의 구축주의자들은 형식적 '구성'(composition)과 대비되는 물질적 '구축'(construction)의 개념을 강하게 표명했지만, 로드첸코의 매달린 '조각'이나 이후의 사진작품들이 보여주듯 기하학적 미학으로, 결국은 구성의 미학으로 되돌아가게 된다. 노예해방은 한 번의 봉기로는 해결될 수 없었던 것이다. 반면 미켈란젤로의 〈노예〉 연작 조각상들은, 재료 내부에 존재하는 형상을 발견하는 게 작가의 일이라며 형상에게 본성의 자리를 할애하던 작가가 제작의 '중단'이라는 방식으로 형상으로 귀속되지 않는 재료의 존재를 드러내준 뜻하지 않은 사례였다. 이 연작의 제목이 '노예'였다는 점은 대단히 의미심장하다. 미켈란젤로의 의도가 무엇이었든 노예는 노예이길 그칠 때 노예의 운명에서 벗어날 수 있다는 사실을, 완성되길 그친 형상 사이로 드러난 재료를 통해 증언하고 있는 셈이니 말이다.

재료와 무관한 형상은 없으며 형상 없는 재료 또한 실존하지 않는다. 재료가 사라진 형상이란 현실의 피안에서 부유하는 사유의 몽상 속에나 있을 뿐이며, 형상 없는 질료란 단지 '있다'라는 말만을 할 수 있는 철학적 추상 속에만 있을 뿐이다. 그럼에도 두 가지 사유의

---

(7) 캐밀러 그레이, 전혜숙 역(2001), 『위대한 실험: 러시아 미술 1863~1922』, 시공아트.

방향이 다른 것은, 전자는 공통형식을 추출하는 협소한 길을 따라 하늘로 올라간다면, 후자는 모든 형식을 지우는 넓은 길을 따라 땅으로 내려간다는 점이다. 형식으로 추상하는 사유는 본성이라는 날카로운 칼로 형상들을 분할하고 위계화하는 반면, 질료로 추상하는 사유는 모든 경계선을 횡단하고 모든 위계를 지우며 나아간다. 형식에 대한 추상화의 끝이 모든 현실을 초월해 있는 천상의 지고한 이데아라면, 질료를 향한 추상화의 끝은 모든 위계와 경계가 사라지며 하나가 되는 현세적 물질성의 대지다. 그 대지는 금과 돌이,

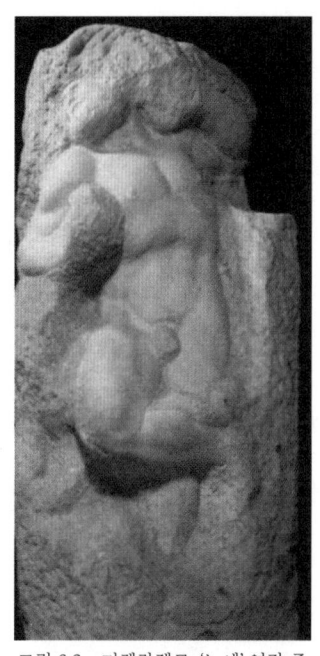

그림 3.2 _ 미켈란젤로, '노예' 연작 중 〈노예〉

단단한 바위와 찰랑대는 바다가 하나가 되는 평등성의 세계다. 이 평등성의 세계에서 상이한 '질료'들은 상이한 재료들이 섞이며 하나에서 다른 것으로 변화되는 생성의 장을 이룬다. 거기에는 형식적 구별의 문턱을 넘나드는 횡단성이, 형상의 차이 사이로 흘러 다니며 다른 것과 섞이며 변환되는 과정만이 있을 뿐이다.

공동-주어로서의 형상과 재료

불상을 조각하던 이들 또한 최고의 형상에 대한 지향을 벗어날 수는 없었을 것이다. 재료에 가시적 형상을 부여하는 것이 조각이니 말이

다. 그들 또한 재료의 사물성이 보이지 않는 멋진 형상을 만들기를 꿈꾸었을 터이다. 그러나 그가 꿈을 꾸고 있는 방은 서양 조각가의 그것과 같지 않았고, 꿈속에 스며든 대기 또한 달랐을 터이다. 생각은 감각이 아니지만 감각에 의해 방향을 잡는다. 역으로 생각은 감각과 하나로 이어진 경로를 따라 감각을 규정한다. 그렇기에 조건에 따라 본성이 달라진다는 사유에 이어진 감각은 불변의 본성을 위해 모든 조건을 지우는 사유에 이어진 감각과 다른 길을 가게 될 것이다. 연기의 사유와 초월성의 사유는 동일한 눈과 귀를, 또한 손과 도구를 다른 방향으로 인도한다.

사실 연기법은 의식 이전에 작동한다. 조건에 따라 다르게 보고 느끼는 것은 의식의 개입 이전에, 그에 앞서 연기법이 작용하기 때문이다. 인도인은 인도식으로 보고 중국인은 중국식으로 생각하며, 조선시대 사람은 현대 한국인과는 다르게 느끼고 생각할 것이다. 자신이 자라고 살아온 조건 속에서 감각이나 사고는 작동한다. 바로 이런 의미에서 연기법의 작동은 '자연발생적'이다. 실재하는 조건을 억지로 지우고 조건의 차이를 넘어선 본성의 동일성을 굳이 찾으려는 시도를 애써 하지 않는다면, 그것은 항상-이미 우리의 감각과 신체에 작용하기 때문이다. 그렇기에 형상에 대한 애착을 가진 곳이어도 형식에 대한 미학적 보편주의가 어디서나 나타나는 것은 아니다. 재료를 지우며 형상을 보고 형상 속에서 보편적 형식을 보려는 인위적 노력이 있는 곳이 아니면 형식의 보편주의는 나타나지 않는다. 그 보편성의 신학 없이는 형상의 독재는 전제적 권력을 행사하지 못한다.

연기법적 사유가 이론적 교의가 된 세계라면 말할 것도 없다. 가르침이 된 연기법은 자연발생적 영역을 넘어 타자들의 삶과 문화나 자신의 감각에 대해서도 조건에 비추어 사고할 것을 설파한다. 그런 조건이라면 재료라는 조건과 무관한 본질적 형식 같은 것에 '영혼'이나 감각을 내주기가 쉽지 않았을 것이다. 반대로 연기적 사고는 작품을 조건 짓는 재료들에 의해 형상이 달라져가는 양상을 있는 그대로 드러내도록 촉발한다. 형상이란 재료들에 의해 달라지게 마련임을 적극적으로 수긍하게 한다. 조건에 따라 본성이 달라진다는 연기적 사유의 대지 위에서 형상의 전제주의는 뿌리내릴 곳을 찾기 어렵다.

형상이 발 딛고 서는 '조건'인 재료의 존재를 존중하고, 뒤로 물러나 말없이 형상을 떠받쳐주려는 재료의 존재를 애써 가시화하려는 시도들을 우리는 이런 맥락에서 다시 읽어야 한다. 형상과 재료의 관계를 염두에 두고 본다면, 형식을 원리로 재료를 재단하는 게 아니라 역으로 재료에 형상을 맞추기도 하고 형상을 초과하며 범람하는 재료의 힘이 형상 내부에 침투하여 그것의 독립성을 교란하는 경우가 불교예술에서는 다반사임이 새삼 눈에 들어온다. 재료가 형태 속으로 밀고 들어가 형상의 일부가 되게 하고, 재료가 갖는 특질에 따라 형상을 조성하고, 그로 인해 통상 요청되던 대칭성도, 흔히 사용되던 '정상적' 형상도 와해하는 경우를 빈번히 보게 된다. 형상의 독자성과 형식의 완전성이 무너지는 지점에서, 재료와 형태가 섞인 새로운 형상이 출현한다. 재료의 특질을 지우며 자신을 드러내는 형상이 아니라 재료와 함께 만들고 재료에 따라 만들어지는 형상에 대한 미감의 체제가 있음을 확인하게 된다. 서로 내재적인 관계에 말려 들어간 재료와 형상의 이인무(二人舞, pas de deux)가 있음을.

재료와 형상이 서로에게 말려 들어가는 이런 양상은 크게 두 유형으로 나눌 수 있겠다. 하나는 재료가 형상 측의 구상과 무관하게 조상(彫像) 속으로 파고드는 침투나 그 주변을 에워싸는 포-위(包-圍)의 방식이다. 다른 하나는 형상이 재료가 갖는 특질이나 형태를 존중하고 그것과 타협하며 재료를 조상(彫像)의 일부로 수용하는 방식이다. 전자가 조상을 조성하는 과정에서 의도하거나 생각하지 않았던 재료의 물질성이 형상의 윤곽을 침식하거나 표면을 가로지르는 양상으로 발생한다면, 후자는 아예 형상이 조상을 구성하는 과정에서 재료적 특질을 그 조성의 적극적 요인으로 끌어들이며 그것과 협조하는 양상으로 진행된다.

침투와 포-위는, 형상의 완결성을 추구하기에 적어도 불상 같은 중심적 조상의 주어 자리를 재료에 내주지 않는 형상 중심적 미감에 반해, 재료가 형상 바깥에서 조상 안으로 밀고 들어가는 방식으로 이루어진다. 이런 점에서 '침투'와 '포-위'라는 말의 주어는 재료다. 하지만 동시에 전체 조상의 조성에서 형상 또한 주어의 자리를 고수하려 하기에 결국은 형상과 재료 모두 조성 과정의 주어가 된다. 상반되는 방향에서 마주 선 두 주어다. 그러나 이러한 대비는 완화된 의미로 이해되어야 한다. 분명 재료에 맞추어 불상을 만들지는 않으며 불상의 형상적 독자성을 견지하려 하지만, 그렇다고 불상의 재료나 불상을 둘러싼 재료들의 물성을 애써 지우지 않는다. 또한 종종 불상을 둘러싼 환경의 물성들을 드러내는 방식으로 그것을 드러나게 한다. 한발 물러서며 재료의 존재나 개입을 받아들이는 것이다. 반면 존중과 타협의 방식에서는 형상이 주어의 자리 중 일부를 재료에 명확히 내준다는 점에서 형상과 재료 모두 주어가 된다. 어깨동무를 한 두 주어다. 재료에 맞추어 형상을 변형하거나 조성하는 것이다. 방법은 다르지만 두 경우 모두 형상과 재료가 조상의 조성에 실질적 주어로 참여하며, 형상이 재료를 애써 지우지도, 재료가 형상 뒤로 은닉되지도 않는다.

재료의 범람과 형상의 교란

먼저, 마주 선 두 주어로서의 형상과 재료. 이는 형상의 구성 자체에 재료가 참여하는 바 없이 재료가 갖는 힘이 형식적 완결성을 깨고 침범하거나 독자적 형상을 재료의 물성으로 둘러싸는 경우다. 그 결과 형상은 애초에 고려하거나 구상한 바 없는 어떤 형상적 요소로서 재료를 받아들이게 된다. 여기서도 우리는 다시 두 가지 방법을 구분해볼 수 있겠다. 재료의 힘이 형상을 향해 흘러넘치며 조상(彫像)의 일부가 되는 '범람'의 방법과 재료들의 분절을 통해 형상 사이에 균열과 틈새를 만들며 형상에 파고드는 '교란'의 방법이 그것이다.

① 재료의 범람_ 재료가 형상을 범람하는 양상을 잘 보여주는 것은 중국의 석굴들과 거기에 조성된 거대 석불들이다. 가령 윈강 석굴 3굴, 16~20굴의 석불, 룽먼 석굴 봉선사동의 석불들이 그렇다. 사실 철불이나 청동불 같은 주조불이나 목불과 달리 거대 석불은 알맞은 재료가 있는 곳에 조성되는 것이 통상적이다. 거대한 바위 자체를 있는 그대로 둔 채 재료로 사용하여 제작한다. 석굴의 경우 거대한 바위에 굴을 파고 거기 있는 돌 그대로 불상을 만든다. 재료의 장소성을 받아들이며 시작하는 셈이다. 그렇기에 완결된 형상의 불상조차 주어진 물리적 환경 속에서 그 환경 전체를 수긍하는 방식으로 만들어진다. 석불의 형상적 독립성을 극대화하려 할 때라도 석불 인근의 돌이나 굴, 땅 같은 이웃한 것들과의 연속성을 제거할 수 없다. 때로는 애써 제거하려 하지 않으며 역으로 그걸 부각하기도 한다. 석굴 안에 불상을 조성하려는 시도 자체가 석굴과 불상이 결합되어 하나의 전체가 된다는 사실을 수긍하며 시작되는 것이니 말이다. 불상이나 석굴이 거대해질수록 환경과의 연속성은 강해진다.

그림 3.3 _ 중국 산시성 윈강 석굴 8굴. 불상의 불성에 앞선 돌의 물성

    이를 그저 형상적 완결성을 이루는 게 불가능해서 그런 거라 할 수는 없다. 가령 거대한 숲 전체를 기하학적 형태로 재단한 베르사유 정원이나 나무들의 모습조차 기하학적 형태로 가위질을 한 파리의 뤽상부르 공원 같은 바로크식 정원은 자연의 재료를 '정복'해 자신이 원하는 형식을 갖도록 '깔끔하게' 잘라내고 재단하는 미학적 영혼의 얼굴을 아주 극명하게 보여준다. 반면 윈강 석굴 등의 석굴사원은 그것이 파고들어간 거대한 바위라는 물성을 그대로 드러낸다. 석굴을 석불과 돌이라는 하나의 재료로 결합된 연속체로 다루는 것이다. 석굴 안에 석불을 세우면서 석불 주변을 깔끔하게 다듬어 평탄한 배경으로 만들지도 않는다. 바위라는 석굴의 물성이 그 연속성을 따라 석불에 침투해 돌이라는 석불의 재료가 확실하게 드러난다. 석불의 형상을 부각하며 재료가 무엇인지 애써 잊게 만들려 하지 않는다. 거기 있는 돌이라는 재료를 그대로 받아들이며 거기에 형상을 부여하는

그림 3.4 _ 윈강 석굴 18굴. 재료에 포위된 형상

것이다.

　예컨대 북위의 문성제 시기에 담요(曇曜)화상이 조성을 시작했다는 윈강 석굴은 석불의 형상을 흘러넘치는 재료의 가시성이 아주 확연하다. 다른 굴도 그렇지만 그중 제18굴을 살펴보면 석굴에 거대 석불을 조성하면서도 그곳이 석굴임을 환기시키려는 듯 불두(佛頭) 앞에 석벽을 그대로 두고 거기에 채광창 같은 작은 구멍을 뚫어놓았다. 그로 인해 우리는 석불의 불두보다 먼저 그것을 둘러싼 석벽의 거칠고 거대한 돌과 만나게 된다. 말 그대로 돌이 석불을 포-위하고 있다. 돌로 된 거친 벽이 앞에 나서고 석불은 작은 구멍이 뚫린 거대한 석벽 뒤로 물러서 있다. 구멍 같은 채광창의 어둠 속으로 물러선 채 일부분만 슬며시 드러나 있다. 재료가 형상 뒤로 물러나 은닉되는

그림 3.5 _ 윈강 석굴 3굴 전체를 범람하듯 흐르는 돌-재료의 흐름

그림 3.6 _ 윈강 석굴 3굴, 석불의 형상을 위요하고 있는 돌-재료

관계가 역전되어 있는 셈이다.

    입구 역할을 하는 구멍을 통해 가까이 다가서면 전면 석벽이 뒤로 물러서고 비로소 석불의 전체 모습이 보인다. 그러나 석불과 보는 눈 사이의 거리는 형상의 전체 윤곽을 한눈엔 볼 수 없게 짧아, 일

단 석불은 시각적 형상 이전에 촉각적 대상으로 먼저 다가온다. 너무 가깝고 너무 커서 형상의 윤곽선은 시야를 벗어나고 눈은 돌로 된 표면을 더듬게 된다. 이렇게 석불은 표면을 만지는 눈에 질감적 돌덩이로 다가오고 눈은 보는 기관에서 만지는 기관으로 바뀐다. 시각이 '만지기'를 그치고 형상 전체를 보려면 윤곽선을 따라 시선을 계속 이동시켜야 한다. 그렇기에 눈이 보는 기관으로 되돌아갈 때에도 인접한 거리로 인해 눈은 만지기를 그치기 힘들다. 형상을 볼 때조차 우리는 재료의 물성에서 벗어나기 어렵다. 이렇게 재료는 형상을 향해 흘러넘치며 형상에 침투하고 형상을 잠식한다.

윈강 석굴 3굴은 포-위의 방식으로 재료가 형상을 향해 범람하는 다른 양상을 보여준다. 이 석굴은 굴 안의 거대 불상을 보기 위해 꺾이고 좁아지다 넓어지는 동굴을 따라 꽤나 길게 이동하도록 해놓았다. 주존과 협시보살을 지나서도 굴은 계속된다. 굴의 측면과 천장은 정말 돌의 물성이 액체 형상으로 흘러가고 있다. 석불은 그 돌의 장대한 흐름 속의 패인 한 부분에서 출현한다. 석불 주변은 배경으로 다듬어놓았지만 그곳을 둘러싼 돌의 흐름은 그곳마저 흘러넘칠 기세로 석불들을 포-위하고 있다. 그 흐름은 석불을 명시적으로 침범하진 않지만 석불을 둘러싼 대기를 통해 석불의 형상 속에 침투하고 있다. 재료의 흐름이 석불의 형상을 포-위하고 범람하며 형상에 파고들고 있는 것이다.

룽먼 석굴의 봉선사(奉先寺)동은 감람석이라는 돌의 특질로 인해 더 깊숙이 파지 못하고 얕게 깎아 들어가 석불을 조성한 경우인데, 석불들의 둘레를 '곱게' 다듬지 않고 거칠게 쳐서 최소한의 경계만을 만들어두었다. 조각상 둘레의 돌을 깔끔한 직선이나 원 등 기하학적 선으로 다듬는 게 불가능할 리 없고 그리 어려운 일도 아닐 텐데 그렇게 하지 않고 대강 쳐내 울퉁불퉁 거친 모습이다. 불상들을 둘러싼 이 거친 경계선은 불상을 둘러싼 것의 물성을 드러내고, 이 물성은 재료의 가시적 연속성을 따라 불상들 속으로 침투한다. 거기에 더해, 이는 분명 불상을 조성한 이들의 의도엔 반하는 것이었을 텐데, 수직 방향으로 흐르는 바위의 층상(層狀)이 강하게 드러나 마치 돌의 물결이 석불들을 '적시고' 있는 모습이다. 재료가 형상을 향해 범람하며 형상을 둘러싸고 형상에 침투하는 방식으로 가시화되고 있는 것이다. 이는 사암으로 된 경우에도 크게 다르지 않다. 윈강 석굴 20굴의 유명한 불좌상과 그 옆의 협시불 또한 가슴과 배를 횡으로 관통하는 지층적 선들이 불상 뒤의 배경이나 협시한 불상과 하나의 연속체를 이루며 이어져 있다.

'세계 최대 석불'이라고들 하는 중국 쓰촨(四川)성의 러산(樂山) 대불은 이러한 양상으로 드러나는 재료의 힘이 애초의 기획이나 의도마저 초과할 수 있음을 매우 잘 보여준다. 당나라 개원(開元) 원년

그림 3.7 _ 중국 허난성 룽먼 석굴 봉선사동. 형상 상부, 좌우, 안팎을 범람하는 돌-재료

그림 3.8 _ 윈강 석굴 20굴의 주불을 관통하는 돌-재료의 흐름

그림 3.9 _ 윈강 석굴 20굴의 협시불을 관통하는 돌-재료의 흐름

재료의 범람과 형상의 교란

인 713년에 해통(海通)화상이 조성을 시작하여 정원(貞元) 19년인 803년 완성되었다는 71미터 높이의 이 거대한 미륵불은 능운사(淩雲寺) 인근 절벽을 파 들어가며 제작되었다. 애초에 13층짜리 전각에 의해 '보호'되어 있었고 금박의 법의를 걸치고 있었다는데, 이 경우 이 거대한 불상 전체를 보는 것은 어디서도 불가능하게 된다(둔황 막고굴 96굴의 북대불전은 불상의 높이나 전각 층수가 러산 대불의 반 정도인데도 이 역시 그러하다). 전체를 볼 수 없는 이 가까운 거리로 인해 우리는 국지적 표면만을 보게 되는데, 이미 언급한 바 있듯 이때 눈은 보는 대신 표면을 만지는 질감적 촉각을 가동한다. 형상은 제대로 보이지 않고 돌이라는 재료만 눈에 가득 들어오는 것이다.

전각 위쪽의 열린 창으로 불두가 보였다고 하지만 전체 아닌 그

그림 3.10 _ 중국 쓰촨성의 러산 대불을 관통하는 재료의 층상들

그림 3.11 _ 쓰촨성의 러산 대불, 협시불을 관통하는 재료의 층상들

불두마저 멀리 떨어진 곳, 그것도 새에게나 가능한 높이에 서지 않는 한 보일 리 없다. 발가락 두께가 사람의 키보다 크다는 이 불상의 전체 모습을 제대로 보는 것은 배를 타고 절벽에서 멀리 떨어질 때나 가능하니 전각은 불상을 가리는 일종의 장애물이었던 셈이다. 게다가 불상으로부터 깎아내 분리했으나 층상의 연속성이 뚜렷한 둘레의 암벽과 하나인 그대로, 더불어 그 층상을 따라 층지어진 나무들이 불상과 그 옆의 암벽을 연속하여 이어지고 있는 지금의 모습이 훨씬 더 매력적이다. 명말(明末) 불타 없어진 전각을 다시 세우지 않은 것이 단지 재정상의 이유만은 아니었을 것이라는 짐작을 하게 한다.

이렇게 노출된 러산 대불의 아름다움은 미륵의 형상 뒤로 재료가 사라지는 게 아니라 불상의 형태나 윤곽을 횡단하며 범람하는 재료가 그 형상과 섞이며 빚어내는 매력으로부터 나온다. 질료적 연속성을 통해 표현되는 재료의 힘은 형상 속으로 침투하여 형상의 독자성을 침범하고 잠식한다. 재료와 형상의 이러한 양상은 배경과 형상의 관계로 바꾸어 말해도 될 것이다. 재료의 연속성을 타고, 배경으로 물러서 있거나 분리되어 밀쳐져 있던 '비형상'들이 잡초와도 같은 '잡상'(雜象)들과 손잡고 전면의 형상을 범람하고 침식한다고.

② 형상의 분할과 교란_ 형상을 초과하여 횡단하는 재료의 연속성과 반대로 재료의 분절된 선들이 형상과 무관한 선과 틈새를 만들어 형상을 분할하는 방식으로 형상의 독립성을 교란하고 형상 속에 뒤섞이며 드러나는 경우도 있다. 이를 가장 잘 보여주는 것은 크메르의 앙코르톰 한가운데 있는 바이욘 사원의 불상들이다. 하나의 덩어

그림 3.12 _ 캄보디아 바이욘 관음상의 형상을 분절하는 재료의 선들

그림 3.13 _ 바이욘 관음상을 잠식하듯 떠받치는 모호한 재료들

리를 파고들어가 조성된 중국의 거대 석불과 달리 이 조상(彫像)들은 분절된 육면체 돌덩어리들을 쌓아 만들었다. 이로 인해 돌봉오리 같은 탑신의 네 면에 새겨진, 거대하다고는 못해도 대단히 큰 불상의 얼굴들은, 비슷한 크기로 잘려 종횡으로 쌓인 많은 돌덩어리에 의해 분절되어 있다. 그러나 이 분절은 형상의 마디들과 무관하게 규칙적 크기로 잘린 재료의 리듬만을 따르고 있기에 형상과는 별개인 선들로 형상을 나눈다. 즉 재료를 분절하는 선들이 형상을 가로지르고 있다. 그런데 이 분절하는 선들이 이 불상에 유니크한 매력을 더해준다.

네 개의 불두 사이에 드러난 돌들은 독자적인 형상적 요소는 아니지만 그렇다고 불두를 부각하는 배경이라기엔 크게 부족해 모호한 위상을 갖는다. 평평하고 깔끔하게 다듬어지는 배경과는 반대로 오히려 불두의 형상을 교란하며 네 면의 불두 사이에 섞여 들어간 듯하다. 이로 인해 각각의 탑신은 전체적으로 부조가 새겨진 네 개의 면이 정연하게 결합된 명확한 입체로 보이지 않는다. 그보다는 불규칙한 형상의 애매한 돌덩어리에, 그것과 뚜렷하게 구별되지 않는 얼굴이 마치 그 돌덩어리에서 솟아나듯 새겨진 것처럼 보인다. 그리고 돌봉오리를 분절하는 육면체의 돌덩이들은 조각의 형상과 그 자투리 돌들을 하나의 동일한 선과 면으로 분할하며 박자적(拍子的)으로, 규칙적으로 분절된다. 그 분절된 돌들의 리듬의 규칙성이 울퉁불퉁한 형상만큼이나 뚜렷하여 불두의 형상적 독립성을 파고들며 교란한다. 얼굴과 자투리를 하나로 연결하는 분절된 재료의 통일성이 불두의 형상을 초과하여 가시화되고 있는 것이다. 불두와 자투리의 울퉁불퉁한 형상의 모호한 연속성과 불두의 직선적이며 명확한 분절의 선이 팽팽한 긴장 속에서 밀고 당기며 절묘한 균형을 이룬다. 분절된 돌들은 박자적 규칙성을 갖지만 각각의 돌마다 다르게 새겨진 울룩불룩한 표면을 따라 오르내리며 차이화되는 리듬을 형성한다. 이 리듬이 분할된 돌들을 하나로 묶어준다. 불두 사이의 돌들을 그저 덜 다듬은 배경으로서 밀쳐내지 않고 그 긴장된 균형 속으로 끌어들이는 것 또한 양자를 관통하며 하나로 묶어주는 이 분절된 돌들의 리듬이다. 재료는 그렇게 형상을 분할하면서 그 분할의 틈새를 통해 형상을 침식하고 그것을 다시 하나로 묶어주며 그것과 섞여 들어간다.

재료의 존중, 혹은 재료와의 타협

둘째로, 어깨동무한 두 주어로서의 형상과 재료. 재료의 형태를 존중하여 형상이 재료와 타협하거나 화해하는 방식이다. 여기에도 또한 상이한 양상이 있다. 가장 빈번하게 보게 되는 것은 재료가 갖는 형태를 최대한 존중하여 그것에 형상을 맞추는 방법이다. 이는 한국의 수많은 마애불에서 두드러지게 발견된다. 형상의 전제주의는 상을 조성할 때 통상 형상의 윤곽선 바깥은 잘라 내거나 평평한 벽으로 만들고 그 앞에 서는 형상에 독립성과 완결성을 부여한다. 그렇게 부각되는 형상의 그림자 저편으로 재료는 물러서고 은닉된다. 그러나 마애불은 거기 있던 바위를 최대한 그대로 살리며 조성된다.[8] 불상 못지않게 바위가 전체 형상의 전면에 나란히 선다. 하려고 하면 결코 못할 게 없음에도 환조 아닌 부조가 선호되는 것은 이 때문일 것이다. 조상(彫像)만 남고 바위는 사라지는 환조에 비해 부조는 바위가 형상에 달라붙어 그대로 존속한다.

형상의 독립성에 대한 애착이 강할 경우에는 부조를 할 때도 배경이 되는 면 전체를 깔끔하게 평면으로 다듬고 형상을 명료하고 뚜렷이 도드라지게 새긴다. 마애불도 상대적이나마 여기에 가까운 경우가 있다. 경주 남산 칠불암 마애불은 완벽히 깔끔한 평면은 아니라 해도 확실히 평면으로 다듬은 면 위에 부조를 한 경우다. 그러나 마애불은 대부분 부조의 배경을 다듬는 경우에도 평평하게 하는 작업은 필요한 최소치에 머물러 있다. 그리고 불상의 신체에서 어느 정도 벗어난 부분의 요철은 거의 손대지 않고 그냥 둔다. 이 경우 돌들의 물성이 불상의 형상을 에워싸는 모습을 보게 된다. 배경을 다듬어 불상의 형상을 분명하게 한 서산 마애불조차 이런 경우에 속한다.

불상을 새기려는 바위의 면을 평면으로 다듬기는커녕 울퉁불퉁

---

[8] "마애불을 새긴 바위의 원형을 최대한 살려내려는 배려를 잊지 않았다. […] 우리 마애불의 변함 없는 특징은 암벽이나 바위의 있는 그대로의 모습을 변형시키지 않았다는 데 있다"(이태호, 『한국의 마애불』, 51~52쪽).

한 그대로, 심지어 갈라지거나 쪼개진 것, 불룩 튀어나온 것을 제거하지 않고 그대로 둔 채 형상을 새기는 경우라면 재료와 형상의 관계가 또 하나의 문턱을 넘는 것이라 하겠다. 해남 대흥사 북미륵암의 마애불은 중앙의 주불인 미륵불의 신체조차 바위의 요철을 따라 울룩불룩 오르내리며 바위의 움직임에 리듬을 맞추고 있다. 어깨선은 바위의 굴곡에 맞추어져 있고 광배는 바위의 틈과 굴곡에 의해 '잘린 듯' 보이는데도 그 굴곡을 애써 펴지 않고 그대로 두었다. 그 옆, 특히 주불의 오른쪽에 있는 협시불들은 평평하게 다듬지 않은 채 그대로 둔 바위의 큰 굴곡을 따라 저부조로 새겨져 있어, 유심히 보지 않으면 그 형태를 알아보기도 쉽지 않다. 재료에 대한 존중이 형상의 '망가짐'마저 수긍하는 지점에 이른 것이다.

태안 동문리 마애삼존불입상은 본존불 양옆에 보살이 협시하는 삼존상의 상례를 벗어나, 가운데 작은 보살상을 새기고 양옆에 큰 주존불을 새겼다. 주와 부를 뒤바꾸는 보기 드문 이 파격은 그것을 새

그림 3.14 _ 해남 대흥사 마애불

그림 3.15 _ 대흥사 마애불 주불   그림 3.16 _ 대흥사 마애불 협시불

긴 바위의 형태적 특질에 기인한 것으로 보인다. 불상을 위해 감실을 만들 듯 파고 들어가기는 했지만 바위의 전체 형태를 보면 두 부분의 타원상으로 나뉘어 있고 그 사이가 아래로, 또 안쪽으로 밀려 들어가 있어 바위 한가운데에 상을 크게 새기기가 힘들었을 터이다. 물론 그 바위의 표면 전체를 다 평평하게 다듬는다면 격식에 맞춘 삼존상을 만들 수 있었겠지만 굳이 그렇게 하지 않고 바위의 형태를 최대한 살렸다. 그런데 바위 형태를 살리면서 정례화된 배열에 따라 가운데에 주존불을 조각하면 그 옆에 들어설 협시보살보다 주존불이 작아지게 될 것이다. 반면 주존불에 맞추어 협시보살을 조각하면 그 옆에 있는 바위의 넓고 큰 부분을 버리게 될 테니 전체적으로는 볼품없는 작은 삼존상이 되고 말았을 것이다. 태안 마애불을 조성한 이들은 이런 난점을 해결하기 위해 주존불 양 옆에 협시불을 세우는 삼존상의 전형

그림 3.17 _ 태안 동문리 마애삼존불 입상

적 형식을 과감하게 내던진다. 바위 형태에 맞추어 두 개의 넓은 면에 각각 두 주존불을 새기고, 좁고 밀려 들어간 중앙에 보살을 작게, 더 낮은 저부조로 새긴 것이다. 재료의 형태를 최대한 존중해 거기에 맞추어 불상을 새기려는 발상의 전환이 유례없는 삼존상을 만들어낸 것이다!

    환조를 만들 때도 불상의 형태를 위해 돌을 다듬고 잘라내 형상에 재료를 맞추기보다는 재료의 형태를 최대한 살리고 존중하며, 심지어 재료의 모습에 형상을 맞추어 변형하기도 한다. 이를 위해 신체적 형태의 분절이나 형상의 중심성, 대칭성 같은 것을 깨는 경우마저 있다. 이를 잘 보여주는 사례가 파주 용미리 마애불이다. 2구(二軀)의 미륵불을 조상한 이 마애불은 애초 바위를 다듬어 신체적 형상에 통일성을 부여하는 대신, 한쪽은 불룩 튀어나오고 다른 한쪽은 쑥 들어간 바위의 리듬을 그대로 살려 양과 음의 대조적 신체로 만들었다. 별로 손대지 않은 바위 위에 두 개의 두상을 얹어 준-환조로 제작

그림 3.18 _ 파주 용미리 미륵이불 입상

했다. 왼쪽의 불룩한 미륵불은 세로로 깊이 수직선을 그리며 파인 바위의 균열까지 슬쩍 옷주름으로 만들었다. 신체의 한가운데 있어 중심선 역할을 해야 할 수직 방향의 선이 삐딱하게 기울어져 있기도 한데, 이것이 하나는 불룩하고 하나는 오목한 두 부분 사이에서 비스듬히 자연스러운 균형을 잡아준다.

 오른쪽의 미륵불은 큰 바위 위에 얹혀 있는 작은 바위를 그대로 살려 손과 팔로 만들었는데, 바위 형태에 따라 합장한 손이 신체의 중심에서 이탈하여 한쪽으로 치우치며 대칭성을 깨고 있다. 대칭성을 위해서라면 불두를 손의 위치에 맞추어 좀 더 오른쪽으로 놓아도 되었을 법한데 그리하지 않았다. 그렇게 할 경우 지금은 사이좋게 붙어 있는 두 미륵불이 멀뚱하고 서먹한 거리로 멀어지지 않을까 저어했음일까? 아니면 안쪽으로 파여 들어간 신체가 불룩 튀어나온 왼쪽의 미륵불에 밀려나는 모습이 되며 균형이 깨질까 싶었음일까? 아마도 둘 다였을 것 같다. 또한 오른쪽 불두의 입은 재료인 돌의 갈라진 틈새를 그대로 살려 만들었다. 미륵불의 오른쪽이나 왼쪽 측면에

재료의 존중, 혹은 재료와의 타협

서 보면 조각적 완결성은커녕 불상으로서의 독립성마저 사라지고 그저 바위 위에 불두를 둘 얹어놓은 것으로 보인다. 재료의 형태가 형상 자체를 형성하게 된 경우라 하겠다.

경주 단석산 신선사 마애불상군은 재료인 바위를 최대한 그대로 살려 불상을 만드는 존중과 타협의 방법이 '건물'이라 해야 할 공간 자체까지 만드는 경우다. 거대한 바위를 칼로 쪼갰다는 김유신의

그림 3.19 _ 경주 단석산 신선사 마애불

그림 3.20 _ 신선사 정면의 마애불   그림 3.21 _ 신선사 왼쪽 벽의 마애불

설화는 건물의 세 벽처럼 바싹 붙어 입체적 공간을 형성한 네 바위의 위치와 모양이 흔치 않음에서 기인할 터인데, 서로 면한 바위의 각 면에 마애불을 만들고 거기에 지붕을 얹는 것으로 전각을 대신해 하나의 독자적 공간을 만들었다. 정면을 향해 선 후면의 벽은 비스듬한 수평선으로 양분된 두 개의 바위로 되어 있는데 불상의 형상을 강하게 부각해 가능하면 그 균열을 덜 보이게 하려는 통상적 욕망과는 반대로 불상의 형상을 오히려 더 희미하게 새겨 불상의 신체가 재료를 가르는 그 선 뒤로 물러선 양상이다. 불상이 둘로 양분되는 걸 감수하면서까지 두 개의 덩어리인 바위를 있는 그대로 드러내준 것이다.

    세 개의 벽면 가운데 형상을 새기기 위해 바위에 손을 많이 댄

그림 3.22 _ 신선사 오른쪽 벽의 마애불

것은 왼쪽 벽의 미륵상인데, 이 불상이 이 절의 주불인 미륵불이다.[9] 여기서도 바위의 형태에 따라 머리와 어깨를 분절하고, 얼굴과 두 손을 모두 둥글게 처리하여 익살스러운 일관성을 조성했다. 더욱 익살스러운 감각은 바위 표면의 턱진 선 아래 발가락 다섯 개씩 정면상을 만들어놓은 것인데, 이 역시 바위의 원래 모습을 따라가며 살짝 변형한 것이다.

한편 오른쪽 불상의 얼굴은 바위를 평평하게 펴서 둥글게 새기는 대신 바위 위에 약간 튀어나온, 마치 한쪽이 파 먹힌 듯 찌그러진 사각형 비슷한 돌의 표면을 그대로 둔 채 그 안팎에 들어앉아 있다.

(9) 주수완(2021), 『불꽃 튀는 미술사』, 백두문화재연구원출판부, 58~63쪽.

얼굴이 파 먹힌 모습이 되는데도 재료의 형태에 얼굴의 형상을 끼워 맞춰버린 것이다. 그 얼굴에 신체의 간단한 윤곽선을 더한 것으로 불상의 조성이 끝났기에 바위의 질감이 그 선을 뒤로 밀어내며 전면에 나선다. 시각적 형태가 재료의 촉감적 질감에 자리를 내주고 형상이 배경 뒤로 물러서는 것이다. 왼쪽 벽 미륵불 옆에서 분리된 채 나란히 선 또 하나의 바위에 새겨진 작은 저부조의 불상들도 그러하다. 바위의 울퉁불퉁 튀어나온 어떤 면보다도 낮게 들어앉은 이 형상은 바위 표면의 질감에 일차적 감각을 양보하며 스스로 그 질감의 일부가 되는 방식으로 물러서 있다. 눈을 촉각기관으로 바꾸어, 대상을 보는 것 이상으로 만지게 하는 이러한 방법은 형상의 윤곽을 최소화해 재료 표면의 '형상'과 섞고 재료의 흐름에 따라 형상을 맞추는 방식으로 재료를 형상 안에 받아들인다는 점에서, 인접한 거리나 포-위하듯 주변 전체를 둘러쌌던 윈강 석굴의 3굴이나 18굴과 다르다 하겠다.

    누차 언급했듯 시각적 형태를 최소화하여 질감이라는 촉각적 대상으로 부각하는 것은 형상을 재료에 근접시키는 중요한 방법이다. 알다시피 서구의 형상 개념을 관통하고 지배하는 것은 무엇보다 시각적 감각이다. 형태들의 기하학, 형태적 구성 양상 등이 모두 시각적이다. 음악조차 그 형식을 말할 때는 악보로 표시되는 시각적 상에 기대는 경우가 많다. 음악적 소리는 시간에 따라 흘러가기에 듣는 것만으로는 형식적 구조를 파악하기 힘들기 때문이다. 심지어 작곡가가 작곡을 할 때 시각상을 뒤집거나 대칭상을 이용하는 경우도 많다. 이를테면 베토벤의 피아노 소나타 23번 1악장의 두 주제는 악보로 표시되는 음형을 대칭적으로 뒤집어 만들었다. 쇤베르크의 12음 기법은 12개의 음표로 악보화된 음렬을 위아래로 뒤집고 역순으로 뒤집고 하는 등 이런저런 시각적 대칭상을 만들어 배열하는 것을 규칙으로 삼는다. 시각적 형태에 머무는 한 재료의 봉기마저 벗어나고자 하던 그 '구성'을 벗어날 수 없음을 구축주의자들이 보여주었음은 앞서 이야기한 바 있다.

반면 시각적 자극을 약화하거나 무력화해 질감적 표면에 다가갈 때 눈마저 보는 대신 만지는 일을 하게 된다. 이로써 감각은 형상을 넘어 재료로 다가간다. 이런 이유로 인해 환조에 비해 부조가, 고부조에 비해 저부조가 형상보다는 재료로 우리의 감각을 인도하는 성향이 강하다. 입체화된 형상의 굴곡이 강할 때 우리의 감각은 눈을 따라 형상의 선과 면이 구성하는 형상과 형식을 향해 끌려가기 때문이다. 그 굴곡을 최소화할 때, 배경과 형상의 구별이 희미한 선 이상이 되지 못할 때 우리는 형상을 지우며 재료가 우리의 촉각으로 다가옴을 보게 된다. 이때 우리는 눈으로 재료의 표면을 만지게 된다. 경주 남산 탑곡의 마애불, 충주 봉황리 마애불, 남원 사석리 마애불, 고창 선운사 동불암지 마애여래좌상 등 평면적인 저부조 마애불이 이를 잘 보여주는 경우일 것이다.

형상과 재료의 이인무

재료를 지워 어둠 속에 묻는 형상-중심적 감각은 최소한의 형식으로 형상을 환원해가며 초월적 원리와 모델의 자리에 형식을 올려놓는다. 이는 작품을 떠받치고 그것에 사물성을 제공하는 재료를 형상의 그늘 뒤로 은닉하며 시야에서 추방한다. 재료는 형식의 영광을 보이지 않게 떠받치는 말없는 노예의 운명을 감수해야 한다. 서구의 예술작품과 미학을 지배하는 형상의 전제주의는 시각 중심적 감각과 형이상학적 영혼의 고상한 동맹을 통해 지속될 수 있었다. 초월성의 미감과 손잡은 초월성의 사유가 기하학적 형식을 감각과 사유의 원리로 삼는 것을 우리는 이런 맥락에서 이해할 수 있다. 반면 재료 자체가 갖는 물리적이고 형상적인 요소를 불가피한 조건으로서 존중하려는 관념과, 그것을 때로는 형상과 대결시키고 때로는 형상과 화해시키며 형상 안에 들어설 자리를 주려는 감각은 모든 초월성을 공의 힘으로 비우고 관계와 조건 속에서 모든 것을 다루려는 내재성의 구도 위에 있다. 형상은 재료와의 관계에 따라 형상화되고 재료는 형상과의 관계에 따라 형상 안으로 스며든다.

이러한 감각과 사유 안에서 형상이란 재료가 자신의 힘을 표현하는 방식이고 재료 속으로 형식이 침투하는 방식이다. 이 내재적 산출의 장에 형상 없는 재료는 없으며 재료 없는 형상 또한 없다. 작품의 형태란 재료의 물성을 수용하며 형상화한 결과물이다. 작품을 만든다는 것은 지질학적 시간의 무게에 눌려 고형화된 재료의 주름 사이에 상상력이 그리는 생기 있는 형태의 주름을 접어 넣는 것이다. 그럼으로써 재료의 형태를 바꾸고 형상에 물질성의 흐름을 새겨 넣어 새로운 형상의 선을 만드는 것이다. 그렇게 새로운 형상의 선 안에서 만나며 섞이는 선들이 감각을 흔들며 춤추게 하는 공작(工作)이다. 형상과 재료, 형태와 질료가 손잡고 작품을 만드는 공-작(共-作)의 미학이 거기에 있다.

04

대충의 미학과 불완전성의 힘
: 세 가지 미감이 창안하는 '대충'의 세계

배흘림 기둥과 엔타시스 양식: '착시교정' 이론의 착각

완전성의 기하학주의와 강박증적 엄격주의

이념적 정확성과 적절성의 감각

기겁할 기둥들과 파격의 미감

미완의 미감, 혹은 '완결 없는 완성'에 대하여

춤추는 기둥과 삐딱한 보살: 삐딱함의 미감

대충의 미학과 세 가지 미감: 미완·파격·삐딱함

■ 이미지 출처

4.1 국가유선청
4.2 이진경
4.3 Mark-Antoine Laugier, An Essay on Architecture
4.4 ⓒ Livioandronico2013
4.5 ⓒ Jean-Christophe BENOIST
4.6 ⓒ 663highland
4.7 존 믹식, 『보로부두르』
4.8 ⓒ Diego Tirira
4.9~11 이진경
4.12 ⓒ CYC
4.13 ⓒ Atlaslin
4.14~15 타가와 준조, 『돈황석굴』
4.16 ⓒ Steve46814
4.17 ⓒ G41rng
4.18 ⓒ Steve46814
4.19~23 이진경
4.24~25 타가와 준조, 『돈황석굴』

배흘림 기둥과 엔타시스 양식: '착시교정' 이론의 착각

배흘림이란 알다시피 기둥의 배가 밖으로 불룩 흘러나오게 만드는 기법이다. 건축 전문 용어지만, 한때 베스트셀러였던 『무량수전 배흘림기둥에 기대서서』(최순우) 덕분에 대중화된 개념이다. 표준화된 설명에서 이는 그리스 신전 기둥의 '엔타시스 양식'과 곧바로 연결된다. 심지어 한국의 배흘림기둥이 그리스에서 영향을 받았다고 말하는 분들도 있다.[1] 그러나 고려시대 건축물이 그리스의 영향을 받았다는 말은 신라 건축물에서 메소포타미아 천문학을 읽어내는 것 이상으로 놀랍다. 의상대사와 부석(浮石) 서사에 따르면 7세기경, 통설대로 고려 중기라면 12세기 무렵 건축된 것일 텐데, 유럽도 로마네스

---

(1) 자현(2012), 『사찰의 상징 세계』 하, 불광출판사.

크나 고딕의 중세적 건축양식이 지배하던 때다. 조금 뒤로 물러 몽골 제국이 전해주었다고 가정해도 그리스·로마 건축의 '르네상스'보다 2세기 앞서니 서양보다 먼저 서양 건축 영향을 받았다는 말이 된다. 더 기이한 것은 기둥의 엔타시스 양식에는 영향을 받으면서 지붕의 형식이나 이오니아, 코린트 등 그 유명한 기둥 장식의 영향은 전혀 안 받았다는 점이다. 그리스 건축의 영향을 받으면서 그리스·로마라는 지명이나 문화에 대해선 그 명칭조차 알지 못했다는 것도 놀라운 일이다.

당시 있는 줄 알지도 못했던 나라의 문화로부터 영향을 받아 기둥을 만드는 이 기적은 자신의 문화가 '위대한 그리스'와 무언가 공유하고 있길 바랐던 일본의 건축가 이토 추타(伊藤忠太)가 발견하여 나중에 자신의 박사학위 논문(1898)으로 발전시킨 「호류지 건축론」(1893)에서 처음 기록한 것이다. 증거를 찾지 못해 이내 사람들의 기억 저편으로 사라진 이 기적은 1919년 교토학파 철학자 와쓰지 테쓰로(和辻哲朗)의 여행기 『고사순례』에서 다시 등장하여 부활한다.[2] 그리고 어느새 이것이 한국인의 상식에서도 버젓이 확고한 한 자리를 잡은 것 같다. 그러나 어느 경우도 '실증적' 근거는 없었다. 강력한 서구를 배태한 위대한 기원을 통해 자신을 근거 짓고자 했던 식민주의적 희망과, 유사성이면 어떤 경계도 쉽게 뛰어넘는 과감한 추측이 섞여 만들어낸 기적이었다.

배흘림이 엔타시스 양식의 한국판이 되고 나면 거기엔 흔히 기둥을 직선 아닌 곡선으로 '흘린' 이유, 다시 말해 기둥의 배가 흘러나

---

(2) 황보봉(2014), 「엔타시스와 배흘림에 관한 건축사적 고찰」, 『대한건축학회연합논문집』, 2014, vol.16, no.3, 통권 61호, pp. 43~51(9pages).

오게 만든 표준적 설명이 달라붙는다. 그냥 보면 기둥의 배 부분이 안으로 홀쭉하게 보이는 '착시 현상'을 교정하기 위해서라고. 즉 기둥을 직선으로 보이게 하려고 일부러 배가 나오게 했다는 것이다. 물론 이는 그리스 신전 기둥에 대한 표준적 설명의 반복이다. 착시를 교정하는 건지 만드는 건지 알 수 없지만, '알렉산드리아의 헤론' 같은 인물의 말도 인용하는 데다 오목하게 패인 망막의 구조까지 끌어들이기에 대단히 과학적인 듯 보이니 평범한 이들로선 믿지 않기도 어려웠을 터이다.

그림 4.1 _ 영주 부석사 무량수전과 배흘림 기둥들

그러나 그 과학적 설명을 아무리 마음속에 새기고 보아도 배흘림기둥은 직선으로 보이지 않는다. 아무리 눈에 힘을 주어도 불룩 솟아나온 배를 수직의 곧은 직선 속에 밀어 넣기 어렵다. 부석사 무량수전의 기둥을 봐도, 봉정사 극락전이나 수덕사 대웅전 등 배흘림으로 유명한 사찰의 기둥들을 다시 찾아보아도 흘러나온 배는 착시의 과학을 비웃듯 그 모습 그대로 눈에 들어온다. 이런 솔직한 지적이 있었던 것인지, 그래도 그게 아니라는 땜방(ad hoc) 설명이 다시 등장하기도 한다. 그리스 신전의 독립된 기둥과 달리, 옆에 벽이 채워져 있으면 착시 보정 효과가 사라진다는 것이다.[3] 헐렁한 옷이 배를 가려주는 효과가 있기는 하지만 기둥에 달라붙은 벽이 그러한 광학적 현상을 무력화한다는 말인데, 그 이유를 알기는 어렵다. 그 말을 듣고 다시 봐도, 벽 없이 독립된 수덕사 대웅전 내부의 기둥이나 심지어 파르테논 신전의 기둥에서도 부풀어 밀려난 기둥의 배를 보지 않기는 대단히 어렵다(바로 그렇기에 기둥의 배가 흘러나온 줄도 알았을 것이다). 그러니 부푼 곡선이 착시를 교정해준다는 저 설명을 믿으려면, 눈으로 안 보이는 것을 보인다며 감탄하던 '벌거벗은 임금님'의 신하들 같은 충성심이 필요할 것 같다. 좀 고상하게 말하면, 이데아에 맞추어 현실을 교정하여 볼 줄 아는 플라톤주의적 충실성이.

착시교정 이론이 정말 '과학적'이라면 평행한 직각의 곧은 기둥은 만들지 말았어야 한다. 착시교정 이론에 따르면 그 기둥들은 착시 효과를 모르는 채 만든 **잘못된** 기둥들이니 말이다. 그러나 서양도 그렇고 동양도 그렇고, 배흘림기둥보다 직선 기둥, 즉 직각의 곧은 기둥이 훨씬 많다. 배흘림기둥이라는 말과 그에 대한 설명이 따로 있는

(3) 자현, 앞의 책.

그림 4.2 _ 예산 수덕사 대웅전 기둥

것은 그것이 별도의 설명을 요하는, 흔치 않은 기둥이기 때문이다. 더구나 그 이론에 따르면 곧은 기둥은 안쪽으로 홀쭉한 기둥으로 보여야 한다. 그러나 아무리 보아도 그렇게 보이지 않는다. 곧은 직선 기둥일 뿐이다.

사실 착시교정 이론을 두고 예전에도 '그건 아닌 것 같다'고 생각한 사람들이 있었다. 파르테논 신전을 꼼꼼히 실측했던 프랜시스 펜로즈가 그랬다. 그는 기둥이 직선이 아니라 부푼 곡선임을 확인하고, 곡선으로 만든 이유를 동물의 사지를 곡선으로 그리는 것에 대응시켜 설명한다.[4] 이전의 설명이 표현의 형식에 대한 '광학적' 설명이었다면, 이는 표현된 내용에 대한 재현주의적 설명인 셈이다. 2007년 발표된 한 논문의 저자들은 볼록인 곡선, 오목인 곡선, 정확한 직선을 섞어 반복해 보여주고 어떻게 보이는지 실험도 했으나 착시교정 이론을 증명하는 데 실패했다고 쓰고 있다.[5]

곡선의 기둥에 대해 동물의 사지 같은 것이라고 설명해야 했던 것은 그것이 '직선이 아닌 이유'를 어떤 식으로든 설명해야 했음을 보여준다. 기둥이 직선이었다면 애써 이런 설명을 덧붙일 필요 없이 직선임을 확인하는 것으로 충분했을 것이다. 다시 말해 착시교정이라 하든 동물 사지의 재현이라 하든 두 경우 모두 '기둥은 수직의 직선이어야 정상'임을 전제하는 셈이다. 그런데 왜 기둥은 착시를 이용해서라도 수직의 **직선으로 보여야** 하는 것일까? 아니, 왜 기둥은 수직의 **직선이어야** 하는 것일까? 왜 그게 '정상'이라고 생각하는 것일까?

물론 표준적인 답이 있다. 기둥은 지붕을 떠받쳐야 하니 곧은 수직선 형태를 취해야 한다는 것이 그것이다.[6] 하지만 기둥을 다듬어 배흘림을 주든, 아니면 기둥 상단과 하단의 폭에 차이를 주어 민흘림을 하든, 혹은 곧게 뻗은 평행선의 수직으로 세우든 지붕을 받치는 기둥의 역할을 하는 데는 아무런 문제가 없다. 심지어 기하학적이지 않은 기둥들 또한 있다. 그리스주의의 환상에서 아직 벗어나지 못

---

(4) Francis Penrose(1988), *An investigation of the principles of Athenian architecture*, Macmilian & co.
(5) Peter Thompson et al., "Entasis: architectural illusion compensation, aesthetic preference or engineering necessity?", *Journal of Vision*, June 2007, Vol. 7, p. 355. 2007년에 이런 실험을 했다는 사실은 착시교정 이론이 지금도 여전히 지배적임을 방증하는 것일 게다.
(6) 기둥이 지붕을 받쳐야 한다는 가정을 의문에 부치기 위해 하단이 잘린 기둥을 미술관에 설치한 이도 있었지만(피터 아이젠만의 웩스너 아트센터), 그건 '해체주의'에 대한 자신의 해석을 시각적으로 가시화한 것일 뿐이다. 잘린 기둥이란 장식일 뿐 기둥이 되지 못한다.

한 이들을 위해선 파르테논 신전 옆의 에레크테이온 신전의 지붕을 받치고 있는 기둥들이 좋은 예가 될 것이다. 직선은커녕 기하학주의적 건축 개념을 완전히 벗어나, 옆에 있는 파르테논 신전의 불룩 나온 기둥마저 멀찍이 제치며 여인상들로 기둥을 세웠다.[7] 윈강 석굴 10굴 앞의 그로테스크한 기암형 기둥들 또한 거대한 바위의 무게를 버티는 데 아무런 문제가 없다.

기둥의 형태는 이처럼 다양할 수 있다. 평행선을 그리는 수직기둥은 그런 여러 기둥 형태 가운데 하나일 뿐이다. 그러니 기둥이란 오직 평행을 이루는 직선을 따라 올라가야 한다는 생각 역시 선택지 중 하나일 뿐이다. 그렇다면 다시 물어야 한다: 무엇 때문에 사람들은 기둥은 곧추선 직선을 따라 세워야 한다고 생각했을까? 기능적 적합성이라는 설명을 포기하고 나면 형태적 보편성이라는 설명이 등장한다. 그러나 심지어 유클리드 기하학이 유일한 기하학이라고 가정할 때조차 직각의 직선 기둥만이 형태적 보편성을 갖는다는 주장은 타당성을 얻지 못한다. 그 기하학 안에서 사다리꼴이 보편성 없는 '비정상'임을 증명할 방법은 없다.

직사각형보다 정사각형이 더 완전하고 보편적이라는 주장은 기하학적 증명이 아니라 특정 형태에 대한 취향의 산물이다. 이러한 취향은 기둥에 건축의 본질이 집약되어 있다고 보았던 서양 근대인들의 그리스주의를 이념적 기원으로 한다. 그들은 그리스의 건축물 가운데 신전을 건축의 특권적 모델로 삼았다. 그리스인들이라고 벽 없는 집에서 거주했을 리 없고, 남은 주택의 흔적 역시 어디나 벽이 존

---

(7) 덧붙이자면, 이 신전은 그리스 건축의 본질은 독립된 기둥이라는 신고전주의자들의 그리스-근본주의를 비웃기라도 하는 양 벽기둥을 사용하고 있으며, 심지어 지붕마저 벽에 달라붙은 '벽지붕'을 하고 있다.

재함을 확연히 보여주지만, 그들은 그리스를 상징하는 신전이 건축의 본질 또한 담고 있다고 보았다. 그리스 신전이 초기에는 **벽체가 있는** 건물이었고 기둥은 거기에 두른 **장식**이었다는 사실[8] 또한 그들의 기억에서 지워졌다. 지붕의 무게를 떠받치는 독립적 기둥, 그것이 건축의 구조를 요약하는 핵심이고 바로 그것이 그리스 건축의 요체라는 이념이 그 모든 것을 삭제해버린 것이다.

이를 단적으로 보여주는 것은 그리스주의가 로마와도 분리된 채 근본주의적 양상으로 부상하던 18세기 중반[9] 출판된 로지에 신부의 『건축론』(Essai sur l'architecture)의 표지 그림이다. 신고전주의 건축의 가장 영향력 있는 전거 중 하나가 된 이 책에서 로지에는 건축의 최소 요소만 사용한 원시인의 오두막이 바로 그러한 본질을 보여준다고 주장하며, 이를 위해 사실 오두막이라면 없어선 안 될 벽마저 제거해버렸다. 그 오두막 맞은편에선 그리스 신전 기둥의 잔해에 앉은 그리스인이 오두막을 향해 손을 뻗고 있다. "바로 저게 건축의 본질이야!"라며 그리스 건축을 원시적 기원으로 소급해 설명해주는 모습을 그린 것일 터이다. 그 설명을 위해 원시인의 오두막은 벽체 없이 앙상한 기둥만으로 버티는, 집 아닌 집이 되어버렸다.

이로써 내부 공간을 벽으로 둘러치는 게 중요했던 로마 건축은 그리스 건축과 본성을 달리하는 것으로 분리되었다. 르네상스 초기

---

(8) 아테네의 니케 신전 같은 프로스타일(prostyle)형 신전은 사면이 벽으로 된 방(naos) 앞에 한 줄의 기둥을 장식으로 세운 것이다.
(9) 창작을 자처하기보다는 차라리 그리스 미술을 모방하는 게 더 낫다고 주장하는 빙켈만의 『그리스 미술 모방론』이 출판된 것도 이 시기다. 이 책에서 빙켈만은 미감에 대한 본질적 감각으로 인해 그리스인들은 목숨을 잃지는 않더라도 필경 곰보가 되고 마는 천연두 같은 병은 앓지 않았다고 주장한다. 실로 놀라운 주장을 편 것인데, 더 놀라운 것은 이런 주장을 하던 사람이 미술사와 그리스 고고학의 시조 자리를 차지하게 된다는 사실이다. 이런 시조와 그를 시조로 떠받드는 이, 누가 더 엉터리일까?

그림 4.3 _ 로지에 신부의 『건축론』 표지 그림

를 주도한 알베르티가 산타마리아 노벨라 성당 전면에 벽기둥을 세 웠다는 이유로 그리스적 본성을 등진 '로마적' 퇴락이라는 비난을 받 게 된 것은 바로 이 때문이다. 건축의 본질을 표현하는 기둥이란 오 직 지붕의 무게를 홀로 견디는 것이어야 하는데, 벽에 기생하는 벽기 둥이란 벽의 일부로서, 기둥의 본성을 배신한 장식에 불과하다는 것 이다. 기둥의 이 고전적 본성을 수호하기 위해 19세기 후반 생트 주느 비에브 성당(지금의 팡테옹)의 거대한 돔을 받치는 기둥을, 붕괴의 위험을 감수하면서까지 독립 기둥으로 할 것인지, 벽체와 이어진 기 둥으로 해야 할 것인지를 두고 오랜 시간 논쟁했다는 사실은 이러한 '기둥의 근본주의'가 대단히 심각한 것이었음을 보여준다.

기둥의 직선적 본성이나 수직적 기둥의 자명성 같은 것은 없다.

그 본성이나 자명성이란 따져보지 않은 채 당연시하는 안이한 통념의 산물이다. 그것은 이념적 선판단(prejudice, 편견!)을 건축의 본성으로 승격함으로써 생겨난 감각적 환영이다. 조건이나 환경, 형태적 맥락이나 상징적 기능 등과 무관한 보편적 형식, 평행한 직선으로 가시화되는 기둥의 구조적 본성, 그것은 그리스인들의 집들—벽 없는 집이 대체 어디 있으랴!—마저 그리스 건축에서 지우는 초(ultra)-그리스주의의 이념적 기둥들이다.[10] 그러고 보면, 직선의 평행 기둥도 만들고 배 나온 기둥도 만들고 조각상 기둥도 만든 그리스인들은 르네상스 이후 유럽의 그리스주의자들보다 훨씬 자유롭고 다양한 건축 형태에 열려 있었던 셈이다. 원만한 곡선을 부여한 기둥을 '착시교정 효과'라는 설명으로 직선화하려는 해석은 완고한 기하학주의의 강박증에 불과하다. 이는 사물을 보는 우리의 눈을 속여 자신들의 믿음에 사물을 끼워 맞춘다. 착시를 교정하는 게 아니라 멀쩡한 눈과 기둥을 착시 속에 밀어 넣는다.

(10) 유럽의 기원이 그리스라는, 상식이 된 통설은 사실 대단히 의심스러운 것이다. 로마제국이 동서로 분열된 후 그리스는 비잔틴제국에 속했고, 지금 유럽의 실질적 기원이 된 샤를마뉴 대왕의 프랑크 왕국은 서로마와 친연성이 없었으며, 서로마제국 붕괴와 시간적으로도 멀리 떨어져 있다. 아리스토텔레스의 저작을 그리스어로 읽을 수 있는 이들은 그를 자신들의 중심 전거로 삼은 스콜라학파 신학자 가운데서도 없었다. 플라톤이라는 사람이 알려진 건 1439년 피렌체 공의회에서 비잔틴의 철학자 게오르기오스 플레톤의 강연 이후였다(헤린, 『비잔티움』). 그리고 비잔틴제국 몰락(1453) 이후 그리스는 이슬람 지역에 속해 19세기 중반까지는 유럽인이 접근하기 어려웠다. 그리스의 부활을 선도했던 르네상스의 피렌체에서도 그리스는 로마와 뚜렷이 구별되지 않았다. 그것들은 사실 기독교 문화에 대한 일종의 이교주의적 혼합물로서 '발견'된 것이었다. 로마와도 분리된 그리스를 자신의 기원으로 끌어들인 것은 이른바 빙켈만 같은 '고전주의자'의 그리스주의가 대두된 18세기 중반이다. 서구의 식민주의가 전 세계를 정복하며 그 이유가 되어줄 자신의 '위대한 기원'을 찾던 시기다.

완전성의 기하학주의와 강박증적 엄격주의

이러한 사태는 단지 기둥에 머물지 않는다. 파르테논 신전 기둥들의 간격이 동일하지 않다는 사실도, 지붕 끝이 약간 올라갔다는 사실도 이런 식으로 착시교정 이론에 두들겨 맞춘다. 배흘림기둥에 대해 그러했듯, 동양의 건축물에서 지붕의 처마 부분을 올리는 동양 건축물의 '귀솟음'이나 기둥이 안으로 기울게 만드는 '안쏠림'도 이와 마찬가지로 착시교정을 위한 것으로 해석한다. 그에 따르면 곧게 직선으로 만든 지붕은 '잘못' 만든 것이 된다. 우리는 그렇게 '잘못' 만들어진 많은 지붕이 있음을 안다. 기둥의 간격이란 사실 기능적-구조적 이유든 미적-형태적 이유든 얼마든지 가변적인 것이다. 기둥의 각도도 마찬가지다. 지붕의 형태와 무게에 따라 그것을 지지하기에 적절하고 보기에 좋으면 된다. 백번 양보해 착시로 형태를 교정할 수 있다 해도 그런 교정 효과가 모든 지점에서 동일하게 작용할 리 없다. 어느 한 점에서 착시 효과가 교정된다 해도 다른 지점에 가면 반대로 과장된 기형적 형태로 보일 터이다.

착시에 의한 교정을 위해 일부러 왜상을 만든 것으로 유명한 로마의 성 이그나티우스 성당이 이를 잘 보여준다. 이 성당의 천장화는 안드레아스 포초가 그린 것인데, 실제는 원통형 천장임에도 평면상의 그림인 듯 보이게 하려고 사영법을 써서 왜상을 그려 넣었다. 또한 천장화 속의 기둥을 실제 벽의 기둥과 연속인 듯 보이게 이어 그렸다. 그렇게 현실의 성당 내부가 하늘에 그려진 천상계와 하나로 이어진 단일 공간인 것 같은 공간적 환영을 만들어 보여준다. 그런데 실제 벽의 기둥과 그림 속의 기둥이 하나로 이어진 것처럼 보이는 곳은 그림의 중심과 대응하는 어느 한 점뿐이다. 이 지점에 서야만 현실과 그림을 하나로 만드는 공간적 착시 효과가 제대로 작동한다. 이를 위해 포초는 성당 바닥에 그 지점을 커다란 징을 박아 표시해놓았다(이 징은 사람들의 발에 밟히고 닳아 푹 패였다!). '초점'이라 해야 할 그 지점을 벗어나서 보면 실제 기둥과 그림 속의 기둥은 꺾여 보인다. 즉 착시교정 효과는 정해진 지점을 벗어나는 순간 사라지고 조작된 상이 눈에 들어온다. 포초는 일부러 이를 구경거리로 만든다. 착시로 공간적 환영이 작동케 하는 지점에서 떨어진 곳에 일부러 징을 하나 더 박아 넣은 것이다(이 자리에 박아 넣은 징 역시 사람들 발길에 닳아 푹 팼다). 거기서 보면 기둥의 꺾인 상이 확연히 보인다. 더 당혹스러운 것은 바로 그 지점에서 보이는 머리 위의 돔 내부 천장의 중심이 한쪽으로 쏠려 있고 채광창이 기형적이라는 점이다. 그 모두

그림 4.4 _ 초점에서 본, 착시에 의해 '교정'된 성 이그나티우스 성당 천장화

그림 4.5 _ 성 이그나티우스 성당 돔 바로 아래에서 올려다본 천장

가 저기 초점에서만 멀쩡하게 보이고 멀쩡해야 할 자리에선 일부러 왜상으로 보이도록 그려진 그림인 것이다!

　귀솟음이 지붕의 수평주의를 위한 것이라는 주장 또한 다르지 않다. 미학적 이념의 강박증은 선망의 시선을 따라 전염되는 일종의 질병 같다. 그리스의 박공지붕과 달리, 동양 건축물의 지붕은 직선이 오히려 어색하다. 직선적인 편인 중국 궁전의 지붕마저 약간 물매를 주거나 다른 직선으로 꺾어 올리는 건 이 때문일 게다. 한국의 전통 건축물 지붕에서 곧은 수평선은 아무리 교정을 다짐하며 눈을 씻고 보아도 찾기 어렵다. 그런데도 착시교정 이론을 끌어들이는 것은 이념의 강박증 아니면 이해하기 어렵다.

　직선과 직각에 대한 이러한 애호는 질서에 대한 권력의 이념이 단순성의 감각과 손잡을 때 출현한다. 어디든 권력의 공간은 강력한 직선을 따라 직조된 형태를 갖는다. 제국의 공간은 모두 직선이 지배한다. 베르사유 궁전의 정원을 만들고 파리 전체를 부수고 강력한 중심에서 방사상으로 뻗어나가는 도로망을 만든 것이 왕정적 권력의 기하학이었다면, 식민지 도시를 필두로 격자형 도로를 만든 것은 중심은 없지만 어디서나 '형식적 평등성'을 통해 작동하는 자본주의적 권력의 기하학이었다. 이집트의 신전도 중국의 궁전도 다르지 않다. 물론 직선이나 직각이야 인공적 건축물에선 어디나 나타나게 마련이지만 그것이 다른 모든 형태를 밀쳐내며 전체를 지배하게 되는 양상은 그 공간을 지배하는 권력의 강도와 비례해 강해진다. 직선과 직각의 격자가 건물의 배열을 지배할 뿐 아니라 궁전의 마당이나 도시의 도로 표면에 명시적으로 새겨지는 것이다.

'사물이 있어야 할 자리(topos)에 있는 것'이라는 그리스적 질서의 관념을 받아들일 때조차 그 질서가 원과 직선, 직각의 규칙에 따라 배열된다고 할 이유는 없다. '자연'에는 직선이나 직각이 없다. 이는 산이나 강, 동물의 머리나 꽃잎 등 '인간의 손을 타지 않은' 것을 잠시만 둘러봐도 쉽게 확인할 수 있다. 인간의 손을 벗어나면, 둥근 형상은 있어도 동일한 반지름을 갖는 원은 없다. 플라톤의 말대로, 직선과 직각, 원의 형식은 현실이 아니라 이념(Idea) 안에 있다. 기하학은 그런 형상을 다루기 위한 추상이지만 기하학주의는 세상을 그 기하학 안에 집어넣으려는 이념적 도덕(moral)이다. **그 이념에 훈육된** 감각의 체제다. 직선주의와 직각주의는 기하학주의의 단순화된 감각을 단순성의 이념에 따라 다시 한번 단순화한다. 결국 모든 것을 격자 속에 집어넣는 이 기하학주의는 자신이 만든 형식 속에 세상을 두들겨 맞추려는 욕망을 불어넣어 우주의 크기로 부풀어 오른 거대한 환상의 풍선이다. 그 풍선에 바람을 불어넣는 것은 자신이 '파악'하는 대로 세상이 존재해야 한다는 믿음이다. 세상을 자신이 아는 형식으로 재단하는 것이 세상을 정복하고 지배하는 것이라는 나르시스적 오인이다. 이런 믿음과 오인의 근저에 권력이 있음을 추론하기란 어렵지 않다. 이념화된 감각의 체제로서 기하학주의가 해와 달을 대신하는 환상 속에서는 세상의 질서를 기하학적 형식 안에 욱여넣는 것이 세계에 대한 지배라는 오인이 봄날 꽃처럼 만개한다.

과학이 과학주의가 아니듯 기하학은 기하학주의가 아니다. 기하학이 하나라고 믿던 시절 유클리드 기하학이 기하학주의의 기둥이 되어주었음은 분명하지만, 유클리드 기하학조차 흘러나온 곡선을 직선에 욱여넣지는 않는다. 기하학주의는 기하학 안에서도 특정한 것들에 대한 애호의 산물이다. **좋은 형태와 나쁜 형태를 가르는** 선판단—편견, 분별—의 집합이고, '원리'라고 간주된 특정 요소들로 모든 형식을 환원하려는 원리주의적 형이상학이다.

원과 정사각형 애호는 르네상스시대에 고유한 것이라 할 수도 있겠지만 르네상스 이후에도 기하학주의가 대체로 공유하는 취향 내지 성향이 여전히 있는 것 같다. 모든 형태를 기하학적 형식으로 환원하려는 환원론적 최소주의(minimalism), 모든 선을 최소 거리의 직선으로 펴려는 직선주의, 그리고 수직선과 수평선이 직교하는 직각주의가 그것이다. 이 세 요소로 구성되는 기하학주의는 르네상스 이래로 근대까지 건축, 조각, 미술 등 모든 형상을 지배하는 초월적 형식이다. '착시교정 이론'은 거기서 벗어나는 것을 이 초월적 형식에 두들겨 맞추려는 강박증의 산물이다.

"조금이라도 무얼 더하거나 빼면 불완전해지는 어떤 상태"를 '**완전성**'이라 규정하는 알베르티의 주장은 이런 기하학주의적 강박증의 원형 내지 이데아라고 해야 한다. 여기에는 단지 기하학적 형태의 선호만이 아니라 어떤 것도 필요한 최소한의 것으로만 구성해야 한다는 강박증적 최소주의가 명시적으로 표명되어 있다. 어떤 것을 설명할 때 필요한 최소한의 것만 선택해야 한다는 '오컴의 면도날'은 이런 최소주의적 이상주의가 르네상스적 이상주의로 귀속되지 않음을 보여준다. 먼 후일의 공리주의(功利主義)를 예비하는 듯 보이는 이러한 태도는 어쩌면 기하학주의에 최소주의적 **엄격성**을 부여한 또 하나의 기원이라 해야 할 것 같다.

건축적 모더니즘에서도 강력하게 표출된 바 있는 단순성에 대한 이러한 애호는 발생적으로 보자면 기독교의 **금욕주의**와 무관하지 않은 감각일 것이다. 기하학적 선이 직선만이 아니며 기하학적 형태가 직선적 최단거리만을 상정하는 게 아님에도 기하학주의가 직선적 최소치를 따라 압축된 것은 이러한 멘털의 산물일 것이다. 역으로 금욕적 단순성의 취향은 직선적 기하학에서 자신의 미학적 이상을 발견했을 것이다. 불필요하다거나 무의미하다고 간주되는 것은 배제하려는 '면도날'이라는 말은, 최단거리를 잇는 직선적 엄격주의와 그에 **함축된 절단과 배제의 권력**을 명확하게 드러낸다.

그러나 진리는 '단순한 것'이 아니라 '참된 것' 아닌가. "더 복잡한 것보다 더 단순한 것이 더 참되다"라는 말은 취향에 대한 서술이지 진리에 대한 명제는 아니다. "진리는 단순하다"라고 하기도 하지만 누구도 그 말이 진리임을 증명한 적은 없다. 그럼에도 불구하고 서구의 지식에서 단순성은 현실을 재는 이상적 척도이자 진리를 구성하는 원리의 자리를 차지하고 있다. 가령 '독립성', 결정 가능성, 무모순성이라는 요건을 요체로 하는 힐베르트의 수학적 공리주의(公理主義)는 단순성이 수학적 '진리'를 재는 척도로 승격되었음을 보여준다. 공리들의 '독립성'이란 필요한 최소한으로 공리들이 최소화되어야 한다('오컴의 면도날'!)는 점에서 단순성의 취향을 원리 중의 원리로 도입하는 것이기 때문이다. 이런 맥락에서 보면 최소 비용으로 최대 효과를 얻는 것을 최고 원리로 삼는 공리주의가 타산적 속물주의가 아니라 경제학은 물론 철학과 신학, 논리학 등 모든 영역을 관통하는 이상주의에 속함을 이해할 수 있다. 생태학이나 동물해방운동에서조차 공리주의가 강력한 것 또한 이 때문일 터이다.

예술에서 직선적 단순성이 이와 동형적인 취향과 멘털의 집약임은 이해하기 어렵지 않다. "적은 것이 많은 것!"이라는 슬로건으로 요약되는 미스 반데어로에의 모더니즘에는 오컴의 날카로운 면도날이 감추어져 있는 것이다. 건축에서 이 슬로건은 기단과 지붕의 수평선과 기둥의 수직선이 건축의 본질을 집약한다는 형식적 원리가 된다.[11] 엄격주의적 완전성의 면도날은 직선을 따라 우리가 사는 세상을 재단하게 된다. 생산성을 척도로 삼는 경제학적 판단의 현실적 원리와 형태의 직선적 단순성을 척도로 삼는 미학적 판단의 형태적 원리는 하나의 모태에서 태어난 것이다.

이념적 정확성과 적절성의 감각

이념화된 기하학주의가 없었다고 해도 동양 또한 직선적 기둥이 없었다고는, 아니 건축물 전반에서 직선의 예술이 없었다고는 말할 수 없다. 이를 두드러지게 보여주는 것은 단연 거대한 궁전들이다. 특히 베이징의 자금성(紫禁城)처럼 제국의 위용을 과시하는 제국의 궁전

---

[11] 프리츠 노이마이어, 김무영·김영철 역(2009), 『꾸밈없는 언어: 미스 반데어로에의 건축』, 동녘.

은 기단이나 계단, 벽이 강력한 직선이고 용마루나 처마선도 거의 직선이다. 궁전의 기단이나, 사각형 돌이 정연하게 깔린 그 앞의 마당도 직선과 직각이 확연하다. 그나마 지붕은 처마선 끝이 살짝 굽어 올라갔고, 지붕마루도 곡선성을 갖지만, 전체적으로 직선성이 강하다는 인상을 지울 수 없다. 궁전 인근의 선들도 모두 직각의 직선들이다. 하지만 궁전의 경우에도 후원이나 정자 같은 휴식의 공간에 오면 곡선이 많아지고 곡률도 확실하게 커진다. 자금성에 비해 훨씬 작고 아담해 위압적 느낌이 크지 않음에도 창덕궁이나 경복궁 같은 조선의 궁전들도 전체적으로는 직선과 직각이 지배적이다. 그렇지만 전각의 지붕선들은 중국의 그것보다 훨씬 곡선적이다. 과시해야 할 권력의 크기가 상대적으로 작았기 때문일까? 아니면 그냥 취향이었을까? 모를 일이지만, 과거의 왕들을 모신 조선의 종묘가 궁전과 비교해 유난히 직선적이라는 사실은 그저 취향이나 우연이라고만 보기는 어렵겠다.

분명한 것은 주전각의 마루선이나 처마선의 곡률이 이처럼 커지며 곡선화되면 그 하단의 곧은 직선마저 사각형이 아닌 구부러진 사변형의 일부가 되면서 직선과 직각의 기하학주의에서 멀어진다는 점이다. 이는 사찰들에서 좀 더 확연하다. 사찰 또한 직선과 사각형이 직조하는 '반듯한' 형태들이 건물을 전반적으로 받치고 있다. 그러나 길고 강력한 직선은 크게 줄어들고 지붕선의 곡선성은 더 강한 편이다. 전체적으로 절에서 직선의 힘은 궁전에 비해 확실히 약하고 부차적이다. 물론 절이나 사원 역시 국가권력의 후원하에 지어지는 경우가 많고 그 경우 국가권력을 가시화하는 기능 또한 갖는다. 그런 절일수록 규모가 커지며 직선성도 상대적으로 강력해진다. 쇼무 천황의 칙령으로 세워진 일본의 도다이지(東大寺)가 대표적일 것이다. 그

그림 4.6 _ 일본 나라 도다이지 대불전

러나 정연한 직선이 뚜렷한 도다이지조차 절에서 일종의 얼굴 역할을 하는 대불전 지붕 전면은 직선을 끊고 구부러진 비정규 곡면을 넣어 직선성을 완화하고 있다. 2층 지붕의 선들이 1층보다 곡률이 더 커지며 곡선화되어 있다는 것도 추가해두어야 한다.

인도네시아 사일렌드라 왕조가 건립했을 것으로 추정되는 거대 사원 보로부두르는 거대한 사변형을 기반으로 하지만, 변들을 거듭하여 꺾어서 직선성은 크게 잠식된다. 네 방향의 전체 윤곽선은 배가 불룩하게 흘러나왔다. 물론 이는 '시각교정'을 위해서가 아니라, 곧은 직선의 딱딱함을 교정해 원만함과 부드러움을 부여하기 위해서였을 것이다. 기단이나 회랑의 수평선들은 수없이 솟아오르는 불상과 감실들로 인해 직선성이 슬며시 뒤로 물러선다.

직선주의적 강박을 떠나서 보면, 부석사 무량수전이나 수덕사 대웅전 기둥의 배흘림은 오히려 직선성을 완화하기 위한 것으로 보

그림 4.7 _ 인도네시아 보로부두르 사원 평면도

인다. 물론 그걸 '의도'했는지는 알 수 없는 일이다. 그저 살짝 둥근 기둥의 형태가 좋아서였을 수도 있고, 그런 식으로 원만한 느낌을 주려고 했을 수도 있다. 의도가 무엇인가는 사실 중요하지 않다. 분명한 것은 곧바로 선 수직 기둥이나 기울어졌어도 직선인 민흘림기둥이 있는데도 그처럼 둥글게 배가 흘러나오게 만들었고, 이는 상이한 기둥 형태 가운데 선택한 결과라는 사실이다. 이 배흘림기둥에 '착시교정' 이론을 적용하는 순간 수직성을 준수한 궁전의 수많은 기둥 제작자는 착시 현상도 모르고 그것을 교정할 생각도 하지 못한 멍텅구리가 된다. 대개는 가장 '비싼' 장인이었을 궁전 건축가가 정말로 그랬을까?

아무리 착시교정 이론을 들이대도 불룩 나온 배는 직선으로 보이지 않는다. 착시가 어디로 갔는지, 창덕궁과 경복궁의 기둥들은 곧은 직선이 그대로 직선으로 보인다. 궁전의 건축가는 자신이 짓는 게 직선의 힘이 선호되는 궁전이었기에 거기 곧은 기둥을 만들어 넣었을 것이다. 부석사나 수덕사를 만든 건축가는 그곳이 궁전처럼 직선이 선호되는 곳이 아니니 오히려 부드러운 곡선이 좋다 싶어 배흘림기둥을 만들어 넣었을 것이다. 곧은 기둥은 곧은 기둥대로 멋이 있고 불룩한 기둥은 불룩한 대로 멋이 있다. 이는 상이한 미감의 체제에 속한 것이지, 단일한 지각의 세계 안팎에 있는 것이 아니며, 잘못된 지각을 교정하기 위한 것은 더더욱 아니다.

상이한 미감의 산물들을 단일한 감각의 기하학에 귀속하려는 강박은 미감을 오인하고 감각을 오도(誤導)한다. '착시교정'은 거기서 시각을 오도하는 감각적 의무가 된다. 물론 직선과 직각에 대한 애호를 그저 권력의 기하학이라는 말 한마디로 일축할 수는 없다. 직선과 직각을 두 축으로 하고 기하학적 형식을 형상의 모델로 삼는 기하학주의가 멋진 미적 체제를 구성한다는 것은 부정할 수 없다. 더구나 그것은 지금의 우리처럼 근대 도시와 근대 건축물에 익숙한 이들로서는 동조하기 쉬운 미감의 체제다. 하나의 체제가 된 미감들은 하나의 미학을 구성한다. 그러나 그것은 **하나의** 미학일 뿐이다. 단일성이나 보편성은 물론 대표성을 함축하는 '미학 자체'가 결코 아니다. 그 미감과 다른 미감들이 있고 그 미학과 다른 미학들이 또 있는 것이다. 기하학적 미감들이 아무리 확고하고 정연한 체계를 이룬다 해도 그것은 하나의 미학을 구성하는 미감일 뿐이다. 직선을 일부러 휘어주거나 꺾는 것도, 가볍게 구불대며 직각에서 이탈한 사각형을 그리는 것도 이와 다른 미감의 표현이다. 이렇게 다른 미감들이 직조되며 만들어지는 다른 미학이 있다. 이 다른 유형의 미감들을 기하학적 미감에 끼워 맞추거나 그걸 근거로 열등한 것으로 간주해선 안 된다. 오히려 그것들을 따라가며 거기에 이름을 붙여주고 그 미감들로 직조되는 다른 미학을 향해 가야 한다.

배흘림기둥은 이를 위한 긍정적 출발점을 제공한다. 수직기둥, 즉 평행한 직선을 따라 기둥을 만들려 할 경우 기둥의 폭이 정해지면 길이를 제외하고 기둥의 형태는 자동으로 결정된다. 더하거나 뺄 것 없는 '완전성'의 관념은 이런 종류의 단일성과 무관하지 않다. '그리스적 비례'의 감각에 따르면 기둥의 길이마저 폭과 대비하여 일정한 비율이 요구되기에 길이의 가변성도 생각보다 크지 않다. 민흘림기둥은 길이가 일정한 경우에도 단일하지 않은데, 기둥의 상단과 하단 폭에 가변성을 둘 수 있기 때문이다. 그렇지만 상단과 하단을 직선으로 잇는 것이기에 기둥 형태는 상단과 하단의 폭을 정하는 순간 자동으로, 즉 단일하게 결정된다. 반면 배흘림은 기둥 상단과 하단 사이가 직선이 아닌 곡선이기에 곡률을 얼마로 하는가에 따라 다양한 곡선이 가능해진다. 최대한 불룩한 지점을 어디로 할지, 곡선이 구부러지는 양상을 어떻게 할지에 따라 곡선의 형태도 대단히 가변적이다. 그게 그거로 보일지 모르지만, 수학적으로 말하면 기둥 상하의 두 점을 잇는 곡선은 무한히 많다. 그 곡선 중 어떤 것이 '더하거나 빼면 불완전해지는' 완전한 곡선인지를 누구도 말할 수 없다.

그 많은 곡선 가운데 어떤 것을 선택할지는 지붕의 형태나 건물의 크기와 비례, 그리고 기둥을 통해 산출하려는 효과에 따라 정해진다. 어떤 것이 적절한지 결정할 수는 있지만 조건과 무관한 정답은 따로 없으며 단 하나의 답만 있는 것도 아니다. 따라서 '더는 가감할 수 없는' 완전한 형태 같은 것도 없다. 가능한 여러 형태 중 하나를, 그때그때의 조건에 따라, 또한 표현하려는 바에 맞추어 **적당히** 고르면 된다. 가령 늘씬함을 강조하려면 직선에 가까운 작은 곡률로 뻗어 올라가는 기둥이 적당하고, 둥글게 탄력 있는 느낌을 강조하려면 좀 더 큰 곡률의 (많이 구부러진) 기둥이 적절한 것이다. 기둥 중간쯤의 한 점에서 만나는 두 개의 곡선을 연결하는 윤곽선을 만들 수도 있고, 항아리처럼 볼록한 배로 다정하고 장난스러운 느낌의 기둥도 만들 수 있다. 심지어 앙증맞고 귀여운 느낌의 기둥마저 가능할 것이다.

'완전성'의 미학은 단일한 만큼 획일적인 정답을 가정한다. 그러한 완전성의 관념은 정답의 '정확성'을 가정하며 '정교함'이나 '정밀함'은 정답에 최대한 가까워지려는 시도를 지칭한다. '정연함'은 그 정확한 선을 따라 형태들을 배열하려는 시도일 것이다. 어느 것이나 하나의 정답이 주는 단순성을 구현하거나 보충한다. 반면 배흘림기둥은 하나의 표현적 목적조차 단일한 답이 아니라 **여러 가지 답을** 갖는다는 것을 보여준다. 표현적 적절성(adequacy)만 갖는다면 약간 더 튀어나오거나 약간 덜 튀어나온 것 모두가 가능한 답이다. 따라서 가능한 여러 답 중 하나를 **'대충'** 선택하면 된다. 대충 선택하기에 선택할 때마다 약간씩 다른 기둥이 만들어질 것이다. 그렇다고 그 가운데 어느 것이 더 낫고 어느 것이 더 적절한지를 판단할 수 없는 것도 아니다. 분명 더 적절한 것이 있다. 하지만 그것은 확실한 이론적 근거를 갖지 않는다. 그것은 이론적 판단이 아니라 **감각적 판단에** 속한다. 그렇기에 만드는 사람이나 제작 조건에 따라 다른 답들이 가능하다. 정답이 있지만, 하나가 아니라 여러 개인 것이다. 각각의 기둥을 다르게 만드는 이러한 차이는 단일한 정답의 기둥과 달리 쉽게 싫증나지 않는 미묘한 다양성을 형성한다.

이 '대충'이라는 말이 미숙함이나 어설픔을 뜻하는 어떤 약점으로 보일지 모른다. 그러나 실은 정반대가 진실이다. 예컨대 인공지능은 모든 것을 하나하나 '정확하게' 지정해주지 않으면 과제를 제대로 수행하지 못하지만 인간은 '대충' 지정해주는 것으로 충분하다. 즉 '대충'이란 조건과 맥락, '목적'에 따라 필요한 어떤 것을 적절히 알아서 채워 넣는 **능력**이다. '대충'의 능력은 하나라도 정확하지 않으면 작동하지 않는 기계적 엄격성(strictness)과 반대로, 정확하지 않거나 필요한 것이 빠져도 **적절히 채워 넣어 작동시키는** 유연한 엄밀성(preciseness)을 요구한다. '대충'의 능력이란 필요한 것이 모자라거나 주어진 것이 과잉인 경우에도 적절하게 답을 내는 능력이다. 모자라거나 남아도는 불완전한 조건에서도 적절히 필요한 것을 찾아내는 능력이다. 이는 정답을 뜻하는 정확성(correctness)이 아니라, 그때마다 필요하고 중요한 것을 고려하여 답을 찾을 줄 아는 적절성(adequacy)과 상응한다.

그러나 '대충'은 조건에 따른 유연성(flexibility)이지 주관적인 자의성(arbitrariness)은 아니다. 정해진 '이상적' 형태와 다른 것을 배제하는 선험적 엄격성이 아니라 두 점 사이에 그어질 수 있는 무수히 많은 곡선 가운데, 표현하려는 바에 부합하는 것을 조건에 맞추어 골라내는 경험적 엄밀성이다. 그렇기에 선결정된 정답을 알면 누구나 할 수 있는 표준화된 숙련이 아니라 정답 없는 공백 속에서 적절한 것을 찾아내는 **감각적 숙련**을 요구한다. 대충의 능력이란 이처럼 가능한 해답들의 가변적 영역에서 조건에 부합하는 것을 찾아내는 **적절성의 감각**을 통해 작동한다. 그러므로 대충의 능력은 기하학적 형태에 갇힌 뻔한 형태에서 벗어나 이탈의 선을 만들어내는 긍정적 창안의 탈영토화 능력이고, 최소주의적 강박 옆에 납득 가능한 여백의 지대를 만들어내는 재영토화 능력이다. 적절성의 감각이 가동하는 대충의 미학은 형식의 코드를 벗어나 미감의 영토를 만드는 구부러진 선을 통해 직선화된 형식에 갇힌 상상력을 슬그머니 해방한다.[12]

기겁할 기둥들과 파격의 미감

배흘림기둥을 불러내는 것은 곧추선 기둥의 윤곽선마저 구부리는 느긋한 미감이다. 이러한 미감이 대충의 미학을 가동시킨다. 이는 단지 배흘림기둥으로 국한되지 않는다. 배흘림은 하나의 단서일 뿐이다. 두 점 사이를 곡선으로 연결할 수 있다면, 그 곡선은 굳이 하나의 곡률을 가질 이유가 없으며 곡률의 변화가 일정할 이유도 없다. 즉 비틀리거나 불규칙한 곡선 또한 기둥의 윤곽선을 형성하며 들어설 수 있다. 적절성의 감각을 통해 작동하는 대충의 미학은 단지 직선과 곡선 사이의 적당한 어느 '중간'에 국한된 게 아니라 직선은 물론 정규 곡선마저 떠날 수도 있다는 것이다. 그뿐 아니라 기둥이나 건축, 혹은 형태 등에 대한 통념을 깨며 놀라운 '파격'(破格)을 행하기도 한다. 기둥이란 안정적 기단 위에 서야 하고 지붕을 받치는 힘을 가시화해야 한다는 엄격(嚴格)한 가정들에서 벗어나 조건에 맞추어 적절하게 만들면 된다는 감각이 때로는 틀(格)을 깨는 파격의 상상력으로 이어지는 것이다.

(12) 『잡아함경』(9권)에 나오는 소나(二十億耳) 존자와 거문고 줄에 대한 이야기는 이런 의미에서 '적절성'에 대한 석가모니의 가르침이라 해도 좋을 것이다. 거문고 소리를 잘 내기 위해선 너무 조이거나 느슨하게 해선 안 된다는 것, '적당히' 팽팽하게 조율해야 훌륭한 소리를 낸다는 것이 그것이다. 적절성의 감각, 그것이 '중도'를 실행하는 방법이라는 것이다.

그림 4.8 _ 중국 산시성 윈강 석굴 9·10굴의 그로테스크한 기둥

쌍굴로 만들어진 윈강 석굴 9굴과 10굴, 혹은 12굴이나 다른 많은 석굴의 기둥들은 곡률이 일정하거나 일정하게 변하는 그런 곡선이 아니라 울퉁불퉁하고 불규칙한 선들로 이루어져 있다. 어떤 기하학적 규칙성도 없이 '그로테스크'하다고 할 법한 기이한 형상과 그것이 기암임을 확연히 드러내는 모습이다. 힘차게 뻗어 올라가는 기둥이라기보다는 절단되고 남은 기암의 여백 같다. 만약 이 기둥 하나만 놓고 본다면 아름답다는 판단을 하기가 솔직히 쉽지 않다. 그보다는 오히려 '그로테스크'의 어원이 된 '그로타'(grotta)가 이탈리아어로 '동굴'을 뜻함을 안다면 그로테스크한 석굴에 실로 부합하는 기둥이라 하겠다.

그러나 거대한 벽면에 일부러 그런 것처럼 불규칙하게 배열된 각이한 크기의 석굴들과 그 사이의 울퉁불퉁 제멋대로인 표면을 보면 그 기둥 형태가 지닌 설득력을 쉽게 감지할 수 있다. 물론 아잔타

그림 4.9 _ 윈강 석굴 6굴과 7·8굴의 전각

석굴처럼 표면을 사각형으로 깎고 곧은 기둥을 세울 수도 있었겠으나 석굴의 입구들로 구멍이 난 거대한 바위의 표면을 보면 오히려 그것과 연속적인 울퉁불퉁한 이 기둥들이 더 잘 어울린다는 느낌을 가질 법하다. 직선 기둥이었다면 석굴들 전체를 감싸며 흘러넘치는 저 불규칙한 형상들과 어울리지 못한 채 도드라져 따로 놀지 않았을까? 아니면 그 형상들의 불규칙성의 틈새를 파고 들어가 버티는 아틀라스적 영웅처럼 보였을까? 확실한 것은 파 들어간 굴들의 입구와 리듬적 연속성을 갖는, 벽인지 기둥인지 모호한 그 형상이 오히려 여기서는 나름대로 아주 '적절해' 보인다는 점이다. 기둥이 기둥으로 보이지 않아도 좋다는 파격적 발상이 창안한 놀라운 기둥이다. 기둥의 통념에서 벗어나 '대충' 만들려는 감각적 여유 없이는 결코 상상할 수 없었을 파격적 기둥이다.

잘 다듬어진 형상을 새겨 넣을 의도였다면 차라리 5·6굴처럼 아예 기둥이 아닌 전각을 세우는 편이 나았을 것이다. 미감보다는 석굴 보호라는 기능적 이유 때문으로 보이는 그러한 전각들은 사실 석굴을 조성하고 한참 시간이 흐른 뒤 추가된 것인데, 절벽의 불규칙한 형상과 아주 대조적이다. 이 전각들은 석벽 속으로 파고든 것처럼 보이기도 하는데 결과적으로는 석벽을 '배경'으로 밀어내며 형상의 자리를 차지한다. 석굴은 사라지고 전각만 남은 셈이지만, 그래도 그 옆에 있는 그로테스크한 기둥과 벽들 덕분에 평범한 절의 형상에서 확연히 벗어나 있다. 통상적 전각을 전면에 내세워도 결코 지워지지 않는 파격의 미감이 고지식한 전각에까지 생기를 불어넣고 있는 것이다.

산시성(山西省) 헝산(恒山)의 쉬엔콩쓰(현공사懸空寺) 기둥들은 이와는 아주 다른 의미에서 '대충' 세운 기둥들의 놀라운 파격을 보여준다. 거대한 바위에 아슬아슬하게 달라붙은 전각들을 떠받치는 이 기둥들은 자신들이 건물 자체를 떠받치고 있음을 가능하면 지우려는 듯 기둥의 명시적 기능을 최소한으로만 드러낸다. 전각들이 허공(空)에 매달려(縣) 있거나 벽에 달라붙어 있음을 도리어 강조하려는 듯 가냘프다 할 정도로 빈약한 기둥이다. 기둥의 폭은 이걸로 건물이 버틸 수 있을까 싶게 가늘고, 그나마 시각적 안정감을 주는 직선성마저 강하게 부여되지 않아 구부정하게 '대충' 다듬었다. 그 덕분에 건물은 아슬아슬하고 아찔해 보인다. 파격적 미감이 창안한 기겁할 기둥들이고 기겁할 건축물이다. 기둥 사이 간격 또한 전각의 윤곽선과 바위 굴곡에 맞춰 '대충' 조절했다. 지지의 안정성을 가시화하고 비례나 거리의 규칙성을 요체로 한다는 그리스주의적 '본성'과 정면으로 충돌하는, 정말 '대충' 만든 파격적 기둥들이다.

지붕이 아닌 건물 전체를 기둥이 받치는 경우야 산중턱이나 꼭

그림 4.10 _ 중국 산시성 형산 쉬엔콩쓰　　　　그림 4.11 _ 쉬엔콩쓰의 기둥들

대기에 지어진 절에서는 그리 유별난 일이 아니지만 이때도 대개는 교토의 기요미즈데라(淸水寺)의 두텁고 믿음직스러운 기둥들처럼 든든한 안정감을 부여하려 할 터인데, 쉬엔콩쓰는 그와 반대로 만든 것이다. 이는 깎아지른 절벽이라는 환경에 부합하게 하려는 판단의 소산이겠지만, '현공'(懸空)이라는 절의 이름에서도 나타나듯 허공에 매달린 듯 절벽에 붙어 있는 아슬아슬한 형상을 만들려는 발상의 산물임이 분명하다. 그 명칭에 담긴 절의 '콘셉트'에 부합한다는 점에서 탁월한 적절성을 갖는 표현형식이라 하겠다. 대충의 미학이, '대충'이라는 말에서 쉽게 기대하는 무난한 융통성이 아니라 반대로 놀라운 파격의 미감과 오히려 가까이 있음을 보여주는 경우인 것이다. 이는 대충의 미학이 갖는 또 하나의 중요한 얼굴이다.

푸젠성의 간루얀쓰(감로암사甘露巖寺)는 이런 파격적 미감이 약간은 다른 양상으로 펼쳐진 경우다. 안정적 기단이 있지는 않지만 만약 하려고만 했다면 기둥을 더 대지 못했을 것 같지도 않은데, 이 절에서는 일부러 단 하나의 기둥으로 2층의 전각 전체를 지탱하게 해두

그림 4.12 _ 중국 푸젠성 간루얀쓰(甘露巖寺)

었다. 이 또한 허공에 떠 있는 전각이라는 건축학적 '기적'을 만들려는 상상력의 창안물임에 틀림없다. 쉬엔콩쓰의 기둥들이 그 수는 많지만 받치는 형상을 최소화하여 허공에 매달린 건축물 형상 뒤로 사라지려 한다면 간루얀쓰의 기둥은 건축물 전체를 떠받치는 것이 단 하나의 기둥임을 과시하려 한다. 그렇다고 기둥의 두께로 떠받치는 힘의 확고한 안정성을 가시화하려는 발상도 보이지 않는다. 기단 위에 놓인 2~3층의 전각들 전체를 받치고 있는 기둥을 빈약하다 싶도록 가늘게 만들었다. 쉽게 구할 수 있는 흔한 나무 하나로 '대충' 만든

그림 4.13 _ 중국 푸젠성 간루얀쓰 기둥

기둥이 2층의 전각들 전체를 떠받치는 건축적 기적을 표현하려 했던 것 같다. 안정감이 아니라 "이게 정말 가능해?"라고 묻게 만들며 '불가능한 건축'이라는 역설을 가시화한다.

크고 무거운 건축물 전체를 떠받치는 이 고독한 기둥 또한 기둥에 대한 통념을 깨는 놀라운 파격의 미감을 보여준다. 여기서 가동된 '대충'의 미학이란 이처럼 대강 주워다 받쳐놓아도 저 큰 전각을 충분히 버틸 수 있도록 만드는 숙련된 감각, 그로부터 나온 자신감 없이는 결코 구상할 수 없었을 것이다. 기둥에 대한 고전적 건축 관념을 '탈구축'하기 위해서라면, 기둥을 중간에서 잘라내 '매달린 기둥'을 만든 해체주의 건축가의 관념적 유희보다 건축물을 공중에 '매다는' 쉬엔콩쓰나 간루얀쓰의 기둥이 훨씬 탁월한 자원이 되리라 믿는다.

미완의 미감, 혹은 '완결 없는 완성'에 대하여

대충의 미학은 기둥에 매여 있지 않다. 직선의 엄격함을 벗어난 선과 형태는 기둥 아닌 다른 곳에서도 얼마든지 만들어질 수 있기 때문이다. 예컨대 둔황 막고굴 329굴, 390굴이나 420굴의 천장 한가운데 있는 천개(天蓋) 형태의 사각형은 정사각형이기는 하지만 대충 그려진 정사각형이다. 즉 변의 길이가 완전히 똑같지는 않지만 대충 비슷하며, 각 변은 엄격한 직선이 아니라 배흘림기둥처럼 약간 밖으로 불룩 흘러나왔다. 그런데 바로 그것이 기하학의 딱딱함과 구별되는 대충 만들어진 '네모'의 아름다움을 형성한다. 이는 자로 댄 곧은 직선으로 그 사각형을 그렸을 때 천장화가 어떠했을까를 상상해보면 쉽게 이해할 수 있다.

대충의 미학이라는 관점에서 그 '천개' 주변을 가득 메우고 있는 천불을 비교할 수도 있겠다. 가령 막고굴 103굴 천장의 천불들은 거의 비슷한 크기의 비슷한 형상들이 정확하게 직선에 따라 배열되어 있다. 이와 달리 390굴 천장의 천불들은 색과 모양에서 변화가 좀 더 크기도 하지만, 무엇보다 불상들의 배열이 엄격한 직선을 벗어나 있다. '삐뚤빼뚤'까지는 아니더라도 대충 그어진 줄을 따라 들어갔다 나왔다 하며 곡선적 율동을 만들고 있다. 여기서 우리는 군대처럼 직선화된 대열(隊列)과 대비되는, 구불구불한 줄을 따라 대충 만들어지는 리듬적 율동을 본다. 기하학적 관점에서 보면 분명 '불완전하다' 할 미감이 이 리듬을 만들어내고 있는 것이다.

저 구불구불한 줄은 '대충' 그려진 것이지만 결코 '아무렇게나' 그려진 게 아니다. 직선은 자만 하나 있으면 누구든 아무렇게나 그릴 수 있지만, 멋지게 구불대는 섬세한 리듬적 '금'은 아무나 아무렇게나

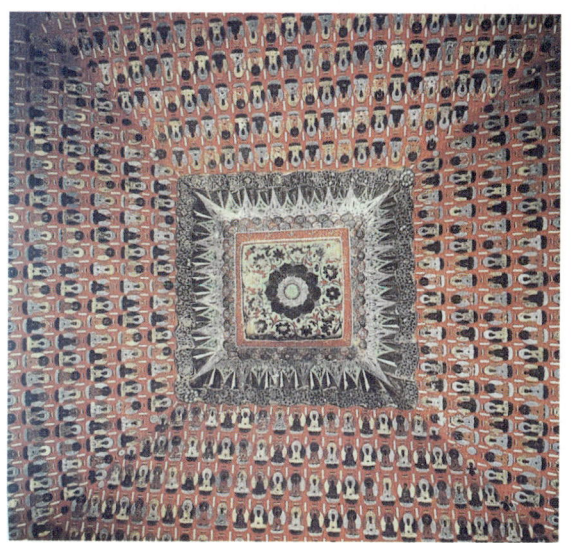

그림 4.14 _ 둔황 막고굴 390굴 천장화

그림 4.15 _ 둔황 막고굴 103굴 천장화

그릴 수 있는 게 아니다. 사실 103굴 천장도 엄격한 기하학주의를 따르고 있다고는 할 수 없다. 다만 천불 배열의 직선성이 390굴에 비해 강하다는 정도다. 그런데도 양자는 확실히 다르다. 이 차이는 대충의 미학이 단순히 '무난함'에 안주하는 게 아니며, 좀 더 '나은 것'과 그렇지 않은 것의 구별을 불가능하게 하는 것도 아님을 보여준다.

불완전성의 미감과 손잡은 대충의 미학은 아무렇게나 해도 좋다는 식의 주관적 자의성이나 대강 엇비슷하게 맞추는 객관적 무난함 같은 게 결코 아니다. 대충의 능력은 원하는 걸 깔끔하게 할 수 없는 미숙함이 아니라 대충한 것 같은데 더 멋지게 만드는 감각적 능숙함이다. 그 능숙함에서 배태되는 자신감과 여유가 거기에 있다. 얼핏 보면 비슷해 보일 수도 있을 이 두 천장화를 이리 다르게 만든 것은 바로 이 능숙함의 정도라 하겠다.

대충의 미학을 가동하는 이 불완전성의 미감이 기둥이나 배열을 넘어 **형상의 영역 전반으로** 확장되는 양상을 더할 나위 없이 탁월하게 보여주는 것은 화순 운주사(雲住寺)의 석탑과 석불들이다. 사실 한국의 마애불들은 모두 기하학주의나 직선주의와는 정반대로, 다듬어지지 않은 면 위에 구불구불한 금을 따라 조형된다는 점에서 대충의 미학을 보여주는 멋진 사례다. 그중에서도 운주사의 석불이나 석탑은 정말로 비정형적이며 대충 다듬어진, '완전하지 않은' 형태로 만들어진다. 탑들은 대충 맞추어 만든 기둥 위에 대충 골라낸 돌을 깔끔하게 다듬지도 않은 채 대충 쳐내 옥개석으로 올려 만들었다. 둥글게 다듬은 돌도 형상은 구(球)와는 거리가 멀고 크기와 형태도 제각각이어서, 위로 모여드는 원뿔형 가이드라인을 울퉁불퉁 드나들며 춤추는 듯 유연한 리듬을 만든다.

옥개석 두 개를 대충 다듬어 올린 탑을 두고, 그 위에 무언가 있던 게 없어진 것이라는 주장과 그 자체로 완성된 것이라는 주장 사이에 논란이 있다는데,[13] 이 논란이야말로 무언가 더 들어설 수 있는 미완의 여백을 그대로 둔 채 그 자체로 충분히 완성될 수 있음을 보여준다 하겠다. 더 이상 가감할 게 없는 닫힌 완전성이 아니라 **다른 것이 부가될 수도 있는 열린 완전성**을 여기서 본다. 석불들은 대충 다듬은 돌에 정말 간단한 선만 음각해 새긴 것도 있고, 몸도 손도 대충

그림 4.16 _ 화순 운주사의 석탑

(13) 요헨 힐트만, 이정재 외 역(1997), 『미륵』, 학고재, 183쪽.

그림 4.17 _ 운주사의 석불

그림 4.18 _ 운주사의 누워 있는 석불

만들고 눈도 새기지 않은 불상, 다리 없이 몸통만 대충 늘린 불상도 있다. 제 발로 있지 못해 암벽에 기대놓은 불상도 많다. 정말 '대충' 만든 불상들이다! 그러나 이 얼마나 아름다운 불상들인가. 큰 절의 대웅전이나 무량수전의 이름난 주불(主佛) 이상으로 훨씬 아름답다.

다들 완전하지 않아 미완으로 보이지만 빈틈없이 다듬어진 그 어떤 완전한 불상 못지않게, 아니 그 이상으로 아름답다. 여백과 빈틈을 갖기에 **불완전하지만 충분히 완성된** '미완의 미학'을 여기서 본다. 완결되지 않았으나 충분히 완성된 작품들. 이때 미완이란 말 그대로 '완결되지 않음'이고 '불완전함'이지만, 그것은 완성도가 떨어짐이 아니라 **무언가 더하거나 빼도 좋은**, '많이 가진 자'의 여유롭고 느긋한 완전성이다. '어느 하나를 가감하면 망가지는' 알베르티 식의 닫힌 완전성과 상반되는 완전성이다. 따라서 '미완'이란 '완전성'에 미달하는 상태가 아니라 반대로 '남아도는' 완전성이고 '완전성' **이상의** 완전성이다. '완전성'이라는 말로 명명된, 더 이상 주는 것도 받는 것도 모두 거부하는 편협한 긴장과 대비되는 여유를 여백으로 갖는 완전성이다. '완전성'이 닫아놓은 문을 여는 완전성이고 '완전성' 안으로 생성의 여백을 끌어들이는 완전성이다.

누가 보아도 '대충' 만들어졌다 할 운주사 천불천탑은 **엔간한 것을 가감하는 것으로는 훼손되지 않을 완전성**을 갖고 있다. 미완이어서 더 매혹적인 이 불상과 불탑의 아름다움은 완성이나 완결과는 반대되는 지점에서 아름다움을 보는 미감이 세상에 불러낸 것이다. 완성되지 않은 것, 완전하지 않은 것이 갖는 이 역설적 아름다움은 불완전성의 힘을 포착하는 미감이라는 점에서 불완전성의 미감이라 해도 좋을 것이고, 미완인 채 완성을 능가하는 미감이라는 점에서 미완의 미감이라 해도 좋을 것이다. 형식적 틀에 사로잡힌 완고한 고집을 깨는 파격의 미감이 거기에 인접해 있음을 볼 수도 있다.

운주사 천불천탑이 조용히 증언하고 있는 이 미학적 '불완전성'은, 완전성에 대한 형식주의적 꿈이 와해되는 지점을 표시하는 수학적 '불완전성'(incompleteness) 개념과 놀랍게도 공명한다. 흔히 '불완전성의 정리'라고도 불리는 '괴델의 정리'가 그것이다. 앞서 간단히 언급한 바 있지만, 다비드 힐베르트가 대표하는 수학적 형식주의란 공리만으로 모든 명제의 참·거짓을 결정할 수 있어야 하고(결정 가능성), 공리계는 모순이 없어야 하며(무모순성), 공리들은 서로 독립적인 것으로 최소화되어야 한다(독립성)는 요구를 요체로 한다. 이를 만족할 때 공리계는 '완전하다'고, 다시 말해 '완전성'을 갖는다고 한다. 그런데 1931년 괴델은 모든 형식적 공리계가 '결정 불가능한' 명제를 포함하며 어떤 공리계도 자신의 '무모순성'을 증명할 수 없음을 증명했다. 이 정리가 '불완전성의 정리'라고도 불리는 것은 단적으로 말해 가장 엄격한 형식주의적 수학에서도 '완전성'이란 없다는 뜻이다.

그러나 여기서 '불완전성'이란 단지 수학적 '완전성' 개념이 붕괴되는 지점을 드러내주지만, 그렇다고 모든 수학을 무의미하게 만드는 부정적 개념만은 아니다. 수학적 불완전성이란 공리로부터 추론되는 것만으로 공리계가 '완결'될 수 없음을 뜻한다. 공리를 통해 참인지 거짓인지를 결정할 수 없는 명제가 완전성을 꿈꾸는 모든 공리계에 반드시 존재한다는 말이다. 결정 불가능성이란 완전성의 강박으로도 지울 수 없는 그 빈틈과 여백의 수학적 이름이다. 하지만 이 여백과 틈새는 거짓이라 할 수 없는 어떤 명제가 숨어 있는 곳이니 완전성에 못 미치는 공백이 아니라 완전성을 초과하는 어떤 것이 존재하는 곳이다. 다시 말해 결정 불가능성을 통해 정의되는 불완전성은 완전성을 초과하는 어떤 것의 존재를 뜻하는 것이지 모자람이나 결핍이 아니라는 것이다.

불완전성의 정리가 더더욱 놀라운 것은 완전성을 초과하는 이 결정 불가능한 명제들이 무한히 많아서다. 결정 불가능한 명제란 공리들만으로는 진위를 결정할 수 없는 명제다. 참임을 증명할 수는 없지만 거짓임도 증명할 수 없기에 그 명제를 공리로 추가해 새로운 공리계를 만들 수 있다. 그러나 그렇게 만들어진 공리계에도 다시 결정 불가능한 명제가 존재한다. 즉 그렇게 '확장된'(실은 규칙이 늘어났으니 더 '좁아진' 것이라 해야 한다) 공리계도 다시 결정 불가능성의 여백과 빈틈을 갖는다. 이는 무한히 계속될 수 있다. 결정 불가능한 명제들이 끝없이 나오는 늪이 불완전성의 틈새 속에 있다는 말이다. 즉 모든 공리계가 무한히 많은 결정 불가능한 명제를 향해 열려 있다는 말이다. 단일함이 가정된 '정답'은 아니지만 틀렸다고 할 수 없는 많은 답이 정확성과 대비되는 적절성의 감각과 짝을 이룬다는 것을 우리는 앞서 살펴본 바 있다. '정답'은 아니지만 틀린 것도 아닌 답들, 이 결정 불가능한 명제들이 불완전성의 여백 안에 차곡차곡 쟁여져 있는 것이다. 완전성을 초과하는 답들로 거기 숨어 있는 것이다. 따라서 미학적 불완전성만큼이나 수학적 불완전성도 **모자람이 아니라 흘러넘침**이고 **결여가 아니라 과잉**이다.

모든 공리계는 나름대로 완성되어 있지만 불완전하다. 이러한 불완전성은 **미완인 채 완성된** 것의 미학, **완결 없는 완성**의 미학을 뜻하는 대충의 미학과 동형적인 불완전성이다. 불완전성의 미감이란 완결성 '바깥'에 있는 것마저 능숙하게 다룰 줄 아는 감각적 능력이다. 결정 불가능한 것들 속에서 적절한 것을 골라내는 직관적 능력이다. 답인지 아닌지 결정할 수 없는 것 가운데서 답을 골라내는 능력이다. 혹은 반대로 말해도 좋겠다. **불완전성의 틈새 속에서 적절한 답을 찾아내도록 슬쩍 숨겨둔 채** 제작을 끝냄으로써 완성 이후의 완성으로 대중을 불러들이는 것이다.

이 미완의 미감은 대충의 미학을 구성하는 또 하나의 중요한 성

그림 4.19 _ 해남 대흥사 대웅보전 내부 기둥들

분이다. 불완전성의 미감이라 해도 좋을 이 미감은 가감이나 변형을 허용하지 않는 폐쇄적 완전성을 넘나들며 작동한다. '완전함'의 빈틈 속에 숨은 여백을 뒤져 적절한 답을 찾는다. 미완의 미감과 손잡은 적절성의 감각은 답이 있는 것만 할 줄 아는 고지식한 영혼 속에 정해지지 않은 답들을 새겨 넣는다. 거기서 얼굴을 드러내는 '대충'의 감각은 완전성의 개념이 제공하는 선규정된 형태들을 지워 여백을 만들고 확고한 형식을 어그러뜨려 빈틈을 만든다. 그 여백과 빈틈 속에 느긋한 이탈의 감각을 밀어 넣는다. 이로써 대충의 미학은 더듬는 듯 어눌한 선과 미완의 형상들로 초월적 형식들의 엄격한 명령어들을 뭉개고, 망가진 듯 미완인 형상들로 이유를 알지 못하는 모호한 매혹의 감각적 영토를 창안한다.

춤추는 기둥과 삐딱한 보살: 삐딱함의 미감

한국의 사찰 기둥 이야기로 돌아가보자. 그러나 다시 배흘림기둥 얘기를 하려는 건 아니다. 그와는 다른 유형의 기둥, 그렇다고 비현실적일 만큼 기괴하거나 묘기(妙技)스러운 중국 절의 기둥과도 다른 유형의 기둥이 한국의 사찰들에 있다. 거기에서 우리는 '파격의 미감'과는 다른 미감과 손잡고 작동하는 대충의 미학을 보게 된다.

먼저, 구례 화엄사(華嚴寺) 각황전(覺皇殿)의 기둥이 그렇다. 이 전각은 전각 외부나 내부 모두 대체로 직선적이고, 서까래나 수미단 등도 모두 깔끔하게 직선으로 다듬어져 있다. 그런데 각황전 내부의 독립 기둥, 특히 왼쪽의 기둥은 확연하게 비틀리며 구부러져 있다. 물론 그 옆의 다른 기둥들도 엄격하게 직선으로 다듬어져 있지는 않지만, 그래도 상대적으로 직선적이다. 구부러진 기둥은 그 직선적 기둥과 대비되어 더 두드러진다. 그 기둥들이 받치고 있는 상부의 보들도 구부러져 있다. 직선과 곡선의 병치를 통해 직선적 형태와 명시적 대비를 이루는 구부러짐을 일부러 강조하려는 듯 보인다. 해남 대흥사(大興寺) 대웅보전의 내부 기둥들은 하나가 아니라 모두가 확연히 구부러진 불규칙한 선들로 삐뚤빼뚤하다. 한 기둥의 굵기마저 위에서 아래로 크게 변하고 있다. 오른쪽 끝 기둥은 아래쪽에서 오목한 곡선을 그리며 깊숙이 들어가 있어 하부의 든든함으로 상부를 떠받치는 통상의 감각을 깨고 있다.

화엄사나 대흥사의 기둥은 직선주의적 기둥에서 벗어나는 길이 민흘림이나 배흘림의 규칙적이고 우아한 곡선만이 아니라 이처럼 '제멋대로인' 구불구불한 곡선도 있음을 보여준다. 이러한 불규칙한 구부러짐을 두고 재료의 부족이나 만든 사람의 능력 부족이라 할 사람이 혹 있을까? 설마 싶지만, 모를 일이다. 그러나 같은 건물에 명확하게 직선적인 곧게 뻗은 부재들이 많고 옆에 다른 전각들도 있는데 '금당'이라 할 각황전이나 대웅보전에 그처럼 '없는 티'를 냈을 리 없다. 구불대는 윤곽선의 기둥을 불상 앞에 독립시켜 세운 것은 명확히 '의도적인' 것이고 합목적적인 것이다. 경직된 직선의 공간에 그런 기둥들을 끼워 넣음으로써 부드러움과 유연함, 그리고 웃음의 여유를 만들려는 것 아니었을까. 직선의 팽팽한 긴장을 통해 만들어지는 품격도 좋지만, '대충' 다듬고 대충 맞추어 세우니 재미있지 않느냐는 익살스러운 질문이 그 삐딱하게 구부러진 선에서 흘러나온다. 불상을 둘러싼 공간에 걸맞고 중요한 전각의 위상에 부합하는 격조를 표현하기 위해 전통적 형식의 직선적 미감을 이용하지만, 동시에 그 사이에 비틀며 구불대는 뜻밖의 기둥을 끼워 넣는 이 과감함에는 불전(佛殿)에 달라붙기 쉬운 권위를 느긋한 여유의 감각으로 덜어내며 편안하게 해주려는 익살의 감각이 스며들어 있다. 놀라게 하는 파격의 미감과는 다른, 능청스레 슬그머니 벗어나는 어떤 미감의 존재를 여기서 본다.

　서산 개심사(開心寺)에서는 더 많은 전각이 이러한 미감을 모를 수 없게 확실한 형상으로 드러낸다. 표현적 목적에 부합하는 적절한 답을 선택하는 감각이 여기서는 이래도 되나 싶을 만큼 구부러져 삐딱하다고 할 어떤 문턱마저 넘는다. 개심사에 들어서면 가장 먼저 눈에 들어오는 범종각은 네 개의 기둥 모두가 슬쩍 휘어진 선이 아니라, 춤추고 있다고 해야 할지 술 취해 비틀대고 있다 해야 할지 모를 만큼 구부러진 선들로 휘청거린다. 휘청대는 손발로 **지붕을 흔들어대는** 듯하다. 흔들리는 지붕과 함께 건축이나 기둥에 대한 관념도 크게 흔들린다. 두 기둥은 두 번 구부러져 S자 형인데, 상단과 하단의

그림 4.20 _ 서산 개심사 범종각

그림 4.21 _ 개심사 심검당

위치도 수직의 기둥선에서 크게 어긋나 있다. '어떻게 이럴 수가!'—이는 놀람의 감탄사 이전에 웃음의 감탄사다. 대놓고 대충 만들었다고 표명하는 이 극심하게 삐뚤대는 선들 앞에서 '완전성'의 엄격주의 같은 건 분명 하찮은 웃음거리가 될 것이다. 모든 종류의 엄숙주의를 무력화하는 멋진 삐딱함의 미감이 여기 있다. 이 또한 격을 깨는 미

그림 4.22 _ 개심사 공양간의 보

감이라는 점에서 '파격'이라 할 수 있겠지만, 기겁하게 하는 놀라운 파격의 미감과는 아주 다른 종류의 미감이라는 점에서 구별할 필요가 있다. 삐딱함의 미감이라는 별개의 개념이 부여될 필요가 있다.

개심사에서는 범종각만이 아니라 대웅전을 제외한 다른 전각이나 공양간 같은 건물들의 기둥이나 보, 천장의 부재 모두가 아주 불규칙한 곡률로 크게 구불댄다. 심검당이나 공양간의 기둥이나 보, 인방이나 천장의 부재들 모두가 구불구불하다. 무량수각의 한 모퉁이를 받치는 기둥은 두툼한 자연목을 그냥 가지만 툭툭 쳐내고 대충 다듬어 모서리에 세워놓았다. 그 기둥의 배는 '흘린' 정도가 아니라 중간만 튀어나오듯 부풀어 있고, 뒤쪽으로 돌아가서 보면 그 형태가 S자에 가깝게 구부러져 있다. 나무의 옹이도 그대로 살아 있으며, 표면은 다듬지 않은 양 울퉁불퉁하고 사선의 곡선을 그리는 나무의 결이 그대로 노출되어 있다. 거기에 이어진 벽에는 그 기둥의 구부러진 선을 따라 삐뚤어진 윤곽선을 두텁고 진하게 그려놓았다. 이 정도면 직

그림 4.23 _ 개심사 무량수각 기둥

선을 슬며시 넘어서는 게 아니라 명시적으로 직선성을 교란하려는 뜻이었음이 분명히 드러난다. 위엄을 세우기 위해 정통적 형태를 취하게 마련인 대웅전조차 보나 천장 부재들이 대충 다듬어지고 구부러져 있다. 엄격함이나 권위를 비틀고 흔드는 삐딱함의 미감이 여기저기서 흘러넘친다. 확고하게 떠받치는 모습과 정반대로 비틀고 흔들어 익살을 부리는 이 삐딱함의 미감 또한 대충의 미학을 구성하는 또 하나의 성분이다.

이처럼 삐딱함이 하나의 독자적 미감임을 주목하고 나면 기둥 아닌 다른 곳에서도 그 미감의 흔적이 눈에 들어온다. 가장 멋진 예는 둔황 석굴(막고굴) 45굴의 협시보살상이다. 제자든 보살이든 본존불의 협시상은 무엇보다 우선 본존불의 격을 높이고 그에 대한 경의를 표시하는 역할을 한다. 이는 그 불상들을 보는 이들에게도 경의의 마음을 갖게 한다. 그렇기에 협시상은 대개 근엄하고 단정한 모습으로 본존상에 품위와 격조를 더한다. 엄격한 위계의 수직성은 아닐지라도 공손함과 단아함, 근엄함과 품격은 곧은 수직성을 취하는 경우가 많다. 이는 협시불이 입상인 경우 더욱 분명하다. 금당의 본존불 옆에서 흔히 보게 되는 많은 보살상이 그렇다. 물론 사천왕이나 금강역사처럼 마구니를 처리하고 악행을 단죄하는 인물이라면 협시한 경우에도 힘을 드러내는 역동적 자세를 취하겠지만 보살이나 제자의 협시상이라면 그럴 이유가 없다. 협시한 불상이나 제자들은 손의 모습이나 지물이 어떠하든 대부분 단정하고 곧바로 선 수직의 단아한 형상을 취한다.

    그런데 이 점에서 둔황 막고굴 45굴의 협시보살상은 아주 특이하다. 일단 본존불인 석가모니의 왼편에 선 가섭은 제자로서 협시상의 일반적 형상을 취하고 있다. 가장자리의 사천왕들 모습도 전형적이다. 그런데 본존불 오른편 아난은 공손히 두 손을 모아 차수(叉手)하고 서 있기는 해도 왼쪽 다리를 축으로 하는 몸의 중심으로부터 허리 위의 상체가 적지 않은 각도로 삐딱하게 오른쪽으로 기울어져 있다. 엄격주의자였던 가섭과 대비하려던 것일까? 더욱더 놀라운 건 그 앞에 있는 두 구의 협시보살이다. 동양에서도 입상들을 만들 때 한쪽 다리에 무게가 실리며 골반과 어깨가 살짝 반대로 기우는 '콘트라포스토'(contrapposto) 자세를 사용하는 경우가 적지 않지만 그건 서양이든 동양이든 '자연스러운' 모습을 표현하기 위함이다. 그런데 둔황 막고굴 45굴의 두 보살상은 자연스러운 각도를 넘어 허리가 골반에서 이탈한 건 아닐까 싶게 기울었다. 그와 맞추어 고개 또한 큰 각도로 기울어 있는데 옆으로만 기운 게 아니라 앞으로도 기울었다. 악인이나 마구니를 밟고 있어 한쪽 다리가 접혀 있고 허리도 기울어 있는 그 옆의 천왕들보다도 그 꺾인 허리와 고개의 삐딱함이 훨씬 두드러져 보인다. 이 삐딱한 두 보살로 인해 딱딱할 수도 있었을 단아함은 유연한 선을 따라 부드러워지고, 무거울 수도 있었을 근엄함은 확연히 가벼워진다. 이 보

그림 4.24 _ 둔황 막고굴 45굴의 협시보살상

그림 4.25 _ 둔황 막고굴 45굴의 불보살상들

살상들은 "당대(唐代) 조각의 사실성과 관능적 아름다움"을 잘 보여주는 것으로 유명하지만, 내게 그 이상으로 인상적인 것은 확실하게 이탈의 각도를 거듭 만들며 공간 전체를 유연하고 여유 있게 만드는 이 삐딱함이다.

정도 차가 있지만, 막고굴 332굴의 협시보살, 빙링시(병령사) 석굴 37~54감의 많은 협시보살 역시 이런 삐딱함의 형상을 명확히 드러내고 있다. 그러고 보면 협시보살에서 발견되는 삐딱함은 결코 드물다 할 수 없다. 입상은 아니지만 윈강 석굴 6굴의 부조 중 하나에선 단아하게 가부좌를 한 석가모니 좌우에 협시한 문수보살과 유마거사가 삐딱한 각도를 따라 기운 편안한 모습으로 앉아 있다. 마치 나무 그늘 아래 평상에 편하게 앉아 대화하는 분위기다. 아마도 『유마경』의 이야기 때문이겠지만, 이유가 무엇이든 엄격함이나 공손함, 경외감 같은 것은 크게 완화되고 편안하고 느긋한 대기가 흘러넘친다.

삐딱함의 미감은 수직적 엄격주의를 슬쩍 흔들며 이웃한 항들을 비스듬히 엮는 사선적 미감이다. 그러한 사선들이 발아하는 싹이고 횡단하는 선들을 통해 옆에 있는 이들을 향해 몸을 기울게 만드는 이탈의 각도다. 크지 않은 이탈의 각도만으로도 위계적 수직선을 동맹의 횡단선으로 바꾸어주는 작은 편차다. 삐딱함의 미감은 정형화된 '완전성'의 초월적 이상주의와 달리, 일부러 기울이는 각도를 통해 연기적 조건의 우발성을 직교한 공간 속으로 끌어들이는 내재성의 감각이다. 그 삐딱한 선과 큰 각도로 기울어져 구부러진 형상은 엄격주의가 추방하려 했을 춤추는 신체를, 가벼움과 웃음을 불러들인다. 한 걸음 더 나아가 말하자면, 수직에서 벗어나는 작은 각도의 감응 또한 이와 연결할 수 있지 않을까? 석굴암 본존불을 둘러싼 부조들 가운데 수직의 곧은 각도를 벗어나 구부러진 범천이나 제석천의 신체는 익살이나 가벼움과는 거리가 멀지만 단아한 감응을 주는 곧은 신체의 관음보살상에 비해 편안하고 느긋한 감응을 주니 말이다.

적절성의 감각이 직선에서 슬그머니 벗어나는 곡선의 여유와 상관적이라면, 삐딱함의 미감은 직각에서 확연히 벗어나는 이탈의 각도와 상관적이다. 그러나 직선의 궤적을 벗어나는 곡선이 이탈의 각도를 전제하듯, 삐딱한 각도로 이탈하는 횡단선은 유연한 곡선을 필요로 한다. 이 점에서 적절성의 감각과 삐딱함의 미학은 얕은 문턱 하나를 사이에 두고 서로 인접해 있다.

대충의 미학과 세 가지 미감: 미완·파격·삐딱함

삐딱함이 갖는 이러한 미감적 특질은 기둥의 배를 기둥이 허용하는 가변성 안에서 곡선화하는 감각과 인접해 있지만, 삐딱함이 산출하는 감응은 곡선적인 감각의 유연성이나 가변성이 산출하는 감응과 같지 않다. 가령 배흘림기둥이 익살로까지 이어지려면 흘러나온 배의 곡선이 과도하다 싶을 만큼 튀어나와야 한다. 이는 불가능하다 할 수는 없지만 그 경우 이미 기둥은 기둥이길 그칠 가능성이 크다. 그렇기에 곡률을 증가시키는 것만으로는 삐딱함의 감응을 산출하기 어렵다. 개심사의 기둥들이 삐딱한 것은 일차적으로 그것이 구부러진 곡선이어서가 아니라 직각으로 귀결될 어떤 각도에서 벗어나기 때문이다. 기둥의 상하부를 수직성에 수렴시키는 각도에서 벗어나는 이런 이탈에 곡선이 더해질 때 기둥은 지붕을 흔드는 춤을 추게 된다. 삐딱함이란 바로 이런 **이탈의 각도**이고, 그 삐딱한 각도가 보는 이의 감각을 흔들며 발생하는 감응이다. 곡선적 감각이 두 점을 잇는 수직성을 받아들이면서 직선성에서 벗어나는 지대를 만드는 이탈로 시작된다면, 삐딱함의 미감은 기둥의 수직성을 교란시키는 이탈의 각도에서 시작된다. 다시 말해 곡선적 미감이 직선성에서 이탈하는 곡선을 통해 시작된다면 삐딱함의 미감은 수직성에서 이탈하는 사선을 통해 시작된다.

'삐딱함'이란 정형화된 틀에서 벗어나는 각도나 형태의 '극심함'과는 다른 것이다. 기둥에 대한 통념을 깨는 양상의 정도라는 점에서 보면 윈강 석굴들의 울퉁불퉁한 기암성(奇巖性) 기둥이나 산시성 쉬엔콩쓰나 푸젠성 간루얀쓰의 아슬아슬한 기둥이 오히려 극심하다. 대충 만든 것 같은 그 기둥들은 그렇게 과감한 파격을 행하지만 '삐딱하다' 하긴 어렵다. 대충 다듬은 기둥은 곧지 않고 파격적 형태를 취하지만, 춤추듯 무언가를 흔들거나 익살스러운 제스처의 삐딱함은 분명 아니다. 확실히 이 점에서 삐딱함의 미감과 파격의 미감은 모두 대충의 미학을 가동하지만 양자를 동일하다 할 수는 없다.

미완의 미감이 기하학을 초월적 모델로 삼는 완전성의 형식주의와 대비된다면, 삐딱함의 미감은 수직성을 통해 초월적 지위를 확보하려는 위계적 엄격주의와 대비된다. 이 두 미감은 기하학이나 건축, 기둥 등을 둘러싼 틀을 벗어나는 이탈이라는 점에서 파격의 미감과 이어져 있지만 파격의 미감을 선도하는 놀라움이나 기괴함과는 다른 방향을 향해 있다. 미완의 미감과 삐딱함의 미감, 파격의 미감은 이처럼 서로 이어져 있지만 다른 방향을 향해 있는 세 개의 극이다. 대충의 미학을 구성하고 가동하는 세 개의 극이다.

이 세 개의 극을 좀 더 뚜렷하게 대비하여 개념화하는 것이 좋을 듯하다. 미완의 미감이 확고한 직선 및 형식의 '완전성'과 대결한다면, 삐딱함의 미감은 행동의 엄격함, 복종과 숭배와 짝하는 직교(直

交)주의적 수직성과 대결한다. 미완의 미감이 고지식한 형식을 뭉개고 지우며 생겨나는 틈새와 여백에서 배태된다면, 삐딱함의 미감은 엄격한 수직선에서 벗어나는 익살의 방향에서 배태된다. 그리고 파격의 미감이 놀라게 하는 방식으로 통념화된 구조를 전복한다면, 삐딱함의 미감은 가볍게 춤추고 웃게 하는 방식으로 통념화된 구조를 와해한다. 파격이 미감이 당연시된 개념을 혁파하는 방식으로 완전성의 통념을 의문에 부친다면, 미완의 미감은 완결 없는 완성을 통해 완전성을 초과하는 불완전성을 창안한다.

이러한 미감은 모두 엄격주의나 엄숙주의에 반하여 '대충' 적절한 것을 선택하는 감각과 이어져 있다. 파격의 미감과 미완의 미감, 삐딱함의 미감은 이 적절성의 감각과 더불어 대충의 미학을 구성하는 성분이다. 적절성의 감각은 세 가지 미감이 자리 잡고 있는 대지 위에 떠 있는 비행선 같은 것이다. 대충의 미학은 이 세 개의 극(極)과 그 사이를 날아다니는 비행선이 함께 만드는 미감의 체제다. 대충의 미학은 이 비행선이 어떤 미감 쪽으로 더 다가가느냐에 따라, 어떤 미감에 근접하느냐에 따라 다른 얼굴로 나타난다. 파격의 미학, 불완전성(미완)의 미학, 삐딱함의 미학은 적절성의 감각이 이 세 가지 미감의 극에 다가갈 때 드러나는 이 미학의 얼굴들이다. 그러나 세 개의 극 사이에 존재하는 많은 점이지대가 있음을 안다면, 대충의 미학이 단지 세 개의 얼굴을 가질 뿐이라고는 말할 수 없을 것이다. 그러니 세 얼굴 사이에서, 세 미감이 섞이는 양상에 따라 수많은 얼굴이 있다 해야 할 것이다. 천수천안의 관세음보살처럼, 대충의 미학 또한 조건에 따라 달라지는 천 개의 손, 천 개의 얼굴이 있다 해도 좋을 것이다.

05

매달림의 미학과 상승의 미학
: 기하학적 미학에서 미학적 기하학으로

티베트 고원의 낯선 '모더니즘'

매달림의 미감

매달림의 기하학

날아오름의 감응과 상승의 미학: 미얀마의 사원과 불탑

솟구침의 감응과 상승의 미학: 태국의 사원과 불탑

다른 감각, 다른 기하학들

■　　이미지 출처

5.1 ⓒ FrDr

5.2 ⓒ Love29son

5.3 ⓒ onwardtibet.org

5.4 ⓒ Matthew Summerton

5.5~6 ⓒ 주수완

5.7 Tuden Gyaltsan ed., *The Potala, Holy Palace in the Snow Land*

5.8~12 ⓒ 주수완

5.13 ⓒ Bjørn christian Tørrissen

5.14 ⓒ Vera & Jean-Christophe

5.15 ⓒ DIMMIS

5.16 ⓒ Hans A. Rosbach

5.17~18 이진경

5.19 차장섭, 『아름다운 인연으로 만나다—미얀마』

5.20 이진경

5.21 ⓒ L. Manju

5.22~34 이진경

5.35 ⓒ

티베트 고원의 낯선 '모더니즘'

형상이 주는 미적 쾌감은 여러 곳에서 온다. 기하학은 형상이 주는 미적 쾌감의 유일한 이유도 아니고 중심적 이유도 아니다. 서구에서 오랫동안 '고딕'이라는 단어 그대로 '기괴한 것'으로 취급되던 고딕 성당도 아름답고, 곧게 뻗은 직선도 없고 원, 삼각형, 사각형 같은 깔끔한 기하학적 형상도 발견하기 힘들어 모더니스트 건축가의 조롱을 받던 시에나의 광장과 골목길도 대단히 아름답다. 그렇지만 형상이 주는 미감의 많은 부분이 기하학적 구성에서 온다는 것 또한 부정할 수 없다. 재료 자체가 갖는 표현적 힘에 의해 형식의 오랜 지배에 항거하고자 했던, 그렇기에 구성(composition)이라는 개념조차 거부했던 러시아 구축주의자들도 끝내 기하학적 구성의 미학을 모면할 수 없었던 것은 이 때문이다. 사원이나 탑, 조형물에 형상을 새기려는 이

그림 5.1 _ 이탈리아 시에나의 캄포 광장

들이 기하학에 기대는 것은 많은 경우 피할 수 없는 일이다.

이차돈의 순교를 기념하는 신라의 비석(경주박물관 소장)이나 김정희의 〈세한도〉(歲寒圖)는, 기하학주의와 거리가 먼 신라나 조선에서도 글자의 크기를 일정하게 하려고 사각형 격자를 사용한 흔적을 명시적으로 보여준다. 붓으로 쓴 글씨의 아름다움 또한 기하학적 보편성 안에 있다 해야 할까? 그러나 격자 안에 같은 크기의 글자를 새겨 넣는다고 추사 글씨의 아름다움을 기하학적이라 할 수는 없다. 글자의 크기를 조절하기 위해 격자를 사용하지만 격자에 갇히지 않고 때로는 크기와 형태의 규칙성마저 깨며 춤추는 글자들의 아름다움을 얼마나 자주 보는가. 엄격하게 격자 안에 배열된 구양순의 해서(楷書)조차 기하학적 미감과는 거리가 멀다. 글자의 크기가 미와 무관

그림 5.2 _ 경주 백률사 터에서 나온 이차돈 순교비

한 건 아니지만 글자 크기가 같다고 붓으로 쓴 글씨가 모두 아름다운 것은 아니다. 거기서 아름다움이나 미감을 산출하는 것은 획의 강약과 리듬, 긴장과 이완 등을 통해 이루어지는 선의 미학이다. 이는 길이만을 갖는 기하학적 선의 개념으로는 전혀 해명할 수 없는, 폭까지 더해 '면'이라 간주한다 해도 결코 설명할 수 없는 미학이다. 뻗어나감과 꺾임, 누르는 무게감과 경쾌한 속도감, 든든한 안정감과 날렵한 역동성, 곧음과 휘어짐, 펼쳐짐과 가늘어짐, 느림과 빠름 등 획의 운동을 통해 힘을 표현하는 강도(强度)의 미학이 거기에 있다. 같은 해서의 고전임에도 구양순과 안진경의 글씨가 다르고, 같은 북위체 해서 안에서도 장맹룡비(張猛龍碑)와 시평공조상기(始平公造像記)가 다른 미감을 주는 것은 이 때문이다.

비례나 크기를 조절하기 위해 기하학을 사용한다고 해서 그렇게 제작된 미감이 기하학적인 것은 또 아니다. 기하학적이지 않다고 비난받던 고딕 성당 또한 기하학적 선이나 격자를 사용했다. 기하학적 미학이란 황금비 같은 특정한 개념적 비례, 혹은 원이나 정방형, 원기둥이나 원뿔 같은 입방체 등 특정한 이상적 형태(form)를 보편적 모델로 하는 미학이다. 피타고라스 이론에 따르면, 서양음악의 화음이 1:1이나 1:2, 2:3 같은 특정한 비례로 환원된다고 하지만 1:4나 3:7 같은 비례는 화음과 무관하다. 건축에서도 어떤 비례가 **진정한 미학적 비례인지**를 두고 오래된 논쟁이 있었다. 비트루비우스가 『건축십서』에서 제시한 그리스·로마의 기둥들 간 비례가 진정한 미적 비례인지 관습적 비례인지를 둘러싸고 벌어진 르네상스 건축가들 사이의 논란도 그중 하나다. 기하학적 미학이란 기하학을 사용할 때면 언제나 출현하는 게 아니라 '특정한' 비례나 형태를 초월적 본질이나 기준으로 사용할 때 출현한다.

    티베트의 라싸에 가기 전만 해도 나는 이런 방식으로 서구의 기하학주의적 미학을 상대화했고, 기하학을 사용한다 해서 모든 미적 형상을 기하학으로 환원할 수 없다는 생각에 자족하고 있었다. 기하학적 미(美)만 있는 게 아니라는 생각이면 기하학을 모든 형상을 지배하는 초월자로 만드는 미학에 대해 충분히 거리를 둘 수 있다고 믿었다. 기하학적인 서구의 미학과 기하학적이지 않은 비서구의 미학을 대비하고 있었던 셈이다. 그러나 라싸와 인근의 티베트 사원과 건축물들은 서구 못지않게 정형화된 기하학적 미학이 서구와 멀리 떨어진 이 오지의 고원에 존재함을 증거하고 있었다. 어디를 보아도 나란히 늘어선 사각형의 형상들…. 창문 위 천개(天蓋)마다 날리는 커튼 같은 천이나 술장식이 아니었다면 요즘 대도시에서 흔히 보는 사각형 건축과 훨씬 더 가까운 모더니즘 건축물이라 해도 좋을 듯했다.

그림 5.3 _ 티베트 라싸의 조캉 사원

　　궁전이나 사원뿐 아니라 주택으로 보이는 일반 건물도 그랬다. 수평으로 긴 평지붕을 가진, 사각형으로 조형되고 사각형 창문으로 가득한 건물을 어디서나 볼 수 있었다. 멀리서 본 대붕 사원의 건물들은 크게 그려놓은 한쪽의 벽화가 없었다면 도시의 산자락에 들어앉은 근대 도시의 건물과 다르지 않았을 것이다. 박공이나 아키트레이브(architrave) 같은 장식마저 없어 19세기까지의 고전적 건물이 많은 파리 같은 서구의 도시보다 훨씬 더 '모던하게' 보이는 기하학적 풍경이었다. 식민주의적 침략이 지구상을 뒤덮은 시기 이후에도 서구인들이 한참 동안 그 존재마저 알지 못했던, 해발 3700미터 고원 오지의 고립된 곳에 20세기 모더니즘을 수백 년 앞서간 기하학적 건물들이 있었던 것이다. 기하학과 비기하학을 대비하는 것으로 서구와 비서구의 미학의 경계를 획정할 수는 없겠다는 생각이 적지 않은 당

그림 5.4 _ 티베트 라싸의 포탈라궁

혹을 동반하며 일어났다.

    포탈라궁은 처음에 사진으로 보았을 때도 그랬지만 직접 보니 더욱더 인상적이었다. 그러나 '충격'이라 해도 지나치지 않을 만큼 인상적이었던 것은 그것이 단지 멋진 기하학적 형상을 갖고 있다는 이유만은 아니었다. 그것은 분명 기하학적이라 해야 할 멋진 건축물이었지만 기하학적 근대 도시와 건축물에 익숙한 내 눈에 무언가 아주 낯설었다. 그 낯섦으로 인해 궁전은 눈을 뗄 수 없도록 이채로워 아름다웠다. 분명 기하학적 미감이지만 아주 낯선 미감이었다. 거기서 보이는 기하학은 내게 익숙한 기하학과는 무언가 크게 다른 낯선 미감의 기하학이었다.

    이 건물을 이토록 낯설게 하는 건 대체 무엇일까? 무엇보다 먼저 눈에 들어온 것은 그 거대한 궁전에서 기둥이라고는 하나도 보이지 않는다는 사실이었다. 기둥 없는 건물이라니! 보이는 건 온통 벽이었다. 거대한 입체임에도 평면들을 모아놓은 것처럼 다가오는, 흰

색과 붉은색의 단순명쾌한 대조가 아름다운 장대한 벽들뿐이었다. 길게 늘어진 홍궁(Potrang Marpo) 한가운데 걸린 양탄자 뒤에 작은 기둥들이 있다고 할지도 모르지만 그것은 너무 작고 가냘픈 데다 받칠 지붕마저 없어, 벽들 사이에 변화를 주어 시선을 모으는 테라스의 마디로나 보일 뿐이다. 게다가 그 높이 솟은 건물에서는 벽이나 기둥을 받치는 기단도 보이지 않았다. 기단 없는 건물이라니! 건물의 기단이란 서구의 고전적 건물이나 근대의 기하학적 빌딩뿐 아니라 중국이나 한국 절의 전각들 어디서나 발견되는 '건축의 기초' 아닌가.

높이 솟은 평면상의 벽에 새겨 넣은 창문들의 배열도 이채로웠다. 아래쪽 벽은 넓게 비워두고 지붕에 닿을 듯 벽 위쪽에 몰려 있는 창문들 모습은 마치 줄에 걸린 걸개그림, 아니 빨랫줄에 걸린 빨래들 같았다. 궁전 꼭대기의 평지붕은 비바람과 햇빛으로부터 내부를 보호하는 면이니 기능상으로는 지붕임에 틀림없다. 지붕을 따라 일정한 폭을 가진 붉은 띠로 마감된 지붕선을 보며 그리스 신전의 엔타블러처(entablature)를 떠올릴 수도 있을 법하다. 하지만 무엇보다 그걸 받치는 기둥이 없는 데다 벽 밖으로 튀어나온 처마도 없어서, 무언가에 떠받쳐진 느낌을 주는 대신, 벽의 상단이 잘리며 생긴 끄트머리 같았다. 홍궁 상부 중간에 난 흰 띠의 수평선이 그렇듯 그 지붕선의 붉은 띠는 벽에 그려진 장식이라 해야 할 것이었다. 게다가 그 띠들은 창문들에 의해 잠식되어 있었고, 그래서 차라리 창문들이 그 띠에 매달린 채 아래로 드리워진 듯 보였다.

수평선과 수직선과 사각형으로 구성된 건축물이지만, 서구와는 아주 다른 감각의 건축물이었다. 든든한 기초 위에 기둥을 세우고 그 기둥으로 건축물 전체를 떠받치는 양상의 구조를 전혀 찾아볼 수 없는, 그럼에도 대단히 기하학적으로 아름다운 건축물이었다. 이토록 기하학적인데 이토록 다를 수 있다니! 이렇게 다른 감각의 기하학적 건축이 있었던 것이다. 기하학적이라고 해서 다 같은 게 아니었던 것이다! 그렇다면 다른 감각에 의해 다르게 사용되며 다른 양상으로 조성되는 다른 기하학이 있는 것 아닐까? 해발 3700미터 높이를 머리가 찢어질 것 같은 두통으로 체감하며 사원에서 사원으로 돌아다니다, 답사가 거의 끝나갈 때쯤 갑자기 한 단어가 마치 무슨 깨달음인 양 툭 튀어 올랐다. '매달림'. '그래 이건 매달림의 기하학이야!' 그러고 보니 약간 기울며 물매진 벽의 선도 곧고 강직한 직선이라기보다는 안쪽으로 오목하게 흘려 들어간 것이 꼭 매달린 천처럼 보였다. '배홀림' 아닌 '허리홀림'이라 해야 할까? 바닥이 안정적이고 상부가 예각적이었다면 그 흘려 들어간 선이 솟아오르는 운동감을 주었겠으나 상부의 길고 안정적인 수평선으로 인해 그와 반대로 매달려 살짝 늘어진 것으로 보였다. 양끝이 고정되었으나 살짝 늘어져 있는 천막을 떠올리게 했다. 그러고 보니 포탈라궁 홍궁 상부의 흰 띠 위에 드리워진 듯 보이던 창문들도 매달린 양 걸어놓은 모습 아니었던가! 거기다 여기저기 천개에 매달린 탕카(걸개그림)나 커튼도 매달림의 감각에 한 수 더했다.

티베트 건축의 기하학은 '근거 없는' 기하학이다. 근거란 확고한 기초다. 기둥과 그것으로 구축된 건축물 전체를 떠받치는 든든하고 안정적인 기초인 것이다. 그래서 서구 건축의 기하학은 확실한 근거의 기하학이다. 이는 기단(base)이 기초를 제공하고, 그 위에 선 기둥이 지붕의 무게를 떠받치는 것을 요체로 한다. 그리스 신전은 그 점을 명확하게 가시화한다는 점에서 건축의 특권적 모델이 되었다. 18~19세기의 이런저런 '고전주의자'들뿐 아니라 미스 반데어로에 같은 모더니스트도 이것이 건축의 본질이라고 주장했다. 이는 '장식은 죄악'[1]이라며 구조나 기능으로 건축을 환원하고자 했던 20세기 건축가들에겐 건축의 최소 이념 같은 것이었다. 미스 반데어로에는 이런 구조를 형태상으로 명확히 가시화하기 위해 기능상 불가피한 벽조차 시각적으로 '제거'하고자 했다. 이는 벽을 유리로 대체할 수 있다면 충분히 가능할 것이었다. 하여 그는 강철 트러스로 만든 지붕의 묵직한 수평면을 단단한 기단에 세운 강철 기둥 위에 올리고 벽을 투명한 유리로 대체했다. 구체적 이유는 약간씩 달리하지만 모더니스트 이후의 많은 건축가가 벽체를 유리로 대체하길 선호했던 것은 유리에 대한 취향 이상으로 이런 이념적 이유에서였다.

　이처럼 '진리'가 된 건축의 구조는 사유의 구조의 본질에 대한 은유이기도 했다.[2] 모든 지식이나 판단의 확고한 기초(base)를 마련하고 그 위에 떠받쳐지는 명제들의 구축물을 세우려는 철학적·논리적 발상도, 혹은 구체적 현상의 근저에 있는 '근거'(Grund)를 묻는 것도 이런 건축적 은유와 동형적이다. 이렇게 그리스적 건축의 구조는 철학적 사유의 구조를 구축하는 모델이 되었던 것이다. 프뢰벨이 원소적인 기하학적 입체들로 건물을 축조하는 장난감으로 유아들을 가

---

(1) 아돌프 로스, 현미정 역(2018), 『장식과 범죄』, 미디어버스.
(2) 가라타니 고진, 김재희 역(1998), 『은유로서의 건축』, 한나래.

르치려 했을 때,[3] 거기서 발견되는 것 또한 건축과 사유의 이러한 동형성이다.

그러나 포탈라궁이나 티베트의 사원에는 다른 구조, 다른 기하학이 있다. 확실하고 단단한 기단을 근거로, 그 위에서 기둥들이 모든 구축물을 지지하는 '떠받침의 기하학'이 아니라, 기둥이라고는 없이 잘린 듯 수평선을 그리는 벽 위에, 줄에 걸려 그림처럼 아래로 창들이 드리워진 '매달림의 기하학'이 그것이다. 어쩌면 정반대인 듯 보이기도 하는 아주 다른 미감의 기하학적 건축을 거기서 보게 된다. 다른 유형의 기하학적 미감이 존재할 수 있음을 거기서 본다.

매달림의 미감

포탈라궁은 높이 솟아 있지만, 이는 특별한 예외에 속한다. 티베트의 건물들은 모두 수평적이다. 지붕선들이 잘리거나 요철을 이루며 나고 들긴 해도 기본적으로 안정감을 주는 긴 수평선을 근간으로 한다. 순례자들을 불러들이는 조캉 사원과 그 앞의 넓은 광장을 사변형으로 둘러싼 건축물들은 수평성과 사변형의 기하학주의를 확연하게 보여준다. 상징화된 도안의 동물이나 불구(佛具)들이 그려진, 탕카인지 커튼인지 모호한 걸개그림 같은 사변형 천들로 둘러싼 테라스는 중정(中庭)을 에워싼 난간마저 사각형의 면들로 덮어버린다. 이 형상이 강력하기에 그 위에 얹은 중국식 지붕이나 스투파 형태의 장식들조차 사각형과 수평성을 교란하지 않는다. 이런 양상은 넓은 광장이 없

---

(3) 후지하라 다쓰시, 박성관 역(2022), 『분해의 철학』, 사월의책.

는 라모체 사원에서도 다르지 않다. 산자락이나 산비탈에 들어서 있는 간덴 사원이나 데붕 사원은 첩첩이 중첩된 수많은 사각형의 '얼굴'들과 수평선, 그리고 빼곡한 창문들로 비탈의 경사진 사선들을 차분한 수평성 속에 침전시킨다.

하나하나의 건물로 다가서면 단단한 질감의 벽들과 만나게 되는데 시선이 벽 끄트머리에서 꺾이는 모서리를 지나면 비로소 입체로 다가온다. 입체라고는 하지만 벽의 평면성이 강해 평면들의 구부러진 연속체로 보인다. 같은 벽이라도 요철이 있고 기둥처럼 튀어나온 부분이 있으면, 그 벽은 입체의 일부로 보일 것이다. 그러나 요철도 없고 기둥도 없이 모서리에서 꺾인 벽은 마치 종이를 꺾어 세운 것처럼 평면의 연속체로 보이게 마련이다. 건물 전면의 상부가 강력한 수평선을 명확하게 그어준다면, 건물의 벽들은 입체를 평면들의 복합체로 되돌려놓으려는 듯 차분한 평면성을 갖고 있다. 그래서인지 벽들은 마치 두꺼운 캔버스 같고 창문은 그 캔버스에 그린 그림 같다. 이곳 창문들도 포탈라궁 정도는 아니지만 위로 쏠려 있고 아래는 큰 여백이 빈 벽으로 남아 있다. 창문들이 매달린 느낌을 주는 건 이 때문이다. 데붕 사원처럼 비탈에 지은 절에서는 이런 점이 더 확연하다. 기단이 따로 보이지 않으니 산비탈에 면이 드리워진 듯 보이기 때문이다. 이러한 것들이 뚜렷한 직선의 벽이나 집을 사변형의 기하학과 다르게 만들어준다.

그저 수평성이나 사변형을 강조하는 것이었다면, 기단의 수평성을 빼놓았을 리 없을 터이다. 아니, 경사진 면에 선 건물의 안정성을 표현하기 위해 일부러라도 수평의 기단을 강조했을 법한데, 그 많은 수평선이 유독 건물 아래에는 없다. 그렇다고 땅에서 솟아오르는 느낌을 주는 건 전혀 아니다. 수평 방향으로 긴 건물의 형태 때문이다.

위로 쏠린 창문들을 봐도 그렇다. 평지붕 바로 아래 벽에는 촘촘히 수직으로 창문을 만들지만 벽의 하단은 넓은 벽면으로 확실하게 비워둔다. 밑에서 떠받치거나 아래로부터 치고 올라가는 것이라 본다면, 상부에 진한 색의 형상이 모여 있고 아래가 텅 비어 있는 모습은 필경 불안정한 느낌을 줄 것이다. 그러나 어떤 건물에서도 벽과 창문의 배치는 그런 느낌을 전혀 주지 않는다. 빨랫줄에 매달린 빨래나 줄에 매달린 걸개그림이 허공에 '떠' 있지만 불안정한 느낌을 주지 않는 것처럼 말이다. 그렇게 창문들은 지붕의 수평선에 매달려 있다. 안정감을 주는 팽팽한 수평선이 그 아래 있는 것들을 붙들고 있다.

창문의 크기도 그렇다. 위보다 아래 창문의 크기가 더 작다. 차곡차곡 쌓이며 상부를 떠받치는 구조나 상승하는 형상이라면 이와 반대였을 것이다. 매달림의 감각이기에 아래로 갈수록 작아지는 게 '안정적'이라 느껴지는 것이다. 작아지는 창문은 종종 중앙의 축에서 벗어나 한쪽으로 치우쳐 있다. 이 또한 쌓고 떠받치는 구조나 상승하는 형상이었다면 기우뚱하게 흔들려 부적절한 것이 되었겠지만, 매달리는 '구조'이기에 하나도 이상하지 않다. 기단 없는 벽이 불안정한 느낌을 전혀 주지 않는 것도 창문들이 지붕의 수평선에 매달려 있기 때문이다. 지금은 중국 산난현의 체탕 시 인근에 있는 트란드룩 사원(창주사昌珠寺)에서는 놀랍게도 창문이 테라스에 의해 '잘려' 있다. 창문이 테라스에 걸치며 아래로 '드리워져' 있는 것이다! 그러니 이러한 감각적 배치에는 기둥이 들어설 이유가 없다. 기둥이 기댈 기단도 없고 기둥이 떠받칠 지붕이 없기도 하지만, 만약 거기 기둥이 들어선다면 걸개그림 중간에 세운 기둥처럼 그저 거치적대며 매달림의 유연성을 방해하기만 했을 것이다.

떠받침의 감각은 기단의 수평선과 떠받치는 기둥의 수직선이라

그림 5.5 _ 티베트 산난 트란드룩의 들쭉날쭉 매달린, 테라스 아래까지 늘어진 창문들

는 두 요소의 직선적 확고함으로부터 안정성을 얻는다. 하지만 떠받쳐지는 것이 꼭 직선이어야 할 이유는 없다. 뾰족해도 되고 둥글어도 되며 톱니 같아도 되고 비대칭이어도 상관없다. 이것이 형상적 다양성을 낳는다. 그런데 어떻게 변주하건 중요한 게 있다. 흔들려서는 안 된다는 것이다. 흔들림이란 제대로 떠받쳐지지 않았음의 결정적 징후다. 기울어져도 안 된다. 기울어짐이란 잘못 떠받쳐져 있음의 단적인 징표다. 안정성이란 흔들리거나 기울어짐 없는 확고함을 뜻한다. 반면 매달림의 감각에서는 매달린 것들이 흔들려도 매단 수평선만 든든하다면 충분히 안정적이다. 매달린 것은 흔들려도 되고 기울어져도 되며 단단하거나 굳건하지 않아도 된다. 매달림의 감각은 아무리 흔들려도 괜찮을 것 같은 매단 '줄'의 수평성이면 충분하다. 매달린 것의 흔들림이나 경사짐, 가변성과 비대칭성은 안정성 안에서 허용되는 유연성의 다른 얼굴이다. 매달림은 확고함이 아니라 유연성

매달림의 미감   213

그림 5.6 _ 티베트 시가체 타시룸포 사원의 기둥 장식

과 짝한다.

떠받침의 감각에서는 기단이나 중간 기단의 수평성 및 기둥의 수직성이 확고하다면 받쳐지는 것의 총 높이는 각자 달라도 상관없다. 안정감을 위해선 무게감이 있는 것들을 아래에 모아두는 게 좋다. 매달림의 감각에서는 반대로 수직의 창문들 한쪽이 길게 늘어져도 좋을 것이고 늘어진 것들의 길이가 들쭉날쭉해도 상관없다. 심지어 수직으로 드리워진 선이 직각이나 직선이 아니어도 괜찮다. 경쾌함과 날렵함을 위해서라면 무게감 있는 것들은 위쪽으로 모으고 아래는 가볍게 비워두는 게 좋다. 떠받침의 감각은 확고·불변성을 이상적 모델로 삼지만, 매달림의 감각은 그런 확고·불변성을 애써 찾을 이유가 없다. 매달림의 감각은 최초의 근거로부터 차곡차곡 단을 올리고 기둥을 세워 축조물을 만들어야 확고한 안정감을 얻는 논리학과도 거리가 멀다. 즉 **매달림의 감각은 떠받침의 감각을 뒤집어놓은 것이 아니다**.

티베트에서는 벽과 창문만 매달지 않는다. 사원 내부로 들어가 좀 더 자세히 관찰하면 매달림이 단지 건축적 요소를 넘어 다양한 양상으로 존재함을 보게 된다. 내부의 '주두' 장식이 일단 눈에 들어온다. 그리스·로마의 신전 건축에서 주두의 형태는 기둥의 양식을 분류하는 기준이었다. 이를 유심히 보면, 도리아식 기하학적 장식은 받치는 것과 받쳐지는 것의 관계를 한 번 더 반복해 부연하는 형식으로 보인다. 이오니아식은 받치는 기둥과 받쳐진 지붕 사이에서 눌리며 밀려 나온 선들이 아래 방향으로 감겨드는 문양이다. 떠받침을 구성하는 두 힘의 대립을 가시화하는 장식이라 하겠다. 코린트식은 기둥 끝에서 지붕을 밀며 솟아오르는 아칸서스 이파리 문양의 장식을 특징으로 한다. 묘지에 놓아둔 바구니를 밑에서부터 엎으며 올라오는 아칸서스 잎을 보고 아이디어를 얻었다는 전승이 전하듯, 밀고 올라

그림 5.7 _ 포탈라궁의 기둥 장식

가는 힘으로까지 확장된 기둥의 힘을 표현하려는 것이라 할 수 있겠다. 혹은 떠받치는 힘의 여분이 주는 여유의 표현이라 해야 할까?

반면 티베트 사원 내부의 기둥은 기둥머리 끝에 매달린 채 아래로 늘어진 형상으로 장식되어 있다. 예를 들면 타시룸포 사원의 기둥은 기둥머리에 육각형의 아름다운 '비늘'들이 3단으로 매달려 있고,

그림 5.8 _ 중국 칭하이성 시닝의 타얼쓰 내부의 걸개그림들

그림 5.9 _ 티베트 라싸 데붕 사원 내부의 '기둥 펜던트'

거기에 다시 목걸이 같은 문양들이, 거기 얽혀드는 식물 문양들과 함께 멋지게 아래로 늘어져 있다. 그 한가운데 불상이 있는데 이 또한 그 줄들에 매달려 있다. 또 다른 기둥은 코린트식 기둥을 연상케 하

그림 5.10 _ 티베트 산난의 사메 사원(상예사桑耶寺) 당간

는 일종의 식물 장식인데, 전체적으로 삼각형의 형상을 이루며 아래로 내려간다. 즉 코린트 장식의 잎과 반대 방향을 향해 있다. 포탈라궁 백궁의 주출입구 앞에 있는 기둥들은 톱니 같은 '면'으로 네 모서리가 잘린 '팔각형'의 단면을 갖는데, 거기도 유사하게 두 변을 아래로 길게 늘어뜨린 육각형 비늘들이 3중으로 매달려 있고, 목걸이 같은 줄 아래에 불상이, 그 아래로는 연꽃이 매달린 양탄자 그림이 조각되어 있다. 매달림의 감각이 기둥의 장식들 전체를 아래로 방향 짓고 있는 것이다.

　벽과 창문이 매달림의 감응을 표현하는 기하학적 형식이고 기둥머리가 그와 상응하는 형상의 장식이라면, 사원 내부의 도처에 매달

그림 5.11 _ 룽다

그림 5.12 _ 타르초

려 있는 천이나 상징적 도안이 그려진 걸개그림, 화려한 술장식이 달린 탕카는 매달림의 감각이 사원을 장엄하는 양상을 즉물적으로 보여준다. 데붕 사원에서는 기둥형 '펜던트'들이 매달려 있는 것을 볼 수 있는데 비늘처럼 아래로 향한 천장식들을 늘어뜨린 '천'이 기둥 모양으로 둥글게 말려 있고 술장식 아래로 늘여놓은 장식물들도 펜던트처럼 하나의 끈에 매달려 있다. 기둥마저 매달아놓으려는 발상이 보이는 듯해 익살스럽기까지 하다.

    건물의 문이나 창문마다 달려 있는 커튼이나 걸개들도 그렇다. 조캉 사원, 라모체 사원은 물론 타시룸포 사원이나 라싸에서 멀리 떨어진 암도 지역(시닝)의 타얼쓰(탑이사塔爾寺) 등 모든 사원에서 문과 창문, 테라스 등 수평선이 있는 곳이면 어디나 가득 매달린 걸개들을 본다. 이렇게 매달린 것들에 눈이 가니, 사원 앞에 세워놓은 당간 기둥을 겹겹이 둘러싼 채 끈에 묶인 깃발들에도 눈이 간다. 이건 벌판이나 산자락, 절, 마을 어디서나 바람 부는 곳이면 보게 되는 룽다(風馬)나 타르초(經文旗)를 묶어놓은 것일 터이다. 만트라나 경전을 적은 깃발들을 매달아놓고 바람의 기(氣)로 그것을 읽게 하려는 이 깃발들 또한 탕카나 걸개만큼이나 매달림에 대한 선호를 산출한 조건 중 하나였을 것이다.[4]

매달림의 기하학

떠받침의 감각은 확고한 근거와 흔들리지 않는 부동의 안정성을 요구하며, 이는 떠받치고 떠받쳐지는 관계를 벗어난 다른 모든 곳에서도 변치 않는 불변적 본성에 대한 욕망을 추동한다. 변치 않는 원소적 최소 형태에서 가변적 형상들의 본질적 형식 내지 실체를 찾고자

---

(4) 최태만·신장식(2007), 『다섯 빛깔 룽다와 흰색 까닥』, 다힐미디어.

한다. 피카소나 말레비치, 몬드리안 등이 공통적으로 보여주듯 우리가 아는 기하학은 둥글둥글한 머리들 속에 숨어 있는 원이나 구라는 보편적 '본성'을 보고 담벼락이나 지붕의 형상을 사각형, 삼각형 같은 불변의 '형식'으로 환원하는 것이다.

반면 매달린 것에서 미감을 느끼는 감각은 떠받치고 떠받쳐지는 것에서 미감을 느끼는 감각과 결코 동일하지 않다. 매달림의 감각은 기초나 근거를 요구하지 않으며, 흔들리고 나부끼는 것에서도 불안함을 느끼지 않는다. 이 매달림의 감각에서는 사각형도 매달려 흔들린다. 흔들리고 날리면서 바람의 기를 전하고 마니차(摩尼車)처럼 만트라를 '기계적으로' 읽으며 삶에 때로는 활기를, 때로는 평온함을 불어넣는다. 매달린 것들의 안정감은 **흔들려도** 끄떡없는 것에서가 아니라 오히려 흔들리는 평온함에서 오는 것이다! 그렇기에 어디에나 걸개를 매달고 창문도 매달고 벽도 매달고 했던 것일 게다. 이 매달린 사각형에서는 윗변을 제외하면 사각형의 변들이 굳이 직각성이나 직선성을 유지할 이유가 없다. 직각과 직선성에서 벗어날 때 사변형은 정해진 형태의 하나가 아닌 다양한 형태를 취할 수 있게 된다. 이러한 미감과 감각이 직조되며 형성되는 매달림의 미학이 있는 것이다. 그리고 이 매달림의 미학이 기하학을 방향 짓는다. 떠받침의 기하학과 다른 매달림의 기하학이 거기서 조용히 모습을 드러낸다.

따라서 티베트의 기하학적 건축을 보면서 기하학의 보편성을 발견하고 조건과 무관한 기하학의 초월성을 새삼 확인하려 한다면 그것은 유사한 것을 보면 무조건 하나로 묶어버리는 피상적 관찰의 안이한 산물이라 해야 한다. 티베트인들에게는 기하학보다도 매달림의 미감과 매다는 감각이 일차적인 것이었다. 요철의 주름이 최소화되고 기둥 같은 요소가 없기에 캔버스처럼 평면으로 보이는 건물의 외벽 또한 이 매달림의 감각과 상응하는 것으로 보인다. 평면은 어떤 것을 떠받치기에 적절치 않고 입체는 매달아두기에 부적절하다. 그렇기에 떠받침의 감각에서는 평면이 입체의 일부가 되는 방식으로 자기 자리를 얻는다면, 매달림의 감각에서는 입체마저 평면들이 접힌 모습으로 조형(造形)된다.

 수평선에 대한 선호도, 사각형에 대한 선호도 이 매달림의 감각을 발생 조건으로 한다. 기하학적 형태가 지배적이지만 티베트의 사원이나 풍경에서 원이나 삼각형은 잘 눈에 띄지 않는다. 어디를 가나 지배적인 것은 사변형이다. 여기서 사각형에 대한 선호는 수평선에 대한 선호와는 약간 다른 이유를 갖는 것 같다. 티베트 건물의 수평선이 매달린 것을 버텨주는 기준선의 위상을 갖는다면 사각형은 매달리는 것의 기본 형식을 이룬다. 매달리는 것이야 삼각형이든 사각형이든 상관없지 않은가 하겠지만, 매달린 삼각형은 빈약해 보이게 마련이다. 이게 미감적인 이유라면, 실용적인 이유도 있다. 가령 무언가의 존재를 표시하는 지표로서의 깃발은 사각형이든 삼각형이든 기능적으로 유사하지만, 룽다나 타르초는 경전이나 만트라를 새겨 넣어야 하니 사각형이 적절하다. 매달리는 걸개 또한 그림이나 상징적 도안이 들어가야 하니 이 또한 사각형이 적절하다. 창문이나 벽은 사각형이 아니면 매달린 느낌을 주기 어렵다. 더구나 삼각형 창은 기능적으로 불편하거나 아예 불가능하다. 따라서 사각형에 대한 선호는 기하학적 선험성의 산물이 아니라 그림을 매달고 천을 매달던 이런 감각의 산물이다. 이런 감각의 기원을 다시 물어야 할까? 혹시 그렇다면 적어도 티베트에 관한 한 답하기가 어렵지 않을 것 같다. 그건 분명 양탄자를 매달아 방풍과 보온을 해야 했던 유목민의 삶을 발생 조건으로 한다. 매달림의 감각이 기하학을 공중에 매단 것이다. 그렇게 매달림의 기하학을 산출한 것이다.

매달림의 기하학은 어디서나 동일한 형식을 갖는 보편적 기하학을 적용하여 얻어진 특수 사례가 아니다. 그것은 다른 미감에 의해 창안된 다른 기하학이다. 사용법을 달리하는 기하학이다. 매달림의 감각과 사용법에 의해, 형상을 조성하는 형식은 물론 구성을 규제하는 균형과 안정감 자체가 달라진 또 하나의 기하학이다. 모든 경험적 감각을 넘어선 보편적이고 초월적인 형식의 기하학은 없다. 매달리기도 하고 근거 짓기도 하며, 흔들리며 얻어지는 균형감을 추구하기도 하고 흔들리지 않는 확고한 균형감을 추구하기도 하며, 구부러지거나 휘어지는 선을 근간으로 하기도 하고 곧게 뻗어나가는 선을 근간으로 하기도 하는 경험적 감각 속에서 형성된 상이한 기하학이 있을 뿐이다. 기하학이란 그렇게 조건에 따라 달라질 수 있는 형상적 감각이고, 연기적 조건에 따라 변형되는 형식의 체계다. 기하학 또한 조건에 따라 모든 것이 상이하게 조성되고 달라지는 내재성의 구도 안에 있는 것이다.

날아오름의 감응과 상승의 미학: 미얀마의 사원과 불탑

기하학은 단일하지 않다. 바로 이것이 티베트의 건축물들이 알려준 것이다. 기하학은 선험적 보편성을 갖는 게 아니라 미감과 감각에 의해 형성된 역사적 구성물이다. 바로 이것이 티베트인의 미감이 가르쳐준 것이다. 따라서 어떤 조형물의 집합에서 기하학이 완연할 때조차 거기 있는 게 '어떤 기하학인가?'를 물어야 한다. 이것이 라싸에서 배운 것이다. 태국의 사원이나 미얀마의 사원을 보면서, '여기에도 다른 감각의 기하학이 있지 않을까?' 생각할 수 있었던 것은 이 때문이었을 터이다. 그리 생각하고 보면 미얀마와 태국의 불탑과 사원들 또한 기하학적 미감을 갖는다고 할 법하다. 그러나 그것은 그리스적-서구적 미감과도, 또한 티베트의 미감과도 아주 다른 것이다. 태국의 사원은 독립된 기둥들이 외부 공간의 전면을 차지한 채 버티고 있어 언뜻 그리스 건축과 유사해 보이기도 한다. 그래도 그것은 그리스와는 확실히 다른 미감의 체제를 형성하고 있었다. 미얀마에선 독립된 기둥을 보기 힘들었고 사각형 아닌 뾰족한 첨점을 향해 올라가는 날렵한 곡선이 시각적 풍경 전체를 규정하고 있었다. 티베트에서 건축물의 형상을 조성하는 지배적 형태가 수평선과 사각형이라면, 미얀마나 태국에서 그것은 첨점을 향해 올라가는 '사선'과 '삼각형'이다. 여기서 사선과 삼각형은 사실 엄밀한 표현이 아닌데, 모두 직선이 아니라 곡선을 이루고 있기 때문이다.

　미얀마의 사원은 법당이나 승원이 아니라 슈웨다곤 같은 거대한 '파고다'로 표상된다. 이들 파고다는 인도의 스투파보다 위로 더 늘어나고 일산(日傘)이 확대된 스리랑카 스투파와 연속적이라 하겠지만 그와는 비교할 수 없이 강력한 상승감을 갖고 시원한 곡선을 따라 꼭대기의 첨점을 향해 솟아오른다. 볼록한 시카라 형태의 불탑을 유지하고 있는 아난다 사원 같은 바간(Bagan)의 사원들은 이들 파고다와는 형태상으로 크게 다르다. 그렇지만 지붕과 탑 끝을 잇는 접근선을 그어 보면 유사한 곡선을 그린다. 만달레이 양식 탑들은 미시적으로는 평면적이고 직선적인 형태가 두드러지지만, 하단의 옥개나 그 아래 지붕으로 인해 전체 윤곽선을 그린다 할 접근선은 앞서와 유사하게 곡선적인 사선이다. 심지어 파고다를 빼곡하게 둘러싼 부속 탑의 첨탑 하나하나도 이와 유사한 오목한 윤곽선을 갖고 있다.

그림 5.13 _ 미얀마 양곤의 슈웨다곤 파고다

　미얀마 사원에서 상승의 힘을 주도하는 것은 세 가지 유형의 탑이다. 첫째는 인도와 스리랑카의 스투파를 중심적 모체로 하는 '파고다' 유형의 탑으로, 슈웨다곤 파고다가 대표적이다. 편의상 '파고다 양식'이라 부르자. 둘째는 힌두 사원의 시카라 유형의 탑으로, 사원 지붕에 도드라지게 얹혀 있다. 아난다 사원 등 바간 지역에서 많이 보이며 흔히 '바간 양식'이라 불린다. 셋째는 피아탓(pyattat)이라고 불리는 미얀마 고유의 불탑으로, '만달레이 양식'이라 불린다.[5]

　첫째 유형의 탑에서 중심 모티프를 이루는 것은 슈웨다곤이나 슈웨지곤에서 잘 드러나듯 거대하게 확장된 스투파인데, 거대한 계단형 기단 위에 세워진 불탑 자체만으로 본체를 이룬다. 인도에서 시작되었지만, 상륜부의 첨탑이 확대되고 강조된 이런 불탑은 스리랑

---

[5]　차장섭(2013), 『아름다운 인연으로 만나다 미얀마』, 역사공간.

카에서 확연해졌기에[6] 종종 '스리랑카 양식'이라고도 불리는데, 미얀마나 태국의 사원 형상을 주도적으로 조성한다. 굳이 비교하자면, 미얀마의 불탑은 스리랑카에 비해서도 상륜부가 더욱 크게 확대되었고 탑신도 수직 방향으로 길어졌다. 가령 초기 스투파의 모습을 그대로 간직한 스리크세트라(Sri Ksetra)의 초기 불탑인 파야지(Phayagyi)는 복발형 탑신 자체를 첨두화했고, 보보지(Bawbawgyi)는 원통형으로 변형시켜 수직 방향으로 늘였다.[7] 좀 더 중요한 차이는 불탑 전체의 점근적 윤곽선이다. 스리랑카 스투파의 윤곽선은 볼록한 곡선이 전체 형상을 주도한 반면 미얀마의 파고다는 스투파의 그런 형상을 유지하면서도 위로는 아주 높이 첨탑을 밀어올리고 아래로는 수평 방향으로 길게 펼쳐진 거대한 계단형 기단을 두어 전체적으로는 오목 곡선을 그리는 장대한 윤곽선을 만든다.

이처럼 네 방향으로 거대하게 확장된 계단형 기단은 그 자체로 미얀마 파고다의 중요한 특이성 중 하나를 이룬다. 산치 대탑(Great Stupa at Sanchi) 같은 인도의 스투파는 밑에 기단이 있어도 전체는 둥근 봉분의 형상을 하고 있다. 스리랑카에서는 스투파 위로 일산이 확대되고 아래로는 기단이 확장되는 경향이 있지만, 스투파 전체 형상은 여전히 종이나 '버블', '실린더' 등 반구형의 변주에 머물러 있다. 전체 윤곽선은 위로 볼록한 곡선이다(그림 5.21 참조). 반면 미얀마의 파고다는 일산이 더 확대되는 것과 별개로, 스투파의 반구와 확연하게 구별되는 거대한 기단을 갖게 된다. 이로써 전체 형상은 층층의

---

(6) 김소영·천득염·곽유진(2016), 「쉐다곤 불탑의 상징적 의미와 구성 형식에 대한 연구」, 『건축역사연구』 25권 6호.
(7) 천득염·염승훈(2018), 「미얀마 불탑의 기원과 형식 유래에 대한 고찰」, 『건축역사연구』 27권 2호, 70쪽.

그림 5.14 _ 미얀마 바고의 슈웨모도 파고다

거대한 기단 위에 반구를 얹은 새로운 모양이 된다. 전체 윤곽선이 위로 오목한 곡선으로 바뀐 것이다.

    슈웨산도 파고다는 이런 변화의 초기 양상을 아주 잘 보여주는데 마치 피라미드를 쌓듯 거대한 테라스형 기단을 만들고 그 위에 종형 스투파를 얹었다. 파고다 양식의 전범이 된 슈웨지곤 파고다는 이 거대 기단의 단차를 줄여 윤곽선의 계단형 불연속성을 축소했고 기단에 비해 작았던 스투파의 크기를 확대했다. 슈웨다곤 파고다에서는 종형 스투파 하단의 지름을 확대하고 그 아래 여러 층의 테라스를 추가했으며, 스투파 위에도 여러 층의 몰딩을 더한 뒤 그 위에 두 층의 연꽃잎 좌대를 올리고 다시 그 위에 연꽃봉오리 형태의 긴 상륜을 덧붙였다. 이로써 파고다의 수직성이 크게 강화되었고 전체 윤곽선은 더 동적이고 화려해졌다.

    이렇게 변화하면서 기단과 탑신의 연속성은 커지고 조형적 전체

그림 5.15 _ 미얀마 바간 아난다 사원의 파토와 체디

성이 강화된다. 또 가장 하단의 기단에서 스투파를 거쳐 꼭대기의 첨점에 이르는 윤곽선이 시원하게 상승하는 하나의 장대한 오목 곡선을 점근선으로 갖게 된다. 양곤의 슈웨다곤 파고다나 바고의 슈웨모도 파고다는 기단의 단차를 줄인 데 더해 스투파와 기단 사이에 다시 양자를 연결하는 탑신을 추가해 전체 윤곽선이 훨씬 더 부드러운 윤곽선을 그리도록 했다. 그 결과 최하부의 가장 폭이 넓은 기단 끝에서 꼭대기의 첨점 사이를 연결하는 윤곽선이 오목한 곡선의 점근선을 따라 선명하게 그려진다.

미얀마에서 파고다 양식의 '발전' 같은 게 있다 한다면, 그것은 이 오목한 윤곽선의 아름다움을 극대화하는 방향을 따라 탑의 형상을 바꾸어간 과정 아니었을까? 최하부 기단의 수평성을 최대화한 것에 더해 첨탑의 높이를 상승시킨 것은 이 장대한 윤곽선의 미적 균형을 위한 것이었을 터이다. 그래서 이들 파고다는 다들 아주 높지만 그저 높기만 하지 않다. 수평적인 폭이 그에 맞추어 확대되며 편안한 안정성을 동시에 제공한다. 탑 양쪽의 오목한 윤곽선은 원이 아니라 현수선 내지 포물선에 접근한다. 즉 기단 끝에서 탑신을 거쳐 상륜으로 현수선 내지 포물선을 그리며 점점 커지는 기울기로 상승하는 윤곽선이 전체 파고다의 형상을 조성하고 있다.

둘째 유형인 바간 양식의 특이성을 표현하는 탑은 시카라 형식의 탑인데, 아난다 사원이나 술라마니 사원, 로카테익판 사원 등 바간 지역 사원에서 빈번히 볼 수 있다. 이들 사원은 내부 공간을 갖는 건축물 본체('파토') 위에 이런 형태의 불탑('체디')을 세웠다. 이 체디들은 힌두 신전의 시카라 위에 쿠션, 혹은 돌원반 형태로 둘러놓는 아말라카 대신 뾰족한 첨탑을 올린 형태로서, 그 아래에 탑의 기단이기도 한 테라스 단들이 있다. 그러나 '본체'인 사원 없이 계단형 기단 위에 체디를 세운 소규모 불탑도 많다. 바간 지역에 세워진 엄청나게 많은 불탑 대다수는 파토 없이 독립되어 있는 이런 유형의 불탑들이다.

바간 양식의 사원에서는 대개 파토의 수평성이 강한 반면 체디는 상대적으로 작고 시카라 모서리 선 때문에 수직성이 분명하여 양자가 각각 뚜렷이 대조되며 구별되는 독립성을 갖는다. 그래서일 텐데, 시카라 형태를 취하는 체디의 볼록한 곡선은 파토의 수평선과 분명하게 대비된다. 하지만 동시에 넓은 지붕과 좁은 불탑 하단 사이에는 점차 줄어들며 상승하는 여러 층의 '테라스'를 끼워 넣었고, 이로 인해 지붕 끝과 불탑 끝의 윤곽선은 거칠게 끊어지면서도 전체적으로는 '대략' 오목한 곡선에 인접한 점근선을 갖는다. 점근선은 지붕이 넓을수록 더 안정적이고 확실한 형상을 취하는데, 그 점근선을 따라 오목하게 상승하는 층상의 테라스와 볼록하게 튀어나온 시카라의 곡선이 대비되며 율동적인 리듬을 만든다.

미얀마 건축을 특징짓는 셋째 유형의 탑은 마하보디 사원처럼 지붕이나 문루에 세워진 '피아탓'이라 불리는 탑이다. '만달레이 양식'을 대표하는 이 탑은 미얀마 건축에 고유한 것인데, 스투파나 시카라 같은 불룩한 탑신을 갖지 않는다. '옥개'로 구별된 5층이나 7층의 탑신을 갖는다는 점에서, 스투파의 일산이 독립되며 확장된 한국이나 일본의 탑과 유사해 보인다. 하지만 그것 자체가 독립적인 탑으로 조성되기보다는 건축물의 지붕 위에 세워지는 경우가 많다는 점에서 크게 다르다.

피아탓의 옥개 끝을 잇는 윤곽선 또한 현수선 내지 포물선의 형식을 이루는데 파고다보다 수직성이 훨씬 강하다. 그렇지만 동시에 피아탓의 각 옥개들이 수평적이기에 지붕의 수평선과 연속적인 양상을 이룬다. 옥개 끝을 잇는 선은 지붕의 처마 끝으로 이어지며 확실

그림 5.16 _ 미얀마 바고의 깐보우자타디 궁의 피아탓

그림 5.17 _ 미얀마 만달레이의 슈웨난도 수도원

그림 5.18 _ 미얀마 양곤 슈웨다곤 파고다 옆의 법당과 피아탓

하게 오목한 점근선의 윤곽선을 그린다. 그렇게 끄트머리를 잇는 선은 급격히 상승하는 '비정규 곡선'을 그린다.

만달레이 양식의 또 하나 중요한 특이성은 옥개마다 세워진 장식들의 평면성이다. 옥개를 넘치듯 채우는 이 장식들은 화려하고 커서 탑신이 잘 보이지 않는 경우마저 있다. 이런 유형의 피아탓은 궁전 같은 건물에서도 자주 보이고, 파고다를 둘러싼 부속 탑, 장식적인 소첨탑 등 다양한 건축물에서도 볼 수 있다. 가령 슈웨다곤을 둘러싼 법당은 대개 만달레이 양식으로 만들어져 있고, 슈웨다곤 파고다를 둘러싸고 빽빽이 들어선 수많은 부속 탑 중 많은 것이 만달레이 양식으로 조성되어 있다.

피아탓의 장식은 피아탓을 벗어나 수많은 건축물을 장식하는 하나의 스타일을 이룬다. 가령 만달레이의 슈웨난도 수도원은 피아탓이 없지만, 용마루나 추녀마루, 합각마루는 물론 각 층의 테라스 난간도 빈틈없이 이 만달레이 스타일 장식으로 가득 차 있다. 반복적 모티프로 미시적으로 분할된 이 장식들은 독립적 형상을 이루는 대신, 이웃한 것들과 이어지며 마루나 난간의 수평선 위에 펼쳐지는 거시적 형상의 미시적 요소들로 참여한다. 이 거시적 형상은 때로는 불꽃 모양 같고 때로는 물결 같은 윤곽선을 갖기에 전체로 보면 일렁이는 곡선을 따라 춤추며 상승하는 형상이다.

이 거시적 형상은 평면적인 데다 미시적으로 세분되어 있어 양감은 물론 무게감도 느끼기 어렵다. 이런 식으로 3차원 입체가 갖는 양감을 지우고 물성을 제거해 '탈물질화'하려는 것일까? 그래서 피아탓은 하나의 입방체라기보다는 네 개의 평면 장식으로 모든 층의 옥개를 둘러친 평면들의 복합체로 보인다. 중력에서 해방되어 춤추며 날아오르는 평면들의 복합체. 이 장식들의 하단은 옥개든 난간이든 잘린 듯 확실한 수평선을 선명하게 만들어 그 상승하는 운동에 안정성을 부여한다. 피아탓은 지붕 아래 건물 없이 그것만 세워지기도 하는데, 그때에도 지상에 세우지 않고 얇은 필로티로 탑 전체를 들어올린다. 하여 피아탓 전체가 공중에 떠 날아오르는 느낌이다.

슈웨다곤이나 슈웨지곤이 잘 보여주듯 파고다 사원의 주탑은 현수선 같은 오목한 곡선의 윤곽선을 접근선으로 갖지만, 실제 윤곽선은 종형 탑신이나 연꽃봉오리 모양의 상륜처럼 볼록한 곡선과 그 사이에 있는 오목한 곡선이 교차하는 날씬한 S자 곡선이 반복되며 춤추듯 출렁대며 상승한다. 이 상승의 힘은 꼭대기로 갈수록 커지는 각도에 의해 가속되지만 그저 상승의 힘만 있는 것은 아니다. 올록볼록한 선의 율동에 의해 완급이 조절되는 리듬을 갖고 있기 때문이다. 수평선이 아주 길어서 상승 운동의 가속은 성급한 느낌이 없이 차분하고, 전체적인 상승감은 안정적이다. 탑신의 불룩한 곡선은 속도에 변화를 주고 스투파의 양감은 무게감을 통해 안정성을 더한다. 이는 바간 양식의 사원도 다르지 않다. 파고다를 둘러싼 뾰족한 부속 탑들은 그 거대한 상승의 힘에 참여하려 대기 중인 수많은 상승의 에너지를 담고 있다.

테라스 형태의 기단은 탑신 하단과 하나의 윤곽선으로 이어지며 파고다 전체와 연속적인 상승의 힘을 표현한다. '기단'이라 했지만 전체를 보면 지붕도 없고 떠받치는 기둥도 없기에, 그 수평선은 '기초' 내지 '근거' 같은 게 되지 않는다. 즉 떠받침이 없기에 기단의 의미 또한 달라지는 것이다. 그 수평의 기단은 탑 전체의 상승 운동이 시작되는 출발점이다. 사각형 기단의 네 변 중앙에서 테라스의 수평선을 수직으로 가로지르며 올라가는 계단들은 이런 상승의 벡터를 좀 더 명확하게 해준다. 법당이나 파토의 '지붕' 또한 기둥이 받치는 독립적 부재(部材)라기보다는 피아탓의 '0번째' 옥개(만달레이 양식)나 불탑 밑의 최하단 테라스(바간 양식)로서 탑신의 상승 운동에 참여한다.

미얀마 사원의 파토나 파고다의 특이성을 하나 더 덧붙이자면, 거기에는 강한 의미에서 '기둥'은 물론 '벽'조차 없다는 점이다. 슈웨지곤이나 슈웨다곤 같은 파고다는 모두 탑신이 바로 지표면의 기단과 이어지고 내부 공간 또한 거의 없다. 그러니 벽도 없고 기둥도 없다. 슈웨산도처럼 각 층에 놓인 기단도 건물 벽이 아니라 기단의 두께를 표시하는 단차를 보여줄 뿐이다. 바간 양식의 파토는 내부 공간을 갖는 '본체'가 크고 독립적인 위상을 갖는다. 그러나 그 내부 공간은 기둥으로 버티고 벽으로 둘러치며 만들었다기보다는 거대한 '바윗덩어리'에 굴을 파듯 파고들어가며 만든 것이다. 즉 바간 양식 파토의 내부 공간이란 인도나 중국의 석굴사원처럼 굴을 파서 네 개의 방향마다 불상을 모시고 그 불상이 있는 공간을 연결하는 통로를 낸 것이다.

아난다 사원의 평면도와 입면도는 이 사원의 내부 공간이 천장-

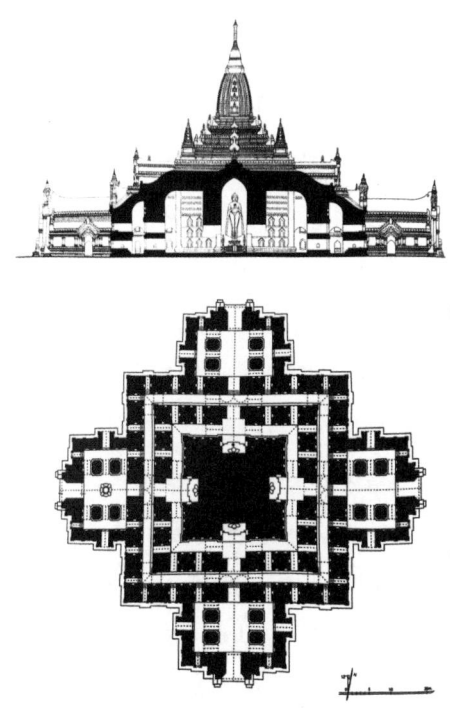

그림 5.19 _ 아난다 사원의 입면도와 평면도

지붕을 기둥으로 받쳐 만든 게 아니라 거대한 덩어리를 파고 들어가며 만든 것임을 잘 보여준다. 외부에서 보이는 기둥과 벽도 이를 염두에 두고 보아야 한다. 즉 밖에서 벽으로 보이는 것은 내부 공간을 만들며 '둘러싼' 담이 아니며, 기둥 또한 떠받치는 기둥이 아니다. 아난다 사원의 외부 '벽'에는 '기둥'이 새겨져 있지만 사실 '기둥' 중간에서 수평의 띠와 직접 이어진다. 기둥이 아니라 일종의 띠장식인 것이다. 이는 벽을 매달았기에 기둥이 없었던 티베트의 사원들과 이유는 달라도, 기둥이나 벽을 요체로 하는 떠받침의 건축과 그 본성을 달리함을 다시 한번 보여준다.

파고다 양식, 버간 양식, 만달레이 양식의 아주 상이한 형태들을 하나로 묶어주는 것은 오목한 점근선을 따라 상승하는 윤곽선이다. 바로 이 선이 미얀마 사원의 형상을 주도한다. 이 점근선은 하나의 곡률을 갖는 원의 일부가 아니라 곡률이 계속 변하는 '비정규 곡선'이다. 미얀마 건축에서도 대칭성은 중요하지만, 이는 무엇보다 상승하는 곡선에 균형과 안정성을 부여하기 위한 것으로 보인다. 마찬가지로 층층의 기단에, 또한 파고다 하단이나 탑신, 상륜에 몰딩처럼 들어선 수평선도 '기초'의 확고함 내지 대지의 상징이 아니라 상승하는 힘이 치고 올라가는 출발점으로서 그 상승의 운동에 안정성을 부여하기 위한 것이다. 피아탓에서 시작된 평면화된 장식들의 물결처럼 출렁이고 불꽃처럼 일렁이는 형상들은 입체가 갖게 마련인 무게를 최소화하여 가파른 탑의 상승 운동을 가벼운 춤사위가 되도록 한다. 두 가지 유형의 탑을 통해 상이한 양상의 상승감이 표현되고 있는 것이다. 요약하자면, 상승하는 두 개의 대칭적인 비정규 곡선과 안정성을 주는 수평선, 무게를 제거하는 평면성과 상승의 속도를 조절하며 율동적 운동을 만드는 불룩한 스투파나 시카라의 양감, 오목과 볼록이

그림 5.20 _ 미얀마 바간 아난다 사원의 외벽에 새겨진 순수 장식으로서의 기둥

이어지는 선이나 불꽃처럼 출렁이며 춤추는 곡선이 적절하게 섞여들며 미얀마 사원에 특이한 상승의 미감을 직조한다.

 이 상승은 아득한 수직적 높이의 무게를 통해 무릎 꿇고 절하게 하는 고딕 성당의 숭고한 상승이 아니라 미시적인 것들이 모여 만드는 작은 출렁임으로 날아오르는 가벼운 상승이고, 도달할 수 없는 아득함을 향한 그저 불가능한 소망으로만 남는 상승이 아니라 춤추며 가속되는 곡선을 따라 좀 더 높이 오르려는 현실적 상승이다. **'날아오름'의 감응을 산출하는 상승의 미학**이 여기에 있다. 이 상승의 미학은 떠받침의 미학이 생산한 기하학과 다른 종류의 기하학을 생산한다. 이는 곡선에까지 직선성을 부여하는 서구의 직선주의적이고 직각주의적인 기하학과 다를 뿐 아니라 꼭대기의 수평선에 모든 것을 매다는 티베트의 흔들리는 사변형의 기하학과도 다른 기하학이다.

솟구침의 감응과 상승의 미학: 태국의 사원과 불탑

수코타이시대로 거슬러 올라가는 태국 사원의 초기 불탑 양식은 통상 세 가지로 분류된다. 종형 탑신에 뾰족한 상륜을 올린 '스리랑카 양식', 테라스를 이루는 3~4층의 기단 위에 다시 2층 정도의 단과 원기둥을 세우고 그 위에 연꽃봉오리 모양의 스투파를 더한 탑신을 세운 뒤 거기에 뾰족한 상륜을 올린 '수코타이 양식', 그리고 힌두 신전의 시카라를 원형으로 하는, 옥수수 모양의 탑신을 기단 위에 세운 '크메르 양식'이 그것이다. 세번째 양식으로 만들어진 탑은 '프랑'이라는 명칭을 따로 갖고 있다.[8]

스리랑카 양식의 불탑('체디')은 수코타이의 왓사시 사원[9]부터 아유타야의 왓프라시산펫 사원, 방콕의 왓프라깨오 사원의 프라시라따나 체디에 이르기까지 넓은 시간과 공간에 걸쳐 지속되었다. 이는 말 그대로 스리랑카 스투파를 모델로 한 것이지만 그에 비해 스투파의 폭은 축소되고 수직 방향으로 확장된 기단은 종형 스투파와 연속되는 윤곽선을 형성한다. 왓사시 사원의 체디처럼 사방에 뾰족아치형 감실을 만들어 그 안에 불상을 안치하기도 한다. 종형 스투파의 윤곽선은 S자의 우아한 곡선을 그린다. 상륜 하단의 폭은 스투파 상부의 폭과 더 가까워져, 원뿔의 윤곽선은 종의 윤곽선과 이어지며 꼭대기로 상승하는 연속적인 선을 그린다. 인도나 스리랑카의 크고 무뚝뚝한 반구 위에 조그맣게 얹어놓은 상륜의 일산과 달리, 기단에서 탑신을 거쳐 상륜으로 상승하는 양상의 연속성이 확연하다. 수코타

---

(8) 정환승(2021), 『태국 들여다보기』, 한국외국어대학교 지식출판콘텐츠원, 153~156쪽.
(9) '왓'은 사원을 뜻하는 말이지만 사원 안 개별 건축물 이름과 구별하기 위해 '사원'이라는 말을 붙인다.

그림 5.21 _ 스리랑카 바둘라의 무티양가나 사원의 스투파

그림 5.22 _ 태국 수코타이 왓사시 사원의 체디(스리랑카 양식)

그림 5.23 _ 태국 수코타이의 왓트라팡응언 사원의 체디(수코타이 양식)

이 양식의 체디는 스리랑카 양식의 중심인 종형 내지 복발형 반구를 둥근 단과 짧은 기둥, 그리고 연꽃봉오리 모양의 작은 스투파로 대체한 것이다. 이로써 반구형을 이루는 이전 스투파의 원형적 형상은 사라지고 단과 기둥, 연꽃봉오리가 이어지며 만드는 시원한 수직적 상승의 형상이 훨씬 명확해졌다. 이는 수코타이시대의 독창적 창안인데, 아유타야시대 이후에는 지속되지 않았다고 한다. 수코타이의 왓마하탓 사원, 시사차날라이의 왓체디쳇타오 사원 등 수코타이 왕국의 영토 안에만 있다. 미얀마의 슈웨다곤이나 슈웨모도의 상륜에서 보이는 불룩한 연꽃봉오리에서 유사한 형태를 볼 수 있다.

'프랑'(prang)이라 불리는 크메르 양식의 불탑은 말 그대로 크메르제국의 영향 아래 만들어진 것인데, 수코타이시대의 왓프라파이루

그림 5.24 _ 태국 아유타야 왓차이와타나람 사원의 프랑(크메르 양식)

앙 사원이나 왓프라시라따나마하탓 사원부터 아유타야시대의 왓차이와타나람 사원, 라따나꼬신시대의 왓프라깨오 사원까지 두루 발견된다. 돌이 쌓은 형상의 울퉁불퉁함으로 인해 그로테스크하고 거친 인상의 캄보디아 사원 불탑에 비해 태국의 크메르 양식 프랑은 수직선과 수평선에 의한 분절의 규칙성이 더 확실하며 특히 수직 방향의 선들이 강조되어 있다. 수직 방향으로 뻗은 선들은 수평적으로 분절하는 선에 의해 절단되어 약간씩 어긋나 있는 경우에도 층층의 계단

그림 5.25 _ 태국 방콕 왓포 사원의 스리랑카 양식 체디

처럼 이어지며 수직적 상승의 힘을 잃지 않는다. 반면 캄보디아의 불탑들은 분절적 형식이 상대적으로 약하고 조각적 성격이 강하며, 앙코르와트의 잘 다듬어진 것에서도 수직성보다는 수평성이 강조되어 있다.

　세 양식 모두에서, 태국의 탑들은 수직성이 강하며 이로써 상승의 힘이 좀 더 명료하게 표현되고 있다. 이는 방콕 인근 사원에서 스리랑카 양식의 불탑이 변화된 양상을 통해 더욱 뚜렷이 드러난다. 방콕 왓포 사원에 있는 많은 불탑(그림 5.25)은 전체 형상을 보면 분명 스리랑카 양식 불탑이지만 사변형 모서리를 톱니상의 사선으로 잘라

낸 유사 팔각형 단면을 근간으로 하는데, 그 톱니 같은 단면과 이어지는 수직의 선들이 애초 종형이었을 스투파를 사방에서 쪼개며 파고들어 위아래로 분절한다. 수직으로 이어지는 선들이 탑 전체를 관통하며 꼭대기로 올라가면서 층층이 새겨진 수평의 선들을 압도한다. 그렇게 올라가는 선들은 '기둥' 같은 입체성을 명확히 갖는다. 그리하여 살짝 오목하게 굽은 사선의 기둥들이 기단부터 상륜부까지 전체를 관통하며 꼭대기의 첨점을 향해 솟아오른다. 종형의 사리탑도, 수평선을 긋는 층층의 단들도 이 상승하는 '기둥'들에 의해 분절되며 다른 형상으로 변형되었다. 수직으로 상승하는 힘이 스투파의 원형성을 초과한 것이고 그 힘의 강도가 기하학적 형식 자체를 잠식하여 변형해버린 것이다. 왓프라깨오 사원의 프라삿프라텝비돈 앞의 불탑에서도 이런 양상은 동형적이다.

　이 수직적 기둥의 강력한 힘은 왓프라깨오 사원의 프랑들에서도 유사한 양상으로 확인된다. 수직의 기둥이 본체를 쪼개며 파고드는 이런 강력한 수직적 상승의 힘은 그 사원의 종탑에서 약간 다른 양상으로 발견된다. 여기서는 사변형 평면이 모서리를 잘라 일종의 팔각형 단면이 되었는데 그 모서리의 벽이 선명한 수직 기둥들에 의해 쪼개지며 분절되어 있다.

　스투파의 원형적 형태(종 모양)가 수직의 기둥들로 쪼개지며 분절되는 이런 양상이 본격화된 것은 아유타야시대의 불탑이었던 것 같다. 왓차이와타나람 사원의 불탑은 종형 탑신의 체디가, 아직은 그리 촘촘하지 않고 직선성을 띠지도 않는 수직의 선분들에 의해 계단처럼 분절되는 모습을 보여준다(그림 5.26). 왓차이와타나람 사원의 많은 부속 탑은 이런 분절이 종형의 스투파를 사라지게 할 수도 있음을 보여준다. 여기서 종형 스투파는 사라져 탑신은 사선의 윤곽선을

그림 5.26 _ 왓차이와타나람 사원. 분절하는 선들에 의해 잠식된 종형 스투파

그림 5.27 _ 왓차이와타나람 사원. 분절하는 선들만 남고 종 모양 스투파마저 사라진 모습

따라 가파르게 상승하는, 훨씬 단조로운 첨탑이 되었다(그림 5.27). 물리적으로 탑신의 상승은 계단처럼 중앙으로 모여드는 수직선들에 의해 이루어지고 있는데 이 수직선들은 약하지만 연속성을 보이기도 하기에 그 부속 탑 한가운데 있는 주탑인 프랑과 일관성을 갖는다. 아유타야에 있는 왓마하탓 사원의 프랑과 부속 탑들도 그러하다. 크메르 양식 프랑과 스리랑카 양식 스투파의 새로운 종합이라 해야 할까? 아니면 크메르 양식의 불탑에 대한 아유타야인들의 재해석이 추상화되며 스리랑카 양식의 불탑을 변형시킨 것이라 해야 할까? 스리랑카로부터 수코타이로, 아유타야로, 라따나꼬신(방콕)으로 이어지는 이러한 양식 변화 속에서 수직선으로 표현되는 상승의 힘은 갈수록 강화되고 있다.

그런데 이 상승의 힘은 안정적 수평성을 동반하며 곡선적 윤곽선이 주도하는 미얀마의 경우와 달리 기둥의 수직성과 합류하는 사

그림 5.28 _ 태국 방콕의 왓프라깨오 법당

선을 따라 펼쳐지고 있다. 스투파의 원형이라 할 반구형 사리탑을 수직상의 기둥이 관통하며 분절하는 형상은 다른 곳에서는 볼 수 없는 것이다. 상승의 힘을 표현하는 기하학이라는 점에서 유사함이 있음에도, 스투파의 형태를 보존한 채 오목한 원추곡선의 점근선을 따르는 미얀마 불탑과 비교해, 태국에서는 입방체인 기둥의 수직성의 힘이 불탑 전체로 파고들며 스투파를 분절하거나 해체하는 방식으로 이루어진다는 점에서 매우 양상이 다르다. 미얀마 불탑들을 하나로 묶어주는 것이 여유 있게 상승하는 점근적 윤곽선이라면, 태국 불탑들을 하나로 묶어주는 것은 본체를 파고들며 가파르게 상승하는 '기둥' 내지 '리브'(rib)들의 사선적 분절선이다.

불탑 아닌 법당이나 다른 종류의 건축물에서도 기둥의 주도성은 매우 분명하다. 그래선지 태국의 사원들은 심지어 그리스 신전의 고전적 건축과 유사해 보이기도 한다. 가령 방콕 왓프라깨오 사원의 법당 전면은 그리스 신전처럼 수평선이 뚜렷한 지붕을 강력한 기둥들이 떠받치고 있다(그림 5.28). 불상을 모신 불당 프라삿프라텝비돈도 기둥이 건물 사방을 에워싸고 있다. 건축물을 에워싼 기둥들은 그와 대등한 힘으로 장대한 지붕을 떠받치고 있다. 아유타야의 왓나프라멘 사원이나 왓몽콘보핏 사원도 기둥들이 건축물 전체를 에워싸고 때로는 작은 삼각형, 때로는 이중의 장대한 삼각형 지붕을 떠받치고 있다. 왓마하탓 사원을 비롯해 수코타이 사원들은 비록 건축물이 파괴되어 잔해만 남았지만 빼곡한 기둥들이 줄지어 선 모습이 이들 역시 기둥을 중심적 부재로 했을 것임을 충분히 짐작하게 한다.

하지만 기둥의 주도성이 유사하다 해도 역시 그리스와 태국의 건축 간에는 아주 근본적인 차이가 있다. 먼저 왓프라깨오 사원의 법당 지붕(그림 5.28)은 전면의 직각성이 분명한 그리스의 엔타블러처와 달리 점차 축소되는 폭을 따라 경사면을 이루는 3중의 처마를 갖고 있고 처마보다 폭이 아주 작은 3중의 박공은 처마의 경사면과 크게 다른 각도로 꺾이며 솟아 수평성을 와해하고 있다. 기둥 못지않게 삼각형 지붕선이 강력한 허프라몬티안탐은 좀 더 인상적인데, 두 가지로 다른 높이의 기둥들이 큰 곡률의 곡선으로 상승하는 삼각형의 강력한 지붕을 받치고 있다. 단일한 수평선의 지붕을 떠받치는 그리스 신전과 달리 여기서는 가운데의 더 높은 기둥들이 '엔타블러처'의 일부를 밀고 올라간다. 기둥이 '엔타블러처'를 뚫고 올라간 형상이다.

이런 형태는 아유타야의 왓몽콘보핏 사원에서도 동일하다(그림 5.29). 여기서 기둥은 지붕선과 더불어 위를 향해 화살표 내지 오각형을 이루고 있다. 즉 기둥은 수평의 지붕으로 전해지는 무게를 떠받치는 게 아니라, 그리스라면 엔타블러처의 지붕선이 있었을 법한 수평선을 뚫고 올라가버린다! 그래서 꺾여 상승하며 사선으로 솟아오

그림 5.29 _ 태국 아유타야의 왓몽콘보핏

그림 5.30 _ 태국 방콕의 두싯마하쁘라삿

르는 지붕과 더불어 기둥들 또한 상승하고 있는 것이다. 여기서 기둥은 무게를 떠받치는 힘이 아니라 위로 솟구치며 상승하는 힘을 표현한다. 기단 또한 기둥에 의해 끊어지듯 절단되어 있어 기둥을 밑에서 떠받치는 기능을 나타낸다기보다는 기둥에 의해 관통당한 것처럼 보인다. 가볍게 '날아오름'의 감응과도 다른, 힘차게 '솟아오름'의 감응, '솟구침'의 감응이 거기에 있다.

이러한 상승의 감응은 지붕의 형태에서 다시 한번 증폭된다. 왓프라깨오 사원과 이어져 있는 왕궁의 두싯마하쁘라삿의 지붕은 대단히 아름다운데, 태국의 사원이나 궁전에서 흔히 발견되는 지붕 형태의 특이성을 아주 잘 보여준다. 여기서 보듯 사원이나 왕궁의 지붕은 모두 작은 크기로 분할되어 중첩되며 층층이 높아진다. 중앙을 향해 점점 높아지는 이 지붕들의 층은 중앙 첨탑으로 모이며 하나의 거대 지붕이 갖는 무게를 덜 뿐 아니라 쌓이고 올라가며 중첩되는 그 형상 자체로 상승감을 만들어낸다. 하나의 박공에 이어진 수평성이 강한 큰 면의 지붕들 또한 두세 개로 분할되며 무게감을 덜고 있으며, 분할된 지붕면들은 점점 높아지는 각도로 상승한다. 왓몽콘보핏에서는 그 넓은 지붕의 수평선을 기둥이 뚫고 올라간다(그림 5.29). 그렇게 분할된 지붕의 마루 끝마다 높이 솟은 뾰족한 장식이 다시 한번 하늘로 힘차게 솟구치는 상승의 감응을 더한다.

그래서인지 태국의 불상들은 수직 방향으로 긴 형상을 하고 있다. 불두도 길고 신체도 길고 손가락도 길다. 불두 위의 장식도 상승하는 원추형으로 길다. 왓마하탓 사원의 주불뿐 아니라 작은 체디 앞의 소불상들도 그렇다. 왓마하탓 사원의 큰 입불은 그 자체로도 길지만, 불상 양쪽에 기둥과 유사한 좁은 수직의 벽을 바싹 붙여 세웠는데 입구라고 해야 할 두 벽 사이 또한 좁아 그 수직성이 더 뚜렷하게

그림 5.31 _ 태국 수코타이
왓마하탓 사원의 좌불

그림 5.32 _ 수코타이 왓마하탓 사원의 입불

강조되고 있다(그림 5.32). 입불은 시원하게 상승하는 좁은 '입구'를 통해 보이는데 그 입구의 수직성까지 더해져 더 길어 보인다. 비스듬한 각도에서 입불을 보면 더욱 좁아진 입구의 긴 수직선에 불신이 잘려 수직성은 좀 더 증폭된다.

무엇보다 멋지고 인상적인 것은 왓시춤 사원의 불상과 그것을 봉안한 소법당인 몬돕(mondop)의 배치다. 구조물 내부와 외부의 대비, 구조물과 불상의 대비, 불상을 둘러싼 내부 기둥에 지붕이 사라져 드러난 불두 위의 텅 빈 하늘까지 더해져 가히 '걸작'이라 할 만하다. 정면이 아니라면 바깥에서 보이는 왓시춤 사원 주불을 둘러싼 구조물은 무뚝뚝한 네 벽으로 둘러싸인 단순한 형태를 갖고 있다. 원래 있었을 지붕이 사라져 기하학적 육면체만 남은 것이다. 몬돕의 입구는 평면적인 벽과 대조적으로 아주 가늘다 싶을 만큼 좁은데 그 상부는 날씬한 선을 따라 날카로울 정도로 경쾌하게 상승하는 사선의 '뾰

그림 5.33 _ 태국 수코타이 왓시춤 사원의 외부

그림 5.34 _ 수코타이 왓시춤 사원 내부

족아치'다. 그 안에는 거대한 불좌상이 있지만, 좁은 입구로 인해 불상은 좁은 틈 같은 입구에 잘려 위아래로 길게 부분적으로만 보인다. 이 얼마나 멋진 프레임인가! 수직적인 이 좁은 프레임으로 인해 불상은 어떻게 보든 확연히 수직적인 이미지로만 다가온다. 벽 뒤에 숨은 듯 불상은 보는 각도에 따라 다른 모습이다. 불상은 그처럼 거대하기에 어디서도 제 모습을 다 볼 수 없으며 다만 내가 선 자리마다 그렇게 다른 모습으로 다가오리라고 말하려는 것일까?

입구를 통과해 몬돕 안으로 들어서면 의아할 만큼 비좁게 벽과 기둥들을 불상 가까이에 붙여놓았다. 밖에선 명료한 육면체로 보이지만 내부는 전혀 다르다. 수직성 기둥들로 사변형 평면의 네 모서리를 다시 잘랐는데, 그 모서리는 또 각자의 모서리를 내세운 기둥들로 빼곡하다. 기둥들은 그냥 수직선을 그리지 않고 위로 3분의 2쯤 부분에서 안으로 꺾여 있어 불두 위로 모이며 톱니 같은 선들로 '둥그런' 프레임을 만든다. 위로 모여든 기둥과 벽을 따라 공간이 응축되는데 지붕이 사라진 덕분에 거기로 탁 트인 하늘이 시원하게 열린다(그림 5.34). 공간은 좁아 가까운데 불상은 아주 커서 어디서도 한눈에 그 모습이 다 들어오지 않는다. 눈을 움직여야 전체를 볼 수 있다. 즉 한 점을 향한 멈춘 시선으로선 신체 전체의 윤곽선이 보이지 않는다. 윤곽선을 잃은 시선은 시야를 가득 채우는 불상의 표면과 만나게 되고, 그 표면을 '더듬게' 된다. 시각적 형상을 대신해 촉각적 질감이 눈으로 밀고 들어온다. 그렇게 눈의 감각적 작동방식마저 바꾸며 부처는 보는 이에게 바싹 다가온다. 불두를 보려면 고개를 최대한 꺾어 올려야 한다. 기울며 모여드는 촘촘한 기둥 모서리들을 따라 상승하며 응축되는 공간과 거기를 가득 메운 불상의 좁은 거리와 고개를 꺾게 하는 불두의 '높이'는 상승의 감응을 최대치로 고양시킨다. 그 상승의 힘은 단단해 보이는 윤곽선을 갖는 파란 하늘로, 무한의 높이로 비상한다.

미얀마와 유사하게 태국의 사원과 불탑들 또한 상승의 선들이 주도한다는 점에서 상승의 미감들로 넘쳐난다. 하지만 태국의 그것이 기둥과 지붕에 의해 주도되는 '솟구침'의 감응을 산출한다면, 미얀마의 그것은 크고 여유 있는 점근적 윤곽선과 평면화된 장식들이 주도하는 '날아오름'의 감응을 산출한다. 양자 모두에서 상승하는 사선의 윤곽선은 위로 오목한 곡선이지만, 미얀마의 그것이 안정적 수평선을 바탕으로 올록볼록한 율동적 리듬으로 춤추며 날아오르듯 가볍게 상승하는 점근선을 갖는다면, 태국의 그것은 스투파의 원형적 형태마저 파고들며 기둥으로 뻗어 오르는 강력한 사선적 점근선을 갖는다. 상승의 기하학이라는 말로 하나로 묶을 수 있지만 '가볍게 날아오름'의 감응과 '힘차게 솟구침'의 감응으로 구별되는 상이한 미감이 거기에 있다 하겠다.

다른 감각, 다른 기하학들

기하학은 추상화를 요체로 한다. 들뢰즈·가타리 식으로 표현하면 '추상기계'를 통해 구성되며, 역으로 추상기계를 가동시킨다.[10] 추상화는 어떤 것은 지우고 어떤 것은 남기는 변형이다. 이 추상의 양상에 따라 아주 다른 두 가지 추상화가 구별된다. 하나는 여러 형상에 공통된 형식을 추출하는 변형이다. 다른 하나는 일정한 조건에 따라 형

---

(10) 들뢰즈, 『천의 고원』 2.

상을 다른 것으로 변형하는 것이다.[11] 하지만 양자에게서 변형이라는 말은 동일하지 않다. 강한 의미에서 변형은 '바꾸다'인데, 이는 '지우다', '남기다'라는 말을 초과하기 때문이다. 공통형식의 추상은 공통성만 남기고 다른 것은 지우는 방향을 향해 변형하는 것이다. 따라서 변형의 폭이나 양상은 대단히 제약된다. 그런 점에서 이상화된 공통형식을 향해 갈 때조차 이는 '바꾼다'보다는 '추출한다'에 가깝다. 이런 추상은 자신이 도달한 것이 보편적 공통성이라 믿는다. 그 공통성이 선별의 결과임을 잊는 것이고, 그만큼 자신이 변형한 정도를 과소평가하는 셈이다. 반면 변형의 추상은 공통성에 개의치 않고 바꾼다. 여기에도 어떤 제약이 있다. 어떤 연속성에 의해 연결될 수 있는 방식으로 변형한다. 둥그렇게 말린 선을 더욱 멀리 밀고 나가거나 곧은 선을 구부리는 식의 변형이 그것이다. 보편적 공통성을 변형의 연속성이 대신한다.

즉 이 두 가지 추상을 우리는 '공통형식의 추상'과 '변형의 추상'으로 대비할 수 있겠다. 우리가 익숙한 기하학(유클리드 기하학)은 공통형식의 추상을 향해 간다. 어떤 형상들에서 원, 삼각형, 사각형, 혹은 구, 원기둥, 사각뿔 같은 공통형식을 추상한다. 반대로 이들 형식을 형상의 '보편자'로 삼아 형상들을 구성하고 배열한다. 그래서 통상 기하학적 형식이란 모든 형상에 공통된 형식이라 여겨지며, 그러므로 기하학은 지역이나 조건과 무관한 초월적 형식으로 간주된다. 반면 변형의 추상은 연속성이라는 조건 속에서 어떤 형상을 주어진 어떤 특징에 따라 더 밀고 나가 다른 형상으로 변형시킨다. 예컨대 사영기하학은 광원에서 나온 원뿔 모양이 빛과 그걸 자르며 끼어

---

(11) 이진경, 『노마디즘』 1, 202~210쪽.

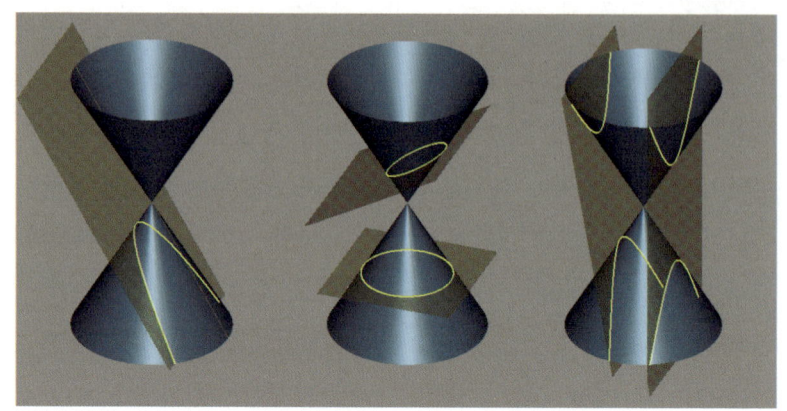

그림 5.35 _ 절단면에 따라 다르게 변형되는 원추 곡선들

드는 절단면의 각도에 따라 그 사영 면이 변형되는 양상을 하나의 연속체로 포착한다. 그 절단면의 각도가 빛과 직각일 때 사영 면은 원이 되지만, 그 각도를 기울임에 따라 사영 면은 타원으로, 포물선으로 바뀌고, 더 기울이면 두 개의 직선으로, 쌍곡선으로 변형된다. 이 변형되는 곡선들('원추곡선')이 하나의 연속체를 이룬다는 것이다. 이는 역으로 하나의 연속체가 이렇게 다른 곡선들로 변형될 수 있음을 뜻한다. 위상기하학은 곡선을 끊지 않는다는 조건에서 모든 방향으로의 변형을 하나의 연속체로 다룬다. 이 변형에 따라 공은 럭비공이 되고 호떡 모양이 되고 원뿔도 되고 육면체도 된다. 하지만 도넛이나 컵, 반지는 될 수 없다. 즉 위상기하학에서도 공과 반지는 하나가 아니다.

　변형의 추상 또한 그림이나 조각의 형상을 만들어내는 데서 발견된다. 절의 난간이나 벽에 새긴 문양들은 통상 식물의 줄기와 잎의 형상을 늘이고 구부러뜨리는 변형을 통해 만들어진다. 몽골인들은 암각화를 그리면서, 둥글게 휘어진 양의 뿔을 연장해 와류(渦流)를 그리듯 맴도는, 몸보다 큰 뿔로 변형했다. 흔히 보는 뿔은 아니지만 뿔의 변형임을 알아보기는 어렵지 않다. 티베트인들은 사람의 눈과 코를 확장하고 코 길이를 길게 늘여 물소 코로 바꾸고 이빨 몇 개를 변형하여 송곳니로 만들어 '야만타카' 같은 괴물을 만들었다. 태국인들은 인간의 몸에서 돋아난 팔을 변형하여 날개로 만들고 삐죽 내민 입을 더 늘여 부리로 바꾸어 '킨나라'라는 괴물을 만들었다. 우리가 보는 기발한 형상들은 모두 이런 변형의 추상을 통해 탄생한다.

사유는 감각으로 방향을 정하고 감각은 감응으로 채색된다. **미감은 감응으로 채색된 감각**이다. 미감이 달라지면 감각도 달라지고 감각이 달라지면 사유도 달라진다. 무엇을 추상할지를 포착하는 감각과 어떻게 추상할지를 규정하는 지성에 의해 다른 종류의 추상이 가동된다. 기하학은 단지 공통형식의 추상에 머무르지 않는다. 유클리드 기하학은 단일한 보편적 기하학이 아니라 수많은 기하학 중 하나일 뿐이다. 유럽에서 변형의 추상을 가장 앞서 밀고 나간 것은 사영기하학이었다. 사영기하학의 기원이 되었던 고딕의 절석술(切石術)은 유클리드 기하학에 없는 **삐딱한 곡선을 얻기 위해** 사영을 통해 원을 변형하는 기술을 창안했다. 이 기술은 오랫동안 논리적으로 설명되지 못한 채 장인적 숙련으로 전수되었다. 17세기에 이르러 데자르그에 의해 수학적 형식을 얻었고 19세기에 이르면서 독자적 기하학으로서 중요한 위상을 인정받게 된다. 고딕의 '비기하학적'(비유클리드적!) 미감이 다른 유형의 기하학적 추상을 가동한 것이고, 그로부터 '그리스적'이지 않은 다른 기하학이 탄생한 것이다. 이는 형상을 조성하는 미감이나 추상의 방향이 다르면 다른 형식의 기하학이 존재함을 단적으로 예시한다. 즉 건축물이나 조각 등에서 사용하는 주된 형상이 달라지면, 추상되는 형식도 달라지게 마련이고 이는 필경 다른 기하학을 배태하고 있다는 것이다.

그리스의 기하학이 떠받침의 미감에 의해 추상된 것이라면, 티베트의 기하학은 매달림의 미감에 의해 추상된 것이고, 미얀마와 태국의 기하학은 '날아오름'과 '솟구침'이라는 상승의 미감에 의해 추상된 것이다. 추상의 조건이 다르면 같은 형태로 보이는 선이나 도형이나 입체도 다른 특이성을 갖게 된다. 떠받침의 미감이 구성한 건축물에서는 수평선과 수직선이 본질적인데 그중에서도 떠받치는 기둥의 수직성이 핵심이다. 18~19세기 고전주의자들이 독립 기둥이야말로 건축의 본질이라 강조한 것은 이런 이유다. 그 수직선은 지붕의 무게를 견디어야 하기에 당연히 직선이어야 하고, 받치는 각도는 엄격한 직각이어야 한다. 기단과 지붕도 떠받침의 기능을 분명하게 드러내려면 직선이어야 한다. 따라서 떠받침의 기하학에서는 엄격한 직선주의와 직각주의가 근간이 되며, 이것이 선호하는 도형이나 형식을 규정한다. 곡선조차 '직선적인 것'이어야 한다. 한 끝을 고정하고 직선의 반대쪽 끝을 회전시켜 얻은 곡선인 원은 이 점에서 직선과 동일한 본성을 갖는다. 앞서 본 것처럼 엔타시스 양식 기둥에 대한 이른바 '착시교정 이론'의 강박증적 직선주의는 이를 방증하는 하나의 사례라 하겠다.

이러한 직선주의와 수직주의의 구도에서는 길이 등 어떤 성질이 주어지면 오직 하나의 형식이 얻어진다. 두 점을 잇는 선분은 오직 하나이며 특정한 길이의 변을 갖는 정사각형도, 동일한 반지름의 원도 오직 하나다. 수직주의를 벗어난 사다리꼴이나 다양한 형태의 사변형은 유클리드 기하학 안에 있는 도형이지만 어떤 형식적 완전성도 얻지 못하며, 어떤 중요성도 없다. 그렇게 '삐뚤어진' 도형은 삼각형으로 환원되고, 삼각형은 직각삼각형으로 다시 환원되어 계산된다. 원주의 일부인 호(弧)가 아니면 변이 휘어진 도형이란 생각할 수 없다. 아르키메데스의 탁월한 연구가 있었음에도 포물선이나 타원이 오랫동안 기하학에서 배제된 것은 이 때문이다.

매달림의 미감에서 근간이 되는 것은 벽조차 매달리는 상부의 수평선이다. 매달리는 선이 반드시 직선이어야 할 이유는 없지만 매달리는 것을 버티어주는 기준임을 표현하기 위해 흔히 직선성이 사용된다. 매달림의 미감을 보여주는 티베트 건축물에서 두드러진 것은 바로 이 상부의 수평선이다. 티베트에서 매달리는 것은 대개 사변형인데, 이 사변형은 직각주의로부터 자유롭다. 버티어주는 힘을 애써 가시화할 필요는 없기 때문이다. 포탈라궁의 벽이 잘 보여주듯 벽의 세로변은 대부분 직각에서 이탈한 사선이며, 종종 살짝 안으로 흘러들어간 곡선이 되기도 한다. 아래쪽 변도 직선성에서 자유롭다. 기단이 필요 없기에 아래쪽 수평선은 대개 사라져버린다. 상부에 수평선을 갖는 유연한 양상의 사각형은 이 매달림의 기하학에서 중요한 기하학적 성분들이 모여드는 중심 도형이라 하겠다. 하지만 수직성에서 벗어난다고 해도 직각에서 이탈하는 허용치는 크지 않으며, 또한 벽의 수직선이 곡선에 열려 있다 해도 휘어짐의 정도 또한 아주 작은 크기로 제한된다. 티베트의 건축물들이 거의 동일한 형태의 준-사각형으로 조성되는 것은 선과 각에 허용되는 변형 가능성의 정도가 이처럼 작기 때문이다.

미얀마나 태국 사원을 조성하는 것은 상승의 미감이다. 태국의 사원에서 일차적인 것은 다른 입방체를 파고들고 분절하며 정점으로 상승하는 '리브' 내지 '기둥'들, 그 수직의 힘이다. 그런데 '기둥'이라고는 해도 떠받치는 게 아니라 상승하는 힘을 담지하기에 이는 본질적으로 사선이다. 지붕을 받치는 기둥의 수직선은 그 상승하는 사선이 똑바로 선 경우다. 그래서 이 기둥들은 많은 경우 지붕의 수평선을 끊거나 뚫고 올라간다. 상승하는 선은 수평선에 의해 분절될 때조차 강한 직선성을 가지며 계단처럼 꺾인 것조차 최대한 직선적 접근선에 근접해야 한다. 그러나 상승하는 사선이 반드시 직선이어야 하는 것은 아니다. 체디나 스투파를 관통하는 선은 오히려 날렵한 곡선이다. 버티는 기둥은 반드시 수직이어야 하고 직선이어야 하지만, 상승하는 기둥은 수직일 이유도 직선일 이유도 없다. 날렵하게 힘차게 날아오르는 선은 오히려 지평선과 예각의 각도를 갖는 오목한 곡선이다. 떠받침의 기하학에서는 원주조차 직선적이라면 솟구침의 기하학에서는 직선조차 곡선적이다. 이 곡선이 하나의 동일한 곡률을 가질 이유도 없다. 현수선이나 포물선처럼 점차 가파르게 올라가는 곡선이 더 효과적이다. 따라서 이 곡선은 유클리드 기하학에는 없는 곡선이다. 연속적으로 변하는 곡률을 갖는 사영기하학의 곡선이다. 기울어진 수직선이기는 마찬가지지만, 티베트의 사선이 직각에 가까운 매달린 선이라면 태국의 사선은 예각으로 올라가는 선이다. 그래서 매달림의 기하학에서는 삼각형이 드물지만, 솟구침의 기하학에서는 굽은 곡선이 사선을 따라 삼각형을 향해 간다. 솟구침의 기하학에선 사선에 허용되는 각도도 곡선화의 정도도 매달림의 기하학보다 좀 더 큰 가변성에 열려 있다. 그렇지만 올라가는 곡선이 상승의 힘을 잃지 않으려면 각도나 휘어짐에 허용되는 가변성의 폭이 아주 크기는 어렵다. 이 가변성의 제한이 다양한 형태적 변주에 어떤 일관성을 부여한다.

    태국과 달리 미얀마 사원에서 날아오르는 상승의 힘은 체디나 파고다나 파토의 윤곽선을 통해 일차적으로 표현된다. 이 윤곽선은 대체로 현수선이나 포물선의 점근선을 갖지만, 때로는 확실하게 꺾인 선을 그리기도 하고, 때로는 올록볼록한 S자가 반복되는 곡선을 그리기도 한다. 피아탓의 경우 때로는 높은 각도로 상승하는 사선을 그리기도 한다. 율동적인 리듬과 속도의 완급을 조절하는 다양한 형태와 곡률, 강도 모두에 열려 있다는 점에서 이 윤곽선은 사실상 모든 변형에 열려 있는 위상기하학적 곡선이다. 물론 이 변형은 윤곽선을 규제하는 점근선의 오목한 곡선성 안으로 제한되지만 직선, 꺾인 선, 오목한 곡선, S자형 곡선 등 어떤 형태적 변형도 다 가능하다는 점에서 가소성의 폭은 대단히 크다. 벽도 없고 기둥도 없는 이 상승의 기하학에서 조용히 밑바닥에 그려지는 하부의 수평선 말고는 직선은 중요하지 않다. 상승의 속도를 늦추어주는 선은 사실 이 수평선이다. 그리고 입체적 양감과 평면성이라는 상반되는 성분이 병존한다는 사실은 윤곽선뿐 아니라 구체적 형상들의 가소성(可塑性) 또한 극대화한다. 물론 상승하는 점근선은 예각주의 안에 있으며 오목한 곡선이어야 한다는 점은 피할 수 없다. 이 제한이 미얀마 사원의 형상에 일관성을 부여한다.

    그리스의 기하학과 구별하여 이들 기하학을 하나로 묶어주는 일관성은 없을까? 추상의 두 가지 다른 방향을 통해 우리는 모호한 경계선을 하나 그을 수 있을 것이다. '완전성'이라는 이름으로 불리기도 하는 단일성과 짝을 이루는 수직선과 수평선의 직선주의에서 추상은 공통형식을 추출하는 추상을 벗어날 수 없다. 모든 변형은 완전한 형식으로부터의 퇴락이기에 완전한 형식이라는 모델로 환원되어야 한다. 반면 원추곡선이나 위상기하학적 곡선이 주도하는 기하학은 변형의 추상기계를 향해 열려 있다. 그리스의 기하학에서 원은 반지름 하나면 오직 하나의 형태로 고정되는 반면, 원추곡선이나 위상기하학적 곡선에서는 두 점을 연결하는 선이 얼마든지 변형 가능하다. 전자에서는 많은 형상에 공통된 형식의 완전성이나 초월성이 관심사가 되지만, 후자에서는 변형의 추상을 통해 산출되는 다양성이 관심사가 된다. 변형 능력이 산출하는 다양한 형상들의 매력에도 불구하고 여전히 그 변형 속에서 지울 수 없는 불변의 공통성을 찾는 것은,[12] 어디서나 변치 않는 것만 찾으려는 형이상학적 영혼들에게나 중요할 뿐이다. 동일하게 상승의 힘을 표현하려는 충동에 의해 가동되었음에도 태국과 미얀마에 다른 유형의 미학이 존재했던 것은 이와 무관하지 않을 터이다. 그 변형의 여지가 크지 않다 해도 매달림의 기하학 또한 직각에서 벗어나는 둔각과 곡선에 열려 있다는 점에서 단 하나의 완전성이나 초월성과는 거리가 멀다 하겠다.

---

[12] 확고한 근거와 불변성에 대한 애착이 극대화되어 있던 19세기 수학자들은 삐뚤어진 곡선을 만드는 절석의 기법에서 시작한 사영기하학적 방법을 사영 변환에 대해 불변인 성질을 찾는 것으로 재정의했다[펠릭스 클라인, 한경혜 역(2012), 『19세기 수학의 발전에 대한 강의』, 나남; 이진경(2021), 『수학의 모험』, 생각을말하다, 232~234쪽].

06

무한을 품은 유한과 외부성의 미학
: 중심 없는 중심과 호옹의 미감

담 아닌 담, 문 없는 문
마당, 내부화된 외부
서원, 위계적 중심화와 대칭적 통합
중심 없는 중심성과 비대칭성의 미감
주체적 중심화: 주인의 눈과 외부자의 눈
건물과 마당의 포옹, 혹은 호옹의 미감
무한을 품은 유한, 혹은 유한과 무한의 연속체

■ 이미지 출처

6.1 ⓒ Steve46814
6.2 리윈허, 『중국 고전건축의 원리』 (재가공)
6.3 대한민국전자정부누리집 (재가공)
6.4 윤장섭, 『일본의 건축』 (재가공)
6.5 ⓒ limhyungkyu
6.6 국가유산청
6.7 한국학중앙연구원
6.8 통도사
6.9~10 이진경
6.11 ⓒ
6.12~23 이진경
6.24 ⓒ Urashimataro
6.25 ⓒ A. Fritz

담 아닌 담, 문 없는 문

동물들은 모두 자기 영토를 갖는다. 개나 고양이, 호랑이와 사자, 새들마저 영토를 갖는다. 동물의 삶이란 생존을 위해 환경의 일부를 자기 것으로 영토화하는 것이다. 역으로 보면, 영토를 만들고 떠나며 다시 만드는 방식이 그 삶의 형식을 형성한다. 그래서 어디에나 경계가 있다. 경계란 무엇보다 영토의 내부와 외부를 가르는 선이다. 그러니 영토가 있는 곳이라면 어디나 내외가 있다. 인간은 다른 어떤 동물보다도 강력한 영토성을 갖는다. 소리나 냄새로 만족하지 않고 벽이나 담 같은 물리적 장치를 사용한다. 물리적 건축물로 그 거점을 확보하고 외부자의 진입을 차단하는 장치와 활동을 통해 내부를 확보하고 보호하려 한다.

건축은 물리적 장치로 영토성을 확보하려 한다는 점에서 가장 강력한 영토화 방법이다. 영토적 경계를 표시하는 통상적 장치는 벽이나 담이다. 이를 통해 영토의 내부와 외부는 뚜렷하게 구획되고 그 내부에는 외부와 다른 어떤 질이 명확하게 부여된다. 성당 같은 건축물의 경우 내부는 성스러운 곳이자 '신의 나라'(Civitas Dei)임을 느낄 수 있는 다양한 장치들이 장착된다. 오래전 파리에 갔을 때 흔히 '노트르담 성당'이라 불리는 파리 대성당에 제일 먼저 갔다. 서쪽 파사드의 문으로 들어가 회중석 끝에 섰는데 순간 아주 당혹스러운 경험을 했다. 멀리 앱스나 네이브, 가까이 빽빽한 기둥이 채 눈에 들어오지도 않았는데 가슴에 성호를 긋고 고개를 숙이고 손을 모으며 무릎을 꿇어야 할 것 같은 느낌이 강하게 밀려든 것이다. 신앙은커녕 "종교는 인민의 아편"이라고 생각하는 '빨갱이 유물론자'이던 시절이다. '어, 내가 이러면 안 되지!' 속으로 되뇌며 접히는 무릎을 펴고 고개를 흔들어 정신을 수습했다. 나 같은 무신론자마저 이처럼 무릎 꿇고 기도하게 만드는 강력한 힘이 성당 안의 대기를 가득 채우고 있었던 것이다! "무릎 꿇고 기도하라, 그러면 믿게 될 것이다"라는 파스칼의 말이 떠올랐다. 그래, 이렇게 문 안에 들어설 때마다 그런 대기/분위기(atmosphere)에 휩싸여 무릎을 꿇고 성호를 긋다 보면 이 공간의 주인인 신을 믿게 되겠구나 싶었다. 이를 위해 성당 내부를 그토록 장대하게 건축하고 장엄하게 장식한 것이리라. '신의 나라'란 단지 신의 영토를 표시하는 말일 뿐 아니라 그 안에 들어선 외부자들마저 그 영토의 신민으로, 신의 어린 양으로 만드는 기계적 장치였던 것이다. 성당의 내부 공간은 비어 있는 게 아니라 이렇게 무릎 꿇고 기도하게 하는 힘으로, 권력으로 가득 차 있는 것이었다.

  영토는 그저 닫혀 있지만은 않다. 내부자가 드나들 수 있게 해야 한다. 문과 창이 그것이다. 창이 외부를 내다볼 수 있는 시선의 통로라면 문은 누군가가 드나들 수 있는 동선의 통로다. 그래서 종종 '열림'과 '개방'의 상징인 양 간주된다. 그러나 창도 문도 내부에 있는 '나'나 '우리'를 위한 것이다. 1인칭으로 명명되는 '주인'을 위해 있는 것이다. 창은 안에 있는 우리가 밖을 내다보기 위해 열려 있는 것인지라 대개 안을 들여다보는 시선을 차단하는 장치를 동반한다. 문은 드나드는 동선 모두가 통과하지만 들어와도 좋은 자와 그렇지 않은 자를 선별한다. 문짝과 '경비'—내부자 자신을 포함한다—가 있고, 빗장이나 자물쇠가 달라붙어 있다. 그러니 창과 문이란 사실 열리고 닫힐 때조차 내부에 속한 것이며 본질적으로 벽의 일부인 셈이다. 벽 안의 공간, 벽 안의 '우리'를 보호하고 '우리'의 시선과 동선을 확장하는 장치다.

따라서 벽이나 담이 없는 건축물은 매우 이례적이다. 소리나 형상, 상징이나 지표 등을 통해 영토성을 표현할 수 있다고는 해도 그렇게 표현된 영토성은 외부로부터 내부를 보호하기가 쉽지 않고 외부와 확연히 구별되는 분위기를, 권력이 작동하는 대기를 조성하기 어렵다. 이에 비추어보면 한국의 절, 특히 산사는 대단히 이례적이다. 알다시피 절의 영토임을 표시하는 첫째 표지라 할 일주문에는 옆에 달라붙은 벽이 없다. 벽 없는 문이라니! 벽을 통과할 수 있도록 여닫는 장치가 벽 없이 있다니! 벽이 없으니 여닫는 문짝도 없다. 벽이 없으니 문짝이 있어봐야 무슨 소용이 있을 것인가. 그래도 문을 세운 것은 그 바깥과 안쪽을 구별하기 위해서일 터이다. 영토를 표시하는 것이다. 그러나 내부를 보호하지도 않고 외부를 차단하지도 않으며 드나드는 동선을 선별하지도 않는 문이다. 문이기를 그친 문이다.

물론 이런 문이 한국의 산사에만 있는 건 아니다. 인도 산치 대탑의 문도 문짝 없이 열려 있고, 일본 신사의 토리이(鳥居)나 중국 절

그림 6.1 _ 부산 범어사 일주문

의 '입구'인 패방(牌坊) 중 많은 것이 문짝도 없고 벽도 없다. 이 경우 문은 영토를 표시하는 기능은 갖지만 동선을 절단·채취하는 기능은 갖지 않는다. 이 너머에 어떤 특정한 세계가 '있음'을 표시하지만 그 세계가 열려 있음을 표현하는 상징물일 뿐이다. 그런데 한국 산사의 유별난 점은 일주문만 그런 게 아니라는 것이다. 일주문을 지나 절 안으로 들어가면 금강문과 천왕문을 다시 지나며, 만세루 같은 누각의 밑('해탈문')을 통과하며 금당이 있는 곳으로 향하게 되는데, 그 문들 역시 벽도 없고 문짝도 없다. 외부자의 동선이 내부 공간을 관통해 금당이라는 '중심'에 이르기까지, 연이어 '문'은 있지만 닫고 선별하는 장치가 없는 것이다. 이런 문들이 하나의 계열을 이루며 연이어 있으니, 일주문은 단지 하나의 상징물이 아니라 문과 문이 이어지는 문들의 연속체라 하겠다.

문에만 벽이 없는 게 아니라 사찰 전체의 내부와 외부를 구획하는 닫힌 벽이나 담이 없다. 절임을 알 수 있는 전각이나 누각, 담장이나 문이 있고, 요사나 선방처럼 외부자의 접근을 제한하기 위해 벽과 담으로 분절된 부분도 있지만, 사찰 전체를 하나의 **폐곡선 안에** 가두며 외부와 내부를 물리적으로 가르고 내부를 외부자로부터 보호하는 벽이나 담은 없다. 건물로 둘러싸인 마당은 통로가 되어주는 길을 통해 다른 마당으로 이어지고, 그 마당은 다시 길로, 인근의 외부로 이어진다.

내부라는 게 이렇듯 외부와 이어지니, 내부에 들어선 이들을 강하게 내부자로 만드는 힘이 작용하기는 쉽지 않다. 전각과 탑, 불상과 장식 등이 나름의 분위기(atmosphere)를 만들지만, 바람과 같은 지나가는 바깥의 대기와 항상 섞이기에, 거기 있는 이들에게 슬며시 스며들고 당기지만 또한 가면 가는 대로 놓아주는 애매모호한 공간이다. 법당 안이라 해도 이는 크게 다르지 않다. 열린 문들로 섞여드는 모호한 대기(atmosphere)는 법당 안에 들어선 이들을 강하게 잡아당기지 않는다. 그저 가볍게 건드리며 스쳐간다. 불상이 던지는 눈길은 어쩌면 무심하고 덤덤하여, 애써 "무릎 꿇고 기도하"게 하려는 기색이라고는 찾아보기 힘들다. 그렇게 스치며 닿은 손길에 스스로 다가오기를 기다리는 것이리라.

그렇다고 모든 절이 다 이렇게 산사처럼 열려 있는 건 아니다. 중국이나 일본의 절은 대개 사변형으로 닫힌 직선의 담 안에 있다. 한국도 아마 애초에는 그렇게 닫힌 영토를 가졌을 것이다. 경주의 황룡사지나 익산의 미륵사지 터를 바탕으로 만들어진 복원도를 보면, 중국이나 일본과 비슷하게 사변형의 담장 안에 전각이 자리 잡고 있다. 불국사 또한 담의 기능을 하는 사변형 회랑이 대웅전과 극락전 등 중요 전각들을 둘러싸고 폐곡선을 이루며 하나로 이어져 절 전체의 내부와 외부를 뚜렷하게 가르고 있다. 벽이나 담으로 절 전체를 둘러싸는지 여부가 도시의 절과 산속의 절 사이의 차이라 해야 할까? 많은 사람이 오가는 번잡한 도로나 장소와 인접해 있고 불도와 무관한 활동이나 동선에 둘러싸인 것이 도시이니, 절 또한 인근의 다른 건물이나 도로 또는 그 영토와 절의 영토를 뚜렷이 구별하고 절과 무관한 동선을 차단하는 일은 필요했을 것이다.

그러나 도시가 아니라고 해서 영토를 표시하고 내부를 보호하는 조치들이 원래 필요 없다고는 결코 말할 수 없다. 제한된 경험이지만, 내가 방문했던 중국이나 일본의 사찰들은 산에 있는 경우에도 대개는 닫힌 경계를 갖고 있었다. 한국이라면, 산자락에 있는 서원을 산사와 비교할 수 있을 것이다. 서원은 모두 전체 공간을 외부와 구별 짓는 폐곡선의 담을 갖고 있다. 사당과 강당, 재의 음식을 준비하는 전사청(典祀廳)은 모두 각자의 담으로 닫혀 있고, 종종 책과 목판을 보관하는 장경각이나 장판각 등도 다시 담으로 닫혀 있다. 담 중간에 있는 문은 모두 문짝을 갖고 있다.

산사라고 그런 방어 장치가 무용했을 리 없다. 산속 외떨어진 곳이기에 오히려 동물이나 외부자로부터 자신을 방어해야 했을 수도 있다. 그러니 산사에 닫힌 담이 없는 것은 그저 환경적 요인에 따른 '자연스러운' 일이 아니다. 환경과 자신을 분리하기보다는 그 속에 섞여들며 외부로 열린 내부를 만들려는 적극적 발상이 있었던 건 아닐까? 내부와 외부, 우리와 남의 구별을 최소화해 최대한 열린 공간으로 만들려 했던 건 아닐까? 이로써 우거진 숲과 구불구불한 길, 경사진 지형을 내부에 있는 그대로 담아내고 그 모두를 자신의 내부로 슬그머니 끌어들이려 했던 것 아닐까?

마당, 내부화된 외부

어떤 건축물이든 건물 주위에 '외부 공간'을 갖게 마련이다. 그런데 건물의 내부 공간과 외부 공간을 관계 짓는 방식에는 상이한 유형이 있다. 서양의 경우에 건축물의 중심은 건물이다. 교회든 궁전이든, 저택이든 청사든 벽체에 의해 독립성과 완결성을 갖는 건물이 중심이다. 궁전처럼 외부 공간을 적극적으로 구성하려는 경우 건물 앞에 광장같이 넓은 공간이나 정원을 만든다. 건물의 채광을 위해 중정을 만들기도 한다. 어느 경우든 건물이 건축 공간의 주인이자 중심이고 외부 공간은 그에 부속된 것이며 부차적 지위를 갖는다. 따라서 건축가의 일차적 관심은 건물의 형태와 내부 공간을 구성하는 문제에 집중된다.

외부 공간이 중요한 의미와 위상을 갖는 경우가 있다면 정원이 그렇다 하겠다. 교회와 달리 바로크시대 이후 궁전은 대개 정원을 갖는다. 정원 건축의 모델이 된 것은 이때 만들어진 바로크식 정원이다. 바로크식 정원 가운데 가장 장대하여 선망의 대상이 된 것은 베르사유 궁전의 정원인데 왕의 사냥터로 사용되던 넓은 숲 전체를 기하학적 형상으로 '정리'하여 만들었다. 이 같은 바로크식 정원이 전형적이지만, 궁전의 정원은 거기를 걷거나 거기서 노는 이들이 아니라 궁전의 주인인 왕을 위해 만들어진 것이다. 궁전에서, 특히 그 중앙에 있는 방에서 그 정원을 내다보는 이의 시선에 바쳐진 것이다.

여기서 지면은 물론 종종 정원수마저 과도할 만큼 기하학적 형상을 부여받는 것은, 제멋대로인 야만의 자연을 장악하여 질서를 부여했음을 표시하려는 발상에서 기인한다. 케플러가 단적으로 표명했듯 기하학적 정연함이란 질서를 상징한다. 타원형 궤도를 그리며 운

행하는 행성들의 기하학이 그에게는 신이 존재한다는 확실한 증거로 보였다. 일부러 만들지 않고야 어찌 이럴 수 있으랴 싶었을 것이다. 베르사유 궁전과 정원을 만든 건축가들 또한 다르지 않았다. 거대하고 화려한 궁전만으로는 충분하지 않았다. 왕의 방에서 내려다보이는 풍경이 애초의 모습 그대로 야생의 숲이었다면 그 땅은 아직 질서와 문명 바깥에 있는 것임을 뜻한다. 그곳은 왕이 지배하는 세계 바깥인 것이다. 왕궁의 부속물인 그곳은 왕이 지배하는 질서를 부여받아야 했고, 왕의 손 안에 있는 문명화된 세계의 일부가 되어야 했다. 그 거대한 숲에 과도할 만큼 기하학적 형상을 부여한 것은 정확히 이런 이유였다. "왕이시여, 당신의 손안에 있는 세계가 여기 있나이다!" 궁전의 정원은 이렇게 왕의 눈에 헌정된 세계이다. 왕이 지배하는 세계의 상징이다.

이러한 정원 조경에서 잔디가 중요한 것은 그것이 지면에 부여한 이 기하학적 형상을 다른 어떤 것보다 선명하게 드러내기 때문이다. 물론 정원에 부여된 그 과도한 기하학적 형상에 대한 반발도 없지 않았다. 기하학적 형상을 포함해 모든 '인공적인' 흔적을 최대한 인위적으로 지운 이른바 '영국식 정원'이 그 반발의 산물이다. 그러나 그것은 정원 건축에서 전혀 인기를 얻지 못했다. 왕궁을 비롯한 중요한 건축물에서 선호된 것은 여전히 바로크식 정원이었다. 시민이 주인이라 해야 할 시청 같은 청사 앞 정원이나 광장도 이 점에선 다르지 않았다. 주인은 달라져도 건물과 정원, 주인과 세계의 관계는 달라지지 않은 것이다.

하지만 정원이나 광장이 얼마나 크고 장대하든 그것은 건축물에 부수된 공간이라는 의미에서 '외적' 공간이었다. 그것은 주인으로 우뚝 선 건물을 둘러싸 이른바 '가오를 세워주는' 배경이었다. 여기서 내부 공간과 외부 공간은 형태나 기능에서 모두 '명료하고 뚜렷하게' 구별된다. 서로 섞이지도 않고 경계를 흐리지도 않는다. 이와 달리 중국이나 한국, 일본 등 동아시아의 건축물은 담장으로 둘러친 마당이 그 안의 건물과 하나로 결합되어 공간의 기본단위를 이룬다. 건축물은 궁전처럼 대규모인 경우 여러 개의 건물로 이루어지는데, 한 건물의 크기를 표시하는 분절 단위가 '칸'(間)이었다면 건축물의 공간을 분절하는 기본단위는 원(院)이었다. 리윈허(李允鉌)에 따르면 중국 고전 건축의 평면 조직의 원리란 사방이 막혀 있고 지붕이 있는 건물과 사방이 막혀 있지만 지붕이 없는 마당이라는 두 공간을 함께 조성하는 것이었다. 여기서 마당은 건물과 동등한 중요성을 갖는다.[1]

이는 한국이나 일본의 건축물에서도 다르지 않다. 궁전도 그렇고 사찰도 그러한데, 도시의 사찰이나 대규모 사찰에선 여러 개의 중요한 전각들이 담장에 의해 '원' 단위로 분절되어 결합되는 게 통상적이다. 가령 호류지는 영토를 표시하는 담에 의해 절이 동원(東院)과 서원(西院)으로 나뉘고 각각의 부분 공간들도 다시 담으로 분할된다. 절의 중심인 금당과 목탑은 다시 한번 담으로 둘러쳐져 있다. 불국사도 대웅전과 극락전, 무설전 등의 중요 전각은 모두 회랑을 겸한 담장으로 분절되어 있다.

이미 언급했으나 마당이나 회랑 같은 공간은 건물에 부속된 부수적 공간이 아닌 한 담장 안의 건물과 하나로 통합된 공간임은 새삼 강조할 필요가 있다. 담장 안의 마당은 전각 같은 개별 건물의 외부이지만 동시에 그 건물과 짝을 이루어 작동하는 '내적' 일부라는 것이다. 서양 건축물의 외부도 그저 부수적인 것이 아니라거나 반대로 어

---

[1] 리윈허, 이상해 외 역(2000), 『중국 고전 건축의 원리』, 시공사, 174~175쪽.

떻게 기능하든 외부 공간은 어차피 외부 아니냐는 의문이 일어난다면 건축물을 이용하는 방식이나 그 동선을 비교해보면 좋겠다. 서양 궁전에서 한 장소에서 다른 장소로의 이동은 전적으로 **건물 내부에서** 이루어지지만, 중국이나 한국 궁전에서의 이동은 **건축물 사이에 있는 회랑이나 마당을 통해** 이루어진다. 왕의 명령을 전하거나 실행하는 궁정 사람들에게 베르사유의 장대한 정원은 하늘이나 정원 밖 세상과 마찬가지로 건축물 내부에서 창을 통해 내다보이는 대상일 뿐이다. 반면 유사한 일을 하는 중국이나 조선의 궁인들은 마당이나 회랑을 통해 하나의 전각에서 다른 전각으로 끊임없이 이동해야 한다. 궁전에서의 전례 또한 마당에서 이루어지는 경우가 적지 않다. 서양 교회의 예배는 전적으로 교회 내부에서 이루어지지만 한국 절의 예불은 도량석(道場釋)을 도는 마당에서 시작해 북과 종 등 사물을 치는 종루와 경을 외고 절을 하는 금당 등 마당으로 연결된 복수의 전각에서 이루어진다. 즉 전각 사이의 공간인 마당도 예불 공간에 속한다.[2] 이처럼 마당이나 회랑이 건물과 하나로 결합되어 사용되며, 사용자의 동선이 건축물과 마당을 하나의 연속체로 관통한다. 즉 마당은 담장으로 분절된 단위공간에서도, 건축물 전체에서도 내부에 속한다. **내부화된 외부**인 것이다.

그런데 건축물 안에 복수의 건물이나 건물군이 있을 때 마당은 그것들을 분산시킨다. 마당이 건물과 짝을 이룬다지만 건물 사이에 있는 공백이기에 그것은 건물들을 분리한다. 내부화되었다고는 해도 건물에 대해 마당은 여전히 '외부'인 것이다. 그렇게 분리되어 분산되

---

[2] 시각적 측면에서 건물과 마당이 능동적 성분의 역할을 바꾸기도 하는데 이는 특히 산사에서 두드러진다. 이에 대해서는 잠시 후 자세히 다룬다.

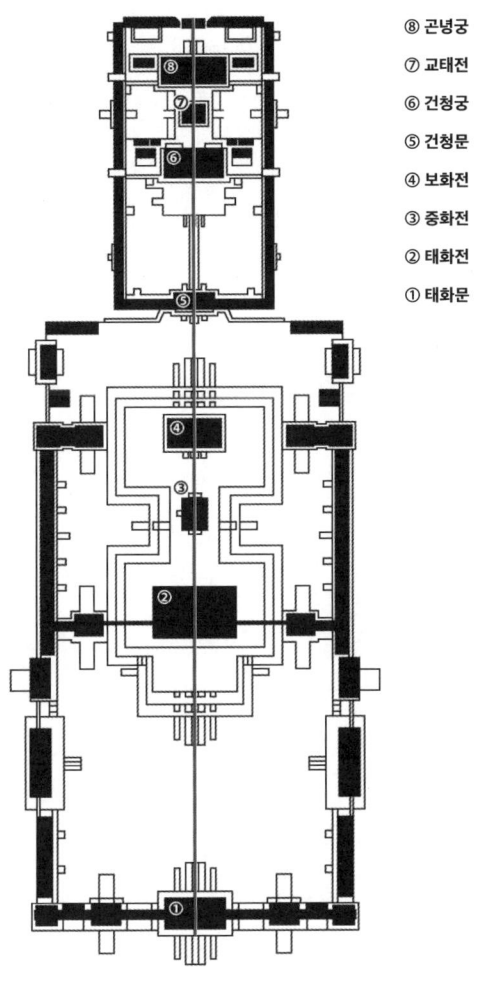

그림 6.2 _ 중국 베이징 자금성 평면도

는 건물들은, 그것만이라면 응집성을 갖지 못한다. 분산되어 있는 건물들은 산만하다. 그래서 마당이 있는 건물을 건축할 때는 이 분산되는 건물들을 어떻게 하나로 묶을 수 있을까 하는 게 중요한 문제가 된다. 각각의 건물 내지 건물군을 어떻게 하나의 전체로 통합하는가가 문제인 것이다. 이는 여전히 외부로서의 특질을 지니는 마당을, 그리고 그 외부에 의하여 분리된 것들을 하나의 전체로 **내부화하는** 문제다.

이를 해결하기 위해 가장 먼저 고려되는 방법은 건물들 사이에 주(主)-부(副)를 가시적으로 식별 가능하도록 하는 것이다. 크기나 외양에서 다른 것과 구별되는 중심 건물을 세우는 것이 아마도 통상적이고 쉬운 방법일 터이다. 마당의 경우는 조금 다르다. 담으로 분절된 하나의 공간이라 해도 마당은 어디나 똑같은 마당이다. 여기에 주(主)·부(副)나 존(尊)·비(卑)의 구별을 부여하는 일차적인 방법은 높이의 차이를 이용하는 것이다. 크기의 차이 또한 이런 구별의 방법으로 사용되지만 확연한 차이가 아니라면 그마저도 쉽지 않다. 즉 평평한 마당은 위계나 존비의 구별을 지운다. 모든 지점, 모든 방향을 향해 동등한 힘을 펼쳐놓는다. 그런 마당에 공간적 통일성을 부여하기 위해 가장 흔히 사용되는 방법은 **축성(軸性)**을 부여하고 가시화하는 것이다. 가령 마당 한가운데 한 줄의 통로를 만드는 게 그것이다. 이는 마당 여기저기로 흩어지는 동선을 하나로 모아들인다. 궁전이든 사찰이든 잘 다듬은 돌로 통로를 가시화하여 사방으로 흩어지는 동선을 불러들인다. 축의 역할을 하는 이 통로는 필경 마당 안의 한 건물을 관통한다. 혹은 그 건물로 귀착된다. 이로써 그 건물은 가시적 통로로 불러들인 동선들이 향해야 할 **목적지**가 된다.

목적지가 된 그곳은 분산된 동선과 분산된 공간을 하나로 통합하는 중심이 된다. 이를 위해 그 지점에 있는 건물을 상대적으로 크고 화려하게 만드는 경우가 통상적이다. 공간의 중심화에 건물의 중심화가 더해지는 것이다. 물론 굳이 그렇게 하지 않아도 축인 통로상의 건물은 중심 건물이 된다. 역으로 중심화된 건물은 정면으로 역

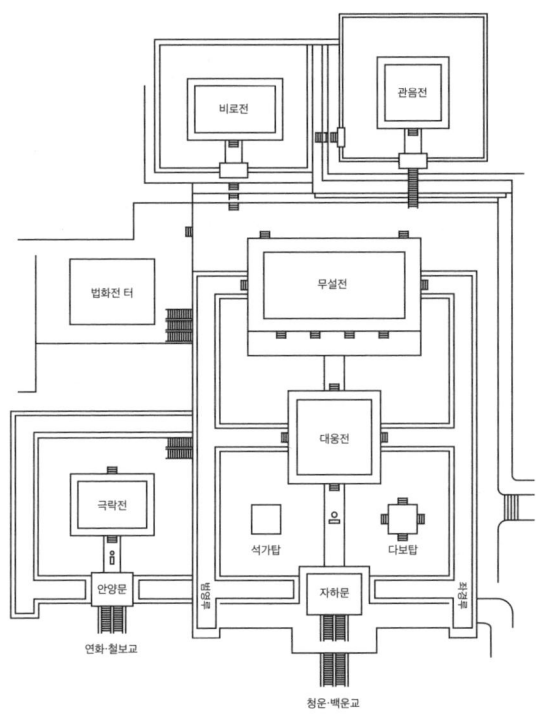

그림 6.3 _ 경주 불국사 평면도

선(力線)을 방사(放射)한다. 이는 대개 맞은편의 문이나 어떤 조성물에 의해 유도되며 공간에 축을 형성한다. 그래서 통로를 표시하는 가시적 장치가 없이 텅 빈 마당에도 암묵적 축선이 그어진다. 건물들을 중심화하는 방법과 마당을 중심화하는 방법은 대개 이렇게 결합되어 사용된다. 불국사의 대웅전과 극락전, 비로전, 관음전 등 중요 전각을 둘러싼 각각의 부분 공간이 모두 그렇다. 물론 불국사는 축선이 가시적으로 표시되어 있는 경우다.

여러 개의 분절된 공간군이 이어질 경우에는 이 통로들을 하나로 연결하게 되는데 이러한 연결에는 하나의 방향성, 대개는 깊이 방

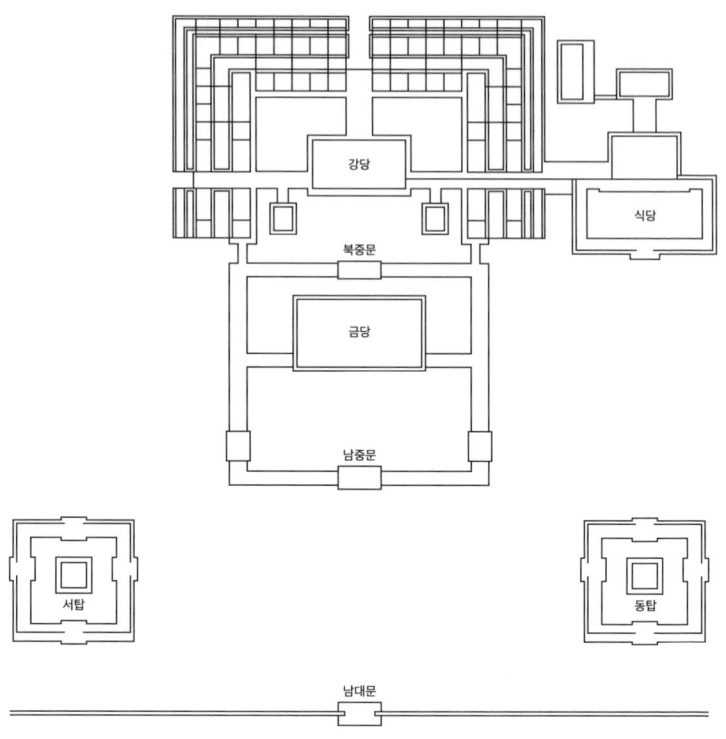

그림 6.4 _ 일본 나라 도다이지 평면도

향의 방향성을 부여한다. 여기에 수평 방향의 축선을 교차시키면 두 축선이 만나는 지점은 공간의 중심임이 분명하게 가시화된다. 그 교점이 복수인 경우에는 가장 크고 위세 있는 외양의 건물을 통해 다시 중심성을 부여한다. 넓은 마당까지 더해지면 그 중심성은 더욱 확고하게 드러난다. 불국사의 대웅전은 비록 그 크기에서는 뒤에 있는 무설전보다 작음에도 두 축선의 교점을 통해 중심성이 명확하게 가시화된 경우다. 중국에서는 '고궁'이라고도 불리는 자금성은 가시적 축선 대신 태화전-중화전-보화전의 배열로 축선을 만들고 사방에 둘러친 계단과 건물의 크기와 위세, 넓은 마당을 통해 정전인 태화전의 중심성을 명확하게 한다(그림 6.2). 이로써 존비까지는 아니어도 중심과 주변, 중요와 부차의 구별이 명확하게 가시화된다.

위요(圍繞) 내지 호위의 형세를 조성하고자 중심 뒤에 또 하나의 중간 거점을 두기도 한다. 가령 나라(奈良)의 도다이지(東大寺)는 분절된 공간군의 중심에 금당이 있는데, 그 뒤에 강당과 승방이 금당을 위요하고 있다(그림 6.4).[3]

요컨대 사방으로 분산되는 마당의 평평한 면은 축이 된 통로의 선으로 모이고, 이 통로의 선은 목적지가 되는 점으로, 그 점들의 목적지가 되는 궁극의 점으로 다시 모이는 것이다. 그 점이 건축물과 공간 전체의 중심이 된다. 그 중심으로 통합되면서 각각의 부분은 그 단일한 전체로 내부화된다. 이러한 **중심화**는 흩어진 부분들을 하나의 전체 안으로 통합하는 방법이며, 그 전체 안으로 부분들을 내부화하는 방법이다.

마당의 이편과 저편에서 흩어지는 것들을 하나로 통합하기 위해 사용되는 또 하나의 중요한 방법은 **대칭성**을 이용하는 것이다. 대칭성은 점에 대해, 선에 대해, 면에 대해 여러 가지 방법으로 사용될 수 있지만, 담으로 둘러친 마당과 건물, 그렇게 분절된 건축물에서 중요한 것은 선에 대한 대칭이다. 담으로 둘러친 공간은 대개 축선을 통해 중심화되기에 이 축선을 통해 대칭성을 구성한다. 목적지인 점의 형상적 중심성이 이 축선을 통해 작동한다. 담장이 사변형을 이루는 경우가 통상적이기에 담장이나 마당은 대칭성을 얻기 쉽다. 어차피 중앙에 축선이 지나가야 하니 그것이 대칭축이 되는 것이다. 그리고

---

(3) 윤장섭(2000), 『일본의 건축』, 서울대학교출판부, 132~133쪽 참조.

마당 안의 건물들도 이 축을 중심으로 대칭상을 이루도록 배치된다. 담이 없어도 사변형의 공간은 대칭성을 쉽게 불러들이고, 역으로 대칭성은 사변형을 쉽게 불러들인다.[4]

대칭성은 분절된 공간이나 축상에 배열된 공간을 하나의 전체 속으로 내부화한다. 대칭성 속에 포섭된 부분은 대칭상이 그리는 전체 형상의 일부가 된다. 대칭성 안에 있는 것은 전체 **안에** 있는 것이다! 대칭상이 부여하는 '하나'의 형상은 대단히 강력하여 한구석에 부가된 것을 있어도 '지우거나' 거기서 빠져 없어진 것을 채워 대칭적 전체 상을 상상적으로 완결하기까지 한다. 그래서 대칭성이 확고한 곳에서는 거기 옆에 부가된 비대칭적 요소들이 있어도 대칭적이라는 형상적 환영이 발생한다.

결국 중심성과 대칭성은, 내부화되었어도 여전히 외부인 마당이 그 양편에 있는 것들을 분리하고 분산하는 힘을 최소화하고 건축 공간 안에 있는 모든 것을 하나의 전체로 통합하여 **내부화하는** 방법이다. 이를 매우 명료하게 보여주는 것이 조선시대에 건축된 서원들이다.

서원, 위계적 중심화와 대칭적 통합

한국의 건축물 가운데 서원의 공간구조는 여러 면에서 산사와 유사한 조건에서 아주 다른 방식으로 조성되기에 양자는 대비되는 지점

---

(4) 원형의 배열도 대칭적이지만, 그렇게 원형의 마당을 조성해 건물을 세운 것으로는 중국 푸젠성의 투러우(土樓)가 가장 멋진데 흔한 경우는 아니다. 중국 베이징의 톈탄(天壇)처럼 원형 공간에 원형 건물을 세운 경우도 있지만 그 경우 공간은 건물의 짝인 마당이 아니라 건물이 들어선 부지, 건물에 부속된 외부 공간이 된다.

을 뚜렷이 살펴볼 수 있는 좋은 사례다. 일단 양자 모두 담장 안의 마당과 건물이 결합된 구조를 갖는다는 점에서는 동일하다. 그리고 서원 역시 평지에 지어지는 궁전이나 저택과 달리, 많은 경우 산비탈의 경사면에 지어지기에 주변의 지형을 어떤 식으로든 건축물의 구조 안으로 통합해내야 한다는 점에서 산사와 유사한 조건을 갖는다.

서원과 마찬가지로 석단과 계단을 사용하지만 산사는 대개 주어진 지형에 맞추어 불규칙하고 구부러지는 동선을 따라가며 사용하고, 자연발생적으로 생겨나는 길의 흐름을 수용하며 전각과 탑, 마당을 배치한다. 반면 서원은 담으로 둘러친 공간을 유교적 위계에 따라 건물들을 배열할 수 있도록 부지를 최대한 직선적 형태로 조성하고 사변형 형상에 맞추어 건축물을 배치하며, 담장에 의해 주변의 환경과 뚜렷하게 분리된 공간을 만든다. 산사에서도 담장을 사용하기는 하지만 사찰과 외부를 분리하는 기능이 아니라, 사찰 안에서 공간의 기능적 분절을 위해 사용하는 것이 통상적이다. 그렇기에 산사의 담장들은 대개 폐곡선을 이루지 않는다. 마당의 크기도 서원은 사찰에 비해 좁아 건물들이 밀집되어 있는데, 서원의 사대부들이 양반이었던 반면 사찰의 승려들이 천민이었다는 사실을 고려하면 이는 경제적 이유가 아니라 취향의 차이에 기인하는 것이라 하겠다. 마당이 갖는 분리, 분산의 힘을 최소화하기 위해 마당을 축소하여 건물들의 통합성을 높이려는 것이었을 게다.

서원은 대부분 강당(講堂)과 강당 '뒤'의 사당(祠堂), 강당 앞에 놓이는 두 개의 숙소[동재(東齋)와 서재(西齋)], 그 옆에 책과 목판을 보관하는 장경각(藏經閣)이나 장판각(藏板閣)으로 구성된다. 그리고 그 옆에 사당에서 지낼 재를 위한 전사청(典祀廳)이 부속되어 있다. 서원의 이 건물들은 인간의 형상을 따라 분배된다. 유교적 세계의 인간들처럼 위계화된 질서를 따라 배치되는 것이다. 서원의 바탕인 성리학뿐 아니라 유학 자체가 대단히 현세적이고 인간중심적인 사고방식을 갖고 있다. 그리고 유학은 가정으로부터 국가에 이르기까지 '통치'로 귀착되는 이념인지라 엄격한 위계적 태도를 함축하고 있다. 이는 건축에서도 마찬가지여서 개개의 건물을 인간에 비유하고 인간들 간에 위계가 있듯이 건물 간에도 위계가 있다고 하는 관념으로 이어진다. 즉 "건축마저 인간들의 관계로 의인화하여 서열을 매기고 위계화한다".[5]

이런 위계 관념에 따라 '인간으로서의 건물'들은 좀 더 높고 중심적인 것과 좀 더 낮고 부차적인 것으로 구별되며, 각자는 경사면을 깎아 만든 석단의 높이를 따라 그 지위에 맞는 자리를 얻는다. 높이로 구별되는 마당 사이에 주-부와 존비의 위계를 도입하는 것이다. 선현들의 공간인 사당이 가장 높은 지위를 갖기에 가장 높은 곳에 자리 잡는다. 이는 이는 주부·존비의 공간 전체를 통합하는 '수직적' 중심이다. 위계적 삼각형의 꼭짓점이다. 살아 있는 사람들이 공부하고 수양하는 공간인 강당이 그다음이고, 숙소는 당연히 그다음이다. 부엌이나 뒷간 같은 필수적 일상 공간은 그보다 낮고 부차적인데, 가능하면 눈에 안 띄게 한다. 주변 자연은 사변형의 폐곡선으로 뚜렷이 분리되어 있으며 강당의 마루나 전면의 누각의 중심에 선 시선을 위해 풍경화된다. 따라서 서원을 둘러싼 것으로서의 자연은 서원과 뚜렷하게 분리된 외부에 속하며, 풍경화된 것으로서의 자연은 내부의 중심에 자리 잡은 '주인'이 눈으로 영유하는 대상이다.

위계의 중심을 확고하게 드러내고 공간 전체에 명료한 통일성

---

(5)　김봉렬(1999), 『이 땅에 새겨진 정신』, 이상건축, 118쪽.

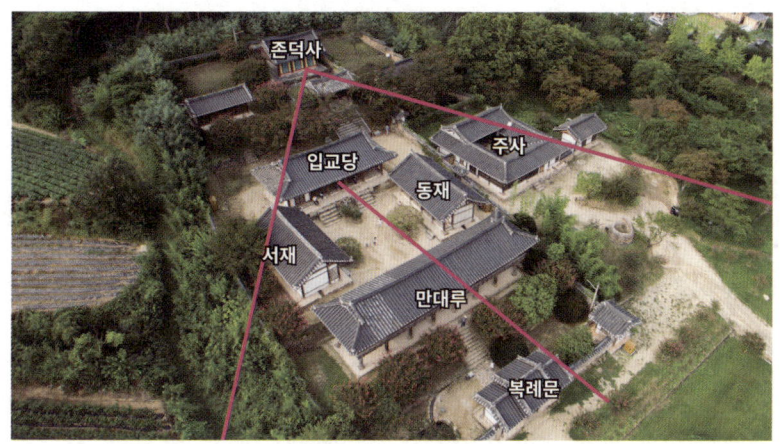

그림 6.5 _ 안동 병산서원

을 부여하기 위해 서원은 주요 건물 사이에 강력한 대칭성을 도입한다. 문과 강당을 잇는 중심축을 따라 건물들이 대칭적으로 배열된다면, 마당이 넓고 길이 많아도, 혹은 옆에 부속된 건물이 붙어 있어도 그것들이 독자적 형상을 만들지는 못한다. 그 인근에 다른 길이 있다 해도, 그것은 그저 통일된 전체에 속하지 않거나 무시해도 좋을 사소한 부분에 불과하다. 서원마다 전사청이나 곳간, 문간채, 뒷간, 불 때는 아궁이 등이 있지만 강당-문의 전체에서 제외된, 그래서 크게 만들어 붙여놓아도 부록처럼 덧붙여진 부수 공간이기에 중심 건물들이 만드는 전체 형상을 흔들지 않는다. 대칭적 통일성이 강할 경우, 대칭상에서 벗어난 것은 대칭성을 **깨는** 게 아니라 대칭상**에서 제외된**, 따라서 **전체에서 제외된** 무엇이 되는 것이다. 따라서 대칭성을 통해 구성되는 강력한 통일성은 일종의 시각적 희생을 동반한다. 즉 전사청이나 하인의 공간처럼 필수적이지만 부수적인 것의 비가시화를 야기한다. 이는 서원에서의 일상생활이나, 재를 실질적으로 떠받치는 종복들의 인간적 지위와 정확하게 동형적이다.

안동 병산서원(屛山書院)은 이러한 서원 건축의 '이상'을 아주 잘 보여주는 건축물이다. 전체 건축 공간은 사당(존덕사尊德祠)이 있는 구역, 강당(입교당立教堂)과 서재, 동재 등 학인이 있는 구역, 출입문인 복례문(復禮門)과 그 뒤의 누각(만대루晚對樓) 사이의 구역, 그리고 전사청(典祀廳)이 있는 구역과 그 아래 음식을 만드는 하인들의 구역(주사廚舍)으로 나뉘어 있다. 만대루, 강당, 사당은 엄격하게 위계적 높이로 구별된다. 건축물과 공간 전체는 사당인 존덕사로 모이는 위계적 중심 아래 통합되어 있고, 그 안에서 중심 건물군은 강당과 누각, 출입문의 중심을 잇는 축에 대해 대칭적 사변형을 이루며 배치되어 있다. 주변 지형으로 인해 담장이 확고한 사변형은 아니지만 건물들의 대칭성과 그것들이 만드는 사변형이 워낙 뚜렷해 약간 '찌그러진' 형태로 거기에 흡수되어 있다. 전사청 아래의 주사마저 정방형에 가까운 확고한 사변형이어서 전체 건물군의 기하학적 형상은 매우 선명하다. 사당을 중심으로 강당과 숙소, 누각으로 구성된 중심 공간과 제사를 준비하는 전사청, 주사의 부속 공간은 크기와 위상에서 중심과 주변, 주요와 부차의 위계가 뚜렷하다. 이러한 분포를 통해 건물군 전체의 중심인 사당과 주요 공간의 또 다른 중심인 강당의 중심성과 위계성이 확연하게 가시화되어 있다. 이 경우 중심성이란 위계성의 공간적 표상이라 하겠다.

공간 전체를 강력하게 통합하는 전체성은 이처럼 '위계적 중심화'를 통해 이루어진다. 서원에서 공간의 중심은 부지상의 위치부터 사전에 가정된 위계에 따르고 그 위계는 유교적 이념에서 설정하는 개념적 도식에 따른다. '개인은 가문에, 가문은 국가에 충실해야 한다'는 것, 이를 위해 각자는 가문의 중심인 가장, 국가의 중심인 왕에게 철저히 복종해야 한다는 것, 그리고 가장이나 왕조차 선조와 후손의 족보적 서열에 따라야 한다는 것이 그것이다. 서원에서 건물은 이러한 인간의 지위에 대응하기에 각각의 건물은 최고 지위를 갖는 단일한 중심을 준거로 하는 위계적 지위에 따라 배치되어야 한다. 구성 요소도 어느 정도 정해져 있고, 건물들 각각의 지위 또한 서로 비교되며 단계적으로 서열화되기에 이렇게 위계화된 건축물의 공간적 배치는 대단히 강한 통일성을 갖는다. 위계적 중심화를 통해 건축물 배치가 조성되는 양상은 옥산서원, 도동서원 등 다른 서원에서도 크게 다르지 않다. 도산서원은 애초에 있던 도산서당으로 인해 구조가 약간 복잡하지만, 서원을 놓고 보면 누각을 서고인 두 개의 광명실로 대체한 것만 다를 뿐 전체 구조는 같다.

덧붙이면, 이런 건축물에서 마당은 분명 서원의 기능적 내부에 속하지만 건물군의 배치나 풍경을 구성하는 독자적 성분이 되지는 못한다. 배치는 위계화된 중심성의 이념과 감각에 따라 각 건물에 적절한 자리를 할당하는 방식으로 이루어지고 마당은 그에 따라 '자동적으로' 만들어지는 피동적 잔여로서 그 배치에 들어갈 뿐이다. 다시 말해 마당은 건축물 전체의 내적 일부이지만 건축 공간 전체를 구성하는 '주어'가 되지는 못한다. 이와 달리 마당이 풍경의 주어가 되는 경우를 나중에 산사에서 살펴볼 것이다.

중심 없는 중심성과 비대칭성의 미감

복수의 건물을 포함하는 건축물의 경우 어디든 중심적 건물과 그렇지 않은 건물은 있게 마련이지만 중심 아닌 건물 사이의 위계가 언제나 서원처럼 뚜렷하지는 않다. 전체 배치의 중심은 있지만 각각의 건물이 정연한 위계에 따라 배치되지는 않는다. 즉 중심화와 위계화가 동일한 것은 아니란 말이다. 위계는 반드시 중심화를 요구하지만 중심화가 모두 위계화를 뜻하지는 않는다. 이때 건축물의 중심성은 위계를 표현하려는 것이라기보다 기능이나 형태를 유기적으로 통합하려는 것이다. 이를 서원 건축에서 보이는 **위계적 중심화**와 구별하여 **유기적 중심화**라고 하면 좋을 듯하다. 유기적 중심화에서는 각 부분이 하나의 중심과 대비되며 주·부의 관계를 맺지만, 위계적 중심화에서 각 부분은 다른 부분과도 비교되며 어디서나 주·부와 존·비의 관계를 맺는다. 공간 전체가 담으로 분절되고, 각 부분은 중심을 가지며, 그 가운데 하나의 중심이 있는 불국사나 도다이지 등 도시의 거대 사찰 공간은 대개 이런 유기적 중심화를 통해 구성된다.

    한국의 산사는 이 모두와 크게 다른 공간적 배치 방식을 보여준다. 금당을 전체 공간 안에서 중심적인 위치에다 다른 전각에 비해 크고 화려하게 만들어 사찰의 중심임을 가시화하면서도, 단일한 중심성을 깨거나 약화하는 방식을 빈번히 채택하기 때문이다. 중심화와 탈중심화를 동시에 가동하는 셈인데 탈중심화하는 방식으로 중심화하는 것이라 말해도 좋겠다. 이를 가장 쉽게 볼 수 있는 것은 **중심의 복수화**다. 예컨대 김제 금산사는 대적광전과 미륵전이라는 두 개의 중심 전각이 직각으로 이웃해 나란히 서 있다. 대적광전은 정면의 폭이 횡으로 가장 길어 다른 건물들에 대해 중심적인 전각으로 가시화되지만, 그 옆 미륵전도 3층의 지붕을 갖는 높이로 다른 전각을 압도한다. 그래서 둘 중 어느 것이 중심인지 말하기 어렵다. 출입구로부터 시작되는 동선이 금강문-보제루-대적광전으로 이어지며 공간 전체의 축을 이루기에 대적광전이 중심 금당으로 보이지만, 두 전각 앞

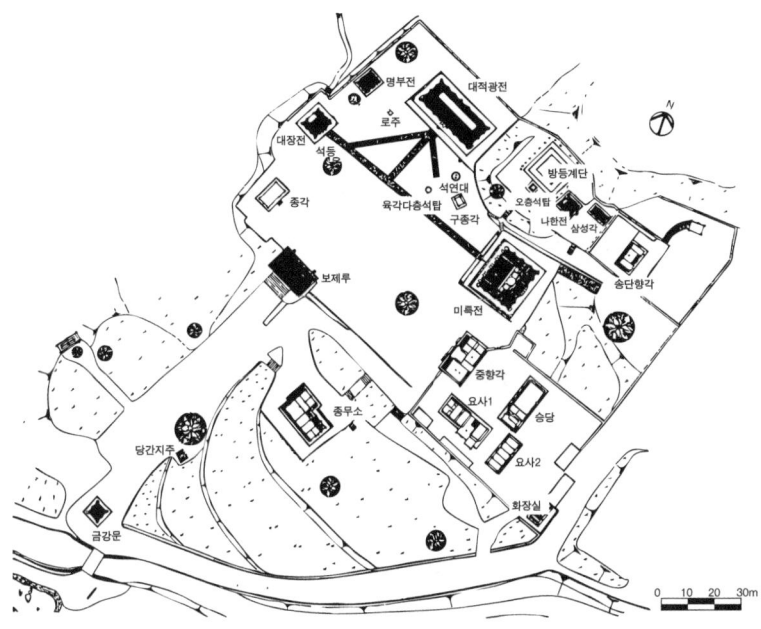

그림 6.6 _ 김제 금산사 배치도(중심곽)

의 마당만 보면 대적광전-보제루를 잇는 축선에 비해 미륵전-대장전을 잇는 축선이 좀 더 길어 미륵전 역시 나름 축선상의 중심 건물이라 할 만하다. 이로써 사찰 전체 축의 중심성은 약화된다. 두 개의 중심 전각과 축을 병치해 공간을 탈중심화하고 있는 것이다.

그런데 이것이 다가 아니다. 대적광전과 미륵전의 연장선이 직각으로 만나는 '모서리'라 해야 할 곳에 오층석탑이 서 있고 그 옆에는 방등계단이 있다. 석탑과 계단을 잇는 선은 두 전각과 대각선을 그리며 그 앞의 연화대, 육각다층석탑과 연결되는 또 하나의 축선을 형성한다. 그 대각선 양옆으로 두 전각이 거의 대칭적인 위치에 자리 잡고 있으며, 대각선의 축선은 이 두 전각의 축선이 모이는 곳에서 시작하기에, 대각선은 두 축선을 하나로 통합하는 중심축으로 보이기도 한다. 다만 오층석탑과 육각다층석탑 사이에 단차가 있어 축선이 선명하지는 않다. 그래도 애초 금당만큼이나 중심적 위상을 가지며 마당 한가운데서 시선을 모으는 것이 탑이기에, 두 탑을 잇는 축선은 무시할 수 없는 모호한 힘을 갖는다. 이렇듯 직교하는 두 축선과 대각선의 축선 모두 나름대로 중심이 되며 공간을 통합하지만 그 중심의 모호한 복수성으로 인해 어느 것도 단일한 중심이 되지 못한다. 단일한 중심을 갖지 않는 중심들이 병존하는 셈이다.

영주 부석사는 이와 다른 방식으로 탈중심화된 중심들을 만든다. 금산사와 달리 부석사의 중심 전각은 명백히 하나, 무량수전이다. 무량수전은 담장은 없으나 사변형인 마당 맞은편에 있는 안양루와 짝을 이루며 하나의 축선을 만들고 있다. 그런데 이 축선은 사찰의 입구인 천왕문에서 시작하여 범종각으로 이어지는 전체 공간축과 어긋나 있다. 축선의 길이로 보나, 그 양 옆에 서 있는 전각들로 보나 사찰 전체의 주축은 천왕문과 범종각을 잇는 동선임이 분명하다. 안양루도 그 축선상에 있다. 그런데 크기나 위상, 외양에서 무량수전이 부석사 전체의 중심 전각임은 분명하기에 무량수전과 안양루를 잇는 축선의 중심성도 부정할 수 없이 확실하다. 서로 다른 이유에서 중심성을 갖는 이 두 축선이 30도 정도 삐딱하게 어긋나 있는 것이다. 두 축선 모두 중심이지만, 그중 어느 것이 더 강한 중심이라고 할 수 없게 이원화되어 있다.

이러한 축의 이원성은 중심 전각 또한 이원화한다. 무량수전은 건물들 가운데 중심임이 분명하지만, 천왕문에서 시작되는 훨씬 더 긴 축선은 그 축선의 시각적 '중심'을 차지하는 범종각에 또 다른 무게를 실어준다. 범종각이 천왕문과 연결되는 축선을 따라 중심화하

그림 6.7 _ 영주 부석사의 중심축들과 중심 전각

는 힘들을 집중하는 또 하나의 중심이 되고 있는 것이다. 그에 따라 건물들 가운데 중심의 위상을 갖는 전각이 둘로 복수화된다. 공간축을 어긋나게 하는 방식으로 중심 전각의 중심성을 완화하고 복수의 전각으로 탈중심화된 중심들을 만드는 것이다.

금산사는 금산사대로, 부석사는 부석사대로 산만함에 반하여 공간적 중심성을 만들어내면서도, 그 중심을 복수화하거나 중심축을 복수화하여 탈중심화하는 힘을 가동하고 있다. 중심화하는 동시에 탈중심화하는 이 역설적 배치를 앞서의 두 가지 중심화와 대비하여 '**중심 없는 중심화**'라고 하면 어떨까? 중요한 것은 이러한 '중심화'가 공간 전체를 통합하는 중심을 만들면서도 단일한 중심으로 모든 부분을 통합하여 내부화하는 것과는 다른 양상의 중심화가 가능함을 보여준다는 사실이다. 사변형의 담장들로 분절되고 핵심 거점이 중심으로서 명확한 사찰들과 달리 한국의 산사들은 대부분 이처럼 중심 없는 중심화의 방법을 통해 복수의 중심을 갖는 공간적 다양체를 만들어내는 것이다.

물론 이는 방금 언급한 두 가지 경우로 국한되지 않는다. 순천 선암사의 경우 담장과 건물을 이용해 사변형의 부분 공간으로 분절하는 양상이 지배적이며 대웅전과 그것을 관통하는 축을 다른 것들에 비해 상대적으로 강하게 조성함으로써 전체적 중심성을 확보하려 한다. 그러나 동시에 각각의 분절된 공간군마다 독자적 축을 부여하면서 그것들을 대웅전이라는 전체의 중심으로 수렴하지 않고 제각각의 방향으로 발산하게 한다.

다른 한편 양산 통도사는 담장 없이 전각들을 사변형으로 배치한 다수의 부분 공간으로 구성되어 있는데, 이럴 경우 흔히 사용되리라 싶은 단일 축 배열이나 대칭적 배열을 취하지 않는 데다 부분 공간들의 크기와 위치 등이 제각각이고 분포 또한 대단히 불규칙적이다. 아마 그래서일 텐데, 통도사 전체는 세 개의 공간군으로 다시 분할된다. 즉 대웅전 인근의 상로전(上爐殿), 대광명전 인근의 중로전, 영산전 인근의 하로전 세 영역으로 나뉜다. 하지만 이를 뚜렷하게 구별해주는 별도의 경계는 없어, 설명이 없다면 쉽게 알아보기 힘들다. 즉 건축적 형태의 가시적 분절상을 갖지 않는다. 이들 공간군을 통합하며 나름의 중심성을 확보해 무질서나 산만함을 넘어서게 해주는 것은 천왕문에서 대웅전에 이르는 긴 중심축이다. 이는 일단 시각적으로도 뚜렷한데, 천왕문에서 범종루와 만세루에 의해 방향을 얻은 시선은 불이문을 통과하여 대웅전에 이른다. 불이문과 대웅전 사이에 관음전이 있지만, 마치 이 시선을 위해서인 양 한 걸음 뒤로 물러서 있기에 천왕문과 대웅전 사이의 축은 곧게 직선으로 뻗어나간다. 하지만 이 축을 벗어난 건물과 마당이 많고 그 분산의 양상이 축

그림 6.8 _ 양산 통도사의 상로전, 중로전, 하로전 평면도

의 중심성을 초과하기에 평면도를 봐도 통합성을 찾아내기란 쉽지 않다. 그래도 이 중심축을 근간으로 상로전, 중로전, 하로전이 각각의 축을 갖고 각자의 각도로 교차하며 공간의 전체적 구도를 형성한다.[6] 이때 각각의 각도라 함은 흔히 예상할 법한 직각의 각도도 아니고 그 각도도 다르며 축의 상마저 상이함을 뜻한다. 그래서 전체 구도는 분명하게 드러나지 않는다.

상로전, 중로전, 하로전 각각은 전각의 배치로 구성되는데, 각각의 분절된 공간을 구성하는 방식도, 축을 형성하는 방식도 모두 다르

---

(6) 김봉렬(1999), 『이 땅에 새긴 정신』, 이상건축, 158쪽. 166쪽. 김봉렬은 부석사나 통도사에서 복수의 축과 중심의 존재와 기능을 적절하게 지적하나(『이 땅에 새긴 정신』, 68~69쪽). 그렇기에 "중심성은 불교건축의 영원한 주제"라고 하며 "부분과 전체를 통합하기 위한 강력한 중심이 존재해야 한다"(164쪽)라고 하는 말은 뜻밖이다.

다.⁽⁷⁾ 하로전은 본당인 영산전과 마주 보는 만세루, 그 좌우에 약사전과 극락보전이 거의 대칭적으로 놓여 있어 마당은 직사각형을 이룬다. 그래서 극락보전과 만세루에 인접해 범종각이 있지만 대칭적인 통합성을 깨지 않는다. 마당의 사각형을 통해 건물들이 통합되는 하로전의 배치와 달리 중로전은 본당인 대광명전 앞에 용화전을 두고, 그 앞에 관음전을 두어, 비어 있는 마당-면이 아니라 전각을 잇는 선에 의해 중로전의 통합성을 형성한다. 세 전각의 배열은 왼쪽으로 볼록하게 구부러져 있다. 그 옆에는 해장보각과 개산조당, 오층탑이 다시 일렬로 배열되어 있는데 이를 잇는 축선은 오른쪽으로 볼록하게 구부러져 있다. 그렇게 두 축선은 마주 보는 곡선으로 균형을 이루는데, 본당을 관통하는 주축의 곡선이 크고 강하다면 해장보각과 오층탑을 잇는 곡선은 작고 부차적이다. 그렇지만 작은 축 역시 중로전의 일부이기에, 중로전의 중심축은 모호한 이중성을 갖게 된다. 본당을 관통하는 축을 중심축이라 할 수도 있지만 마당인지 길인지 애매한 두 축 사이의 빈 공간을 중심축이라고 할 수도 있기 때문이다. 분명한 것은 강한 곡선의 주축과 약한 곡선의 보조축이 마주 보는 곡선을 이루며 만들어내는 놀라운 비대칭적 균형이 중로전에 역동적이고 유연한 통합성을 제공한다는 사실이다. 실로 멋지고 탁월한 비대칭적 미감이다.

상로전의 중심축은 선과 면을 '연결'하며 형성된다는 점에서 다시 놀랍다. 금당은 세 개의 '정면'을 가지며 각각의 정면에는 '대웅전', '금강계단', '대방광전'이라는 각이한 편액이 걸려 있다. 더불어 사리탑이 있는 뒤쪽에도 '적멸보궁'이란 편액이 걸려 있으니 네 방향의 정

(7) 주수완(2020), 『한국의 산사 세계의 유산』, 조계종출판사, 24~37쪽.

그림 6.9 _ 양산 통도사 대웅전

면을 갖고 있는 셈이다. 상로전의 축은 진신사리를 모신 금강계단과 금당을 잇는 선에 의해 일단 그어지는데, 그 축은 다시 금당과 그 좌우의 두 전각인 응진전과 명부전, 그리고 맞은편 설법전이 만드는 사각형의 면 한가운데의 비가시적인 축과 이어진다. 건물을 잇는 선과 건물들이 사변형으로 둘러싸며 만들어진 면을 이어 하나의 축을 만들고 있는 것이다! 여기서도 금당 좌우의 전각들은 대칭적이지 않다. '금강계단' 좌우의 응진전과 맞은편의 명부전은 위치도 서로 어긋나 있고, 건물의 폭도 다르다. 응진전과 일로향각은 윤곽선이 직선에서 크게 벗어나 있어 그 마당 또한 사변형이라 하기 어렵다. '대방광전' 앞은 삼성각과 응진전, 산령각, 금강계단 입구로 구성되는 마당이 사변형이라 할 수 있어도 통로가 되는 공간의 비율이나 구룡지(연못)로 인해 아주 다른 모습이다. '대웅전'은 감로당, 관음전, 그리고 금강계단의 모서리로 둘러싸인 마당을 갖고 있는데 그 사이에 오층석탑이 있고 사변형 직선 뒤로 물러선 개산조당으로 인해 역시 사변형이라 하기 애매하다. 금당의 세 면이 다른 얼굴만큼이나 다른 마당을 갖고 있는 것이다. 진신사리라는 중심을 등지고 있고 마당이 넓어 건물의 정면상이라 해야 할 '금강계단'을 마주하면 앞마당도 양쪽 '옆마당'도 모두 달라 비대칭성이 확연하다.

그러나 이는 부분 공간인 상로전에서의 이야기다. 상로전의 중심인 '금강계단'에서 보면 **한쪽 측면**이라 해야 할 '대웅전'은 일주문, 천왕문으로부터 이어지는 **사찰 전체 중심축선의 귀착점**이다. 상로전에서 보자면 하나의 측면인 것이, 동시에 전체 사찰의 가장 길고 중심적이라 할 동선의 중심인 대웅전의 '얼굴'인 것이다. 따라서 대웅전 앞의 마당은 이중적이다. 상로전 축의 한쪽에 있는 '부차적' 공간인 동시에 전체 사찰 축선의 중심인 것이다. 하나의 공간이 동시에 부차

그림 6.10 _ 통도사 금강계단

적 공간이자 중심적 공간이 되는 이중의 중첩된 공간이다. 그렇다면 상로전의 중심인 '금강계단' 쪽 면-마당과 천왕문을 바라보는 대웅전의 마당 중 어느 것이 전체의 중심이라 해야 할까? 둘 다 그렇다 할 이유가 있고 둘 다 아니다 할 이유가 있다. 주와 부, 중심·부차의 관계를 뒤섞는 놀라운 공간적 다양체를 여기서 본다.

주체적 중심화: 주인의 눈과 외부자의 눈

중심 없는 중심화는 위계적 중심화나 유기적 중심화와 달리 탈중심화된 중심성을 구현한다. 하나의 중심으로 회수될 수 없는 공간적 다양체를 형성한다. 그런데 어느 경우든 이러한 중심화는 건물들 간의 객체적이고 '신체적'인 관계로 구현된다는 점에서 '객체적 중심화'라 할 수 있겠다. 이는 보는 이들의 시선의 대상을 하나의 중심으로 통합하는 것이라는 점에서 '대상적 중심화'라 해도 좋겠다. 이와 대비하여 건축물을 영유하는 시선, 다시 말해 건축 공간의 '주인'이라 할 어떤 주체의 시선을 위해 건축 공간에 중심성을 부여하는 방법이 있다. 중심이 되는 건물 안에서 밖을 보는 그의 시선을 위해 건축 공간을 구성하는 것이 그것이다. 앞서의 방법과 대비하여 이를 '주체적 중심화'라 할 수 있겠다. 객체적 중심화가 시선이 관여할 때에도 일차적으로는 동선을 중심화하는 방법이라면 주체적 중심화는 동선이 관여할 때에도 일차적으로는 시선을 중심화하는 방법이다.

주체적 중심화는 특히 열린 외부 공간을 갖는 경우에 중요하게 사용된다. 앞서 언급했던 바로크식 궁전에서 궁전과 정원의 관계가 이런 경우인데 이는 서구 건축에 국한되지 않는다. 가령 서원은 강당

그림 6.11 _ 강당의 시선을 위한 풍경화.
병산서원 입교당에서 만루대를 거쳐 밖으로.

이나 누각 등 중심축상에서 밖을 바라보는 시선을 위해 외부의 자연을 풍경화한다. 그 공간의 내부에 있는, 그 공간의 **'주인'을 위해** 풍경화한다. 역으로 그 공간 안에 들어선 이라면 누구든 **주인의 자리에서** 밖을 보게 한다. 병산서원은 이런 풍경화가 가장 탁월하게 성취된 유명한 사례다. 강당이나 누각에서 밖을 내다보는 이들을 위해 멋진 풍경을 제공하는 것이다. 닫힌 벽 없이 개방된 구조를 갖는 소쇄원이나 면앙정 같은 유학자들의 정원, 아니 풍광이 좋은 곳이면 어디서나 흔히 발견되는 수많은 정자 또한 주변의 환경을 풍경으로 영유하는 시선으로 중심화하는 잘 알려진 사례라 하겠다.

이 점에서 보면, 절은 다시 서원과 대비된다. 산사는 대부분 풍경화하기 좋은 환경을 갖고 있지만, 금당이나 전각 안에서 내다보는 시선을 위해 '자연'을 풍경화하지 않는다. 사실 대웅전이든 비로전이든 어떤 법당도 그 건물의 '주인'은 거기 불상으로 존재하는 부처이고, 거기 들어서는 이는 **주인이 아니라** 그 주인을 만나러 온 객이고 방문자다. 절의 주인이 그 절의 스님이라 해도 사태는 다르지 않다. 절마다 멋진 풍경을 구성하려 하지만 그 풍경은 법당에서 바라보는 불상이나 스님의 시선을 위해 풍경화되지 않는다. 법당 정면의 문을 열면 멋진 풍경이 들어오기도 하지만, 그 풍경은 불상의 시선을 위한 것도, 심지어 법당에 들어선 사람의 시선을 위한 것도 아니다. 법당 안에서 시선이 응당 향해야 할 곳은 그 풍경이 아니라 불상이다.

산사의 풍경은 사찰 안에서 밖을 보는 주인의 시선이 아니라 **바깥에서** 그 절을 보는 객의 시선을 위해 만들어진다. 건축물의 내부자가 아니라 **외부자의 눈을 위해** 풍경화되는 것이다. 산사의 배치나 형상은 사찰을 둘러싼 '자연' 안에서, 그것과 어울리도록 만든다는 통상적 설명은 역으로 이를 잘 보여준다. 그러나 그것은 사실 멀리 떨어진 곳에서 산속의 절을 보는 시선을 상정한 것이기에 정말 그런가 의문이 든다. 실질적 풍경화의 프레임이 겨냥하는 것은 절 바깥의 풍경이 아니라 전각과 그 주변으로 조성되는 절의 풍경이라 할 것이다. 부석사 안양루처럼 탁 트인 산에서 멀리 시원하게 열리는 바깥 풍경을 향해 루(樓)를 만들기도 하지만 그 또한 바깥에서 온 객을 위한 풍경 중 하나일 뿐이다. 절의 풍경이 객을 위한 것이라 해도, 그 객이란 등산객이 아니라 신도들일 테니 말이다. 요컨대 절의 풍경은 절을 방문하는 신도 등 객의 시선을 향해 풍경화한다고 해야 할 것이다.

다시, 부석사는 이를 아주 잘 보여주는 사례일 것이다. 입구인 천왕문을 지난 이들은 거기서 보이는 '중심'인 범종각을 향해 가게 된다. 그렇게 들어선 이들의 시선을 사로잡는 것은 범종각과 거길 둘러싼 나무와 산이다(그림 6.12). 좀 더 가까이 다가가면 서서히 드러나는 범종각 인근의 전각과 숲이 새로운 풍경을 제공한다. 그리고 동선을 따라가면 범종각 밑을 통과하게 되는데, 거기에선 계단이 장착된 석단의 턱과 범종각의 마루선이 만드는 멋진 다각형 안에 담긴 안양

그림 6.12 _ 영주 부석사 범종각

루와 무량수전의 풍경을 만난다(그림 6.13). 그곳을 지나면 석단 위의 안양루를 둘러싼 것들이 새로운 풍경으로 등장하고(그림 6.14), 방향을 약간 틀어 다시 안양루 밑으로 들어가면 무량수전과 그 앞의 석등이 중심으로 들어선 풍경이 석단의 턱과 안양루 마루가 만드는 다각형 안에서 다시 풍경화된다(그림 6.15). 그리고 거길 통과하면 금당인 무량수전의 정면과 그 앞의 석등이 조성하는 풍경을 다시 마주하게 된다(그림 6.16). 그러나 이게 끝이 아니다. 그렇게 금당 앞에 이른 이가 법당 안으로 향하기 전에, 자신이 '두고 온' 세상을 보도록 안양루로 향하게 한다(그림 6.17). 혹자는 여기서 보이는 게 한쪽으로는 멀리 도솔봉이고(그림 6.18), 다른 한쪽으로는 부석사가 터를 잡은 봉황산의 안산이라고(그림 6.19) 하는데, 그게 무엇이든 방문자가 살고 있던 세계의 한 단면이라 해야 할 것이다.

병산서원의 강당이나 누각에서 보는 풍경 또한 시점에 따라 다르다 할 것이다. 그건 사실이지만, 주인의 자리에서 보이는 풍경은 하나의 파노라마적 연속체를 이룰지언정 이질적 다양성은 갖기 힘들다. 주인의 자리란 초점 같은 것이어서, '제대로 보려면' 주어진 중심적인 한 점으로 이동해야 하는데, 그 초점은 다른 점에서 본 상이한 상들을 하나의 연속체로 통합하기 때문이다. 반면 부석사에서 외부자의 시선은 어떤 초점도 갖지 않고 이동하며 통과하는 지점 모두가 풍경화의 시점이 된다. 그리고 그 풍경들 사이에 불연속성을 도입하기 위해 건물의 밑을 통과하게 하거나 누각에서 반대 방향으로 돌아서게 하는 식의 장치들을 만들어놓는다. 그렇게 보는 풍경들은 파노라마적 연속체의 단일성과는 거리가 먼 이질적 다양체를 이룬다.

이처럼 전각과 주변의 자연이 만드는 멋진 풍경들이 금당인 무량수전을 향해 걸어가는 동안 계속 바뀌며 방문자의 시선을 사로잡

그림 6.13 _ 범종각 누각 밑에서 '프레이밍'된 안양루와 무량수전

그림 6.14 _ 범종각 누각을 지난 후 보이는 안양루

그림 6.15 _ 안양루 누각 밑에서 '프레이밍'된 무량수전

그림 6.16 _ 안양루를 지나서 보이는 무량수전(각도는 약간 벗어났음)

그림 6.17 _ 무량수전에서 뒤돌아보게 되는 석등과 안양루

그림 6.18 _ 무량수전과 안양루를 잇는 축선상의 안양루. 저 멀리 도솔봉이 있다.

그림 6.19 _ 안양루와 범종각을 잇는 축선에서 본 풍경.
저 멀리 안산이 있다.

는다. 그 풍경들에 이끌려 방문자는 경사진 비탈길을 '힘든 줄도 모른 채', 금당을 향해 걸음을 옮겨놓게 된다. 방문자를 사로잡아 부처 앞으로 끌어당기는 데 역동적이고 다양한 풍경화를 이용하려는 의도였을까? 하지만 그렇게 일방적이고 합목적적이라 할 수 없는 것은, 방문자 누구도 보지 않을 수 없는 안양루에서의 풍경 때문이다. 법당을 향해 당겨지던 동선과 시선을 정반대편으로 돌려 세상을, 자신이 사는 속세를 보도록 한 배치였다. 눈앞의 것을 따라 치달리며 보던 시선이 아니라 대상화하여 반조하는 시선으로 보라는 듯 말이다.

건물과 마당의 포옹, 혹은 호응의 미감

풍경을 주체적 중심화라는 말과 짝을 짓기는 했지만, 풍경이 단지 보는 이의 눈에 의해 풍경화된다는 말은 아니다. 시선을 향해 조성될 때조차 풍경은 시선에 앞선다. 보는 시선을 전제할 때조차 풍경은 그보다 먼저 풍경화된다. 풍경은 거기 참여하는 이웃들에 의해 풍경화된다. 눈을 가정하여 풍경화할 때에도 풍경을 직접적으로 구성하는 것은 풍경에 소속된 것들이다. 풍경은 풍경화의 형식적 장치와 풍경에 참여하는 것들이 서로 하나로 묶이는 방식으로 구성된다. 그렇게 구성된 것이 눈을 부른다. '구성'이라 했지만 '자연'에 속하는 방식으로 만들어지기도 한다. 인위적으로 만들어졌지만 눈을 부르지 못하는 경우도 있다. 따라서 풍경은 그저 주관적인 것이 아니다.

풍경을 구성하는 형식적 장치는 일차적으로 프레임이다. 환경은 프레임을 통해 풍경화된다. '같은' 환경도 어떻게 프레이밍을 하는가에 따라 다른 풍경이 만들어진다. 거울이나 창문에서 간혹 원형의 프레임을 쓰는 경우도 있지만 우리는 대체로 사변형의 프레임으로 대상을 풍경화하는 무의식적 습관을 갖고 있다. 역으로 우리는 사변형 프레임 안에 있는 것은 어느새 풍경으로 보게 된다. 우리는 이렇게 풍경화되는 장면 안에서 주인공이 되는 것과 배경이 되는 것을 식별하며 본다. 형상과 배경이란 풍경화의 두번째 형식적 장치다. 풍경화한다는 것은 주인공인 형상을 시선의 대상으로 부각하는 것이다. 이를 위해선 배경이 뒤로 물러서야 할 뿐 아니라 단순화되어야 한다.

그림이나 사진, 영화처럼 명시적으로 프레임을 사용하지 않아도, 프레임은 그 안에 들어가는 것을 하나의 풍경으로 풍경화한다. 액자나 뷰파인더 같은 것만 그런 게 아니다. 사변형의 물리적 틀은 풍경화의 프레임이 된다. 창틀이 그렇고 건물을 둘러싼 담장이 그렇다. **사변형 담장은 그 안에 있는 것들을 풍경화하는 프레임이다.** 우리는 그 풍경 안에 있는 것을 형상과 배경으로 구별하며 본다. 중심화된 건물은 이런 구별의 기준이 된다. 건물은 시선을 모으는 중심이 되고 건물은 풍경의 주인공으로서 우뚝 선다. 정면에서 보든 구석에서 보든, 사각형의 담장이 만든 프레임은 눈에 들어온 건물을 정면상으로 재구성하며 보게 한다. 상이한 각도의 상들이 있지만 직각의 프레임을 통해 모두 그 **정면상으로** 귀속된다. 다시 말해 정면상의 '변형'이 된다. 나아가 그것은 보는 이로 하여금 그 정면이 제대로 보이는 지점으로 이동하게 한다. 거기 가서 보지 않으면 그 건물을 제대로 본 것이 아니라는 느낌이, 보는 이로 하여금 정면상을 향해 이동하게 하는 것이다. 그곳이 초점이다. 풍경을 보는 '올바른', 혹은 '정확한' 지점이다. 풍경의 중심을 차지한 건물 앞의 마당, 좌우의 마당은 그 풍경 안에서 건축물의 중심성을 확실하게 부각해주는 배경이다. 이 배경의 역할에 충실하려면 마당에는 시선을 끄는 것이 없어야 한다. 우리는 그렇게 프레임이 절단한 텅 빈 마당-캔버스의 중심에 자리 잡은 건물-주인공을 본다.

건물의 배치에 '질서'를 부여하기 위해 담장을 두르는 대신 건물들을 사변형으로 배치하기도 한다. 물론 사변형이 아닌 경우도 있다. 그런데 건물들이 이렇게 마당을 둘러쌀 때 건물과 마당의 관계는 역전되기도 한다. 둘러싸는 건물이 프레임이 되며 그 안의 마당이 중심의 자리를 얻기 때문이다. 건물들이 위요하며 보호해주는 중심으로서의 마당. 이때 둘러싸는 건물들의 형태는 마당의 '윤곽선'이 되면서 마당에 표정을 부여한다. 이 경우 표정을 얻은 마당이 형상이 되고 그걸 둘러싼 건물은 배경이 된다. 다시 말하자면 건물들에 의해 둘러싸인 마당은 풍경의 주연이 된다. 마당의 윤곽선이 사변형이길 그치고, 옆으로 이어진 길들이 평행성과 직각성을 벗어나게 될 때 마당은 좀 더 다양한 표정을 갖게 된다. 좁아졌다 넓어지며 숨 쉬는 신체가 되며, 종종 움직이고 춤추는 신체의 표정마저 갖게 된다.

하지만 이럴 때도 형상-배경의 관계는 유동적이다. 어떻게 해도 건물은 얼굴을 갖기에 시선이 마당 뒤에 선 건물을 향하기 쉽고 그리 되는 순간 건물이 형상이 되고 마당은 다시 배경이 되기 때문이다. 건물과 마당이 주연과 조연, 형상과 배경의 자리를 쉽게 바꾸는 것이다. 그런데 배경이 된 마당은 프레임의 텅 빈 여백과 달리 표정을 갖기에, 그것이 둘러싸는 건물의 형상에 그 표정으로 스며든다. 마당의 표정이 건물의 얼굴을 감싸안으며 거기에 표정을 중첩시켜 새겨 넣는다. 사변형의 프레임이 주는, 어디서 봐도 유사한 하나의 얼굴이 아니라 마당의 표정에 따라 다른 표정을 지니는 얼굴들을 갖게 된다. 정면상으로 수렴되는 단일한 얼굴에서 이탈하여 상이한 표정의 수많은 얼굴로 발산하는 얼굴의 다양체가 만들어지는 것이며, 이는 다시 마당을 싸안으며 마당의 얼굴이 된다.

마당을 둘러싸는 건물들의 얼굴이 모여 마당의 얼굴을 만들고 그 마당의 얼굴이 다시 건물의 얼굴을 싸안으며 그 표정을 다르게 만드는 순환적 관계가 건물과 마당 사이에 있다. 건물들과 마당이 두 개의 손이 되어 서로를 그려주는, 에셔의 판화를 연상케 하는 관계라 하겠다. 아니, 2차원의 평면이 아니라 3차원의 건축 공간에서 발생하는 사태이니 **건물과 마당이 서로를** 싸안고(抱) 그때마다 서로에 응(應)하여 서로**의 얼굴을 만들어주는** 포응(抱應)의 관계가 거기에 있다 하는 게 더 나을 듯하다. 그런 식으로 **서로(互) 감싸-안은(擁) 상대에 따라 달라지는** 표정을 만드는 호옹(互擁)의 미감을 거기서 발견한다.

직각성을 벗어난 사변형의 배열, 작은 건물에 의해 잠식된 공간이라면, 그리고 비대칭적 축이나 비대칭적 배열을 사용한 공간이라면 마당의 형상은 더욱더 큰 폭으로 달라진다. 그 마당의 윤곽선에 둘러싸인 건물의 표정도 훨씬 다양하게 변이한다. 금강계단과 대웅전, 대방광전이라는 세 이름을 갖는 통도사 금당의 세 얼굴에 대해선 앞서 언급한 바 있지만, 그 각각의 얼굴조차 보는 시점에 따라 아주 다른 표정을 갖는다(그림 6.20~6.21). 가령 '대방광전'은 응진전 쪽에서 볼 때, 삼성각 쪽에서 볼 때, 금강계단의 담장 끝에서 볼 때 각각 아주 다른 표정을 가지며 다르게 풍경화된다. 같은 응진전 옆일 때도 한쪽 끄트머리에서 볼 때와 안쪽으로 들어가서 볼 때 아주 다른 표정으로 풍경화된다. 부석사 범종각은 그걸 둘러싼 건물들이 네 방향 모두 다르게 배열되어 있는데, 그에 맞추어 지붕의 형태마저 비대칭적으로 만들어서, 보는 시점마다 아주 다른 얼굴로 보인다.

담장이 만드는 사각형의 프레임이 없을 때, 전각이나 담 등의 건

그림 6.20 _ 건물에 따라 달라지는 마당의 얼굴들.
그 마당에 따라 달라지는 통도사 대방광전의 얼굴들

그림 6.21 _ 건물에 따라 달라지는 마당의 얼굴들.
그 마당에 따라 달라지는 통도사 대방광전의 얼굴들

축적 요소들은 마당을 둘러싸며 마당의 모습을 만들고, 마당은 그것들을 둘러싸며 다른 얼굴들을 만들어준다. 전각과 담장이 마당이나 길을 둘러싸는 것만큼이나 후자 또한 전자를 에워싼다. 양자는 그렇게 서로를 둘러싸고 품어주며, 또한 그렇게 둘러싸이며 안긴다. 양자 모두 서로가 기대는 조건이 되어주는 동시에 서로에게 기대며 함께 전체 건축 공간을 만든다. 연기적 상호성 속에 서로 말려 들어간다. 둘러싸고 품어줄 때 각자는 상대의 배경이 되어준다. 둘러싸이고 안길 때, 각자는 얼굴을 들고 주인공인 형상이 된다. 각자가 형상을 고집하며 상대를 배경화하지 않으며, 자신만이 주역이기를 고수하려 하지 않는다. 있는 것과 없는 것, 채워진 건물과 빈 공간이 서로를 안고 감겨들게 만드는 **호옹(互擁)의 미학**은 이렇게 작동한다. 자신을 끌어안는 상대에 응하며 그를 끌어안는, 그럼으로써 달라지는 형상을 얻으면서 주는 '포옹(抱應)의 미학'이다. 서로가 서로에 대해 원인이면서 또한 서로에 의한 결과가 되는 내재성의 장이 그렇게 펼쳐진다.

 이는 서원이든 절이든, 마당이 단지 사각의 프레임에 갇히고 배경으로 고정되는 공간에서는 볼 수 없는 것이다. 가령 병산서원에서 보듯 서원 역시 건물들을 사변형으로 배치한다. 그런데 그 배치는 담장의 프레임과 다르지 않고 마당이 좁아 표정을 가질 최소 거리를 얻지 못하며, 마당 사이의 틈새도 최소화한다. 더구나 개념적이고 위계적인 중심화는 마당에 주역화의 여지를 전혀 주지 않는다. 거기서 형상은 형상이고 배경은 배경일 뿐이다. 거기에는 서로를 둘러싸고 품어주는 게 아니라 마당을 배경 삼아 군림하는 건물의 형상만이 있다. 이런 공간을 두고도 굳이 둘러싸고 안아준다고 말하려 한다면 아랫것인 마당이 주인인 건물을 그리할 뿐이라고 해야 한다. 담장이 만드는 프레임조차 배경을 끌어안거나 둘러싸지 않는다. 그것을 외부로부터 잘라낼 뿐이다. 밀폐된 벽으로 둘러친 서구의 교회 내부는 공간이 벽에 의해 둘러싸이지 않는가? 그렇긴 하지만 그렇게 둘러싸일 때조차 그 공간은 과도하게 말하고 과도하게 과시적인 상(像)들의 배경일 뿐이다. 압도하는 말과 상들이 조성하는 대기/분위기의 조력자이고, 그것들이 가동시키는 권력의 전달자일 뿐이다.

전각이나 탑, 담 등에 둘러싸인 마당은 마당 좌우의 건물, 누각이나 지붕의 처마와 기단 등 상하의 사물 사이의 연결공간들로 이어진다. 이웃한 다른 마당과 길로 이어지며 그 사물들에 의해 커졌다 작아졌다, 넓어졌다 좁아졌다 하는 **공백의 연속체**를 이룬다. 순천 선암사의 열린 담장이 만드는 길이나 공주 마곡사의 다리('극락교')처럼, 다른 공간으로 유도하는 유혹의 동선을 가동하기도 한다. 그렇게 마당과 길들은 이웃한 길들과 이어지며 절 안의 건물들 전체를 하나로 묶어주는 '끈'이 된다. 역으로 그렇게 이어지는 건물들에 의해 하나의 형상을 얻는다. 그렇게 이어지며 하나가 되는 두 연속체의 이인무가 산사의 전체 건축 공간을 빚어낸다.

물론 이렇게 만들어지는 형상 전체는 사실 하늘을 나는 새의 눈 아니면 잘 보이지 않을 것이다. 길을 따라 걷는 우리는 좁아졌다 넓어지며 이어지는 그 마당과 길의 연속체를 통과하면서, 때로는 길이 주인공이 되고, 때로는 건물이, 때로는 트인 마당이 주인공이 되는 상이한 풍경의 연속체와 만날 뿐이다. 이 연속체 속에서 마당과 길, 그리고 길을 둘러싼 환경('자연')은 그저 건물들에 부수된 잔여나 배경, 캔버스가 아니라 건물들과 대등한 공간적 형상들의 주인이다. 부석사, 선암사, 통도사, 내소사 같은 하나의 이름에 의해 하나로 묶여 명명되는 절 전체의 풍경을 이룬다. 아주 상이한 풍경으로 이루어진 형상의 다양체를 이룬다.

이는 건물과 담장으로 닫힌 하나의 얼굴, 아무리 시점을 달리해도 정면상의 얼굴이 사라지지 않는 확고한 통일성의 건축과 근본적으로 다르다. 사각형의 닫힌 프레임 안에서 중심의 건물과 담장이 만드는 '풍경', 거기서 우리는 형상과 배경, 주인과 종의 관계를 어딜 가든 확인하게 될 뿐이다. 누각에서 보이는 풍경이 있지 않느냐 하겠지만, 이는 이미 본 것처럼 주인의 자리를 항상-이미 확보한 내부자의 시선을 위한 것이다. 그 건축물의 풍경을 이루는 게 아니라 그 건축물에서 바라본 풍경, 그 주인이 영유한 단일한 풍경일 뿐이다.

반면에 산사의 형상은 보는 곳마다 달라진다. 그 다른 모습들을 하나로 통합하는 확고한 전체상은 찾기 힘들다. 보는 각도의 삐딱함이나 서 있는 위치의 치우침 등을 빠르게 교정하며 하나의 중심이나 축으로 이끄는 통일성 대신, 구부러지고 빠지고 삐딱해지는 위치와 각도마다 달라지는 상들을 다른 모습 그대로 놓아둔다. 그렇기에 전체라 해도 그 전체는 하나가 아니라 보는 지점들만큼이나 많다. 그래서 하나의 상으로 기억하기 힘들다. 각각의 상이한 장소나 동선에 따라 보이는 상들 모두가 전체다. 전체라는 게 있다고 한다면 그것은 특권적인 어떤 상이 아니라 그 다른 상들 모두가 '하나'로부터 발생한 것이라는 사실을 뜻할 뿐이다. '통도사', '선암사' 같은 하나의 이름으로 불리는 어떤 하나로부터 발생한 수많은 표정들이다. 그 모든 표정들을 묶어주는 하나의 절이 있는 것이다. 흐르는 물과 지는 꽃, 새싹과 낙엽이 모두 하나의 법신의 표현이듯이, 색신들과 법신이 따로 있지 않듯이. 그러니 멋지고 오래된 탑이나 전각, 거기 소장된 불상과 그림들 이상으로, 가람 배치에 의해 조성된 건축 공간의 다양한 모습, 그 공간에 의해 내부와 외부가 하나로 묶이며 만들어지는 형상과 풍경 모두가 그 절에 속하는 '작품'이라 해야 한다.

'산사의 미학'은 이렇게 '산사의 철학'과 이어진다. 절들이 불교적 사유에 이어지는 것이야 당연하다 하겠지만, 모든 절이 그렇다고는 할 수 없다. 이러한 미학은 평지 아닌 산비탈, 깔끔하게 자리 잡도록 건물을 만들기 힘든 지형적 조건을 있는 그대로 받아들이며, 이를 미학적 강점으로 변환한 연기적 사유의 산물이다. 외부자로부터 내부를 보호하기 위한 방어선을 극소화한 열린 사유의 부산물이다. 안에서 내다보는 '주인'을 위한 풍경이 아니라 외부에서 오는 객들을 위해 풍경의 다양체를 마련하려는 **외부성의 미학**이다. 확고한 하나의 전체 내부로 부분들을 통합하는 대신 서로에 대해 외부를 이루는 것과 호응하는 가변적 다양성의 연속체, 복수의 중심을 통해 하나의 확고한 중심성을 제거하고 비대칭성과 모호성을 통해 위계적 배열을 깨면서 건물, 마당, 길은 물론 석단, 담장 모두를 각기 다른 얼굴을 갖는 만남의 동료로 만나게 하는 외부성의 미학이다.

무한을 품은 유한, 혹은 유한과 무한의 연속체

부석사 무량수전에서 오른쪽 삼층석탑 옆으로 이어진 길을 따라 오르면 조사당이 나오고, 그 직전에 다시 왼쪽으로 난 길을 가면 응진전이 나온다. 이 전각들은 명백히 부석사 경내, 즉 내부에 속한다. 그러니 전각들로 이어지는 길 또한 절 내부에 속한다. 그렇다면 그 길 좌우로 있는 숲도, 전각을 둘러싼 숲도 절 내부라 해야 한다. 그럼 그 길을 올라 이르게 되는 봉황산 중턱은 절의 내부일까 외부일까? 그 숲에서 이어지는 봉황산 숲은 내부일까 외부일까? 절의 자취가 사라진 곳이니 내부라 하기 어렵다. 그렇다면 봉황산 등산로라 할 그 길을 따라 이어진 절의 마당이나 그 마당으로 이어진 건물들은 외부일까 내부일까? 운주사 '천불천탑'은 운주사 앞 잔디밭뿐 아니라 인근 마을의 밭 옆에, 천불산 등 인근 숲에 흩어져 있다. 이들이 있는 장소는 운주사의 내부일까 외부일까?

산사에서는 담장과 문이 폐곡선을 이루지 않지만 산사 또한 '경내'라고 하는 나름의 영토, 내부를 갖는다. 건물은 물론 담장과 문, 석단과 마당, 길들 모두 그 내부에 속한다. 그러나 그 내부는 모든 방향

그림 6.22 _ 부석사 삼층석탑에서 조사당으로 가는 길

에서 외부와 그대로 이어진다. 길들은 마당을 외부와 연결하고, 마당은 자신을 둘러싼 건물들마저 그 외부와 잇는다. 그렇게 산사의 건축 공간은 하나로 둘러친 담에 의해 외부를 내부화하는 게 아니라, 있는 담조차 닫지 않고 열어둠으로써 마당도, 마당에 있는 탑이나 건물도 외부화한다. 이는 역으로 절 바깥의 모든 외부를 내부로 불러들인다.

위상수학적 연속성에 의해 하나로 이어지는 내부와 외부, 결국 이는 주변의 길이나 숲과 바위 등 자신을 둘러싼 외부 전체를 내부와 이어진 공간으로 만든다. **내부를 외부화하는 방식으로** 그 내부와 이어진 외부를, 한없이 이어지는 외부 전체를 내부와 연속적인 것으로 만드는 것이다. 그 외부는 처음엔 절 주변의 길이고 나무들이라 하겠지만, 그 길과 이어진 길은 끝이 없고, 그 나무와 이어진 숲은 드넓다. 그 숲은 그걸 둘러싼 또 다른 외부와 이어진다. **무한이라 할 우주 전체로** 이어진다. 내부 전체를 외부와 연결해 외부화함으로써 그에 이어진 외부 전체를 내부로 불러들이는 역설적 감각이다.

흔히 중도란 있음과 없음을, 내부와 외부의 양변을 여읜 것이라

그림 6.23 _ 부석사 조사당

그림 6.24 _ 일본 카마쿠라 코묘지(光明寺)의 카레산스이식 정원

고들 하지만, 그건 양자 사이의 모호한 중간이 아니라 내부를 외부화함으로써 외부 전체를 내부화하는 이런 역전의 발상에 가깝다. 자기 내부의 영토마저 외부에 내줌으로써 외부 전체를 내부로 만드는 역설이, **무한히 작은 최소치의 내부로 무한히 큰 최대치의 외부를 얻는 역설적인 영토 감각**이 거기에 있다. 여기서 우리는 화엄학의 눈을 빌려 하나의 티끌에서도 그것을 둘러싼 연기적 조건의 우주적 스케일을 볼 수도 있고, 위상수학의 눈을 빌려서는 단절 없이 이어지는 내부 공간의 연속체가 외부 전체로 확장됨을 볼 수도 있을 터이다. 중요한 것은 그 우주적 외부라는 무한의 공간이 건축물들에 둘러싸이며 만들어진 유한한 내부 속으로 들어온다는 사실이다. 유한한 공간 속에 무한한 공간이 들어온다는 것이다.

유한한 공간에 무한한 세계나 우주를 담으려는 시도가 이것 말고 없었다 할 수야 없다. 먼저 성이나 절 등의 건축물에 부속된 정원

무한을 품은 유한, 혹은 유한과 무한의 연속체   311

에 산과 물, 바위와 수목의 '자연'과 인간의 공간인 정자 등을 넣어 세계를 담으려는 시도가 있었다. 중국의 '원림'(園林)이나 일본의 정원이 그렇다. 그러나 바위와 나무, 솟은 땅과 패인 연못으로 만들어진 정원이나 료안지(竜安寺) 등 선종 사찰의 카레산스이(枯山水)식 정원은 자연물의 일부를 **은유적으로 재현한** 것이라는 점에서, '자연'이나 '산수', '우주'라는 무한은 사실 상징화된 사물들의 유한한 대상을 그리 '해석'한 것에 지나지 않는다. 이때 유한 속의 무한은 세계가 **몇 개의 상징에 의해 재현될 수 있다**는 개념적 환영에 기대어 있다. 그러나 돌멩이가 아무리 멋져도 산일 수는 없고, 연못이 아무리 커도 바다가 될 수는 없다. 그것은 아무리 크게 만들어도 하나의 은유적 상(像)이기를 면할 수 없는 '가상의 무한'이고 냉정하게 말하면 하나의 미니어처일 뿐이다.

반면 산사 내부에 담긴 우주는 마당과 길로 직접 이어진 것들이 인접성 연관을 따라 이어지고 또 이어진 것이라는 점에서 있는 그대로의 물질성을 갖는 '실질적 무한'이다. 그것은 유사성을 빌려 우주적 무한을 재현하려는 어떤 발상도 동반하지 않는다. 그렇기에 어디서 보아도 제대로 보이지 않지만, 어디에 서 있든 보는 지점을 우주 전체가 모여드는 곳으로 만드는 '실질적 무한'이다. 애써 만들어진 인위적 상징이 아니라, 그저 경계를 제거하는 것 하나로 구현한 있는 그대로의 무한이다. 서는 지점마다 다른 형상을 취하는 상이한 무한들이 거기에 있다. 그 많은 무한들의 연속체가 하나의 유한한 건축 공간 안에 있다.

바로크 건축 또한 유한한 공간에 무한한 우주를 담으려 한다. 무한의 공간이 어찌 하나의 중심을 가질 수 있겠느냐는 이전 시대의 관념을 깨고 무한의 공간을 통일하는 하나의 중심이 있을 수 있다는 발

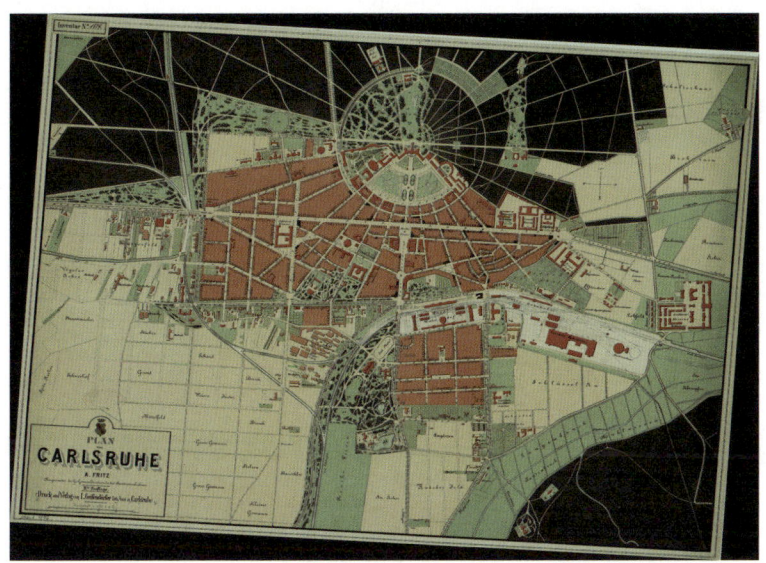

그림 6.25 _ 바로크 도시 칼스루에의 지도(1876)

상이 출현한 덕이다.[8] 제한된 화면 안에 대상을 재현하는 르네상스 투시법의 '중심점'은 이로써 모든 평행선이 모여드는 바로크 투시법의 '소실점'이 된다. 무한의 공간을 통합하는 하나의 중심으로서 '무한원점'이 된다. 그것은 무한의 세계가 모여드는 중심이고, 무한의 공간으로 뻗어나가는 중심이다. 궁전이라는 중심을 통해 세계를 통일하는 바로크 도시의 방사상 도로, 기하학적 질서의 세계를 왕의 눈이라는 하나의 점으로 귀속시키는 바로크 정원은, 무한의 세계를 장악하려 했던 이러한 공간 개념과 동형적이다. 여기서 무한의 우주는 기하학적으로 질서화된 세계로 변환되지만, 그 무한의 공간은 유사성에 의해 재현된 것이라기보다는, 직선으로 뻗어나가는 소실선이나 도로를 따라 펼쳐진다는 점에서 물리적 인접성에 기대고 있다. 무한

(8) Serre, M., 1968, Le Système de Leibniz et ses modèles mathémathiques, Plon.

의 공간은 눈에 보이는 프레임 너머에 있는, 그것에 잘려나가 보이지 않는 외부를 통해 상상된다.

여기서 무한의 세계를 통일하는 중심은 왕의 자리이지만, 이 왕은 종종 '나'라고 하는 데카르트적 주체로 표상된다. 나와 세계가 맞먹는다는 근대적 과대망상, '나'는 무한의 세계 전체를 파악/장악하는 주체라는 제국주의적 과대망상이, 그런 주체의 표상에 바람을 불어넣어 부풀리고 또 부풀린다. 그러나 소실점은 화가의 눈이 있는 곳 어디에나 있을 수 있지만, 바로크 도시의 중심은 오직 왕궁 하나뿐이며 바로크 정원은 오직 왕의 눈을 위해 바쳐진다. '모든 주체가 바로 왕'이라는 데카르트의 듣기 좋은 철학적 명제는 '왕만이 주체'라는 홉스의 냉엄한 정치적 명제를 감춘 허구인 것이다. 왕이 둘일 수 없듯 무한의 공간 역시 둘일 수 없다. 왕의 자리 아닌 모든 자리는 왕이 장악한 무한의 세계 안에서 별 볼 일 없는 한 점에 불과하다. '나'란 주체는 왕의 지배를 그저 받아들일 수밖에 없는 한없이 작은 한 점에 지나지 않는다. 그렇기에 바로크의 공간에는 무력한 유한 모두를 지배하는 단 하나의 무한이, 유일한 초월적 중심이 있을 뿐이다. 초월적 무한의 미학.

산사마다, 아니 산사 안의 각 지점마다 다른 형상의 다른 우주가 깃들어 있고, 그 다른 우주들이 각자마다 표현하는 바가 다른 평등한 무한들임을 표명하는 '잉불잡란격별성'(仍不雜亂隔別成)의 우주는 이러한 공간에선 들어설 자리가 없다. 산사 내부의 무한에서 우리는 **내재적 무한의 미감**을 본다.

산사의 미학을 특징짓는 외부성의 미학은 이처럼 초월성의 감각과 다른 감각을 가동한다. 짝이 되는 이웃에 의해 하나의 건물이나 마당조차 다른 모습이 되도록 만들고 다른 모습들을 흡수하여 단일화하는 특권적 초점을 제거하며, 부분들을 전체의 일부로 만드는 대칭적 상을 끊임없이 이탈하게 하는 이 미감의 체제는 조건이 달라짐에 따라 변하는 상을 하나로 수렴시키지 않고 대개는 발산시킨다. 이로써 각각의 부분들은 단일한 전체로 귀속되지 않는 나름의 '부분성'을 갖게 되고, 그런 부분들이 연결되며 만들어지는 일관성이 단일한 전체의 확고한 통일성을 대신한다. 단일한 중심으로 귀속되지 않는 이런 부분들의 연결망을 들뢰즈라면 '리좀'(rhizome, 뿌리줄기)이라고 했을 것이다.[9] 그렇다면 이러한 미감의 체제를 '리좀적 다양체'와 짝지어도 좋을 것이다.

건물과 마당, 내부와 외부가 서로를 조성하는 포옹의 관계와 양자가 서로를 안고 안기는 호옹의 미감에서 우리는 상대에 의해 자신의 모습을 얻으며 동시에 상대의 모습을 조형하는 내재성의 관계를 본 바 있다. 그렇게 조성된 전체 공간을 주유하는 시선은 때로는 건축물이, 때로는 빈 공간이, 때로는 '자연'이라 불리는 인근의 환경이 풍경의 주연이 되는 가변적 연속체를 넘나들게 된다. 배경에 대해 언제나 주연의 자리를 차지하던 형상 같은 것은 따로 없으며 관계에 따라 어떤 것도 주연이 될 수 있다는 내재적 역동성이 여기에 있다. 서는 시점이나 이동하는 시점에 따라 건물-담과 마당-길이 섞이며 형상과 배경을 오가고, 그렇게 섞여들며 다양한 형상들의 연속체를 만드는 다양체의 미학이 여기에 있다.

---

(9) 들뢰즈·가타리, 『천의 고원』 I.

07

은근의 미학, 혹은 피아니시모의 힘
: 은미함의 강도와 평면화의 미감

무심한 얼굴의 수많은 표정들

포르티시모의 미감과 피아니시모의 미감

피아니시모의 미학, 혹은 은미와 은연의 기술

평면화와 입체화

평면화의 수학과 탈초점화

깊이 없는 깊이와 감각적 원만

■ 이미지 출처

7.1 菊竹淳一·鄭于澤, 『高麗時代の仏画』
7.2 국가유산청
7.3 김정희, 『불화』
7.4~5 菊竹淳一·鄭于澤, 『高麗時代の仏画』
7.6 ⓒ Wilfredo Rafael Rodriguez Hernandez
7.7 ⓒ 주수완
7.8 이진경
7.9 국립중앙박물관
7.10~11 이진경
7.12 김용운, 『프랙탈과 카오스의 세계』
7.13~14 한국언론자료간행회, 『중국대륙의 문화』 3
7.15 Tuden Gyaltsan ed., *The Potala, Holy Palace in the Snow Land*
7.16 ⓒ
7.17 ⓒ
7.18 菊竹淳一·鄭于澤, 『高麗時代の仏画』
7.19 ⓒ
7.20 ⓒ 한석홍
7.21 ⓒ 한석홍

무심한 얼굴의 수많은 표정들

예전에 누군가 내게 '이 한 장의 그림'이라 할 게 있느냐고 물었을 때 카가미신사 소장 고려 불화인 〈수월관음도〉가 그렇다고 주저 없이 대답했다. 이는 지금도 달라지지 않았다.

그 그림을 처음 본 곳은 가산불교문화연구원이었다. 당시 내가 속한 지식공동체 '수유+너머'와의 공동 포럼을 상의하러 간 자리였는데 방에 걸린 그 그림을 보자마자 눈이 쏠려 정작 해야 할 일은 잊은 채 그림만 흘끔흘끔 쳐다보고 있었다. 흔히 '탱화'라고들 하는 불화를 절에 가면 빈번히 보았으나 자세히 볼 때조차 '아름답다'는 느낌을 받은 적은 솔직히 없었는데 그 그림은 눈을 뗄 수 없도록 아름다웠다. 그 후 불화나 불상을 유심히 보게 되었으니 내게는 〈수월관음도〉가 불교미술로 난 문을 열어준 그림인 셈이다.

발터 벤야민은 작품이 내게 말을 건네는 그런 순간을 '아우라'라고 명명하며 이를 복제와 대비되는 '원본성'과 짝지어 설명한 적이 있지만,[1] 사실 그때 본 것은 복제품이었고 복제본임 또한 잘 알고 있었다. 높이가 1.2미터나 되는 액자 속에 있기는 했으나 원본은 세로가 4미터 넘는 엄청나게 커다란 작품이니 '작은' 복제라 해야 할까? 하지만 이전에 본 수많은 원본에서 들은 적 없는 작품의 말을, 혹은 매혹의 눈빛을 나는 그 복제품에서 듣고 보았다. 벤야민은 그런 아우라를 종교의 제의적 기능과 연결했지만, 분명 아우라라 할 그 순간은 제의적 기능과 아무 상관 없었다. '장식'으로 걸어두었던 하나의 복제품조차 아우라라는 '교감'의 순간을 열기에 충분했던 것이다.

그리고 2023년 10월, 큐슈박물관에서 전시한다길래 일삼아 가서 '친견'을 했다. 가까이서 하는 공연도 일부러 찾아가는 일이 거의 없는 내가 그림을 보러 국제선 비행기를 탄 것이다. 함께 해야 할 얘기는 안중에 없고 벽에 걸린 그림만 보고 있는 내가 안쓰러웠던 걸까, 아니면 기특했던 걸까? 가산불교문화연구원 총무 스님은 당시 원장이던 가산스님께 허락을 구해 그 액자를 내게 선물해주었다. 오, 이 감동적인 선물이라니! 이후 벽에 걸어놓고 향을 피워 올리며 매일 108배를 한다. 절이야 그 전부터 오랫동안 해오던 일이지만 빈 벽에 대고 했던 것인데, 뒤늦게 절할 상대가 찾아온 셈이다.

절을 할 때든 그렇지 않을 때든 그 그림을 매일 수차례 보고 있는 셈인데, 묘하게도 볼 때마다 관음보살의 표정이 달라 보인다. 어떤 때는 부드럽고 편안한 얼굴이었다가 어떤 때는 단아하고 근엄해

---

[1] 발터 벤야민, 최성만 역(2007), 「기술복제시대의 예술작품」, 『기술복제시대의 예술작품/사진의 작은 역사 외』, , 도서출판 길.

그림 7.1 _ 일본 카가미신사 소장 고려 불화 〈수월관음도〉 부분

보이기도 하며 또 어떤 때는 온화하고 다정한 느낌이었다가 어떤 때는 냉정까지는 아니어도 서늘한 거리감이 느껴진다. 여기서 보면 고운 자태의 여성처럼 보이고, 저기서 보면 원숙한 남성처럼 보인다. 때로는 가볍게 미소 짓는 것처럼 보이다가 때로는 묵직하고 심각해 보

이며, 종종 부드러우나 진지해 보인다. 멀리서 보면 무표정(無表情)한데, 가까이서 보면 뭐라 말하기 힘든 여러 느낌으로 다표정(多表情)하다. 그렇게 표정이 다양한 것은 아마도 그려진 상에 내 신체나 마음의 상태가 섞여 들어가 그런 것이라 할 터이다. 그려진 그림이 그 모든 마음의 상태를 오는 그대로 받아들여 보여주기 때문일 것이다.

이 그림만 그럴 리 없다. 수많은 불상이 또한 그렇게 '무표정'하

그림 7.2 _ 강진 무위사 극락전 〈아미타여래삼존벽화〉

그림 7.3 _ 일본 사이후쿠지 소장 〈관음보살도〉

지만 다표정한 얼굴을 갖고 있다. 서산 마애불처럼 명료한 표정을 가진 불상도 있지만 대다수 불상은 특별한 표정이 없이 무심한 얼굴이다. 서양의 그림이나 조각과 비교하면 더더욱 그렇다. 그러나 무심한 얼굴이 멍한 얼굴은 아니며, 무감한 얼굴은 더더욱 아니다. 표정이 없다 했으나 무언가 표정이 있다. 그러나 어떤 표정이냐고 묻는다면 무어라 답하기 어렵다. 불보살상이니 '자비'나 '연민' 같은 표정이겠거니 흔히 생각하지만 정말 그런지는 잘 모르겠다. '연민'이란 어떤 어려움이나 슬픔에 공감하는 표정일 테니 판단하기도 어렵지 않은데 불보살상의 얼굴이 그런 표정이란 느낌은 솔직히 말해 거의 받아본 적이 없다. '자비'라는 말은 하나의 감정을 대응시키기엔 너무 모호한 말이어서 엔간하면 다 적용될 수 있겠지만 그런 만큼 딱 들어맞는다는 느낌을 받기도 쉽지 않다. 강진 무위사 극락전 〈아미타여래삼존벽화〉의 아미타불과 관음보살, 지장보살의 얼굴에서는 근엄함과 더불어 뭔가 못마땅해하는 느낌마저 주는 그 표정이 오히려 매력적이다. 일본 사이후쿠지(西福寺) 소장 〈관음보살도〉의 보살 얼굴은 어찌 보면 장난기가, 달리 보면 근심이 느껴지는 모호한 표정이다.

불보살들의 얼굴이 볼 때마다 다르고 보는 이마다 다른 것은 특정한 표정이나 두드러진 표정을 갖지 않기 때문이다. 이를 두고 볼 때마다 보는 이의 마음 상태를 오는 그대로 비추어 보이는 것이라 할 수도 있을 텐데, 그 또한 이 때문일 것이다. 눈에 들어오는 그림과 보는 이의 마음이 섞이며 어떤 상이 형성되는 것이다. 그림이 무심하고 모호한 얼굴이기에 보는 이의 마음 상태를 오는 그대로 비추어 보여주는 것이라 하겠다. 웃는 상이든 근엄한 상이든, 아무리 좋은 상이라도 표정이 선명하면 그렇게 되지 않았을 것이다.

보는 이의 마음이 비추어 드러난다고는 하지만, 이를 두고 그저 '주관적인' 상이라고는 할 수 없다. 착각이나 허상이라고는 더더욱 말할 수 없다. 보살상을 보며 생겨난 상이 나한상이나 사천왕상을 볼 때도 비슷하게 생겨날 리는 없으니 말이다. 그때마다 상이한 상이라 하지만 그림에 없는 것이 그렇게 나타날 리도 없다. 강진 무위사 〈아미타여래삼존벽화〉에서 웃는 표정을 볼 수 없는 것은 그것이 그 그림에 없기 때문이다. 그 **모든 표정의 싹이** 실은 거기 그림 속에 있었을 터이다. 거기 싹처럼 숨어 있던 많은 표정 가운데 어떤 것이, **다가온 이의 마음에 응답하며** 자신을 드러낸 것일 테다. 무심한 얼굴 속에 '은밀하게' 숨어 있던 것들이, 다가온 이의 감각이나 감정, 신체와, 혹은 '마음'과 섞여들며 그때마다 다른 모습으로 드러나는 것이다.

어떤 본성도 없기에 오는 대로 모든 것을 보여주는, 맑은 거울 같은 '청정법신'을 여기서 떠올릴 수 있겠다. 그러나 이는 오해의 여지가 있는 말이다. 섞일 것 없이 텅 비어 맑은 '청정함'이란 자칫 아무것도 없는 텅 빈 화면으로 오인되기 쉽고, '무심한 얼굴'은 아무 표정 없는 얼굴로 오해되기 십상이기 때문이다. 그러나 텅 빈 화면을 볼 때 거기에는 우리의 마음이 있는 그대로 드러나는 게 아니라 아무것도 안 드러난다. 거기 그림이 있고 불상이 있고 거기 얼굴이 있어 우리의 감각과 감응을 촉발하여 **불러내는** 것이다. 그로써 우리의 감각이, '마음'이 **불려나가** 그것들과 섞이며 내게 다가오는 표정으로 드러나는 것이다. 상 없는 여래는 상 있는 것을 통해 드러나지, 아무것도 없이는 드러나지 않는다. 그렇기에 불도가 전해진 지역이면 어디나 어김없이 불화가 그려지고 불상이 조성되었던 것일 터이다.

그림의 표정이나 조각의 동작이 강렬하면 우리는 그 강렬한 것에 빠져든다. 그것이 우리의 감각과 감정을 덮치듯 파고들어 우리의 마음에 그 표정을 새긴다. 거기에도 우리의 마음은 섞여들지만 파고든 것의 강렬함에 가려 보이지 않게 된다. 그렇게 우리의 감각은 그 강렬함으로 채색되고 우리의 마음은 그 강렬한 상을 따라가게 된다. 거기에는 감동도 있고 감화도 있을 것이다. 감동의 눈물을 겨냥하는 그림이나 영화, 음악이 얼마나 많은가! 그로 인해 삶이 바뀔 수도 있다. 하지만 그때 그 상은 많은 이에게 **비슷한 감동**일 것이다. 그렇게 감동들이 비슷한 것은, 약간 단순화해 말하자면 우리의 마음이 강렬한 상에 의해 지워지기 때문 아닐까? 그렇게 우리의 마음은 그 상의 강렬함에 사로잡히고 우리의 발길은 그 상을 따라간다. 적장의 목을 따는 유디트, 십자가에 달리거나 거기서 내려지는 그리스도, 민중을 이끄는 자유의 여신…, 힘든 삶에 지친 늙은 렘브란트의 초상화도 그렇다.

　반면 무심한 얼굴의 상은 보는 이의 감각을 사로잡으려 하지 않으며, 우리의 마음을 어딘가로 애써 이끌려 하지 않는다. 마음을 사로잡는 강렬함이 없기에 사실 감동하기도 쉽지 않다. 그러니 종교적 감화의 힘을 강하게 행사하지도 않는다. 카가미신사 소장 〈수월관음도〉처럼 극히 수려하고 아름다운 그림조차 매혹의 힘은 감동의 물결로 덮쳐오며 압도하는 게 아니라, 이유를 알지 못하는 모호한 감응의 파문으로 잔잔하게 다가온다. 그 감응의 모호함으로 인해 보는 이의 마음은 상이한 방향의 느낌 사이를 떠돌고 그 표정의 무심함으로 인해 우리의 눈은 수많은 표정 사이를 오간다.

　무심한 얼굴은 우리를 '마음대로' 가게 둔다. 그러나 '제멋대로' 가게 두는 것은 아니다. 그 얼굴에서 배어나는 모호한 대기(atmosphere)가 보는 이를 감싸기 때문이다. 선명하지도 않고 강렬하지도 않지만 쉽게 지워지지도 않는, 상이한 표정이 섞인 듯 하나의 표정인 듯한 대기가 모호하게 숨소리에 섞여든다. 그러고는 아마 조용히 사라지며 다른 표정에 자리를 내줄 것이다. 혹은 사라지듯 물러서며 동시에 다른 표정 속에 섞여들 것이다. 하나인 듯 여럿인 듯 미묘하게 나고 들며 마주 선 이의 눈에 희미하게 스며들 것이다.

　그렇게 수많은 표정과 느낌이 최소 강도로 섞인 채 무심한 얼굴 속에 은밀하게 숨어 있다. 은밀(隱密)이란 희미함(隱)의 강도 속에 상이한 감응들을 깊이(密) 감추어-둠(隱)이다. 거기서 밀(密)이 밀도로서의 강도, 강밀도(强密度)를 뜻하는 말임을 안다면, 은(隱)이란 그것을 목적어로 취하는 동사임을 강조하여 '은-밀'(隱-密)이라고 다시 쓸 수도 있겠다. 은밀이란 그처럼 강도들을 감추어두는 것이다. **무심이라는 '미약함'의 강도 속에 수많은 표정을 강밀하게 접어-넣는**

(implicate) 것이다. 그렇게 접어 넣은 감응들과 표정들은 조건에 따라, 또한 보는 이의 마음에 따라 다르게 펼쳐진다(explicate). 상이한 감응과 표정이, 섞인 듯 별개인 듯 은묘하게 나타난다. 은묘(隱妙)란 분명하게 드러내지 않는 무심한 표정 속에 숨어 있는(隱) **상이한 표정들의 미묘(微妙)한 공존**이고 그러한 표정들이 그때마다 다르게 나타남이다. 그렇게 나타날 때조차 하나에서 다른 것으로 이행하는 상태의 지속이다. 그로 인해 그 다른 표정들이 하나인지 여럿인지, 같은 건지 다른 건지 구별할 수 없도록 **미묘(微妙)하게 섞여서 펼쳐짐**이다. 불보살상이나 그림의 무심한 얼굴에서 우리는 은묘하게 펼쳐지도록 은밀하게 접어 넣는 미감을 본다. 보는 이에게 밀려들며 감동을 주는 강렬함 대신 보는 이의 마음을 살며시 건드려 불러내는 은밀과 은미의 미감이 거기에 있다.

포르티시모의 미감과 피아니시모의 미감

'수월관음도'는 고려시대에 그려진 불화 중 '아미타삼존도'나 '아미타내영도' 다음으로 많이 남아 있는 그림이다. 당대에 가장 많이 그려지던 주제 중 하나임을 뜻할 것이다. 고려 불화의 영향이 여전한 조선 전기의 일부 불화도 그렇지만, 고려시대에 그려진 불화는 화면 전체를 '블러링'하여 희미한 대기로 덮는다. 이로 인해 인물은 물론 사물이나 풍경도 옅은 안개 속에 있는 듯 몽환적인 느낌을 준다. 이는 동시에 무언가 '성스러운' 분위기를 만든다.

그런데 카가미신사 소장 〈수월관음도〉에는 특이하게도 그런 안개 같은 희미한 대기가 없다. 몸에 걸친 베일 같은 옷의 반투명함은 있지만 인물이나 옷, 풍경 모두 깔끔하고 선명하다. 성스러운 분위기를 애써 그려 넣지 않은 것이다. 덕분에 관음보살의 모습은 수려하지만, 다른 그림에 비해 성스러운 느낌은 덜하다고 느낄 수도 있을 법하다. 그래서 더 무심한 모습이다. 그럼에도 성스러운 느낌이 없다 할 수 없음은 단지 그려진 인물이 관음보살이어서만은 아니다. 성스러움은 분위기마저 걷어낸 무심함 속에 더 깊이 숨은 감응으로 거기에 있다. 성스러운 느낌을 주는 것은 당시 충분히 관습적이었으니 잘 알고 있었을 텐데도 쉽게 그러한 감응을 제공할 방법을 사용하지 않은 것은, 그것 없이도 보살에 어울리는 성스러움을 충분히 담아낼 수 있다는 자신감 때문 아니었을까?

안개 같은 대기로 성스러운 분위기를 그려 넣었다고는 하지만 고려 불화의 다른 수월보살도, 아미타불도, 지장보살도 그 대기 뒤의 얼굴은 사실 모두 무심하다. 이렇다 할 표정을 드러내지 않는 것이다. 일본 이치바타지(一畑寺) 소장 〈아미타삼존도〉의 아미타불과 두 협시보살처럼 약간 옆으로 돌린 얼굴로 누군가를 바라보며 오는 불보살도, 센주지(專修寺) 소장 〈삼존도〉처럼 정면을 바라보는 불보살도 별다른 표정을 드러내지 않는 무심한 얼굴이다. 엔가쿠지(圓覺寺) 소장 〈지장보살도〉나 요주지(養壽寺) 소장 〈지장보살도〉도 그렇다. 모든 지옥 중생의 구제라는 불가능해 보이는 서원을 세웠으니 연민이든 결연함이든 기대든 실망이든 여러 감정이 있을 법한데, 직선적으로 단순하게든 뒤섞어 복잡하게든 드러내지 않는다. 성스러운 대기 속에서 무심한 표정으로 있다.

그렇게 무심한 얼굴 속에 함축된 표정들은 만나는 이의 마음이나 신체 상태, 혹은 조명이나 시점, 이웃한 것 등의 연기적 조건에 따라 다르게 펼쳐져 나온다. 하나에서 다른 것으로 오가며 은묘하게 펼

그림 7.4 _ 일본 이치바타지 소장 〈아미타삼존도〉   그림 7.5 _ 일본 엔가쿠지 소장 〈지장보살도〉

쳐져 나온다. 하나인지 여럿인지 알 수 없는 많은 표정이 미묘하게 섞이고 하나에서 다른 것으로 이행한다. 이러한 은묘함은 어떤 것이 두드러지지 않도록 희미하고 고요하게, 깊숙이 감추듯 접어 넣은 은밀함에 기인한다. **은밀과 은묘의 미감**을 통해 작동하는 **은근(殷懃)의 미학**이 여기 있다. 은근의 미학은 **수평적 깊이**의 미학이다. 대비되는 낙차의 강도로 파고드는 수직적 깊이가 아니라 미묘하게 변하는 이행의 강도로 흘러가는 수평적 지속의 미학이다. 미학적 은근성은 세게 응축되기에 오래 지속되기 힘든 강렬함 대신, 연하게 응결되어 아늑하게 펼쳐지기에 끈기 있게 지속되는 그윽함을 향해 간다. 감정이나 느낌을 강요하거나 밀어붙이지 않아 미묘하게 다른 감응이 섞이고 이행하며 다채롭게 펼쳐지는 **고요함의 평면**이 거기에 있다. 은근의 미학은 강한 자극으로 시선을 잡아채고 인상적인 표정으로 감정을 잡아끄는 대신, 눈을 주지 않아도 그냥 지나가게 두고 알아보지 못해도 불러 세우지 않지만 오면 오는 대로 받아주고 보면 보는 대로 보여주는, 무심 속에 접혀드는 잠재성의 미학이다.

    물론 서양의 그림이라고 언제나 감정이나 표정을 확연하게 드러내기만 하는 것은 아니다. 특히 초상화의 얼굴에는 상이하고 상반되는 느낌이 뒤섞여 공존한다. 그렇기는 해도 탈속의 성스러움이든 모성의 자애로움이든 꽉 눌렀어도 배어나오는 분노라든지, 모면할 수 없는 운명으로 슬픈 고통이라든지 하는 상이한 느낌을 어딘가로 이끄는 주도적인 느낌이 대개는 있다. '성모자상'이 그렇고, 십자가 옆의 예수나 성모, 그 인근의 인물들은 더욱 그렇다. 초상화가 아닌 경우에는 인물의 동작이나 주위를 둘러싼 것들, 그리고 그와 연관된 서사로 인해 주도적인 느낌이 더 명료한 방향성을 갖게 된다.

    유럽인들 또한 '고요함'을 명시적인 미적 개념으로 내세우는 경우가 있다. 그러나 이는 오히려 그들의 미감이 극적 자극의 강렬함 속에 있음을 단적으로 보여준다. 잘 알려진 것은 그리스 조각 〈라오콘〉에 대한 빙켈만의 평이다. 그는 포세이돈의 저주로 덮쳐온 거대한 뱀에 휘감긴 라오콘과 그 아들들은 그로 인해 겪는 신체적 고통에도 불구하고 평정을 잃지 않았다며 '고귀한 단순과 고요한 위대'라는 말로 그 작품을 예찬한다. 하지만 잘 알려진 그의 말을 가슴에 새기고 다시 보아도 "평정을 잃지 않았다"라는 말은 납득하기 어렵다. 신의 저주와 신체를 휘어감은 거대한 뱀, 죽음의 공포와 신체적 고통이 비틀린 신체와 일그러진 얼굴에 그대로 새겨져 있다. 이러한 동작과 표정이 고요한 것이라 한다면 그들이 말하는 '고요하지 않음'이란 대체 어떤 것일까! 강한 자극으로 시선을 사로잡는 강렬함의 감각에 길든

그림 7.6 _ 바티칸 미술관 〈라오콘〉 군상

이들에게는 이 정도의 일그러진 얼굴과 격정적 동작은 고요함으로 감지되는 모양이다. 단순성이 단일성은 아니라 해도, 우리로선 라오콘의 동작과 얼굴에서 단순성을 감지하기가 쉽지 않다. 저주하는 신에 대한 원망이 없다는 말도 믿기지 않지만, 신에게 한 약속을 어긴 것에 대한 후회와 자탄, 신체적 고통과 저항하는 격정, 포기의 기분마저 섞인 발버둥의 감응이 탁월하게 뒤섞여 뱀과 인간의 신체와 더불어 강하게 요동치고 있으니 말이다. 이 복합적 감응마저 단순하다 느끼게 하고 이 격정적 동작마저 고요하다 느끼게 할 만큼 그들의 미감은 극적 강렬함, '포르티시모'(fortissimo, 매우 강하게)라는 말로 표현될 수 있는 강렬함의 미감 속에 있는 것이다.

'고대적 모범'이 된 〈라오콘〉에 대한 이런 감탄과 예찬은 그들의 미감이 선호하는 표현 방법의 한 단면을 잘 보여준다. 어떤 작품이 〈라오콘〉처럼 강렬한 감정을 동반하는 극적 사건과 관련된 경우라면 인물들의 신체와 얼굴로 표현되는 모든 느낌은 가장 강렬하게 드러나는, '단순성'이라 지칭된 어떤 감정이나 지배적인 느낌에 포섭된다. 여러 가지 감응이 섞여 있다 해도 그것은 모두 최대 강도를 갖는 어떤 감정으로 귀속되며 그것에 단지 다양한 톤과 색조를 더하는 것이 되기 십상이다. 심지어 의연함과 슬픔, 불안함과 기대감같이 상이한 감정이 동시에 드러나는 경우에도, 그것들은 모두 높은 강도로 섞인다.

반면 불화나 불상에서는 어떤 감정이나 감응이 명확하게 표현되고 표정이 명료하게 드러날 때에도 그러한 강렬함을 느끼기 어렵다. 서산 마애불은 웃는 표정이 드물게 선명하지만 이 경우에도 그 표정은 강렬하다기보다 은은하다. 〈관무량수경변상도〉(觀無量壽經變相圖)처럼 아들이 부왕을 유폐시키고 그를 도와주려던 생모를 죽이려 하던 극적 사건이 그려질 때도 극적 성격을 강조하는 구도나 동작이 없고 감정을 표현하기 위해 얼굴을 부각하지도 않는다. 썰렁하다 싶을 정도로 쿨하고 덤덤하게 그려진다. 고려 불화는 대부분 섬세한 선과 아름다운 색채가 두드러지지만 표정도 동작도 표 나게 시선을 잡아끌지 않는다. 색채의 강도마저 무심한 동작과 구도, '별 일 없는' 듯 평온한 얼굴로 인해 '평면화'된다. 그래서 보는 이의 눈 속으로 강하게 밀고 들어오지 않는다. 보는 눈을 슬그머니 건드리며 거기 있을 뿐이다. 아주 다른 많은 종류의 느낌 내지 감응이 미약하고 섬세한 강도로 모호하게 섞여 있는 것이다. 다시 말해 모든 감응이 포르테 없는 피아니시모의 강도로 모호하게 섞여 있다. 아주 상이한 종류의 느낌이 공존하며 볼 때마다 다르게 보이는 것은 이 때문이다.

거의 모든 불화나 불상이 다들 비슷한 모습으로 서 있거나 앉아 있다. 어떤 감정도 전면에 나서지 않기에 무심해 보인다. 그래서 유심히 보지 않으면 모두 '그게 그것'으로 보이기 십상이다. 얼굴만큼이나 동작도 두드러진 게 거의 없어 특정한 표정을 만들지 않는다. 각각의 수인(手印)이나 지물(持物)로만 구별될 뿐이다. 이런저런 수인에 의미를 부여하기도 하지만 대부분은 그것조차 구별하지 않고 본다. 심지어 수인이 정확하지 않은 불상도 많다. 수인의 의미를 식별한다 해도 정작 불상이나 불화의 얼굴은 그 수인으로 상징화된 포즈에 대해 무심하다. 즉 수인에 따라, 미륵불인지 비로자나불인지에 따라 표정이 달라지지 않는다.

감동과 감화를 주는 강렬함이란 보는 이의 마음을 압도하기 위해 최대치로 증폭된 강도다. 음악에서 *ff*라는 기호로 표시하는 포르티시모의 힘이 거기에 있다. 물론 강렬함이란 그저 자극의 크기를 크게 한다고 얻어지는 것이 아니다. 최대 강도의 강렬함을 위해서는 피아노(piano)의 조용함이나 피아니시모(pianissimo)의 미약함 또한 중요하다. 그러나 그것은 대개 포르티시모의 힘을 부각하는 조연으로서다. 재현할 표정이나 서사가 없기에 강도의 변화와 운동이 좀 더 결정적인 음향예술이 이를 아주 잘 보여준다. 피아니시모의 소리나 느린 속도가 중요하다 해도 느리고 평온한 장면이나 악장조차 피아니시모로 일관하는 경우는 드물다. 교향곡이나 독주곡이나 모두 느리고 약한 부분을 갖지만 대부분 **포르티시모의 피날레**를 향해 간다. 죽은 이를 위로하며 천상으로 인도하는 레퀴엠이나 장송곡도 귀를 사로잡는 강렬함으로 장대하게 장엄함을 표현한다. 선율이나 리듬 없이 빛에 물든 대기처럼 은은하게 펼쳐지는 어떤 분위기를 표현하겠다는 콘셉트의 작품인 죄르지 리게티의 〈대기/분위기〉(Atmosphères)도 끝내 강하게 부상하는 강렬함을 향해 간다. 사선으로 가득한 매끈한 유리벽(커튼월)의 건물을 묘사하며 '정중동'(靜中動)의 감응을 표현하겠다고 표명한 크세나키스의 〈메타스타시스〉(Metastasis)에서는 타악기가 주도하는 강렬함이 끝내 고요함을 깬다. 유리벽이 깨진다. 그것 없이는 심심하고 미미하다고 생각했을 것이다.

강렬함이란 그저 강하게 표현한다고 얻어지는 것이 아니라 강약의 대비를 통해 얻어지는 것이다. 메탈 음악 중 안이한 작품에서 종종 보이듯 기관총 소리처럼 거칠고 강한 소리를 시종일관 두들겨댄다고 강렬함을 주는 게 아니다. 강하기만 한 소리가 계속되면 우리의 감각은 피로에 대처하기 위해 둔감함을 선택한다. 감각 속으로 파고들기 위해서든 감각을 압도하기 위해서든 중요한 것은 어떤 긴장을 만들어내는 것이다. 포르티시모의 미학은 그 긴장의 강도를 최대화하기 위해 대개 강약의 대립을 이용한다. 소리의 강약이나 완급뿐 아니라 명암이나 색채의 대비, 형태의 대비, 중심과 주변의 대비 등등. 내용에서도 그렇다. 신의 사랑이든 인간의 사랑이든, 그걸 감당하는 이가 감수해야 할 고통의 크기를 통해 그 사랑의 크기를 표현하려 하는 것 또한 이와 다르지 않다. 선한 신의 힘은 그가 제압하는 악마의 힘의 크기를 통해 확인될 수 있고, 영웅의 위대함은 그가 겪는 고난의 크기를 통해 표상될 수 있다. 포르티시모의 미학은 이런 **대립과 대비의 감각**을 통해 작동한다.

따라서 포르티시모의 미학은 숭고의 미학과 아주 가까이 있다.

앞서 언급했듯 숭고란 칸트의 말대로, 보는 이를 '압도'하는 거대한 '크기'와 관련된다. 숭고의 미학은 거대함과 상응하는 최대치의 강도를 요구한다. 숭고는 우리의 마음을 압도하는 강렬한 힘을 통해 작용하며, 압도하는 거대한 크기란 최대 강도의 포르티시모로 얻어진다. 여기서도 대립과 대비가 결정적이다. 어떤 거대한 파도도 그것과 대면한 이의 미소한 크기가 없이는 압도하는 숭고의 크기를 얻을 수 없고, 어떤 격한 사태도 그것을 모면할 수 없는 인간의 무력함 없이는 비극적 운명의 숭고에 이를 수 없다.

'드라마틱하다'라는 말로 표현되는 서사적 형식이 힘의 강약이나 속도의 완급 같은 크기의 대립과 쉽게 손잡는 것은 이런 이유다. 서사의 흐름이나 힘의 흐름을 '위기'와 '절정'이라는 최대 강도의 긴장으로 밀고 가, 해결 내지 해소의 급격한 이완으로 귀착시키며 결말에 이르는 고전적 '플롯' 또한 이와 동일한 지반 위에 있다. 절정과 결말 사이의 낙차를 최대화하여 최대 강도의 극적 효과를 얻으려는 것이다. 이때 강도의 차이는 대립과 대조의 양극성에 포섭된다. 영화나 소설, 만화 등의 서사가 극적(dramatic) 반전을 종종 강박적일 만큼 추구하는 것은 이런 이유다.

대립이나 대조를 이용해 강도의 최대화를 추구하는 이러한 기법은 드라마나 소설 같은 서사 예술이나 그림·조각 같은 시각예술은 물론 음악 같은 청각예술에서도 널리 사용된다. 소나타나 협주곡, 교향곡은 대개 느린 속도의 악장을 통상적 속도나 빠른 속도의 악장 사이에 넣어 대비한다. 바로크시대의 합주 협주곡은 총주(tutti)와 솔로(solo), 반복되는 리토르넬로(ritornello)와 그 사이의 에피소드의 대비를 근간으로 한다. 고전적 소나타 형식은 대립되는 두 개의 주제가 곡 전체를 직조한다. 발단-전개-위기-절정-결말의 플롯이 그대로 사용되는 것은 아니지만, 제시된 주제는 점차 복합하고 화려하게 '발전' 하여 스트레토(stretto)로 가속되며 피날레 등 최대 강도로 고양되는 결말을 향해 간다.

반면 드라마틱한 서사에는 관심이 없었고 귀를 잡아끄는 자극을 극대화하는 것에 대해선 반감마저 있었을 것이기에, 불교 음악은 절정으로 치달리는 '발전'의 형식은 말할 것도 없고 형식적 구성, 심지어 형식화의 시도 자체도 별로 없었던 것 같다. 알다시피 "염불 외느냐?"라는 말은 선율도 없고 리듬적 변화도 없는, 남들의 귀를 향한 것조차 되지 않은 채 그저 혼자 웅얼거리는 소리를 겨냥해 사용되는 경우가 다반사다. '범패'(梵唄)는 재를 올릴 때의 음악을 지칭하는데 의례용 음악임에도 말 그대로 '염불 소리'다. 물론 염불 소리에도 나름의 운율과 고저장단, 리듬은 분명 있지만 시적 낭송의 '음률' 이상은 아니며, 강도의 '발전'이나 '절정' 같은 것이 없고, 리듬은 있어도 박자는 문장의 길이에 따라 계속 변해 찾기 힘들다. '형식' 없이 전승되었기에 똑같은 예불 소리도 절마다 다르고 『천수경』, 『반야심경』을 낭송하는 소리도 사람마다 다르다. 여러 스님이 모여 예불을 할 때 듣게 되는 예불문이나 염불 소리는 헤테로포니 중에서도 불일치의 정도가 큰 헤테로포니에 속한다. 서로의 소리를 들으며 맞추어가야 하기에 리듬의 변화 폭이 작고, 고조되며 두드러지는 선율이 최소화된다.

예불문은 대단히 느린 속도(속도 또한 강도다)를 가지며 선율도 거의 비슷하게 반복되다가 마지막에야 한 번 바뀐다. 서양음악 식으로 표시하자면 A-A-A…B에서 그리 멀지 않을 것이다. 예불 시 '연주' 되는 사물(四物)의 경우에도, 법고는 빠른 리듬으로 두들기지만 시작과 끝 말고는 변화가 별로 없고, 강조를 위해 완급이나 정지, 크기의 변화를 주는 일도 거의 없다. 법고 '연주'에서 차라리 중요한 것은 북채가 두드리는 타점의 변화에 따른 음색의 미묘한 변화일 것이다. 이 음색의 작은 변화가 감지될 수 있는 것은 역으로 강도나 리듬이 일정하기 때문이다. 타악기인 북을 '음색 악기'로 만드는 것은 최소 변화의 이 역설적 힘이다. 앞의 소리가 거의 끊어질 때에야 다음 소리를 타종하는 범종 소리의 속도는 소리의 연속체가 얻을 수 있는 가장 느린 속도일 것이다. 종신(鐘身)을 최대한 크게 만들어 얻는 최대한 낮은 주파수의 파동이 평온하게 신체를 감싸게 하고, 소리와 소리 사이에 최대한의 고요한 간극을 만들어 듣는 이가 기다림으로 공백을 채워 넣게 한다. 범종 소리의 가장 중요한 매력은 이 최저 속도와 최저 주파수의 역설적 능력이다. 모두 피아니시모의 힘이다. 연주의 기능적 목적을 여러 중생이 듣고 성불하라는 소리라고 설명하지만 이 소리들은 사실 짝지어진 대상에 대해 별다른 표정이나 감정 없이 무심하다. 종소리나 북소리가 다 그렇지 않으냐 할 수도 있을 것이다. 하지만 북소리는 많은 경우 리듬의 역동을 통해 감정을 고양하고 내면의 무언가를 방출케 한다. 종소리는 대부분 목청 높여 소리치는 높은 주파수의 번쩍대는 화려한 소리로 귀를 잡아당긴다. 법고와 범종의 이 표정 없는 '연주'가 심심하고 썰렁하다고 생각해선지 순천 송광사의 사물 연주와 예불 소리를 〈선〉(禪)이라는 제목의 음반으로 만들며 김영동은 대금 소리를 더해 선율적 표정을 만들어 넣었다. 그러나 사물 연주와 예불 소리의 매력이 이런저런 표정이 섞인 듯 이어진 듯 은묘하게 펼쳐지는 무심한 표정이라 한다면, 그가 이 선율적 표정을 추가한 것이 적절한지에 대해선 논란의 여지가 적지 않을 것이다.

피아니시모의 미학, 혹은 은미와 은연의 기술

강렬함을 지향하는 포르티시모의 미학과 대비되는 피아니시모의 미학은 대립을 이용한 강렬한 긴장과는 다른 무심한 매혹의 힘을 만들어내는 것이다. 이것은 긴장의 부재라기보다는 다른 종류의 긴장이다. 무엇 하나 움직이지 않는 적막함이나 아무 소리도 들리지 않는 고요함 속에 강렬함 못지않은 긴장이 있을 수 있음을 우리는 안다. 무심한 얼굴 속에 숨기듯 접혀 들어간 얼굴들, 거기에는 고요한 긴장을 만드는 '미약한' 힘들이 있고 무심하지만 무감하지 않은 섬세한 힘들의 변화가 있다. 그런 강도로 하나인 듯 여럿인 듯 이어지는 다른 표정들이 무심하고 미약하게 섞이고 공존하며 만들어내는 미묘한 긴장이 있다. 그렇게 표 나게 드러나지 않는 수많은 감응, 수다한 표정을 무심한 표정의 얼굴이나 신체에 동시에 새겨 넣는 것이다. 드러나지 않도록 은밀하게, 그러나 상황에 따라, 보는 이의 마음에 따라 다르게 드러날 표정들을 고요함의 강도 속에 미묘하게 겹겹이 새겨 넣는 것이다. 은묘하게 펼쳐질 다의성과 다표정을 무심한 얼굴 속에 은밀하게 접어 넣는 것이다.

피아니시모의 힘을 이용한다 해도 그걸 강렬함을 위해 이용한 것이라면 포르티시모의 미학에 속한다. 피아니시모 미학은 다면성이나 다의성을 최소 강도의 은미함 속에 은밀하게 감추는 방식으로 피아니시모를 이용한다. **최소 크기의 차이만으로** 그때마다 다른 방향으로 이끄는 피아니시모의 강도가 거기에 있다. 하나의 주도적 감정에 포섭되지도 않고, 대립을 통해 강렬하게 자신을 표현하지도 않는 힘의 차이 자체가 거기에 있다. **대립 없는 차이의 힘**이, 대립되지 않는 여러 방향의 힘이 섞이며 은연중 만들어내는 긴장이 거기에 있다.

이를 그저 서양과 동양의 차이라 한다면 이는 지나친 단순화일 것이다. 포르티시모의 힘에 기댄 것이 서양 예술의 기본 성향이라고는 하지만, 그 안에도 가령 에릭 사티의 많은 작품처럼 대립이나 대조를 최소화하고 완급도 절정을 향한 가속도 별로 없는, 대개는 느린 속도로 강도의 고저마저 최소화하는 작가와 작품이 있고, 피아니시모의 미덕을 중요시하는 게 '동양'이라 해도 〈수제천〉(壽齊天)이나 〈육자배기〉처럼 강렬하게 사로잡는 선율적 표정의 작품이 있기 때문이다. 그러니 이는 차라리 상이한 성향의 미감들로 표시되는 두 개의 극이라 하는 게 더 적절할 것이다.

포르티시모의 미학과 피아니시모의 미학을 두고 어느 것이 낫다고 말하는 것은 어리석은 일이다. 서구중심주의 비판에 기대어 포르티시모의 미학을 비판하고 피아니시모의 미학을 대안으로 삼는 것도 안이한 일이 되기 쉽다. 그렇게 한다 해도 포르티시모의 미학이 갖는 힘이 사라질 리 없기 때문이다. 그렇다고 이 두 가지 미학이 다른 미감의 체제에 속하며 각자의 매력을 갖고 있다는 식의 상대주의도 적절한 출구가 되지는 못한다. 강렬함과 다른 방식의 미감으로 감각을 당기는 매혹의 방법이 있다 해도, 우리 자신은 이미 압도하고 사로잡아 감동시키는 방식에 익숙하기 때문이다. 형식적 상대주의는 포르티시모의 미학에 실질적 척도를 넘겨주는 길이 된다. 그 경우 피아니시모의 미학에 가까이 있는 불교예술 작품은 '시시하고 별 볼 일 없는,' '그게 그거인' 것으로 소리 없이 밀쳐지게 될 것이다. 우리를 사로잡은 미감의 체제가 포르티시모의 미학임을 안다면 우리는 일부러라도 이 구부러진 미감의 막대를 다른 미학을 향해 구부려야 한다. 피아니시모의 미학이 갖는 힘을 부각하는 방식으로 다른 유형의 미학이 있음을 수긍케 해야 한다.

좀 더 목소리를 낮추어 말하자면, 적어도 피아니시모의 미감이 산출한 작품을 포르티시모의 미감을 기준으로 평가해선 안 된다. 대상을 정확하게 재현할 생각이 없으며 오히려 익숙한 형상을 깨려 했던 작품을 두고 '데생도 제대로 할 줄 모르는 자의 그림'이라고 하는 게 전적으로 부당한 평가인 것처럼. 피아니시모의 미감이 산출한 작품은 피아니시모의 미학을 통해 다가가야 한다. 눈에 띄지 않는 섬세한 여림을 새겨 넣으려는 작품이라면 작품 속에 얼마나 많은 감응이 여리지만 섬세하게 섞여 들어갔는지를 보고 평가해야 한다. 서구화된 현대를 사는 우리로선 결코 익숙하지 않은 피아니시모의 미감을 증폭해야 한다. 미약한 강도의 힘 속에서 당기는 힘에 좀 더 예민해져야 한다.

종종 최소 크기의 강도가 최대치의 긴장을 만들어낸다. 아주 작은 소리 하나, 혹은 모든 것을 정지시키는 적막한 고요함의 그러한 매력을 우리는 안다. 빠른 속도의 물체 이상으로 공중에 멈추어 선 매 또한 그 최저 속도 속에 최대치의 어떤 긴장을 접어 넣는다. 이처럼 곡률이나 강도의 변화를 최소화하면서도 어떤 당기는 힘을 거기 숨겨 넣을 수 있을 때 피아니시모의 미학이 작동한다. 최소 크기(微)의 변화 속에 숨은(隱) 힘이 슬그머니 우리를 잡아당긴다. 은미하게 접어 넣은 이 힘은 발빠른 감각이나 '바쁜' 감각으론 포착되지 않는다. 이는 고요함 속에서 팽팽한 긴장을 감지하고 작은 움직임 속에서 고요함을 느끼는 '느린' 감각의 여유가 없으면 놓치기 십상이다. 그런 미감은 최소 크기의 깊이 속에서 거기 숨은 어떤 긴장의 강도를 감지하는 '깊은' 감응의 친구다.

피아니시모의 미학은 은미하게 접어 넣었기에 은연중 펼쳐지는 미소한 힘의 미학이다. 면이나 선의 최소 변화 속에 어떤 힘의 팽팽함을 숨기듯 접어 넣는 것을 '은미'(隱微)라고 한다면, 그렇게 접혀 들어간 힘이 천천히, 한참을 들여다볼 줄 아는 느린 감각을 향해 살그머니 펼쳐지는 것을 '은연'(隱然)이라 해도 좋겠다. 은미와 은연은 은근의 미학을 구성하는 또 다른 미감의 짝이다.

하지만 피아니시모의 미학이 단지 피아니시모의 힘에 대한 예찬이 아니라는 점 또한 강조해야 한다. 강렬함이 단지 자극의 크기를 높이는 게 아니듯 무심한 얼굴이 그저 표정 없음이 아니다. 강렬하다 하겠지만 어떤 표정을 너무 뻔하게 드러낸 작품도 있고 무심하다 하겠지만 어떤 표정도 제대로 담아내지 못한 작품도 있다. 모두 기량이 모자라는 경우라 하겠다. 은미란 단지 곡률벡터의 작은 변화가 아니라, 그 작은 변화 속에 슬그머니 당기길 반복하는 **어떤 매혹의 어트랙터(attractor)를 숨겨 넣는 것**이다. 애써 당기려 하지 않은 채 그저 조용히 거기 머물다가 느리고 깊숙이 들여다보는 시선과 만날 때면 은연히 펼쳐지는 고요한 긴장을 살그머니 접어 넣는 것이다. 그런 긴장을 함축한 고요의 강도를 미세한 틈새 속에 숨겨 넣는 것이 중요하다. 은미한 진동의 파동을 은연중 방사하며 그걸 알아보고 응답하길 기다리는 은근한 매혹의 힘이 거기에 있다.

평면화와 입체화

상이한 표정들, 상이한 감응들을 무심한 표정 속에 은밀하게 접어 넣고 그것들이 은묘하게 드러나게 하는 것이 수평 방향에서 피아니시모의 미감이 작동하는 방식이라면, 깊이의 정도라는 수직 방향에서 피아니시모의 미감이 작동하는 방식도 있다 하겠다. 깊이감을 최대한 증폭해 강렬함이라는 포르티시모의 힘으로 감각을 촉발하는 것과 대비하여, 최소치의 미소한 깊이 속에 표정이나 감응을 은미하게 접어 넣고 그것들이 은연중 드러나게 하는 것이다.

이러한 평면화의 방법을 무엇보다 두드러지게 보여주는 것이 한국의 불상들, 특히 도처에 만들어진 마애불들이다. 경주 남산 탑곡의 많은 마애불, 보은 법주사의 마애여래의좌상(磨崖如來倚坐像), 김천 은기리의 마애반가보살상, 강화 보문사의 마애석불좌상, 서울 보타사·삼천사·승가사의 마애불 등 거의 모든 마애불이 말 그대로 '평면'에 가까운 최소 깊이로 평면화되어 있다. 경주 삼릉계곡의 선각육존불처럼 선만으로 불상을 새긴 경우도 적지 않다.

전체를 일정하게 최소 깊이로 평면화하는 것과 달리, 다른 부분에 비해 머리나 손 등 일부 신체에 약간의 깊이를 주는 경우도 있다. 쓰촨성 마오현(茂懸)에서 출토된 남제(南齊) 영명(永明) 원년(元年, 483년) 불상은 하나의 돌 앞뒤에 2구의 불상을 새긴 것인데, 하나는 무량수불입상(無量壽佛立像)이고, 다른 하나는 미륵불좌상(彌勒佛坐像)이다. 편안한 미소만큼이나 사각형에 가까운 얼굴 또한 인상적인 이 두 불상 역시 신체 전체에서 평면성이 강하다. 무량수불입상의 옷주름은 정말 종이 한 장 차이로 살짝 솟아오른 채 평면화된 형상으로 겹쳐져 있고, 앞으로 튀어나왔어야 할 두 손과 발도 종이 두세 장 정도 높이로만 옷주름이 둘러싼 신체와 구별된다. 이 불상들을 특이하게 하는 것은 평면화된 신체에 비해 불두가 약간 도드라진다는 점이다. 그래서 불두 또한 여전히 낮은 저부조인데도 상대적으로 입체감을 갖는다. 그러나 이를 두고 재현적인 조각에서 사용하는 깊이감의 대비라고 하긴 어렵다. 전체 신체는 극히 평면적인데 불두만 유독 도드라져 있어서 자연스러운 입체감에 반하기 때문이다. 게다가 불두

그림 7.7 _ 중국 쓰촨성 마오현에서 출토된
남제 영명 원년 〈무량수불입상〉(좌)과 〈미륵불좌상〉(우)

조차 코나 이마가 가라앉아 거의 평면화된 얼굴이다.

이는 그저 깊이의 대립을 이용한 것이라고 하기도 어렵다. 무외시인(無畏施印)과 여원인(與願印)을 하고 있는 두 손의 깊이가 이를 보여준다. 두 손은 불두보다는 약간 낮고 신체보다는 약간 높아 양자의 중간 정도다. 대립을 겨냥했다면 이렇게 중화하기보다는 둘 중 하나의 높이에 두 손의 깊이 또한 맞췄을 것이다. 머리보다 손의 깊이가 작아 머리, 손, 몸의 깊이 차이는 '부자연스럽다'. 그래서 마치 얕음의 정도를 경쟁하는 듯 보이기도 한다. 평면화된 형태의 불두와 손, 신체의 형상도 재현적이지 않은 데 더해 '의도적'이라 해야 할 '부자연스러운' 깊이의 차이가 평면성을 새삼 주목하게 하는 것이다.

부자연스러운 깊이로 평면성이 좀 더 확연하게 부각되는 것은 반대편의 미륵불좌상이다. 가부좌를 했기에 가장 튀어나왔을 무릎이 불두와 손보다 더 작은 깊이로 물러서 있는 것이다! 인위적으로 무릎을 손과 머리 이하의 깊이로 평면화한 것이다. 이는 신체에 대한 자연발생적 감각이나 신체적 특징을 보이는 대로 재현하려는 미감에 명백히 반하는 것이다. 더 튀어나와야 마땅한 부위를 더 얕게 만드는 이 놀라운 발상은 작품의 평면성을 강조하기 위함이 아니라면 설명하기 어렵다. 이는 새삼 강조할 필요가 있다. 평면성이란 단지 **입체감의 부재나 결여가 아니라 재현적 입체감에 반하는 변형**임을 보여주는 것이기 때문이다. 비재현적인 선을 지칭할 때 종종 쓰이는 '추상화된 선'이라는 표현처럼 이 변형된 입체감을 '추상화된 깊이감'이나 '추상화된 입체감'이라 해도 좋겠다. 하나의 돌에 새긴 무량수불입상과 미륵불좌상의 이 특이한 조성은 자연적 감각이나 재현적 미감에 반하는 깊이감의 미묘한 '놀이'를 통해 평면성의 매력을 유감없이 보여주고 있다. 최소치의 깊이 속에 놀랍도록 참신한 신체의 형상을 접어 넣은, 은미의 미학의 탁월한 작품이다.

　　베이징 거용관(居庸關, 쥐융관) 운대(雲臺, 윈타이) 기단에 새겨진 사천왕상 또한 이러한 평면화 방법으로 만들어진, 더할 수 없이 멋진 조각상이다. 원(元)대에 제작된 이 부조 역시 최소 깊이의 저부조로 조성되었고, 사천왕의 머리 부분은 다른 신체에 비해 약간 도드라져 나온 편이다. 실제로 파 들어간 정도가 깊지 않은데도 사천왕의 험한 표정이 생생하게 다가오는 것은, 앞서의 경우와 마찬가지로 조각 전체의 평면성에 기인한다. 이를 두고, 얼굴을 강조하기 위해 대립의 방법을 사용한 것이라 할 수도 있겠으나 그렇게 말할 때조차 이는 특정 부분과의 대립이 아니라 신체적 평면성 전체와의 대립을 위한 것이라 해야 한다. 그래서 얼굴의 도드라짐을 통해 조각 전체의 평면성이 부각되며 드러난다. 사실 운대의 이 멋진 사천왕상들을 남다르

그림 7.8 _ 중국 베이징 거용관 운대 사천왕상 중 동방지국천왕(상)과 북방다문천왕(하)

게 만드는 것은 신체의 바로 이 평면성이다. 손에 각자의 지물을 들고 있고 손발로 마구니를 제압하고 있는 대단히 역동적인 동작이지만, 무릎도 손도 모두 평면화되어 있다. 동작의 역동성을 위해선 머리 이상으로 신체가 입체적이었어야 마땅할 터인데, 오히려 **극도로 평면화한 것이** 이 사천왕상들을 무엇보다 인상적이게 한다.

　여기에서도 머리 부분에 상대적으로 깊이감을 준 것은 신체의 평면성을 부각하기 위한 것이라 해야 한다. 머리 부분만으로 국한된 이 작지만 낯선 '추상화된 깊이감'은 뒤로 물러선 특정 부분과의 대립을 통해 역동성을 표현하기 위한 게 아니라 최소 깊이를 갖는 신체들 전체의 평면성을 환기시키기 위한 것이다. 신체 전체를 최소 깊이의 준거평면으로 밀어 넣기 위한 것이다. 늦가을 마른 나뭇가지 끝에 딱 하나 남은 빨간 감이 자신 아닌 모든 것을 메마르고 텅 빈 고요 속으로 밀어 넣는 것처럼. 이로써 드러나는 것은 입체화된 깊이감이 아니라 '평면화된 깊이감'이다. 이 명시적 평면성으로 인해 신체 다른 부분의 작은 차이들 모두가 최대치의 역동성을 갖고 생생하게 살아난다. 최소치의 차이, 최소치의 강도 속에 최대치의 긴장을 은미하게 접어 넣기 위해 재현적 '사실성'과 무관한 추상적 깊이감을 이용하고 있는 것이다. 사실 입체적이고 역동적인 모습으로 만드는 역동성이야 어쩌면 당연하다 싶은 것이고 어디서나 볼 수 있는 것 아닌가. 역동성과는 거리가 멀어 보이는 최소치의 입체성만으로 만들어낸 이 평면화된 역동성과 생생함은 실로 희소한 것이다!

　평면화가 단지 부조가 갖는 입체성을 축소하는 일만은 아니다. 부조뿐 아니라 환조 또한 평면화될 수 있다. 환조는 정의상 3차원의 입체지만, 가령 신체의 솟아오르고 패인 부분이나 옷주름의 입체성은 그 신체의 표면 자체를 다시 입체화한다. 흔히 '사실적'이라고 간주되는 많은 작품은 대개 신체 표면의 그 입체성을 확장한다. 반면 그렇게 솟아오르고 패인 요철을 줄이면 표면의 입체성이 크게 축소되어 신체 자체의 표면에 가까워진다. 옷의 주름이 내려앉으며 **신체의 피부로 평면화**되는 것이다. 옷주름의 요철을 강조함으로써 신체의 형상이 옷에 가려 보이지 않는 간다라 불상과, 옷주름을 최소화해 신체의 표면이 명확하게 드러나는 마투라 불상의 차이는 환조 자체를 다루는 상이한 방향을 잘 보여준다. 요컨대 환조 자체에서 형상의 입체성을 강조하는 방향과 그것을 축소하여 평면화하는 방향이 있는 것이다.

옷주름뿐 아니라 코와 눈의 깊이, 볼과 이마의 높이 같은 얼굴의 요철, 볼이나 가슴, 엉덩이나 무릎 등의 불룩한 양감을 줄이면 신체의 표면은 평면에 더욱 가까워진다. 그리고 곡면이나 곡선의 곡률을 줄이면 입체 자체가 더욱 평면화된다. 가령 국립중앙박물관에 소장된 신라시대 〈(방형대좌) 금동미륵보살반가사유상〉은 직선에 근접하는 아주 작은 곡률의 완만한 곡선의 팽팽하고 '추상화된 선', 평

그림 7.9 _ 〈(방형대좌) 금동미륵보살반가사유상〉

면화된 면과 형태가 주도하는 인상적인 불상이다. 눈과 코를 제외하면 신체의 굴곡이 최소화되어 있고 옷의 주름은 '종이 한 장 두께'로 겹쳐진 듯한 면들로 평면화되어 있다. 그렇게 평면화된 표면과 곧게 펴진 선으로 인해 목에 걸쳐 길게 드리워진 영락(瓔珞)이 상대적으로 도드라져 보인다. 하지만 이는 분명, 앞서 쓰촨성 마오현 출토 불상이나 사천왕상의 머리처럼 그것의 입체감을 유독 강조하기 위한 것이 아니라 다른 부분의 평면성을 강조하기 위한 것이다. 도드라져 보이는 그것이 곧 강조하기 위한 것이라는 관념 자체가 입체화를 척도로 하는 미감에 속해 있음을 다시 환기해두는 게 좋을 듯하다.

그림 7.10 _ 영월 창령사 터 오백나한상

그림 7.11 _ 창령사 터 오백나한상

룽먼 석굴을 대표하는 봉선사동 노사나불(盧舍那佛, 그림 3.7) 또한 신체나 옷의 굴곡을 최소한으로 축소했고 팔과 상체를 분할하는 경계마저 약간만 패인 완만한 굴곡 속에 감추어버렸다. 이국적 느낌의 얼굴 때문인지 종종 '간다라 양식'이라고 설명되기도 하는 윈강 석굴 16~20굴의 불상들(그림 3.3~3.9)도 눈 코 입의 윤곽은 뚜렷하지만 역시 부분적 굴곡을 최소화하여 구면처럼 둥그스름해진 전체 얼굴의 표면이나, 면과 선으로 축소된 신체와 옷주름으로 인해 평면화되어 있다. 간다라 양식의 양식적 특징에 반하는 이러한 특이성은 이 불상들이 간다라 양식이라는 설명에 고개를 갸우뚱하게 한다.

평면화가 여기서 좀 더 나아가 목과 어깨, 가부좌한 무릎과 배 사이에 있는 깊이의 차이를 축소하고, 팔과 몸통을 구별해주는 공간적 간격마저 제거하여 한 덩어리로 만드는 경우도 있다. 이로써 전체로서는 환조이지만, 뚜렷한 형태적 구별은 최소화되어 둥그스름한 모호한 덩어리로 '되돌아간' 형상만 남게 된다. 옷주름을 피부로 평면화하는 것을 넘어 **3차원의 신체 전체를 최소 굴곡의 알 같은 신체로**

평면화하는 것이다. 영월의 창령사 터에서 발견된 오백나한상들이 이러한 경우의 두드러진 사례다. 이 나한상들에서는 옷주름이나 얼굴은 물론 어깨와 무릎, 손발까지 그 굴곡이 대거 축소되며 돌덩어리 속으로 스며들어간다. 신체의 동작이나 표정을 둥글둥글한 표면의 돌 속으로 밀어 넣어 평면화된 표면을 갖는 돌덩어리만 남기려는 듯하다.

부조는 물론 환조에서도 나타나는 이 평면화의 성향은 가슴과 배, 허리와 엉덩이는 물론 볼의 굴곡을 강조함으로써 부조를 최대한 환조화하는 힌두 신전의 조각들과 아주 대조적이다. 밋밋하고 평면적인 것에 최대치의 양감을 부여하고 불룩한 것과 오목한 것, 솟아오른 것과 패어 들어간 것의 차이를 대비하여 자극의 강렬함과 효과의 선명함을 얻으려는 이런 '입체화'의 방법은 지금까지 살펴본 '평면화'와 대비되는 미학을 향해 간다. 그리스나 서구의 주류 미학이 이와 동일했음을 우리는 잘 알고 있다. 이러한 입체화는 흔히 '사실성'이라는 말로 지칭되는 최대치의 '재현'과 수렴한다.

평면화의 수학과 탈초점화

입체화는 조각 이상으로 회화에서도 두드러지게 발견되는 미학적 성향이다. 2차원 평면에 그림을 그리면서 3차원의 깊이감을 만들어내려는, 흔히 '원근법'이라 번역되는 기하학적 투시법(perspective)이 그것이다. 애초 피렌체라는 도시에서 발명된 그 기법이 15세기부터 19세기 말까지 유럽 전체로 확산되고 회화는 물론 조각·건축·문학 등 모든 예술 분야로 강력한 영향을 미칠 수 있었던 것은 입체화가 제공하는 재현적 효과에 대한 감각적 선호가 있었기 때문일 터이다.

이때 재현이란 두 가지 성분이 서로 되먹임되는 양상으로 행해진다. 하나는 공시적인 것으로, 인물이나 동작, 상태를 최대한 대상과 유사하게 재현하려는 태도다. 다른 하나는 통시적인 것으로, 묘사되는 사건의 서사를 최대한 압축해 재현하려는 태도다. 대상에 서사적 장면을 새겨 넣고, 서사에 사실적 리얼리티를 부여하는 방식으로 양자는 서로를 불러들이며 되먹임된다. 이런 점에서 우리는 르네상스 이전에 선형 투시법 같은 재현의 기법이 서사의 리얼리즘을 촉발했듯이 그 이전에는 종교나 신화의 서사성이 재현적 입체감을 촉발했었으리라 추측할 수 있다.

같은 동양, 같은 인도라 해도 불교와 힌두교의 미술이 평면성과 입체성이라는 상반되는 방향으로 발전한 것도 이런 방식으로 이해할 수 있을 것이다. 사실 입체화의 미감이라는 점에서 힌두적 인도는 그리스와 오히려 가깝다고 보이는데, 이는 양자 모두 신화가 유난히 서사성이 강하다는 점과 무관하지 않을 것이다. 창조와 종말, 심판과 대속의 강한 대립 속에서 구원의 서사가 역사 전체의 카이로스적 분기점이 되는 기독교 또한 그러하다. 반면 역사성조차 과거에 있었던 극적 사건이 아니라 어디서나 영향을 미치는 연기적 조건으로 추상화하는 불교에서는 석가모니의 전생담 같은 경전상의 이야기도 그다지 큰 중요성을 얻지 못하고 신들이 등장하는 이야기도 축약해서 연기법의 가르침을 전하는 간결한 사례로 바뀌어버린다. 서사를 멋지고 극적으로 묘사하는 그림이나 조각이 적고, 주로 조성되는 부처나 보살상에서도 각 인물의 개성이나 특징을 정확히 묘사하는 데 별 관심이 없는 것은 이런 이유일 것이다.

부조를 환조화하려 하고 조각에 최대치의 양감을 부여하려 하는 것이 입체화의 미감이라면, 환조마저 부조화하고 신체나 얼굴의 입체성을 최소화하여 면과 선으로 밀고 가려는 것이 평면화의 미감이다. 마찬가지로, 깊이감의 환영을 통해 회화를 입체화하는 것이 하나의 미감이라면 역으로 선과 형상, 색채의 흐름만으로 회화를 평면화하는 것은 그와 다른 또 하나의 미감이라 하겠다. 따라서 평면화는 조각으로 한정되지 않고 입체화 또한 회화로 한정되지 않는다. 조각에서도 가능한 한 입체화하려는 미감과 평면화하려는 미감이 있다. 회화도 마찬가지다. 이를 일반화하여 표현하자면 3차원의 조각과 2차원의 회화를 관통하는 방식으로 평면화와 입체화를 재정의할 수 있다. **3차원의 입체마저 깊이의 정도를 낮추어 2차원인 면에 근접시키는 것**이 평면화라면, **2차원의 회화마저 깊이의 환영을 만들어 3차원의 입체에 근접시키는 것**이 입체화다.

그런데 평면화와 입체화는 3차원과 2차원 사이로 한정되지 않는다. 수학적 어법으로 말하자면, 평면화란 차원수(次元數, number of dimension)를 낮추어가는 것이고, 입체화란 반대로 차원수를 높여가는 것이다. 입체화란 2차원의 평면 회화를 3차원의 입체로 밀고 가고, 1차원의 선은 곡절을 강화하거나 두께를 주어 2차원의 면에 근접하게 만들어가려는 미감이다. 반대로 평면화란 3차원의 입체를 2차원에 가깝게 밀고 가고, 2차원의 형상을 1차원인 선의 유동(流動)으로 밀고 가려는 미감이다.

프랙탈 기하학은 이러한 성향을 표현하는 좀 더 적절한 수학적 표현을 제공한다. 알다시피 프랙탈 기하학은 '차원'이라는 말에 1, 2, 3 같은 정수만을 붙이던 것과 달리 1.359차원, 2.738차원과 같은 소수 차원이 있음을 보여준 바 있다. 직선이 1차원이라면 구부러진 선은 많이 구부러질수록 2차원의 면에 점차 가까워진다. 폭을 갖게 된 두

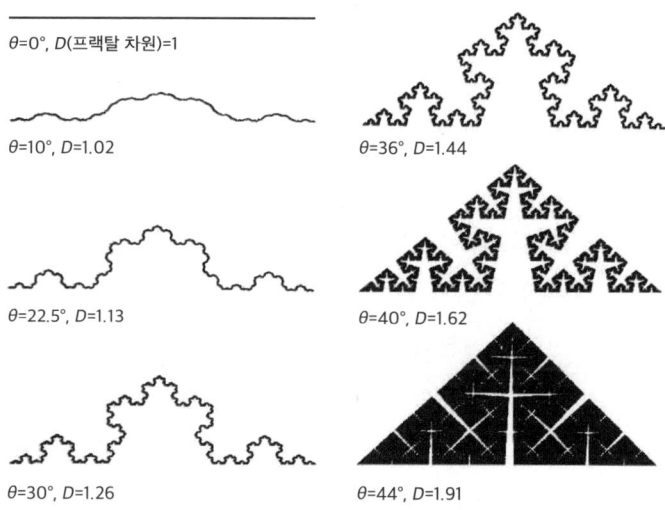

그림 7.12 _ 코흐곡선의 차원수 차이

꺼운 선도 가시적 형상으로 보면 2차원을 향해 차원수가 증가된 선이다. 그러니 두꺼운 선을 사용한 그림과 얇은 선을 사용한 그림, 선의 굵기가 달라지는 그림과 일정한 그림은 차원수가 같지 않다. 높은 곡률의 곡절이 많은 곡선과 낮은 곡률의 완만한 곡선 또한 그렇다. 굴곡이나 요철이 많은 면, 두꺼운 면 또한 3차원을 향해 차원수가 증가한 면이다.

평면화란 차원수를 낮추는 것이다. 차원수를 낮춘다 함은 3차원 입체의 굴곡을, 즉 구부러진 정도를 줄여 차원수를 2에 가깝도록 낮추는 것이고, 2차원의 곡선 또한 구부러진 곡절을 줄여 차원수를 1에 가깝게 낮추는 것이다. 미분기하학 개념으로 말하면 곡률벡터의 변화가 적어지는 것이다. 강렬함이 대비나 대립을 이용한다는 말은 인접한 부분 간의 강도 차이를 최대화한다는 뜻이고, 이는 곡률벡터의 변화를 최대화함을 뜻한다. 최대 차이의 강도 변화는 감각을 강하게 잡아채고, 강렬함은 보는 이의 마음을 압도하며 장악한다. 이는 포르티시모의 힘을 이용하는 방법이다. 반면 평면화는 곡률벡터의 변화를 축소시켜 작고 미묘한 변화의 힘을 이용한다. 이는 피아니시모의 힘을 이용하는 방법이다.

그러나 평면화의 미감이 단지 차원수의 최소치를 향해 가는 맹목적 성향은 아니다. 그저 곧기만 한 선이나 면은 피아니시모가 주는 긴장을 얻기 어렵기 때문이다. 곡률 제로인 선이나 면은 보이지 않게 무언가를 접어 넣을 틈새를 갖지 못한다. 곡절의 은미함이란 곡절 없음과는 다른 것이다. 살짝 구부러져 고요하면서도 팽팽한 긴장이 느껴지는 선, 약간씩 변화하는 미묘한 높이로 인해 평평한 돌의 표면, 이웃한 면이나 선들의 반복이 보여주는 리듬 등등이 없다면 은근의 미학은 아예 작동하지 않는다. 자 대고 그린 선이나 컴퍼스로 그린 원은 피아니시모의 힘을 담아내지 못한다. 그것은 굴곡을 쳐내고 은근성의 힘을 밀쳐내는 뻣뻣한 선들일 뿐이다. 면 또한 다르지 않다. 그라인더로 간 석조물이나 기계로 다듬은 나무 조상(彫像)에서 매력을 느끼기 힘든 것은 이 때문이다. 정으로 치고 끌로 깎은 면의 미세하게 굴곡진 면과 선이야말로 형상 이상으로 어떤 조각상의 매력을 만드는 핵심적 성분이다. 평면화에서 중요한 것은 **미묘하게 굴곡진 면, 미묘하게 구부러진 선의 은미한 차원수를 만드는 것**이다. 피아니시모의 은미한 굴곡 속에 강밀도를 은밀하게 접어 넣는 것이고 그 은미한 강도로 어떤 긴장을 응결시키는 것이다. 그러기 위해 강도의 은미한 변화를 이용하는 것이다.

입체화에 대한 욕망이나 그걸 표현하는 기법이 '동양'이나 불교의 회화에 없었다고는 할 수 없다. 가령 중당(中唐)기 작품인 둔황 막

그림 7.13 _ 중국 둔황 막고굴 220굴 〈불설법도〉

고굴 220굴의 〈불설법도〉나 오대십국시대 작품으로 보살과 팔부신중을 그린 206굴의 벽화, 후당(後唐) 작품인 220굴의 〈보살도〉는 스푸마토 기법을 이용하여 얼굴이나 신체에 입체성을 부여했던 아주 때이른 시도를 보여준다. 북주(北周)시대 작품인 428굴이나 290굴의 벽화들에서는 신체나 손과 팔, 얼굴까지 두꺼운 윤곽선을 사용한 그림을 볼 수 있다. 특히 290굴의 〈비천도〉는 변색되어 원래 색은 알아볼 수 없지만 명도는 남아 있는데 명도를 달리하는 두꺼운 선을 이용해 입체감을 표현하고 있다. 서하(西夏)시대의 작품인 206굴의 〈불설법

그림 7.14 _ 중국 둔황 막고굴 206굴, 〈불설법도〉

도〉는 변색되어 선으로 보이는 이 두꺼운 윤곽선이 스푸마토 기법을 이용한 입체화와 관련되어 있음을 보여준다.

그러나 이런 시도는 가령 둔황 석굴의 그 많은 벽화 가운데에서도 예외적 경우에 속한다. 스푸마토를 이용한 **입체화의 기법이 이처럼 있었음에도** 거의 확산되거나 발전하지 않은 것은 그것이 주는 효과에 별로 매력을 느끼지 못했기 때문일 터이다. 평면화가 기술적 진화의 정도가 아니라 미감의 지표이며, 그 미감이 묘사를 위한 특정 기법의 사용이나 발전의 조건임을 보여주는 증례라 하겠다. 간다라 지역과 좀 더 가까운 서역의 베제클리크 석굴이나 키질 석굴의 벽화들에서도 입체성을 갖는 그림을 보기는 쉽지 않다. 선과 면, 색이 만드는 아름다움에 대한 욕망이 대부분의 그림을 주도한다.

물론 불교예술이 언제 어디서나 평면화를 추구한다고는 결코 말할 수 없다. 지역에 따라 입체화를 추구하는 문화가 있으며, 같은 지역 내에서도 상반되는 성향의 불상들이 섞여 있다. 입체화와 평면화를 간다라 지역과 마투라 지역으로 대비할 수 있지만, 꼭 간다라 양식이 지배하던 지역이 아니어도 입체화의 미감이 강한 곳이 있다. 가령 일본의 불상들은 대체로 재현과 더불어 입체성에 대한 강한 선호를 보여준다. 칸신지(觀心寺)의 여의륜관음좌상이나 '산주산겐도'(三十三間堂)라고도 불리는 렌게오인(蓮華王院)의 수많은 천수관음상이 이를 잘 보여주는 사례라 하겠다.

티베트의 불상들에서도 평면화보다는 입체화의 양상이 확연하게 발견된다. 포탈라궁 소장 십일면천수관음보살상들이나 34개의 팔을 가진 대위덕금강(야만타카)상은 '천 개의 팔'이라는 말이 은유가 아니라고 할 만큼 3차원의 공간에 팔들을 가득 채워 넣어 최대치로 증식되고 최대한 증폭된 입체성을 갖는다. 이런 입체화는 팔의 수 때문만이 아니다. 두 개 내지 네 개의 팔을 가진 타라보살상도 그렇고 무량수불이나 문수보살 등 크고 작은 불상들도 그러한데, 조용히 앉아 있는 경우에도 티베트의 불상들은 대개 골곡이 많고 볼륨감이 강조된 신체를 갖는다. 불상이나 고승의 광배도 강한 입체성을 갖는 장식으로 채워진 경우가 통상적이다.

사실 환조를 만들면서 이처럼 입체화의 욕망을 갖는 것은 차라

그림 7.15 _ 포탈라궁의 십일면천수관음 보살상(상)과 타라보살상(하)

리 자연스럽고 당연한 것이라 해야 한다. 그렇기에 조각을 하면서 평면화하려는 성향이이야말로 오히려 이유를 물어야 하는 특이한 현상이라 하겠다. 많지는 않으나 목불이나 건칠불로 조성된 한국의 불상들도 입체화의 방향을 따라간다. 그러니 입체성의 정도를 조각에 사용된 돌과 나무, 화강암과 사암 등 재료의 차이로 설명하려 할 수도 있을 터이다. 일본에서는 목불이 많은 반면 한국은 목불이 많지 않고 바위에 직접 새긴 석불이 많으니 말이다. 그러나 이는 사실 반대로 말해야 할 것이다. 일본이라고 돌이 없을 리 없고 한국이라고 나무가 없을 리 없는데, 일본의 조각가가 나무를 선호한 것은 입체화가 용이했기 때문이고, 한국에서 목불이나 건칠불이 발전하지 않은 것은 굳이 입체화하려는 욕망이 없었기 때문이라고.

평면화와 입체화의 미감을 가르는 또 하나의 기법은 '초점화'이다. 건축에서 초점은 보는 이의 여러 시점을 통합하는 중심이지만, 그림에서 초점은 그려진 여러 대상을 통합하는 중심이다. 그림을 보는 시선이 모이는 중심이다. 시선을 겨냥한 작품에는 어디든 초점이 있다. 화면이나 장면 속에 많은 인물이나 사물이 그려져 있을 때도 작가는 대개 보는 이의 시선이 모이는 어떤 중심을 그 안에 만들게 마련이다. 보라고 하는 인물을 다른 것에 비해 부각하기 위해, 또한 보았으면 하는 사건을 보는 이가 놓치지 않도록 특정 인물이나 사물에 시선이 모이도록 잡아당긴다. 이 초점을 통해 여러 대상으로 시선이 흩어지며 전체가 산만해지지 않도록 하고자 한다. 반면 평면화는 초점을 없애거나 증식하여 시선을 모으는 힘을 최소화하는 경향이 있다. 이는 초점화와 대비하여 '탈초점화'라고 할 수 있는 것이다. 이 또한 피아니시모의 미학에 속한다.

초점화는 '형상'과 '배경'의 뚜렷한 구분을 통해 장면 안에서 형

그림 7.16 _ 아르테미시아 젠틸렌스키, 〈홀로페르네스의 목을 자르는 유디트〉

상을 부각하는 방식으로 양자 사이의 깊이감을 증가시키는 방법이다. 앞서 언급한 바 있듯이 형상은 어떤 장면의 전면에 나선 것이고 배경은 그 뒤로 물러서서 그것을 떠받쳐준다. 전면에 나선 '형상'은 시선을 모은다. 형상은 시선을 모으는 주역이다. 전면에 나선 '형상'이 많을 때는 그중 시선이 모이는 초점이 하나 있어야 한다. 초점은 복수의 형상들 간에 **깊이의 차이를 만들어** 장면을 입체화한다. 주역을 앞에 세우고 나머지를 뒤로 묻는다. 가령 아르테미시아 젠틸레스키의 작품 〈홀로페르네스의 목을 자르는 유디트〉에서는 세 사람이 형상의 자리를 차지하는데, 화면의 중앙은 목이 잘리며 고통스러운 표정을 짓는 홀로페르네스가 차지하고 있지만, 그림을 보는 우리

그림 7.17 _ 조르주 드 라투르, 〈다이아몬드 에이스의 야바위꾼〉

의 시선은 어느새 거기를 지나 목을 자르는 유디트의 얼굴로, 눈으로 이동한다. 그림의 변방에 있음에도 동작이 집중된 중앙의 홀로페르네스 이상으로 유디트의 얼굴은 우리의 시선을 당긴다. 조르주 드 라투르의 〈다이아몬드 에이스의 야바위꾼〉은 야바위로 인해 인물들의 시선이 우스울 정도로 분산되어 있지만, 보는 이의 시선은 화면 중앙의 인물에서 시작해 인물들의 시선 사이를 이동하며 전체 사태의 이유를 제공하는 인물인 야바위꾼, 특히 등 뒤로 감추어진 그의 손으로 이동한다. 형상의 자리를 차지하는 인물이 여럿이지만 순진하게 속는 인물, 그걸 눈치 챈 인물과 그에 응답하는 인물, 그리고 속이는 인물이라는 세 층의 동적인 깊이감을 따라 시선이 이동하는 것이다. 이 다른 깊이를 이동하는 시선을 이끄는 것은 그림 속의 초점이다.

형상은 앞으로 나서고 배경은 뒤로 물러선다. 초점은 형상들 사이에 다시 앞선 것과 물러선 것을 만든다. 이러한 방법은 굳이 투시법을 쓰지 않아도 '깊이'를 만들어낸다. 크기의 차이나 시선, 서사 등이 이를 위해 동원되기도 한다. 따라서 초점화는 앞으로 나선 것과 뒤로 물러선 것 사이에 깊이를 만드는, '입체화'하는 방법이다. 평면적 기법으로 그려진 그림에서도 초점화는 그려진 장면을 입체화한다. 물론 차원수의 증가치는 크지 않을 수 있다. '투시법'처럼 시각적 환영을 만드는 기하학적 방법은 크기의 대비를 통해 시선을 모으는 방법보다 차원수를 훨씬 크게 증가시킨다. 반면 형상들이 있는데 주인공이 없거나 너무 많으면 초점이 사라지거나 너무 많아져 초점의 기능을 상실하게 된다. 차원수가 줄어드는 것이다. 형상들 간 깊이의 차이는 단일한 초점에 의해 위계화될 때 입체화 효과를 최대화한다. 초점이 없거나 복수가 되면 전체 장면은 평면화된다. 초점이 많을수록 좀 더 평면화된다.

불화나 불상에도 초점이 있다. 삼존불이나 오존불의 초점은 중앙의 불상이고, 영산회상도의 초점은 많은 인물의 한가운데 있는 석가모니불이다. 이를 보는 이가 놓치지 않도록 대개는 크기 차이를 둔다. 즉 초점화된 인물은 크게 그리거나 커다랗게 만든다. 광배의 크기나 화려함으로 표시되기도 한다. 하지만 영산회상도처럼 인물 수가 너무 많고 크기 차이를 늘리기 어려울 때는 초점화 효과가 크지 않다. 실은 애써 크게 차원수를 늘리지 않는 것으로 보인다. 더구나 유사한 위상을 가진 인물을 증식시켜 초점을 늘리기도 한다. 가령 일본 주린지(十輪寺)가 소장하고 있는 조선시대 〈오불회도〉에서는 삼신불, 삼세불을 이루는 다섯 부처가 동등하게 강조되어 있다. 초점이 다섯 개나 되는 것이다! 게다가 그 옆의 협시보살마저 강조된다. 그리하여 시선은 그 많은 중심 사이에서 떠돌게 된다. 합천 해인사 대적광전의 〈신중도〉는 다섯 명의 중요한 신중이 중심을 이루는데, 거기에 더해 광배를 갖는 네 명의 신중이 그에 준하는 크기로 강조되어 있다. 그

그림 7.18 _ 일본 주린지 〈오불회도〉

런 만큼 그림은 평면화된다.

    석가모니 일생의 중요 사건을 그린 팔상도나 〈관경서분변상도〉 (觀經序分變相圖)처럼 경전의 중요 내용을 시각화한 변상도에는 여러 사건이 거의 동등하게 병치되어 그려져 있다. 이 경우에도 시선은 여러 인물 사이를 떠도는 것 이상으로 중심을 찾지 못한 채 여러 사건 사이를 떠돌게 된다. 죽은 이의 극락왕생을 비는 감로도는 상부에는 지옥의 중생들을 구원하러 온 불보살들이 크게 그려져 있지만, 다섯 내지 일곱 인물이 비슷한 크기로 나란히 병치되어 있다. 그림의 중간에는 수륙제를 올리는 제단이, 그 앞의 하부에는 아귀가 크게 그려져 있어 상부의 불보살 못지않게 시선을 모은다. 시선은 어느 한곳에 머

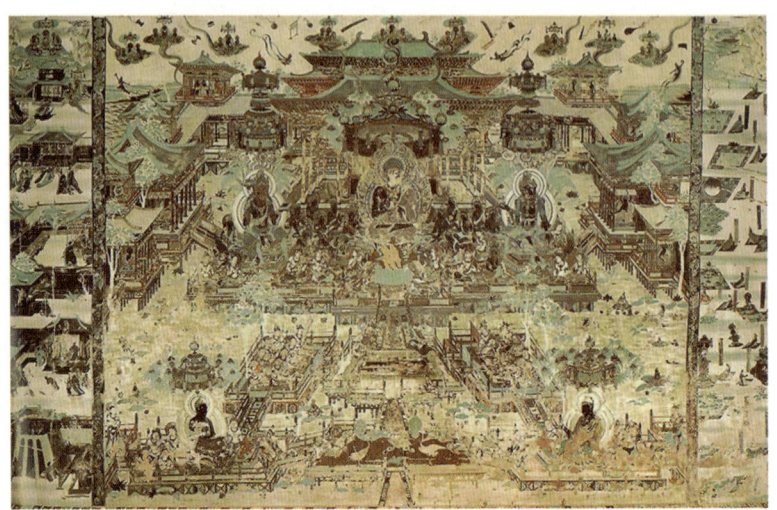

그림 7.19 _ 둔황 석굴 172굴 북벽 〈16관경변상도〉

물지 못한 채 화면의 상단, 중단, 하단 사이를 오가게 된다.

우리는 최대 강도가 만드는 강렬함을 따라가는 데 익숙하다. 강렬하게 밀려 들어오는 것 없이 시선을 주는 데 익숙하지 않다. 임팩트가 없으니 볼 게 없다고 생각한다. 하지만 이는 탈초점화된 작품을 그 반대의 기준으로 평가하는 것이다. 평면화된 작품을 입체적 실감이나 사실성으로 평가하는 것 또한 마찬가지다. 입체화의 미학이 잘못된 것은 아니지만, 그걸 기준으로 평면화된 작품을 평가하는 것은 잘못된 것이다.

깊이 없는 깊이와 감각적 원만

은밀과 은묘, 은미와 은연, 이는 은근의 미학이 작동하는 두 가지 표현방식이다. 특정한 표정을 갖지 않기에 무심한 얼굴 속으로 다른 많은 표정을 숨기듯 접어 넣는 것이 은밀이라면, 그 무심한 얼굴이 보는 이와 만날 때마다 다른 표정으로, 이 표정에서 저 표정으로 오가며 펼쳐지는 것이 은묘다. 이처럼 부처나 보살의 얼굴을 애서 특정한 표정을 강하게 표현하도록 하지 않는 것을 두고 말 그대로 '무심'(無心)이나 '무위'(無爲)와 같은 철학적 개념으로 설명할 수 있을 것이다.

탈초점화를 포함하는 평면화의 방법에서 우리는 은미와 은연의 표현방식이 작동함을 본다. 이때 평면화란 모든 것의 차이를 최소화하여 두루뭉술하게 뒤섞는 것이 아니라 모든 차이를 격별(隔別)하게 응축해 최소화된 굴곡 속에 새겨 넣는 것이다. 탈초점화 또한 어떤 중심이 당기는 힘을 분산해 형상과 배경의 차이가 만드는 깊이감을 줄이는 것이지만, 상이한 형상이나 사건 사이를 오가며 마음이 내키는 어떤 지점을 스스로 찾아가게 하는 것이다. 다양한 방향을 향한 감응들을 미미하고 작은 차이 속에 최대한 응결하는 것이다. 은미함이란 그렇게 응결되었기에 시선을 당기는 역설적 강도(强度)다. 은연중 드러나는 그 은미의 힘은 강렬함과 대비되는 '고요'와 '평온'에 가까이 있다. 은미하게 응결된 힘은 마음을 흔들어 감동의 파문을 일으키는 것과 반대로, 최소치로 잦아드는 잔잔한 파동을 통해 흔들리는 마음을 가라앉힌다. 평온하게 한다. 도를 향해 이끌어가려는 이를 상(像)으로 만들 때조차 보는 이의 마음을 애써 사로잡아 감동시키려 하지 않고, 보는 이에게 부처와 보살의 마음을 전하려 할 때조차 애써 시선을 잡아끄는 기법 없이 '자기 마음대로' 보도록 내버려두는 것을 '내려놓음'(放下著)이라는 개념으로 해석할 수도 있을 터이다. 이 '고요'와 '평온', '내려놓음' 같은 개념이 저 은미의 미학을 통해 표현되는 '내용'이라 할 수 있을 터이다.

포르티시모의 강렬함은 우리 마음을 쉽게 사로잡는다. 어렵지 않게 사로잡아 감동시킨다. 그래서 감동적인 작품이 많다. 그 감동이 우리의 마음을 어딘가로 끌고 감은 분명하다. 나를 잊고 끌려가게 한다. 그것이 정말 '나'에게서 벗어난 곳으로 이끈다면, 그것은 나를 익숙한 세계에서 벗어나게 하는 것이다. 하지만 감동이 어렵지 않고 감동적인 작품이 많은 것은 이미 감동할 준비가 된 것이어서 그런 것이기 쉽다. 이런 경우 그 감동이란 내가 알던 세계 바깥이 아니라 내게 익숙한 것을 향해 나를 끌고 간다. 그곳은 종종 예술을 통해 들어가야 할 곳이라기보다는, **나와야** 할 곳이다. 공감하기 쉬운 감정이 감동을 매개하는 경우라면 더욱 그렇다. 눈물로 눈물을, 고통으로 연민을 부르는 것은 얼마나 쉽고 안이한 방법인가! 사실 쉽게 드러낸 감정은 잠시 눈을 사로잡을 수는 있어도 마음을 사로잡지는 못하며, 사로잡은들 사로잡은 마음이 오래가지도 않는다. 강렬함의 미학이 진정 사건이 될 수 있는 것은 **쉬운 감동을 등질 때**다.

    피아니시모의 미약함은 우리의 마음을 사로잡기 어렵다. 미약하다는 것뿐이라면 그것은 쉬운 감동도 주지 못하고 아무 일 없이 지나간다. 별것 아닌 것에 그치기 쉽다. 그러지 않으려면 미약함 속에 팽팽한 강도가 있어야 하고 무심함 속에 매혹의 힘이 있어야 한다. 별것 아닌 듯 지나가는 것에서 '뭐지?' 싶은 무언가가 있음이 감지되어야 한다. 드러낼 때조차 숨듯이 뒤로 물러선 것이 있을 때 마음은 거기에 말려든다. 우리의 마음이 걸려드는 것은 이런 강도의 힘이다. 강렬함 이상의 강도를 무심함이나 미약함 속에 담는 것은 대단히 어려운 일이다. 감정적 공감의 용이함에 무심의 미감이 밀려나기 쉽기 때문이다. 우리 마음을 사로잡는 '은근의 미'가 흔치 않은 것은 이 때문이다. 그렇기에 은근의 미감이 감각 속으로 스며들 때, 그것은 우리를 뜻밖의 곳으로 인도한다. 익숙하지 않은 것, 혹은 너무 익숙해서 있는

그림 7.20 _ 석굴암 제석천상

지도 몰랐던 것으로 인도한다.

잘 알려진 것이기에 언급하기 새삼스럽지만, 그렇기에 필경 잘 알려진 이미지를 표상하는 것이 되기 쉬워 언급하는데, 경주 석굴암 본존불을 둘러싼 부조들은 이 은은하고 은근한 매혹의 힘이 얼마나 큰 강도를 가질 수 있는지를 잘 보여주는 걸작들이다. 표면에서 살며시 배어나온 평면화된 제석과 범천, 문수보살과 보현보살의 형상이 그렇다. 옷주름은 신체 표면 가까이에서 작은 곡률로 조용히 흘러내린다. 비슷한 포즈로 두드러지지 않는 두 팔은 멈춘 듯 움직이는 듯 고요한 동작으로 우아하고, 반쯤 옆으로 돌린 얼굴은 무심하게 보는 이의 마음을 비추어 되돌려준다. 가벼운 무게감을 가진 입은 소리 없는 물음을 보는 이에게 던지는 듯하고, 간결한 선으로 반개한 눈 보

그림 7.21 _ 석굴암 십일면관음보살상 부분

는 이의 시선을 보지 않던 것으로 이끄는 듯하다. 이 모든 감응은 은근하지만 강력하다. 어떤 명시적 감정도 드러내지 않는다. 여기에서 우리는 피아니시모의 은미한 힘이 강렬한 포르티시모 이상으로 높은 강도를 가질 수 있음을 본다.

그 부조 한가운데 있는 십일면관음보살상의 얼굴은 정면상인데, 무심한 얼굴 속에 많은 표정을 은밀하게 함축하고 있다. 얼굴은 신체에 비해 좀 더 도드라진 편인데 역시 최소화된 굴곡으로 평면화되어 있다. 평온한 얼굴이지만 날카로우면서 부드러운 눈은 경책과 포용, 안타까움과 너그러움을 오가고, 차분하게 다문 입은 때론 슬퍼 보이고 때론 미소를 짓는 듯 보이며 때론 단호해 보인다. 온화한 표정의 부드러움 속에는 꿰뚫어보는 예리함이 있으며, 편안하게 해주는 평온함과 풀어진 자세를 얼른 추스르게 하는 단아함을 동시에 갖는다. 슬픈 연민의 표정인지 무언가 미덥지 않아 안타까운 표정인지 알 수 없는 얼굴이고, 여성으로도 보이고 남성으로도 보이는 얼굴이며, 당당한 동시에 한발 뒤로 물러서는 겸허한 얼굴이다. 결코 어떤 감정이나 감응을 강렬하게 드러내지 않고 무심한 얼굴이지만 그 매혹의 힘은 지극히 강한 것이어서 엔간히 둔감한 이조차 시선을 빼앗기지 않기가 어렵다. 은묘하게 배어나는 은밀한 표정들은 결코 잊지 못할 강도로 보는 이의 눈과 귀, 코와 피부에 은근하게 새겨진다. 그리고 끝내 삶으로 스며들어 은근히 지속될 것이다. 무엇인지, 무엇 때문인지 알 수 없는 어떤 힘이, 드러나지 않은 채 스며들어 그 감각을, 신체를, 생각을, 삶을 감싸고 은근하게 어딘가로 잡아당길 것이다.

 은미함 속에 매혹의 힘을 어떤 강도로 숨겨 넣을 때 그림이나 조각은 쉽게 눈에 띄지는 않지만 은연하게 배어나오는 어떤 힘의 거처가 된다. 이 힘은 은연중 감지되며 쉽게 사라지지 않고 은근히 지속된다. 무심한 표정 안에 은밀하게 새겨 넣은 모호한 감응들은 그때마다 보는 이의 마음과 섞이며 상이한 표정으로 은묘하게 드러난다. 이 은미하고 은밀한 힘은 앞에 나서지 않고 시선을 부르는 손짓이나 눈짓도 하지 않지만 일단 눈에 들어오면 은근하게 당긴다. 뭔지 모르겠지만 뭔가 거기 있음이 잊히지 않는 은근한 존재감을 갖는다. 가시적 깊이를 최소화하여 평면적이지만, 베일 뒤에 숨어 당기는 어떤 힘이, '안에서-당기는'(in-tensive) 깊이감이 은묘하고 은연하게 배어난다. 피아니시모의 미학에서 강도(intensity)란 안에서 당기는 힘이다. 따로 눈 둘 곳 없이 흩어져 있지만 쉽게 사라지지 않는 대기가 되어, 은묘한 분위기로 보는 이의 신체에 은근히 감겨든다.

 그윽함이란 가시적 깊이가 없음에도 감지되는 어떤 깊이다. 깊이 없는 깊이, 역설적 깊이다. 피아니시모의 강도로 전해지는 은근의 미학은 그윽함의 미학이다. 은근이란 눈이나 귀, 코나 입을 잡아채는 두드러진 강렬함은 없지만, 그렇기에 일단 다가선 감각은 쉽게 놓아주지 않는 무심의 강도다. 은근이란 자신을 드러내지 않지만 그 모호한 존재감으로 보는 이를 당기기를 지속함이고, 그윽함이란 은밀하지만 간절하게 당기는 이 역설적 힘과 감각의 깊고 고요함이다.

은은하게 배어나 은근하게 스며드는 이런 미감은 무언가를 돌파하며 나아가게 하는 강렬함과는 반대로, 미세한 변화에도 민감하게 반응하며 인연의 조건에 따라오는 것을 오는 대로 받아주는 감각적 원만(圓滿)과 상응한다. 감각적 원만이란 상이한 감응이나 표정들을 은묘하게 담아낼 수 있는 능력(capacity, 수용력)이고, 그렇게 담아낸 것이 은은히 번지며 다가온 이들의 마음을 평온하게 해주는 은근한 힘이다. 그러니 그 '원만'(圓滿)에서 '원'(圓)이란 컴퍼스로 그은 선이 아니라 최소 크기의 곡절로 구부러진 곡선을 뜻하고, 수많은 곡절을 감춘 평온한 곡선을 뜻한다. 이와 짝하는 '만'(滿)이란 은연중 드러날 매혹의 힘들을 그 곡선의 은미한 강도 속에 최대 가득 채움을 뜻하는 동사임이 강조되어야 할 것이다. 은밀하게 접어 넣고 은묘하게 펼치는 것이 무위와 무심에 상응한다면, 은미하게 평면화된 것이 은연중 펼쳐지는 것은 고요와 평정에 상응한다. 은밀과 은묘로 표현되는 무심과 무위, 그리고 은미와 은연으로 표현되는 고요와 평정이 최소치의 강도 속에 최대치의 힘과 능력을 담아내는 원만함을 협시(脇侍)하고 있는 것이다. 은근의 미학의 두 기둥이라 하겠다.

08

친원의 시선과 내맡김의 미학
: 도래할 사건을 기다리는 비인칭적 불상들

얼굴과 시선
반개한 눈과 내맡김의 시선
친근한 불상과 친원한 불상
'내맡김'의 중간 지대
'개성 없는' 형상, '그게 그거'인 불상
기다림의 시간과 내맡김의 미학

■ 이미지 출처

8.1 ⓒⓒ Gleb Simono
8.2 ⓒⓒ TravelBear71
8.3 ⓒⓒ Tevaprapas Makklay
8.4 이진경
8.5 ⓒⓒ 한석홍
8.6 임영애 외, 『동양미술사』 하권
8.7~9 菊竹淳一·鄭于澤, 『高麗時代の仏画』
8.10~11 ⓒⓒ
8.12~13 菊竹淳一·鄭于澤, 『高麗時代の仏画』

얼굴과 시선

조각가는 포즈화된 신체를 만들고 화가는 신체의 형상을 그린다. 신체는 이런저런 자세를 취하며 어떤 표정을 갖는다. 보는 이에게 무언가를 말하는 표정이다. 하지만 표정을 가장 확실하게 표시하는 것은 얼굴이다. 신체의 포즈는 얼굴로 귀착되고, 얼굴에 의해 명확한 표정을 갖게 된다. 그 얼굴의 표정을 만드는 것은 눈과 입이다. 얼굴은 볼과 이마가 두드러지는 앞얼굴과 반만 드러나기에 무언가 짝을 가져야 할 것 같은 옆얼굴 사이의 어떤 각도를 취한다. 앞얼굴은 조형된 인물의 감정이나 생각, 느낌 등을 주로 드러냄으로써 보는 사람에게 무언가 말을 건넨다는 점에서 의미화된 기호를 방사(放射)한다. 옆얼굴은 그림 밖에서 자신을 쳐다보는 상대방 대신 그림 안에서 마주 보는 짝을 찾는다.[1] 마주 보는 얼굴은 서로에 대해 동조하고 공명하는 얼굴이다. 반면 외면하는 두 얼굴은 동조를 거부하거나 반발 내지 배신하는 얼굴이다. 이 두 극단 사이에서 어긋난 시선은 어긋난 대로 동조와 외면 사이에서 인물 간의 이런저런 관계 양상을 표현한다.

시모네 마르티니의 〈수태고지〉는 얼굴과 신체의 표정, 시선을 통해 정사(情事) 없이 발생할 '수태'를 천사로부터 예고받는 당혹스러운 상황을 아주 멋지게 표현한다. 대부분의 〈수태고지〉는 수태를 예고하는 천사 가브리엘과 마리아가 마주 보는 장면으로 그려지며, 성모의 얼굴은 그 예고를 받아들이는 마음을 표정으로 표현하기 위해 반쯤 앞얼굴이 보이게 한다. 마주 보는 두 인물의 호응과 그 예고를 받아들이는 성모의 마음이 그로써 드러난다. 담담하게 받아들이는 대부분의 〈수태고지〉와 달리 마르티니의 그림은 천사의 말을 듣는 마리아의 몸을, 뒤로 물러서며 어깨를 치켜들고 비트는 동작으로 표현함으로써 당황하여 움츠러든 표정을 신체화한다. 만약 그 몸을 따라 얼굴이 정면상이 되었다면, 천사의 말은 옆으로 돌린 마리아의 시선을 따라 동조를 얻지 못한 채 흘러가버리게 되었을 것이다. 반면 옆얼굴로만 그려졌다면 천사의 말을 듣는 양상은 명확해지겠지만 천사의 전언에 대한 마리아의 반응은 드러나지 않았을 것이다. 얼굴이 반쯤 천사를 향해 있고 시선은 천사와 호응하며 맞추어져 있기에 그의 전언은 '부르고 답하는' 관계를 이루는 데 간신히 성공한다. 동시에 비스듬히 숙이며 옆으로 쏠린 눈동자가 몸을 따라 비튼 앞얼굴의 표정을 만들어내면서 돌린 몸만큼이나 받아들이기 어려운 당혹감을

---

[1] 들뢰즈·가타리는 앞얼굴을 '의미화하는 얼굴', 옆얼굴을 '주체화하는 얼굴'이라 한다(『천의 고원』 1, 190~194쪽).

그림 8.1 _ 시모네 마르티니, 〈수태고지〉

표시한다. 받아들여야 하지만 천사의 예고를 받아들이기 힘든 난감함이 신체와 얼굴로 드러난다.

　얼굴에 표정이 드러날 때 이마나 볼, 그리고 입도 중요한 역할을 하지만 가장 두드러지는 역할을 하는 것은 시선이다. "눈은 마음의 창"이라는 말처럼, 그 인물의 마음속에 있는 생각이나 감정, 감응이 가장 강하게 흘러나오는 곳이 바로 눈이다. 그 눈에서 방사되는 시선은 그것이 닿는 누군가에게 그 마음을 실어 나른다. 여러 사람이 등장하는 그림에서 인물들은 그 시선들의 움직임을 따라 장면화된 사건으로 말려든다. 입 또한 의미를 담은 기호를 내지만 그림이나 조각의 형상에서 그 말은 들리지 않는다. 그리하여 눈에 기댄다. 아니, 시선을 보충하는 역할을 한다. 이마와 볼은 촉감을 가시화하는 피부와 패인 주름으로 말하는데 표면에 드러나게 그려진 모습으로 재현되지 않은 어떤 것이 그 주름 속으로 스며들고 접혀 들어간다. 이렇게 스며들어 간 어떤 인물의 삶이나 그가 겪은 사건, 그의 감응이나 감정이 입으로, 그리고 눈으로 '말'이 되어 나오는 것이다.

의미화된 기호인 말들은 사실 보는 이들에게 공감이나 동조를 **요구하거나** 무언가를 **호소한다는** 점에서 본질적으로 명령문을 함축한다. 슬픔은 슬픔대로 그걸 덜어달라 호소하고, 단호함은 단호함대로 마음을 다잡고 따라나서길 요구한다. 그렇게 모든 기호는 공감에 부응하는 어떤 생각이나 태도를, 혹은 행동에 대한 '명령어'를 간접화법으로 발송한다.[2]

'사천왕상'은 어디서나 이를 잘 보여준다. 칼이나 탑, 비파 같은 지물을 들고, 추한 인물을 발로 밟는 포즈는 보는 이를 압도하고, 씰룩대며 올라간 볼은 입을 다물고 있어도 호령하는 듯하며, 크게 부릅뜬 눈은 그것만으로 강력한 명령문을 발송한다. 미황사나 운문사의 우아하고 순해 보이는 사천왕들도 단지 정도 차이만 있을 뿐 이 점에선 다르지 않다. 꾹 다문 입술과 차분히 응시하는 시선이지만 그 앞에 선 자들을 압도하는 명령문을 기품 있게 방사하고 있다. 사천왕의 볼이나 이마, 동작에서 세인이라면 누구나 거치게 마련인 신산한 삶의 흔적을 읽어내기는 어렵다. 그 볼과 표정은 주름으로 가득 차 있을 때조차 삶이 스며드는 습지가 아니라 고성의 명령문이 튀어나오고 뻗어나가는 언덕이다.

앞얼굴이 명령문이 함축된 기호를 방사하며 '의미화'하는 얼굴

---

(2) 들뢰즈·가타리, 『천의 고원』 1, 84쪽; 이진경, 『노마디즘』 1, 270~274쪽.

이라면 옆얼굴은 부르고 답하는 공명을 통해 서로에 대해 '주체화'되는 얼굴이라고 대비할 수 있다. 여기서 '주체화된다'라는 말은 우리의 통념에 따르면 크게 오해할 수 있는 것인데, 이를 피하려면 일단 유럽어족에서 주체를 뜻하는 서브젝트(subject)가 동시에 신하, 종복을 뜻하기도 함을 기억해야 한다. 주체가 된다 함은 기존의 지배자에게서 벗어나는 것이지만 대개 그것은 새로운 의미화를 받아들이며 그것의 종복이 되는 것이다. 잘 알려진 것이지만, 알튀세르는 이러한 양의성을 '호명'(呼名, interpellation)이라는 개념으로 해명한 바 있다. 가령 모세가 히브리인으로서 자각하여 이집트 왕에게서 벗어나 '주체'가 된 것은 시나이산에서 자신의 이름을 호명하는 신에게 응답함으로써였다. 그가 신의 호명에 응답한다 함은 "내 백성들을 이집트 땅에서 해방시키라"라는 신의 명령을 받아들임을 뜻한다. 이는 히브리인 해방의 리더로서 '주체화'되는 것이지만 동시에 그 명령을 부과한 신의 '종복'이 되는 것을 뜻한다.[3] 정신분석가 라캉 또한 이와 유사하게 말한다. 즉 우리가 '자기 욕망의 주체가 된다'는 것은 부모나 사회, 규범, 법 등을 뜻하는 '큰 타자'의 욕망을 자신의 욕망으로 오인하며 받아들이는 것이라는 점에서 타자의 언설에 주체적으로 복속하는 것이라고. 주체가 된다는 것은 그렇게 큰 타자가 지정한 주체의 자리를 '나'의 자리로 받아들이는 것이다. 언어처럼 구조화된 상징계 안에서, 기표들이 실어 나르는 의미를 받아들이는 것이다.[4]

부르고 답하며 주체화되는 과정에서 말이나 기호는 바로 이 명령문을 실어 나른다. 의미를 안다 함은 그 말에 실린 명령어를 이해

---

(3) 루이 알튀세르, 김동수 역(1991), 『아미엥에서의 주장』, 솔, 123~127쪽.
(4) Lacan(1977), *Ecrit: A Selection*, A. Sheridan tr., W.W.Norton.

함을 뜻한다. 알다시피 "라면 먹고 갈래요?"라는 말에 "배가 고프지 않아요"라고 답하는 것은 그 기호의 실질적 의미를 이해하지 못한 것이다. 문자 그대로의 기호는 이해했지만, 정작 그 기호에 실린 명령어는 이해하지 못했다는 말이다. '추워!'라는 말도, '배고파!'라는 말도 모두 단지 자신의 상태를 알려줄 뿐 아니라 상대방의 특정한 행동을 요구하는 어떤 명령문을 발송한다. 우리는 이를 얼굴을 보며 확인한다. 얼굴은 기호에 실린 이 명령어를 표현한다. '눈치'가 없다는 말은 표정에 실린 이 명령어를 읽을 줄 모른다는 말이다.

반개한 눈과 내맡김의 시선

얼굴은 명령문을 발송한다. 시선은 명령어를 실어 나른다. 앞얼굴은 의미화하고 옆얼굴은 주체화한다. 그런데 옆얼굴을 통해 드러나는 주체화는 그림이나 조각상과 보는 이와 앞얼굴 사이에서 동형적으로 작동한다. 앞얼굴이 의미화라고 하지만 이때 의미화된 기호는 그걸 마주 보는 사람을 향해 명령문으로 방사된다. 이 명령문은 사실 그 그림이 자신의 얼굴로 말하는 것에 대해 보는 이가 응답하며 주체화되기를 요구한다. 비통하게 슬퍼하는 얼굴은 이 슬픔을 덜어달라고 말하고 고통받는 얼굴은 이 피할 수 없는 거대한 고통의 의미를 알아달라고 말하며 분노한 얼굴은 분노를 야기한 행동을 당장 중지하라고 말한다. 그 의미를 알아듣는다 함은 그 말에 실려 온 명령문에 긍정으로 응답하는 것이고, 그렇게 명령하는 이의 호명에 답하여 그의 명령을 이행하는 주체가 되는 것이다. 의미화와 주체화가 동시에 작동하는 것이다. 십자가와 가시관을 쓴 채 늘어진 그리스도의 얼굴이나 죽은 아들을 안고 비통해하는 성모의 얼굴은 그 고통의 의미를 알기를 요구할 뿐 아니라 그 거대한 고통에 답하는 주체가 되기를 요구한다. 표정의 강렬함만큼 그 명령문의 강도도 강하게 마련이다. 사천왕의 험한 얼굴이 일차적으로 표현하는 것 또한 그것이다.

명령문을 발송한다는 점에서는 입과 비슷하지만 굳이 비교하자면 사실 입보다 더 강력한 힘을 갖는 것이 눈이다. 입은 아무런 말을 하지 않는데도 표정이 무언가 묵직하게 말을 하는 때가 있다. 그때 그 표정에 실린 명령문을 실어 나르는 것이 시선이다. 나를 쳐다보는 눈이 있는 한, 입이 말하지 않아도 우리는 발송된 명령문을 듣는다. 때로는 입이 말하지 않기에 더욱더 강력한 명령문이 발송된다. '어떻게 하나 보자' 하는 의지마저 실린 침묵, 그것은 침묵이 아니라 고함이다. '하지 않으면 죽어!'라는 '선고'(sentence)가 실린 강한 고함소리가 그 눈에서 나온다. '마음의 창', 마음의 소리가 흘러나오는 창이라는 말이다. 눈은 무섭다. 말하는 입보다 무섭다.

반면 정면상인데도 그 눈이 나를 보지 않는다면, **호응을 요구하는 시선이 없다면** 입이 말할 때조차 문장들은 나를 향한 명령문이기를 그치고 입 주위로, 신체 주위로 흩어져버린다. 물론 그렇다고 기호들이 사라지는 것은 아니지만 그 기호들에 실린 명령어는 겨냥한 대상을 잃고 공중에 흩어진다. 부정칭(不定稱)의 중성화된 의미만 남아 얼굴 인근을 떠돈다. 명령문조차 명령하길 그친 명령문이 된다. 입에서 말이 되어 나올 때조차 그 말들은 그것을 실어다 줄 매개체를 잃고 무심한 기호가 되어 입 주위로, 신체 주위로 흩어져버린다. 침묵이 정말 아무 말도 하지 않는 것은 이처럼 호응을 요구하는 시선을 동반하지 않을 때다. 정면에서 마주 보는 얼굴이지만 마주 보며 눈을 맞추지 않는 눈은 표정을 통해 발송되는 기호들을 슬쩍 공중에 흩어버

그림 8.2 _ 쿠샨 왕조 시기의 불상 마투라(2세기)

린다. 표정이 발송하는 기호의 명령어를 슬며시 지운다. 상대방이 아니라 '자신'을 향해 있기에 그 시선은 입에서 나가는 말들마저 침묵 속에 묻는다.

이 점에서 **반개한 눈**과 **아래를 향한 시선**을 창안한 굽타시대의 인도 예술가들은[5] 얼굴의 역사에서 더없이 획기적인 하나의 분기점을 만들었다. 불상 또한 다른 종교적 조각상과 마찬가지로 마주 보는 이를 향해 만들어진다. 그 이전의 불상은 보는 이를 마주하는 얼굴이었고 그 얼굴은 모두 마주 선 사람과 눈을 맞추고 있었다. 마주 보는

---

(5)   비드야 데헤자, 이숙희 역(2001) 『인도 미술』, 한길아트. 97쪽.

그림 8.3 _ 굽타 왕조 시기의 불상 사르나트(5세기)

이의 마음에 응답하는 눈이라고들 하지만 그것은 동시에 마주 선 이에게 어떤 의미화된 기호를, 그 기호에 실린 말 없는 명령문을 발송하는 눈이었다. 물론 표정은 평온하고 입은 기분 좋은 미소만을 담고 있거나 적어도 침묵하고 있기에 명령문을 발송하는 소리는 나지 않았다 하겠다. 그래도 눈이 보는 이의 눈을 향하는 한 그 침묵은 상대적 침묵일 뿐이며 그저 침묵이라고만은 말할 수 없는 것이었다. 말없는 명령어들이 발송되고 있었다.

그러나 눈이 반개하며 시선이 아래로 향할 때, 그리하여 마주 선 나와 눈 맞추며 공명하기를 요구하지 않을 때 기호나 의미는 하향한 시선을 따라 가라앉는다. 마주한 상의 얼굴은 나를 향해 무언의 말을 건네길 그치고 시선은 침묵 속으로 들어간다. 반개한 불상의 시선은 침묵의 시선이다. 반개한 눈의 불상은 주위에 있는 상징들이 발송하는 기호들마저 침묵 속으로 끌고 내려간다. 호응을 요구하는 기호들은 명령어를 잃은 채 침묵의 대기 속을 떠돌게 된다. 침묵의 시선을 따라 전파되는 어떤 무게감이 부유하는 기호들을 차분하게 가라앉힌다. 침묵의 시선이 전하는 것은 가르침을 실은 명령어가 아니라 '적정'(寂靜)이나 '적멸'(寂滅)이라고들 표현하는 절대적 침묵이다.

물론 마주한 불보살상에는 고요함이나 평온함, 자비 등등의 말로 서술되는 표정이 있다. 무심 속에 은밀하게 접혀 들어간 많은 표정이 있다. 그 표정만큼 많은 기호가 있다. 그러나 그 표정과 기호는 눈을 통해 전달될 명령어를 갖지 않은 채 조용히 거기에 있다. 보는 이를 호명하지 않으며, 보는 이에게 호응도 공명도 요구하지 않고 조용히 거기에 있다. 마주 서 대면하고 있는 이는 그 표정을 볼 것이고, 때론 그 표정을 둘러싼 분위기에 말려 들어갈 수도 있을 것이다. 그러나 그때에도 반개한 불보살상은 어떤 응답을 요구하지 않는다. 마주 선 이가 그것을 보고 듣고 알아서 가져가도록 **내맡겨둘** 뿐이다. 가져가지 않으면, 아직은 때가 되지 않았으려니 할 것이다. 인연에 따라 능력에 따라 가져가도록 펼쳐놓을 뿐이다. 그렇게 보는 이에게 그저 내맡긴 채 무언가에 이끌려 다가오기를 **기다릴** 뿐이다. 반개한 불상의 시선은 내맡김의 시선이다.

친근한 불상과 친원한 불상

반개한 눈으로 시선을 내리깐 불상은 명령어를 발송하기를 그치며 적정(寂靜)의 침묵 속으로 들어간다. 그렇게 침묵하는 불상은 침묵의 밀도만큼 내게서 멀어진다. 아무리 가까이 있어도 가깝다 할 수 없는 거리 저편에 있다. 그렇게 침묵 속에 있는 부처는 마주 선 우리와 비슷한 모습을 하고 있지만 결코 그 우리와 같다고 할 수 없다. '아득히 멀다' 할 어떤 세계에 있다. "나는 이 세계에 있지 않다!" 일체의 번뇌가 사라진 적정의 세계, 세간의 고통을 넘어선 열반의 세계가 침묵 저편에 있다. 그러나 부처는 동시에 이 세계에 있다. 우리 중생이 사는 이 세계를 산다. "이 세계를 떠나지 않으리라!" 그렇게 그는 **아득히 먼 거리 저편에 있으면서 바로 우리 옆에 있다**. 부처도 불상도 반개한 시선의 거리 저편에 있으면서 그 불상의 거리만큼 가까이 우리 옆에 있다. 그렇게 아득히 먼 적정의 세계가 바로 옆의 불상을 통해 우리에게 온다.

바로 옆의 가까움과 아득히 멀리 있음의 이러한 공존을 통해 우리가 사는 세계와 아득히 먼 세계가 우리가 있는 곳으로 다가온다. 그렇게 다가오며 "다른 삶은 가능한가"를 묻게 한다. 가까이 있는 것이 아득히 멀어지고 아주 멀리 있어 보이지 않던 것이 가까이 다가오는 이 역설적 감응을, 편안한 시선과 다정한 미소가 주는 '친근감'(親近感)과 대비하여 **'친원감'(親遠感)**이라 명명하면 어떨까?

눈에 보이는 불상에서 "상 없는 여래"를 보는 일은 눈을 맞추고 공명하고 교감할 때는 발생하기 어렵다. 그렇게 마주 보고 교감할 때, 우리는 이웃과도 같은 **친근한** 형상을 본다. 교감의 시선 속에서 따뜻하고 편안하게 해주는 아름다움을 보고 그 아름다움에 실려 오는 말

그림 8.4 _ 서산 마애여래삼존상 부분

들을 듣고 의미를 새긴다. 거기에 존재하는 어떤 힘을 보고 그 힘에 지금의 나를 투영하거나 그 힘이 내게 다가와 나를 거들어주기를 조용히 청한다. 반면 눈앞에 있지만 시선을 거두며 적정의 절대적 침묵 속으로 침잠한 모습을 볼 때 우리는 나와 같은 세계를 사는 이의 친근함 대신 아무리 가까워도 아득히 멀리 있는 무언가를 느낀다. 상을 감싸는 평온함의 대기가 주는 가까움 속에서 내가 속한 세계와는 다른 세계의 어떤 거리를 감지한다. 불상의 형상에서 그 형상에 없는 무언가를 본다. 불상을 만든 이의 강밀한 표현능력과 상응하는 친원의 역설적 감응이 나를 둘러싼다. 친근의 미감과 대비되는 **친원의 미감**이 거기에 있다.

그림 8.5 _ 석굴암 본존불 부분

　'백제의 미소'로 유명한 서산 마애불과 적정의 시선이 깊은 경주 석굴암의 본존불은 친근감과 친원감이라는 두 감응의 차이를 아주 잘 보여주는 사례다. 서산 마애불에서 느껴지는 친근감은 아름다운 미소를 짓고 있는 입에서 오는 것이지만, 그것은 정면을 향한 시선, 마주 선 나를 바라보는 눈 없이는 생각할 수 없는 것이다. 그 눈이 반개하며 시선이 내리깔릴 때, 편안하기 그지없는 그 미소조차 더는 쉽게 '친근하다' 할 수 없는 낯선 미소가 될 것이다. 아니, 미소 자체가 그렇게 내리깔린 시선과 어울리지 않을 터이다. 그래서일 것이다. 반개한 눈의 불상은 **쉽게 감지될 웃음**을 짓지 않는다. 반개한 불상에 미소가 있다면 그것은 있는지 없는지 모호한 상태로 있다. 석굴암의 본존불상이나 관음보살상은 실로 탁월한 작품이지만 그 불상들에서 '친근감'을 느끼기는 어렵다. 범접하기 어렵다 싶을 만큼 먼 거리의 '성스러움'이 둘러싼 석굴암 본존불에 비해, 감산사의 미륵보살상이나 아미타불상은 좀 더 부드럽고 '인간적인' 표정이지만, 이 경우에도 '친근'하다고는 말할 수 없다. 서산 마애불의 친근감과 대비되는 깊은 친원함이 이 불상들을 둘러싸고 있다.

흔히 '초월성'이나 '숭고미'를 탁월하게 표현한다고들 하는 불상들이 한결같이 반개한 눈을 하고 있음은 이런 이유일 터이다. 그 불상의 눈에는 눈동자가 새겨져 있지만 있어도 보이지 않는다. 반개란 눈에서 대상을 바라보는 눈동자를 지우는 것이기 때문이다. 이런 점에서 보면 가마쿠라시대의 불상을 만들던 케이파(慶派)가 반개한 눈 안에 수정 눈동자를 박아 넣었던 '옥안'(玉眼)의 기법은[6] 반개한 눈에 의해 지워져야 할 것을 선명하게 되살려낸 것 아니었을까 싶다. 아마도 형상 재현에 대한 욕망이 눈이라는 기관까지 파고든 것일 텐데, 반개한 눈의 효과를 생각하면 굽타시대의 혁신을 되돌린 것은 아니었는지 물어야 할 듯하다. 희고 검은 부위의 대비로 생생하게 되살아난 눈은 반개한 눈꺼풀을 밀치며 시선을 방사한다. 지워지는 눈동자가 만드는 친원감은 사라지고 침묵을 깨는 눈동자가 선명하다. 내려앉은 눈꺼풀을 뚫고 나오는 것이기에 눈빛은 편안하게 쳐다보는 눈동자의 친근감과도 거리가 멀다. 코케이(康慶)가 만들었다는 시즈오카(静岡) 즈이린지(瑞林寺)의 목조지장보살좌상이나 그의 아들인 운케이(運慶)와 나란히 케이파의 중심인물로 여겨지는 제자 카이케이(快慶)가 만든 교토 다이고지 삼보원 목조미륵보살좌상은 눈을 감아도 보일 듯한 눈으로, 강한 어조의 명령문을 발송하는, 어쩌면 약간 무서운 느낌마저 주는 얼굴이 내리누르는 시선을 방사한다.

(6) 이 기법은 비현실적이고 환상적인 불상을 좋아하던 헤이안 말기 귀족들의 취향과 달리 강력한 사실적 재현을 추구했던 케이파의 성향을 가장 극적으로 보여준다(山本陽子(2025), 『入門日本美術史』, 筑摩書房, 101~107쪽 참조).

그림 8.6 _ 일본 교토 다이고지 목조미륵보살좌상

'내맡김'의 중간 지대

정면상의 얼굴에서 반개한 눈의 시선이 그림을 보는 이를 향한 명령문을 침묵 속에 묻는다면 그림 속에서 상대를 향해 마주 보는 얼굴이라면 어떨까? 불화에서 두 인물이 마주 보는 장면은 그리 흔하다고는 할 수 없지만, 고려시대에 많이 그려진 수월관음도는 이런 경우를 장면화한다. 도를 얻고자 많은 선지식(善知識)을 찾아다니는 선재동자(善財童子)가 보타락가산(補陀落迦山)의 관음보살을 찾아가 만나는 장

그림 8.7 _ 일본 카가미신사 소장 〈수월관음도〉

면을 그린 것이기에 이 그림에서 화면 속 두 인물은 마주 보고 있다. 이러한 서사적 모티프가 있지만 그림의 주제는 두 인물의 만남이라 기보다는 관음보살 자체라고 해야 할 듯하다. 선재동자를 계기로 모습을 드러낸 관음보살이 화면 전체를 차지한 반면 선재동자는 관음보살의 발아래 아주 작게 그려지는 것이 수월관음도의 전형적 구도이기 때문이다. 가령 카가미신사에 소장된 〈수월관음도〉나 쇼주라이코지(聖衆來迎寺, 滋賀) 소장 〈수월관음도〉가 그렇다. '물방울관음'으로 알려진 센소지(淺草寺) 소장 〈수월관음도〉도 다르지 않다.

〈수월관음도〉에서 관음보살은 선재동자와 마주 보며 그의 물음에 응답하는 구도이지만 그 시선은 선재동자에게 맞추어져 있지 않다. 아니 단지 그 정도가 아니라 두 인물의 시선은 위아래로 크게 어긋나 있다. 마주 본다 했지만 얼굴 또한 서로 정확히 마주 보는 얼굴이 아니다. 서양의 회화에서라면 서로 호응하는 두 인물의 만남에서 이러한 어긋남은 드물다. 반면 수월관음도에서는 아주 흔하고 통상적이다. 관음보살은 자신을 찾아온 이에게 응답하고자 반개한 눈꺼풀을 살짝 들어 올리며 조용히 시선을 보내지만 만약 그 시선이 선재동자와 맞게 된다면, 관음보살은 선재동자와 공명하며 '주체화'하는 전형적 그림이 되었을 것이다. 그 경우 그 사이에 그림을 보는 우리가 들어갈 여지는 없다. 두 인물의 호응으로 그림은 닫히게 된다. 정확하게 마주 보는 두 얼굴도 마찬가지다. 그렇다고 마주 보지 않는다면 두 인물은 따로 놀게 될 것이다. 그러고 보면 수월관음도에서는 두 인물이 얼굴과 시선을 마주 보면서도 어긋나게 함으로써 그림을 보는 우리가 들어갈 자리를 만드는 셈이다. 관음보살과 선재동자 사이에서도 두 인물이 호응하면서도 주체화하지 않는 절묘한 중간지대가 만들어진다. **당기지 않지만 방치하지도 않는 내맡김의 중간지대**가 거기에 있다.

선재동자의 얼굴은 완전히 옆얼굴로 그려진 것도 있고 반쯤만 옆얼굴로 그려진 것도 있는데, 관음보살의 얼굴은 대부분 앞얼굴에 가까운 옆얼굴이다. 그러나 앞서 언급한 〈수태고지〉의 성모처럼 이 각도의 얼굴로 상대방과의 만남에서 관음보살이 느낀 감응을 보여주려는 것으로는 보이지 않는다. 오히려 이 각도의 얼굴은 선재동자를 무시하지 않으면서 그림 앞에 마주 선 우리를 향해 관음보살의 얼굴을 최대한 보여주기 위한 것이다. 그렇다면 사실 앞얼굴이 더 좋지

그림 8.8 _ 일본 야마구치 코잔지 소장 〈수월관음도〉

앉았을까? 맞다. 그래서 실제로 그렇게 그려진 작품도 있다. 일본 야마토문화관(大和文華館) 소장 〈수월관음도〉나 야마구치(山口) 코잔지(功山寺) 소장 〈수월관음도〉가 그렇다. 제목과 주제는 약간 다르지만 선재동자가 한쪽 구석에 등장하는 호암미술관 소장 〈천수천안관음보살도〉도 그렇다. 이렇게 되면 관음보살은 선재동자에게 응답하는 느낌을 주지 못한다. 그럼에도 이런 구도를 취한 작품이 있다 함은, 관음보살의 얼굴이 일차적으로 향한 것은 선재동자가 아니라 그림을 보는 우리임을 시사한다.

약간 옆으로 돌린 관음보살의 얼굴은 그렇게 선재동자와 그림을

그림 8.9 _ 일본 나라 야마토문화관 소장 〈수월관음도〉

보는 우리 사이에 있다. 다시 말하자면 관음보살의 얼굴은 선재동자와 호응하는 것만도 아니고 우리를 향한 것만도 아니다. 주체화하는 얼굴도, 의미화하는 얼굴도 아니라는 것이다. 그리고 관음보살의 시선은 반개하여 아래를 향해 있다. 그래서 관음보살은 선재동자와 만나고 있지만 침묵 속에 있고, 우리를 향해 있지만 역시 침묵 속에 있다. 하지만 석굴암 본존불처럼 적정의 절대적 침묵 속에 들어간 시선과 달리 약간 열린 시야를 갖는 눈이다. 선재동자에게, 혹은 우리에게 응답하려는 듯 **살짝 열린 침묵**의 눈이다.

반개한 눈이 살짝 들리면서 배어나오는 느린 시선, 선재동자를 향했지만 시선을 맞추려 하지 않아 어긋난 시선, 이는 침묵에서 살그머니 열리기 시작하는 시선이다. '살그머니'라고는 해도 눈이 어떻게든 열린다면 시선은 이내 의미를 실어 나르기 시작한다. 그러니 만화적 표현으로 말하자면, 이후 장면에선 말풍선이 떠오르게 될 것이다. 열리기 시작하는 시선은 아직은 비어 있는 말풍선, 아니 막 부풀기 시작한 말풍선이다. 공기가 들어가기 시작하는 그 순간의 시선이라 해도 좋겠다. 하지만 말풍선에 말들이 채워진다 해도 어긋난 시선, 어긋난 얼굴은 그 말들을 두 시선, 두 얼굴 사이의 공간 속에 흩어놓을 것이다. 의미화하거나 주체화하는 기호들은 말풍선에서 새어 나와 허공에 흩어질 것이다. 어긋남의 공간을 떠돌며 그림을 보는 우리에게 흘러나올 것이다. 그렇게 흘러나오는 기호들은 이가 딱 들어맞는 기호들과 달리 느슨하게 이어진 채 우리의 눈 속에서 연결될 것이다. 그 이음매가 느슨한 만큼 내 시선에 따라 때론 이렇게 때론 저렇게 풀어졌다 연결되었다 할 것이다. 달과 물과 관음보살의 안색이 섞인 색조 속에서 방향을 잡는 모호한 다의적 기호들이 다가왔다 멀어졌다 할 것이다. 다르지만 아주 다르지는 않은 의미로 묶이며 그림 앞에 있는 이들의 인근을 맴돌 것이다. 명령하지 않는 기호들로, 동조를 요구하지 않는 기호들로, 하지만 무언가 생각하고 무언가 느끼게 하는 기호들로.

　신체의 자세 또한 시선과 얼굴의 이러한 양상과 공조(共調)하고 있다. 결가부좌를 한 채 시선을 내리고 선정에 든 불상이 적정의 침묵 속으로 우리를 끌고 간다. 정면상을 한 코잔지 소장 〈수월관음도〉나 호암미술관 소장 〈천수천안관음보살도〉에서 관음보살은 결가부좌하고 선정에 들어가 있다. 선재동자가 발아래 있지만 몸도 시선도 그를 향해 있지 않다. 여기서 관음보살은 적정의 침묵 속에 있으며,

선재동자는 방문했으나 아직 관음보살을 부르기 전의 상태인 듯하다. 야마토문화관 소장 〈수월관음도〉는 이 점에서 상당히 특이하다. 관음보살의 몸과 얼굴은 정면상을 하고 있지만 다리는 반가부좌를 하고 있는데 그림 오른쪽 하단의 선재동자와 반대편을 향해 측면화되어 있다. 즉 왼쪽을 향해 앉아 있다가 선재동자가 있는 쪽으로 몸을 돌린 것으로 보인다. 그래서 정면을 보는 시선은 선재동자와 마주보지 않지만, 선재동자는 관음보살의 시야 안에 있다. 그의 방문에 이제 막 호응하는 형상이다. 아직 응답한 것은 아니지만 선재동자의 존재를 막 알아챈 상태에 호응하는, 침묵과 응답 사이의 절묘한 포즈라 하겠다.

카가미신사의 것이나 다른 대부분의 수월관음도에서 관음보살은 반가부좌를 하고 있으며 신체는 선재동자를 향한 얼굴과 나란히 약간 옆으로 돌린 모습이다. 가부좌로 표현되는 적정의 세계와 유희좌(遊戲坐)나 풀어진 다리로 표현될 세간화(世間化) 사이에 있는 셈이다. 그렇게 적정에서 나오며 선재동자에게, 또한 그림을 보고 있는 우리에게 응답하고 있는 것이다. 결가부좌를 한 다리에서 배어나오는 것과 다른, 두 세계를 오가며 연결하는 어떤 중간의 감응이 반가부좌한 신체에서 배어나온다. 선재동자를 향해 약간 돌아섰지만 실은 정면의 우리를 향해 더 크게 열린 신체다. 이 모두를 시선이 하나로 묶어주고 있다. 친원의 미묘한 거리를 만드는 시선이.

수월관음도의 선재동자처럼 짝을 이루는 인물 없이 홀로 반개한 불상에서도 실은 이처럼 의미화된 기호들이 애매모호한 대기 속에서 풀어진 채 흘러가는 양상이 있다 해야 할 것이다. 불상의 반개한 눈, 내리깔린 시선은 얼굴에서 방사되는 기호와 의미를 지우고 거기 실려 오던 명령문을 침묵 속에 묻는다. 그러나 얼굴뿐 아니라 신체 또한 표정을 갖기에, 신체에서 방사되는 기호나 의미는 그대로 남아 있다. 가부좌하고 앉은 신체, 조용히 선 신체, 이런저런 의미를 담고 코드화된 수인들, 그리고 그 수인과 대응되는 부처와 보살들의 명호(名號)들, 그리고 그에 얽힌 불경의 이야기들이 있고, 이승이든 저승이든 힘든 삶과 좋은 삶을 대비하며 간접화법으로 명령문을 발송하는 그림들이 그 뒤에 있다. 이는 모두 명령문이 실린 기호나 주체화를 요구하는 파동을 발송한다. 하지만 이 모두를 모아 마주 선 이에게 실어 나르는 것이 바로 시선이기에, 그 시선이 침묵 속으로 하강할 때 손과 신체, 불상과 그림으로 표현된 기호들은 그 시선을 따라 침묵의 대기 속으로 흘러들어가 부유하게 된다.

그래도 그것은 분명 마주 선 나의 주위로 밀려나오며 내 인근에서 떠돌 것이다. 그러나 그것들을 하나로 연결하여 명령문으로 만드는 시선을 잃었기에 그 기호들은 명료한 의미를 잃고 대기 중에 떠다닐 것이다. 불상 속의 '여래'와 내가 만나는 방식에 따라, 혹은 여래 없는 불상과 만나는 방식에 따라 그렇게 떠도는 기호와 의미들은 내 마음에 달라붙거나 미끄러질 것이다. 그렇게 달라붙는 것들의 힘만큼 나는 현행의 삶에서 벗어나게 될 것이다. 달라붙는 양상에 따라 다른 의미, 다른 기호로 받아들이게 될 것이다. 친원의 감응이 산출한 미규정의 어둠 속을 떠도는 규정성의 기호들은 그 미규정의 힘을 따라 부유하며 수많은 다른 규정 가능성으로 흘러갈 것이다. 그 친원감의 강도에 따라 '나'의 안에 새로운 '영혼'들이, 새로운 삶의 가능성이 스며들 것이다.

'개성 없는' 형상, '그게 그거'인 불상

그림이든 조각이든, 혹은 탑이든 건축물이든 모두가 그것을 보는 사람들을 전제로 제작된다. 하지만 그 안에 보는 사람이 들어갈 자리가 있는가 없는가는 다른 문제다. 단적으로 말해 관객이 들어갈 여지 없이 '완결'된 작품이 있는 반면 완성되어 있으나 관객이 들어설 자리를 남겨두는 작품도 있다. 관객이 들어설 때 완결되는 작품이 한쪽 끝에 있다면, 관객에게서 전적으로 독립된 작품이 다른 한쪽 끝에 있다 하겠다. 작품이 아니라 장르 자체가 이런 방식으로 구별될 수도 있다. 가령 관객 없는 연극은 있을 수 없지만 영화는 관객이 없어도 상영할 수 있다. 연극 속 대사는 무대 위의 상대를 향할 때도 관객을 향해 발화되지만 영화 속 대사는 오직 영화 속 상대를 향해 발화된다.

회화나 조각 같은 서양의 미술작품은 그걸 보는 '나'가 들어갈 자리를 따로 남겨두지 않는다. 작품에 필요한 정보나 지식이 있겠으나 어쨌든 그 자체로 완결되어 있으며, '나'는 단지 그 완결된 작품을 볼 뿐이다. 반면 불상은, 심지어 산꼭대기 한구석의 마애불처럼 눈에 띄지 않는 곳에 있는 경우조차 그것을 마주 볼 누군가, 그 앞에서 기도할 누군가를 향해 만들어져 있다. 따라서 작품으로 명백히 완성된 경우에도 누군가 그 앞에 마주설 때 **비로소 완결된다**. 그걸 바라볼 사람의 자리를 항상 짝으로 갖고 있는 것이다. 석굴암의 본존불이나 보살상처럼 작품으로서 충분히 완성된 불상조차 이 점에선 다르지 않다. 그 자체로는 완결되지 않은 채 완성된 작품이라 하겠다. 다시 한번, 완결과 완성은 같지 않은 것이다.[7]

---

(7) 앞서 우리는 재료의 개입 가능성에 대해 닫혀 있는 형상의 완결과 대비하여, 또한 가감의 여지 없

그런 불상은 예술작품이라기보다는 대중에게 형상으로 가르침을 전하려는 종교적 목적을 갖는 것이기에 그렇다 할 수도 있겠다. 그러나 우리가 아는 서구의 많은 예술작품도 실은 종교적 목적을 갖고 만들어졌다.[8] 종교적 작품과 예술적 작품의 경계는 결코 뚜렷하지 않다. 기독교의 작품들, 가령 〈그리스도의 매장〉, 〈수태고지〉같이 종교적 교의와 직결된 극적 장면을 묘사한 작품은 그걸 보는 이의 자리를 별도로 갖지 않는다. 성모자상을 그린 작품들처럼 극적 사건을 재현하지 않는 작품의 경우도 크게 다르지 않다. 레오나르도 다빈치가 그린 〈동굴 속의 성모〉, 혹은 베르니니의 〈성 테레사의 법열〉, 심지어 종교와 거리가 먼 로댕의 〈칼레의 시민〉 같은 조각에서도 그 안에 있는 인물들은 모두 하나의 사건 안에서 서로에게 호응한다. 인물들이 주고받는 시선은 대상에 정확히 가 닿으며 시선에 의해 방향과 형태가 정해지는 신체들은 서로 호응하며 하나의 전체로 완결되어 있다. 그들은 화면 바깥이란 없다는 듯 거기 그렇게 있다. 따라서 그 인물들에게 화면 바깥의 우리는 보이지 않으며 어떤 관심사도 되지 않는다.

불교미술에서도 인도 스투파의 부조들이나 인도네시아 보로부드르 사원의 부조처럼 석가모니의 본생담이나 경전의 이야기를 묘사하고 재현하는 작품들은 이와 크게 다르지 않다. 어떤 사건이나 서사

는 형상 자체의 완결('완전성')과 대비하여 '완결 없는 완성'에 대해 언급한 바 있다. 여기서 우리는 다시 작품이 보고 듣는 이와 무관하게 그 자체로 닫혀 있는 완결성과 대비하여 '완결 없는 완성'에 대해 말하는 셈이다. 서양미술에서라면 관객의 행동이나 참여가 작품의 일부가 되게 하려 했던 현대미술의 시도에서 이 세번째 '완결 없는 완성'의 개념을 보게 된다.
(8) 벤야민은 이를 두고 예술작품의 제의적 기능이라 명명한 바 있다. 이는 아우라를 본질로 하는 예술작품의 일차적 기능이다. 기술복제는 작품의 이 제의적 기능을 전시적 기능으로 대체한다(「기술복제 시대의 예술작품」).

그림 8.10 _ 카라바조, 〈그리스도의 매장〉 그림 8.11 _ 레오나르도 다빈치, 〈동굴 속의 성모〉

를 재현할 때, 사건이나 서사는 그 자체로 완결되게 마련이다. 그런데 불교미술의 경우에는 경전에 등장하는 **서사나 사건이 있는 경우에도** 보는 이의 자리를 그림 맞은편에 두는 경우가 적지 않다. 앞서 분석했던 수월관음도가 그렇다.『화엄경』「입법계품」(入法界品)의 잘 알려진 이야기인 선재동자와 관음보살의 만남을 직접 표현하는 그림임에도, 그 그림들에서 관음보살은 선재동자 이상으로 보는 이들을 향해 있다. 그만큼 그 그림들은 보는 이들의 자리를 마련하며 그려졌다는 뜻이다. 불화 가운데 가장 흔하다 할 법한 영산회상도 또한 『법화경』에서 전하는 영취산에서의 설법이라는 사건을 모티프로 한다. 하지만 이 그림들 또한 사건의 완결성을 추구하지 않는다. 영취산에서 이루어진 설법 장면을 재현하는 대신, 보는 이가 들어서길 기다리는 많은 불보살과 주변 인물들로 가득 채워져 있다. 등장인물이 모두 그림 앞에 설 사람을 향해 서 있다. 아미타불의 도래를 그린 많은 아미타불도나 아미타내영도(阿彌陀來迎圖)도 그렇다. 그나마 서사를 최대한 재현한 그림이라면 『불설무량수경』에서 나오는 빔비사라왕과 왕비, 그리고 그들의 아들 아사세 왕자의 이야기를 다룬 이런저런 관경변상도가 있다. 그런데 이런 그림 역시 쿠데타를 일으키며 부모를 죽이려 했던 극적 서사를 여러 장면으로 '재현'하고 있음에도 그림 전체는 그림을 통해 관법을 실행하리라 가정된 '관객'을 향해 있다.

불보살상의 경우는 더 말할 나위가 없다. 이 상들은 그 자체로 충분히 완성된 작품이고 대부분 반개한 눈을 하고 있기에 자립성을 갖는다. 그럼에도 불보살상은 홀로 있든 협시한 인물들과 함께 있든 모두 맞은편 자리에 서서 자신과 마주 볼 사람―절하거나 기도하거나 명상할 사람―을 향해 만들어진다. 성당 앞의 마리아상 또한 그러하지 않은가? 그렇다. 하지만 서구의 미술작품 가운데 그런 상은 많지 않다. 그래도 그건 홀로 서 있는 조각상의 특징이 아니냐고 반문할 수 있겠다. 확실히 서양의 미술작품에서도 홀로 서 있는 조상(彫像)과 여럿이 있는 조상 사이에는 적지 않은 차이가 있다. 복수의 인물이 등장하는 경우에 작품은 어떤 서사를 재현한다. 인물들은 그들을 한 장면 안에 불러 모은 사건 안에서 서로를 향해 있다. 작품 앞의 '나'는 다만 그것을 볼 뿐이고 그 사건을 상기할 수 있을 뿐이며, 그렇게 묘사된 사건을 통해 내게 전하려는 어떤 메시지를, 혹은 감응이나 감정을 전달받을 뿐이다.

하지만 서구의 경우에는 홀로 선 조각상도 대개는 어떤 서사나 사건을 재현한다. 홀로 서 있지만, 그로 하여금 특정한 자세와 표정을 갖게 한 어떤 사건을, 최소한의 요소들을 부가함으로써 재현한다.

사건의 한순간을 분리하여 홀로 선 인물에 응결한다. 이 한순간은 과거가 된 사건 전체를 응축한 것이기도 하고 도래할 사건을 기다리거나 예감하는 것이기도 하다. 가령 도나텔로나 베로키오의 조각 〈다비드〉는 골리앗의 잘린 머리를 발아래 두고 손에 든 칼을 땅을 향해 내린 형상을 통해 과거의 시간 속으로 들어간 어떤 사건을 응결해놓는다. 미켈란젤로의 〈다비드〉는 도래할 골리앗과의 대결이라는 미래의 사건이 얼굴과 신체에 깃들어 있다. 도나텔로의 〈성 게오르기우스〉는 조용히 홀로 서 있지만, 괴물—용—과의 격전을 예감하는 긴장감과 단호함을 얼굴에 담고 서 있다. 어느 경우든 작품을 볼 우리의 자리는 그 작품 안에 없다. 작품은 모두 사건 안에서 완결된 것으로 닫혀 있다.

사건 없이 홀로 서 있는 작품도 있다. 초상화나 자화상 또는 그에 상응하는 조상이 그것이다. 대개 정면상을 취하게 마련인 초상화는 분명히 마주 선 자리에서 볼 사람을 향해 있다. 그렇지만 서양에서는 초상화나 자화상을 그릴 때조차 마주 설 사람과의 관계는 작가의 관심사가 아니다. 작가가 모델에게서 본 어떤 인상과 느낌, 혹은 그의 얼굴에 깃든 무언가를 그리고자 할 뿐이다. 그래서 우리는 초상화나 자화상을 볼 때 그 인물이 겪었을, 무언지 알 수 없으나 **저 표정을 만든 어떤 사건**을, 혹은 **그가 살았을 어떤 삶**을 본다. 가령 렘브란트의 수많은 자화상에서 우리가 보아야 할 것은 렘브란트라는 인물이 아니라 그 동일한 사람의 얼굴을 저리 다르게 만든 상이한 삶이다. 그 삶이 그 얼굴에 새긴 감정과 감응이다. 왕이나 교황의 초상이라면 영광이나 권세, 위엄과 성품 등 남들에게 과시하고 싶어했을 어떤 것을 보여주고자 했을 것이다. 작품에 의미와 기호가 가득 차 있다 함은 이런 뜻이다. 초상화들이 마주 설 사람들을 기다리고 있다면 그것은 바로 그 의미와 기호들을 전해주고 싶어 그런 것이다. 따라서 초상이나 자화상에도 보는 이의 자리는 없다. 완결되어 응축된 어떤 것들로만 가득 채워져 있다.

반면 불상이나 불화는 협시한 다른 부처나 보살과 함께 서 있는 경우에도, 홀로 있는 경우에도 **사건을 묘사하거나 재현하지 않는다**. 불상 또한 얼굴을 갖지만, 렘브란트처럼 어떤 인물이 겪은 사건을 표현하는 표정이 아니다. 왕이나 교황처럼 자신의 권세와 위엄을 과시하는 표정도 아니다. 불상들의 **인격적 개성**을 표현하려 하지도 **않는다**. 불상으로부터도 무언가 의미 있는 기호가 발송된다 할 수 있겠지만 그 의미가 명료하지 않아 알아채기 어렵다. 아니 알아챘다고 하기엔 너무 '뻔한' 기호, 너무 당연한 의미다. 불상이라는 말이면 충분한, 별다른 특정성이 없는 기호다. 모두 다 알기에 두드러진 의미가 없는, 반쯤은 텅 빈 기호, 그렇기에 수신한 사람이 알아서 채워야 할 기호다. 그렇기에 불상들은 어느 것이든 '그게 그거'인 상징물로만 보인다. 고통에서 벗어난 삶, 해탈의 삶을 깨닫고 가르치려 한 인물이 있었음을 상기시키는 상들이다.

홀로 있을 때조차 서양의 초상이나 조각에서는 어떤 인물의 인격적이고 개별적인 특징이 중요하다. 그래서 예술가나 작품의 개성이 중요하다고들 한다. 그렇기에 개인에게 속하지 않을 '특이성'(singularity)으로 추상하여 표현하려 할 때도 이미 발생한 사건의 인격적이고 개별적인 서사를 통해 그렇게 한다. 다른 것과 구별되는 그런 개체성—둔스 스코투스의 말로 바꾸면 '특개성'(hecceitas)—이 뚜렷하지 않으면 작품으로서 가치를 갖지 못한다.[9] 반면 불상들

(9) 특이성은 특개성이 아니다. 특이성은 개별적/개인적이고 인칭적/인격적인 고유성이나 반복불가

에게는 그 **인물에 관련된 서사나 특정한 개별적 사건이** 중요하지 않다. 있어도 모두 추상되어 희미하게 사라진다. 연꽃으로 유명한 영산회상의 유명한 설법조차 그 사건의 특개성을 상징하는 연꽃을 특별히 부각하지 않는다. 대신 수많은 인물이 석가모니를 중심으로 빼곡히 모여 있는, 대개 다 비슷한 양상의 '집단 인물화'로 그린다. 석가모니 일생의 중요한 사건들이 있지만 석가모니상을 만들 때 그런 사건 중 어떤 것을, 혹은 그 사건이 주었을 어떤 감응을 애서 신체나 얼굴에 새겨 넣지 않는다.

그렇기에 불보살상에서 인물의 형상은 특정한 개인의 인칭성(personality)—'인격'—과 멀고 해탈 같은 사건은 역사적 구체성과 무관하다. 관련된 사건과 인물이 거기 있지만 거기서 중요한 것은 인물의 개별적 인격성이 추상된 특이성이다. 부처나 보살이라는 인물의 반복적 특이성. 이 특이성은 **'이러이러한 사람이라면 누구나'의 비인칭성**을 가지며, 어떤 특정 개인으로도 귀속되지 않는 만큼 **비개인적**이다. 미륵불도 아미타불도 보현보살도 관세음보살도 특정한 개인적 삶의 궤적을 갖는 인물이 아니라 깨달은 삶, 평화로운 삶과 연관된 비개인적이고 비인칭적인 인물이다. 석가모니불을 조성할 때조차 석가모니가 생전에 살았던 삶의 개인적 흔적을 애서 새겨넣으려 하지 않는다. 석가모니는 인도의 특정 시대를 산 구체적 개인, 인칭적 개체

능한 단독성이 아니라 그런 것을 떠난 반복가능성이라는 점에서 특개성과 대비된다. 특개성이란 상황적 조건까지 포함하는 구체적 개체화의 양상을 표현한다(들뢰즈, 『차이와 반복』; 『천의 고원』 2 참조). 가령 인디언이 지어준 이름인 '늑대와 춤이'나 '주먹 쥐고 일어서'는 특정 상황에서 포착된 어떤 인물의 특개성을 표현한다. 반면 '부처'는 '깨달은 자라면 누구나' 반복가능한 어떤 비개인적 특이성을 표현한다. 물론 어떤 특개성이 반복가능성을 획득할 때 그것은 특이성이 된다. 이때에도 특이성이 된다 함은 어떤 개별적 특정성을 넘어서, '~한 이라면 누구나'의 전개체적이고 비인칭적인 반복가능성이 됨을 뜻한다.

성을 갖는 개인이 아니라 '깨달은 자'를 뜻하는 특이성의 추상화로서 거기에 있다. 삶이 어떤 역사적 궤적을 그렸든지 간에 **누구든** 깨달음을 얻는다면 도달할 수 있는 어떤 비개인적 특이성의 표현인 것이다. 따라서 불상들의 얼굴이나 형상을 통해 재현해야 할 구체적 사건은 없으며, 묘사되어야 할 삶의 경험도 따로 없다.

렘브란트의 자화상은 동일한 인물조차 매번 다르게 그려지지만 석가모니불, 미륵불, 아미타불, 비로자나불은 다른 인물이라도 애써 다르게 그리지 않는다. 렘브란트의 자화상 각각이 **그때마다의 특개성**을 표현한다면 부처의 상들은 모두 **반복가능한 특이성**을 표현한다. 불상은 얼굴이나 동작에서 읽어내야 할 어떤 특별한 의미나 구체적 사건이 없기에, **개성을 드러내는 뚜렷한 인물적 형상을 취하지 않는다**. 그러니 그저 얼굴만으로는 구별하기가 어려운 것이다. 그래서 '뻔한' 상징물에 불과해 보인다. 지물이나 수인으로 석가모니불인지, 아미타불인지, 비로자나불인지, 미륵불인지 구별하지만 그것 말고는 개별화된 특징을 표현하는 상이한 형상을 갖지 않으며, 개인에게 고유한 사건 같은 것도 따로 드러내지 않는다. 그래서 심지어 그 불상이 누구인지도 실은 그리 중요하지 않다. 석가모니불인지 아미타불인지 몰라봐도 상관이 없다. 어쨌든 그래도 불상을 구별해주는 것은 수인이나 지물이고 그것이 나름의 의미를 전하는 기호들을 방사하지만, 불상 앞에 마주 서는 사람이, 가령 수인이 항마촉지인(降魔觸地印)인지 시무외인(施無畏印)인지에 따라 다른 의미를 얻게 되지는 않는다. 마주 선 이가 비로자나불이든 미륵불이든 "나무아미타불" 하고, 문수보살인지 관세음보살인지 구별하지 않고 "나무관세음보살" 한다. 만드는 이도 수인을 엄격하게 준수하지 않는다. 전법륜인(轉法輪印)조차 이미 과거에 석가모니에 의해 현행화된 어떤 사건을 상기시키려는 게 아니라 아직 발생하지 않은 사건, 그 앞의 빈자리에 들어선 이가 불상 속의 여래와 만나는 동안 **도래할 사건**을 향해 있다. 기다림의 시간 속에 있다.

기다림의 시간과 내맡김의 미학

과거의 사건을 재현하려면 가능한 한 정확해야 한다. 도래할 사건은 그렇지 않다. 그것은 재현될 구체적 내용을 갖지 않는다. '해탈'이나 '구원' 같은 개념으로 명명될 때조차 정확한 묘사를 요구하지 않는다. 사건이란 오는 것이다. 예측된 대로 일어나는 일은 '사건'이라 하지 않는다. 사건은 찾고자 하고 만들고자 할 때조차 뜻밖의 시간에 온다. 뜻하지 않은 것으로 온다. 도래할 사건의 시간은 우리에게 속해 있지 않다. 필경 도래할 사건조차 우연의 날개를 달고 덮치듯 날아든다. 필연성의 갑옷을 입은 사건조차 우발성의 바람을 타고 온다. 그래도 우리는 사건을 향해 간다. 사랑, 혁명, 해탈 같은 것만 그런 것은 아니다. 입학, 취직, 성공, 무사 귀환 등 세간의 꿈과 희망, 욕망과 애착이 미는 대로 사건을 향해 간다. 별다른 확신도 없으면서 신을 찾아 기도하고 부처를 찾아 기도한다. 하지만 **사건은 찾는 곳에 있지 않으며 생각지 않은 시간에 온다.** 그래서 삶이란 사실 살 만한 것이다. 정해진 길을 따라갈 뿐이라면 삶은 이미 여러 번 봐서 잘 아는 영화를 다시 보는 것 같은 지루한 인내의 시간에 지나지 않을 것이다. 실패한 사랑이나 혁명은 좌절하게 하지만, 그래도 다시 한번 꿈꾸고 다시 한번 시도하게 되는 것은 그것이 이전과는 다른 것으로 올 것이기 때문이다. 과거와는 다른, 예측하지 못한 사건으로 오리라는 생각 때문이다. 해탈이나 구원도, 성공이나 무탈도 그러할 것이다.

사건은 예상이나 기대, 재현된 과거의 어떤 기억과는 다른 것으로 올 것이다. 그렇다 해도 아무 규정 없는 것일 수는 없다. 불보살상과 만나는 사건이 사랑이나 혁명 같은 것이 될 수는 없다. 불보살이 기다리는 사건이란 불법과 관련된 어떤 사건일 터이다. 묘사하거나 재현할 것이 특정되지 않는 한 불보살상을 통해 불러낼 사건은 구체성을 요구하지 않으며 유별난 개별성을 갖지 않는다. 감각을 당기고 신체를 조용히 둘러싸는 분위기 같은 것이면 충분하다. 다시, 그래서일 것이다. 법당 안에 있는 것이든 박물관에 있는 것이든 많은 부처와 보살이 그려진 그림인데도 시선을 따로 잡아끌지 않으며, 어느 그림이든 '그게 그거'인 듯 보이는 경우가 허다한 것은. 그렇기에 내용을 몰라도 스쳐가는 시선마저 그냥 두지 않고 일단 잡아채 끌어당기려는 서양의 '개성화된' 그림들과 아주 다르다. 불상들도 그렇다. 많은 불상이나 그림들이 예술적 작품이라기보다는 그저 종교적 성상이나 도상으로 간주되는 것은 이러한 감각이나 태도를 쉽게 당연시된 서구적 척도로 재단하고 지우기 때문이다.

정확하게 재현된 사건에는 거기 없던 것이 끼어들기 힘들고 정확히 기억된 과거에는 도래할 사건의 시간이 들어서기 힘들다. 도래할 사건조차 이미 도래한 사건의 기억 안에 가두기 쉽다. 도래할 사건은 과거의 기억을 **지우며 온다**. 그림이나 조상(彫像)이 도래할 사건을 위한 것이라면 거기 필요한 것은 오히려 **여백**이다. 보는 이를 사로잡는 강력한 과거의 형상이 아니라 모호성 속에서 도래할 사건의 틈새를 여는 여백이다. 거기서 사건이란 작품과 그걸 보는 내가 만나며 도래할 것이지만, 굳이 나누어 대비하자면 조성된 상에 속하는 사건이 아니라 **마주 선 내게** 속하는 사건이다. 나의 시간에 속하지 않

그림 8.12 _ 미국 워싱턴DC 스미스소니언 프리어미술관 소장 〈아미타 8대 보살도〉

그림 8.13 _ 일본 교토 조코지 소장 〈아미타 8대 보살도〉

지만 나에게 속하는 사건이다. 그림과 상의 형상에서 나오는 강력한 명령어로 발생하는 사건이 아니라 그 형상의 여백 속에 내가 섞여들며 발생하는 사건이다. 따라서 그 사건은 불상의 얼굴이나 신체에 새겨진 형상이 내 시야를 장악하는 사건이 아니라 내가 그 형상에 없는 무언가를 더하는 사건이다.

그렇다고 무언지 알 수 없는 사건은 아니며 내 맘대로 규정할 수 있는 사건도 아니다. 개념적 어법대로 '해탈'이라고 하든 통상의 어법대로 '구원'이라고 하든, 혹은 해탈을 위한 '수행'이라고 하든 구원을 위한 '기도'라고 하든 명확하게 규정된 사건이다. 하지만 그것은 인연 조건에 따라 다른 모습, 다른 양상으로 도래할 사건이다. 내가 알고 있는 바가 만남을 통해 형상의 일부에 더해지듯 그 형상이 만남을 통해 나의 욕망이나 기대에 스며드는 사건이다. 그리하여 명확히 규정되어 있으나 인연 조건의 우발성 속에서 그때마다 다르게 도래할 사건이다.

홀로 있든 여럿이 있든 불상이나 불화는 그 앞에 들어설 사람과의 만남을, 그렇게 만나며 발생할 사건을 기다리고 있다. 아미타불과 여덟 명의 보살이 모두 정면을 향해 서 있는 스미스소니언 프리어미술관 소장 〈아미타 8대 보살도〉도, 동일한 아홉 명이 모두 비스듬히 비껴 서 있는 일본 교토 조코지(淨敎寺) 소장 〈아미타 8대 보살도〉도 『무량수경』, 『8대 보살 만다라경』 등의 경전에서 서술된 사건을 '배경'으로 하지만, 그 사건을 재현하지 않는다. 그 그림의 보살들은 그저 그 앞에 설 누군가를 함께 서서 기다리고 있다. 그 앞에 선 이들에게 도래할 사건을 기다리며 거기에 있다. 방치하지도 애써 당기지도 않는 내맡김 속에서 그들 각자에게 도래할 사건을 함께 기다려주고 있다. 영산회상에 참석한 수많은 부처와 보살, 제자와 사천왕 등이 도열한 불화도 별다른 서사 없이 모두 그렇게 기다리며 거기 서 있다.

개성도 사라지고 인격도 사라져 오직 비인칭적 특이성만 남은 불보살의 형상들을 기다림의 시간이 관통한다. 하나의 그림에 누가 누구인지 정확히 식별하기 어려울 정도로 많은 인물을 빼곡히 채워 넣는 것은 이 기다림의 강도를, 그 간절함을 표현하기 위함이었을 것이다. 이렇게 많은 부처가 당신에게 도래할 사건을 기다리고 있다고 말하려는 것이다. 그렇게 많은 불보살들의 시선을, 하나로 확연하게 모으지 않아 제각각인 듯 보이고 심지어 끼리끼리 잡담이라도 하는 듯 장난스레 묘사한 것은 강도의 간절함이 억지로 당기는 것이 될까 저어했기 때문 아니었을까? 초점을 흩고 장면을 평면화하여 모호한 중간지대 속에 사건을 내맡겨두기 위함 아니었을까?

기호가 명령문이 되는 것은 그 의미하는 바가 명확하고 그 겨냥하는 바가 어떤 하나로 집중되거나 적어도 수렴할 때다. 집중이 되지 않고 흩어지는 많은 시선은 명령문의 성격을 상실한다. 시선들의 수만큼 각각의 시선이 발송하는 명령어는 목소리가 작아진다. 그래도 시선의 흐름은 전반적으로 그림 앞의 빈자리를 향해 느슨하게 모인다. 실은 그렇게 시선들이 슬그머니 모이며 그림 앞에 빈자리를 만드는 것이다. 그 빈자리를 향해 수많은 인물의 시선이 비가 되어 '내린다'. 의상대사의 말처럼 "중생을 이롭게 하려는 비가 공중에 가득하니 중생 각자의 능력껏 자신이 원하는 대로 얻어 가리라"(雨寶益生滿虛空 衆生隨器得利益)고 믿는 것일까? 여기서 우리는 집중이나 수렴을 강조하며 하나의 사건, 하나의 의미를 강하게 전달하는 기호에 반해, 발산되고 흩어지면서 동시에 느슨하게 모이는, 도래할 사건들로 열린 빈자리를 만드는 특이한 다양체를 본다. 반면 우리는 아직도 하나로 집중된 명료한 의미를 작품의 '통일성'으로 간주하고 그 주제의 강렬함이나 감응의 선명함을 작품의 미덕으로 간주하는 근대적 습속 안에 갇혀 있는 건 아닐까? 그런 습속에 따라 '그게 그거'인 작품들, 포르티시모의 강렬함이 없고 탈초점화된 작품들을 본다면 아무것도 보지 못할 것이다.

그렇다면 그 그림이나 불상들은 보는 이의 자리를 만들고 도래할 사건을 기다리는 종교적 기능이면 충분한가? 여기에는 작품성이나 예술성이 큰 의미가 없는가? 그럴 리 없다. 개인성이 사라진 비인칭적 불보살이란 아무렇게나 그리고 평범하게 만들어져도 좋음을 뜻하지 않는다. 내맡김이란 어설프게 던져놓고 그저 알아서 하라는 식의 방기가 결코 아니기 때문이다. 내맡김이란 **명령하지 않는 방식으**

로 말하고, **당기지 않는 방식으로 당기는 것**이다. 같은 석가모니불이나 관세음보살상이라 해도 그 앞에 선 이들에게 도래할 사건을 불러내는 강도는 동일하지 않을 것이다. 탁월한 작품은 다른 경험, 다른 삶을 살아온 상이한 사람들마저 그 사건으로 불러들일 것이고, 졸작이라 할 작품은 '준비된' 사람조차 그렇게 불러들이지 못할 것이다. 웃는 불상은 그 웃음으로, 침묵하는 불상은 그 침묵으로 그렇게 한다. 작가 또한 그러하다. 사건을 강렬하게 재현하는 능력이 작품이나 작가마다 다르듯 개별화된 인물이나 사건을 재현하지 않으면서 사건을 불러내는 힘을 작품에 새겨 넣는 능력 또한 작품이나 작가마다 다르다 할 것이다.

    기다림의 시간은 도래할 사건에 속하는 시간 형식이다. 내맡김의 미학은 기다림의 시간성 속에 감각을 내맡긴다. 기다림의 시간성은 개인에 속한 것을 모두 지워 탈개인화하고 인칭을 실체화하는 모든 사건을 지워 비인칭화한다. 내맡김의 미학은 개성 있는 인물과 극적인 사건을 통해 보는 이를 강하게 잡아당기는 대신 도래할 사건을 기다리는 시간의 멈춘 듯 보이는 흐름 속에 불보살을 봉안한다. 그 흐름 속으로 연기의 시간이 흘러들어오길 기다린다. 그것이 불보살상이나 불화가 '그게 그거'인 이유다. 그 탈개인화되고 비인칭화된 형상들 사이에 보는 이를 위해 마련해둔 빈자리가 있다. '그게 그거'인 불보살들은 그 자리에 들어선 이들에게 어떤 사건이 도래하길 기다리며 거기에 있다. 자신들 사이로 보는 이를 불러들이지만 강렬한 자극도 명령어도 발송하지 않는 **내맡김의 중간지대**는 이 **기다림의 시간성**과 짝하는 공간성이라 하겠다. 이 시간성과 공간성 속에서 내맡김의 미학이 작동한다. 방치하지 않지만 애써 끌고 가지 않고, 불보살 사이의 빈자리에 들어선 이들에게 스스로 다가오도록 내맡겨두지만,

사건으로 도래하는 것이기에 원한다고 다가갈 수도 없는, 그렇게 능동과 수동의 벡터가 없는 양 공존하는 미학적 장이 거기에 있다. 가까이 있으나 아득히 멀리 있고 부재하는 세계에 속하지만 바로 옆에 존재하는 불보살의 **친원감**은 이 미학적 장에서 능동과 수동의 모호한 벡터가 작동하는 감응의 양상을 아주 잘 보여준다.

불상에도 작품성이 있고 불상마다 다른 예술성이 있다. 그것은 불상의 개체성이 지니는 탁월한 사실적 표현 같은 게 아니라 자신과 만나는 이에게 도래할 사건을 촉발하는 강도적 능력이다. 도래할 사건이 들어설 자리를 만들어내는 능력이다. 내맡김의 미학이 어려운 것은 강하게 잡아끄는 개성이나 화려하고 멋진 서사도 없이 슬며시 당기는 매혹의 힘을 요구한다는 점 때문이다. 그게 그거인 얼굴이지만 한번 보면 잊을 수 없는 어떤 매혹의 힘, 아마도 그것이 내맡김의 미학이 얻고자 하는 최대치의 능력이었을 것이다. 이는 대단히 얻기 힘든 능력이기에 드문 것이지만, 성취된 것조차 자신을 강하게 드러내지 않기에 귀한 것이다. 그러나 안목이 있다면 결코 보지 않을 수 없고 다가가지 않을 수 없는 것이다.

09

웃음의 철학과 유머의 미학
: 비극과 희극 사이, 두 가지 웃음 사이

극한의 웃음, 웃음의 극한

비극적 사유와 충실성

철학적 웃음과 웃음의 철학

웃음의 물리학

유머의 정치학

익살, 혹은 내용으로서의 유머

해학, 혹은 표현으로서의 유머

사유의 웃음과 웃음의 사유

■   이미지 출처

9.1 둔황연구원·판진스,『실크로드 둔황에서 막고굴의 숨은 역사를 보다』
9.2 김영욱,『선의 통쾌한 농담』
9.3~5 ⓒⓒ
9.6 ⓒⓒ Mr. Tickle
9.7 김영욱,『선의 통쾌한 농담』
9.8 이진경
9.9~10 김영욱,『선의 통쾌한 농담』
9.11 국립중앙박물관,『인도네시아 미술』(*Art of Indonesia*)
9.12 ⓒⓒ
9.13~14 이진경
9.15 김영욱,『선의 통쾌한 농담』
9.16 둔황연구원·판진스,『실크로드 둔황에서 막고굴의 숨은 역사를 보다』
9.17 김영욱,『선의 통쾌한 농담』
9.18~19 ⓒⓒ
9.20 이진경
9.21 권중서,『불교미술의 해학』
9.22 陳鈍之,『龍門四品』
9.23 陳鈍之,『龍門四品』

극한의 웃음, 웃음의 극한

칼이나 창을 든 채 악인이나 마귀를 밟고 서 있는 사천왕상은 눈을 부릅뜨고 험악한 얼굴을 하고 있어 흔히들 '분노상'이라 하고 두려움을 준다고들 하는데, 정말 그런지는 솔직히 동의하기 어렵다. 오히려 사천왕상에서 느껴지는 일차적인 감응은 분노나 두려움이 아니라 익살과 해학이다. 불같이 인상을 쓰고 있지만 뜨겁다기보다는 따뜻하다. 이는 사실 대단히 멋지고 놀랍다. 더없이 험악한 표정을 짓고 있는데 따뜻하고, 위협적 동작을 하고 있는데 유머러스한 느낌을 줄 수 있으니 말이다. 신성한 분위기나 현묘한 감응이 초월적이고 숭고한 것으로 흘러가지 않게 잡아주는 것은 아마 이런 유머와 웃음 아닐까? 꼭 이런 이유 때문은 아니지만, 나는 절에 있는 상들 가운데 사천왕상을 가장 좋아한다.

그림 9.1 _ 둔황 막고굴 158굴의 〈십대제자거애도〉 부분

거대한 열반상이 있는 둔황 석굴 158굴의 벽에는 스승의 열반에 오열하는 제자들을 그린 벽화(그림 9.1)와 조문하러 온 왕들을 그린 벽화(그림 9.18)가 있는데 울고 있는 동작과 표정이 극도로 과장되어 있어 더없이 해학적이다. 종조(宗祖)의 죽음에 대한 제자들—대부분 아라한의 경지에 이른 이들이다—의 슬픔마저 이렇게 해학적으로 표현할 수 있다니 놀라운 유머 감각이다. 〈십대제자거애도〉의 한가운데서 양팔을 치켜들고 가장 격하게 울고 있는 것은 스승의 열반 이후 뒤늦게 도착한 가섭이다. 연꽃을 들어 보여주던 석가모니와의 '심심상인'(心心相印)으로 '교외별전'(敎外別傳)의 상징이 된 가섭은 북방에서는 종조에 준하는 인물인데, 아무리 스승의 열반에 대한 슬픔이라 해도 이렇게 망가진 모습으로 표현한다는 건 생각하기 힘든 일이다. 오열하는 제자들 뒤의 보살들은 이와 대조적으로 평온한 모습이다.

아마도 이것이 생사의 고를 떠난 평온한 삶을 역설한 석가모니의 가르침에 부합하는 모습일 것이다. 그렇기에 이미 아라한의 경지에 오른 지 오래된, 종조의 뒤를 이을 인물들을 이처럼 해학적으로 묘사한 것은 더더욱 놀랄 일이다.

하지만 생각해보면 석가모니의 십대 제자같이 지고한 인물들을 이렇게 해학적으로 표현하는 것이 그저 예외적이라고는 하기 어렵다. 불교 안에서 자기 종파의 종조나 도인, 심지어 교리를 상징하는 부처마저 유머러스한 감각으로 표현하는 일은 결코 적지 않기 때문이다. 유명한 김명국의 〈달마도〉도 그렇지만, 달마대사는 조각상이든 그림이든 어디서나 해학적인 모습이다. 일본에서 새해맞이를 할 때 등장하는 달마상은 이목구비나 표정도 해학적이지만, 신체의 형상마저 오뚝이처럼 만들어 더더욱 익살스럽다. 덕분에 일본에서 달마는 '눈사람'(雪達磨)을 뜻하는 일반명사 안에까지 들어갔다. 운주사의 석불들은 물론 한국의 마애불들에서 미륵불, 아미타불 등 수많은 부처님이 '망가진' 형상으로 등장하는 건 흔한 일이다. 앞서 본 중국 빙링시 석굴에 있는 석가모니 고행상은 뼈가 다 드러난 모습과 웃는 얼굴이 대조되어 익살스럽다(그림 2.11).

남들을 웃음의 대상으로 삼는 것은 흔한 일이지만 스스로를 웃음의 대상으로 삼는 것은 흔치 않은 일이다. 남들이 떠받드는 것을 보며 웃기는 어렵지 않지만, 자신이 떠받드는 것을 보며 웃기란 어렵다. 종조에 대해서까지 주저 없이 익살을 구사하는 이런 유머 감각은, 스피노자의 어법으로 말하자면 "어렵고도 드물다".[1] 사실 불교에서도 종조나 부처를 존숭의 대상으로 삼는 것은 통상적이다. 많은 불상

---

(1) 스피노자, 『에티카』 5부 정리42 주석.

이 경외 어린 존경과 예찬으로 조성되었음을 우리는 안다. 진지하다 못해 심각한 표정의 불상, 거대한 크기로 보는 이를 압도하는 불상이 얼마나 많은가. 하지만 그 틈새 여기저기서 희유(稀有)한 유머 감각이 발동한다. 담요가 조성한 원강 석굴의 석불들은 거대함에도 불구하고 무언가 유머가 있다. 웃고 있는 얼굴이 아닌데 긴장을 풀어주는 미묘한 유머의 감응이 있다. 거대한 크기인데도 보는 이를 압도하지 않는 것은 이 때문일 게다.

종교는 말할 것도 없고, 철학이나 정치 등 세속적 이념도 모두 그 창시자나 지도자의 위대함을 예찬하게 마련이다. 예찬 대상을 예찬하는 일은 전혀 어려울 게 없다. 누구나 하는 일이고 과도하게 해서 문제인 일이다. 반면 예찬 대상에 웃음을 새기는 일은 결코 쉽지 않다. 그래서 이념이나 대의가 있는 곳이라면 예찬은 흔하고 익살은 드물다. 열등한 자나 어리석은 자를 웃음의 대상으로 삼는 것이야 아주 쉽지만 위대하다고 믿고 경외하는 대상을 그리하기란 결코 쉽지 않다. 위대함을 향한 웃음은 가장 멀리까지 간 웃음이다. 자신의 종조나 대의에 대한 웃음은 웃음의 극한이다.

위대함에 대한 경의는 진지함을 요구하고 진지함은 대개 경외감을 동반하는 엄숙함으로 표현된다. 위대함은 거대함이고, 그 거대함은 우리를 압도하는 무게로 표현되게 마련이다. 반면 웃음이란 무거움이 아니라 가벼움과 상응한다. 가볍지 않으면 웃기 힘들다. 역으로 웃음은 무언가를 가볍게 한다. 그래서 종종 가벼움은 진지함에 반하는 것으로 간주되지만 우리는 진지한 가벼움도 있음을 알고 있다. 〈모던 타임스〉 같은 채플린의 코미디는 가볍지만 진지하다. 타카하타 이사오의 애니메이션 〈폼포코 너구리 대작전〉은 택지개발로 인해 서식지를 잃게 된 너구리들의 항거를 다루는데, 전체를 끌고 가는 주

그림 9.2 _ 카쓰시카 호쿠사이, 〈단하소불도〉

제나 문제의식은 대단히 진지하고 끝내 면치 못한 패배나 실패는 슬프고 안타깝지만 그때조차 가벼움과 웃음을 잃지 않는다. 슬픈 코미디는 탁월한 코미디다. 패배나 비극조차 가벼운 웃음으로 표현할 줄 아는 코미디다.

유머의 감각을 가장 먼 데까지 밀고 간 것은 선승들이다. 통념을 가볍게 뒤집는 위트와 재치로 '구순피선'(口脣皮禪)이라는 말까지 듣게 된 조주(趙州)가 그 한쪽 끝에 있다면, 파격적 유머로 사람들을 기겁하게 한 단하(丹霞)가 다른 쪽 끝에 있다. 먼저, 조주: "무엇이 한 마디입니까?" "무어라 하였느냐?" "무엇이 한 마디입니까?" "두 마디가 되었구나." 불교의 종지를 뜻하는 '한 마디'를 묻는 질문을 이처럼 가벼운 웃음으로 날려버린다. 스승이었던 마조를 찾아갔지만 엉뚱하게 불상에 올라타 사람들을 놀라게 한 바 있던 단하는, 어느 가난한 절에서 추위에 떨다 불전의 목불(木佛)을 뽀개 태우고는 놀라 달려 나

극한의 웃음, 웃음의 극한 417

그림 9.3 _ 천스쩡, 〈단하소불도〉

온 원주(院主)에게 "사리를 얻으려고" 그랬다 한다. "목불을 태워 어찌 사리를 얻겠느냐" 하자, "그럼 저기 있는 목불도 마저 가져다 태우자" 한다. 최고 종지의 가르침이나 불상에 대한 존숭의 태도를 놀라운 유머 감각으로 날려버리는 것이다. 원대(元代)의 화승 인타라(因陀

羅)가 그린 〈선기도단간 단하소불도〉(禪機圖斷簡 丹霞燒佛圖)는 단하의 천진난만한 웃음으로, 우키요에로 유명한 일본 화가 카쓰시카 호쿠사이(葛飾北齋)의 〈단하소불도〉는 단하의 능청스러운 동작으로 이를 멋지게 보여준다. 20세기 초의 중국 화가 천스쩡(陳衡恪)의 〈단하소불도〉는 태워지는 불상, 태우는 단하, 놀란 원주의 표정이 모두 생생하다.

세상사를 관통하는 가르침도 사고와 행동을 사로잡는 '하나'가 되는 순간 삶의 해방이 아니라 구속이 되고 만다는 것이고, 아무리 중요한 가치나 익숙한 경배의 대상조차 때로는 태워 삶의 장작으로 삼을 수 있어야 한다는 것일 게다. 불상을 지키다 얼어 죽는 게 아니라 불상이라도 태워 사는 게 선(禪)의 종지에 좀 더 부합함을 안다면, 이러한 유머와 웃음이 그저 말장난이나 농담만은 아님을 알 것이다. 진지함과 무거움을 동일시하는 통념적 등식과 달리 진지함과 가벼움이 만나게 될 때 우리는 위대함의 무게에 눌리지 않고 웃으며 거기에 다가갈 수 있다. 사실 위대한 많은 것이 좋은 삶에 대한 희망이 만들어낸 것임을 알면서도 그 무게에 짓눌려 삶을 바치게 된 경우가 얼마나 허다한가.

익살스러운 대상, 해학적 표현이 다른 영역에 없었다고는 결코 말할 수 없다. 아프리카의 조각도 마야의 그림이나 문자도 익살과 해학으로 가득 차 있다. 웃음이 적극적 미학 개념으로 자리 잡기 전의 유럽에서도 유머가 넘치는 그림은 드물지 않다. 라투르의 〈다이아몬드 에이스의 야바위꾼〉(그림 7.17)처럼 눈동자와 표정만으로 멋진 유머 감각을 보여주는 그림도 있고, 축제의 거리나 부엌의 빈민들을 익살스레 그린 브뤼헐도 있고, 고딕 성당의 가고일처럼 동물과 인간, 악마와 인간을 섞어 해학적 형상을 만든 경우도 있다. 그러나 서양의 경우 이런 유머가 겨냥한 대상은 대개 사기꾼이나 빈민, 아이들과 다를 바 없이 '어린' 평민들, 혹은 동물이나 악마 같은 '저급한' 이들이었다. 히에로니무스 보스가 그린 〈세속적인 쾌락의 동산〉이나 브뤼헐이 그린 〈죽음의 승리〉 같은 그림은 탁월한 유머 감각을 발휘한 경우지만, 이는 모두 지옥이나 죽음 같은 부정의 힘이 작동하는 저급한 세계와 관련된 것이었다. 과문한 탓이겠으나 20세기 이전에 신이나 예수는 그만두고라도 예수의 제자나 성인들, 혹은 천사들을 이런 익살의 대상으로 삼은 작품은 딱히 떠오르지 않는다. 애써 찾자면 성모자상 아래 양쪽에서 천진한 표정으로 그림에 끼어든 라파엘로의 아기 천사들이 생각나는데 여기서도 웃음은 성모자상에 귀여움을 덧붙일 뿐, 결코 경배의 대상을 겨냥하거나 망가뜨리지 않는다.

비극적 사유와 충실성

초월자는 충성을 요구한다. 왕은 신하나 백성의 충성을 요구하고, 초월적 신은 신도나 인간의 충성을 요구한다. 초월적 지위를 갖는 이념이나 가치 또한 충성을 요구한다. '충실성'(fidelity)이라 명명된 철학적 충성을. 플라톤이 보였듯 초월적 모델로서 '이데아'는 현실의 존재자들에게 충실한 복제가 되기를 요구한다. 사회주의나 민족주의 같은 정치적 이념도, 시장주의나 자유주의 같은 '경제적' 이념도 이념에 대한 충실성을 요구한다. 법이나 도덕 또한 그렇다. 법과 도덕의 초월성을 주장하는 칸트는 명시적으로 말한다. 선한 것이 법이 되는 게 아니라 법을 지키는 게 선이라고. 자유란 이유를 따지거나 득실을 계산하지 않고 법이나 도덕적 명령을 무조건 따르는 것이라고. 비록 그것이 죽음 같은 엄청난 대가를 요구할지라도.

초월적 존재자나 초월적 가치는 모든 것을 지배하는 지고한 원리이기에 그 지배에 대해 충실한 복종을 요구하는 건 어쩌면 당연하다 하겠다. 하지만 반대로 말할 수도 있다. 초월자가 진정 초월자라면 애써 충실성을 요구할 이유가 무엇이냐고. 충실성 여부와 무관하게 자신의 의지를 관철하는 것이 초월자일 테니 충실하고 말고 할 것도 없으니 말이다. 역으로 충실성 여부에 따라 실행되는 정도가 달라진다면 그것은 말 그대로 초월자가 되기에 충분하지 않다 해야 한다. 그 점에서 보면 자연과학이 좀 더 초월적 충실성에 가까이 있다. 그들 또한 조건을 떠난 법칙성을 말한다는 점에서 초월성의 사유를 공유하고 있지만 그 법칙에 대한 충실한 복종을 따로 요구하지 않는다. 법칙이란 따르고 싶든 말든 관철되는 것이기 때문이다. 물론 아직 초월적 법칙이 '단일화'에 성공하지 못했고 조건의 차이가 법칙을 교란하는 경우가 빈번한데 그럴 때조차 과학은 '그래도 복종하라'고 하지 않는다.

충실성의 요구는 그 초월자가 초월성을 충분히 갖고 있지 못하다는 사실의 징표다. 그러나 아이러니하게도 초월성을 자처하는 것은 모두 충실성을 요구한다. 그 점에선 정치나 경제든 철학이나 종교든 다르지 않다. 왕이나 국가권력, 시장과 경쟁, 이데아나 도덕률, 교리나 교주에 대한 충실성. 이유는 그것 없이 초월자란 존속할 수 없기 때문이다. 충실한 복종이야말로 **초월자의 존재 조건**인 것이다. 복종과 믿음이 없다면 초월자는 아무것도 아니다. 초월자나 초월적 가치란 모든 판단의 전제이기에 증명 대상이 아니며 증명할 수 있는 것도 아니다. 그것은 받아들이고 믿는 것에 의해 그 지위와 힘을 유지할 수 있다. 믿음을 잃는 순간 그것은 아무것도 아닌 게 된다. 신하들

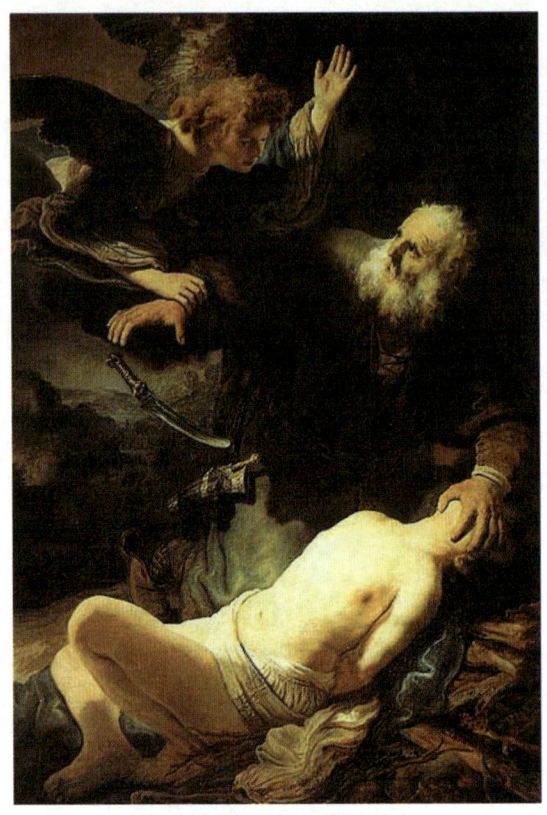

그림 9.4 _ 렘브란트, 〈이삭의 희생〉

의 복종 없는 왕이란 더 이상 왕이 아니며, 신도들의 복종 없는 신은 신이기를 그친다. 신용(믿음!)을 잃은 화폐는 가치 없는 종이쪼가리나 의미 없는 숫자가 되고 만다.

 이 때문에 초월자나 초월적 이념은 신도들의 충실성을 시험하려 한다. 그 시험을 견뎌낸 이들에게 위대함의 명예를 부여하고 영웅의 지위를 제공한다. 여호와가 아브라함에게 자신의 자식을 제물로 바칠 것을 요구한 것은 정확하게 이런 이유다. 충실성이란 자신에게 가장 소중한 것마저 바치는 기꺼운 희생을 통해 확인될 수 있는 것이다. 그렇기에 충실성의 시험은 극복하고 이겨내야 할 장애가 아니라 감수하고 견디어내야 할 시련이다.

초월성이 **비극**과 짝하는 것은 이 때문이다. 자신의 가장 소중한 것을 요구하는 시련에 기꺼이 그것을 희생하는 방식으로 응답함으로써 신이나 이념, 도덕이나 의무에 대한 충실성을 '극적으로'(dramatically) 확인하는 것이 비극이다. 가령 에우리피데스의 비극 『아울리스의 이피게네이아』는 신의 분노로 인해 요청되는 소중한 어떤 것의 희생과 그에 따른 시련의 연쇄, 그리고 끝내 자신을 바치는 영웅적 선택을 극화한다(dramatize). 트로이 원정을 가야 하는 헬라스 총사령관 아가멤논은 아르테미스 여신의 분노로 인한 풍파로 출정하지 못한 채 아울리스 항구에 묶여 있다. 신탁에 따르면, 신의 분노를 풀기 위해서는 딸 이피게네이아를 바쳐야 한다. 아가멤논은 총사령관으로서 수행해야 할 일을 위해 딸을 바치겠다며 불러오지만, 아내를 비롯해 이를 받아들이지 못해 저지하려는 이들이 있고, 아가멤논 자신도 의무와 희생 사이에서 동요한다. 제물의 운명이 기꺼울 리 없겠지만 그로 인해 여러 사람이 시련에 처하는 것을 본 이피게네이아는 스스로 제물이 되겠다며 아르테미스 신전 제단을 향해 간다. 신이나 가족 등을 위해 감수하려는 이 희생은 '숭고'하고 위대하다. 그래서 아르테미스는, 이 작품에선 드러나지 않지만, 이피게네이아를 사슴으로 바꿈으로써 '구원'한다. 여호와가 아브라함에게 했듯이. 자신을 기꺼이 바치려는 영웅적 희생은 바로 그 충실성으로 인해 초월자에 의해 구원되는 것이다. 아니, 그런 위대한 희생 자체가 바로 구원인 것이다.

모든 초월자는 **희생**을 요구한다. 그렇게 희생을 감수하려는 자를 통해 자신의 가치의 지고함을 입증하려 한다. 그리고 그 희생에 대해 세상을 구한 '영웅'이라는 명예로 보상한다. 십자가의 시련과 예수의 죽음도 그러했다. 초월성의 사유가 지배하는 세계에서 비극이 중요한 것은 이 때문이다. 비극은 어떤 이념이나 가치를 위해 치르는, 그와 비교될 법한 어떤 거대한 대가나 희생을 통해 신이나 이념, 대의, 운명 등에 대한 충실성을 가시화하는 드라마다. 플라톤 식의 형이상학적 초월자나 기독교의 신적 초월자가 지배하는 서구에서 비극적 구도는 단지 연극에 한정되지 않는다. 판결의 부당함을 이유로 탈옥을 권하는 지인들의 권유를 거절하고 철학적이고 법적인 원칙을 지키기 위해 독배를 받았던 소크라테스 또한 그러했다. 그는 그런 죽음 자체가 영혼의 구원이라며 친구들을 설득한다.[2] 해방의 대의를 위해 죽음이 예상되는 전장으로 나아가는 스파르타쿠스의 영웅적 선택을 하차투리안은 음악적 비극으로 예찬한다. 죽음이 예상되는 자리를 피하지 않고 의연히 지키는 에그몬트 백작에 대한 베토벤의 음악적 헌정 또한 그렇다. 하이데거라면 이처럼 "다른 것을 선택할 수 없음을 견디어내는" 것을 자유라고 할 것이다.[3] 이는 좀 더 간명하게 말해 "죽음을 향한 자유"다.[4] 이런 자유의 개념이 초월성의 사유와 짝을 이루는 비극성의 철학적 판본임은 알기 어렵지 않다.

    소중한 것을 거는 희생의 고통은 더없이 크다. 그렇기에 그 앞에서 물러서지 않고 고통을 감수하며 지고한 어떤 것을 향해 나아가는 용기는 위대하다. 비극의 감동은 그로부터 온다. 영웅이 감수하는 고통의 크기만큼 거대해지는 용기나 결단의 가능성이 내 안에 있음을 공감하며 우리는 감동한다. '죽음으로-미리-달려가-보는' 그런 용기

(2) 플라톤, 전헌상 역(2020), 『파이돈』, 아카넷.
(3) 하이데거, 『존재와 시간』, 381쪽.
(4) 같은 책, 355쪽.

나 결단이 있다면, 누구든 영웅이 된다. 그런 영웅을 보고 공감하고 감동하며 우리는 그런 삶에 한 걸음 다가간다. 지고한 것에 조금이나마 가까워진다. 그것이 비극이 우리에게 **권유하는** 삶의 모델이다.

초월자나 초월적 가치는 어떤 조건과도 무관하게 지고한 것이다. 따라서 충실성은 무엇보다 우선 그 지고하고 불변하는 것에 대한 충실함이다. 반면 모든 것은 조건에 따라 달라지며, 조건과 무관한 것은 아무것도 없다는 연기적 사유에 그런 불변의 지고한 것은 없다. 불법이나 부처라고 믿는 것에도 매이면 안 된다고 가르친다. 부처는 자신에게 충실하라 요구하는 신도 초월자도 아니다. 부처는 그 연기적 사유를 체득하여 매순간 그렇게 사는 중생 자신일 뿐이다. 그렇기에 그걸 체득한다면 누구든 될 수 있는 것이 부처다. 모든 이들이 그럴 잠재성이 있기에 모든 이들이 갖는 능력이 불성이다. 그러니 복종해야 할 무언가도 없다. 만나는 조건에 따라 그런 능력을 제대로 사용하면 충분하다.

그렇다고 충실성이라는 덕목이 아예 없다고 할 수 있는가? 맞다, 그럴 순 없다. 가르침이든 배움이든, 보시든 정진이든 삶을 온전히 건 충실성이 없다면 크게 이룰 수 없다. 선가(禪家)에서 모든 것을 '화두'에 대한 의정 하나에 걸라고 할 때, 그것은 어쩌면 삶 전체를 건 충실성을 요구하는 것이라 하겠다. 그러나 알다시피 화두는 답이 아니라 물음이다. 모든 답을 깨며 던지는 물음이다. 그러니 화두에 대한 충실성이란 언제 어디서나 답을 주는 원리에 대한 충실성이 아니라, 모든 답을 깨는 물음에 대한 충실성이다. 그러한 충실성의 요구는 조건이 달라질 때마다 반복하여 던지며 다시 답을 찾으라는 요구다. 원리에 복종하라는 요구가 아니라 어떤 확고한 원리도 답으로 삼지 말고, 어떤 확고한 답조차 묻고 다시 또 물으라는 요구다.

'대원'(大願)이라고 명명되는 서원에 대한 충실성을 요구하지만, 이는 내게 명령하는 초월자에 대한 충실성이 아니라 나 자신에 대한 충실성이다. 내가 하고자 하는 바, 내가 살고자 하는 삶에 대한 충실성이다. '대신심'(大信心)이라는 말로 요약되는 믿음의 충실성이 있지만 이는 자신의 공부나 삶, 수행이나 깨달음을 위한 것이다. 모두 초월적 충실성이 아니라 내재적 충실성이다. 삶을 걸라고 가르치지만 충실성을 증명하라 하지 않고 소중한 것을 희생하라 요구하지 않는다. 자신의 삶을 위한 것이니 굳이 증명할 필요가 없고 애써 희생할 이유가 없다. 보시나 이타행도 자리이타(自利利他)를 말하고 자신이 감당할 수 있는 것, 그것을 행하는 게 자신을 위한 것이 되도록 하라 가르친다. 자신이 감당할 수 없는 희생은 자신은 물론 남을 위해서도 좋은 것이 되지 못한다. 가장 소중한 것을 바침으로써 증명해야 할 충실성 같은 것은 어디에도 없다. 충실성을 요구하는 지고함도 없다. '부처를 만나면 부처를 죽이라'고 가르치고 깨달음에 대한 욕망조차 탐심이니 내려놓으라 설한다.

불교에도 위대한 인물들은 있지만 견디어낸 시련의 크기로 규정되는 위대한 영웅들은 찾기 힘들다. 불법과 승려 전체를 궁지로 몰아간 대파불(大破佛)이 누차 일어났지만 그에 저항해 목숨 걸고 싸워 명성을 얻은 영웅은 없다. 성공 여부를 미리 가늠할 수 없는 기나긴 여행을 통해 경전을 구해 오고 불법을 전파한 이들이 있지만 그들의 '위대함'은 그들이 겪은 시련의 크기 때문이 아니다. 이차돈처럼 포교로 인해 목숨을 바친 유명한 인물이 있지만 거기서 중요한 것은 불법의 힘을 받아들이게 만든 사건이지 희생을 감수한 순교의 의지가 아니다. 그렇기에 '순교'는 예찬되지도 않고 권장되지도 않는다. 종교적 이유로 죽은 이들은 있지만 '성인'이 된 '순교자'는 따로 없다. 깨달음을 얻어 자신의 삶을 구제하고 그 힘으로 중생을 제도하여 해탈의 길을 여는 이들, 그들이 위대한 인물이다.

철학적 웃음과 웃음의 철학

비극을 지배하는 것은 필연의 힘이다. 오이디푸스가 길을 가다 다툼이 발생해 누군가를 죽이는 것은 분명 우발적 사건이고 우연이지만, 이는 피할 길 없는 필연으로서 '운명'이 관철되는 방식일 뿐이다. 신이든 절대정신이든 초월자가 존재하는 세상에서 모든 우연은 '인식되지 않은 필연'에 불과하다. 제멋대로 도망친 요나가 그로 인해 신의 명령을 더 충실히 수행하게 되듯이 어떤 이탈도 초월자의 '간계'(奸計) 안에 있다. '숙명'(destiny)이라 명명되는 초월적 힘을 벗어날 수 없다.

반면 희극을 가능하게 하는 것은 정해진 길을 바꾸거니 비트는 **우연** 내지 **우발성**이다. 필연을 자처하는 규칙이나 법, 가치가 있지만 아주 작은 우발적 요소 하나가 끼어드는 것만으로 애초의 방향, 규칙, 가치가 와해되는 사건이 발생한다. 법이나 규칙, 목적이나 이념, 혹은 궁핍이나 죽음 같은 모면할 길 없는 무게를 다룰 때조차 뜻하지 않은 어떤 것의 우발적 개입으로 인해 필연의 힘이 정해놓은 길에서 벗어나버리는 사태가 웃음으로 이어진다. 여기에도 벗어날 수 없다는 의미의 필연은 있으나 그건 우연이나 우발성에 의해 뜻하지 않게 다른 길로 이어지는 사태를 뜻한다. 여기에도 '운명'이라는 것이 있지만 어찌할 수 없이 받아들여야만 하는 이미-결정된 초월적 힘이 아니다. 오히려 미리 '결정된' 어떤 것조차 모면할 수 없는 우발적 사태의 힘을 뜻한다. 정해진 '숙명'조차 바꾸어버리는 '운'이다.

비극이 최대의 대가를 치르며 초월자를 향해 상승하는 영웅적 길로 모든 진지함을 끌어들이고자 한다면 희극은 웃음의 이유가 되는 것을 최대치로 증폭해 어딘가로 끌려가던 걸음을 멈추게 한다. **위반**과 **어긋남**, 의외성 등이 야기하는 웃음을 통해 가던 길을 멈추고 '내가 지금 어디로 가고 있는 거지?' 묻게 한다. 순진성을 가장하여 상대방을 무지의 궁지로 몰고 가는 소크라테스의 조롱—'소크라테스식 반어'(Socratic irony)라는 말을 만들어낸—도 이 점에선 다르지 않다.

초월성의 구도에서 희극이나 웃음은 방치할 수 없는 불온성을 갖는다. 가령 아리스토파네스의 희극『구름』은 공중에 매달린 바구니에 앉아 있는 소크라테스를 장면화한다. 지고한 곳에 이르기 위해, 그곳에 가까이 다가가기 위해 소크라테스는 그렇게 공중에 매달려 산다는 것이다. 이는 지고한 곳—이데아—에 이르려는 그의 철학적 시도를 웃음거리로 만든다. 움베르토 에코의 소설『장미의 이름』은 아리스토텔레스의 '비극론'이 널리 전파되고 거듭 천착된 것과 달리 '희극론'은 일찍부터 망실되어 사라진 것이 이런 이유 때문이리라는 상상을 핵심 모티프로 한다.

비극은 막대한 대가를 치러야 할 이유를 납득시키기 위해 긴 서사나 극적 구성을 필요로 하지만 희극은 그런 것 없이도 가능하다. 실은 반대다. 별도의 긴 설명이 필요한 것은 웃음을 낳지 못한다. 추가하자면, 웃음은 '희극'으로 국한되지 않는다. 희극은 웃음의 이유들을 엮는 하나의 방법일 뿐이다. 웃음은 애써 극적 구성을 취하지 않는다. 약간 비튼 문장 하나, 뜻밖의 것이 결합되며 발생하는 행동 하나로도 쉽게 터져 나온다. 그래서 비극은 무겁고 희극은 가볍다.

그림 9.5 _ 아리스토파네스, 『구름』의 한 장면. 야노스 잠보키의 동판화(16세기)

사실 플라톤도 아리스토텔레스도 웃음에 대해 해명하고자 했다. 플라톤이 보기에 웃음은 '자기 주제를 모르는' 악덕을 겨냥한 것이다.[5] 자신의 무지나 무능력을 알지 못하는 자에 대한 적의와 조롱이 웃음을 만들어낸다는 것이다. "너 자신을 알라"라는 유명한 말이 바로 상대의 무지와 무능력을 겨냥한 것임은 잘 알려진 바다. 아리스토텔레스 역시 웃음을, 열등한 자를 조롱하는 농담과 짝 짓는다.[6] "희극은 우리만 못한 인간들을 모방하려 하고 비극은 우리보다 나은 인간들을 모방하려 한다."[7] 비극이 영웅을 만들어낸다면 희극은 비천

(5) 플라톤, 이기백 역(2020), 『필레보스』, 아카넷.
(6) 아리스토텔레스, 천병희 역(2013), 『니코마코스 윤리학』, 숲.
(7) 아리스토텔레스 외, 천병희 역(2002), 『시학』, 문예출판사.

한 자들을 만들어낸다는 것이다. 물론 희극론을 쓴 만큼 그는 플라톤과 달리 웃음이 덕과 짝 지어질 수도 있다고 보았지만 그럴 때조차 플라톤과 마찬가지로 '웃음을 참지 못하는' 무능력과 위험에 대해 경고한다. 자제하기 힘든 웃음이란 아무리 긍정적으로 보려 해도 자기에 대한 이성적 제어를 저해하는 것이 되리라 본다는 점에서 두 사람은 본질적으로 다르지 않다. 근대 사상가 홉스는 "웃음이란 타인의 약점이나 예전의 자기 자신과의 비교를 통해 알게 된, 현재의 자기 자신의 우월함에 바탕을 둔 갑작스러운 영광"이라 본다.[8] 이 또한 남들을 비하하고 조롱하는 웃음이라는 점에서 플라톤과 다르지 않다.

18세기 영국 사상가 허치슨이나 20세기 프랑스 철학자 베르그손은 웃음의 이유를 '부조화'에서 찾는다. 과장이나 어긋남, 어색함 등을 동반하는 부조화가 웃음을 야기한다는 것이다.[9] 이는 우열의 위계를 벗어나 웃음을 해명하려는 시도라는 점에서 오래된 고전적 전통과 다르지만, 여전히 웃음은 부정적인 어떤 것과 짝 지어져 있다. 그러나 웃음이야말로 기쁨과 유쾌함이라는 긍정적 감응의 표현 아닌가? 그렇다면 웃음 자체를 그런 긍정적인 어떤 것으로 정의하는 게 웃음에 합당하지 않을까? 더욱이 모든 부조화가 웃음을 야기하지는 않는다. 사실 비극이야말로 거대한 부조화를 통해 구성된다. 자식의 목숨을 신에게 바치려는 아버지, 아버지를 죽이고 어머니와 결혼하는 아들이라니, 이 얼마나 대단한 부조화인가! 비극성이란 어쩌면 '운명'이라는 이름의 극적 부조화나 과도한 어긋남에서 온다. 따라서 '부조화'란 웃음을 해명하기에는 결코 충분하지 않다. 어긋남이나 과

---

[8] 제럴드 레빈슨 편, 김정현 외 역(2018), 『미학의 모든 것』, 북코리아, 424쪽.
[9] 류종영(2005), 『웃음의 미학』, 유로서적; 앙리 베르그손, 정연복 역(1992), 『웃음』, 세계사.

장, 어색함도 그것만이라면 다르지 않다.

웃음은 부지중 작동하는 어떤 통념이나 상식, 규칙이나 예상을 깨지만 나름 수긍할 이유를 갖는 어떤 작은 위반이나 미시적 어긋남에서 발생한다. 즉 의외성을 동반하는 작은 위반이나 어긋남이 웃음을 만든다. 이는 대개 뜻밖의 것이 만나고 결합하는 방식으로 만들어진다. 이때 필경 과장이나 변형이 동반되는데 통상적인 것에서 멀리 나아가 크게 증폭될 경우에도 그것은 '본질적인 것'과는 거리가 있는 **어떤 '사소한 것'의 증폭**이라는 점에서 작은 어긋남이다.

여기서 '작은', '소소한', '미시적' 같은 말은 명사에 부가된 단순한 관형어가 아니다. 그것은 어쩌면 '이탈'이나 '어긋남'이라는 개념적 명사만큼이나 중요한 성분이다. 왜냐하면 그 이탈이나 어긋남이 거대하면 의외성과 이탈은 웃음이 건널 수 없는 과도한 간극이 되기 때문이다. 그 간극은 난감함과 숙연함의 심연이 된다. 거기서는 무거운 비장함의 대기가 솟아오른다. 어찌 될 줄 모르겠다는 무거운 불안이 편한 웃음을 야기하는 가벼운 의외성을 잡아먹는다. 더는 웃을 수 없게 되는 것이다.

중요하다 믿는 것에 매몰되어 다른 것을 생각하지 못하던 눈을 옆으로 돌리게 하는 어긋남, 지고한 것에 짓눌려 엄숙하고 비장해진 마음을 편안하게 풀어주는 의외성은 그렇게 작을 때에만 반감 없이 작용한다. 따라서 그 '작음'과 '소소함'은 결코 '사소한' 것, 별 의미 없는 것이 아니다. 다른 한편 그것은 종종 지고한 가치 전체를, 웃으며 떠나는 것이 **그리 작은 이탈만으로도 충분할 수 있음**을 뜻한다. 가던 길을 멈추게 하는 것은 그 작은 이탈이나 의외성이면 충분할 만큼 쉬운 것이다. 그러니 이 '작음'은 이탈하고 벗어나려는 자에게는 더없이 중요한 것이다.

웃음의 물리학

웃음은 하나가 아니다. 얼마나 다른 웃음들이 있는지 모른다. 비극 또한 다양하다 하겠지만, 대개는 비장함의 감정을 따라 하나의 초월적 가치로 수렴되기에 작지 않은 통일성을 갖는다. 다양함의 통일로서 '조화'의 개념에 쉽게 부합한다. 반면 웃음은 이유나 양상이 너무들 달라 하나로 수렴되는 지점을 찾기 어렵다. 박장대소가 있지만 소리 없는 미소가 있고, 유쾌한 웃음이 있지만 씁쓸한 미소가 있다. 또한 공감의 웃음이 있는가 하면 반감의 웃음이 있으며, 당당한 저항의 웃음이 있고 비굴한 굴종의 웃음이 있다. 웃음은 형태나 이유, 양상이나 성격이 모든 방향으로 발산한다. 웃음을 관통하는 정서조차 그러하다.

하지만 스피노자가 수많은 정서나 감정을 신체적 능력의 증감에 따라 기쁨과 슬픔의 감응으로 분류했던 것처럼,[10] 수많은 웃음 또한 우선 그 방향에 의해 두 가지로 크게 분류할 수 있다. 하나는 **남들을 낮추고 자신을 높이는 방식으로** 발생하는 웃음이고, 다른 하나는 **자신을 낮추고 스스로 망가짐으로써** 발생하는 웃음이다. 전자는 앞서 플라톤, 아리스토텔레스, 홉스 등 서구의 고전적 사상가들이 다룬 유형의 웃음이다. 자신의 우월함을 전제로 하는 것이든 자신을 우월한 자리로 상승시키기 위한 것이든 높은 것은 좋은 것이고 낮은 것은 나쁜 것이라는 수직적 위계를 전제로 높은 곳을 차지함으로써 얻는 웃음이다. '나'를 보호하고, '나'를 기준으로 세상을 보는 아상(我相)의 충실한 작동이라 할 것이다.

---

(10) 스피노자, 『에티카』 3부 정리11 주석.

물론 여기에도 아주 다른 종류의 웃음이 있다. 자기 주제를 모르는 자, 자신을 과대평가하는 자의 무능함과 열등함을 폭로하고 비판하는 소크라테스 식의 철학적 조롱도 있지만, 그저 자기 인근에 있는 이들의 약점을 찾아 웃음거리로 만들 뿐인 통속적 조롱도 있다. 전자가 잘난 줄 아는 이를 낮추며 웃는다면 후자는 크게 다를 바 없는 동료들을 밟고 올라 잘난 자리를 확보하며 웃는다. 다른 한편, 장애인이나 소수자의 '약점'을 웃음거리로 만들며 조롱하는 경우도 있지만, 흔히들 강점이라 믿는 권력이나 부, 지위를 겨냥하여 웃음거리로 만드는 경우도 있다. 전자가 '약자'들을 조롱하는 비아냥이라면 후자는 '강자'들을 비판하며 위계를 전복하려는 풍자다. 하지만 어느 것이든 자기 아닌 누군가를 망가뜨려 낮은 곳으로 밀어뜨리고 자신의 우위를 확인하며 웃는 것이라는 점에서는 다르지 않다.

이와 반대로 자신을 낮춤으로써 스스로 웃음의 대상이 되기를 자처하는 웃음이 있다. 남을 바보로 만드는 게 아니라 자신을 바보로 만들며 사람들을 웃기는 것이다. 앞서 말한 웃음이 상승하며 웃는 것이라면, 이는 하강하며 웃는 것이다. 그렇다고 자기를 높이는 것과 대칭적인 것은 아니다. 남들의 잣대를 따라 하강하거나 남들의 척도나 명령을 과도하게 순종하며 망가지지만 이로써 잣대나 요구, 명령 자체를 웃음거리로 만들거나 의문 속에 침수하게 하기 때문이다. '천한 자'를 자처하며 스스로 하강할 때 천함을 조롱하는 척도도 같이 하강한다. 돈 벌라는 요구를 과도하게 추종하며 웃음을 야기할 때 돈 벌라는 요구는 같이 웃음거리가 된다. 스스로 하강의 선을 따라가지만 동시에 잘난 자리, 높은 지위를 점한 이들을 같이 끌고 내려가 웃음거리로 만드는 것이다. 김사량의 소설 「풀 속 깊숙이」에서 시골 군수인 '숙부'는 일본어만 사용하라는 총독부의 요구를 과도하게 추종하여 일본어를 모르는 첩에게도 일본어로 말하고 백의(白衣)를 입지 말라는 요구를 과도하게 추종하여 붓을 들고 다니며 흰옷만 보면 먹칠을 한다. 과도한 추종을 통해 요구 자체를 함께 망가뜨려버리는 것이다. 〈모던 타임스〉에서 찰리(채플린)의 바보짓은 그 바보짓의 발단인 자본주의나 근대 세계(modern times)를 웃음거리로 만든다.

나를 높이는 것이 자아의 방어기제와 결부되어 있다면 나를 낮추는 것은 방어기제를 열고 오는 공격을 오는 그대로 받아들이는 것이다. 그렇기에 이는 자아를 약화하고 해체하려는 방향을 향한 것이라 하겠다. 남들을 낮추는 웃음은 자신이 믿는 지고한 가치를 잣대로 하며 그걸 공격의 무기로 삼는다. 따라서 그 잣대를 의심하거나 망가뜨리는 웃음은 생각도 할 수 없다. 가치의 잣대에 충실한 웃음이 있을 뿐이다. 반면 자신을 낮추는 웃음의 방법은 흔히들 좋다고 믿는 잣대를 끌어안고 함께 하강하는 것이다. 자신이 가진 것을 향한 상대의 공격 앞에서 "그래 맞아, 내가 그렇지"라고 수긍하며 함께 웃는 것이다. 이로써 나에 대한 공격에 반격하는 게 아니라 애써 반격할 이유가 없는 것으로 만들어버린다. 나를 공격한 잣대가 '별것 아닌 것'으로 무력화된다. 필경 추가 공격은 민망한 것이 되어 중단된다. "그래, 맞아"라는데 뭘 어쩔 것인가.

여기서 멈추지 않는다. 그렇게 수긍하며 망가지는 가운데 망가진 가치나 인물의 진면목이 살아나는 역설이 발생한다. 바보를 자처하며 어리석음 속으로 하강하지만 그 어리석음이 똑똑함보다 탁월한 것임이 드러난다. 추운 겨울날 목불(木佛)을 뽀개 불을 때곤 사리를 얻으려 불상을 태웠다는 말로 어리석음을 자처하던 단하 스님이 딱 이런 경우다. 불상을 태워 어떻게 사리를 얻느냐고 하자 "그럼 저기 남은 두 불상도 마저 가져다 불을 때자"라고 할 때 어리석음과 똑똑함의 역전은 돌이킬 수 없는 게 된다. 불상이나 부처를 경배하는 세간의 통념이 불에 타버리고 불상을 장작 삼은 바보가 부처의 얼굴로 솟아오른다. "당신은 누구시오"라는 양무제의 물음에 바보인 양 "모르겠습니다"라고 답한 달마대사도 다르지 않다.[11]

수직의 방향으로 상승하거나 하강하며 만들어지는 웃음과 달리 옆에 있는 '이웃'과 만난다는 점에서 수평의 방향에서 만들어지는 웃음이 있다. '수평'이라 하지만 말 그대로 수평적인 위치가 아니라 고저의 위계가 있다고 믿어지는 것을 넘나들며 옆에 있는 이웃으로 끌어들이는 것이라는 점에서 '횡단적'이라 해야 할 웃음이다. 멋지게 포장된 선물상자이기에 잔뜩 기대를 갖고 열었으나 다시 상자만 나오길 반복할 때, 혹은 냉장고 문을 열었는데 책들로 가득 차 있을 때 우리는 웃는다. 초현실주의자들이 좋아하던 "수술대 위의 재봉틀과 우산"[12]도 이런 경우일 것이다. 토굴에 앉아 열심히 좌선하는 마조 옆에서 기왓장을 가져다 숫돌에 갈며 생각지도 못한 둘을 연결하여 마조(馬祖)의 생각을 뒤흔든 남악(南岳)의 일화는 몇 번을 다시 들어도 웃음이 나온다.[13] 달마대사가 서쪽에서 온 이유를 묻자 "뜰 앞의 잣나무"라고 했던 조주(趙州)의 답[14]도 뜻밖의 것이 만나는 이런 수평

(11) 원오, 백련선서간행위원회(1993), 『벽암록』 상, 장경각.
(12) 로트레아몽, 황현산 역(2018), 『말도로르의 노래』, 문학동네.
(13) 전날, 좌선하고 있는 마조를 찾아와 남악은 묻는다. "그리 열심히 좌선해서 무얼 하려는 건가?" "부처가 되고자 합니다." 다음 날 남악은 숫돌과 기왓장을 들고 와 좌선하는 마조 옆에서 숫돌에 열심히 기왓장을 간다. 좌선하며 한참을 보던 마조가 묻는다. 미끼를 문 것이다. "스님, 무얼 하십니까?" "보다시피 기왓장을 갈고 있네." "기왓장을 갈아서 무얼 하시려고요?" "거울을 만들려 하네." "아니, 기왓장을 간다고 거울이 되겠습니까?" "그래? 근데 자네는 좌선을 해서 부처가 되겠다며?" 이 말에 놀란 마조가 "네?" 하고 반문한 순간, 그는 남악의 낚싯바늘에 확실하게 걸리고 만다. 끝내 남악을 따라 나서게 된다(마조, 『마조록』, 백련선서간행위원회(1989), 『마조록/백장록』, 장경각).
(14) 조주, 백련선서간행위원회(1991), 『조주록』, 장경각.

방향의 유머라 하겠다.

높은 자리에 있어야 할 것이 낮은 곳 한구석에 처박혀 있을 때, 혹은 별것 아닌 것이 높은 자리에서 절을 받고 있을 때도 그렇다. 어떤 것이 있어야 할 곳에서 벗어나 뜻밖의 자리에 있을 때 우리는 웃는다. 고양이를 두고 다투는 걸 보곤 고양이를 잡아들고 "제대로 이르면 고양이가 살 것이고, 그러지 못하면 살지 못하리라" 했으나 아무도 제대로 답하지 못해 끝내 고양이를 죽였다며, "너라면 어찌했겠느냐"라는 남전(南泉)의 물음에 신발을 머리에 뒤집어쓰고 나간 조주의 대답이 그런 경우라 하겠다. 사물뿐 아니라 사태나 말 또한 그렇다. "한 물건도 지고 있지 않을 땐 어떡합니까?" 물었더니 "내려놓아라!"라고 답하고, "한 물건도 지고 있지 않은데 어찌 내려놓으라 하십니까" 반문하니 "그럼 그냥 지고 가거라" 했던 조주의 말은 불도를 들었다 놓았다 하는 멋진 유머 감각을 보여준다.

유머의 정치학

거대한 이념이나 강고한 도덕, 지고한 대의에 대한 비극적 충실성은 결단을 요구하는 비장함을 갖는다. 그러나 그저 말 하나, 물건 하나의 자리를 바꾸는 작은 이탈이나 소소한 위반은 눈이나 귀를 당기는 것이면 충분하다. 의외성이 시선을 잡아채고 어떤 이탈이 고개를 끄덕이게 할 때 우리는 웃는다. '웃는다'고 했지만 실제로 웃음이 동반되는가는 중요하지 않다. 책으로 가득 찬 냉장고를 보고 누구는 깔깔대고 웃겠지만 누구는 미소 지을 것이며 또 누구는 '뭐야, 이거?' 할 것이다. 부처를 묻는데 뺨을 치는 스님을 보면 웃음이 나온다기보다는 놀라고 당황하게 될 것이다. 신발을 뒤집어쓴 스님은 익살스럽지만 그 이유를 정확히 아는 이는 많지 않을 것이다. 그래도 이런 것들을 보고 웃는 사람을 이상하다고는 누구도 생각하지 않는다. 자신이 웃지는 못했어도 무언가 웃을 이유가 있어 보이기는 하기 때문이다. 모호한 웃음 가능성의 지대가, 잠재적 웃음의 장이 그런 장면마다 출현하는 것이다.

웃음이 실제로 발생하든 말든 이탈의 의외성은 웃음과 상관적인 어떤 유쾌함의 감응을 유발한다. 크든 작든 '아!' 하게 하는, 작은 경탄으로 표현될 어떤 수긍의 정서를 동반한다. 웃음이나 유쾌함과 연결되는 이런 종류의 감응이나 정서를 우리는 '유머'라고 명명할 수 있다. 신발을 뒤집어쓴 조주의 의외성에 '앗!' 하게 될 때, 아직 이해하지 못해 의아해하는 이의 신체를 이 알 수 없는 유쾌한 감응이 먼저 통과한다. 그리고 생각이 그 뒤를 따라간다. 얼마나 따라갈 수 있는지는 경우에 따라 다르다. 어떤 경우든 그 유쾌한 감응을 둘러싸고 있는 것은 긍정의 감각이다. 열등한 자와의 대비를 통해 자신의 우월함을 확보하는 이중부정―부정의 부정―의 감각과 대비되는 긍정의 감각이다. 원리나 명령, 지배적 가치나 통념에 대해 웃게 만들 때조차 긍정의 방식으로 행사하는 긍정의 감각이다.

웃음은 웃음을 부른다. 웃음은 쉽게 감염되고 쉽게 퍼져간다. 따라서 웃음은 집단적이다. 웃음은 흘러가고 감염되고 전파되며 대중(大衆, mass)이 된다. 웃음의 방식이 반복되면서 집단적 감응을 형성한다. 웃음을 찾아 모여들게 하고 웃으며 퍼져가게 한다. 웃음은 공동체와 친화성을 갖는다. 남들 옆에서 우는 것이 '민망한' 일이라면 혼자 웃어대는 것은 '실없는' 일이다. 웃음은 공동체의 활력이다. 공동체마다 고유한 웃음의 스타일이 있다. 공동의 유머 감각이 있는 것이다. 어느 집단에 속한 이들과 함께 웃을 수 있다면 그 집단에 이미 반 이상 들어간 것이다. 역으로 공동체의 웃음은 같이 웃지 못하는 이들에겐 벽으로 감지된다. 하지만 그 유머 감각은 다른 스타일의 웃음을 배제하지 않는다. 웃음의 방식은 다른 웃음에 열려 있다. 웃음의 감각을 바꾸는 웃음은 공동체를 바꾸어놓는다. 웃음은 이념이나 생각이 세운 벽을 슬그머니 넘나들며 공동체의 벽을 연다. 웃음의 다양한 감각이 이념을 가로지르게 한다. 그렇게 가로지를 수 있을 때 비로소 우리는 '자신의 길'을 찾을 수 있다. 내가 알고 있고 내가 고수하던 길이 아니라 횡단하고 넘나드는 것들 가운데서 내게 다가오며 나를 당기는 길이 바로 '나의 길'이다.

유머의 긍정적 감응은 횡단의 웃음을 낳는다. 상승의 웃음과 대비해 하강의 웃음을 말했지만, 고저의 위계가 깨지면서 위아래 있던 것이 수평 방향에서 만난다는 점에서 하강의 웃음은 횡단의 웃음과 다르지 않다. **있어야 할 곳에서 벗어나고 이탈한다**는 점에서 하강과 횡단은 하나로 합류한다. 반면 남을 낮추거나 자신의 우월성을 확인하고 조롱하는 웃음은 있어야 할 자리를 상기시키고 이탈한 자를 조롱하며 주어진 지위의 위계 속에서 자기 위치를 확보하고 확인하려 하기에 이런 횡단과 손잡지 못한다. 풍자가 유발하는 큰 웃음조차 해야 할 것을 못한다고 조롱하고 비하하는 한, 횡단이나 하강을 통한 이 이탈의 웃음과 근본을 달리한다.

봉준호의 영화 〈설국열차〉에서 머리칸의 통치자와 군인-경찰들의 폭정에 항의하며 꼬리칸의 한 인물이 신발을 던진 행위에 대해 '총리' 메이슨이 신발을 꼬리칸 사람의 머리에 얹어놓고 했던 얘기는 이러한 횡단적 웃음이 '정치적'이라는 것을 잘 보여준다. 질서란 각자 있어야 할 자리에 있는 것인데 이렇게 신발이 제자리에 있지 않고 머리 위에 있으면 어떻게 되겠느냐는 것이다. 반대로 꼬리칸에 있어야 할 자들이 그 자리를 벗어나 머리칸으로 돌진하는 것, 그것을 꼬리칸에 사는 자들은 '혁명'이라 명명한다.

치안과 대비하여 정치를 사유하고자 했던 자크 랑시에르는 어떤 것이 있어야 할 자리에 있도록 하는 게 치안(the police)이라면 주어진 자리에서 이탈하는 것이야말로 '정치(the politics)'라고 정의한다.[15] 그에 따르면 어떤 것이 있어야 할 자리를 상기시키며 '주제를 알라'라고 조롱하는 부정적 웃음이 치안과 짝한다면 있어야 할 자리를 벗어나며 만들어내는 긍정적 웃음은 정치와 짝한다고 해야 할 것이다. 상승의 웃음이 위계의 치안을 행하는 조롱의 미감과 상응한다면 횡단의 웃음은 이탈의 정치를 가동하는 유머의 미감과 상응한다. 이로써 상승과 하강을 통한 유머의 물리학은 유머의 정치학이 된다.

운명의 무게를 받아들이는 것은 어려운 결단을 요구하지만 작은 이탈에 웃는 것은 가벼운 수긍이면 충분하다. 이 작은 이탈은 떠날 수 있는 능력을 촉발한다. 지고한 것에 매인 마음을 풀어놓아 편안하게 한다. 그 편안함이 생각을 움직일 여유가 되고 몸을 움직일 여지가 될 때, 마음은 지고한 것에 대해, 중요한 것에 대해 다시 생각할 수 있다. 이탈의 작은 거리를 두고 그것들을 다시 생각할 수 있다.

주어진 자리를 떠나지 못하게 하는 것은 권력이고 그런 자리를 떠나는 것은 능력이다. 치안의 권력은 위계의 안전을 확인하며 웃고 정치적 능력은 이탈하는 것을 보고 웃는다. 역으로, 웃음의 능력과 유머 감각은 주어진 자리를 떠날 수 있게 한다. 지금 내 마음을 사로잡고 있는 상황이나 대상으로부터 벗어나게 한다. 어떤 존재자나 대상,

---

(15) 자크 랑시에르, 양창렬 역(2013), 『정치적인 것의 가장자리에서』, 길.

가치나 상황에 사로잡혀 있는 이는 웃지 못한다. 고지식한 진지함은 그러한 것들에 잡아매는 족쇄가 되기 십상이다. 반대로, 그러한 것들에 대해 웃을 수 있을 때 우리는 그것들로부터 빠져나올 수 있다. 출구가 없어 보일 때야말로 웃음이 중요한 때다. '대책 없는' 웃음으로 주어진 상황과 거리를 둘 수 있을 때 거기서 빠져나갈 길이 보이게 될 것이다. 심지어 출구 없는 상황을 있는 그대로 받아들이도록 해주는 것 또한 웃음이다. "내게 필요한 것은 자유가 아니라 출구였다"면서 갇힌 채 출구를 찾기 위해 인간이 하라는 것을 과도하게 추종하여 담배를 피우고 술을 마시다 말까지 하게 된 원숭이 빨간 페터에게서,[16] 그 이야기를 하는 카프카에게서 우리는 이런 웃음의 능력과 유머 감각을 본다.

따라서 유머의 힘은 웃기는 능력보다는 차라리 **웃는** 능력에 가깝다. 웃음을 유발하는 농담이나 개그의 언행이라기보다 차라리 웃으며 주어진 것들에서 벗어나는 능력. 유머의 미감은 확고해 보이는 것 속에 다른 어떤 것을 불러들이는 감각적 거리와 인접해 있다. 유머의 횡단적 웃음이 만들어내는 것은 주어진 것들을 거리를 두고 보게 하는 여백의 공간이고, 다른 조건, 다른 길이 있음을 보게 하는 여유의 대기/분위기(atmosphere)다. 다른 삶을 향해 몸을 돌리게 하는 가벼움의 힘이 거기에 있다.

---

(16) 프란츠 카프카, 「학술원에 드리는 보고」, 조원규 역(2024), 『변신·어느 개의 연구』, 그린비.

익살, 혹은 내용으로서의 유머

예술은 내용과 표현의 두 층을 갖는다. 무엇에나 두 층이 있지만 예술에서는 그 두 층의 구별이 특히 중요하다. 내용과 형식이 예술학이나 미학의 전통적 구별이지만, 내용에도 형식이 있기에 그 개념은 충분하지 않다.[17] 뵐플린의 '양식론'이 미술사를 표현형식의 층위에서 다룬다면[18] 파노프스키의 '도상학'은 내용의 형식 층위에서 다룬다.[19] 소설 〈폭풍의 언덕〉과 영화 〈폭풍의 언덕〉은 같은 내용의 서사를 다루는 다른 표현형식이다. 하지만 우리가 흔히 보듯 소설과 영화 모두 발단에서 결말에 이르는 '플롯'의 형식을 통해 전개된다. 이때 플롯은 형식이지만, 소설과 영화라는 상이한 표현형식으로 다루어지는 내용의 형식이다. 다만 '내용의 형식'이라는 말은 통상적 어법과 충돌하기에 여기서는 '내용'이라 줄여 사용하려 한다.

유머의 미학 또한 두 층위를 갖는다. 유머와 상응하여 '익살'과 '해학'이라는 말이 있는데, 묘사되거나 서술되는 **내용**을 통해 웃음이나 유쾌함으로 이끄는 유머를 '익살'이라 하고, 그 **표현형식**으로 그런 감응을 이끄는 유머를 '해학'이라 정의하자. 즉 '익살스러운 내용'과 '해학적 표현'이라는 어법에 따라 유머의 두 층위를 구별하여 두 개념을 사용하려 한다. 이로써 내용과 표현의 두 층위를 구별하여 불교예술에서 사용되는 유머의 미학을 좀 더 세밀하게 천착할 수 있을 것이다.

내용상의 유머, 즉 익살을 구사하는 가장 쉽고 흔한 방법은 확연

---

(17) 들뢰즈·가타리, 『천의 고원』 1, 50~51쪽; 이진경, 『노마디즘』 1, 199~202쪽.
(18) 하인리히 뵐플린, 박지형 역(1994), 『미술사의 기초 개념』, 시공사.
(19) 에르빈 파노프스키, 이한순 역(2002), 『도상해석학 연구』, 시공사.

하게 웃는 모습을 **웃기는 형상**으로 담아내는 것이다. 가장 먼저 떠오르는 것은 포대(布袋)화상이다. 포대화상의 상이 많지만, 중국 저장성 항저우 영은사 비래봉(飛來峰) 석굴에 있는 포대화상 조각상은 그 중에서도 두드러진다. 남송시대에 만들어졌다는 이 불상에서 포대화상은 대륙만큼이나 크고 불룩한 배에 펑퍼짐하게 풀어진 자세, 그리고 더 이상 올라갈 곳 없는 데까지 입 끝을 올리며 웃는 모습이 아주 익살스럽다. 소나무 아래에서 기지개를 켜며 웃고 있는 김득신(金得臣)의 〈포대흠신도〉(布袋欠伸圖)는 또한 그 동작과 표정으로 인해 익살스럽다. 포대화상만 그런 것은 아니다. 하동 쌍계사 금강문의 문수동자가 타고 있는 사자는 온통 송곳니를 드러내고 있지만 슬며시 웃고 있어 익살스럽다.

물론 웃고 있는 모습이라고 언제나 익살스러운 것은 아니다. 서산 마애불은 멋지게 웃고 있지만 익살스럽다고 하긴 어렵다. 아이들

그림 9.6 _ 중국 저장성 항저우 비래봉 석굴 조각군 중 포대화상

그림 9.7 _ 김득신, 〈포대흠신도〉

의 천진한 웃음도 언제나 익살스러운 건 아니다. 스스로 웃는 것을 넘어 남들을 웃게 하는 어떤 요소가 있을 때 웃는 모습은 익살이 된다. 그러려면 웃음이 '선을 넘어야' 한다. 정연한 자세나 단아한 표정에서 벗어나는 어떤 것, 통념이나 예상에서 이탈하는 뜻밖의 이탈 같은 것이 있을 때 우리는 비로소 익살스럽다고 느낀다. 영은사 포대화상이 익살스러운 것은 비대한 신체와 불룩 나온 배, 활짝 웃는 표정이 통상적 신체 형상에서 벗어난, 망가졌다 싶을 만큼 느긋하게 풀어진 모습 때문이다. 김득신의 그림이 익살스러운 것은 승복을 입은 인물에게서 기대되는 것에서 벗어나 하품하며 기지개를 켜는 동작, 그러면서도 남의 시선에 개의치 않는 무람한 표정 때문이다. 웃는 사자가 익살스러운 것은 사자라는 동물은 웃지 않기 때문이다. 사실 동물들은 대개 웃지 않는다. 그래서 웃는 동물은 사자든 고양이든 익살스

그림 9.8 _ 영천 거조암 오백나한상

럽다. 웃지 않아도 사납거나 날카로운 표정이 사라진 맹수는 익살스럽다. 뜻밖의 장소에 등장하는 동물은 익살스럽다. 통념이나 일상적 감각에서 벗어나기 때문이다.

기대나 예상에서 벗어나는 의외성이나 작은 이탈은 웃는 표정 없이도 웃음을 야기한다. 가령 고상하리라 여겨지는 이들이 고고한 모습과는 거리가 먼 행동을 하는 것이 그렇다. 영천 거조암의 오백나한상은 이 점에서 탁월한 사례다. '나한'(羅漢)이란 알다시피 최고 경지에 이른 도인들인데, 이 오백나한상의 앉아 있는 모습이나 표정은 거기서 기대되는 동작이나 표정에서 벗어나 있다. 이 나한상들은 많은 경우 속인들의 일상적 모습 그대로이며, 적지 않은 경우 장난스러운 모습을 하거나 뜻밖의 행동을 한다. 나한이라는 말에 상응하는 정연한 포즈를 망가뜨리는 기대 밖의 동작과 표정으로 익살의 유머를 구사하는 것이다. 깨달음이란 별것 아니란 듯 순진한 아이 같기도 하고 이웃집 할아버지 같기도 한 모습이다. 깨달음이란 이런 것이라는 말을 몸으로 전하게 하던 것일 게다. 영월 창령사 터에서 발견된 오백나한상도 그렇다. 꼿꼿한 모습으로 경외감을 주는 고귀하고 고매한 모습이 아니라 다양한 표정으로 일상을 사는 속인의 모습, 아니

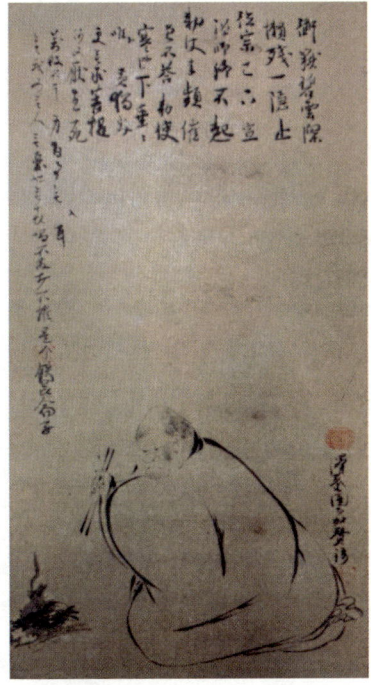

그림 9.9 _ 타쿠안 소호, 〈나찬외우도〉

그림 9.10 _ 카오(可翁), 〈현자화상도〉

그 이하로 망가진 동작을 하지만 그걸 보는 남의 시선에 신경 쓰지 않는 여유 있고 허허로운 삶의 모습이다. 고귀한 이를 고귀하게, 아름다운 것을 아름답게 묘사하는 것보다 어쩌면 더 어려운 게 이처럼 망가진 모습에 고귀함이나 아름다움을 담아내는 것 아닐까.

타쿠안 소호(沢庵宗彭)의 〈나찬외우도〉(懶瓚煨芋圖)에서 불에 토란을 구워 먹는 나찬 또한 웃는 얼굴과는 거리가 멀다. 대중이 운력할 때도 참여하지 않고 공양 시간도 지키지 않으면서 남들이 먹다 남은 찌꺼기를 먹었고 대중의 비난을 받아도 전혀 개의치 않아 '게으르다'(懶)라는 말이 이름에 붙어 '나찬'이 된 명찬(明瓚)의 퉁명스러울 만큼 무뚝뚝한 얼굴, 오직 불 위의 토란에만 쏠려 있는 시선은 웃음 한 점 없이 진지하여 익살스럽다. 이 또한 스님이라는 '신분' 내지 명색에 대한 통상적인 예상을 벗어나는 방식으로 얻어지는 익살이다. 그러나 그것은 주위 시선에 개의치 않고 지금 현재의 삶에 충실한 선적(禪的)인 삶의 모습이기도 하다. 강에서 조개나 새우를 건져 먹어 현자(蜆子)화상이라 불리던 선승이 뜰채로 잡은 새우를 치켜들고 웃는 모습을 그린 카오(可翁)의 〈현자화상도〉(蜆子和尚図)에서도 익살은 그의 웃음보다는 예상을 벗어나는 그의 행동에서 나온다.

다른 한편 뜻밖의 요소들이 결합하여 뜻밖의 신체를 만드는 것도 익살의 미감이 사용하는 중요한 방법이다. 이렇게 만들어진 것은 통상 '괴물'이 된다. 사실 괴물이란 웃음보다는 두려움을 야기하게 마련이다. 이는 인도 신화로부터 넘어온 '악신'이나 야차, 신이 부리는 동물 등에게서 널리 발견된다. 아수라나 가루다, 가네샤, 마후라가, 킨나라, 간다르바 등이 그들이다. 이러한 괴물은 불교가 아니라 인도 신화를 기원으로 한다 해야 하는데, 불교에서는 이들을 적극 받아들여 불법의 수호자로 바꾸었다. 그러니 이 괴물들은 가공할 힘을 갖고

그림 9.11 _ 인도네시아의 가루다 등잔

그림 9.12 _ 프놈펜 국립박물관의 가루다

익살, 혹은 내용으로서의 유머

그림 9.13 _ 중국 윈난성 샹그릴라의 티베트 사원 숭찬린스의 가루다

그림 9.14 _ 중국 거용관 운대의 가루다

있지만 적이 아닌 우군으로서, 중생들을 보호하는 자로서 새로 태어난 존재자니 두려움의 감정과 동시에 호의와 애정에 속하는 다른 감응들을 갖게 해야 했을 것이다.

이런 형상일수록 익살이 중요해진다. 익살은 공포를 제거하고 적의를 호의로 바꾸어놓기 때문이다. 익살은 통상은 공포의 감정을 야기했을 신체의 표정에 웃음을 섞어 아주 다른 표정으로 바꾸어놓

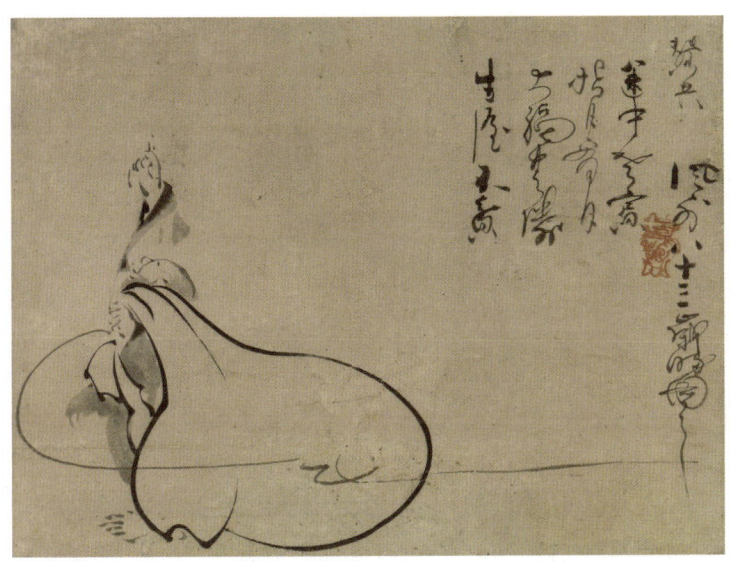

그림 9.15 _ 후카이 에쿤, 〈지월포대도〉

는다. 이렇게 익살스레 변성된, 혼합된 신체들은 지역에 따라 그 지역의 감각에 맞추어 새로운 형상들로 재탄생한다. 가령 애초 힌두교의 신 비슈누가 타고 다니는 새였던 가루다는 크메르나 자바 등 불교와 힌두교가 혼성되는 지역이면 어디서나 볼 수 있다. 그리고 티베트처럼 힌두교와 거리가 먼 지역의 불상 후광의 꼭대기에서도, 거용관 운대 같은 원대 중국의 문 위에서도 발견된다. 모두 각자의 문화 속에서 변용된 모습이지만 형상이나 자세, 표정에 익살의 미감이 완연하다는 점은 공통적이다.

익살의 미감은 종종 천진함이나 소박함을 통해 표현되지만 과장의 기법을 즐겨 사용한다. 과장이란 어떤 것을 감각이나 감응의 방향을 따라가며 부풀리고 증폭하는 것이다. 이렇게 증폭될 때 애초의 형상은 통상적 형상에서 이탈해 다른 것이 된다. 그 이탈은 대개 웃음으로 이어진다. 가령 포대화상의 거대한 배나 웃는 얼굴은 신체나 표정이 갈 수 있는 최대치까지 멀리 가며 증폭된 경우다. "달을 가리키는데 손가락만 본다"라는 말은 흔히 듣는 말인데, 후카이 에쿤(風外慧薰)의 〈지월포대도〉(指月布袋圖)는 포대화상을 빌려 이를 그렸다. 그런데 달을 가리키는 포대화상의 손은 곧바로 하늘을 찌르듯 수직으로 뻗쳐올라 있고 정작 가리켜진 달은 그리지 않아 보이지 않는다. 더구나 화상이 메고 있는 포대는 몸 전체보다 몇 배 크게 그려 달도 화상도 가려버렸다. 동작의 과장, 형상의 과장, 상황의 과장이 중첩되어 보는 이를 웃게 한다.

이런 과장이나 증폭이 야기하는 익살은 종종 명시적인 어떤 감정을 넘어 아주 다른 감응으로, 때론 상반되는 듯 보이는 감응으로까지 밀고 간다. 앞서 보았던 둔황 석굴 158굴의 〈십대제자거애도〉(그림 9.1)는 불제자들이 슬퍼하는 동작과 표정을 최대치로 증폭해 웃음의 문턱을 넘는다. 그 옆에 그려진 〈제왕거애도〉는 석가모니의 죽음을 조문하러 온 왕들의 슬픔을, 칼로 자기 가슴을 찌르는 지경까지 증폭시켜 밀고 간다. 슬픔의 감정을 충실하게 따라가지만 그 정도가 지나치게 증폭됨에 따라 웃음의 감응으로 넘어가는 것이다. 두 경우 모두 익살은 애초의 감정을 그 반대라고 해야 할 곳까지 밀고 간다. 종조의 열반과 그에 대한 슬픔조차 이런 익살을 통해 거리를 두게 하려는 것일까? 실로 놀라운 익살이다.

좀 더 흔히 보게 되는 사례는 사천왕상이다. 예산 수덕사의 사천왕들은 더할 수 없이 험악한 표정인데 분노를 표시하며 부릅뜨는 눈을 더욱더 크게 증폭해 눈알이 튀어나오지 않을까 싶은 정도다. 상대에게 강하게 경고하는 볼은 최대한 부풀고 입은 찢어질 듯 벌어져 있어 고함소리가 들릴 듯하다. 그런데 분노를 표시하는 징표들의 이러

그림 9.16 _ 둔황 막고굴 158굴의 〈제왕거애도〉

한 증폭은 과도함으로 인해 웃음을 산출한다. 그래서 험악하지만 따뜻하고 경악스럽지만 무섭지 않다. 마귀들을 징치하고 악업을 경계하라는 명령문을 발송하는 얼굴이지만 공포를 주는 어두운 싸늘함이 아니라 "조심하쇼잉!" 하며 농반진반 말할 때처럼 밝고 따뜻하다. 그 커다란 입에서 들리는 분노의 고함은 위협적이지 않으며, 둥그런 선을 그리면서 강한 진폭으로 휘감긴다. 경고와 분노의 감정이 그와 상

익살, 혹은 내용으로서의 유머   451

반되는 익살의 감응과 섞이며 다른 감응으로 변화되는 것이다. 험악한 얼굴로 위협하는 모습으로 슬며시 웃음 짓게 하는 이런 익살의 감응, 그것이 사천왕상들의 매력이다.

해학, 혹은 표현으로서의 유머

서사나 내용이 우습다면 그에 부합하는 표현형식을 동반하게 마련이다. 그러나 꼭 그런 것은 아니다. 내용상 우습지 않은데도 웃음을 주는 경우가 있고 내용상 우스울 법한데도 웃기 어려운 경우도 있다. 내용과 표현은 나란히 가게 마련이지만 이처럼 상응하지 않는 경우도 있다. 익살스러운 내용으로 환원되지 않는 해학적 표현형식이 있다고 하겠다. 그 자체가 웃음을 야기한다고는 할 수 없어도 해학적 표현을 위해 사용되는 형식이 있는 것이다. 시각적 차원에서 몇 가지 방법을 추려볼 수 있을 것이다.

먼저, 시선을 이용하는 방법. 묘사되는 중심인물의 시선이 마땅히 향해야 할 초점에서 벗어나 엉뚱한 곳을 향하게 하는 방법이다. 셋슈 토요(雪舟等陽)의 〈혜가단비도〉(慧可斷臂圖)에서 달마의 시선이 이를 잘 보여준다. 팔을 잘라 바치는 혜가의 표정은 진지한데 뒤돌아 면벽한 달마대사의 눈은 그런 그를 돌아보고 있지 않으며, 그렇다고 눈을 감거나 반개하여 아래로 향한 것도 아니고, 정면을 향한 것도 아니다. 곤혹스러운 것인지 딴청을 부리는 것인지, 가운데가 솟아오른 눈썹을 밀어 올리며 엉뚱하게 벽인지 허공인지 볼 것 없는 윗부분을 보고 있다. 능청스러움마저 느껴지는 이 시선은 이국적인 얼굴로 인해 더 해학적이다. 경주 원원사지 삼층석탑의 기단부에 새겨진

그림 9.17 _ 셋슈 토요, 〈혜가단비도〉

12지신상의 시선은 모두 하나의 방향을 향해 있는데, 그 중 하나인 소만 다른 쪽을 보고 있도록 새겼다.[20]

시선이 초점이나 중심에서 이탈하는 방식의 표현이 야기하는 해학은 여러 사람이 모여 있는 구도의 불화에서도 쉽게 발견된다. 이는

(20) 주수완·유남해(2012), 『솔도파의 작은 거인들』, 다할미디어, 31쪽, 37쪽.

그림 9.18 _ 부산 장안사 영산회상도

많은 〈영산회상도〉에서 보게 되는 것인데, 설법하는 석가모니를 향해 시선이 모여들어야 마땅함에도 그로부터 벗어나 다른 곳을 보는 시선들, 자기들끼리 마주 보는 시선들이 그것이다. 단일한 중심이나 초점으로 집중되는 시선은 보는 이마저 그곳으로 몰입하여 집중하게 하는 진지함을 촉발한다. 반면 중앙의 인물로부터 슬며시 벗어나 다른 곳을 향한 시선들은, 수업시간에 끼리끼리 잡담이나 딴짓을 하는 학생들처럼, 농을 치는 듯 장난스럽다. 이 해학적 시선은 보는 이 또한 과도한 몰입의 고지식한 진지함에서 벗어나게 해준다. 가령 부산 장안사의 〈영산회상도〉는 통상적인 〈영산회상도〉보다 그림의 규모가 작고 등장인물이 적어서 석가모니를 둘러싼 많은 '딴짓'을 하는 양상이 아주 두드러지게 드러난다. 초점에서 이탈한 시선들이 무거운 존숭의 시선에서 이탈하는 여유와 여백을 만들어준다. 석가모니가

그림 9.19 _ 프랑스 샤르트르 성당 서쪽 파사드의 조각상들

설법하는 중요한 상황을 진지한 모습으로 그리면서도 주어진 상황에서 몸을 돌려 자신의 눈, 자신의 감각으로 보고 생각하도록 슬쩍 풀어주는 셈이다.

둘째로, 뜻밖의 비례를 이용하는 방법이다. 흔히 '멋지다'고 느끼는 이상적 비례나 통상적이고 익숙한 비례에서 벗어나는 낯선 비례를 통해 해학적 형상을 만드는 방법이 그것이다. 이는 특히 사람이나 동물의 신체를 만들 때 두드러지게 사용된다. 머리 크기가 감당할 수 없도록 길게 튀어나온 가루다의 큰 부리, 몸 전체를 초과하는 포대화상의 커다란 배, 얼굴의 반은 차지할 듯 크게 그려진 사천왕이나 달마대사의 눈, 늘씬한 팔등신은커녕 사등신이나 될까 싶은 창령사 터 나한상들의 큰 머리와 작달막한 키, 몸에 비해 과도하게 크고 두툼한 룽먼 석굴 빈양중동(宾阳中洞)의 주불이나 일부 협시불의 머리와 손 등은 별다른 익살스러운 내용 없이 표현형식 그대로 해학적이다.

뜻밖의 비례라고 했지만, 수직성이나 길이 방향으로 증폭된 비례와 수평성이나 폭의 방향으로 증폭된 비례는 아주 다른 효과를 낸다. 선에 가까울 만큼 길이 방향으로 길게 늘어난 자코메티의 조각이나 리브나 기둥을 따라 길쭉하게 조각된 고딕 성당 파사드의 조상(造像)들은 웃음과 유쾌함이 아니라 고뇌하는 감정이나 고독함 내지 고고함의 감응을 표현한다. 이런 모습을 보고 웃기는 힘들다. 반면 룽먼 석굴 빈양중동의 주불이나 윈강 석굴 보살상처럼 몸이나 얼굴, 펴든 손가락이 수평 방향으로 늘어나 두툼한 모습은 편하고 '아무 생각 없는' 아기처럼 '만만한' 모습으로 '망가지며' 해학적 감응을 준다. 20굴의 유명한 석불도 그렇지만 윈강 석굴의 석불들은 전혀 익살스러운 자세나 표정을 하고 있지 않음에도 무언가 유머러스한 감응을 주는데, 이는 얼굴이나 신체, 손과 손가락의 폭이 전반적으로 두툼하고 수평 방향으로 '크다'는 점에 기인한다. 특히 두드러진 것은 3굴의 주불인 아미타불과 그 옆에서 협시한 보살상인데, 두 불상 모두 익살과는 무관한 자세와 표정이지만 짧고 두툼한 손가락과 옆으로 확장된 비례의 얼굴로 인해 아이 같은 모습의 유머가 확연하다. 신체에 비해 머리가 큰 비례 관계 또한 유사한 방식으로 해학성을 표현한다. 포대화상처럼 불룩한 신체의 해학성은 이처럼 수평 방향으로 확장된 비례에 기인하는 바가 크다 하겠다. 그런 반면 궁셴 석굴 4굴의 남측불감에 2층으로 조성된 두 주존불은 목이 길고 머리가 길어 고고한 느

그림 9.20 _ 중국 윈강 석굴 3굴의 보살상(좌)과 아미타불(우)

낌을 준다.

 반드시 그렇다고야 할 수 없겠지만 길이 방향, 수직 방향의 비례 증폭이 대체로 숭고의 초월적 감응을 향해 간다면, 수평 방향의 증폭은 유머의 해학적 감응을 향해 간다. 수직성이 커지면 높이만큼 불안정해지며 불안과 긴장을 야기하기 십상이다. 불안정이나 불안은 그걸 버티어내는 자의 고통과 고뇌를 불러내며, 이는 더 나아가면 고고함이나 숭고함으로 이어진다. 빌헬름 보링거는 역으로 수직성으로 인한 상승감을 인간의 내적 불안을 극복하기 위한 추상충동의 산물이라고 설명한다.[21] 반면 수평성이 커지며 얻어지는 안정감은 편안함과 느긋함의 감응을 불러낸다. 이는 웃음과 친화성을 갖는다. 유

---

(21) 빌헬름 보링거(1982), 『추상과 감정이입』, 권원순 역, 계명대출판부; Worringer, W. (1968), *Formprobleme der Gotik*, 中野勇 譯, 『ゴシック美術形式論』, 岩崎美術社.

머나 웃음은 긴장을 풀어주고 불안을 해소해준다는 사실에 기인한다 할 것이다. 수평 방향으로 증폭된 비례의 효과가 해학적 효과를 갖는 것은 이런 이유라 하겠다.

셋째, 선의 형태를 이용하는 방법이다. 먼저 단순하게 대비하자면, 뾰족하거나 날카로운 선은 긴장을 야기한다는 점에서 유머의 편안함이나 안정감과는 거리가 있다. 반면 부드럽고 둥글둥글한 선은 원만함이나 편안함을 야기한다. 이러한 선 자체가 해학적이라 할 순 없지만, 해학적 표현은 이런 선과 인접해 있다. 앞서 보았던 포대화상의 상이나 그림, 거조암과 창령사 터 나한상이 이를 잘 보여준다. 그러나 선의 형태를 이런 식으로 양분한다면 과도한 이분법을 도입하는 것이 될 것이다. 이런 경향이 사실이라 해도 실제 선이 야기하는 효과는 이웃한 선이나 전체적 배치 속에서 달라지게 마련이다. 앞서 본 셋슈의 〈혜가단비도〉에서는 음영 져서 어둡고 입체감을 갖는 촘촘하고 삐죽삐죽한 선으로 동굴의 벽을 그리고, 두텁고 부드러워 푸근한, 간결하고 단순하며 성긴 선으로 달마의 신체와 옷을 그렸다. 이 두 가지 대비되는 선의 형상은 혜가의 진지함과 달마의 능청스러움의 대비를 증폭하며 해학성을 야기한다.

사실 해학을 위해 좀 더 '쉽게' 이용할 수 있는 것은 이렇게 부드러운 선보다는 과도하게 구부러지고 구불구불 중첩되는 선이 아닐까 싶다. 작은 곡률로 부드럽게 구부러진 곡선은 대개 우아하다. 즉 해학성과는 거리가 멀다. 티치아노의 〈우르비노의 비너스〉가 그렇고, 석굴암의 본존불이나 협시보살들이 그렇다. 반면 사천왕의 신체는 크게 구부러진 선들로 인해 역동적이다. 그렇게 큰 곡률의 선들이 중첩되며 과도해지면 해학적 감응을 자아낸다. 대구 용연사 〈아미타불화〉의 킨나라는 그 머리 위에 솟은 것이 뿔인지 무언지 알 수 없지만

그림 9.21 _ 대구 용연사 〈아미타불화〉 중 킨나라

일단 선이 구불구불하여 그 자체만으로 해학적이다. 여기에 더해 이마와 볼, 턱은 물론 입술에 수염까지 울룩불룩하고 눈과 코, 눈썹도 과도하게 굽은 선으로 가득하다. 내용과 상관없이 웃음을 주는 선과 형상이다. 예천 개심사지 오층석탑의 기단에 새겨진 팔부중은 모두 표정이나 포즈가 익살스러운데, 그 중 일부는 팔다리와 얼굴, 들고 있는 지물까지 과도하게 구불대는 선으로 묘사해 해학적 유머가 증폭되어 있다.[22]

앞서 언급한 둔황 막고굴 158굴의 〈십대제자거애도〉나 〈제왕거애도〉는 둥근 얼굴마저 다시 큰 곡률의 곡선으로 거듭 동글동글하게

---

(22) 주수완·유남해, 『솔도파의 작은 거인들』, 66~181쪽.

재분할했을 뿐 아니라 거기에 음영을 넣어 고저의 방향으로도 구불구불하게 만들었다. 팔이나 몸통의 근육 또한 그렇게 둥근 면들로 가득하다. 특히 가장 격하게 슬픔을 표현하고 있는 가섭의 신체는 동글동글한 곡면으로 가득하다. 이가 다 드러나고 턱까지 아래로 밀려나오도록 울고 있는 장면은 익살스럽고, 그걸 묘사하는 동글동글한 선과 면들은 해학적이다. 내용과 표현 두 층위 모두에서 유머러스한 그림이다. 〈제왕거애도〉 또한 칼로 자해하는 장면의 익살스러운 내용을 눈과 입, 볼과 모자까지 가득 채운 구불구불한 선과 면들로 해학적으로 표현했다. 두 그림 모두 익살스러운 과장과 이 해학적 표현이 결합해 크게 슬퍼하는 장면이 더없이 유머러스한 그림이 된다.

넷째, 직선은 강하고 곧아서 힘이나 권력을 표현하는 데 흔히 사용되니 해학과는 거리가 먼 표현형식이지만 이마저 해학적 표현형식으로 사용될 수 있다. 물론 이때 직선은 수직선의 긴장이나 수평선의 안정감에서 벗어나는 어떤 이탈의 각도, 그리고 스스로 망가지는 형상을 자처하며 **안정된 균형 감각을 일부러 깨는 듯한** 삐딱함과 위반을 요구한다. 즉 전체 균형을 깨듯 과도하게 기운 사선, 혹은 과도하게 증감하는 면은 강한 직선에도 해학성을 부여한다. 선들이 과도하게 두꺼워지는 경우도 여기 속한다. 이는 어쩌면 **이탈에 이른 과장**에 의해 직선이 해학적 표현의 문턱을 넘는 경우라 해도 좋겠다. 이를 무엇보다 확연하게 보여주는 것은 룽먼(龍門) 석굴의 불상들을 만들며 세워놓은 비석들의 글씨다. '조상기'(造像記)라고 명명된 이 비석들은 어떤 이가 어떤 연유로 누구를 위해 불상을 조성했는지 등을 기록한 것이다. 서예가들은 이 비석들 가운데 탁월한 걸 골라 '용문사품'(龍門四品)이니 '용문이십품'(龍門二十品)이니 하며 임서(臨書)한다. 이들 비문의 글씨는 '북위체'(北魏體)나 '육조체'(六朝體)라고 불리는

그림 9.22 _ 중국 룽먼 석굴의 '시평공 조상기'

그림 9.23 _ 룽먼 석굴의 '손추생 조상기'

해서체인데, 룽먼 석굴의 그 불상들이 만들어진 시기나 만든 이들을 고려하면 응당 '북위체'라고 불려야 마땅할 것이다. 즉 윈강 석굴의 불상들처럼 중국화되지 않은, 유목민의 오랑캐적 이국성과 상응하는 해학적 표현이라 하겠다.

'시평공 조상기'의 두꺼운 획은 글씨 좀 써본 이들에겐 충격적일 정도다. 이는 폭의 두꺼움이 갖는 수평적 증폭의 해학성과 통한다. 이 비문의 글씨에서 또 하나 충격적인 것은 더할 수 없이 강한 획의 직선성과 예리하게 꺾인 모서리들이다. 이는 사실 해학성이 아니라 힘과 곧음의 진지함에 부합하는 표현형식이다. 그런데 이 비문 글씨들을 진정 놀랍게 만드는 것은 직선성을 칼로 깎은 듯 더없이 예리하게 강조하면서도 그것을 해학적인 것으로 바꾸어버리는 전복적 감각이다. '용문사품'이라 불리는 '시평공 조상기', '위령장 조상기', '양대안 조상기', '손추생 조상기'가 모두 그렇다. '이게 정말 붓으로 쓴 것일까' 의심하는 이들이 적지 않을 만큼 칼로 깎은 듯 날카롭고 직선적인 획, 삼각형 형식이 두드러져 날카로운, 웃음과는 거리가 먼 듯한 이 강한 방필(方筆)의 직선은 그 획의 두꺼움과 균형을 잃은 듯한 기울어짐, 일부러 못 쓴 것처럼 보이려는 듯 엉뚱한 획의 길이와 삐딱한 각도, 늘씬함과는 반대로 폭의 방향으로 길게 늘인 비례 등으로 인해 놀랄 만큼 해학적이다. 정자(正字)의 단정함과 정격성을 중시하는 것이 해서(楷書)라는 통념에 반해, 격을 깨고 삐딱하게 어긋나며 '못 쓴 글씨'를 일부러 자처하며 스스로 망가지는 선과 형태가, 칼날같이 예리한 각도의 직선과 면들마저 웃음의 감응 속으로 불러들인다. 후일 해서의 '정통적'인 지위를 차지하게 되는 구양순체의, '조금이라도 벗어나면 불완전해질 것 같은' 세련된 단아함과 극히 대조적이다.

사유의 웃음과 웃음의 사유

최고의 정점을 자처하며 독점하려는 웃음과 평면화된 대지를 넘나드는 웃음이 있다. 남을 비하하고 조롱하며 자신의 우월성을 확인하는 웃음이 한쪽에 있다. 자기가 믿는 지고한 가치를 잣대로 그것을 결여한 이들을 조롱하며 그 지고한 것을 향해 가도록 다그치는 웃음이. 그 잣대로 모든 것을 위계화하는 웃음이. 그 우월성의 기반은 조건과 무관한 척도의 초월성이다. 다른 한쪽에 스스로 망가지길 자처하며, 자기를 낮추는 웃음이 있다. 자신이 믿는 지고한 가치마저 기꺼이 망가뜨리고 낮춤으로써, 낮게 있다고 믿었던 것 일체를 그 가치와 동등하게 평면화하는 웃음이. 그렇게 가치와 분별이 만든 벽들을 자유로이 넘나드는 웃음이. 이 웃음의 횡단적 능력은 내재성의 구도를 주파한다.

하지만 사유의 구도가 웃음의 구도와 자동으로 이어지는 것은 아니다. 내재성의 구도를 취하는 종교나 이념 안에서도 하강할 줄 모르는 경건함과 엄숙함이 있고, 초월성의 구도 위에서도 낮추며 하강할 줄 아는 여유와 웃음이 있다. 철학적인 것이든 현실적인 것이든 소중하다는 생각이 너무 강해 웃을 수 없다면 스스로 위계화된 수직선을 따라 초월적인 어떤 것에 매인 건 아닌가 의심해보아야 한다.

웃음을 잃은 사유는 어디서든 초월성을 향해 간다. 웃을 줄 아는 사유는 어느새 초월성에서 멀어진다. 부처나 제자들의 해학적인 모습에 얼굴을 찌푸리거나 사천왕 얼굴에서 분노만을 본다면 어느새 초월적인 어떤 것에 사로잡힌 건 아닌가 자문해보아야 한다. 부처든 신이든 '평등'이든 '인권'이든 웃으며 말할 수 없다면 어떤 것을 조건과 무관한 무언가로 절대화하는 초월성의 구도에 포섭된 것이다. 지고한 것을 존숭하는 경배의 장에 말려든 것이다. 시종일관 내재적인 것도 없고 끝까지 초월적인 것도 없다. 그러고 보면 원래의 이념이나 가치가 무엇인가보다는 망가짐 속으로 스스로 하강할 줄 아는 여유와 웃음이 더 중요한 건지도 모른다. 이 경우 웃음은 사유나 태도가 실제로 발 딛고 선 것의 지표인 셈이다.

유머란 상황에 속박되어 수다하게 열린 다른 잠재성을 보지 못하는 긴장의 핍진에서 벗어나 주어진 상황이나 조건에서 살짝 벗어나 그 외부를 볼 줄 아는 여유에서 나온다. 어떤 상황도, 어떤 가치도 슬쩍 웃으며 다시 볼 수 있는 거리화(距離化, distantiation)의 감각, 그것이 유머를 가능하게 한다. 유머란 반복되는 사건마저 다른 우발점들로 둘러싸 다른 색의 분위기로 채색하는 여유이고, 모면할 수 없는 상황마저 한 걸음 더 밀고 나가 웃음의 대상으로 만드는 유쾌한 역설의 감각이다. 땅에 굴러떨어진 패배의 주사위조차 새로운 시작의 이유로 바꾸어버리는 수긍의 웃음이다. 운명(chance)으로 닥쳐온 조건을 '그래, 여기서 다시 시작하면 되는 거지'라고 수긍하는 웃음이다. 주어진 상황의 어찌할 수 없음을 받아들이며 죽음으로-미리-달려가-보는 비장한 결단과는, 비슷해 보이지만 정반대의 방향으로 난 길이다. 결단의 비장한 사유와 웃음의 유쾌한 사유가 있는 것이다. 결단의 비장한 사유가 조건의 수긍조차 어찌할 수 없는 힘에 대한 복종으로 귀착시킨다면 웃음의 유쾌한 사유는 어찌할 수 없는 조건마저 출구를 찾기 위한 출발점으로서 수긍하게 한다. 웃음은 어떤 것도 쉽게 다시 시작하게 한다.

10

검은 여래와 어둠의 미학
: 석굴의 어둠과 어둠 속의 산사

석굴과 어둠

빛과 어둠

존재론적 여래와 미학적 여래

어둠의 미학

어둠의 미학과 어둠 속의 산사

■ 이미지 출처

10.1~2 ⓒⓒ 공두경
10.3 ⓒⓒ Paul Mannix
10.4 ⓒⓒ Aleksandr Zykov
10.5~7 ⓒⓒ 공두경
10.8~9 이진경

석굴과 어둠

어느 종교든 사원을 짓게 마련이다. 후대에 '미술작품'이라 불릴 유물들을 사원 인근에 모으며. 그런데 불교 사원 가운데는 석굴사원이 유달리 많다. 나식, 베드사, 칼리 등에서 아잔타, 엘로라 등 인도 전역에 광범위하게 존재하는 수많은 석굴, 바미안 등 아프가니스탄 인근의 석굴들, 위구르의 베제클리크 석굴, 둔황이나 윈강, 룽먼 등 중국의 석굴들, 그리고 석굴암이나 군위 골굴암 등 한국의 석굴들까지. 이 석굴들을 보면 불교의 역사는 석굴이 번져간 역사라 해도 지나치지 않을 것 같다.

서구 연주자들이 작곡된 시대의 악기와 편성으로 '당대 연주'를 하듯 만약 당대의 조명을 석굴 안에 재연한다면 석굴사원은 어떤 모습일까? 당시 석굴사원에 사용했을 조명이란 게 활활 타는 횃불이

그림 10.1 _ 인도 아잔타 석굴 10굴 외부

었을 리는 없으니 기껏해야 촛불이나 등잔불 비슷한 불이었을 터이다. 석굴 전체는 지금과는 비교할 수 없이 어두웠을 것이고 불빛에서 먼 곳에 있는 것은 그림이든 불상이든 거의 보이지 않았을 게 분명하다. 깊숙하지 않은 문가의 전실(前室)이나 그 바로 뒤에 있는 곳은 햇빛 덕에 밝았겠지만, 안쪽 깊숙이 자리 잡은 불탑이나 불상은, 잘해야 희미하고 모호한 모습이었을 것이다. 더구나 후실(後室)이 전실과 벽에 의해 분절된 경우라면 더 어두웠을 것이다. 석굴의 주불이나 스투파가 자리 잡고 있는 곳이 대개는 후실이고 요즘 말로 '스포트라이트'를 받아야 할 것이 주불임을 생각하면 정작 조명이 필요하리라 생

그림 10.2 _ 아잔타 석굴 10굴 내부

각되는 곳이 오히려 빛에서 멀었던 것이다. 윈강 석굴에서도 3굴이나 16~18굴처럼 주불 불두 앞에 채광창을 낸 경우라면 주불에 필요한 조명이 쉽게 확보되었겠지만, 후실에 거대한 주불이 있는 5굴만 해도 그게 쉽지 않았을 것이다. 그러니 석굴 내부의 벽화라면 더더욱 그랬을 터이다. 가령 아잔타 석굴이나 둔황 석굴에서 천장화나 한쪽 벽 귀퉁이의 벽화를 제대로 보기란 아마 쉽지 않았을 게다.

　석굴사원을 통상의 사원과 구별해주는 것은 무엇보다 사원 내부의 어둠이다. 이는 초기의 인도 석굴로 국한되지 않는다. 석굴 문화의 끝자락이라 해야 할 석굴암도 그렇다. 후실의 본존불도 그렇지만, 그 주위를 둘러싼 부조들을 '명료하고 뚜렷하게' 보기는 더욱 쉽지 않았을 것이다. 불을 켜두었겠지만, 당시의 조명으로는 중심에 있는 불상에서도 어둠을 충분히 밀쳐내지 못했을 터이다.[1] 불을 가까이 들이대고 볼 수도 있었겠지만, 불에서 조금만 멀어지면 검은 대기가 형상들을 지워버렸을 것이고, 불의 움직임에 따라 보이는 것이 끊임없이 달라졌을 것이다. 그러니 지금처럼 작품을 빛내고 작품을 명료하게 보여주는 조명 감각에 익숙한 우리로선 낯설 뿐 아니라 불편하고 부적절하다 느낄 게 분명하다.

석굴을 파서 만든 공간이 채광창을 낸다 해도 충분히 빛을 끌어들이기 어려우리라는 것은 별다른 경험 없이도 모르기 힘든 사실이다. 석굴사원을 만들어 봉안한다면 스투파든 불상이든 애써 만든 조상(造像)들이 어둠으로 둘러싸여 잘 보이지 않으리라는 것을 몰랐을 리 없다. 그리고 창문을 마음대로 낼 수 있는 지상에 사원을 만들 수도 있었을 텐데, 왜 이토록 애써 어두운 조명을 감수하며 석굴사원을 조성한 것일까? 자연 석굴이나 굴착 석굴이야 쉽지 않아 그렇다 쳐도 석굴암처럼 치밀하게 기획된 축조 석굴에서도, 채광창의 존재 여부를 두고 논란이 있긴 하지만, 적어도 빛을 충분히 끌어들일 수 있는 채광 장치를 만들지 않은 것을 보면, 실내의 어두움은 어찌할 수 없는 무능의 소산이 아니라 오히려 의도된 것으로 보인다. 즉 대낮에도 **어둡게 하기 위해** 애써 석굴사원을 조성했으리라는 것이다.

사실 조명이 중요하다고 생각했다면 굳이 굴을 파서 사원을 지

---

[1] 석굴암 내부의 조도(照度)에 대한 연구(이지민·이예원·박지현, 「석굴암 원형의 실내 및 빛 환경에 관한 연구」)에 따르면, 본존불 앞 주실의 조도는 자연광의 4.8퍼센트, 본존불 뒤의 주실은 1.8퍼센트이고, 자연채광으로 실내조도 최소 요구 값(300Lux)을 만족하는 비율은 본존불 앞 주실은 61.9퍼센트, 뒤의 주실은 2.66퍼센트, 주실 벽면은 8~10퍼센트 정도다. 이 논문의 저자들은 자연채광으로 석굴암 실내가 충분히 밝았다고 하는데, 본존불이야 그렇다 쳐도(그래도 자연광의 4.8퍼센트에 불과하다!), 그 뒤 주실의 조도(자연광의 1.8퍼센트!)나 실내 조도 요구 값 만족도(2.66퍼센트!)가 대단히 낮은 것을 보면 본존불 뒤의 부조와 감실에 있는 많은, 실은 대부분의 불상들이 제대로 보기 어려운 어둠 속에 있었다고 해야 할 것이다.

을 이유가 없었다. 더구나 지상에 짓는 것보다 결코 쉽지 않았을 테니, 석굴사원을 만든 것은 분명 '비용 때문'이 아니라 **'비용에도 불구하고'** 그리한 것이고, 짓기 쉬워서가 아니라 **짓기 어려움에도** 그리한 것이다. 그러니 빛 아닌 어둠으로 실내를 채우려 애써 석굴사원을 조성했던 것이라 해야 한다. 그렇다면 물어야 할 것은 이것이다: 애써 만든 스투파나 불상, 벽화를 왜 어둠 속에 묻으려 했을까?

간다라 지역에 석굴사원이 대단히 드물다는 사실은,[2] 굴을 파서 어두운 공간에 사원을 조성하는 것이 간다라의 '그리스적' 감각과는 거리가 멂을 보여준다. 알(卵)을 뜻하는 '안다(anda)', 자궁을 뜻하는 '가르바(garbha)'라는 말로 표현되던 스투파를 지하에 조성하며 석굴 깊숙이 금당을 만들고 그 바깥에 전실을 만들었던 미감은, 가시적 형태를 중요시하던 간다라의 '그리스적' 미감과는 아주 다른 유형의 미감이라는 말이다. 힌두교 사원 역시 석굴사원의 차이티야(Chaitya)처럼 어두운 성소 '가르바그리하'(garbhagriha: 자궁-집)를 갖지만, 그보다 훨씬 두드러지고 인상적인 것은 화려하게 높이 솟은 시카라(북인도의 나가라 양식)나 비마나와 고푸람(남인도의 드라비다 양식), 그리고 외벽을 가득 채운 화려한 조각과 장식 들이다. 힌두교나 자이나교 역시 석굴사원을 조성했지만 1200개 정도의 인도 석굴 가운데 900개 정도가 불교 사원임을 고려한다면, 석굴사원은 불교적 감각과 훨씬 가까운 것이었다고 할 만하다.

발생과 발전의 과정을 좀 더 세심히 따져본다면 불교 사원의 어둠의 성소는 흔히 말하듯 인도인의 신화적 감각에 기인한다기보다는 오히려 힌두 사원의 가르바그리하가 불교의 석굴사원 조성 방식에서

---

(2) 이주형, 『간다라 미술』, 119쪽.

그림 10.3 _ 인도 칸다리야 사원의 시카라

영향을 받은 것 아닌가 싶다. 일단 역사적으로 불교의 석굴사원은 아소카시대인 기원전 260년경 시작되어 기원전 100년경 이후 본격적으로 조성되는데, 힌두교의 석굴사원은 아잔타 석굴이 마무리될 무렵인 6세기경 지어지기 시작한다. 지상의 사원은 그보다 빨라 굽타 왕조 시대인 4~6세기부터 지어지기 시작한다고 하지만,[3] 본격적으로 지어지며 힌두 신전의 양식을 만든 것은 그로부터 2세기 정도 지나서였다. 초기의 힌두 사원은 석굴 사원으로 지어졌고, 그 건축 기법이나 양식의 많은 부분을 석굴 사원에서 빌려왔다.[4] 힌두 신전이 석굴이

(3) 조지 미셸, 심재관 역(2010), 『힌두 사원』, 대숲바람, 29쪽.
(4) 미셸, 앞의 책, 142쪽. 미술사가 데헤자 역시 이렇게 쓴다: "아잔타 석굴의 조영이 끝날 무렵, 힌두교에서도 **석굴의 건축기술을 채택하여** 힌두신에게 바치는 건축물을 건립하기 시작했다"(데헤자, 이숙

그림 10.4 _ 인도 타밀나두주 첸나이 밀라포르 카팔리슈와라르 사원의 고푸람

아니라 축조적 방식으로 지상에 기어지기까지 오랜 망설임이 있었다 함은[5] 이와 무관하지 않을 것이다. 석굴 사원의 기법이나 양식에 기대었기에 석굴사원의 전통 양식에 따라 어둠의 성소를 유사한 방식

희 역(2001) 『인도 미술』, 한길아트, 123~124쪽. 강조는 인용자).
(5) 조지 미셀, 『힌두 사원』, 120쪽.

으로 만들었을 것이다.

하지만 이후의 힌두 사원을 보면 힌두교적 감각은 어둠 속에 신화적 형상을 묻는 데 만족하지 못했던 것 같다.(6) 현존하는 가장 오래된 굽타시대의 초기 사원인 산치(Sanci)와 티고와(Tigowa)의 사원은 사각형 신전과 그 앞의 현관으로 이루어져 있는데, 높이 솟은 상층부가 없다. 하지만 6세기경 이후의 사원들에는 상층부가 나타나기 시작하는데, 뒤로 갈수록 그것이 정교해지고 높고 거대해진다. 전체적으로 힌두 신전을 표상하는 것은 어둠의 성소가 아니라 화려한 조각들로 가득 찬 시카라나 비마나 같은 웅장하고 거대하게 하늘로 치솟은 '산'이거나 그 산을 능가하는 높이와 화려함을 과시하는 '문'인 고푸람이다. 하늘로 높이 솟은 화려한 조성물과 그걸 가득 채운 조각들을 보면 힌두교적 감각은 밝은 빛 속에서 하늘을 향해 상승하려 했던 것으로 보인다. 물론 사원 아래에 어둠의 성소가 있지만 개념적 장소로서 최소화된 인상을 지울 수 없다. 분명한 것은 힌두 사원 건축의 중심은 어느덧 시선을 강하게 잡아당기는 외부의 건축물과 조각상으로 이전되었다는 사실이다.

물론 힌두 신전의 중심이 개념적으로나 제의적으로나 가르바그리하라는 점은 부정할 수 없다. 그러나 신전의 개념적 중심이나 제의의 중심이 반드시 건축형태의 중심이 되는 것은 아니다. 그리스 신전에서도 제의의 중심은 신관이 신탁을 받는 성소였지만, 건축형태는 그걸 둘러싼 외부에서 발전했다.(7) 힌두 사원에서 건축적 형상의 중

---

(6) "힌두교에서의 숭배는 결코 감각을 억제하는 것이 아니고 오히려 감각을 예리하게 하여 숭배의 대상을 향하게 한다"(데헤자, 앞의 책, 149쪽).
(7) 그리스에서처럼 힌두 제의에서도 성소는 사제들이나 들어가는 곳이고 대중은 거의 들어가지 않는다. 제의 때 대중들은 성소를 둘러싼 네 방향의 벽 주위를 돈다.

심은 그 성소로부터 신적 세계의 정점을 잇는 '산'의 정점이다.[8] 성소에서 발원하는 신적인 힘은 성소를 둘러싼 네 벽과 네 모퉁이의 조각들, 그리고 시카라의 형상으로 구현된다. 힌두 사원 건축의 발전은 어둠의 성소로부터 신전 외벽과 시카라, 그리고 홀의 외부를 화려하게 장식하는 방향으로 향해 간다. 즉 어둠 속에 작품을 묻는 석굴 사원의 감각은 힌두 신전의 본격적 발전 **이전에** 속한다는 것이다.

이웃한 석굴사원들과 나란히 있으며 거대한 암석을 **파 들어가는 방법으로** 조성된 엘로라의 카일라사 사원은 사원 자체가 하나의 거대한 조각상으로서 웅장한 자태를 과시하며 서 있다. 파 들어가는 석굴사원의 전통을 따르면서도 빛 속에 화려한 자태를 드러내려는 욕망이 이 거대한 규모의 조각 같은 신전을 만들게 한 것 아닐까? 신전의 조각들을 보아도 그렇다. 전형적 힌두 사원의 조각은 서양의 조각보다도 신체적 양감이 더 과장되어 있다. 과시적인 포르티시모의 미감이 신전 벽 전체를 가득 채운 조각상 전체에 흘러넘친다. 눈에 확연하게 들어오도록 만들려는 욕망이 감각을 방향 짓고 있는 것이다.

요컨대 힌두교 사원은 초기에는 불교의 석굴사원 건축방식을 채택하여 석굴을 조성했지만, 점점 석굴의 어둠에서 벗어나 그와 다른 방향으로, 즉 하늘로 향하는 지상의 사원을 조성하게 된 것으로 보인다. 화려한 감각적 건축물로 발전해간다. 석굴의 어둠 속에 작품을 묻는 미감은 인도적인 것이 아니라 불교적인 것이라는 말이다. 그런데 힌두교와 불교가 공존하고 경쟁하던 조건에서는 이는 다시 달라지는 것 같다. 그 경우 가시적 효과가 큰 힌두 사원이 불교 사원의 조성방식에 크게 영향을 미치게 된다. 한 왕조 안에서조차 왕에 따라 불교

---

(8) 미셸, 『힌두 사원』, 121쪽.

와 힌두교를 오가던 크메르나 인도네시아에서 사람들을 유혹한 것은 바로 이 화려하고 거대한 수직적 건축물이었을 것이다. 이런 조건에서 불교 사원은 이제 석굴을 파는 대신 힌두 사원처럼 지상에 화려한 축조물을 세우고 조각으로 가득 채우게 된다. 불교 사원도 이런 조건에선 지상에 세워진다. 캄보디아 앙코르와트(힌두교) 옆의 바이욘(불교)이나 인도네시아의 보로부두르 사원(불교) 옆의 프람바난 사원(힌두교)의 시간·공간적 인접성은 이런 공존과 경쟁 속에서 사람들의 시선을 사로잡는 방향으로 사원이 발전한 양상을 보여주는 사례 아닐까? 석굴은 아니지만 석굴사원과 인접해 있다고 해야 할 스리랑카 양식의 스투파와 힌두 신전의 시카라에서 파생된 크메르 양식의 프랑이 수코타이 왕조 이후 지속적으로 병존하는 태국의 사원들은 상반되는 방향으로 발전했던 이 두 가지 다른 미감이 불교 안에서 합류하는 양상을 보여주는 것이라 하겠다. 시카라형 탑을 지붕 위에 올린 바간 양식의 사원과 거대하게 확장된 스투파인 파고다가 공존하는 미얀마 또한 다르지 않을 것이다.

다른 한편 '안다'나 '가르바'로 표시되는 인도의 신화적 사유를 공유하지 않았던 중국이나 한국에 이르기까지 석굴사원이 놀랄 만큼 광범하게 조성된 것은, 석굴사원에 대한 선호나 어둠으로 조성물을 둘러치는 것이 단지 **인도의 신화적 감각에 귀속되지 않음**을 다시 한 번 보여준다 하겠다. 따라서 석굴사원의 어둠은 힌두 사원이 아닌 불교 사원에 속하는 것이며, 인도적 감각보다는 불교적 감각과 더 가까이 있는 것이라 해야 하지 않을까 싶다.

조각이든 그림이든 그 형상을 두드러지게 하여 잘 보이도록 하려 하게 마련이다. 즉 잘 보이게 만든 이유는 따로 물을 이유가 없다. 반면 석굴사원에서는 애써 조성한 것 모두가 어둠 속에 묻혀 희미해지니 결코 통상적이지 않다. 그러니 여기에는 통상적 감각에 반하는 어떤 이유가 있음이 분명하다. 왜 애써 만든 것을 어둠 속에 묻어버렸던 것일까 물어야 한다. 불교가 전파된 지역 대부분에서 널리 발견되는 것을 보면, 결코 통상적이지 않은 이런 미감이 지역이나 문화 차이를 가로지르며 확장된 것일 테니, 이는 분명 불교 자체와 무관하지 않을 것이다. 그렇다면 불교도의 마음을 어두운 석굴로 유혹한 것은 대체 무엇이었을까?

빛과 어둠

우리는 빛과 어둠이 만드는 세계 속에서 산다. 빛과 어둠의 대비 속에서 모든 것은 자신의 형상을 얻는다. 이러한 대비는 형상을 넘어 모든 삶의 영역으로 스며들고 확장된다. 빛과 어둠의 대립은 어떤 철학이나 종교도 피해 갈 수 없었던 주제이고, 어떤 미학도 전제하지 않을 수 없었던 관념이다. 이는 약간의 세세한 차이야 있다 해도 대개는 우리의 상식에서 크게 벗어나지 않는 것 같다. 빛이란 우리의 갈 길을 비추어주는 것이고 우리의 눈을 밝혀주는 것이니 빛을 따라가야 한다는 생각, 그런 만큼 어둠이란 빛을 비추어 사라지게 하고 빛의 힘으로 제거해야 할 대상이라는 관념 말이다.

이런 생각을 가장 명료하게 표명했던 것은 알다시피 서구의 계몽주의 사상이다. 계몽이란 말 그대로 빛(Lumières)을, 빛으로-비춤(enlightenment)을 뜻한다. 그들은 우리가 알지 못하는 어떤 것, 그리고 우리가 통제하기 힘든 충동적 신체 모두가 어둠에 속한다고 보았고, 이성을 뜻하는 빛의 힘으로 그 어둠을 몰아내려 했다. 거기서 빛이 진리나 선이라면 어둠은 무지이자 악이었다. 미 또한 감각의 조건인 빛을 전제하기에 어둠을 몰아내는 빛 속에서만 가능한 것이었다. 어둠에서 벗어나지 못한 세계는 '미개'나 '야만'에 속하니 이성의 빛이 이룬 '문명'에 의해 '개화'되어야 한다는 생각도 이로부터 나온다. 어둠의 힘에 사로잡힌 삶의 방식은 '야만'이니 이성에 의해 '문명화'되어야 한다.

'계몽주의'는 18세기에 등장한 이름이지만, 이런 발상은 '정념'(passion)이라 불리는 육체의 어둠을 이성의 빛으로 인도해야 한다고 믿었던 데카르트의 사상에도 함축되어 있던 것이다. 아니, 이런 발상은 "태초에 빛이 있었느니라" 선언했던 기독교 창세기의 신화에서부터 표명된 것이다. 그 땅에 이미 당시 인류의 20퍼센트 정도가 버젓이 두 눈 뜨고 살고 있었음에도, '아메리카'가 서구인의 눈에 의해 비로소 '발견'되었다고 주장한 것은 바로 이런 빛과 문명을 동일시하는 발상에 기댄 것이었다. 빛을 갖지 못한 미개한 눈이란 아무것도 볼 수 없는 눈이고, '발견하다' 같은 동사의 주어가 될 수 없는 존재자라는 믿음에 따른 것이었다. 자신과 비슷하게 생긴 이들을 사냥하여 노예화하거나 무참하게 살육하고 그들의 문화와 삶을 말살하는 행위들이 '인간'과 '문명'의 이름으로 행해진 것 또한 이런 발상에 근거했다. 자신이 미개와 야만과 달리 빛의 편에 서 있다는 자찬, 그것은 한마디로 말해 빛의 은유에 기댄 나르시시즘적 환영의 가장 끔찍한 자화상이었다. 정복과 식민화를 뜻하는 이런 빛의 은유가 종교 영역에서는 신의 '특명'을 '임무'로 하는 '선교'로, 이 세 단어를 동시에 뜻하는 '미션'(mission)의 양상으로 진행되었음을 우리는 안다. '빛'이나 '빛으로-비춤', '몽매함을 일깨움'(啓蒙)이 얼마나 참혹한 것이었는지 우리는 잘 안다.

빛과 어둠에 대한 이런 생각은, 르네상스나 계몽과 대비되며 '어둠의 시대'로 흔히 오인되는 중세 서구에서도 실은 그리 다르지 않았다. 서구 중세 미학의 두 축은 **'비례'와 '빛'** 개념으로 압축된다. 비례 미학은 조화와 비례를 등치시킨 아우구스티누스나 보에티우스에게서 기원하는, 카롤링거 유럽 이전의 고대적 전통과 결부된 것이었다. 빛의 미학은 미의 본질이 비례나 조화가 아니라 광휘 내지 명료성이라고 보았던 위(僞)디오니시우스 아레오파기타를 시조로 끌어들인다. 이름조차 불명확한 사람으로까지 애써 거슬러 올라간 것은 기원이란 오랜 것일수록 좋다는 근대적 통념의 손에 이끌려 그랬을 터이다. 이때 빛이란 진리이자 선, 덕, 사랑 등 '좋은 것' 모두와 등치된다. 요하네스 스코투스 에리우게나는 이러한 빛을 신성이 현현하는 방식이라고 주장했고, 이로써 빛은 초월적 신학의 중심 개념으로 자리 잡게 된다.[9]

미의 본질은 "보여짐으로써 즐거움을 주는 것"(quae visa placent)이라고 하면서 미를 진리와 선에 귀속한 토마스 아퀴나스는 그러한 미의 속성을 무결성(integritas), 비례(propotio), 명료성(claritas)으로 집약한다.[10] 계몽주의와는 반대쪽에 있었을 것으로 보이는 중세 신학의 망탈리테 안에서도 빛은 언제나 신과 진리, 선과 덕성을 상징하는 것이었고, 어둠은 그것을 드러내주는 배경이거나 그것에 의해 축출되어야 할 대상—'악'의 상징—이었던 것이다. 에리우게나 아퀴나스가 명시한 이러한 빛의 미학은 생드니 성당을 개축하며 시작된 고딕 성당에서 감각적으로 화려하게 개화된다. 파노프스키는 '자

(9)　김율, 「중세 미학 사상의 흐름」, 미학대계간행회, 『미학의 역사』, 서울대출판부.
(10)　김율, 「토마스 아퀴나스의 미학 사상」, 미학대계간행회, 『미학의 역사』, 서울대출판부.

연의 빛'(lux naturalis)을 넘어 '기적의 빛'(lux mirabilis)으로 채워진 이 새로운 건축양식이 스콜라철학과 동형적임을 세밀하게 입증한 바 있다.[11]

여러 면에서 고딕과 대조되는, 화려한 빛과 반대로 무거운 어둠을 기꺼이 받아들였던 로마네스크 성당이라면 어떨까? 빛 대신 어둠의 미학이 지배했다고 할 수 있을까? 고딕 성당은 도시 한가운데 있는 대중의 공간이며 그런 만큼 신을 증거하는 '기적의 빛'으로 대중을 설득하는 일이 중요했다. 반면 로마네스크 성당은 도시 바깥에 있었을 뿐 아니라 도시 또한 성벽을 갖추기 이전이었던지라, 외부의 침공으로부터 신의 신민들을 보호할 수 있는 신의 나라('civitas dei')로서 요새같이 든든한 벽체가 중요했다.[12] 다른 한편 로마네스크 성당은 순례자들이 방문하는 곳이었을 뿐 아니라 수도원으로서 은둔의 공간이었다.[13] 따라서 고딕 성당의 화려한 빛과 색채가 투명성과 개방성을 표현한다면 로마네스크 성당의 두터운 벽체와 어두운 실내는 침투할 수 없는 강고한 불투명성을, 속세에 반하는 수도자들의 금욕적 은둔성을 표상한다. 그렇지만 여기서 어둠은 세속적 욕망을 지우는 은둔의 무게였다는 점에서 선한 빛의 대칭적 짝이었고, 금욕적 덕성의 표상이었다는 점에서 명료성이라는 개념의 역설적 동료였다. 즉 어둠은 로마네스크에서 그랬듯 적극적으로 도입되어 이용되는 경우조차 빛과 대립되지만 빛을 보조하는 짝이거나 빛과의 대비 속에서 만들어지는 어떤 가시적 형상이었다.

---

(11) 에르빈 파노프스키, 김율 역(2016), 『고딕건축과 스콜라철학』, 한길사.
(12) 앙리 피렌, 강일휴 역(1997), 『중세 유럽의 도시』, 신서원.
(13) 앙리 포시용, 정진국 역(2004), 『로마네스크와 고딕』, 까치.

존재론적 여래와 미학적 여래

빛과 어둠에 대한 이 이원론적 대립은 무지와 몽매를 겨냥한다면 어디서나 쉽게 설득력을 얻는다. 자명하다 싶을 만큼 높은 이 설득력은 그것이 빛과 어둠에 대한 상식과 통념에 기대고 있다는 사실에서 나온다. 불교에서도 그렇다. '무명'(無明)이라는 말은 몽매의 어둠과 쉽게 동일시되고 지혜는 그 몽매를 일깨우는 빛으로 흔히 치환된다. 그러나 이렇게 보면 불교에서 말하는 무명과 지혜는 아주 통상적인 빛과 어둠의 은유와 별다를 바 없는 상식적 발상으로 귀착되고 불교의 가르침은 **계몽주의의 일종이 되고 만다.** 더없는 역설로 통념을 깨고 모든 답을 물음으로 바꾸는 선(禪)에서의 깨달음조차 무지와 무명을 걷어낸 빛, '광명'이라는 아주 밝은 빛과 등치되는 경우를 종종 보게 된다.

덕산선감(德山宣鑑)이 깨달음을 얻은 사건은 빛과 어둠의 대비가 전면에 등장하기에 이렇게 해석되기 십상이다. 그러나 그 사건의 공안(公案)은 오히려 이런 발상에 반하는 것이고, 빛과 어둠에 대해서도 아주 다른 발상의 단서가 되기에 상술할 이유가 있다. 잘 알려진 것처럼, 덕산은 '즉심즉불'(卽心卽佛) 하나로 불법을 가르친다는 남방의 '마구니'들을 정리해주겠다고 나섰다가 절 앞에서 떡 파는 노파 하나 감당하지 못해,[14] 노파 말대로 용담(龍潭)을 찾아간다. "용담

---

[14] 배가 고파 점심으로 떡을 사 먹고자 다가온 덕산에게 이 노파는 바랑 속에 있는 게 무어냐 묻는다. 『금강경』에 대한 자신의 주석서라고 하자, 노파는 『금강경』에 대해 하나 물겠으니 자기 물음에 답을 제대로 하면 점심은 공짜로 주겠다고, 하지만 제대로 답을 못하면 점심은 없다고 한다. 속성(俗姓)에 금강을 붙여 '주금강'(周金剛)을 자처하던 덕산인지라 '이게 웬 떡이냐'며 좋다고 하자 노파가 묻는다. "『금강경』을 보면 '과거심도 얻을 수 없고, 현재심도 얻을 수 없으며, 미래심도 얻을 수 없다'고 하거늘 당신은 어떤 마음(心)을 점(點)하겠다고 하는 것인가?" 점심(點心)을 먹겠다는 말을 이용한 이 당혹스

이라고 와보니 용(龍)도 없고 연못(潭)도 없다"며 썰렁한 한 방을 날리지만 "자네가 친히 용담에 오지 않았나"라는 말에 다시 말문을 잃는다. 그리고 나중에 밤이 깊으니 처소로 돌아가라는 용담의 말에 덕산은 주렴을 걷고 나서다, 바깥이 칠흑같이 캄캄함을 보고 되돌아선다. 밖이 캄캄하다는 말에 용담은 등불을 건네주는데 덕산이 받으려는 찰나에 '후' 하고 불어 불을 꺼버렸다. 이에 덕산은 활연히 깨치고 절을 올렸고, 다음 날 자신이 자랑삼던 『금강경』 주석서를 불태워버렸다. 덕산은 무엇을 보았길에 불이 꺼지는 사건 하나로 활연히 깨친 것일까?

캄캄한 어둠과 밝은 불이 등장하기에, 거기 불 꺼진 어둠에서 무명을 보았던 거라고 한다면, 사실 이 사건은 너무 뻔한 교훈을 주는 계몽의 담화가 된다. 갑작스럽긴 했지만 그런 교훈이야 굳이 그런 일이 없어도 누구나 알 법한 상식 아닌가. 그저 그뿐이라면 『금강경』에 나름 통달했다고 자처하던 덕산이 자기 생각을 완전히 끊어버리고 크게 깨우칠 만한 계기가 되었을 것 같지 않다. 역으로 불이나 빛, 경전이나 가르침에 기대어 세상을 보면 불 없는 어둠에선 아무것도 보지 못한다는 깨달음을 얻었다 하기도 하지만, 어둠 속에서 아무것도 보지 못한다는 것은 누구나 아는 것 아닌가. 빛과 경전을 무지 쪽에 두는 셈이니 다르다 하겠지만, 그 또한 사실 '불립문자'(不立文字)의 상투적 가르침에 너무 쉽게 기대는 셈이니 경전에 기대는 것보다 나을 게 전혀 없다 하겠다.

빛이 사라지고 새카만 어둠과 대면하는 순간 그는 무엇을 깨달았던 것일까? 알 수 없는 일이다. 그 사건적 순간에 대해 주석을 다는

러운 물음에 덕산은 답하지 못했고, 노파는 점심은 없으니 용담(龍潭)에나 가보라고 덕산을 내쫓는다.

건 선가에서 가르치려는 바와 어긋나는 일이지만, 그래도 상투적 빛과 어둠의 관념 속에 그 사건을 가두는 건 안타까운 일인지라, 약간의 사족을 달고 싶다. 불빛이 사라진 순간 그가 보았던 것은 분명 어둠이었을 것이다. 그러나 그가 그때 깨달았던 것은 빛이 사라지면 어둠에 가려 아무것도 안 보인다는 유치한 무명의 관념이나, 반대로 빛에 기대면 어둠과 만났을 때 아무것도 보지 못한다는 어설픈 어둠의 교훈이 아니라, 오히려 **불빛이 꺼져 깜깜해져도 있는 것은 그대로 있다**는 사실 아니었을까? 빛이 있을 때는 **빛으로 인해 볼 수 없던 것**을, 빛이 사라진 순간 비로소 보았던 것 아닐까? 그러니 그는 빛을 본 게 아니라 어둠을 본 것이다. 그가 본 어둠은 빛이 없어 보이지 않는 몽매가 아니라 **빛이 없어 비로소** 눈에 들어온 무엇이었을 것이다. 빛이 있든 없든 거기 그대로 존재하는 것이었을 게다. 또한 그렇게 존재하는 것을 둘러싼 어둠이었을 것이다. 무언지 보이지 않아 무어라 규정할 수 없지만 거기 그대로 존재하는 것, 무엇**인지** 알 수 없지만 거기 **있음**은 분명한 것, 무엇이라는 규정 **이전의**, 무언지 알 수 없는 어둠 속의 존재, 빛이 있든 없든 존재하는 것이었을 테다. 미규정 속에 있기에 규정성의 빛과 대비되어 어둠으로 간주되는 **존재**였을 것이다.

존재는 그래서 어둠 속에 있다. 어둠으로서 존재한다. 그 어둠은 빛과 대조되거나 빛의 배경이 되는 어둠이 아니라 빛 이전의 어둠이고 빛 없이 존재하는 어둠이다. 빛과의 이원적 대립을 벗어난 어둠이다. 존재란 존재자를 존재하게 해주는 것들 전체이고 '세계'라고 하기도 하지만 그때 존재는 다시 존재자를 비추는 의미의 빛 쪽으로 넘어가게 된다. 가령 하이데거는 '세계'란 나를 둘러싼 것들, 내게 의미 있는 것들 모두가 결합된 전체라고 한다. 여기서 존재의 진리를 개현(開顯)하게 해주는 것은 빛이다. 현상학자 후설도 그렇다. 아무 의미

없는 '하나의 몸짓'으로 하여금, 그저 존재할 뿐인 것으로 하여금 내게 '꽃'이 되게, 의미 있는 대상이 되게 해주는 것은 빛이다. 그 빛이 '지향성'이라는 의식의 작용에 속한다 하든 처음부터 주어져 당연시되는 '근원적 통념'(Urdoxa)에 속한다 하든 말이다. 이 의미화된 세계에선 빛이 달라지면 세계가 달라진다. 그렇게 나타나고 달라지는 세계란 사실 **이미 알고 있는** 의미의 빛을 비추어 해석된 세계다. 원통념(Urdoxa) 내지 지평이라고도 불리는, '우리'가 공유하고 있는 의미의 세계다. 불교적 지평에서 보자면, 그런 방식으로 공유된 집합적 아상(我相)의 세계다. '언어학적 전회' 이후 많은 이가 그랬듯 지향성이나 지평 대신 언어나 '담론'(discours) 같은 것으로 바꾸어 써도 이는 달라지지 않는다.

이런 철학자들에게 의미란 언제나 우리가 이미 알고 있는 것이다. 내가 '존재하는' 지평 속에 항상-이미 있는 것이 의미이기 때문이다. 그에 따르면 우리는 이미 알고 있는 것을 생각하고 말할 수 있을 뿐이다. 모를 때조차, 안다는 것을 모를 뿐이다. 그것은 망각 속에 있는 의미다. 하이데거는 이를 내가 듣지 않아도 존재가 내게 계속 보내고 있는 목소리라 한다. 그렇게 존재는 의미의 지평을 떠받치며 그 지평 안의 의미로 존재한다.[15] 망각의 어둠 속에 빛이 드는 순간(Lichtung) 드러나는 것이 바로 그 존재의 의미다. 아무리 짙은 어둠 속에 있어도 사실은 언제나 이미 빛과 함께 있는 것이 존재다. 의미화된 세계 주변을 맴돌고 있는 것이 존재다. 그렇기에 은닉하는 방식으로 말하는 그 목소리에 끝내 귀 기울이지 않으면 존재자를 떠나버

---

(15) 하이데거, 『존재와 시간』.

리는 것(이를 하이데거는 '니힐리즘'이라 명명한다)이 존재다.[16]

그러나 존재는 어떤 경우에도 존재자를 떠나지 않는다. 그 의미를 알든 말든 그 말에 귀 기울이든 말든 존재는 존재자를 떠날 수 없다. 말해보라, 존재가 대체 어떻게 존재자를 떠날 수 있을 것인가. 의미는 존재의 존재 조건이 아니다. 존재란 모든 의미 이전에 존재하는 것이기 때문이고, 모든 '~이다' 이전의 '있다'이기 때문이다. 존재 또한 의미의 존재 조건이 아니다. 존재하지 않는 것들 또한 의미를 갖고 있음을 우리는 잘 안다. 인간이란 존재하지 않는 어떤 것의 의미에 홀려 산다. 때론 그것에 삶을 걸고 목숨을 건다. 또한 존재하지 않는 의미를 읽어낸다. '존재론'을 말하는 철학자도 그렇게 한다. 고흐의 〈신발〉 그림에서 하이데거가 읽어냈던 의미[17]가 그렇다. 존재하지 않는 것이지만, 의미를 갖는 것은 그것이 존재하지 않기에 더 많은 의미를 가질 수 있다. 의미를 잡아매는 존재의 제약이 없으니 말이다. 의미와 빛에 존재를 넘겨준 존재론은 그렇게 의미의 촘촘한 철창 속에 삶을 가두고 만다.

존재란 의미가 아니라 **의미 이전의** 있음이다. 존재를 의미와 짝짓는 것은 '있다'와 '이다'를 하나의 같은 말로 표현하기에 양자를 구별하지 못하는 문법의 환상이다. 서양의 언어에 고유한 문법적 착각이다. 아무리 '존재의 의미'니 '존재의 목소리'니 말해도, 결코 존재는 의미와 같지 않다. 의미 이전의 무의미다. 어떤 '~이다'도 달라붙기 이전의 '있다'다. 어떤 의미도 없기에 모든 의미를 향해 열린 잠재성이다. 따라서 존재는 세계가 아니다. 세계의 빛이, 그 빛과 함께 모든

---

(16) 하이데거, 신상희 외 역(2008), 「기술과 전향」, 『강연과 논문』, 이학사.
(17) 하이데거, 신상희 역(2020), 「예술작품의 기원」, 나남.

의미가 사라진 어둠이다. 세계의 바깥이고 그 바깥의 어둠이다. 무상한 카오스의 우주다. 익숙한 의미들을 지우며 우리를 덮쳐오는 우주의 바람이다. 모든 의미, 모든 빛 이전의 **무명**이다. 살고자 무언가를 행하기 위해 빛을 비추어 규정하고, 그렇게 얻은 의미들을 하나로 연결하고 직조할 수밖에 없지만 그 의미에 머무는 만큼 또 놓치게 되는 실상이다. 말할 수 없는 무상한 흐름이다. 그렇게 흘러가는 흐름의 무상함이다.

존재란 무수한 규정 가능성을 갖지만 어떤 규정도 갖지 않는 어둠이다. 모든 상을 가질 수 있지만 그 자체로는 어떤 상도 갖지 않는 공의 어둠이다. 존재는 공이다. 존재는 어디에나 있지만 어디든 공한 어둠으로만 있다. 빛을 비추는 순간 보이지 않지만 그렇다고 사라지지도 않는 것, 빛이 사라지면 보일 거라고 믿지만 그조차 벗어나 있는 것, 귀를 기울이든 말든 어떤 의미를 부여하든 말든 그대로 있는 것, 그것이 존재다. 존재는 어둠이다. **빛이 있든 없든** 거기 있는 그대로(如如) 있는 어둠이다. 빛의 유무를 넘어 존재하는 절대적 어둠이다.

'여래'(如來)란 있는 그대로의 존재 자체다. 빛이 있든 없든, 어떤 각도 어떤 색조의 빛인가와 무관한 '있는 그대로(如如)의 존재'다. 의미와 규정이 그리는 어떤 상도 오는 그대로 받아들이지만 그 어떤 상도 아닌 '있음' 그 자체다. 그런 의미에서 "모든 상 있는 것에서 상 없는 것으로 있는 것"이다. 존재 자체를 뜻하는 이 여래를 **존재론적 여래**라 해도 좋을 것이다. 이 존재론적 여래(如來)는 어둠 속에 있다. 아니 절대적 어둠 그 자체다. 이 절대적 어둠은 **어둠의 색마저 없다**. 다만 모든 색이 사라지고 모든 규정이 사라진 미규정의 상태를 편의상 '어둠'이라 명명할 수 있을 뿐이다. 빛은 거기 있는 것을 하나의 해석

속에서, 하나의 형상으로 보게 한다. 그것은 분명 여래의 한 모습이다. 하지만 여래는 그것 아닌 가능한 형상 모두에게 열려 있다. 그래서 세계는 하나가 아니고, 가능한 형상은 셀 수 없이 많다. 존재란 그렇게 수많은 다른 형상을 배태하고 있는 잠재성이다. 모든 형상의 원천이지만 어떤 하나의 형상에 갇히지 않고 다른 수많은 형상을 오는 대로 받아들이는 잠재성이다.

앞서 2장에서 언급한 '미학적 여래'는 형상을 둘러싼 장엄의 대기를 통해 한 끝을 드러내는 이 존재론적 여래의 상이다. 상을 넘어선 상을 통해 존재론적 여래를 향해 눈을 돌리게 하는 하나의 상이다. '상 없는 상'으로 표현되는 여래의 한 상이다. 존재론적 여래로 인도하는 '상 없는 상'이다. 이 미학적 여래는 '성스러움'이나 우아함, 근엄함과 부드러움, 고요함과 그윽함 같은 감응을 산출한다. 아무것도 없이 이런 감응을 산출할 수는 없다. 그 감응을 산출하기 위해 상을 빌린다. 형태보다는 빛에 가까운, 모양보다는 향에 가까운 말 없는 상을. 그렇기에 상이 없지만 없다 할 수 없다. 오히려 상만으로는 느낄 수 없는 분위기를 상에 더해 그것을 장엄(莊嚴)한다. 그 장엄함을 통해 상에 없는 것을 보게 한다. 이런 한에서 미학적 여래는 빛 속에 있다. 장엄한 빛 속에 있다. 보는 이들을 존재론적 여래로 이끌기 위해 장엄한 빛을 상 인근에 불러들인다. 그 빛을 통해 보는 이의 감각 속에 스며든다. 그렇게 모호하지만 장엄한 빛과 형상을 섞어 적정의 세계로, 고통을 떠난 평온함의 세계로 이끌고자 한다.

장엄한 빛을 불러들이는 데 가장 빈번히 사용되는 것은 아마도 금(金)일 것이다. 귀하고 값진 것을 공양하려는 마음 때문에 그럴 것이고 시선을 잡아채는 화려함을 갖고 있기 때문에 그럴 것이다. 불상이든 불전이든 조각이든 그림이든 장엄된 상들은 금과 가까이 있다.

미학적 여래라 부를 분위기는 금빛과 인접하다. 존재론적 여래를 향한 감각적 길 하나를 여는 이 금빛의 미감을 '**금빛 여래**'라고 명명하면 어떨까? 물론 금빛 여래는 금빛이 아니다. 석굴암 본존불이나 그 상을 둘러싼 보살 등은 모두 돌로 만들어져 있고 금빛을 내지도 않는다. 그래도 그 상들은 장엄하다. 금빛 여래란 그 장엄한 미학적 여래의 환유다.

금빛 여래와는 다른 감각적 길이 있다. 앞서 언급했듯 어둠으로 최대한 상을 지우고 어둠 속에 묻힌 채 존재하는 것을 통해 존재론적 어둠을 감지하게 하는 길이다. 어둠의 상으로 상들을 둘러싸 감각을 존재론적 여래로 이끌려는 이 미감의 특이성을 금빛 여래와 대비해 '**검은 여래**'라고 명명할 수 있을 것이다. 상을 장엄하려는 욕망을 검은 어둠 속에 묻고, 그 어둠의 색 안에서 조건에 따라 다른 모습으로 슬그머니 드러나게 하려는 역설적 장엄의 방법이 여기에 있다. 따라서 검은 여래 또한 검지 않다. 검은 어둠으로 둘러싸지만 존재론적 여래의 절대적 어둠과 달리 검은 여래는 빛과 짝하고 빛에 따라 달라지는 상과 짝한다. 상을 지우는 어둠의 검은 대기가 감각적 상들을 둘러싼 채 감각을 파고든다는 점에서 검은 여래라 할 뿐이다.

존재론적 여래를 감지하기 위해 사용되는 이런 방법과 그것을 직조하는 미감은 미학적 여래를 창안하는 상이한 길이다. 따라서 이제 미학적 여래의 개념을 금빛 여래와 검은 여래의 두 극을 통해 확장할 수 있을 것이다. 금빛 여래와 검은 여래는 미학적 여래의 두 극이다. 미학적 여래는 '성스럽고' 현묘한 감응의 극과 어둡고 캄캄한 감응의 극 사이에 있다.

불법을 깨닫는다 함은 빛이 있든 없든 거기 있는 것을 보는 것이다. 어둠 속에 있든 빛 속에 있든 거기 있는 것, 그것이 불법이고 그것이 '여래'고 그것이 '존재'다. 그것을 볼 줄 모르는 이는 빛이 있어도 그걸 보지 못한다. 그런 경우라면, 빛이 있어도 사실 캄캄한 어둠 속에 있는 것과 다르지 않다. 어둠이 몽매를 뜻하는 것은 정확히 이런 한에서다. 빛이 있는 곳에서 보이지 않는 것을 어둠 속에서 볼 때 어둠은 몽매가 아니라 여래로 온다. 검은 여래로 온다.

지혜(반야, 般若)란 빛을 따라 상을 보는 게 아니라 빛이 없어도 거기 있는 '여래'를 보는 것이다. 빛이 있으면 보고 빛이 없으면 보지 못하는 것을 무지라 한다. 우리를 무지로 이끄는 것은 어둠이 아니라 빛이다. 무지는 빛이 없어 아무것도 보지 못함이 아니라 빛이 있어도 거기 있는 '여래'를 보지 못함이다. 그래서 우리는 모두 빛 속에서 살지만, 지혜를 등지고 산다. '무명'은 모든 상을 삼키는 어둠이지만 무지가 아니라 오히려 지혜와 가깝다. 무명을 본다 함은 저기 있는 것이 **지금 내가 알고 있는 것과 다른 것일 수 있음**을 아는 것이다. 내 사는 세계가 부여한 의미의 빛이 다가 아님을 아는 것이다. 그 빛 이전의 어둠이 있음을 아는 것이다. 그 어둠 앞에서 내가 알고 있는 것을 내려놓는 것, 그것이 지혜의 문이다.

빛이 있어도 여래를 보지 못함은 사실 빛이 있어서 보지 못하는 것이다. 빛에 비추인 형상을 보느라 어둠 속에 있는 것을 보지 못함이고, 빛이 비추인 것만 드러나게 마련인 상을 보느라 상 없는 여래를 보지 못함이다. 자신의 시점에서, 자기가 선 각도에서 보이는 것, 아상(我相)이 비추는 것만 보느라 여래는커녕 다른 이의 눈, 다른 시점에서 보이는 것도 보지 못하는 것이다. 하나의 세계에 갇혀 다른 세계를 보지 못하는 것이다.

시인 랭보가 자신이 사는 이 누추한 세계를 "떠나지 않으리라"고 하면서도 "나는 더 이상 이 세계에 있지 않다"고 했던 것은 자신이 사는 세계 안에서 다른 세계를 보고자 했음이다. 이를 위해 그는 시인의 "감각적 착란"(「폴 드므니에게 보낸 편지」)을 가동하기도 하고, "한 모금의 독을 마시고 지옥으로 내려가"기도 한다(『지옥에서 보낸 한 철』). 지옥이란 빛이 사라진 세계, 어둠의 세계일 것이다. 빛이 사라지면 삶은 더욱 고통스럽게 마련이다. 그러나 그 고통이 "다른 삶은 가능한가?"를 묻게 할 때 고통은 '성스러운 가르침'(聖諦)이 된다. 빛이 사라질 때, 내 눈에 보이던 것이 어둠 속에 묻히며 사라질 때 내가 보지 못하던 것에 눈을 돌리게 되기 때문이다. 어둠에 의해 형상이 지워질 때 그 형상에 가려 안 보이던 것이 시야에 들어오게 된다. 불빛이 꺼질 때 덕산이 본 것은 바로 이것, 검은 여래 아니었을까?

어둠의 미학

어둠은 모든 것을 보이지 않게 가리지만 어떤 것도 제거하지 않고 잠식하지 않는다. 있는 그대로 두고 드러나지 않게 할 뿐이다. 상이 지워진다고 그것이 없어져 사라지는 것은 아니다. 무(無)가 있음과 반하는 없음이라면, 어둠은 **있음을 그대로 둔 채 상이 없어짐**이다. 무와 종종 혼동되지만, 무도 아니고 유도 아닌 중도(中道)다. 상 있는 그대로 상 없음인 여래로서의 공을 무와 구별한다면 공은 텅 빈 공허가 아니라 있는 것을 그대로 둔 채 상을 지우는 어둠이라 하겠다. 모든 '기관'이나 세포를 있는 그대로, 그러나 어떤 상도 없이 함축한 것이 알이라면, 마찬가지로 모든 것을 있는 그대로, 그러나 어떤 상도 없이 함축한 것이 어둠이다. 빛 없는 어둠, 절대적 어둠이 있을 수 있다면, 그것은 존재자들을 모두 소거한 무가 아니라, 존재자들 **모두를 안고**

있는 공이다. 모든 규정 가능성으로 가득 찬 미규정성이다. 수많은 '~이다'를 함축하고 있는 '있다'이다. 존재론적 어둠이다.

있음을 그대로 둔 채 상을 지우는 빛 또한 있을 수 있지 않을까? 상 없는 존재를 향해 감각을 이끄는 빛도 있을 수 있지 않을까? 그럴 것 같지 않다. 빛이 있는데, 상 있는 것들이 있는 그대로 상이 지워져 보이지 않을 수 있을까? 과도한 빛은 형상을 보기 힘들게 하지만 형상을 지울 순 없다. 눈이 부셔 아무것도 안 보이게 하는 빛이 있지 않은가? 그 정도의 빛이라면 아마 그 안에 있는 것들을 태우고 녹일 것이다. 상을 지워 존재로 이끄는 게 아니라 상을 지우다 존재마저 뭉개버릴 것이다. 더구나 빛과 존재자가 만날 땐 반드시 그림자나 그늘이 만들어진다. 형상을 갖고 존재하는 것들에게 빛 없는 어둠은 있을 수 있지만, 어둠 없는 빛은 있을 수 없다. 빛에 동반되는 그 어둠이 형상을 만들고 형상을 바꾼다. 어둠 없이 빛은 형상을 만들지 못한다.

"빛이 있으라 하니 빛이 있게 되었다." 잘 알려진 이 문구는 빛의 신학이 시작되는 지점을 단적으로 표시한다. 신은 빛을 창조하고 그 빛은 그 신이 창조했다는 것들에 상을 부여한다. 그 상들을 식별하고 분별하게 한다. "빛이 있으니 신이 보기에 좋았더라"라는 말은 그 식별의 감각이 빛에 대한 선호를 따라가야 함을 명시한다. 신이 보기에 좋았던 것이니 인간 또한 그래야 마땅하다. 빛에 따라 생기는 형상과 분별을 추구하는 사유가 그 말끝에서 시작된다. 빛의 사유는 어둠이 사라지며 드러나는 형상을, 그 형상의 명료성을 추구한다. 그러나 빛만으로는 형상의 명료성을 얻을 수 없다. 명료성은 빛과 대비되는 어둠을 요구하고, 분별의 빛은 어둠과 만나며 작동한다. 여기서 어둠은 빛의 대립물이며 빛을 부각하는 배경인 동시에 빛에 의해 구축되는 대상이다.

빛으로 시작하는 신화도 실은 모두 어둠과 혼돈에서 시작한다. 어둠만 존재하는 세상 속에 빛을 끌어들이며 시작한다. 어둠이 없다면 "빛이 있으라" 할 이유가 없다. 빛 이전에는 어둠이 있지만, 어둠 이전의 빛은 없다. 빛은 반드시 어둠 다음에 온다. 그림자와 그늘이라는 다른 종류의 어둠과 함께 온다. 어둠을 몰아낼 때도 빛은 어둠을 동반한다. 이 점에서 확실히 빛과 어둠은 비대칭적이다. 빛은 어둠 없이는 있을 수 없기에 상대적이지만, 어둠은 빛 없이 있을 수 있기에 절대적이다. 빛이 어둠을 몰아낸다 하지만, 어둠 없는 빛이 불가능하다면 어둠은 빛이 몰아낼 수 있는 게 아니다. 상대적인 것이 절대적인 것을 몰아낼 수는 없는 일이다. 존재자가 있는 곳 어디든 빛은 그늘과 그림자를 만든다. 빛이 달라짐에 따라 빛과 어둠의 분할선만이 달라질 뿐이다.

빛의 신화와 반대로 태초에 어둠이 있었음을 강조하는 신화적 사유가 존재한다. 태초에 어둠이 있었다는 말은 빛 이전에 존재하는 무명의 카오스를 상기시킨다. 노장의 도가(道家)는 빛으로 식별할 수 있는 형상 이전의 '혼돈'(混沌)이나 '태허'(太虛)를 환기시킨다. 어느 경우든 빛 없는 어둠과 혼돈이 아무것도 없음이 아니라 모든 것을 배태한 '기원'임을 알려주려 한다. 『장자』에서 혼돈의 죽음은 실수와 실패로 기록되어 있다.[18] 혼돈이란 질서나 분별을 위해 죽여 마땅한 것이 아니라 함께 살아가야 할 기원인 것이다. "무명, 행, 식, 명색…"의 순서로 발생 조건을 차례로 제시하는 십이연기에서 최초에 등장하는 무명은 살기 위한 중생들의 '행'(行)이 조건으로 삼아야 하는 기원이다. 그 무명을 살아내기 위한 행이 식(識)의 발생으로 이어진다. 식은

(18) 장주, 안병주 역(2008), 『장자』「응제왕」 7장, 전통문화연구회.

무명을 쫓아내는 것이 아니라 무명 속에서 길을 찾는 것이다. 무명이란 무상하게 변하는 우주다. 길을 찾기 위해 식은 거기에 명색(名色)을 부여하지만 이내 무상한 실상과 어긋나며 무지가 되기에 식이 반복하여 되돌아가야 할 생의 조건이다.[19] 태허나 혼돈, 무명은 단지 '태초'라는 시간에 속한 것이 아니라 '지금'을 통과하는 '항상'의 시간에 속한다. 항상 존재하는 기원, 반복해 되돌아가야 할 출발점으로서의 기원이다. 과학적 지식을 동반하며 중생의 식이 아무리 치밀해져도 무상한 우주는 언제나 그 식 바깥에 있는 무명으로 존재한다. 빛이전의 어둠으로 존재한다.

『장자』에서 '혼돈'은 일종의 알이다. 구멍 나기 이전의 알, 역선들로 분할되기 이전의 알이다. 기관으로 사용될 구멍을 내는 순간 '죽어버리는' 알이다.[20] 빛이 비치는 순간 사라지는 어둠이다. 혼돈의 죽음은 미분화된 알과 분화된 개체 사이의 문턱이다. 발생학(發生學)에서 알은 기원이다. 모든 기관이 탄생하는 발생적 기원이다. 아직 어떤 기관의 형상도 없는 기원이다. 달리 말하면 알은 상들을 지워 감춘 하나의 상이다. 알은 성체의 모든 것을 함축하고 있다. 기관으로 분화되지 않은 상태로 함축하고 있다. 알 속에는 성체의 기관들이 수행할 모든 기능이나 능력이, 어떤 형상도 없이 존재한다. 알은 분화된 신체와 반대 방향에 있다.[21] 그렇기에 알은 분화된 신체를 바꾸어 사

---

(19) 이진경, 『불교를 철학하다』, 휴, 288~313쪽.
(20) 남해의 임금 숙(儵)과 북해의 임금 홀(忽)이 중앙의 임금 혼돈(混沌)의 대접을 받고 그의 은덕에 보답코자 "사람들은 모두 일곱 개의 구멍이 있어 보고 듣고 먹고 숨 쉬는데, 이 혼돈만은 없으니 시험삼아 구멍을 뚫어줍시다"하고 하루에 한 구멍씩 뚫었더니 칠일 만에 혼돈이 죽어버렸다(장주, 안병주·전호근 역, 2008, 『장자』1, 전통문화연구회, 343쪽).
(21) 여기서 '알'이란 둥근 형상의 어떤 존재자가 아니라 이것에서 저것으로 변형되며 상존하는 질료적 흐름이다. 들뢰즈·가타리는 이를 '기관 없는 신체'라고 한다(『천의 고원』1, 167쪽).

용하려는 순간 되돌아오는 기원이다. 젓가락질을 하던 손으로 글씨를 쓰려면 젓가락질을 위해 작동하던 근육을 글씨 쓰는 근육으로 바꾸어야 한다. 그러려면 근육에 새로운 힘의 분포를 만들기 위해 젓가락질에 요구되던 힘들의 분포를 지워 '알'로 되돌려야 한다. 이는 무언가를 새로 하려고 할 때마다 발생하는 일이다. 알은 그 새로운 활동의 기원이다. 새로운 활동을 시작하기 위해 되돌아가야 하는 기원이다. 그 기원은 상존한다. 그 기원이 없다면 신체의 변용도, 훈련도 불가능하다. 새로운 어떤 것의 시작도 불가능하다. 알은 생명체가 신체를 변용시킬 때마다 언제나 되돌아가는 기원이다.

알은 형상 없는 존재다. 하지만 알은 또한 그것을 표현하기 위한 하나의 형상이다. 형상 없는 여래가 그 형상 없음을 표현하기 위해 취하는 하나의 형상이다. 형상 없는 존재를 표현하기 위한 감각적 형상이다. 존재를 있는 그대로 함축하는 어둠의 한 형상이다. 존재론적 여래의 **한 형상**이다. 어둠의 상을 빌려 여래로 이끄는 형상이다. 검은 여래다. 보여줄 수 없는 것을 보여주기 위한 형상이고 말할 수 없는 것을 말하기 위한 말이다. 하지만 반복하건대, 검은 여래는 검지 않다. 검은 여래는 차라리 어떤 요철도 생기기 이전의 평면이다. 기관들이 분화되기 이전의 둥긂이다.

석굴 안쪽 깊숙이 금당(차이티야)을 만들어 그 '어둠의 성소'에 스투파를 봉안하고, 그것을 '알'(anda)이나 '자궁'(garbha)이라는 말로 부른 것은 필경 검은 여래를 불러내기 위함이었을 것이다. 스투파는 알이고 자궁이다. 부처라는 꽃으로 피어날 봉오리이고, 모든 형상을 배태한 모태다. 하지만 스투파란 입멸 이후 석가모니의 신체를 봉안하는 곳이니 탄생이 아니라 죽음과 가까이 있지 않느냐고 반문할 수도 있겠다. 이 경우에도 탄생과 죽음은 생각보다 인접해 있다. 죽음

그림 10.5 _ 아잔타 석굴 26굴의 스투파

이란 기존의 신체가 분해되어 새로운 신체의 싹이 되는 문턱이다. 생성의 장에서 죽음과 탄생은 둘이 아니다. 기존의 것이 지워지는 것은 새로운 것이 시작되는 것이다. 구별하지 않고는 말할 수 없기에 선후로 대비되고 상반되는 것으로 대립되는 두 개의 말일 뿐이다. 마찬가지로 어둠과 알은 둘이 아니다. 스투파-알이 형상이 분화되기 이전의 어둠을 표현한다면 스투파-무덤은 모든 분화된 형상이 사라진 뒤의 어둠을 표현한다. 형상 없는 어둠의 형상이라는 점에서 스투파-알과 스투파-무덤은 다르지 않다. 약간 다르게 말해도 좋을 것이다. 스투파는 자연인 석가모니의 죽음의 장소라 하지만, 그것은 동시에 부처가 된 그의 가르침이 퍼져가며 새로운 부처들의 재탄생으로 이어질 모태다. 그렇게 펼쳐지고 분화될 수많은 미래를 함축하고 있는 알이다. 스투파와 열반상을 함께 봉안한 아잔타 석굴 26굴은 이를 최대치로 예시한다 하겠다.

스투파는 무덤만큼이나 알이다. 어둠은 알만큼이나 스투파와 어울리는 짝이다. 그렇기에 알로서, 모태로서 스투파를 분화 이전의 어둠으로 다시 한번 둘러싸기 위해 애써 석굴사원을 만들었다 해도 좋을 것이다. 물론 석굴사원의 어둠은 빛 이전의 어둠이 아니다. 그것은 알만큼이나 하나의 상이다. 그래도 이 또한 알처럼 모든 잠재성을 포함한 어둠의 한 형상이다. **알이 형태로 표현된 어둠의 상**이라면 **어둠은 색으로 표현된 알의 상**이다. 둘 다 검은 여래의 다른 모습이다. 석

그림 10.6 _ 아잔타 석굴 26굴의 열반상

굴 속의 스투파, 어둠 속의 알에서 우리는 알의 상과 어둠의 상을 결합하여 거기 들어서는 이들의 감각을 존재론적 어둠으로 당기려는 미학적 배치를 본다. 어둠의 미학이 거기에 있다. 그 미감이 먼 후대의 방문자로 하여금 이렇게 쓰게 했을 것이다. "빛에서 멀어지면서, 형상 있는 것을 해체하여 암흑으로 돌려놓는 석굴의 내부는 마치 모든 존재의 심연을 형상화한 공간처럼 느껴지는 듯하다."[22]

더 이상 사리를 얻을 수 없어 스투파 대신 불상을 봉안해야 했던 이후의 석굴사원들 또한 이러한 미감에서 시작했을 것이다. 알이나 모태라는 미분화된 형상 대신 불상이라는 분화된 형상을 조성해 봉안해야 했기에 어쩌면 어둠은 석굴사원에 좀 더 필요한 것이었을 수 있다. 알이나 스투파와 달리 명백하게 분화된 사람의 형상을 한 불상으로 미분화된 잠재성을 표현하기는 대단히 어렵기 때문이다. 만드는 이가 어떤 의미를 부여하며 조성하든 간에 보는 이로서는 불상에서 어둠이 아니라 빛을, 밝은 미래를 의미하는 빛의 상징을 보게 마련이다. 혹은 과거에 실존했던 석가모니라는 한 인물을 보게 마련이다. 상 없는 여래가 아니라 여래를 가리는 하나의 상을 보게 마련이다. 이런 이유에서 존재론적 여래를 위해, 여래의 상을 어둠 속에 묻었던 것일 게다.

이런 점에서 '검은 여래'라 명명한 어둠의 미감과 알-자궁이라는 말은 개념적 일관성을 갖는다. 그리고 이는 불상이나 그림은 잘 보이도록 해야 한다는 통념에서 벗어나게 해준다. 때로는 애써 조성한 것조차 어둠 속에 묻는 것이 더 적절할 수 있으며, 눈에 보이는 것 이상으로 보이지 않아 더듬거리게 하는 것이 훨씬 더 중요하다는 데 생각

---

[22]   이주형 외, 『동양미술사』, 216~217쪽.

그림 10.7 _ 아잔타 석굴 26굴. 빛과 시선의 위치에 따라
모습이 달라지는 부조들

이 미칠 수 있도록 해준다. 사실은 이로 인해 우리는 불상 이상으로 그것을 둘러싼 어둠을 보는 것이 더 중요할 수 있음을 생각할 수 있었다. '어둠 속에 묻는다 해도 존재하는 것은 존재한다'는 사실에 눈을 돌리게 하려는 감각적 배치가 있을 수 있음을 생각할 수 있었다.

초기 석굴사원은 물론 인도를 벗어난 석굴사원의 어둠 또한 이런 효과를 산출한다는 것은 별다른 증명을 요하지 않는다. 여기에 더해 우리는 어둠이 직접 야기하는 이런 효과와 반대로, 어둠 속에서 보도록 한 배치가 야기하는 또 다른 효과에도 주목해야 한다. 애써 보기 위해 등불을 들고 옮길 때마다 불상의 모습이 달라지고 그림의 상들이 달라진다는 점이 그것이다. 굳이 조명을 옮기기 이전에, 동일한 조각이 보는 방향에 따라 다른 모습으로 보인다(그림 10.7). 석굴의 어둠이란 하나의 사물이 조건에 따라 상이한 상들로 달라질 수 있음을 보여주는 배치인 셈이다. 그렇다면 어둠 속의 불상이나 그림은 상들을 최대한 지우는 알이나 모태와는 다른 방식으로 그처럼 상이한 상들을 함축하고 있는 하나의 상이 된다 하겠다.

석굴에는 강박적 어둠도 없고, 무겁게 금욕의 대기를 조성하는 은유적 '장식'으로서의 어둠도 없다. 그때그때의 일기(日氣)나 시간, 혹은 등불의 위치 등의 조건에 따라 변화하는 어둠이 있을 뿐이다. 이런 의미에서 이 어둠은 '자연적' 어둠이다. 하지만 자연적 빛과 어둠 너머를 환기시키기 위해 애써 만든 '인공적' 어둠이다. 그렇기에 이 어둠은 로마네스크 성당의 침투할 수 없는 단단한 불투명성이나 무거운 금욕적 은둔성과는 거리가 멀다. 그렇다고 좁은 창으로 스며드는 빛을 둘러싸며 그 빛의 성스러움을 드러내주는 검은 배경도 아니다. 빛을 비추어 몰아내야 할 무지나 몽매의 어둠은 더더욱 아니다. 이 어둠은 빛의 이름으로 행해지는 분별 이전의 어둠이다. 그것은 모든 상을 그저 지우는 어둠이 아니라 모든 상을 싸안는 앎의 어둠이다. 부정하는 어둠도 부정당해야 할 어둠도 아닌, 긍정하는 어둠, 상 있는 것 모두를 있는 그대로, 그것의 모든 잠재성 그대로 긍정하는 어둠이다.

석굴사원에서 우리는 검은 여래를 본다. 어둠 속에 작품을 묻고, 작품보다 어둠이 전면에 나서게 하는 **어둠의 미학**이 거기에 있다. 이 미학이 창조하는 어둠이 빛 없는 어둠이나 절대적 어둠이라고는 할 수 없지만, 그것은 분명 빛의 짝인 어둠, 빛의 배경으로 복무하는 상대적 어둠과는 다른 어둠이다. 절대적 어둠을 향한 어둠이고, 절대적 어둠을 위해 복무하는 상대적 어둠이다. 수많은 상을 있는 그대로 안고 있는 어둠이다.

어둠의 미학과 어둠 속의 산사

태초에 무명이 있었다. 앞서 잠깐 언급한 대로, 석가모니가 설한 십이연기는 이 태초의 무명에서 시작한다. 그때 무명이란 중중무진(重重無盡)으로 중첩된 무상의 카오스다. 무상하기에 포착할 수 없는 어둠, 그것이 무명이다. 그것은 어두워서 안 보이기에 무명이 아니라, 아무리 밝게 빛을 비추어도 안 보이는 무명이다. 모든 삶의 기원에 있고 모든 행의 조건이 되는 무명이다. 그렇게 삶의 근본에 있는 무명이다. 그것은 빛을 비추어 쫓을 수 있는 어둠이 아니라 빛을 비추어 상을 만드는 순간 놓치게 되는 무상한 실상이다. 이 무명은 상들이 사라지기에 얻고자 하는 것을 얻을 수 없게 하고 익숙한 것들이 지워지기에 방황케 하는 혼돈이지만, 살기 위한 행으로 인해 어쩔 수 없이 붙잡아 고정한 상들의 고집을 꺾으며 세상의 그림을 다시 그리게 하는 어둠이다. 익숙한 세계 속으로 무상한 우주로 가득 찬 바람을 불러들이는 어둠이다. "오, 그리고 밤, 밤, 우주로 가득 찬 바람이 우리의 얼굴을 파먹어 들어가면, 누구에겐들 밤만 남지 않으랴."(23) 그리고 그 어둠 속에는 그렇게 지워진 얼굴들을 뒤로하며 새로이 출현할 잠재적 얼굴들이 있다. 새로운 세계들을 잉태한 어둠이 거기에 있다.

그런 무상의 어둠도 있지만, 인위적으로 조성된 깜깜한 어둠도 있다. 영화관이나 연극의 무대, 혹은 전시장에서 사용되는 어둠이 그것이다. 인위적으로 조성하지 않으면서도 빛 속에 있던 것을 다른 어떤 것으로 만나게 하는 어둠도 있다. 산사의 어둠이 그렇다. 여기서 어둠은 조명을 위한 인위적 어둠도 아니고 알이나 스투파 같은 형상과 짝을 이루는 어둠도 아니다. 아주 다른 어둠들이 있는 것이다.

어둠 속의 산사는 대낮의 산사보다 훨씬 아름답다. 절이라는 건축물 때문일까, 아니면 산이라는 조건 때문일까?, 혹은 적멸과 정적, 고요함과 평온함을 설하는 불교의 교의 때문일까? 이유가 무언지는 분명치 않지만, 어쨌든 산사는 역시 어둠 속에서 '빛난다'. 문살이 드러나는 빛이 두드러져 보이는 어둠이어도 좋고, 불이 꺼져 그저 보일 듯 말 듯 희미한 윤곽선만 남기고 모두를 삼킨 캄캄한 어둠이어도 좋다. 또한 해가 지고 어스름하게 깔리며 절의 형상 속에 젖어드는 어스름한 초저녁 어둠이어도 좋다. 거기에 묵직하지만 내리누르지 않고 몸을 감싸지만 휘감기지는 않는 범종 소리라도 있으면 그 어둠이 주는 적정의 미감은 포근한 검정빛 이불 같고 보일 듯 말 듯 조용히 번져가는 밤 호수의 투명한 동심원 같다. 여기서 어둠은 그 어둠으로

(23) 릴케, 김재혁 역(2000), 「두이노의 비가」 제1비가, 『두이노의 비가 외: 릴케 전집 2』, 열린책들.

인해 미감을 형성하는 또 다른 미학적 장을 형성한다.

산사의 어둠은 상 있는 것을 지워 더욱 아름답게 가시화하는 역설적인 상이다. 미적 형상으로 가시화되는 어둠이다. 시야에 든 풍경 전체를 채색하는 검정의 어둠이지만, 로마네스크 성당의 금욕적 무게와는 거리가 먼 어둠이다. 어둠에 묻히는 것들과 함께 그와 동시에 시각적 대상이 된 어둠이지만, 빛과 대조되고 대상과 대비되는, 그러한 시각적 대상으로서의 바로크적 어둠과[24] 달리 그런 대조에 기대지 않는 어둠이며, 그런 대조를 묻어버리는 어둠이다.

어둠 속에 있는 건축물이야 모두 나름의 분위기 있고 멋있다 할지 모르지만 꼭 그렇지는 않다. 아름답다 할 때도 그 양상이 아주 다르다. 어둠 속에 우뚝 솟은 도시의 건축물은 불이 켜진 상태라면 그저 화려할 뿐이고, 불이 꺼진 상태라면 위압적이고 무섭다. 멀리 산 위에서 조그만 불빛들로 보일 때나 아름답다. 벽이나 담장을 둘러친 절이나 궁전이라면 그와 다르겠지만, 도시의 절조차 산사의 어둠이 주는, 저 탁월하다 할 미감은 얻기 어렵다. 미명의 어둠부터 칠흑의 어둠까지, 모든 상이한 강도의 어둠을 강도마다 다르게 감각의 영역으로 불러들이는 어둠의 미학이 산사에는 있다. 반면 도시의 절은 밤이 되어도 어둠을 충분히 얻기 어렵다. 도시는 어둠을 잃은 지 오래고 밤은 어둠 때문에 더 반짝대는 수많은 빛들로 정신없다. 어디 구석이라서 어둠을 좀 얻었다 싶을 때도 담장은 절도 어둠도 담 안에 가둔다. 막아서며 거절하는 담장의 무뚝뚝함이 어둠의 아름다움을

---

(24) 빛을 단지 시선이 통과하는 매질이라고 보았던 르네상스 건축가들과 달리 바로크 건축가들은 빛을 시선의 대상으로 다루었고, 거기서 어둠은 빛과의 대비 속에서 또 하나의 시선의 대상이 되었다(프랑클, 『건축형태의 원리』). 바로크 회화 또한 이와 유사한 방식으로 빛의 대조를 이용한다(뵐플린, 『미술사의 기초개념』).

잡아먹는다. 숲이 거기 더해주는 미감은 생각하기 어렵다.

밤이 올 때 산에서는 절이 어둠 속에 묻힌다. 어둠 속에 제대로 파묻힌다. 그렇다고 상이 없는 것은 아니다. 상이한 희미함의 강도로 달라지는 상이 거기에 있다. 새카만 밤에도 윤곽선을 갖고 거기에 있다. 어둠 속에서 산사는 조용히 어둠 속으로 지워지듯 사라져간다. 어둠 속의 산사가 주는 미감은 그렇게 상 없는 공적(空寂) 속으로 사라지는 어떤 것들이 주는 미적 감응에서 온다. 그렇게 어둠에 잠겨 사라지는 감응에는 대개 소멸되는 것의 고독함이나 쓸쓸함이 쉽게 섞여들게 마련이다. 고요하기에 더욱 강밀한 어떤 감응이.

하지만 단지 그것만은 아니다. 소멸하는 것의 쓸쓸한 적막과 더불어, 그 소멸을 함께하는 것들이 있기 때문이다. 함께 어둠 속에 묻혀가는 것들이. 가령 산사를 둘러싼 나무와 숲은 어둠 속에 둘러싸이며 함께 소멸하는 친구가 되어, 개체의 경계가 지우는 어둠 속에서 하나로 섞여든다. 손잡아주고 안아주는, 쓸쓸함과는 상반되는 따

그림 10.8 _ 어둠 속으로 묻혀 들어가는 산사. 김천 직지사

그림 10.9 _ 어둠 속에 함께 묻혀 들어가는 것들. 합천 해인사

뜻한 우정의 감응이 그 적막함 속에 있다. 그처럼 있는 그대로 사라지며 모든 개체를 삼키는 하나의 어둠 속으로 함께 스며든다. 소멸의 어둠은 모든 경계를 지우는 '하나'인 것이다. 소멸하는 것이 느끼게 마련인 미소함과 동시에 거대한 하나가 되는 데서 오는 편안함이 그 '하나'에는 있다.

또한 산사의 어둠은 빛이 주었던 경계가 지워지며 새로이 개화될 잠재성을 향해 가는 침잠이다. 거기에는 어떤 평온함의 감응이 있지만, 이는 유아적 퇴행에 환영처럼 달라붙어 있는 미숙한 평온함이 아니라 소멸을 재탄생으로 수긍하는, 소멸의 때를 기다릴 줄 알 만큼 충분히 성숙한 것의 평온함이다. 거기에는 어떤 적적함의 감응이 있지만, 이는 현행의 형상을 잃는 데 대한 두려움이 아니라 빛나는 것들의 화려함과 소란스러움이 사라질 때 그것들의 강도만큼 반대 방향에서 감지되는 고요함이다.

    이런 방식으로 산사는 매일 미분화된 어둠으로, 하나인 어둠으로 '되돌아간다'. 그렇다고 유아기적 형상의 알로 되돌아가는 것과는 분명 다르다. 절도 나무도 숲도 하나로 되돌리는 어둠은 존재자의 기원인 알이 아니라 모든 것을 싸안는 전체의 형상이고 모든 존재자의 경계가 사라진 존재의 형상이다. 그 어둠은 모든 경계와 상을 지우는 존재의 또 다른 형상이다. 성스러움도 없고 원리도 의미도 주지 않는 존재론적 여래의 또 다른 상이다. 그런 방식으로 존재론적 여래로 이끄는 또 다른 미학적 여래다.

    밤의 산사에는 아직 캄캄하지 않아 형상을 다른 색조로 감싸는 희미한 어둠도 있고, 창살 사이의 공간을 아름답게 빛내주는 어둠도 있다. 해가 진 뒤의 희미한 어둠 속에서 윤곽만 간신히 남은 모습은 그렇게 어둠으로 소멸하고 사라짐에 대한, 아직 다는 지워지지 않은 채 사라지는 것이 주는 아스라함의 그림자다. 도량석을 도는 소리와 함께 밝아오는 새벽의 어둠은 새로이 탄생하거나 다시 시작하는 것에서 배어나오는 신선함의 숨소리다. 어둠 속에서 빛나는 문살 사이의 빛조차 어둠을 몰아내는 빛이나 어둠을 배경으로 자신을 과시하는 빛이 아니라 모든 형상이 어둠 속에 사라져도 아직은 소멸하지 않은 존재의 '양각화'된 잔영이다. 머지않아 사라질 불빛을 빛내주며 배웅하는 우정의 어둠이다.

    어둠 속의 산사, 거기에는 아무도 애써 조성하지 않았고 누구도 일부러 만든 적 없는 어둠의 미학이 조용히 작동하고 있다. 검은 여래의 미학이.

11

존재론적 여래와 '나름'의 미학
: 세 가지 미학적 여래와 탈속의 함정

불교미학의 불가능성, 혹은 불가능성의 미학

여래의 미학

여래의 미학과 내재적 비평

'불이의 미학'과 '와비의 종교'

'다선일여'와 차의 미학

나름의 미학과 파격의 스타일

미학적 여래의 세 극: 금빛 여래, 검은 여래, 하얀 여래

■ **이미지 출처**

11.1 ⓒⓒ
11.2 ⓒⓒ Jens Cederskjold
11.3 ⓒⓒ
11.4 이진경

불교미학의 불가능성, 혹은 불가능성의 미학

"일체중생이 불성을 갖고 있다"(一切衆生 悉有佛性). 『열반경』은 이렇게 설하면서도 어떤 선근(善根)도 없는 일천제(一闡提)는 거기서 제외했다. 그러나 불성을 공성으로 이해했던 중국의 삼론종(三論宗)에서는 불성을 모든 중생으로, 나아가 정식(情識)이 없다고 보아 '중생'의 개념에서 제외되었던 식물, 사물 등의 무정물(無情物)로까지 확장한다. 삼론종의 경법사 밑에서 출가했던 선승 우두 법융은 국화꽃, 대나무에도 불성이 있다고 주장한다. 이후 개와 고양이의 불성을 두고 논란이 있었지만, 선종 또한 무정으로까지 확장된 불성 개념을 받아들인다. 남양 혜충은 국화와 대나무를 넘어 담장, 기왓장에게도 불성이 있다고 설한다. 이러한 불성 개념의 확장은 역으로 불성의 개념 자체를 혁신하는 것으로 이어진다. 즉 불성이란 선정을 닦아 높은 깨달음의 경지에 이르는 능력이 아니라 연기적 조건으로 그때그때 다가오는 것을 오는-그대로(如-來) 받아들이고 그에 적절하게 응답하는 능력을 뜻하게 된다.[1] 때가 되면 꽃을 피우는 국화가 그렇고, 다가오는 게 먹이인지 적인지를 알고 응수하는 개가 그렇다. 이게 어디 국화와 개뿐이겠는가. 사물까지 포함해, 일체중생이 불성을 갖고 있고, 삼계국토가 설법을 한다는 혜충의 '무정설법'(無情說法)은 이런 사유의 극한을 보여준다.

"모든 상 있는 것에서 상 없음을 보면 여래를 보리라" 하는 『금강경』의 명제가 설하는 것 또한 이와 다르지 않다. 상 있는 것 어디에나 있는 상 없는 공성, 그것은 조건에 따라 다른 것으로 적절하게 현행화되는 잠재적 능력이다. 앞서 우리는 이를 어떤 규정도 갖지 않는 '존재', 모든 '一임' 이전의 '있음'이라 했고, 존재론적 여래라는 말로 바꾸어 말한 바 있다. 그리고 이를 이 책의 모두에서 말했던 미학적 여래와 대비한 바 있다. 미학적 여래란 볼 수 없고 생각할 수 없는 이 존재론적 여래로 감각과 사유를 인도하기 위해 만들어지는 감각적·미학적 방편이다. 상 없는 여래에 다가서게 하고자 불가피하게 사용되는 방편이다. 금빛이든 검정이든 미학적 여래는 상을 갖지 않거나 상을 지우지만, 그래도 여전히 어떤 상이기를 면할 수 없다. 순수 잠재성을 뜻하는 공성 내지 존재 자체는 이와 다른 층위에 있다. 따라서 『금강경』의 동일한 문장을 인용하며 말했지만, 미학적 여래와 존재론적 여래는 같지 않다. 존재론적 여래는 존재하는 모든 것과 함께 하지만 보이지 않고, 미학적 여래는 보이지만 어디에나 있다고는 하기 어렵다. 특정한 조건, 특정한 분위기 속에서 슬며시 드러난다.

---

[1] 이진경(2018), 『설법하는 고양이와 부처가 된 로봇』, 모과나무.

미학적 여래의 개념을 존재론적 여래에 대한 『금강경』의 명제에 부합하는 지점까지 밀고 가자면 그것은 성스러운 것, 상 없는 어떤 상만이 아니라 모든 것에서 여래를 보라는 말이 된다. 상 있는 모든 것에서 아름다움을 보라는 말이 된다. 미학적 의미로서 모든 것에서 여래를 보라는 이러한 요구는 미학적 여래를 넘어 **여래의 미학**을 향해 나아가길 요구한다. 아름다운 것이 따로 있는 게 아니라 **모든 것이 아름다우니** 각각이 갖는 그 아름다움을 보라는 것이다.

모든 것이 공함을 보는 '철학'도 실제 실행이 쉽지 않지만, 모든 것이 아름다움을 보는 미학은 훨씬 더 난감하다. 상 없는 여래는 감각적으로 보고 들을 수가 없는데 미학이란 감각을 통해 작용하는 상에 대한 이론이기 때문이다. 사실 아름다움을 통해 불상이나 사원을 장엄하는 미적 활동이 불교의 예술작품들을 만들어온 것 아닌가? 멋진 전각만큼이나 다세대주택이 아름답다고 어찌 말할 수 있으며, 석굴암 불상과 동네 포교원 좌대의 값싸 보이는 불상이 주는 미감을 어찌 같다고 할 것인가? 애써 불전을 만들고 탑을 만드는 것은 가능하면 좀 더 아름답고 장엄하게 불법을 보여주려는 감각적 활동임이 분명하지 않은가? 기계로 깎은 상투적인 불상과 달리 탁월하게 조성된 불상에서는 분명 다른 무엇이 배어나오지 않는가? 미학적 여래는 이런 조건에서만 존재한다 할 수 있다. 이러한 개념이 '성스러움'이나 '장엄' 같은 어떤 분위기인 한 그와 다른 것들을 미적인 것에서 밀쳐낸다는 것은 분명 유감이지만, 그래도 이런 분위기가 있는 불상과 없는 불상을 동일하게 '아름답다'고 말할 순 없는 것 아닌가?

미감을 따라다녀야 할 운명 속에서 불교적 미학은 이처럼 미학적 여래 주위를 맴돈다. 그러나 모든 것에서 여래를 보라는 여래의 미학은 **미학적 여래마저 떠날 것**을 요구한다. 또 하나의 감각적 상인 미학적 여래를 떠나, 상 있는 모든 것에서 말 그대로 여래라 하기에 충분한 여래를 보라 한다. 이것은 과연 가능할까? 이런 미학이 있을 수 있을까? 미추를 떠난 미로서의 여래란 미학의 불가능성을 뜻하는 게 아닐까? 또 하나, 미학이란 아름다움의 정도에 대해 판단하는 것인데 모든 것에서 여래를 보는 미학으로선 '더'와 '덜'이라는 말로 아름다움의 정도를 말하는 게 불가능하지 않은가? 그렇다면 미추의 분별을 넘어 모든 것에서 아름다움을 보는 미학이란 애당초 자가당착의 불가능성에 갇혀 있는 것 아닐까?

여래의 미학이란 형상을 떠나 모든 것에서 아름다움을 보는 미학이다. 미추의 분별을 떠나 아름다움을 말해야 한다는 점에서 **불가능성의 미학**이다. 좀 더 근본적으로는, 감각적으로 불가능한 것을 감각적·미학적으로 다루어야 하는 미학이다. 그러나 불가능성의 미학이 불가능한 것은 아니다. 블랑쇼의 말대로 우리가 진정 말해야 할 것이 말할 수 없는 것에 대한 것이라면,[2] 여래의 미학이 진정 다루어야 할 것 또한 **불가능한 여래**다.

여래의 미학

상 있는 모든 것에서, 모든 것의 상을 있는 그대로 둔 채 거기서 상 없는 여래를, 각자의 아름다움을 보는 미학이 가능할까? 딱히 아름답다고들 하지 않는 '별것 아닌 것', '평범한 것', 그리고 '아무것도 아닌 것'에서도 아름다움을 보는 게 가능할까? 나는 가능하다고 믿는다. 무

---

(2) 모리스 블랑쇼, 고재정 역(2009), 『정치평론』, 그린비, 215쪽.

엇보다도 배고프면 밥 먹고 졸리면 자는 일상의 삶 속에 '도'(道)가 있음을 설한 선사(禪師)들의 가르침이 이런 미학의 단서를 담고 있다는 생각이다. '장사의 봄기운'(長沙春意)이라고 명명되는 공안[3]은 이 여래의 미학을 위한 핵심적인 두 계기를 명확하게 보여준다.

어느 날 장사 스님이 산을 유람한 후 돌아오자 수좌(首座)가 물었다.

"스님, 어딜 다녀오십니까?"

"산을 유람하고 오는 길이다."

산을 유람하고 온다 함은 무언가 따로 볼 것이 있음을 뜻한다. 즉 볼 만한 것과 그렇지 않은 것의 구별이 있음이다. 미추(美醜)와 호오(好惡)의 분별이 있음을 뜻하니, 분별간택(分別揀擇)을 하지 말라는 선의 종지에서 벗어난 것이다. 『벽암록』에서 원오(圓悟)가 "풀 속에 떨어졌다"며 "형편없는 놈"이라고 착어(著語)를 단 것[4]은 이 때문이다. 이는 여래의 미학을 불가능성 속으로 모는 난관이기도 하다. 눈 밝은 수좌는 이를 감지하고 다시 묻는다.

"어디까지 다녀오셨습니까?"

이에 원오는 "내질렀군"이라며 "다녀온 것이 있으면 풀 속에 떨어진다"라고 착어를 붙인다. 장사가 답한다.

"처음에는 향기로운 풀을 따라갔다가, 나중엔 지는 꽃을 따라서 돌아왔느니라."

여래의 미학의 첫번째 단서를 담은 멋진 대답이다. 향기로운 풀이나 아름다운 꽃을 따라갔을 뿐이라면 떨어져 시들고 말라가는 꽃

(3) 원오, 『벽암록』 중, 장경각, 36칙.
(4) 원오, 『벽암록』 중, 장경각, 54쪽.

이나 밟혀서 문드러지고 썩어가는 풀은 밀치고 외면하게 된다. 속인과 다를 바 없이 미추와 호오의 분별 속에 떨어지는 것이다. 그러나 장사의 대답은 싱싱한 풀은 향기로워 좋고 지는 꽃은 또 지는 꽃대로 좋다는 말이니, 모든 것이 다 좋다는 말이다. 유람할 것이 분명히 있지만, 모든 것이 다 유람할 만한 것이라는 말이다. 싱싱한 것이나 시든 것이나, 깨끗한 것이나 더러운 것이나 모든 것이 다 나름의 아름다움이 있다 함이다. 그러니 추와 대비되는 미, 싫음과 대비되는 좋음은 사라진다. 모든 것이 좋은 것, 아름다운 것으로 긍정된다. 모든 것은 나름의 아름다움을 갖기에 평등하다. 미추와 호오의 분별이 **아름다움의 '하나됨' 속에서** 사라진다. 석굴암 본존불은 성스럽고 장엄하여 아름답고, 운주사 석불들은 소박하고 고졸(古拙)하여 아름답다. 값싼 상품이 된 불상은 돈이 없어도 불상은 하나 가까이 모시려는 가난한 이의 마음으로 아름답고, 쓰레기통 속의 불상은 그 더럽고 버려진 것 속에서마저 불법을 설하고 있으니 아름답다.

이렇듯 도나 불법이 따로 어디 있는 것이 아니라, '평상'이라 불리는 일상사 하나하나에 있다고 하는 선가(禪家)의 종지는, 도를 미로 바꾸면 선(禪)의 미학이 된다. 선의 미학은 특별한 미의 대상을 따로 설정하지 않는다. 일상에서 만나는 모든 것이 미적 대상이다. '평상심'이라고 요약되는 선의 가르침은 이처럼 '평상심의 미학'이 된다. 존재하는 모든 것이 다 나름의 아름다움을 갖고 있다는 것, 모든 것 속에서 각각의 아름다움을 보는 것, 이는 모든 상에서 여래를 보는 절대적 긍정의 미학이다. 우리는 여기서 여래의 미학을 본다. 검은 여래의 어둠으로 상을 애써 지우지 않고, 금빛 여래로 상을 장엄(莊嚴)하지도 않으며, 빛 속에서 오는 그대로 모든 상의 아름다움을 보는 여래의 미학이다.

장사의 수좌 또한 이를 정확하게 알아듣는다.

"아주 봄날 같군요."

"아무렴, 가을날 이슬 망울이 연꽃에 맺힌 때보다야 낫지."

장사의 탁월함은 선의 미학을 열어주는 저 첫번째 대답에 그치지 않는다. 어쩌면 좀 더 놀라운 것은 선의 미학의 두번째 단서를 담은 이 대답이다. 무릇 선의 미학이라면 모든 것에서, 심지어 죽어가는 것이나 쓰레기에서조차 그 나름의 미와 가치를 알아보아야 하지만 단지 이것뿐이라면 아무것에 대해서나 '아름답다'라고 하는 '아무거나'의 미학이 되기 쉽다. 아무것이든 '좋다', '아름답다'며 칭찬을 남발하면 그 말은 하나 마나이기에 별 볼일 없는 말이 된다. 그런 말을 남발하는 것은 아무리 아름다움을 강조하고 미라는 개념을 전면에 내세워도 결코 미학이 될 수 없다. 여래의 미학은 **모든 것에서 아름다움을** 보아야지, **아무것이나 아름답다고** 해서는 안 된다. 양자는 전혀 다른 것이다. 나아가 그것 역시 미학인 한 각각이 갖는 아름다움을 식별하고 그 이유를 해명할 수 있어야 한다. 석굴암 본존불과 운주사 석불들은 모두 아름답지만 아름답다 할 이유는 아주 다르다. 더욱이 절이면 하나씩 있는 흔한 석탑과 불국사의 석가탑을 비교할 때처럼 어느 것이 더 아름다운지 그 이유는 무엇인지를 말할 수 있어야 한다.

여래의 미학에서 '아무거나'의 '미학'보다 좀 더 어려운 관문은 상대주의 미학이다. 각자는 각자의 아름다움이 있고 취향 또한 제각각이니 남의 취향에 대해 뭐라 할 수 없으며, 취향마다 미추가 다르니 미추의 정도나 '우열'은 말할 수 없다는 주장이 그것이다. 이런 상대주의적 평가는 예술작품을 다루며 미적 가치를 명시적으로 말하는 이들 사이에서도 흔히 만나게 된다. 가령 석가탑과 다보탑 가운데 어느 것이 더 아름다운지를 두고 논란을 벌일 때 이런 주장은 크게 설득력을 얻는다. 석가탑과 운주사 인근 돌탑들도 그러하다. 어느 절이나 흔히 있는 석탑과 석가탑을 비교할 때라면? 대개는 석가탑 손을 들어주겠지만, 그래도 반대편을 지지하는 이들이 있을 수 있다. 그게 취향, 맞다. '개취'라고들 하는 개인의 취향이다. 그게 자신이 느끼는 미감이라는데 뭐라 할 것인가?

긍정적으로 표현하자면, 각자에겐 각자의 기준이 있다는 말이다. 이로써 미학은 '각자의 미학'이 된다. 각자가 갖는 미감을 존중해주자는 주관주의 미학, 각자의 호오는 개인의 취향이라는 자유주의 미학이 된다. 개인의 주관적 판단으로 귀착되는 이런 발상은 취향의 입으로 미학을 잡아먹는다. 모든 미적 판단을 무력화한다. 미적 판단이 이렇게 각자의 주관에 귀속되는 한 미추를 평가하는 것은 사실상 불가능하기 때문이다. 평가나 비평이 불가능하다면, 미학은 불가능하다. 각자의 주관적 취향 속으로 미학은 침몰하고 만다. 철학적으로 번역하면, "내가 어떻게 느끼든 내 맘이니 부처든 공자든 참견하지 말라"라는 말이 된다. '느끼든'을 '살든'으로 바꾸는 건 어려운 일이 아니다. 이는 결국 불도는 물론 '좀 더 나은 삶'을 찾으려는 모든 종류의 '가르침'이나 '윤리학'을 사실상 땅에 묻는다. 미학은 말할 것도 없다. 조잡한 기념품이라지만 내가 아름답다는데 누가 뭔 소리를 할 것인가. 여기서 우리는 여래의 미학을 난감하게 하는 또 하나의 궁지를 만나게 된다.

개취의 주관주의는 상대주의 미학을 철학적 유아론(唯我論)의 궁지로 끌고 간다. 나만의 세계에 미학을 감금한다. 이런 개취의 주관주의에서 그나마 상대주의를 구하는 길은 입장이나 위치를 통해 객관화하는 것이다. 즉 나름의 미감을, 그저 주관적 취향이 아니라, 각자가 서 있는 위치(position)에 귀속시키는 것이다. 객관적 상대주의라 해도 좋겠다. 『장자』「제물론」에 나오는 다음의 유명한 글은 이 객관적 상대주의의 입장을 아주 멋지게 표현한다.

"사람은 소와 양, 개와 돼지를 먹고, 사슴은 풀을 뜯어먹고, 지네는 뱀을 달게 먹고, 솔개와 까마귀는 쥐를 즐겨 먹는다. 이 네 가지 중에서 누가 올바른 맛을 아는가? [⋯] 모장(毛嬙)과 여희(麗姬)를 사람들은 아름답다고 여기지만, 물고기는 그들을 보면 물 속 깊이 도망치고, 새는 그들을 보면 하늘로 높이 날아가고, 사슴은 그들을 보면 힘껏 달아난다. 이 네 가지 중 누가 천하의 올바른 아름다움을 알아보는가?"[5]

누구의 기준도 맛이나 아름다움의 절대적 기준이 될 수 없다는 말이지만, 여기서는 그것을 그저 개인의 취향이나 주관적 판단에 귀속하지 않는다. 먹고 먹히는 관계와 입장이 취향('맛')과 미감('아름다움')의 바탕이 된다. 상대주의가 주관성이나 제각각의 개체성에서 벗어나 객관적 기반과 결합하는 것이다. 이는 상대주의에서 벗어나는 어떤 출구마저 갖고 있다. 입장에 따라 판단이 달라지는 것이라면 그 입장을 준거로 호오미추를 식별하고 구별할 수 있게 되기 때문이다. 이는 역으로 상대주의를 그 바깥으로 밀고 간다. 호오미추가 입장으로 환원되면 입장에 따른 척도가 미추 판단의 '절대적' 기준이 되기 때문이다. 여희를 보고 아름답다 하는 새가 있다면 잘못된 판단을 한 것이고, 궁전을 아름답다고 하는 노동자가 있다면 이데올로기에 속

---

(5) 『장자』, 1, 107~108쪽.

은 것이다.

그러나 입장이나 이득에 충실한 것이 아름다운 것은 아니며, 입장에 귀속되는 기준을 확고히 견지하는 것이 올바름도 아니다. 입장을 떠나 아름다운 것이 있고, 입장에 충실해도 아름답지 않은 것이 있다. 사실 자신의 입장만을 고수하는 주장은 대개 아름다움과 거리가 멀다. 계급적 이해관계나 혁명적 태도 같은 것을 확실하게 표명하는 것만으로는, 심지어 '예술작품'으로 만들어진 것조차 미적 감응을 주지 못하는 경우가 흔하다. '노동자의 입장'에서 어떤 작품을 '부르주아적인 것'이라며 쉽게 퍼붓는 비판은 이유가 타당해도 짜증나는 경우가 많다. 반면 독실한 불교도에게도 바흐의 〈b단조 미사〉나 페르골레시의 〈슬픔의 성모〉(Stabat Mater)는 아름답고 가난한 민중에게도 잘 지어진 사원이나 궁전은 아름답다. 그걸 느끼지 못한다고 한다면 그건 그리 말하는 사람 때문이지 음악이나 궁전 때문이 아니다.

여래의 철학이 어디서든 여래라 명명된 불도를 보듯 여래의 미학은 모든 것에서 아름다움을 보아야 한다. 그러나 여래의 미학은 각자의 아름다움을 보는 긍정만으로는 불충분하다. 어디서나 미를 보아야 하지만, '아무거나의 미학'이나 '각자의 미학'이 되면 안 된다. '입장의 미학' 또한 넘어서야 한다. 나아가 미의 정도까지 비교할 수 있어야 비로소 미학이 된다. 장사의 두번째 대답은 이것이 어떻게 가능한가를 보여준다. 꽃이야 가을에도 피고 지지만, 그래도 꽃이 피고 지는 것을 보는 데는 훨씬 많은 꽃이 피고 지는 봄이 더 좋을 것이다. 반면 잎 마른 가지들 사이로 흩어지는 쓸쓸함을 보려면 쌀쌀한 한겨울이 더 좋을 것이다. 석가탑도 다보탑도 아름답지만, 누구도 흉내 낼 수 없는 화려함과 우아함, 형태적 독창성과 세련된 감각으로는 다보탑이 더 아름답다. 반면 간결하고 단순하고 힘차면서도 힘을 과시하지 않으며 수많은 변용 가능성에 열린 것으로 치면 석가탑이 더 아름답다. 대충 주워 쌓은 것 같은 운주사 돌탑들은 이 탁월한 세련미와 다르지만, 비대칭적이고 고졸하며 자연스러우면서도 그 의외의 형상으로 치면 앞의 두 탑보다 더 아름답다. 모두가 아름답지만, 무엇을 보려 하고 무엇을 표현하려는가에 따라 아름다움의 정도를 달리한다. 이 기준은 개인의 취향으로도, 입장이나 처지, 관계로도 환원되지 않는다. 그렇게 각자는 각자의 아름다움이 있는 것이다. 우리는 그 모두를 **나름의 기준에 따라** 평가할 수 있다. 이로써 미추를 떠난 평면에 서면서도 그때마다 호오미추를 평가할 수 있게 된다. 모든 것에서 미를 보면서도 미추를 말하는 여래의 미학이 비로소 가능하게 된다.

여래의 미학과 내재적 비평

여래의 미학은 모든 것을 아름다움이라는 하나의 평면 위에서 본다. 아름다움 하나로 모두가 평등한 평면. 그 평면에서 낡은 것은 낡은 것이어서 아름답고 새것은 새것이어서 아름답다. 그렇게 모든 것을 평면화할 줄 안다 함은, 예술가의 작품은 예술가의 것이어서, 민초들 것은 민초들 것이어서 아름다움을 보는 것이다. 화사한 것은 화사해서, 소박한 것은 소박해서 아름다움을 보는 것이다. 모두에게서 그 나름의 아름다움을 보는 것이다.

그러나 나름의 아름다움이 있다 함이 똑같이 아름답다는 것은 아니고, 아름다움으로 평면화한다 함이 모두에게 아름답다는 칭찬을 남발하는 것은 아니다. 반대로 이 평면에서는 기준이나 조건에 따라 아름다운 것이 추한 것이 되기도 하고, 별것 아닌 것이 아름답 것으로 부상하기도 한다. 즉 이 평면에서는 아름답지 않은 것도 없지만 아름답기만 한 것도 없다. '평면'이라는 말은 그렇게 **조건에 따라 달라지는 데 어떤 근본적 차별과 위계가 없음**을 표현하기 위한 말이다. 애당초 아름다울 수 없는 것도 없고 본성상 아름다운 것도 없다. 베토벤의 음악도 강의나 대화에 방해가 된다면 소음이 되고, 망치질 소리도 힘찬 소리가 필요한 곳에선 멋진 음악이 된다. 우주정거장 안에선 바람에 부대끼는 종이 소리도 아름답고,[6] 교회당 안에선 〈금동미륵반가사유상〉도 아름다움을 등지게 된다. 조건에 따라 미추가 변하고 반대로 오갈 수 있는 것이 바로 아름다움의 평면이다.

앞서 살펴본 『벽암록』의 공안 '장사의 봄기운'에서 찾아낸 여래의 미학의 첫째 명제는 조건에 따라 미추를 오갈 수 있는 이러한 평면 위에서 모든 것에 잠재된 아름다움을 볼 수 있게 해준다. 이는 조건에 따라 모든 것이 달라지는 연기성의 평면에서 미추를 보는 것이다. 모든 것이 아름답다는 말은 조건에 따라 언제든 아름다운 것이 될 수 있는 각자의 잠재성을 뜻한다. 그 평면에서 아름다움은 그때마다 다른 이유를 갖는다. **'아름다움'에는 그토록 많은 이유가 있는 것이다!** 여래의 미학은 특정한 아름다움을 특권화하지 않기에 그 모든 아름다움의 이유에 열려 있다. 여래의 미학은 조건과 무관하게 모든 것에 적용되는 초월적 기준을 갖지 않는다. 그렇기에 어떤 대상을 **아름답다 할 기준 모두를 긍정하는** 미학이다. 초월성의 미학에 반하는 내재성의 미학이다. 특정한 기준에 맞는 것만을 선별하고 나머지는 모두 내치는 게 아니라, 모든 것이 갖는 아름다움을 조건에 비추어 알아보고 수긍하는 절대적 긍정의 미학이다.

(6) 타르코프스키의 영화 〈솔라리스〉.

깊은 산속의 불법을 묻는 말에 고덕 귀종(古德 歸宗)이 답한다. "돌멩이가 큰 것은 크고 작은 것은 작지." 큰 것은 큰 것대로 작은 것은 작은 것대로 그럴 이유가 있다는 말이다. 이를 미학적 명제로 바꾸면 큰 것은 커서 아름답고 작은 것은 작아서 아름답다는 말이다. 물론 조건이 반대가 되면 달라진다. 큰 것은 커서 아름답지 않고 작은 것은 작아서 아름답지 않다. 긍정의 미학은 조건에만 부합하면 어떤 것도 아름다울 수 있음을, 그 잠재성을 보는 것이다. 모든 것을 아름다운 것으로 받아들일 줄 아는 절대적 긍정의 미학이다. 물론 반대의 '미학'도 가능하다. 어떤 것에서도 미 대신 추를 보는, 모든 것이 추하다는 점에서 하나의 평면에 있음을 보는 '미학'. 아마도 이는 비판·비평이란 어디서든 단점을 찾는 부정적 사고라고 오인하는 철학과 짝을 이루는 '미학'이 될 것이다. 미학 아닌 반미학이다. 모든 것을 미워하는(醜) 절대적 부정의 추학(醜學)이다. '모두까기 인형'의 절대적 추학이다.

모든 것에서 각자의 아름다움을 알아보고 그것이 있는 그대로 드러나게 하는 것은 어디서나 동일한 '보편적' 잣대가 되는 미의 기준을 버릴 때 가능하다. 앞서 본 것처럼, 비례를 미의 척도로 삼으면 고딕 성당처럼 턱없이 높이 솟은 것의 아름다움을 보지 못하고, 그리스 신전 건축을 보편적 잣대로 삼으면 개심사의 기둥들처럼 제멋대로 구부러진 것들의 아름다움을 보지 못한다. 우아함을 척도로 삼으면 마애불이나 운주사의 불상들처럼 '대충' 만든 형상의 아름다움을 볼 수 없고, 고졸함이나 소박함을 찬양하다 보면 금당 한가운데 있는 화려한 불상이 눈에 거슬리게 된다.

미학적 의미를 함축하는 '청정'(淸淨)이라는 선가(禪家)의 개념 또한 이와 다르지 않다. 혜능(惠能)은 청정함이란 더러움과 대립되는 어떤 것이 아니라 염정(染淨)을 떠나 있기에 청정임을 강조한다. 그것은 깨끗한 본성을 갖기에 청정한 게 아니라 아무런 본성을 갖지 않기에 청정하다. 색깔을 빌려 말하자면, 스스로 어떤 색도 없기에 어떤 것의 색도 오는 그대로 받아들이는 무색이다. 즉 청정함은 '본래무일물'(本來無一物)의 무자성을 뜻한다. 하지만 이런 청정의 개념조차 조건을 떠난 미추와 익숙한 호오의 척도가 되면 청정법신은 "꽃으로 장엄한 울타리"(운문)가 된다.[7] 장엄한 꽃이 아무리 아름답다 해도 울타리는 장애물이다. 반면 그런 분별의 잣대를 떠나면, 하나를 다른 하나와 구별해주고 나누어주는 모든 울타리마다 장엄하게 피어나는 아름다운 꽃을 보게 될 것이다. 그렇게 세상은 청정한 아름다움으로 가득 차 있는 것이다. 청정을 말하지만, 그 말에 다시 현혹되어 탁함과 대립되는 맑음을, 더러움과 대립되는 깨끗함을 찾게 될 것을 염려하여, 청정법신을 묻는 말에 현사(玄沙)는 "고름이 뚝뚝 떨어지느니라" 했고 법화(法華)는 "똥 냄새가 하늘에까지 퍼졌다"고 했지만,[8] 뒤집어 보면 이는 고름이 흐르고 똥 냄새가 진동하는 것에서도 청정법신을 보라는 말 아닌가. 선(善)의 미학 또한 그러할 터이다.

운문(雲門)은 부처를 묻는 말에 "뒷간 똥 막대기"라고 했다지만, 말이 그렇지 똥이나 쓰레기에서 무슨 아름다움을 볼 것인가. 사실 예술품이나 조형물에서 아름다움을 발견하기는 쉽지만 망가지고 버려진 것에서 아름다움을 발견하기는 매우 어렵다. 그런데 역으로 20세기 예술가들은 추하다고 비난받던 것에서 아름다움을 발견하려 한다. 쿠르트 슈비터스의 〈메르츠〉MERZ나 〈메르츠바우〉MERZBAU

(7) 원오, 『벽암록』 중, 장경각, 39칙.
(8) 원오, 『벽암록』 중, 장경각, 82쪽.

그림 11.1 _ 쿠르트 슈비터스, 〈메르츠바우〉

그림 추가 11.2 _ 피에로 만초니, 〈예술가의 똥〉

는 부서지고 버려진 '쓰레기'를 모아 만든 작품이다. 피에로 만초니는 〈예술가의 똥〉이라는 레이블을 붙인 통조림 캔 속에 자신의 똥을 담아 동일한 무게만큼의 금값을 받고 팔았다. 상품 광고에 사용하는 화려한 색채나 만화적 이미지를 예술화했던 팝아트 작가들도 이와 다르지 않았고, 싸구려 상품이나 이발소 그림 같은 키치에서 소박한 민중들의 꿈을 발굴하려던 포스트모던 미학자들도 그러했다. 쓰레기와 똥마저 예술이 된다면 예술이 될 수 없는 것은 없다. 모든 것은 아름답다! 폐기장을 뒤져 찾아낸 버려진 물건들이 내는 소리를 음악 속에 끌어들였던 가수 톰 웨이츠도 있고, 소음을 연주하여 '드림 팝' 내지 '노이즈 록'의 세계를 열었던 마이 블러디 밸런타인이나 소닉 유스 같은 밴드도 있다. 에드가르 바레즈는 사이렌 소리, 망치 소리와 악기 소리를 섞어 소리를 '이온화'(ionization)했고, 존 케이지는 '4분 33초' 동안의 침묵을 음악화했다. 소음과 침묵마저 음악이 된다면 음악이 될 수 없는 것은 없다. 모든 소리는 아름답다! 20세기 이후 현대예술의 역사는 아름다움과는 거리가 멀다고 믿었던 것들을 예술의 영역으로 끌어들여 다시 만나게 해온 역사였다.

그러나 다시 말하건대, 모든 것이 아름답지만 아무것이나 아름답지는 않다. 여래의 미학은 '좋은 게 좋은 거'라는 식의 '무개념적' 미학이 아니며, 아무것이나 아름답다고 하는 식의 '아무거나'의 미학 또한 아니다. 먼지 하나까지 모든 것이 시방삼세(十方三世)의 우주를 담고 있지만 그 하나하나가 잡난(雜難)하지 않고 격별(隔別)하듯이, 모든 것이 아름답다 하지만 격별한 것들 하나하나가 저마다 아름답다 할 이유나 기준이 있어야 한다. 나아가 그 기준에 따라 유사한 '다른 것'과 비교할 수 있어야 한다. 어떤 것에 대해 미추를 말할 수 있어야 하고, 좀 더 낫도록 하려면 어떻게 하는 게 좋을까를 따지는 '비평'(critique)마저 가능해야 한다. 불법 아닌 것이 없고 불법이 설하는 도(道)란 매일의 일상이라 하지만 어떤 언행을 두고 불법에 부합하는 삶인지 아닌지를 '비판'(critique)하고 어떻게 하는 게 좀 더 도에 가까운 삶인지를 말하는 것이 가능한 것처럼. 그게 없다면 불도도 미도 '가르침'이 될 수 없다. 그저 각자의 현재 상태를 그저 듣기 좋은 말로 상찬하는 '듣기 좋은 말'이 되고 만다.

그런데 비평 내지 비판이 가능하려면 평가의 기준이 있어야 한다. 그렇다면 비평한다 함은 분별을 떠나라 해놓고 다시 분별을 하라 하는 것 아닌가? 평가의 기준이 없어도 문제고 있어도 문제인 것이다. 대체 어떤 것을 평가의 기준으로 삼아야 이 난감한 궁지를 벗어날 수 있을까? 비례라든가 숭고함, 혹은 단순성이나 명료성, 그윽함, 다채로움 같은 것을 조건과 상관없이 미의 본성인 양 내세우는 초월론적 태도로는 이 물음에 답할 수 없다. 초월적 척도는 그것이 무엇이든 그 척도에 따라 선별하기에 모든 것에서 아름다움을 보는 일을 할 수 없다. 미의 척도가 조건과 상관이 없는 만큼 조건과 무관하게 아름다운 것과 추한 것들의 분할이 이미 있기 때문이다. 거기서 비평이란 사전에 가정된 미의 척도로 대상을 재고 칼질하는 것이 된다. 추의 늪에 빠진 것은 조건이 달라진다 해도 거기서 빠져나올 수 없다. 초월성의 미학은 사형선고를 남발하는 심판의 미학이다. 그런 미학은 사라져주는 게 '아름다운 세상'을 위해선 좋은 일이 아닐까 모르겠다.

여래의 미학에서 미추를 말할 기준은 '내재적 기준'이어야 하고 미추를 비평하는 것은 '내재적 비판'이어야 한다. 여기에는 최소한 두 가지 방법이 있다. 하나는, 일단 쉽게 말하면, 무언가를 제작하는 이 자신이 갖고 있는 기준으로 그가 제작한 것을 평가하는 것이다. 소음을 이용해 음악을 만들려는 이의 작품을 선율이나 리듬의 아름다움을 기준으로 평가하는 것은 부당하지만, 소음의 질감이나 참신성, 그 흐름의 아름다움을 기준으로 평가하는 것은 부당하지 않다. 〈메타스타시스〉(크세나키스)처럼 매끈한 유리벽 표면을 표현하려는 음악에서 무언가 변화를 주려고 타악기를 두들겨댄다면 아무리 뛰어난 대가의 유명한 작품이어도 그건 표현하려는 바를 교란하는 것이니 잘했다고 하기 어렵다. 〈도시의 주름〉이라는 제목으로 상하이 철거건물 벽들에 붙인 JR의 거대한 사진은 비록 인간의 감정에 대한 공감을 이용한 것이지만 인간 아닌 것들, 부서지는 것들의 감응을 멋지게 표현하는 탁월한 방법이었다 해야 한다. 균형 잡힌 형태가 중요한 작품에서 삐뚤어진 형태는 분명히 치명적 결함이고, 기하학적 형식미가 장점인 작품에 들어간 아라베스크 문양은 제거되는 게 더 낫다.

따라서 어떤 사물이나 작품의 아름다움을 알아보려면 그 아름다움을 볼 수 있는 기준을 먼저 찾아내야 한다. 이는 종종 이전에는 아름답다고 하지 않던 것에서 아름다움을 발견하게 한다. 사실 이전에 아름답다고 느끼지 못했던 것의 아름다움을 발견하는 것은 익숙한 아름다움을 보는 것보다 한 단계 높은 안목을 요구한다. 물론 이 또한 미의 '기준'을 창안하는 것이기에 그렇게 새로 미의 영역에 들어온 것들에 대해 '더'와 '덜'의 식별을 동반한다. 내재적 비평 또한 좀 더 좋은 것과 그렇지 못한 것을 식별하는 것이다. 때론 그 기준을 강조하고 부각하기 위해 이전에 아름답다 하던 것을 폄하하는 경우도 발생한다. 모든 것에서 미를 본다 함은 전에 보이지 않던 미의 기준을, 모든 것에 이를 때까지 찾아가는 것을 뜻한다.

내재적 비평이란 제작자의 기준으로 그가 만든 것을 평가하는 것이라 했으나 이때 그 기준은 제작자의 의도에 머물지 않는다. '작품' 내지 어떤 것을 아름답다 할 이유를 나름의 방식으로 찾아내면 되는 것이다. 진정 탁월한 비평이 있다면 그것은 **제작자도 생각지 못했던 아름다움을 찾아** 그에게, 더 정확히는 그가 만든 작품에 되돌려주는 것이다. 이는 그 이전에는 그 아름다움을 보지 못하던 이들에게 그걸 볼 안목을 선물하는 것이기도 하다. 이는 그렇게 발견된 미와 인접하거나 유사한 것들, 심지어 그와 멀리 떨어진 것들조차 다시 보게 만든다. 작품으로 만들어지지도 않았고 예술이라고도 할 수 없던 거칠고 소박한 막그릇에서 질박한 질감의 아름다움을 발견한 센노 리큐(千利休)가 그런 경우의 잘 알려진 사례다. 그는 화려한 다실(茶室)과 명품 다기(茶器)가 다도의 지배적 미감이던 시대에 소박하고 작은 다실과 값싼 다기들의 아름다움을 발견하여 새로운 미학적 세계를 창안했다.

내재적 비평의 또 한 방법은 어떤 사물이나 작품을 둘러싼 '조건'을 바탕으로 그것의 가치나 적절성의 정도를 평가하는 것이다. 공통의 리듬으로 사람들을 불러 모으고 기쁨을 주거나 감흥의 힘으로 개인의 경계를 넘어서게 해야 하는 조건이라면 라임이 있는 시가 좋겠지만, 익숙한 감각을 깨며 낯선 이미지를 불어넣고 다른 세계를 향해 유혹하는 게 중요한 조건이라면 라임이 그리 중요하지 않다. 잠기운이 아직 채 가시지 않은 아침이라면 정신을 들게 해주는 산뜻하고 자극적인 차가 좋겠지만 일과를 마치고 돌아와 심신의 긴장을 풀어주는 게 필요한 저녁 시간이라면 자극 없고 편안한 차가 더 좋을 것이다. 아파트나 고층빌딩이 빼곡한 도시 한가운데라면 힘차게 솟은 건물이 아름답다 하겠지만 숲 근처의 주택가라면 그런 건물을 아름답다 하긴 어렵다.

모든 것들 각각에서 그것의 아름다움을 보는 것이 여래의 미학이지만 이처럼 그것은 그 아름다움에 대해 더하고 덜함을 말하는 것을 가로막지 않는다. 여기서 미추의 개념은 사라지는 게 아니라 조건과 맥락에 따라 달라지는 수많은 것들로 발산하는 것이다. 조건에 따라 달라질 수많은 미추가 있는 것이고 각자의 조건, 각자의 상황에 따라 아름답다 할 것이 그 반대가 되기도 하는 것이다.

'불이의 미학'과 '와비의 종교'

여래의 미학이 처음부터 당면하게 되는 근본적 궁지를 안다면, '불교미학'의 선구적 시도 속에서 야나기 무네요시가 미추가 구분되기 이전의 미를 찾고자 했던 이유를 쉽게 이해할 수 있다. 그는 추와 대립하지 않는 불이(不二)의 미를 말하고,[9] 미추로 인해 괴롭힘을 당하지 않는 정토를 말하면서 미의 정토를 구하고,[10] '본래자성 청정열반'을 말하면서[11] 미의 세계에서의 성불이 있어야 한다[12]고 한다. 또 미추 상대를 떠나 불미불추(不美不醜), 미추미생(美醜未生)의 경지로 나아가야 한다고 하며 '공'(空), '무'(無), '적'(寂)이라 불리는 불이의 미[13]를 '절대미', '구경미', '무주미'(無住美)라 명명하기도 한다[14]. 이 불이의 미란 "추도 아니고, 미도 아닌 것이며, 미추가 나뉘기 이전의 것이고,

---

(9) 야나기, 『미의 법문』, 27쪽.
(10) 같은 책, 42쪽.
(11) 같은 책, 85쪽.
(12) 같은 책, 43쪽.
(13) 같은 책, 62쪽.
(14) 같은 책, 70~71쪽.

그림 11.3 _ 일본 교토 다이토쿠지 코호안 소장 키자에몬 이도 다완

미추가 상즉(相卽)하는 것이며, 추가 없는 미 자체"[15]이다. 모든 것에서 발견되어야 하는 미, 그렇기에 추 없이 존재하는 미라는 것이다.

    그는 이러한 미를 아이들의 그림과 원시미술에서 발견하지만 그가 무엇보다 탁월한 모범이라 생각하는 것은 '키자에몬'(喜左衛門)이라는 별명으로 유명한 일본 교토 다이토쿠지(大德寺) 코호안(孤篷庵) 소장의 이도(井戶) 다완(茶碗)이라든가 도쿄의 일본 민예관 소장의 귀얄문 다완 등 조선의 이름 없는 도공들이 만든 다완들이다. 이는 제작자가 무학의 천민이어서 미추의 미학을 만날 기회도 없었고, '다구'(茶具)로서 일부러 만들어진 게 아니라 싸구려 밥그릇 같은 것으로 만들어졌기에 최대한 빨리 만들어내야 했으며, 그로 인해 다소 삐뚤어지고 가지런하지 않고 상처마저 있게 되었다 한다. 미 개념에 따

---

(15) 같은 책, 61~62쪽.

라 예술품으로 만들려는 생각도 없이 만들어졌으나 후세에 리큐 같은 일본 다인들에 의해 최고의 다기로 '발견'된 이 도기들에서 그는 무위의 미, 자재무애의 미, 미추 이전의 미를 본다.[16] 야나기가 예술가 아닌 민초, 예술품 아닌 민예품의 미학을 추구했던 것은 이 때문이다. 이러한 아름다움을 그는 선의 평상심 개념을 사용하여 '평상미'라고도 한다. 간소함, 차분함, 적막하고 한가로움 등을 뜻하는 와비(侘び), 사비(寂)의 다도에서 그는 세간의 소란스러움과 집착을 떠난 고요함을 본다.[17]

민초들이 예술품이나 다구로 만들 생각도 없이 만든 다완들의 아름다움을 발견하는 것은 모든 것에서 미를 발견하려는 여래의 미학을 향한 큰 기여라 하겠다. 제작자도 알지 못한 채 만든 아름다움을 새로 발견해 그 도기들에 되돌려준 것이다(물론 이는 리큐가 발견한 것이다). 그리고 그는 이를 불이의 미, 무위의 미, 자재무애의 평상미라는 지고의 경지로 승격시킨다. 그런데 민초들의 다구들이 이런 절대미의 자리에 오르게 된다면 **예술가들이 애써 만든** 다완이나 도기는 어떻게 될까? '그것이 얼마나 잘 멋지게 만들어졌나'와 무관하게, 애써 만든 유위의 작품이 되고, 평상과 먼 작위의 세계에 속하게 된다. 자재무애의 절대미와는 근본에서 다른, 결코 그것이 될 수 없는 **하등**의 '예술품'이 되고 만다. 즉 야나기가 불이의 미라 예찬하는 것과 대비되는 것들은 미의 반대쪽 구석으로 밀려 들어가게 된다. 따라서 그가 꿈꾼 불이의 미학은 의도와 반대로 미추의 이원성을 면할 수 없는 분별의 미학이 되고 만다. 미추 없는 불이의 미학이 아니라 척

(16) 같은 책, 76~80쪽.
(17) 같은 책, 89쪽.

도를 달리하는 또 하나의 미추, 또 하나의 미학이 되어버린다. 초월성의 미학이 되고 만다.

'와비'나 '사비', 혹은 야나기가 좀 더 민중적인 단어라며 제안하는 시부사(渋さ)—수수함, 차분함—가 그의 말대로 서양 미학과 다른 일본 고유의 미를 표현하는 개념임은 분명하다. 그것은 요란한 것, 화려한 것, 정교한 것과 반대되는 소박함이나 단순함, 적막함을 미학의 핵심 개념으로 제안한다. 그것은 이전에 보이지 않던 미를 보게 해주는 새로운 미감을 개념화한 것이다. 그러나 그것이 미의 보편적 개념이 되고, 선이나 무의 미학, 불이의 미학으로 승격되면, 그와 다른 아름다움은 이렇듯 그 지고한 미와는 반대편에 있는 자리로 떠밀리고 만다.

와비와 사비의 미감을 가진 사람이 모든 것을 아름답다고 하기는 아마 불가능할 것이다. 가령 야나기는 에도시대의 승려 자쿠안 소타쿠(寂庵宗澤)의 『젠차로쿠』(禪茶錄)에 대한 서평을 쓰면서, 그릇의 좋고 나쁨을 가려선 안 된다는 자쿠안의 말에 대해 확실하게 거리를 둔다. 그는 선(禪)과 선다(禪茶)를 구별하면서, '선'과 달리 '선다'는 반드시 기물(器物)을 매개로 하는데 모든 그릇이 아름답다고는 할 수 없으며 **아름다운 기물만이** 다기로서 자격이 주어진다고 한다.[18] 애정을 자아내지 못하는 그릇은 추한 그릇이어서 다기가 될 수 없다[19]고 잘라 말한다. 그가 좋아하는 이도 다완 같은 기물의 아름다움을 그는 그것이 '본디부터 갖고 있는 아름다움'이라며 **자성의 아름다움**이고 '본분의 아름다움'이라고 한다. 이것이 어떤 그릇에게 다기의 **자**

(18) 야나기, 『다도와 일본의 미』, 127~128쪽.
(19) 같은 책, 130쪽

격을 부여한다[20]는 것이다. 이렇게 되면 이제 '본분'이니 '자성'이니 하는 것은 '자성 없음'을 뜻하는 '공'이나 '불이'란 개념으로 말하려던 것과는 정반대되는 것을 어떤 그릇이나 형태에 부여하게 된다. 역으로 아름답지 못한 것은 '자성'이라는, 떨구어버릴 수 없는 본성의 사슬에 묶어 추의 늪 속에 던져 넣게 된다.

모든 것에서 미를 보고 미추를 떠난 정토를 구하겠다고 시작한 불이의 미학은 이렇듯 애초 가려던 곳과 반대 방향으로 가고 만다. 이는, 야나기의 말대로 "미학자란 미추의 차이의 성질을 연구하는 자"이기 때문이다. "미술 평론가는 어떤 작품은 아름답고 어떤 작품은 추한가를 판정하는 사람"이고, "예술가란 끊임없이 추나 졸과 싸워 미나 교에 승리를 주려는 사람"이니, 모두가 "미추 이원의 세계 속에서 활동하고 있"기[21] 때문이다. 불교도로서 야나기는 모든 것이 미추를 떠난 불이의 정토에 있다고 믿으며, 그렇기에 모든 것이 아름답다고 해야 함을 안다. 하지만 사물을 볼 때 어느새 먼저 나서는 미추의 감각이, 미추를 평가하는 미학자로서의 직분이 아름다운 것과 그렇지 못한 것을 분별하게 했을 터이다. 그런데 불교미학은 불이의 미학이어야 한다는 생각은 역으로 그를 감탄케 했던 것들을 '불이의 미'나 '본분사'(本分事), '청정자성'으로까지 밀어 올리도록 했던 것이다. 이로써 '와비'나 '시부사' 같은 특정한 미학 개념이 본분사나 청정자성이라는 말로 초월적 지위로 승격되고 그와 다른 것들은 미의 반대편에 있는 게 되고 만 것이다. 미추를 넘어선 미학, 미추의 구별 이전에 존재하는 미를 향해 가야 한다는 불교미학의 꿈이, 미학자 내지

---

(20) 같은 책, 132~133쪽.
(21) 야나기, 『미의 법문』, 64쪽.

평론가로서는 모면할 수 없는 미추의 분별 앞에서 헛된 꿈이 된 셈이다. 불이의 미학은, 불교미학은 결코 쉽지 않다!

미추와 호오의 분별을 넘어선 불이의 미란 **모든 것이 갖는 나름의 미**를 포착하는 것이지 무나 공, 적정열반이나 청정자성 같은 것을 미의 척도로 따로 세우는 것이 아니다. 상을 떠난 공을 따로 구하는 순간 공이 하나의 상이 되고, 부처를 따로 구하는 순간 부처가 장애가 되고 티끌이 되는 것과 동일한 궁지가 거기서 기다리고 있다. 공 개념이 단멸공(斷滅空)의 궁지에 빠지지 않고 제 길을 가는 것은 이토록 어렵다. 이는 여래의 미학을 난감하게 만드는 궁지이기도 하다. 미추 관념 없이 만든 민초들의 도기들을 절대미, 구경미, 불이미로 승격하는 순간 그와 다른 많은 것을 미의 세계에서 배제하는 미학적 궁지. 여래의 미학은 결코 쉽지 않다!

다도에서는 그래도 외부자라 할 야나기가 이러하니 다도의 '정통파'가 와비나 사비, 다실(茶室)에 부여하는 지고한 의미는 더 말할 것도 없다. 그들에게 '와비'란 화려함이나 세련됨과 대비되는 고요하고 청아한 아름다움이고, '사비'란 속세와 거리를 둔 쓸쓸함과 청적(淸寂)함이라 규정되는데 이 분위기에서 그들은 어느새 '열반적정'(涅槃寂靜)을 본다. 그리하여 이러한 분위기를 '무(無)가 유(有) 가운데 표현된 것'이라고 하며, 다도란 "와비의 종교"라고 말한다. 그리고 이를 "무의 종교"나 "완전한 무에 안주하는 것이 가능한 종교"라고 한다.[22] 미감을 표현하는 형용사가 '열반적정'이 되고 말 그대로 '종교'가 되는 것이다. 그들에게도 야나기에게도 와비나 사비는 어느새 **'도'**

---

(22) 히사마츠 신이치·후지요시 지카이 편, 김수인 역(2020), 『다도의 철학』, 동국대학교출판부, 24~25쪽.

로 승격되고,[23] 다도는 **탈속의 세계를** 따로 만들어 아름다움을 숭배하는 '아름다움의 종교'[24]가 된다. '와비'는 적정함이라는 의미를 통해 열반과 동일시되고 '무의 형상'이 되며, 이런 와비를 지향하는 '와비의 종교'는 "무의 종교"이고 "완전한 무에 안주하는 것이 가능한 종교"라고 한다.[25]

'다도의 철학자'는 이를 두고 '선(禪)의 구현'이라 하고, 선과 나란히 하여 '선다(禪茶)' 내지 '다선(茶禪)'이라 한다. 선(禪)이란 "형상이 없는 인간", "일체의 형상을 부정한 본래 자기", "생사 없는 참된 자기" 내지 "진인"(眞人)을 추구하는 종교인데,[26] 다도 또한 "견성(見性)을 하는 것", "무상(無上)의 자기를 자각하는 것"을 목적으로 한다는 점에서 선과 같다는 것이다.[27] 다도를 위해 만드는 작고 소박한 다실과 정원을 로지소안(露地草庵 노지초암)이라 하는데, 이는 외국산 명품들로 장식된 방에서 그걸 감상하며 차를 마시는 귀족들의 차 모임 '쇼인다이스'(書院台子)를 비판하며 리큐가 창안한 것이다. 로지소안이란 한마디로 단순함과 소박함, 탈속을 감각화한 정원과 다실인데, 다다미 두 장 크기의 작은 소안(草庵 초암)은 "명리의 속진을 멀리하고 한가로이 세상을 보내는 와비인의 소박한 초가집"이고, 소안에 이르는 통로 겸 정원인 로지(露地)는 먼지를 털어버리게 하는 "세상 밖의 길"로서 다도의 궁극의 경지를 나타낸다고 한다. 출세간적 '와비'로 사람들을 초대하여 차를 대접하는 '차노유'(茶の湯)의 공간이자 사

---

(23) 히사마츠, 같은 책, 32~33쪽; 야나기, 『다도와 일본의 미』, 29쪽.
(24) 야나기, 『다도와 일본의 미』, 41쪽.
(25) 히사마츠, 『다도의 철학』, 27쪽.
(26) 같은 책, 31쪽.
(27) 같은 책, 45쪽.

그림 11.4 _ 일본 후쿠오카의 로지소안

람들을 탈속의 세계로 이끄는 "불법의 도량"이 로지소안이라는 것이다.[28] 단순하고 소박하며 한적한 분위기의 다실이 불법의 도량이 되고 속진으로 가득한 세상에서 멀리 떨어진 탈속의 한가로움이 출세간의 도가 된 것이다. 탈속과 소박함에 '청정'의 색을 칠해 '청정자성'의 불도 자체로 승격시킨 셈이다. 청정함이란 청정한 색이 아니라 어떤 색도 아닌지라 때론 화려하게 장엄한 것이고 때론 고름이 뚝뚝 떨어지는 것이라는 선사들의 말이 '청정'이라는 단어의 문법적 환상 앞에서 놓치기 쉬운 것을 정확히 겨냥한 것이었음을 보게 된다.

다도의 법칙이자 모럴이라고 하는 화경청적(和敬淸寂)[29]은 문자 그대로 화목함과 공경함, 청정함과 고요함을 뜻하는데, 다도의 비조로 알려진 승려 무라다 주코(村田珠光)가 제창한 것이다. 필경 함께 차 마시는 이들에 대한 태도나 차담에 어울리는 정서나 분위기를 표현하는 말이었을 터인데, 와비가 종교화되면서 이 단어들 또한 심오한 종교적 개념이 된다. 가령 경(敬)은 사물에 귀의하여 전념함으로 재정의되어 '삼매'와 동격의 자리를 얻게 되고, 동작의 원소화를 통해 치밀하게 정해진 차의 예법은 '법'이나 형식이 되어[30] **'영원성'**을 얻게 된다.[31] 원래 미적 취향을 뜻하는 말인 '코노미'(好み) 또한 작위와 부작위를 뛰어넘은 현지(玄旨)로 승격된다.[32] 다도에서 사용되는 어떤 개념이든 최고 경지를 뜻하는 말로 확대되는 것이다. 어떤 단어에 지고하고 심오한 의미를 부여하며 방이나 정원, 그릇, 분위기, 태도 모두를 도나 적멸의 경지로 승격하는 일은 '종교화'를 꿈꾸는 이들에

---

(28) 같은 책 66, 73~76쪽.
(29) 같은 책, 109쪽.
(30) 야나기, 『다도와 일본의 미』, 82쪽.
(31) 같은 책, 29쪽
(32) 히사마츠, 같은 책, 84쪽.

게서 흔히 보이는 것이긴 하지만 아무리 생각해도 어이없다. 솔직히 말해 자신들이 하는 것 하나하나에 지고한 초월적 지위를 부여하는 이 과도한 의미화는 나르시시즘적 과대망상으로 보인다.

이 과도한 의미화는 동시에 다기를 다루고 차를 마시는 동작 하나하나까지 세밀하게 규정함으로써 양식화(樣式化)하여 엄격주의적 격식 속에 도나 적정열반을 다시 한번 가두어버린다. 이로써 파격을 통해 일상의 삶을 자유롭게 하려는 선의 종지는 와비의 분위기와 격식화된 예법을 숭배하는 종교, 와비의 종교가 된다. 부처를 죽이고 불도를 고함(喝) 속에 묻는 파격(破格)의 불도가 치밀하게 짜여진 '다도'의 엄격한 틀(格)로 역전되고, 일상의 삶 그대로가 도니 따로 찾으려 하지 말라는 평상심의 가르침이 와비의 한적함을 추구하며 일상에서 벗어나는 탈속의 미학으로 역전된 것이다.

풍혈(風穴)이 아직 선회(善會)라는 이름을 쓰며 죽림사라는 절의 주지를 하던 때 그의 설법을 듣고 약산유엄(藥山惟儼)의 제자 도오원지(道吾圓智)가 웃던 장면이 떠오른다. 대중과 선회가 묻고 답한다.

"법신이란 무엇입니까?"

"법신이란 모습이 없는 것이다."

"법안이란 무엇입니까?"

"법안이란 티가 없는 것이다."

모습 없는 무(無)와 티 없는 청정자성이, 탈속의 고요함이 불법이라는 말이다. 이 말을 듣고 도오가 대중 속에서 웃자, 그래도 눈치는 있었는지 선회는 얼른 법좌에서 내려와 물었다.

"스님은 지금 무슨 일을 두고 웃으십니까?"

"그대가 행각 길에 보따리를 풀어놓고 찾지 못하기에 웃네."

가르침을 청하는 선회에게 도오는 자신의 도반인 선자화상(船子

和尙)을 찾아가라 하고 그 덕분에 선회는 깨달음도 얻게 되지만 이 과정에서 선자화상이 그를 물속에 쳐넣곤 노로 계속 밀쳐대는 바람에 죽을 고생을 치러야 했다. 법신이나 본래면목, 불이나 공, 불성이나 부처에 대한 이 '티 없고' 순진한 생각을 아직도 버리지 못했다면, 법신인 '이것'에 대한 대수(大隋)의 공안을 다시 보는 게 좋을 듯하다.

어떤 스님이 대수에게 물었다.

"겁화(劫火)가 훨훨 타서 대천세계(大千世界)가 모두 무너지는데 '이것'도 따라서 무너집니까?"

"무너지느니라."

"그렇다면 그를 따라가겠습니다."

"그를 따라가거라!"

'다선일여'와 차의 미학

한국의 선에서도 '다선일여'(茶禪一如)나 '다선일미'(茶禪一味)를 말한다. 한국의 다도를 열었다는 초의(艸衣)가 종종 불려 나오기도 한다. 중국은 말할 것도 없을 게다. 최초의 다서(茶書)는 육우(陸羽)의 『다경』(茶經)이다. "차나 한잔 하시게"(喫茶去)라는 조주의 유명한 공안이 차와 도, 차와 선을 하나로 이어주고 있는 것 아닌가? 그렇다. 그러나 이 공안에 눈이 조금이라도 열렸다면 "밥을 먹었으면 설거지를 해야지!"라는 조주의 말이 이와 다르지 않음을 알 것이다. 차와 선이 하나이듯 설거지가 선이고 도라고 해야 한다. 조주의 공안에서 차는 선이나 도를 표상하는 특별한 대상이 아니라 밥이나 설거지와 다를 바 없이 일상의 삶 하나하나를 표현하기 위해 선택된 하나의 대상일 뿐이다. 밥 먹고 차 마시고, 밥 짓고 설거지하는 행동 하나하나가 바로 도이다. 그것이 바로 선에서 가르치는 '평상심'이다.

그런 것을 행할 때 "애써 하려는 순간 도에서 벗어난다"라는 것이 조주의 스승 남전이 가르친 '무위'이다. 차를 마시는 것도, 밥을 하는 것도 특별한 것으로 설정하여 특별한 방식으로 하려는 순간 도에서 벗어난다는 것, 그것이 '평상심'이라는 말로 선승들이 가르치고자 한 바다. 차에 따로 마음이 가고 설거지에 따로 마음이 가는 순간 그것은 도가 아니라 분별이 되고 집착이 된다. 그러니 다선일미가 차를 따로 구별해 선과 대등한 **특별한 것으로** 승격하려는 것인 한 그것은 선가의 가르침에서 벗어나고, 차 마시는 것을 **특별한 예법으로** 양식화하려는 순간 그것은 선사들이 그토록 경계하도록 한 함정에 빠지게 된다.

차든 불법이든 따로 구하는 순간 불법에서 벗어난다는 것이 선승들의 가르침이다. 차든 밥이든 특별한 것으로 따로 구하려는 한 선승들의 가르침을 등지게 된다. 뒤집어 말하는 게 더 낫겠다. '다선일미'만큼이나 '밥선일미'이고 '빵선일미'이다. 차와 선이 일여한 것처럼 설거지(洗碗)와 선도 일여(一如)하며, 농사를 짓고 똥을 싸는 것 모두가 선과 일여하다. 그러니 다도만 있는 게 아니라 밥도(飯道)도 빵도도 있고 설거지도(洗碗道)도 똥도(糞道)도 있다. 일상의 삶 그 모두가 도이다. 그러나 반복해 강조하자면, 이는 '아무거나' 다 도라는 말이 아니라 '어디서든' 도를 행해야 한다는 말이다. 설거지도 잘하는 경우와 못하는 경우가 있고, 밥이나 빵에도 더 잘된 것과 그렇지 않은 것이 있다. 평상심으로서의 도란 아무렇게나 하란 게 아니라 별거 아닌 듯 보이는 그 **일상 하나하나를 '제대로 하라'**는 말이다.

그러나 어떻게 하는 게 '제대로 하는' 것인가? 그때그때 다가오는 것에 적절하게 응답하는 것이다. 나와 만나는 차나 빵을 '오는 그 대로' 최대한 긍정하는 것이다. 맛있는 차나 빵을 먹겠다며 그걸 애써 찾으려 하면 그건 어느새 애착이 되고 번뇌가 된다. 애써 좋은 걸 찾지 말고 지금 현재를 오는 그대로 최대한 좋게 사는 것, 그게 평상심의 도가 가르치는 '여래'—오는 그대로—의 도이다. 세간의 삶을 오는 그대로 최대한 즐겁고 기쁘게 사는 것, 그것이 '출세간'의 도이다. "매일매일이 기쁜 날이다"(운문).

    세간으로 한 걸음 더 들어가, 차를 내고 빵이나 그릇을 만드는 사람 입장에서 말하자면 '제대로 하는 것'이란 그것들이 **주어진 조건에서** 가능하면 좋은 것이 되도록 하는 것이다. 가능하면 차 맛을 제대로 내주는 방법을 찾아주고 빵 맛이 제대로 나는 발효 방법을 찾아주는 것. 물론 너무 잘 하려 하면 도에서 벗어나 집착이 되리라는 단서를 달아야 하지만 말이다. 요컨대 설거지도는 설거지를 제대로 하는 방법이고 다도란 차를 제대로 만들고 마시는 방법이다. 즉 다도(茶道)란 고요한 다실(茶室)에 앉아 정해진 격식(格式)을 지키는 동작을 하며 무위(無爲)를 표상하는 다구(茶具)들에 감탄하는 예법(禮法)과는 거리가 멀다. 차라리 조건에 따라 달라지는 맛을 알아차리는 것이고, 그럼으로써 차마다 좋은 맛을 내는 물이나 온도, 차호와 찻잔 등을 찾아내는 것이다. 가령 정산샤오중(正山小種)의 명가 통무관(桐木關)에서 만들기 시작한 진쥔메이(金駿眉)는 고수(古樹)의 여린 싹으로 만든 극상의 차(茶)이지만 끓인 물의 온도를 충분히 낮추지 않으면 쓰고 떫어 마시기 힘들게 된다. 좋은 백차(白茶)는 코와 혀로 파고드는 첨밀향(甛蜜香)이 매력적인데, 찻물을 빨리 빼지 않으면 떫은 맛에 밀려 첨밀향이 사라진다. 하여 훌륭한 명품 자사(紫沙) 차호보다 차라리 평범한 개완(蓋椀)이 그 맛을 내는 데 적절하다. 빵이나 밥도 마찬가지일 것이다. 차나 빵에서 도를 찾았다 함은 같은 차, 같은 빵이라도 그것의 공능(功能)을 최대한 발휘하게 해줄 방법을 찾았음을 뜻한다. 도란 그런 식으로 내게 다가오는 것들과 **좋은 관계 속에서 만나는 방법**이다. 밥이든 차든 내게 다가오는 것을 가장 좋은 친구로 만나는 방법이다. 최대치의 선물로 만나는 방법이다. 이렇게 출세간의 도는 세간의 도가 된다.

　좀 더 부연하자면, 차란 마시기 위한 것임에 동의한다면 다도의 미학이란 무엇보다 **맛의 미학**이어야 마땅하다 할 것이다. 차를 제대로 다루기 위해 가장 중요한 능력은 차의 맛을 제대로 내는 것이다. 좋은 맛을 내는 것이다. 물론 차의 빛깔도 보아야 하고 차를 마시는 분위기도, 함께 마시는 이들도 중요할 것이다. 하지만 마시는 것을 떠나 색깔을 말하는 것은 색깔의 미학은 될 순 있어도 차의 도가 될 순 없다. 다기나 다구를 다룰 때 일차적인 것은 그것이 얼마나 보기 좋은가가 아니라 차 맛을 내는 데 얼마나 좋은가가 되어야 마땅하다. 이를 떠나 다구나 다실, 분위기를 '도'라고 하는 것은 '다도'가 아니라 잘해야 '다구도', '다실도'일 뿐이며, 차의 미학이 아니라 찻잔의 미학, **다실**의 미학일 뿐이다. 차의 미학을 '도'나 '공', '무'나 '적정'의 경지에 올려놓고자 한다면 그건 무엇보다 맛과 이어진 길을 통해 그리해야 한다. 차의 맛에서 도란 무엇이고 공이란 무엇인가를 물어야 한다. 다구도 다실도 그 길에 이어질 때에만 다도의 일부가 된다. 맛을 다루는 미학으로서의 '밥도', '빵도', '설거지도'도 다르지 않다. 밥맛을 떠나 밥그릇에 천착하고 빵맛을 떠나 빵칼에 마음이 간다면, 이미 밥도도 빵도도 떠난 것이다.

　'차'를 '도'로 승격하려 할 때 '차'는 '도'에서 멀어진다. 도니 선이니 하는 개념을 내려놓고 차를 최대한 충실하게 차로서 마실 수 있을 때 '차'는 '도'에 다가간다. '다도'를 향한 마음이 있다면 그것은 차나 다구, 예법에 '공'이니 '도'니 하는 심오한 의미를 부여하려는 마음이 아니라, 어찌하면 차가 '제맛'을 내게 할 수 있을지 알아내고 전해주려는 마음이다. 차 맛을 제대로 내주는 조건, 차 맛의 좋은 '이웃'들을 알아보고 짝지어주려는 마음이다. 같은 차나 밥이라도 이왕이면 그것의 공능(功能)을 최대한 발휘하게 해주는 것이야말로 인간에게 자기 몸을 내주는 그것들에 대한 예우다. 이런 의미에서 다도란 차에 대한 다인의 우정의 표현이다. 그들을 좋은 친구로 삼는 방식으로 그들에게 좋은 친구가 되는 법이 다도다. 밥도나 빵도, 설거지도 또한 다르지 않다.

육우의 『다경』을 비롯해 도곡(陶穀)의 『천명록』(荈茗錄), 휘종(徽宗) 황제의 『대관다론』(大觀茶論), 심안(審安) 노인의 『다구도찬』(茶具圖贊), 허차서(許次紓)의 『다소』(茶疏) 등 수많은 중국의 다서(茶書)[33]는 차를 다루며 맛 좋은 차를 찾고 좋은 맛을 내기 위해 자신이 찾아낸 방법을 남들에게 알려주기 위해 쓴 것이다. 차 맛의 미학으로서 다도에 대한 고전적인 책들이다. 초의가 썼다는 『차신전』(茶神傳)은 조선 후기에 언해본까지 나온 바 있는 중국의 백과사전 『만보전서』(萬寶全書)에서 발췌한 것인데, 앞서 예를 든 다경들에서 중요한 내용을 추린 것이다. 모두 차의 맛에 대해, 차의 맛을 제대로 내는 법에 대한 관심 속에서 쓰인 책들이다. 한국 다도에 대한 유일한 '경전'이라는 『동다송』(東茶頌)을 썼을 때 초의의 관심사 또한 다양한 차의 맛과 향, 효능이었다. 일본의 다도를 알게 된 후 힘써 공부하여 경쟁하듯 '유현미묘'(有玄微妙)나 '중정'(中正)을 한국 다도의 '정신'이라 하는 이

---

(33) 김명배 편역(2016), 『중국의 다도』, 명문당.

들도 있음을 안다.[34] 하지만 그런 말들은 『동다송』 같은 책에서 사용될 때에도 그건 모두 차의 맛과 향을 제대로 내는 방법에 대한 '실용적' 개념이지 '도'를 자처하는 심오한 원리 같은 게 아니었다.

그러니 중국의 다서에서 우리가 보게 되는 것들은 차 맛을 제대로 내는 방법이라는 의미에서 '다도'라는 말에 부합한다 하겠다. 한국의 『동다송』 또한 그렇다. 이 점에서도 일본의 다도는 유별나다. 가령 히사마츠는 와비의 다도를 특징짓는 핵심을 불균제, 간소, 고고, 자연, 유현, 탈속, 정적이라 하는데[35] 이 개념들 중 차의 맛과 관련된 것은 하나도 없다. 다도에 불가결하다고 드는 것은 산수, 초목, 초암, 주객, 다구, 법칙, 규구 등인데[36] 여기에서도 차 맛에 대한 관심은 전혀 보이지 않는다. 찻잔에 대한 관심도 아주 다르다. 중국의 다도에서 찻잔이 차의 맛과 색깔 등을 좋게 하려면 어떻게 만들어야 하는지와 주로 관련된다면, 일본의 다도에서 찻잔을 만들 때는 어떤 게 와비의 아름다움을 잘 보여주는지가 주된 관심사다. 중국의 다도가 **마시는 것**에 대한 것이라면 일본의 다도는 **보이는 것**에 대한 것이라 하겠다.

물론 이처럼 명시적으로 말하는 것이 다는 아닐 터이고 차를 적절하게 달이는 방법에 대한 관심이 일본의 다도에 전혀 없을 리야 없겠지만 '종교적' 관심이나 시각적 관심에 비해 지극히 부차적이라는 점은 분명해 보인다. 차 맛을 내는 것이 아니라 와비를 표상케 하는 것이 다도의 모든 것을 방향 짓고 있으니, 일본의 다도는 다도라기보다는 확실히 와비도(侘び道)이고 와비의 종교다. 그러나 청빈을 보여주기 위해 많은 돈을 들여 청빈의 건축을 하는 것이 청빈과는 거리가

(34) 윤병상 편역(2007), 『다도 고전: 차신전·동차송·차경』, 「서문」, 연세대출판부.
(35) 히사마츠, 『다도의 철학』, 161쪽.
(36) 같은 책, 201쪽.

먼 것처럼, 와비를 과시하기 위해 와비의 건축을 하는 것 또한 와비와 거리가 먼 것 아닐까? 청빈이든 와비든 **보여주기 위한 것**이 되는 한, 본말이 전도된 과시적 장식에 불과한 것이기 때문이다. 과도하게 부여된 의미와 과시적 장식에 갇혀 선이나 도는 물론 차도 와비도 사라져버린 것이다. 거기에는 "자신이 만들어낸 상이나 이념을 초월적 지위로 승격하고 그것의 지배 아래 들어간다"(포이어바흐)는 의미에서의 종교가, 부재하는 것을 떠받들고 모시는 소외된 종교가 있을 뿐이다.

나름의 미학과 파격의 스타일

모든 중생이 부처니 부처를 **따로 구하지 말라**는 것, 그것이 선사들이 부처를 묻는 물음에 입을 틀어막고 따귀를 때렸던 이유다. 따로 구하지 말라 함은 부처 아닌 게 없기 때문이다. 모든 일상사에서 도를 행하라는 평상심의 철학은 일상 어디서나 여래를 보고 일상의 사물 어디서나 미를 보라는 미학적 요구가 된다. 그 모두가 갖는 나름의 미를 보는 것이 여래의 미학이다. 쾌청한 하늘은 쾌청해서 아름답고 눈물 나는 장면은 눈물 나는 장면이어서 아름답다. 숙련공이 잘 만든 작품도, 대충 만들어진 듯한 물건도 **나름의** 미를 갖고 있다. 시선을 잡아끄는 멋진 그림도, 흔히 보이는 것, 별것 아닌 것, 눈길을 끌지 못하는 것도 모두 **나름대로** 아름답다. 그러니 여래의 미학은 **'나름'의 미학**이라 해도 좋겠다. 모든 것은 그 나름으로 여래다. 즉 모든 것은 나름대로 여래라 하기에 충분한 어떤 아름다움을 갖고 있다. 자신과 만나는 이에게 아름다움을 나르고 있다. 우리가 그것을 알아보고 받아들이든 무심코 지나치든 그들은 각자 나름대로 그것을 실어 나르고 있다.

'나름'의 미학은 선가(禪家)의 평상심 개념을 통해 추출된 것이지만, 선가에 고유한 미학만은 아니다. 연기와 공을 가르치고 모든 것에서 여래를 보고 일상의 삶에서 고(苦)를 떠난 삶을 설하는 사유 자체에 함축된 미학이다. 그런데 이를 가르치기 위해 선가에서 사용한 방법은 대단히 멋지고 통쾌하며 아름다운 것이었다. 이런 의미에서 보면 선가에는 선가만의 고유한 미학이 있다.

선사들의 언행은 그 자체로 대단히 아름답다. 놀랄 만큼 멋지고 더할 수 없이 매혹적이다. 이해하지 못한 이들의 신체에 감겨 떨어지지 않을 만큼 매혹적이다. 가령 내가 읽은 『벽암록』은 처음부터 끝까지 한마디도 이해할 수 없었지만 손에서 떨어지지 않는 놀라운 책이었다. 그 아름다움과 매혹의 힘이 우리를 불법으로 잡아당긴다. 그 아름다움의 강렬함은 파격(破格)에서 나온다. 부처, 적정열반, 불성, 청정자성 같은 개념을 물음으로 바꾸어 되던지고 불문(佛門)의 모든 양식화된 틀을 깨는 파격에서 나온다. 불상을 뽀개 장작불을 지피고, 담장과 기왓장의 불성을 보며, 고양이를 매달아 불법을 묻는 파격은 종종 경악스러울 만큼 통쾌하다. 제대로 된 부처는 부처를 죽일 수 있을 때 만나고, 진정한 불법이란 불법을 깰 수 있을 때 알게 되리라는 근원적 역설, 그것이 무장무애한 선가의 스타일을 만든다. 그 **파격적 스타일 자체가** 바로 선의 미학이다.

틀(格)이나 의미에 매이지 않은 삶, 그것이 무장무애(無障無礙)의 자유다. 그러나 이는 일상을 벗어난 삶이 아니라 일상 하나하나에서 얻고 실행해야 한다. 부처도 도도 따로 찾을 것이 아니라 일상의 삶 하나하나에서 찾으라는 것, 적정한 열반도 고요한 탈속도 따로 찾지 말고 세간의 삶 속에서 편안하게 살라는 것, 애써 불법도 구하지 말고 애써 공적함이나 해탈을 얻으려 하지도 말고 불도에 대한 욕망마저 내려놓음으로써 순간순간의 현재 그 자체를 살라는 것, 그것이 평상심의 철학이다. 자성청정을 말하지만 청정을 따로 추구하는 순간 우리는 도에서 벗어나게 된다. 멋지게 장엄된 울타리에 갇히게 된다. 이것이 선이 가르치려고 한 불법의 요체다.

선사들이 학인의 물음에 말도 안 되는 답을 하고, 때론 소리를 지르고 뺨을 때리는 것은, 불문에 들어와 배우고 익힌 '정답'들을 깨주기 위한 것이다. 부처나 불법, 불이와 공, 자성과 청정, 열반과 적정 등 아무리 지고한 의미를 갖는 개념이라도, 양식화(良識化)된 것이라면 그것은 우리의 사고를 가두는 확고한 회로에 지나지 않는다. 아무리 멋진 동작이나 자세, 행동이라도 법식이 되고 규칙으로 양식화(樣式化)된 것은 모두 우리의 감각과 행동을 가두는 아름다운 감옥일 뿐이다. 양식화된 모든 것은 감각과 사고, 행동을 패턴화되고 고정된 방식으로 반복하게 하는 틀(格)이다. '격물치지'(格物致知)로 도를 깨쳤다는 왕양명(王陽明) 같은 이도 있지만 그 말을 보면 그가 깨친 건 도가 아니라 그 반대였을 것이다. 사물을 포위한 틀을 궁구하여(格物) 얻은 도란 우리의 삶을 틀 안에 가두고 그 안에서 맴돌게 하는 회로일 뿐이기 때문이다. 상식이나 양식이 작용할 때 우리는 사고하지 않는다. 양식이 생각하고 상식이 판단할 뿐이다. 고정된 상들을 반복하여 불러낼 뿐이다. 그렇게 불려나온 상이 바로 분별심이다.

선승들이 구사한 파격의 방법은 이중의 의미에서 이러한 '양식화'를 거슬러 모든 지고한 가치를 뒤엎고 모든 의미의 격자를 깨는 방법이다. 양식화된 언행이 더는 통하지 않는 어떤 철벽과 만나 상식적 관념의 틀이 남김없이 부서지는 '즉비'(卽非)의 체험을 촉발하는 통쾌하고 멋진 방법이다. 상식화된 답이 깨질 때 발생하는 의문 내지 물음이야말로 사유와 감각이 시작되는 지점이다. 큰 의심이나 의정(疑情), 큰 죽음(大死)이라는 말이 겨냥한 게 바로 이것이다. 양식화된 사고와 감각의 틀이 박살나고 상식이나 지식이 제공하는 답들의 주어가 죽어 사라질 때 발생하는 물음, 그것이 진정 '크다'고 할 의심이고 신체마저 사로잡는 의정이다. 부처를 똥 막대기로 만들고, 달마가 온 이유를 잣나무 끝에 매달며, 불법이나 부처에 대한 모든 의미를 지워 무의미로, 말도 안 되는 '난센스'로 뒤집어버리는 선사들의 언행은, 정해진 답들의 체계를 깨 물음으로 바꾸고, 정해진 의미에 갇혀 생각할 것 없는 자명성에 찬물을 끼얹어 사유를 시작하게 하는 즉비의 방망이다. 이것이 어디에서도 볼 수 없는 선가 특유의 분방하고 통쾌한 스타일을 만든다. 여래의 미학과 구별되는 **선의 미학**, 그것은 바로 이 파격적 스타일의 미학이다. 어디서든 미를 보는 평상심의 철학이 모든 일상적 감각과 상식을 깨는 이 파격의 미학과 둘도 없는 짝이었다는 사실, 이것이 선가의 스타일이 불교미학의 역사에서 독자적 봉우리를 이루게 된 핵심적 이유다. 이는 '나름'의 미학과 파격의 미학이라는 상반되는 두 미학이 멋지게 짝을 이루고 있었음을 뜻한다.

따라서 선이란 산속 고요한 곳에 숨어 살며 탈속의 삶을 사는 것이라고 믿는 것만큼 선의 종지에서 크게 벗어나는 것은 없다. 물론 선승들은 명리를 피하고자 했고 세간의 욕망과 거리를 두려 했으며, 이를 '탈속'이나 '출세간'이라 명명하기도 했다. 그러나 탈속이란 속세의 일상적 삶에서 탐진의 마음에 휘둘리지 않음이니 속세 안에서의 탈속이고, 출세간은 소란스러운 세간에서의 삶 하나하나에서 고요하고 평온하게 사는 것이니 세간에서의 출세간이다. 소란 없는 삶은 어디에도 없다. 따로 부처를 구하려는 마음처럼 소란 없는 삶을 바라는 마음이야말로 번뇌의 이유다. 따라서 다실이나 로지소안 같은 것으로 탈속의 적정함을 따로 만들려는 것만큼 이 평상심의 철학에 반하는 것은 없고, 차 마시는 자세나 동작을 양식화하여 유파의 전통을 따라 엄격히 학습하고 전승하는 것만큼 이 파격의 미학에 반하는 것은 없다.

나름의 미학과 파격의 미학이라는 관점에서 선의 스타일을 누구보다 미학적으로 탁월하게 사용한 것은 백남준이다. 하지만 이는 텔레비전 앞에 불상을 놓고 'TV 붓다'라고 써놓는 식의 작품 때문이 아니라, 붓 대신 머리를 먹물에 담가 글씨를 쓰고, 바이올린을 천천히 들어 박살내 악기에 대한 통념을 부수며, 활 대신 수숫대로 첼로를 연주하게 했던 파격적 스타일 때문이다. 이러한 파격적 퍼포먼스를 통해 그가 도달한 곳은 모든 것이 예술이 되고 모든 소소한 것들이 미가 되는 여래의 미학이다. 가령 〈백남준의 머스에 의한 머스〉(Merce by Merce by Paik)라는 비디오아트 작품 1부는 다양한 '배경'에서 춤추는 무용가 머스 커닝햄의 모습을 보여준다. 그리고 다른 댄서의 춤, 클럽이나 파티에서 사람들의 춤, 아기들이 기거나 걸음마하는 모습 등을 섞어 나란히 병치하며 간간이 묻는다. "이것은 무용인가?" 어찌 무대 위의 춤만 무용이라 하겠으며, 어찌 커닝햄의 춤만 무용이라 할 수 있겠는가? 아기가 기는 동작 또한 무용이다! 이 작품 2부에는 무용가나 인간과 더불어 택시가 등장한다. 택시나 사물의 움직임을 다양한 배경을 통해 장면화하면서, 다시 간간이, 아니 빈번히 물음을 던진다. "이것은 무용인가?" 그리고 마지막에 대답한다. "그렇다, 이것은 무용이다. 택시 무용이다." 어찌 사람의 동작만 무용이라 할 것인가! 리듬을 갖는 어떤 움직임이 무용이라면 그것이 어디서 이루어지든, 누구에 의해, 아니 어떤 것에 의해 이루어지든 모두 무용일 수 있으며 예술일 수 있다는 것이다. 모든 것에서 미와 예술을 발견하는 이 '나름의 미학'은 실은 수숫대로 첼로를 연주하고 자기 몸을 첼로 대신 첼리스트에게 맡기곤 등에 줄을 대고 켜게 했던 초기의 퍼포먼스에서도 마찬가지로 발견된다. 모든 것이 악기이고, 모든 소리가 예술일 수 있다는 발상이 거기 있는 것이니.

더없이 파격적인 퍼포먼스를 통해 일상의 모든 것이 도(道)임을 보여주려 했던 선사들의 가르침을 여기서 다시 본다. 백남준의 막역한 친구이자 지지자였고 그가 속했던 플럭서스의 '대모'라 불리던 아티스트 마리 바우어마이스터의 직접적 전언에 따르면, 그가 독일에 왔을 때 가져온 것은 물음과 질문으로만 가득 찬 책 한 권이었다고 한다. 아마도 『벽암록』 아니었을까? 그의 초기 퍼포먼스에 부처가 등장하거나 〈머리를 위한 선〉 같은 작품이 있는 것은 이와 무관하지 않을 터이다. 선사들이 파격을 통해 어디서나 도를 보게 했던 방법을 그는 어디서나 예술을 보게 하는 방법으로 바꾸어 사용했던 것이다.

미학적 여래의 세 극: 금빛 여래, 검은 여래, 하얀 여래

여래의 미학은 존재론적 미학이다. 존재하는 모든 것은 아름답다. 존재하는 모든 것은 나름대로 미가 있다. 따라서 여래의 미학은 유(有)의 미학이다. 어디에나 있는 미의 존재론이다. 미는 비록 존재가 아니라 해도. 이러한 미학은 공(空)의 사유로부터 나온 것이니 공의 미학이라 해도 좋을 것이다. 하지만 공의 미학은 무(無)의 미학이 아니다. '없음'을 상으로 만들어 표상하게 하고 한적함이나 쓸쓸함 같은 것을

'적멸'이라 예찬하는 무의 미학이 아니다. 차라리 어떤 존재자도 나름의 미를 갖고 있음을 보는 유의 미학이다. 존재의 미학이다.

하지만 사원도 불상도 그림도 어떤 예술도 존재론적 여래를 그대로 드러낼 수는 없다. 존재는 빛이 닿는 순간 보이지 않게 되는 절대적 어둠 같은 것이어서, 빛과 상을 통해 보고 듣는 감각으로선 도달할 수 없는 불가능성이다. 그 불가능한 것을 표현하기 위해 때로는 현묘하고 그윽하여 흔히 '성스럽다'라고들 하는 어떤 분위기/대기로 상을 감싸기도 하고, 때론 알이나 어둠 같은 미분화된 상을 빌리기도 한다. '금빛 여래'와 '검은 여래'란 존재론적 여래를 표현하기 위해 손잡는 여래의 상들이다. 미학적 여래의 두 극이다.

우리는 여기에 여래의 미학이 취하는 미감을, 또 하나의 미학적 여래를 추가한 셈이다. 평상심의 철학과 짝하는 '나름의 미학'이 그것이다. 이는 어둠을 빌리지도 않고 그윽하고 성스러운 분위기를 만들지도 않으며, 심지어 따로 '예술'이나 '작품'의 양상을 취하지도 않는다. 모든 존재자를 빛 속에서, 일상의 영역 모든 곳에서 만나며 그것들이 나름대로 갖고 있는 아름다움을 보고 그 아름다움의 이유나 기준을 포착하는 미학이다. '금빛'으로 장엄하거나 '어둠'으로 지우지도 않은 채, 있는 그대로 스스로 나르는 각자의 아름다움을 보려는 이러한 미학적 방법을 앞의 두 미학적 여래와 대비하여 '하얀 여래'라 해도 좋지 않을까? 물론 앞서와 마찬가지로 단서를 달아야 한다. 하얀 여래는 하얗지 않다고. 별다른 색을 사용하지 않고 별다른 분위기로 둘러싸지 않아도 나름대로 갖고 있는 미가 있음을 표시하기 위해 하양이라는 색을 빌려 표현한 것일 뿐이니. 사실 하양이란 모든 빛이 섞일 때 조성되는 색이다. 하얀 여래는 모든 색이 드러나지 않는 방식으로 실존한다. 하양이란 어떤 색도 없지만 어떤 색도 될 수 있는 빛의 잠재성을 표현하기에 적절한 이름이다. 사물의 여래 됨이 있는 그대로 드러나게 하는 '청정여래'의 미학적 개념이다.

이렇게 우리는 존재론적 여래의 미학적 장(場)을 표시하기 위해 금빛 여래와 검은 여래에 더해 하얀 여래라는 또 하나의 극을 추가할 수 있다. 이 세번째 극을 통해 미학적 여래라는 개념을 다시 확장할 수 있다. 하얀 여래란 '금빛'이나 '어둠' 같은 어떤 미학적 조치를 추가하지 않은 채 존재론적 여래를 향해 중생을 이끄는 또 하나의 미학적 길이다. 하양은 색이 아니지만 색의 이름을 갖듯이, 침묵은 소리가 없지만 그런 방식으로 하나의 소리가 되듯이, 별도의 방편을 갖지 않는 방식으로 하나의 방편이 되는 것 또한 가능하기 때문이다. 그렇다면 존재론적 여래를 향해 다가가려는 **여래의 미학**을 그 **세 극 사이에서 조성되는 미학적 여래**라는 방편과 대응하는 것으로 확장할 수 있을 것이다.

와비의 미학, '와비의 종교'가 된 다도의 미학 또한 이 여래의 미학 안에 있다고 할 수 있지 않을까? 그 다도의 미학이 자신들이 명시하는 공이나 적정열반, 자성청정 같은 개념에 부합하는 궁극의 미학은 분명 아니라 해도 가령 어둠이나 알의 형상으로 상 없는 여래를 향해 인도하는 미학과 유사하지 않느냐고 반문할 수 있을 것이다. 와비의 양상으로 불이의 공을 장엄하는 것이라는 점에서 금빛 여래 인근에 있다고도 할 수 있겠다. 하지만 여래의 존재는 경계를 갖지 않지만 미학적 여래는 그렇지 않다. 모든 미학이 여래의 미학에 속한다고는 할 수 없다는 것이다. 와비의 미학, 한적함의 미학 또한 나름대로 하나의 미학임은 분명하다. 미 자체를 '종교적' 절대로 승격한 유미주의 미학이고 미학주의적 미학이다. 그러나 그것은 여래의 미학을 구성하는 세 가지 여래와 가까이 있지 않으며, 그 세 극 사이 어딘가에 있는 것이라 하기도 어렵다. 그것은 여래의 미학과는 **다른 구도** 위에 있기 때문이다. 조건에 따라 미추가 변하는 내재성의 구도가 아니라 특정 미감을 그 자체로 절대화한다는 점에서 그것은 초월성의 구도상에 있다. 이 말만으로는 납득하기 어려울 수 있으니 여래의 미학과 대비되는 요소를 좀 더 구체적으로 지적해두는 편이 좋겠다.

첫째, 반복이지만, 와비의 미학은 모든 것에서 미를 보는 나름의 미학과 반대로 한적함이나 쓸쓸함 같은 탈속의 표상을 절대화한다. 남들이 보지 못한 이도 다완 같은 '막그릇'의 미를 발견한 리큐 같은 이의 뛰어난 미감은, 그것을 지고한 경지에 올려놓으려는 이들에 의해 여래의 미학에서 멀어진다. 그리하여 그것은 소란한 세간 어디서나, 별것 없는 것들 어디서나 미의 잠재성을 보고, 그것이 아름다움으로 구체화될 조건에 눈을 돌리는 하얀 여래의 극에서 아주 멀리 떨어져 있다.

둘째, 그것은 어둠의 미학과 비슷해 보일 수 있지만 아주 다르다. 어둠의 미학 또한 알이나 어둠 같은 상을 빌리지만 그것은 상을 지우는 방식으로 여래를 향해 인도하기 위함이다. 그 어둠의 대기 속에 묻힌 것들은 불빛이 비치고 시선이 닿는 방식에 따라 다른 모습으로 자신을 드러낸다. 불빛 없이도 무언가 거기 있음을 보여준다. 반면 와비의 미학은 한적함이나 공적함의 표상을 상으로 만든다. 그 상은 불행히도 공을 무로, 평온한 적정을 텅 빈 적멸로 오인하는 흔한 통념과 대단히 가까이 있다. 즉 어둠의 미학이 애써 만든 작품조차 어둠에 묻고 지우는 반면, 와비의 미학은 공이나 적정의 상을 애써 만들고 그 상 안에 여래를 가둔다. 어둠의 미학이 자신이 애써 만든 것을 어둠에 묻으며 상에 대한 애착을 지운다면, 다도의 미학은 자신들이 애써 만든 한적함이나 쓸쓸함의 상징이나 표상을 지고한 지위로 승격하는 지독한 애착을 예찬한다. 모든 것 속에서 여래를 보고 시끄러운 세간 속에서 탈세간 하라는 선승들의 가르침을 세간을 등진 탈속으로 유혹하고 '내려놓음'이나 '쉼'을 한적함이나 쓸쓸함의 표상에 가둔다. 따라서 와비의 미학은 검은 여래와도 가까이 있지 않다.

셋째, 와비의 미학이 그나마 가까이 있는 것은 그윽하고 '성스러운' 미학적 여래를 만들어 그림이나 상을 감싸는 금빛 여래의 미학일 것이다. 그들 또한 '로지소안' 같은 것을 통해 그윽하고 한적한 어떤 분위기를 만든다. 그러나 미학적 금빛 여래가 상 없는 상을 통해 불상이나 그림을 향한 사람들의 통상적 시선을 현묘한 여래로 이끈다면, 와비의 미학은 엄격한 격식에 갇힌 동작이나 자세, 멋지게 만들어진 다구 같은 상으로 시선을 이끈다. 거기엔 한적한 분위기는 있지만 여래도 없고 부처도 없으며 공도 없고 도도 없다. '적정열반'이나 '불이' 같은 가면을 쓰고 초월자의 지위에 오른 와비가 있을 뿐이다. 와비의 미학은 분명 하나의 독자적 미학이지만 그들이 말하는 것과 반대의 의미에서 그렇다. 공이나 불이, 존재론적 여래를 하나의 상에 가두고, 여래에 대한 관심을 한적함의 초월적 형상 속에 가두며, 격식에 갇힌 삶에 또 하나의 지고한 격식을 더하는 길로 간다는 점에서.

무의 표상은 불이의 공도 아니고 불이의 미학도 아니다. 그건 단지 텅 비고 고요한 상으로서의 무를 불이의 도로, 공과 적정으로 오인한 것일 뿐이다. 평상심이란 세간을 떠난 고고함이 아니라 소란으로 가득 찬 속세에서의 고요함이고, 객진으로 번거로운 세간에서의 적적함이다. 공의 미학은 소리 없는 침묵이 아니라 차라리 시끄러운 소음 속에서, 버려진 쓰레기들 속에서 미를 보는 것이다. 차를 마시는 것이든 다기(茶器)를 다루는 것이든 텅 비어 있는 모습으로 무를 상징화하려 한다면 그것은 공을 등지는 것이다. 소란스러운 중생계의 객진(客塵)을 지워 불이의 도(道)로 의미화하려 한다면 그것은 평상심을 밀쳐낸 자리에 '불이'의 간판을 다는 것이다. "색즉시공 공즉시색"이라는 『반야심경』의 문구는, 색 없는 공이 아니라 색이 있는 그대로 공을 보고, 공이 색과 따로 있는 게 아니라 색과 함께 있음을 설한다. 색 없이 텅 빈 적적함이란 색을 등진 공이고 색 없는 무의 상에 갇힌 불이의 도다. 이는 단지 다선만 아니라 선도 마찬가지다. 세간을 떠나는 순간 차도, 선도 불이의 불도를 떠나 탈속의 공적한 이미지 속에 스스로를 파묻고 만다. 단멸(斷滅)의 공을 공 개념의 제안자들이 그토록 경계했던 것 또한 이 때문일 것이다.

12

**형상들의 합종연횡과 횡단의 미학
: 혼종의 감각과 불교 트랜스내셔널리즘**

여성화된 신체, 혹은 혼성의 미감
지배자의 형상과 불보살의 형상
동물과 괴물, 혼종의 형상들
'연횡', 미시적 성분들의 횡단적 연대
연횡적 건축술의 조형 능력
역설의 철학, 역감의 미학
횡단의 미학과 불교의 트랜스내셔널리즘

■   이미지 출처

12.1~2 이진경
12.3~4 西藏博物館, 『西藏博物館』
12.5 ⓒ Jean-Pierre Dalbéra
12.6 ⓒ
12.7 이주형, 『간다라 미술』
12.8 今泉篤男 et al.(1952), 『日本の彫刻 4』
12.9~12 이진경
12.13 Tuden Gyaltsan ed., *The Potala, Holy Palace in the Snow Land*
12.14~17 Jamyang Losal, *New Sun Self Learning Book on the Art of Tibetan Painting*
12.18 볼프강 카이저, 『미술과 문학에 나타난 그로테스크』
12.19 ⓒ Diego Delso
12.20 Jamyang Losal, *New Sun Self Learning Book on the Art of Tibetan Painting*
12.21 ⓒ
12.22~25 ⓒ 이진경
12.26 กรมศิลปากร, 『วัดไชยวัฒนาราม』
12.27 임영애 외, 『동양미술사』 하권
12.28~29 西藏博物館, 『西藏博物館』

여성화된 신체, 혹은 혼성의 미감

태국의 불상들은 유난히 여성스럽다. 태국 불교사의 안정적 시대를 열었던 수코타이의 중요한 사원인 왓마하탓은 사원 중앙의 좌불(그림 5.31)이 주불이지만, 그 뒤에 있는 수코타이 양식의 체디(불탑) 좌우에 몬돕(불상을 봉안한 소법당)을 세우고 그 안에 입불을 봉안했다. 주불과 마찬가지로 흰색이 칠해진 두 입불(그림 5.32)은, 당연한 것이겠지만, 좌불인 주불과 유사한 신체적 형상을 갖고 있는데, 주불의 은은한 미소에 비해 좀 더 완연한 미소를 짓고 있다. 좌불과 입불의 신체는 유사한 느낌인데, 입불은 선 자세로 인해 허리에서 다리로 이어지는 선이 분명하게 드러나 있다. 신체 전체의 형상을 조성하는 이 윤곽선은 대단히 유려한 여성적 곡선이다. 가슴에서 허리로 좁아들었다 골반을 지나 다리로 이어지는 곡선의 굴곡은 어떻게 보아도 남

그림 12.1 _ 태국 수코타이 왓시춤의 좌불

성의 신체라고는 보이지 않는다. 팔의 모습도 부드럽게 구부러져 있다. 남성이라고 다 단단한 팔을 갖는 건 아니지만, 힘찬 근육질의 신체가 아닐 때조차 대개는 구부러져도 팽팽한 느낌을 주게 마련인데, 왓마하탓의 두 입불의 팔은 '나긋나긋한' 여성적 곡선이다. 그뿐 아니라 얼굴의 완연한 미소나 둥근 눈썹도 여성적인 느낌이 확연하다. 여원인을 한 듯 아래로 늘어뜨린 두 손의 손가락도 팔처럼 길고 부드러운 곡선이다. 입불의 이런 형상은 유사한 모습인 좌불의 신체에 포개지면서 그 신체 또한 여성적인 것으로 만든다.

그림 12.2 _ 수코타이 왓트라팡응언의 유행불

　수코타이 왓시춤 사원의 좌불도 이와 유사한 여성적 신체성을 갖고 있다. 안에 봉안된 불상의 신체를 거의 가려 세로로 길게 절단하는 프레임을 만드는 좁은 '뾰족아치'의 입구, 그리고 안으로 살짝 기울며 또 한 번 꺾여 강하게 조여드는 기둥들, 지붕이 없어진 덕에 그 기둥들이 만드는 톱니 같은 프레임 위로 열리는 탁 트인 하늘, 부처 말고는 아무것도 없다는 듯 거대한 신체로 가득 채워져 안에 들어선 이들로 하여금 그 커다란 불상에 더없이 가까이 밀착시키는 이 멋진 공간을 가득 채우고 있는 흰색의 좌불 또한 대단히 여성적이다. 나긋하게 흐르는 유려한 곡선과 웃는 모습을 드러내지 않고 웃는 은미하고 은묘한 얼굴은 어찌 보면 여성 같고 어찌 보면 아이 같다. 이런 공간을 남성적인 불상이 채우고 있었다면 어땠을까? 밀착하듯 가까이 서 있어야 하는 우리로선 편한 느낌을 갖기 어려웠을 듯하다. 강한 골격이나 근육질의 신체는 밖으로 뻗는 척력을 방사하기 때문이다. 반면 아이나 여성의 포근하고 부드러운 신체는 밀어내는 힘이 아니라 당기는 힘을 갖는다. 목적한 것인지야 알 수 없지만, 공간적 배치와 어울리는 형상이라 하겠다.

걷는 모습의 불상인 유행불(遊行佛)의 경우에는 여성적 곡선이 더 두드러진다. 수코타이의 왓사시 사원이나 왓트라팡응언 사원에는 인체보다 약간 큰 아담한 유행불을 따로 세워놓았다. 걷는 동작의 이 유행불은 옆으로 흘러나온 다리를 빼면 왓마하탓의 입불과 전체적으로 유사한 모습이지만 가슴은 좀 더 솟아 나왔고 허리와 골반, 다리를 잇는 곡선의 굴곡도 더 여성적인 모습으로 강조되어 있다. 걷기 위해 좁은 보폭으로 살짝 구부러진 다리는, 단아하고 평온한 얼굴이 없었다면 외람되게도 '요염하다'는 느낌마저 줄 정도다. 씩씩하고 힘찬 다리, 혹은 성큼성큼 걷는 남성적 걸음과 상반되는 부드럽고 날렵하며 유려한 모습이다. 왓사시 사원의 유행불은 여기서 더 멀리, 어쩌면 너무 멀리까지 나아간다. 가슴에서 허리, 골반 다리로 이어지는 곡선은 굴곡이 더욱더 심해졌고, 이 굴곡을 강조하기 위해서인지 가슴과 어깨는 비정상적일 정도로 넓어졌다. 팔의 곡선은 흔들리듯 춤을 추듯 구부러져 허리의 곡선과 균형을 맞추고 있다. 솔직히 말하면, 여성적 신체의 곡선성을 너무 과도하게 추구한 게 아닌가 싶을 정도다.

이런 불상에 비하면 덜하다 하겠지만 수코타이나 아유타야, 방콕의 불상들은 대부분 여성적이다. 그런데 이는 단지 태국 불상만의 특이성은 아니다. 미얀마 불상들 또한 가까운 지역이어서인지 태국

그림 12.3 _ 라싸 티베트박물관 소장 문수보살상

불상과 신체적 형상이 유사하다. 가령 바간 지역 아난다 사원에 있는 입불들은 모두 가슴과 허리, 골반, 다리를 잇는 윤곽선이 태국의 입불처럼 여성적 굴곡이 완연하다. 불상의 표정은 태국과 비교하면 여성이나 아이 같다기보다는 소년 같은 느낌이다. 양곤 슈웨다곤 파고다 부속 사원의 불상들도 다르지 않다. 좀 더 거슬러 올라가, 인도 아잔타 석굴의 불상들이나 '연화수보살'(蓮華手菩薩)로 알려진 1굴의 유명한 벽화에서도 불보살들은 여성적 표정과 윤곽선을 갖고 있다. 티베트의 경우에는 불법을 수호하는 수많은 명왕과 같이 분노존(憤怒尊)의 모습을 하고 힘을 과시하는 상이 많지만 타라보살(多羅菩薩)처럼

그림 12.4 _ 라싸 티베트박물관 소장 무량수불상

여성의 신체가 강조된 상들이 널리 만들어지며 균형을 맞추고 있다. 타라보살과 달리 명백히 남성인 문수보살 등의 불상도 여성적 신체로 조성되는 경우가 많다.

    한국의 경우에도 보살상, 특히 관세음보살상은 대단히 여성적인 신체를 갖고 있다. 두드러진 예는 역시 걸작인 석굴암의 부조들이다. 여성적 얼굴을 하고 있는 관세음보살은 물론 문수보살이나 보현보살, 그리고 그 옆의 범천과 제석천도 유려한 곡선으로 흘러내리는 여성적 신체를 갖고 있다. 근엄한 표정의 본존불조차 '남성적'이라는 느낌과는 거리가 있다. 유명한 반가사유상의 미륵불도, 경주 감산사의 미륵보살도 그렇고, 경주 남산 칠불암 마애불의 입불들 또한 그렇다.

여기서 중요한 것은 '여성의 신체'가 아니라 '여성적 신체'이고 여성화된 신체다. 가령 관세음보살이나 문수보살, 무량수불 등은 여성이 아니지만 많은 경우, 심지어 티베트의 문수보살처럼 칼을 든 불상조차 잘록한 허리와 넓은 가슴이 대비되는 여성적 신체를 갖고 있다. 다들 남성이지만 여성화된 신체를 갖고 있는 것이다.

근육의 입체성이 살아 있는 든든한 팔, 세상을 다 싸안을 듯한 늠름한 가슴과 넓은 어깨, 어떤 풍파에도 흔들리지 않을 듯 굵고 안정적인 허리, 악한 적을 제압하는 역동적인 동작이나 다가올 대결을 예감하고 준비하는 긴장된 자세, 아마도 이런 것이 남성적 신체를 표상하게 하는 형상적 요소일 것이다. 얼굴 또한 힘과 감정, 그리고 굳은 의지가 명확히 드러나는 단호함과 역동성을 가져야 남성적 얼굴에 값한다. 남성적 얼굴은 곡선조차 직선적 힘을 가지며, 이목구비는 진하고 뚜렷한 경계를 갖기에 눈을 감아도 겨누어 보는 듯하고 입은 닫아도 말하고 있는 듯하다. 볼 또한 패이고 솟으며 울룩불룩한 입체성을 갖는다. 눈썹이 짙어지고, 남성임을 잊지 말라는 듯 수염이 강조되기도 한다. 불교미술에서 이러한 신체적 남성성은 사천왕이나 금강역사의 신체와 표정에서 흔히 볼 수 있다. 사천왕은 뚱뚱하다 싶을 정도로 가로로 확장된 두툼한 몸매가 남성적이지만, 갑옷으로 가려져 근육을 과시할 여지는 없다. 사천왕에게 더 중요한 것은 얼굴이다. 부릅뜬 눈과 치켜세운 진한 눈썹, 울룩불룩한 볼, 고함소리가 터져 나오는 듯한 입, 폭발하듯 펼쳐진 수염 등을 통해 보는 이에게 강력하게 무언가를 말하는 표정의 얼굴이다.

티베트의 명왕들도 대개는 사천왕과 유사하다. 교합상에 등장하는 여성들의 얼굴도 이런 경우에는 남성적이다. 타라나 바즈라요기니처럼 여성의 신체를 갖고 있는 독립된 상들도, 눈을 부릅뜨고 입을 벌리거나, 치켜세운 눈썹이나 꽉 다문 입이 팽팽한 긴장을 머금고 있는 경우에는 그 표정으로 인해 여성적이라고 느끼기 어렵다. 표정의 남성성이 여성의 신체를 남성화하는 것이다. 덧붙이자면, 서양에서도 사건이나 상황이 신체의 정해진 성을 이탈하게 하는 것은 마찬가지다. 가령 적장을 죽이는 유디트의 신체에 어울리는 것은 이런 남성적 신체와 얼굴이다. 여성의 신체나 얼굴을 여성적으로만 그릴 줄 알았던 보티첼리나 카라바조의 유디트가, 적어도 내게는 작가의 명성에 걸맞지 않는 실패작으로 보이는 것은 이 때문이다. 반면 여성이었기에 오히려 여성적 신체의 남성적 허상에서 자유로웠던 아르테미시아 젠틸레스키의 유디트가 탁월한 것은 남성보다 더 남성적인 신체와 얼굴로 인해서다.

근육의 요철이 최소화된 평면적 피부, 우아하게 오르내리는 곡선으로 흐르는 신체의 윤곽선, 곧게 펴 있을 때조차 살그머니 구부러지며 유려하게 흐르는 팔다리의 곡선, 마주한 대상이나 보는 이를 편안하게 해주는 부드러운 표정은 어떤 신체에 여성적 감응을 새겨 넣는다. 여성적인 얼굴 내지 표정 또한 남성적인 것과 대비된다. 눈은 가로 방향으로 가늘고 길게 늘어나고, 입이 무뚝뚝하거나 단호해지지 않도록 얼굴의 윤곽선은 세로 방향으로 갸름하게 길어진다. 볼이나 이마는 세파나 시간의 흔적을 드러내기 위한 게 아니면 엔간한 선들은 지워지고 표면은 평탄해져 평면화된다. 눈은 대상이나 보는 사람을 향해 있을 때에도 그게 다가 아닌 듯 어딘가 허공을 향한 시선이 섞여 있어 모호한 비의성을 담고, 특별한 일이 있어도 부릅뜨지 않는다. 입은 열려 있을 때는 속삭임의 대기 속에 묻혀 있고, 닫혀 있을 때는 살그머니 닫혀 있어 결의나 거절의 단호한 침묵이 아니라 고요와 평온의 부드러운 침묵을 표현한다.

선과 면, 눈과 입의 이러한 형상적 효과로 인해 반개한 눈과 침묵에 잠긴 입, 고요하게 가라앉은 볼, 굴곡이 적은 이목구비는 남성의 얼굴에도 여성적인 표정을 그려 넣는다. 조용히 앉아 적정의 침묵 속에 들어간 자세나 차분하게 서서 반개한 눈으로 지그시 바라보는 형상 또한 유사한 이유로 남성의 신체에 여성성을 새겨 넣는다. 불보살의 조상(造像)들이 생리학적으로는 남성임이 분명한데도 대개 여성적 느낌을 주는 것은 이러한 표현형식 때문이다.

이렇게 여성화된 신체는 남성 신체와 여성 신체의 구별을 횡단한다. 남성인 동시에 여성적이니 남성이라고도 여성이라고도 할 수 없는, 그렇다고 그저 중성이라고도 할 수 없는 절묘한 혼성(混性)의 지대를 창조한다. 사실 적정열반에 이른 깨달음이든 매 순간 일상에서의 평정을 뜻하는 평상심이든 불교가 가르치고 도달하려는 목표도, 두려움이나 긴장을 없애주고 평온함을 주는 보시와 자비의 가르침도 생각해보면 불보살의 신체나 표정의 여성적 감응과 훨씬 가까이 있다. 고요함과 평온함, 부드러움과 자비로움을 표현하는 불보살의 전형적 표정이 여성적인 것은 이와 무관하지 않을 터이다. 이런 점에서 불교는 확실히 지성적 지향과 감각적 형상 모두에서 '여성적인' 종교, 아니 '여성화된' 종교라 하겠다. 들뢰즈·가타리 식으로 말하면, 여성적 감응의 신체를 향해 가는 '여성-되기'(devenir-femme)의 종교라 하겠다.

지배자의 형상과 불보살의 형상

이상적 인물의 형상이 여성적이라는 점은 다른 종교와 대비되는 불교만의 특이성인 듯하다. 그리스에서 최고신은 남성이다. 기독교의 신은 아버지(聖父)인 남성이고, 신과 인간을 연결하는 존재 역시 그의 아들(聖子)로서 남성이다. 이렇게 신이나 예언자가 남성적 형상을 갖는 것은 세상을 만들고 그 세상을 지배하는 초월자에게 어울리는 형상이 바로 그것이라 믿기 때문일 터이다. 지배자인 남성-신은 자신을 신으로 받드는 이들에게도 지배자의 지위를 부여한다. 가령 『성경』 창세기에서 신은 '인간'에게 "정복하라", "다스리라"라고 가르친다. 지배자, 정복자의 이런 표상은 콧수염을 달고 칼을 든 이슬람 예언자의 모습에서도 다르지 않다.

세상의 수많은 문화와 종교를 관찰했던 인류학자 레비스트로스가 불보살상의 여성적 형상에 주목한 것은 이런 이유다.[1] '미개'와 '야만'이라 간주되어 파괴된 비서구 세계에서 느꼈을 깊은 슬픔에는, 선교라는 목적 아래 모든 이를 자기 모습대로 동일화하고 그게 아니면 제거하고야 마는, 자신이 속한 세계의 신에 대한 우아한 분노가 배어 있다. 그는 여기에 더해 "이슬람의 근방에만 가도 느끼게 되는 불편한 마음"[2]을 솔직히 표명한다. 이유는 거기서 자신이 속한 세계의 신을 좀 더 강화된 양상으로 재발견하기 때문이다. "칼이냐 쿠란이냐"의 배타적 선택지로 표명되는 극단적 동일자, "비신도의 배척을 뜻하는" 형제애, "자기들끼리 함께 살기 위해서" 빈번하게 선택되

---

(1) 클로드 레비스트로스, 박옥줄 역(1998), 『슬픈 열대』, 한길사, 731~735쪽.
(2) 같은 책, 727쪽.

는 분리주의에서 그는 기독교보다 더한 남성지향성을 본다.[3] 자신의 전통을 세우기 위해 "그 이전에 있던 것을 몽땅 깨뜨려버리려는 충동"[4]도 이와 무관하지 않다. 칼을 든 정복자로 표상되는 그런 충동에서, 그에 의해 파괴된 인도의 사원들과 유적들에서, 그리고 학살된 승려들의 모습에서 그는 '슬픈 열대'를 재발견한다. 2001년 아프가니스탄에서 탈레반에 의해 행해진 바미안 석불 파괴는 이런 우려가 그저 과거의 시간에만 속하는 것은 아님을 보여준다.

이런 그에겐 "제3의 성을 형성한다"고 보이는 불보살의, "성의 대립을 초월한 것같이 보이는 그 평온한 여성스러움"[5]이, 자신이 가는 곳이면 어디서든 대면해야 했던 정복과 파괴의 식민주의로부터 벗어날 출구로 보였던 것 같다. 그래서 서구와 불교가 만날 수 있었다면 어땠을까 묻는다. 박트리아의 왕으로서 인도까지 확장된 거대 제국을 이루었던 그리스인 메난드로스는 지중해 세계와 불교 세계의 만남이 역사적으로 실존했음을 보여주는 사례다.[6] 『미란다왕문경』(彌蘭陀王問經)으로 한역된 메난드로스 왕(밀린다는 그 이름의 팔리어 음역)과 나가세나 비구의 대화록 『밀린다 팡하』(*Milinda Pañha*)는 그 두 세계가 만나는 사건의 기록으로 남아 있다. 그는 이런 만남이 유럽의 남성적 식민주의를 완화할 수 있었으리라고 상상했던 것 같다. 그렇기에 그는 서양과 동양의 중간에서 일어난, 자신의 고향보다 더욱 남성적인 이슬람으로 인해 그럴 가능성이 차단되었다는 사실에 안타까워한다. "서양이 여성으로 남을 수 있는 기회를 상실한 것도

---

[3] 같은 책, 725~727쪽.
[4] 같은 책, 713쪽.
[5] 같은 책, 731쪽.
[6] 같은 책, 711쪽.

그림 12.5 _ 파리 기메 박물관 소장 간다라시대 미륵보살 입상

바로 이때였다."[7]

 레비스트로스가 이를 실감한 것은 탁실라에서였다. 그리스와 페르시아, 스키타이와 쿠샨, 그리고 인도의 상이한 문화가 공존하고 섞이며 새로운 문명을 만들어낸 곳이 거기다. 그 공존과 혼합의 산물이 '간다라'라는 이름으로 불렸다. 그리고 이는 마투라의 인도와 더불어 초기 불교예술과 문화를 형성한 두 개의 거점 중 하나였음을 우리는 안다. 그러나 남성과 여성의 형상으로 한정하여 살펴보자면, 간다라

---

(7) 같은 책, 755쪽.

그림 12.6 _ 파리 기메 박물관 소장 간다라시대 석가모니보살 입상

만으로 레비스트로스가 자신의 바람을 낙관하기에는 충분치 않을 것 같다. 알다시피 간다라의 불보살상은 전형적일 만큼 남성적 형상으로 조성되었기 때문이다. 가령 파리 기메 박물관에 소장된 미륵보살상이나 석가모니보살상은 이를 아주 잘 보여준다. 몸의 윤곽은 옷에 많이 가려졌지만, 그래도 드러나는 가슴과 배, 허리는 든든하고 넓어 남성적 색채가 완연하고, 허리와 골반, 다리로 이어지는 선 또한 여성적 굴곡 같은 건 없이 직선적이다. 구부러진 팔은 근육이 강조되지

는 않았지만 거의 직선적이어서 확고한 느낌이고 옷 주름 속의 다리도 곧고 단단해 보인다. 얼굴은 가로 방향의 비율이 커서 안정적이고 입은 꽉 다물어 단호하다. 석가모니보살은 간다라 불상으로선 드물게 눈을 가늘게 반만 뜬 모습인데, 그래도 반개한 눈처럼 적정 속으로 침잠했다기보다는 맞은편의 누군가를 보고 있는 듯하다. 옷의 주름은 간다라 조각이 흔히 그러하듯 보살보다 앞에 나서려는 듯 역동적이고 화려하다. 신체도 얼굴도 옷도 모두 입체적이어서 대단히 외향적인 느낌이고, 입체적으로 부각된 콧수염은 그렇지 않아도 남성적인 신체와 얼굴에 다시 한번 남성이라는 결정적 표시를 강하게 각인한다.

이 불상들은 2세기 무렵의 작품인데, 4~5세기 무렵에 이르면 여성화된 불상들이 빈번히 출현한다. 아프가니스탄의 핫다에서 출토된 불두에서는 여성화된 모습이 확연하다. 이러한 변화는 쿠샨 왕조 후기부터 굽타 왕조 초기 사이에 마투라 장인들이 발명한 반개한 눈과 명상적 표정의 영향이 큰 것으로 보이는데,[8] 인도 본토에서 북방으로 올라가며 발생한 이 또 한 번의 혼성이 어쩌면 레비스트로스의 바람을 현실화하는 데 결정적인 것이 되지 않았을까 싶다. 그러고 보면, 좀 더 많은 시간과 또 다른 혼성의 계기가 필요했다고는 해도 탁실라는 역시 레비스트로스의 희망을 저버리지 않았다고 해야 할 수도 있겠다.

평온함과 자비, 고요함과 부드러움과 연결된 적정열반의 종교적 이상은 정복하고 지배하는 남성적 형상과는 분명 거리가 멀다. 불보살은 어떤 의미에서도 지배자나 정복자가 아니다. 그런데도 간다

---

(8) 이주형, 『간다라 미술』, 144쪽.

그림 12.7 _ 일본 국립박물관 소장 아프가니스탄 핫다에서 출토된 석가모니상의 불두

라 미술에서 불보살은 남성적 형상을 취하고 있다. 이는 불보살상이 반드시 여성적 신체나 얼굴을 가질 이유가 있는 건 아님을 보여준다. 간다라 불보살상이 남성적인 것은 흔히 말하듯 그 조각적 형상에 큰 영향을 미쳤다는 그리스 문화에 기인하는 것일 게다. 그리스 조각에도 아름다운 여성상이야 있지만 남성 불보살을 만들면서 여성적 신체를 부여할 생각은 하지 못했을 것이다. 거기서 불보살의 형상은 남성성의 경계를 넘어서지 못한 것이다.

반면 간다라 이외의 지역에서 널리 발견되는 불보살상은 여성적 형상이 주도적이다. 여성적이라고 하기 힘든 상들도 있지만, 사천왕이나 명왕처럼 특별한 인물들을 제외하면 남성적 이미지를 내세우지 않는다. 그 특별한 인물들도 험한 표정이긴 하지만 지나치게 과장된 남성성이라 차라리 익살스러워 정복자나 지배자의 형상과는 거리

그림 12.8 _ 일본 나라 코후쿠지 아수라상

가 멀다. 나라현 나라시 코후쿠지의 유명한 아수라상은 표정이 대단히 인상적인데, 아수라마저 얇은 팔과 가는 허리의 여성적 신체와 슬픈 듯 안타까운 듯, 혹은 못마땅한 듯 모호한 표정의 여성적 얼굴로 조성되어 있다. 이는 확실히 열반과 자비 등의 교리와 불보살의 여성성 간에 우연이라 할 수만은 없는 강한 친화성이 있음을 보여준다.

이런 이유에서 간다라 미술은 불교미술의 초기 양식이지만 불교미술의 '고향'이라기보다는 '타향'이라 해야 할 것 같다. 언제나 바탕이 되어주는 모태 같은 '기원'이 아니라, 타 지역에서 전파되어온 문화라면 초기에 흔히 나타나는 어색한 남의 옷이었던 것이다. 그래서 불교미술은 시간이 지남에 따라 간다라 양식으로부터 멀어지는 방식으로 변모해간다. 평면화의 길(본문 7장 참조)과 나란히 여성화된 형상을 향해서 간다. 불보살상의 여성적 형상은 넓게 분산된 지역에서 각이한 경로를 밟은 불교미술을 하나로 묶어주는 어떤 수렴의 지대를 형성한다. 확실한 모델은 없는 반면 '근본 분열'이라고도 묘사되는 이념적 지향의 차이가 있는데도, 남방불교와 북방불교를 포괄하는 아시아의 드넓은 지역에서 발견되는 이 일관성은, 역으로 시간이 지남에 따라 점차 명료해진 불보살의 이상적 형상의 수렴 지대를 보여준다 하겠다.

물론 이런 과정을 '양식의 전파'라는 관점에서 보면 마투라 지역에서 만들어진, 옷의 주름이나 신체의 입체감을 '평면화'한 불상의 양식, 굽타시대에 창안된 반개한 눈의 불두의 형상 등이 확산되는 과정이었다고 할 수도 있을 터이다. 하지만 특히 북방으로 전파된 불교의 경로에서 간다라 지역의 지리적 중요성을 안다면 그러한 '확산'이 실제로는 어떤 양식이나 기법이 전파되는 '자연스러운' 과정이 아니었다고 보아야 한다. 확산의 지리적 거점을 차지하고 있던 간다라의 양식이나 기법에 **반하여** 그것이 확산되어간 것이기 때문이다. 다시 말해 그 확산의 과정은 간다라의 입체적·남성적 형상과 마투라의 평면적·여성적 형상이 경쟁하는 과정이었고 지리적 불리함에도 불구하고 후자가 주도권을 얻는 쪽으로 귀착된 역사였다는 것이다. 더 정확히는 상반되는 두 스타일 사이에서 각자의 조건에 연하는 감각이나 취향에 따라 이루어진 종합이 서서히 후자로 수렴되어간 과정이었다고 해야 한다.

그래서 가령 둔황의 불상은 간다라적 스타일에 속하는 것부터 평면화된 여성적 스타일로 만들어진 것, 나아가 중국적 색채가 강한 것까지 다양한 양상을 취하고 있다.[9] 하지만 동쪽으로 감에 따라, 또 후대의 조성물일수록 간다라 스타일의 영향력은 빠르게 축소된다. 종종 윈강 석굴의 불상들을 두고 '간다라 양식'이라고도 하지만, 앞서 언급한 것처럼 그 말이 염두에 둔 불상들의 이국적 용모는 이목구비의 요철이나 콧수염이 강조된 서구적 형상과는 거리가 멀다. 이는 차라리 북위를 건설한 유목민의 남성적 취향에 상응하는 직선적인 선들과 넓은 어깨의 호방한 신체가, '여성화된' 불교적 미감에서 연유하는 평면화되고 부드러운 면들과 멋지게 종합된 것이라 해야 할 것이다. 그래서 여성적이라고 강하게 말하긴 어렵지만 남성적이라 하기도 힘든 모호함이, 간다라와는 다른 스타일의 이국성으로 표현된 것이라 해야 한다. 이 점에서 보자면, 경주 불국사나 영주 부석사의 불상, 상원사의 문수동자상 등 한국의 많은 불보살상 얼굴에 그려진 작은 콧수염은, 여성적 신체를 만들면서도 이분이 남성임을 잊지 말라고 억지로 덧붙여놓은 사족 같다. 애초에 불상을 만든 분들의 미감이 그리한 것인지, 나중에 개금불사를 주도한 분들의 미감이 그리한 것인지 궁금하다.

동물과 괴물, 혼종의 형상들

불교 사찰은 동물들로 가득하다. 한국의 사찰 지붕 밑 공포에는 절이란 생사의 고해를 건너 불국토에 이르는 '반야용선'(般若龍船)임을 표

---

[9] 물론 이는 둔황 석굴의 조성물이 만들어진 시기가 긴 기간에 걸쳐 있다는 점에서 기인하는 바도 크다.

그림 12.9 _ 태국 수코타이 왓창럼 불탑의 코끼리들

현한다고 하는 용의 머리가 어디에나 새겨져 있다. 대들보나 거기 걸쳐놓은 보, 기둥과 방이 만나는 곳 등에는 호랑이나 코끼리, 사자, 용, 물고기 등이 새겨지거나 그려져 있다. 불상을 모셔놓은 불단과 불상 위에 만들어놓은 닫집 아래에도 게, 거북이, 물고기, 새에서 개구리, 다람쥐까지 여러 가지 동물이 가득하고, 돌계단 앞에는 사자들이 지키고 서 있으며, 지붕 용마루에 사자나 어룡 등이 자리 잡은 경우도 있다. 탑과 부도도 그렇다.

그림 12.10 _ 태국 아유타야 왓라차부라나 프랑의 수호신들

　석가모니의 중요 유적지에 세운 아소카 왕의 거대한 석주 머리에는 사자와 코끼리, 소가 서 있다. 태국 수코타이에 있는 왓창럼 사원이나 왓소라삭 사원은 불탑 하단을 빙 둘러 코끼리가 받치고 있다. 미얀마 아난다 사원은 입구나 모퉁이마다 사자가 지키고 있고, 지붕이나 건물 상단 곳곳에서도 포효하듯 고개를 쳐든 사자를 볼 수 있다. 앙코르톰이나 바이욘의 길목 곳곳에는 '나가'라고 불리는 길고 거대한 몸의 뱀이 고개를 쳐들고 있다. 티베트의 조캉 사원 전면의 지붕 꼭대기에는 중앙의 법륜을 두 사슴이 좌우에서 떠받치고 있고, 중요 불전들의 벽 모서리에는 사자가, 지붕의 모서리에는 용이 입을 크게 벌리고 있다. 또 문이나 기둥 곳곳엔 크고 작은 사자들이 때론 홀로, 때론 줄을 지어 서 있다.

　사찰의 건물을 둘러싸고, 혹은 불보살 옆에서 이 동물들은 무얼 하고 있는 것일까? 반야용선 같은 '상징'을 표시하기 위한 것도 있고, 인간을 크게 능가하는 그들의 힘을 빌려, 감당할 수 없는 사태로부터 사원이나 인간을 보호하기 위해 거기 만들어놓은 것도 있다. 괴물 형상을 한 동물상이나 험한 형상을 한 인물상이 특히 그럴 것이다. 사자나 코끼리, 새와 뱀 등 반복하여 등장하는 동물들은 그 동물에서 포착된 힘과 특이성에 사람들이 매료되어, 자신보다 월등한 그 힘을 빌려 자신의 삶을 지키려는 마음에 기대어 거기 있는 것이다. 이와 달리 특별한 은유적 상징도, 수호자도 아닌 작은 동물들은 아마 불전이나 불단 주위에 모여들어 불보살의 설법을 듣고 있는 인간 아닌 중생의 존재를 가시화하려고 거기 새겨 넣지 않았을까 싶다.

이는 교회 등 종교적 건축물은 물론 궁전이나 대저택 같은 세속적 건축물에서도 동물상으로 장식하는 일이 별로 없는 서양과 대비된다. 거기에는 동물 아닌 인간들, 혹은 인간의 형상을 한 성자나 영웅, 천사와 신들이 주로 들어서 있다. 그림이나 조각에서 다루어질 때도 등장하는 것은 양과 늑대처럼 인간이 생각하는 선과 악의 상징적 은유가 된 동물이나, 말 같은 도구적 동물, 개나 고양이처럼 인간의 '친구'인 동물들이다. 모두 **인간화된** 동물들이다. 약간 거칠게 말하자면 불교미술에서 동물은 인간에겐 없지만 인간이 선망하는 어떤 특이성을 표현하기 위해 등장한다면, 서양미술에서 동물들은 인간적 특징의 은유적 재현을 위해 등장한다. 전자에서는 **인간이 동물화**되는 반면 후자에서는 **동물이 인간화**된다.

'동물이 가득하다'고 했지만 사실 '괴물이 가득하다'고 해야 더 적절할 것이다. 방금 언급한 것과 같은 '정상적인' 동물들도 있지만 인간과 사자, 용과 새, 인간과 새 등이 섞인 기이한 동물이 그에 못지않게 많기 때문이다. 미얀마 사원과 파고다 모퉁이에는 사람의 머리를 하고 있지만 몸은 두 개의 사자로 갈라진 '마누시하'라는 괴물이 앉아 있다. 미얀마 바간에 있는 담마야지카 사원에는 곳곳에 앉아 있는 사자들 사이사이로 뱀인지 용인지 모호한 동물이 자리 잡고 있고, 머리 위에 새가 앉아 있는 건지 아니면 머리가 원래 그런 건지 알기 힘든 기이한 동물들이 마치 배수구라도 되는 듯 벽 곳곳에서 길게 튀어나와 있다.

아유타야의 왓라차부라나 사원이나 방콕의 왓아룬 사원의, 프랑이라 불리는 옥수수처럼 생긴 크메르 양식의 탑에는 탑신 중간중간 소리를 지르듯 날개를 활짝 벌린 가루다가 서 있다. 사람 몸에 독수리의 머리와 부리, 날개와 발톱이 혼-종(混-種)된 가루다는, 원래 힌두교의 비슈누가 타고 다니던 동물인데 그 손에서 벗어나 불교 사원 여기저기를 지키고 서 있다. 티베트에서도 가루다는 변형된 형태로 자주 볼 수 있는데, 앞서 말한 조캉 사원 전각의 지붕 위에는 새의 몸에 사람 팔이 섞인 혼종체(hybrid) 둘이, 종이 매달린 줄을 잡고 서 있다. 파드마 삼바바나 쫑카파의 상의 후광 꼭대기에서도, 머리에 물소처럼 뿔까지 난 가루다를 볼 수 있다. 축제 기간에는 가루다 가면을 쓴 스님이 춤을 추기도 한다.

이러한 괴물을 만들어낸 상상력은 동물들을 종차에 따라 뚜렷하게 구별하려는 아리스토텔레스 이래의 오래된 발상과 반대로 간다. 종을 섞어 혼종(混種)을 만들어내는 방식으로 종의 경계를 횡단하는 운동이 여기 있다. 이 상상력의 운동은 동물과 인간을 구별하여 다른 동물들이 넘볼 수 없는 특별한 지위를 인간에게 부여하려는, 인간이라면 누구든 갖게 마련인 인간중심주의마저 쉽게 넘어선다.

괴물과 인간의 관계에서도 불교미술은 서양미술과 다르다. 그리스나 북유럽 등의 신화 등에도 상이한 동물이 섞이며 만들어진 혼종

그림 12.11 _ 태국 방콕 왓프라깨오 사원의 야크샤

그림 12.12 _ 중국 윈난성 샹그릴라의 티베트 사원 숭찬린스의 사자상

적 괴물은 등장하지만 용이나 히드라 등 그들 대부분은 인간들을 괴롭히고 인간세계를 파괴하는 것들로서 영웅적 인간에 의해 제압당하는 존재다. 수수께끼를 내서 이를 풀지 못한 사람들을 잡아먹은 사자와 인간의 혼종 스핑크스는 오이디푸스에게 져서 죽고, 미궁 속에서 사람을 공물로 받던 황소-인간 미노타우로스는 테세우스에 의해 죽으며, 아홉 개의 머리를 가진 뱀 히드라는 헤라클레스에게 죽고, 독사 머리카락으로 유명한 메두사는 페르세우스에 의해 죽는다. 성 게오르기우스나 영웅 지크프리트는 용을 죽여 명성을 얻는다. 바다의 괴물 레비아탄은 야훼가 직접 죽인다.

여기서 괴물성은 인간에겐 없는 낯선 힘을 표현하지만, 그것은 인간을 위협하는 **적의 자리**에 있다. 그 혼종적 형상의 끔찍함에는 인간의 손아귀 밖에 있는 힘들에 대한 공포가 깃들어 있다. 괴물을 죽이는 영웅의 서사는 그 힘을 끝내 이겨내고 **정복하는 인간**의 힘을 보여주기 위한 것이다. 아름다운 노래를 부르는 세이렌조차 뱃사공을 바로 그 노래로 유혹하여 죽음의 소용돌이로 불러들이는 적이라는 점에선 다르지 않다. 이들 악마적 존재로부터 인간을 지키는 자들은 모두 인간이거나 인간의 형상을 하고 있다. 가령 기독교 세계의 악마들은 모두 혼종적 동물의 형상인 반면, 천사들은 모두 날개만 추가된 인간의 형상이다.

이에 반해 불교 사원 여기저기에 가득한 혼종적 괴물은 대부분 불보살이나 불법, 사원, 혹은 인간을 비롯한 중생들의 삶을 불행이나 악으로부터 지켜주는 존재다. 적이 아니라 보호자인 것이다. 인간에 의해 제압당해 길들여진 시종이 아니라 인간을 능가하는 힘을 가진 야생적 존재다. 인간이 할 수 없는 역할을, 인간을 능가하는 강력한 힘 덕분에 할 수 있는 것들이다. '에메랄드 사원'이라고도 불리는 태국의 왓프라깨오 사원에서는 야크샤(Yaksa, '약사', 야차夜叉)라고 하는 커다란 도깨비상이 중요한 건물마다 파수를 서고 있다. 불상들을 모아놓은 프라 위한욧 사원 등의 건물 앞에는 새 머리에 사람의 몸, 새의 꼬리가 달린 탄티마와 여성의 상체에 사자의 하체가 결합된 압손시(Apsonsi), 사람의 상체에 새의 몸을 한 킨나라와 킨나리 등의 혼종적 동물이 칼이나 몽둥이를 들고 지키고 서 있다.

동물이나 괴물은 사원 건축물 인근에 모여 있을 뿐 아니라 불보살 바로 옆에 있기도 하다. 심지어 불보살 자신이 되기도 한다. 미얀마나 태국, 캄보디아에선 석가모니가 거대한 뱀 '나가'의 둥글게 만 몸 위에 앉아 있고, 뱀이 일곱 개의 머리를 펼쳐 광배처럼 불신을 호위하고 있기도 하다. 북방불교에서 반인반조 킨나라는 뱀의 머리를 한 마후라가(摩睺羅迦)와 더불어 부처님 옆에서 음악을 연주하는 악사인데, 머리에 뿔이 난 사람으로 묘사되기도 한다. 킨나라와 마후라가 모두 팔부중(八部衆)에 속하는 인물이다. 티베트에서는 새뿐 아니라 말, 물소, 용 등이 혼종된 동물이 불보살의 화신이나 명왕이 되어 불법을 수호한다. 마두관음 내지 대력지명왕이라고도 불리는 하야그리바(Hayagrīva)는 말의 머리에 인간의 몸을 갖고 있고, 바즈라바이라바(Vajrabhairava) 내지 대위덕명왕이라고도 불리는 야만타카는 사람 몸에 물소 머리를 하고 있다. 평온하고 곱상한 인간의 얼굴을 한 서양의 천사들과 반대로, 웃음기 섞인 험한 얼굴의 괴물이 불법과 중생을 악으로부터 지켜주는 보호자인 것이다.

    인간과 동물을 섞어 이런 혼종적 존재를 만들어낸 이유는 동물에게서 발견한 **특이한 힘과 자질을 합치고 섞어 최대한 증폭하기** 위해서였을 것이다. 그러니 이는 인간보다 강력한 힘을 선망하여 맹수들을 사원에 끌어들인 것과 연속적이다. 선망하는 힘의 특이성이나 그걸 표현하는 동물적 자질은 지역마다 조건마다 다르게 마련이다. 그래서 반인반조라도 어느 지역에선 새의 부리와 날개면 충분했을 것을, 다른 지역에선 거기에 물소의 뿔을 더하기도 하고 또 어느 지역에선 사람 머리나 팔로 바꾸고 했을 것이다. 연기적 조건을 긍정하고 수용하도록 가르친 불교적 사고는 이러한 혼합을 촉진했을 것이다. 역으로 불교의 가르침과 함께 외부로부터 전래된 기괴한 형상의 괴물이나 강력한 힘의 신장은 낯설고 기이한 존재들에 대한 경외감 속에서 자신들의 새로운 수호자로 받아들여졌을 것이다. 연기적 사유 자체가 불교 사원에서 혼종적 괴물을 창안하려는 상상력과 미감을 증폭했다 할 것이다. 이런 점에서 동물들의 종을 횡단하는 '혼종의 미감'은 남녀의 성차를 횡단하는 '혼성의 미감'과 **다른 이유**를 갖는다. 하지만 두 경우 모두 성이나 종 등의 **경계를 횡단하는 미감**이 불법의 수호자나 불보살의 형상을 관통한다는 점에서는 다르지 않다.

불교미술이나 서사에서 혼종적 괴물들이 범람하는 또 하나의 중요한 이유는 불교 자체가 악귀나 악신조차 정복하고 제거해야 할 적으로 삼지 않으며, 앙굴리말라 같은 희대의 살인마조차 징치해야 할 대상으로 보지 않는다는 점 때문이다. 선하든 악하든, 신이든 인간이든, 동물이든 야차든, 아수라 같은 악신이나 아귀 같은 지옥의 중생마저 모두 제도하여 해탈로 인도해야 할 중생일 뿐이다. 선한 본성도 악한 본성도 따로 없으며, 조건이 달라지면 '악신'도 '선신'이 되고 그 반대가 되기도 한다는 것, 그것이 연기법이 설하는 바다. 야차나 아수라 같은 귀신, 도깨비 또한 불변의 악한 본성을 가진 존재가 아니라 그 힘을 어떻게 쓰느냐에 따라 선신도 되고 악신도 되는 존재인 것이다. 이런 연기법을 발견하고 설하는 존재가 부처이니, 부처란 그 모두의 힘을 선하게 쓰도록 바꾸는 존재라 하겠다. 그런 존재의 능력으로 인해 '악신'의 오명을 가진 것마저 불교에서는 모두 '신중'(神衆)이 되고 인왕, 명왕이 되어 불법을 수호하는 인물이 된다. 불교의 잘 알려진 자비심 또한, 악귀들도 생각해보면 불쌍한 존재이니 용서하고 받아준다는 식의 동정의 감각이 아니라 그들 또한 조건이나 관계의 산물이니 그것들을 바꾸어 그들을 선신으로 활동하게 할 수 있다는 연기법적 사유로부터 나오는 것이다.

따라서 불교적 사유에는 적도 없고 악마도 없다. 모두 제도해야 할 중생이고 불도를 향해 함께 나아갈 친구(道班)일 뿐이다. 만약 적이 있다면, 그것은 중생심을 사로잡은 각자의 내부에 있다. 탐·진·치의 마음이 적이고, '자아'가 바로 적이다. 그러니 적은 어디에나 있다. 그러나 그것은 중생 자신이 만든 것이니 그 또한 굳이 적이라 할 것도 없다. **적 없는 사유**, 그것이 종이 경계를 횡단하며 혼합된 괴물들을 친구로 삼게 하는 것이다.

　이런 요인에 더해, 종의 경계를 가로지르게 하는 또 하나의 요인이 있으며 그것이 불교미술의 횡단성을 강화한다. 인간도 신도 넘볼 수 없는 특별한 지위를 선점하고 있지 않다는 게 그것이다. 인간만큼이나 동물도, 또 인간 못지않게 신들도 중생이라는 점에서 다르지 않다. 즉 모든 존재자는 중생으로서 평등하다. 악귀라도 따로 악하지 않듯 신이라 해도 따로 선하지만은 않다. 모두 자신이 지은 행과 업에 따라 선악을 오가며 사는 중생일 뿐이다. 초월자도 없고 초월적 지위도 따로 없다. 부처란 어떤 중생이든 깨달음을 얻으면 도달하게 되는 상태를 뜻하니, 고귀하다 하지만 저기 어딘가 따로 있는 존재자는 아니다. 심지어 부처가 되었다는 생각 자체가 부처의 길을 막는 '마구니'라고까지 하니, 부처조차 초월적 지위가 되지 못한다. 모두가 중생으로 평등하다는 존재론적 평면 위에서 인간과 동물, 신과 아수라, 야차가 서로를 넘나들며 쉽게 섞일 수 있는 것이다.

'연횡', 미시적 성분들의 횡단적 연대

델리나 탁실라 등 과거 종교의 유산이 남아 있는 인도와 파키스탄의 여러 지역을 여행한 뒤 레비스트로스는 이렇게 쓴다. "힌두교의 성소가 하나의 우상을 갖고 있는 데 반해, [이슬람의] 모스크는 사람들을 제외하고는 텅 비어 있으며, 불교의 사원은 수많은 [우상들의] 초상(肖像)을 내장하고 있다."⁽¹⁰⁾ 힌두 사원이 비슈누든 시바든 하나의 신만을 모시는 것은 사실이지만, 거기에는 그 신과 연관된 서사의 인물들이 벽에 새겨져 있으니, 하나의 우상만 있다는 게 적절한지는 잘 모르겠다. 하지만 불교 사원에 우상이 가득하다는 말은 틀림없는 사실이다. 불보살을 신이라고 해야 할지는 잘 모르겠지만, 불보살의 조상(造像)뿐 아니라 많은 범천, 제석천 등의 천신들, 그들을 수호하는 천왕이나 인왕들, 불보살의 화신인 명왕들, 그리고 야차나 아수라 등 입구부터 불단 주위까지 불교 사원은 신으로 가득하다. 불교 사원은 신들의 다양체다.

수(數) 이야기가 나와서 말이지만 불교에서는 사원뿐 아니라 보살 등 '하나'의 인물도 다양체라 해야 할 것 같다. 가장 먼저 떠오르는 것은 열한 개의 얼굴을 가진 십일면관음보살, 천 개의 손을 가진 천수관음보살이다. 세 얼굴 여섯 팔을 가진 아수라도 그렇다. 태국이나 미얀마 등에서 석가모니불을 보호하는 뱀은 일곱 개의 머리를 갖고 있다. 티베트는 이보다 더해서, 야만타카나 하야그리바는 물론 이런저런 명왕들, 탄트라의 교합상 등은 모두 수많은 머리와 팔다리를 갖는다. 흔히 많은 팔은 보살의 방편을 상징한다고들 하지만, 얼굴이나 다리도 많은 것을 보면 그게 다는 아닌 것 같다. 수많은 얼굴은 보살이 중생과 만날 때마다 보이는 다른 모습일 것이다. 하나의 몸과 수많은 얼굴 및 팔다리, 그것은 **하나인 동시에 다수인** 다양체의⁽¹¹⁾ 형상이다.

얼굴을 많이 그리지 않아도, 불보살 하나의 얼굴에 은묘하게 드

---

(10) 레비스트로스, 『슬픈 열대』, 736쪽.
(11) 들뢰즈·가타리, 『천의 고원』 1, 39쪽.

러나는 수많은 표정이 있음을 우리는 안다(본문 7장 참조). 그것은 그 불보살과 내가 만날 때마다 그 만남에 의해 만들어지는 표정이다. 생각해보면 보살뿐 아니라 우리도 그렇다. 상황이나 조건이 달라질 때마다, 만나는 사람이 달라짐에 따라 우리는 다른 얼굴로 자신을 표현한다. 무언가와 만날 때마다 감각도 달라지고 마음도 달라진다. 무엇이든 실체화하는 버릇 때문에 하나의 눈으로 다른 모든 것을 본다 믿지만 보이는 게 달라지면 눈도 달라지는 것이다. '안목이 생겼다'라거나 '눈을 씻고 다시 본다'라는 말은 보이는 게 크게 달라질 때 눈도 달라짐을 보여주는 말이다. 크게 달라질 때 그렇다면, 작게 달라져도 실은 그런 것이다. 다만 변화가 작아 우리가 감지하지 못할 뿐이다. 어찌 눈만 그럴 것인가. 귀, 코, 입도 그렇고 의식을 포함해 마음이 다 그렇다 해야 한다. 그토록 많은 '영혼'을 우리는 갖고 있는 것이다. 단일한 '자아'라는 환영에 가려 잘 보이지 않을 뿐이다.

  실체화하는 습관은 하나 속의 다수를 보지 못한다. 그래서 하나는 하나임을 확신한다. 그러나 그 하나가 아주 다른 것으로 계속하여 달라진다면 하나는 결코 하나가 아니다. '사람이 달라졌어!'라고 할 때 우리는 하나의 신체에서 하나 아닌 사람을 본 것이다. 달라질 때마다 우리는 '하나의' 신체 안에서 다른 것이 된다. 셀 수 없이 많은 '나'들이 나의 신체를 통과해가는 것이다. 그렇게 우리 각자는 하나인 동시에 다수인 다양체인 것이다. 수많은 얼굴과 수많은 손과 발을 가진 다양체인 것이다. 한 걸음 더 들어가면 각각의 손도, 심장도 수많은 세포가 모여 있는 하나이니 다양체이고, 그 세포들 각각도 미생물에 기원을 둔 수많은 소기관이 모여 있으니 그 또한 다양체이다. 따라서 하나인 듯 보이는 우리의 신체 또한 겹겹이 중첩된 중중무진(重重無盡)의 다양체다. 번역어로 탄생한 말이지만, 한자로 '중생'(衆生)

그림 12.13 _ 티베트 라싸 포탈라궁 소장 천수관음상

이라는 말은 불보살이나 신, 인간 등이 모두 이런 다양체임을 표시하기에 아주 적절한 말이다.[12] 우리들 중생 각자가 수많은 것(衆)이 모여 함께 살아가는(生) 다양체다.

표현형식에서도 이와 상응하는 것이 있다. 미시적인 것들이 모여 애초의 모습과 아주 다른 하나를 만드는 표현형식이 있는 것이다.

(12) 이진경(2010), 『코뮨주의』, 그린비, 230~236쪽.

'중생적 표현양식'이라 해야 할까? 티베트의 포탈라궁에 소장된 천수관음상은 전체를 보아도, 세부를 들여다보아도 정말 아름다운데, 정말 천 개 아닐까 싶을 만큼 빽빽하고 촘촘하게 새겨 넣은 손들이 광배를 대신해 상 전체를 둥글게 감싸고 있다. 팔들은 크기를 달리하며 세 개의 층으로 나뉘어 있는데, 가장 뒤에 있는 작은 팔들은 거의 비슷하지만, 가운데 층의 팔들은 손의 모양과 각도, 팔들이 모인 양상에서 차이가 있고, 전면의 여덟 개의 팔은 각자 다른 표정을 갖고 있다. 그렇게 팔들이 모여 만들어진 형상은 둥그런 원상이다. 각각의 팔의 형상과 아주 다르다. 그렇게 많은 것이 모여 새로운 하나를 구성한다. 얼굴도 그렇다. 세 방향을 향한 세 층의 얼굴들은 갸름하고 단아한 정면의 여성스러운 얼굴과 모두 유사해 보이지만, 자세히 보면 눈매나 입 모양이 살짝 다르다. 물론 차이가 크다 하긴 어렵겠다. 그런데 제일 위에 있는 하나의 얼굴은 아래에 있는 얼굴과 전혀 달라, 붉은 이마에 왕방울 같은 눈을 가진 남성적인 얼굴이다. 관음보살의 화신이라는 마두관음일까? 하나의 신체 속에 이리 다른 얼굴이 공존함을 상기시키려는 것 같다. 여기서도 많은 얼굴이 모여 조성된 형상은 애초의 얼굴과 아주 다르다. 정면의 얼굴과 합장한 두 손, 그리고 하나인 상체와 다리로 인해 우리는 이 상이 한 사람이라고 보게 되지만, 부가되고 중첩되는 얼굴과 손들은 한 사람의 신체라 할 수 없는 낯선 형상을 만든다. 하나이면서 다수인 다양체의 형상이다.

　사실 많은 수의 얼굴과 손을 가진 관음보살상은 티베트뿐 아니라 북방불교가 전해진 여러 지역에서 흔히 나타난다. 우리야 오랫동안 보고 들어 익숙하지만, 그렇지 않은 이라면 결코 사람의 형상이라 느끼지 않을 법한 모습이다. 아주 낯선 괴물의 형상이다. 티베트에는 이런 괴물의 형상을 한 보살이 아주 많은데, 문수보살의 화신이라는 야만타카 또한 많은 얼굴과 팔을 가진 형상으로 조성된다. 교합상으로 그려진 많은 인물은 수많은 머리와 팔을 가지며, 때론 다리마저 층층이 중첩되어 있다. 이는 수많은 탕카나 조각상에서 흔히 사용되는 전형적인 표현형식이다. **부가**와 **중첩**의 방식을 통해 하나의 신체를 **하나이며 다수인 다양체로 변형시키는** 양식화된 방법이다.

처음에는 아마도 '천수천안'이나 '십일면' 같은 말이 지닌 내용상의 특징을 표현하는 것으로 시작했을 것이다. 나의 상상이긴 하지만, 얼굴과 팔을 부가하고 중첩시키며 늘려가는 작업이 주는 재미는 유머 내지 장난기마저 부추겼을 것이다. 이는 다른 보살들에 대해서도 신체적 성분들을 늘려가며 새로운 신체를 만들어내게 했을 터이다. 때론 네 개나 여섯 개, 여덟 개 등으로 늘려가기도 했을 것이고 때론 천수, 천안, 천족을 중첩시켰을 것이다. 그렇게 앉거나 서 있는 자세, 교합한 자세의 양식화된 수많은 상이 만들어졌을 것이다. 역으로 부가와 중첩으로 증식하는 작업이 인물의 새로운 형상을 만들고 새로운 인물조차 만들어내게 했을 것이다. 화신이나 수호존이 아닌 타라보살이나 문수보살의 팔마저 네 개, 여섯 개로 늘어난 것이 그런 이유 아니었을까? 그렇게 늘어나는 팔다리에 얼굴을 새로 더하려는 발상이 문수보살로부터 그의 화신인 야만타카를, 관음보살로부터 그의 화신인 하야그리바 같은 인물을 새로 창안하도록 한 것 아니었을까?

야만타카를 그리기 위한 도해들은 부가와 중첩이라는 반복의 방법이 단지 팔다리나 머리로 국한된 게 아니라 형상을 조성하는 좀 더 일반적인 표현형식이었음을 잘 보여준다. 머리와 손에 이어 다리를 늘려간 것도, 사람 머리를 줄줄이 엮어 목걸이처럼 걸친 것도, 머리의 뿔 인근에 해골을 나란히 늘어놓은 것도, 그리고 광배를 대신하는 배경의 크고 둥근 화염은 물론 작은 화염들도 모두 **미시적 형태소를 반**

그림 12.14 _ 야만타카의 형상에서 반복의 반복

그림 12.15 _ 야만타카 얼굴에서 미시적 형태소들의 반복

'연횡', 미시적 성분들의 횡단적 연대   589

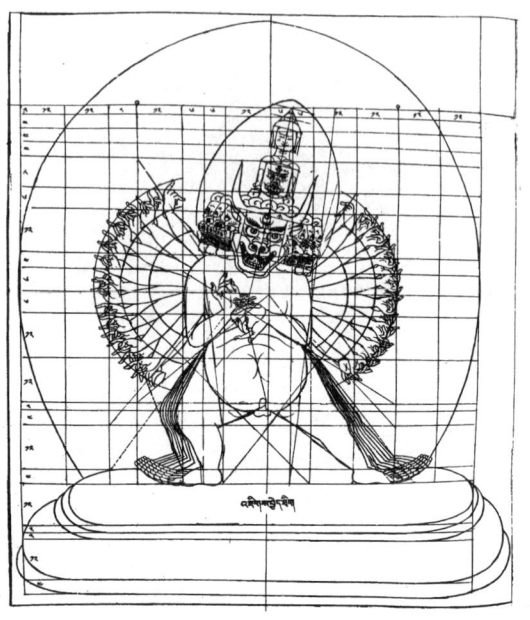

그림 12.16 _ 화염 광배의 '가이드라인'

복하여 부가하는 방식으로 이루어진다. 머리 부분을 다시 보면, 야만타카 얼굴의 눈썹과 수염도 광배 자리의 작은 화염들을 부가하여 그려졌고, 제일 큰 뿔 끝에도 두 개의 화염이 놓을 치듯 휘감겨 있다. 그리고 머리들을 둘러싸고는 마치 머리카락인 듯한 곡선들이 촘촘히 반복되며 물결치고 있다. 그 아래로 더 파고들면 야만타카의 눈과 코는 줄 지어 선 동그라미들의 반복으로 보인다. 뒤집어 말하면, 야만타카라는 한 인물은 미소한 형태소들이 만든 부분들이 모이고 다시 모여 만들어졌다는 점에서 다양체들의 다양체다. 중생들로 이루어진 중생이다.

그림 12.17 _ 같은 '가이드 라인'에 의해 그려진 다른 화염 광배들

이러한 부가적 반복에서 일차적인 것은 물론 반복에 의해 만들어지는 '거시적' 형상이다. 각각의 손이 아니라 손들이 이어져 만들어지는 둥근 형상, 팔들 각각이 아니라 팔들이 중첩되며 조성되는 부챗살처럼 퍼진 모습, 각각의 화염이 아니라 화염들이 모여 만드는 광배의 둥그스름함, 머리나 해골 각각이 아니라 그것들이 줄지어선 모습 등등. 화염은 동그라미가 아니고, 팔은 부챗살이 아니니, 미시적 성분의 형태는 그것이 모여 만드는 거시적 형상과 아주 다른 것이 되었다 하겠다. 미소한 형태들이 리드미컬하게 반복되며, **형태들의 대중(mass)**을 형성하는 것이다. 흐름을 이루며 거시적 형상을 조성하는 미시적 형태들의 대중을. 미시적 형태소가 자신의 형상을 고집하지 않고 이웃한 것들과 함께 만든 거시적 형상 뒤로 한 걸음 물러선 것이다.

그렇다고 거시적 형상이 미시적 성분들을 하나의 유기적 전체로 통합한다고 하기는 어렵다. 거시적 형상은 미시적 형태소로부터 독립되어 있고, 거시적 형상을 위해 기하학적 도형이 사용되기도 한다. 그러나 그때에도 그것은 가시화될 직접적 형상이 아니라 미시적 형태소들의 가이드라인일 뿐이다. 따라서 그 안에 그것들을 가두지 못한다. 미시적 형태소들은 그 가이드라인 인근에서 얼마든지 가감될 수 있으며 그에 따라 거시적 형상도 달라진다. 예컨대 화염의 광배는 원을 따라 둥그런 상을 그리지만, 미시적 화염들이 가감되는 양상에 따라 타원이 되기도 하고 바람에 날리는 형상이 되기도 한다. 또 때론 갈라지며 느슨해지기도 하고 때론 같은 모습으로 길고 촘촘하게 배열되어 세찬 느낌을 더하기도 한다. 거시적 형상이란 미시적 형태소 대중들로 이루어진 흐름이어서 이 미시적 대중은 어디로든 흘러넘칠 수 있는 것이다. 그 거시적 형상 안에서 어떤 얼굴, 어떤 팔, 어떤 발들은 거시적 형상들로부터 구별되는 독자적 형상을 갖는다. 하나인 전체 속에 있지만, 각자의 형상들을 나누어 갖고 있는 셈이다. 거시적 형상들도 정해진 형식으로 자신을 고집하지 않으며, 틀이나 윤곽선의 모든 방향을 미시적 성분들이 흘러나갈 수 있게 열어두고 있다 하겠다.

이는 대개 기하학적 형상을 취하는 확고한 윤곽선이나 프레임 안에 미시적 형태소의 반복이 갇혀 있는 경우와 대비된다. 가령 시뇨렐리의 오르비에토 성당 프레스코화에는 동식물이 섞인 미시적 성분들이 분방하게 반복되지만 원과 사각형의 확고하고 단단한 프레임 안에 갇혀 있다. 그림 위쪽의 조각들도 그렇다. 구부러진 선들로 그려진 미시적 형태소들의 반복이 지극히 촘촘하지만 기하학적 윤곽선을 끝내 침범하지 못하고 그 안에 머물러버리는 아라베스크 문양도 이와 크게 다르지 않다. 티베트의 그림은 이와 달라, 스케치에는 기하학적 윤곽선이 나타나지만 실제 그려진 그림에서는 윤곽선이 모두 사라진다. 윤곽선을 대신해 미시적 형태소들이 줄 지어 서 있기도 하지만 그때에도 그 미시적 성분들의 움직임에 의해 울퉁불퉁해지고 많은 경우 변형까지 된다. 거시적 프레임에 갇힌 반복과 프레임을 조형하고 변형하는 반복은 결코 같은 반복이 아니다.

부가적 반복은 모든 방향으로 열려 있으며, 형태소들이 부가되는 양상에 따라 크게 다른 모습의 거시적 형상을 조성한다. 거시적 형상이란 미시적 형태소들의 연대(連帶)를 통해 구성되는 공동체다. 형태소 대중들의 횡단적 연대를 통해 다른 층위의 형상이 형성되는 것이다. 그 연대의 양상이 달라지면 연대의 결과인 공동체의 형상 역시 달라진다. 이때 횡단은 '전체'로서 군림하는 기하학적 형식의 수직적이고 초월적인 지배 아래 있지 않다. 횡단적 연대는 수평적으로(橫) 이어지는 연대를 뜻하며, 정해진 틀을 가로질러(橫斷) 모든 방향으로 변화될 수 있는 가소성을 함축한다. 횡단적 연대를 통해 최대치의 가소성을 갖는 형상을 구성하는 것이니, 이를 '**연횡(連橫)의 미학**'이라 명명해도 좋을 것이다.

미시적 반복의 연횡은 동종의 미시적 성분들을 모으는 것을 통해 형상을 만들어내는 미감과 결부되어 있다. 미시적 형태소들의 촘촘한 반복은 대개 기하학적 형식의 구도를 따라 이루어지지만, 그것에 갇히지 않으며 반복 안으로 되돌아오는 차이를 통해 그 구도를 흘러넘치게 하고 변형한다. 이러한 기하학은 반복의 양상을 규정하지만 지배하지 않으며 반복은 기하학과 손잡지만 그것에 복속되지 않는다.

티베트의 그림이나 조각이, 건축만큼이나 기하학과 깊이 연루되

그림 12.18 _ 시뇨렐리의 오르비에토 성당 프레스코화

그림 12.19 _ 하페즈의 묘 파빌리온 천장 모자이크

어 있음은 분명하다. 미시적 성분들의 다양체를 거시적 형상 속에 적절하게 담기 위해 원과 사각형 등 기하학적 도형을 동원해 그린 그림들이 이를 잘 보여준다(그림 12.16, 12.20). 원 안에 호법신을 그린 도안(그림 12.20)은 원과 사각형 안에 인물상을 여러 개의 팔다리를 담은, 레오나르도 다빈치의 그림으로 더 유명한 '비트루비우스의 인간'과 대단히 유사해 보인다. 그러나 유사성은 표면적이다. 이 유사성은 오히려 양자의 발상이 얼마나 다른지를 좀 더 명확히 보여준다. 비트루비우스의 인간에게도 두 쌍의 팔과 다리가 있지만, 그것은 인간의 형상을 원과 정사각형이라는 형식 안에 있음을 표현하기 위해 다른 위치로 이동한 상이지 네 개의 팔다리가 아니다. 팔다리를 더 늘릴 수도 있겠지만, 그때에도 그것은 인간의 형상을 천 개의 팔을 가진 '괴물'의 신체로 밀고 가기 위한 게 아니라, 여전히 원과 정사각형 안에 인간을 정연하게 끼워 넣기 위한 것이 될 터이다. 따라서 아무

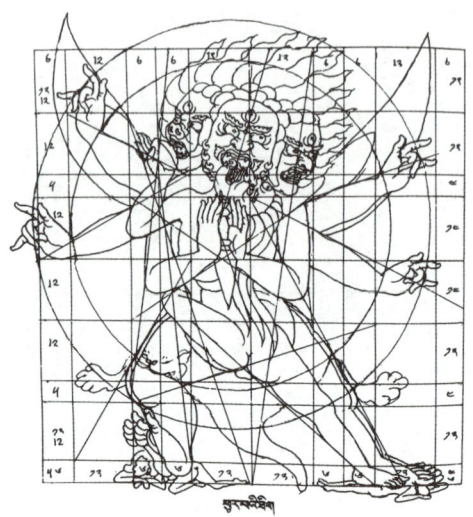

그림 12.20 _ 원형 소우주 속의 인간과 원을 벗어난 티베트 호법신

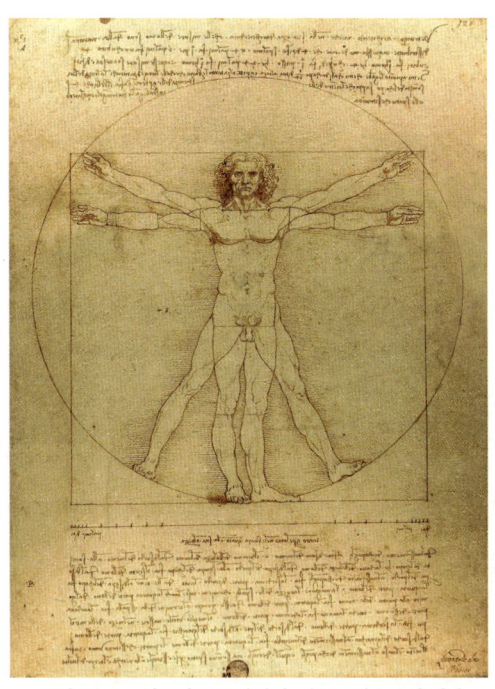

그림 12.21 _ 레오나르도 다빈치, 비트루비우스의 인간

리 많이 그려도 실제 팔은 오직 둘일 뿐이다. 반면 티베트의 도안에서 수많은 팔다리는 모두 실재하고 있음을 표현하기 위한 것이다. '비트루비우스의 인간' 도안에서 복수성이 인식론적 목적을 위한 도구라면 '티베트' 도안에서 복수성은 존재론적 현실을 표현하기 위한 실재라고 대비해도 좋겠다.

'비트루비우스의 인간' 도안에서 팔다리는 원과 정사각형 안에 정확히 들어감을 보여주는 게 핵심적이지만, 티베트 도안에서 인물들의 신체는 그럴 이유가 없다. 보다시피 원과 정사각형 모두에서 크게 벗어나 있다. 전자에서 원은 대우주와 대응하는 소우주의 기하학적 형식이고, 팔다리를 벌린 인간이 거기 들어가는 것을 통해 인간의 완전성을 보여주는 이상적인 형식이다. 반면 후자에서 원은 인물이 원에 내접하는 이상적 존재임을 보여주기 위한 것이 아니라 단지 손발들의 배열을 조절하기 위한 보조선일 뿐이다. '기하학주의'라 해도 이 얼마나 다른 기하학주의인가.

연횡적 건축술의 조형 능력

미얀마나 크메르, 태국의 경우 미시적 형태소들의 부가적 반복을 통해 작동하는 이러한 연횡의 미학을 탑이나 사원의 건축에서 발견하게 된다. 미얀마의 슈웨다곤이나 슈웨모도 파고다에서 층층이 반복되는 테라스와 첨탑 부분의 몰딩은 탑의 형상을 조성하는 미시적 형태소들이다. 만달레이 양식의 피아탓에서도 세모난 미시적 형상들은 옥개들이 층층이 채우며 이어지며 오르락내리락 춤추는 형상을 만든다(그림 5.16). 그 각각의 세모난 형상은 더 작은 세모난 미시적 형태

그림 12.22 _ 미얀마 만달레이 슈웨난도 수도원의 미시적 형태소들의 '대중'

소들이 모여 만든 것이다. 슈웨난도 수도원의 지붕선과 테라스, 난간 모두를 채우고 있는, 물결인지 불꽃인지 모를 춤추는 윤곽선은 부가와 중첩이라는 반복의 방법이 갖는 조형적 능력을 유감없이 보여준다. 이 윤곽선은 미시적 성분들이 모여 만들어진다. 미시적 형태소들이 만든 대중의 흐름에 따라 크게 달라지는 가소성을 갖는다.

    태국의 사원에서도 형태소들의 부가적 반복의 방법은, 상당히 다른 형상을 빚는 멋진 건축적 조형술로 사용된다. 먼저 지붕을 보자. 아유타야의 왓몽콘보핏 사원이나 방콕의 왓프라깨오 사원 등 대부분의 사원 지붕은 작게 나뉜 소지붕이 중첩되고 그렇게 중첩된 것이 또다시 중첩되며 조성된다. 정면의 박공 또한 여러 겹으로 중첩된다. 어느 방향으로든 얼마든지 열려 있는 이러한 부가적 반복으로 인해 지붕이나 건물 전체의 형상은 대단히 다기한 형상을 갖는다. 작은 곡률로 우아하게 휘어진 사각형 평면이 층층이 겹쳐지는 이런 형상의 중첩된 지붕과 달리, 뾰족한 꼭짓점으로 모이는 삼각뿔의 지붕도 미시

그림 12.23 _ 태국 방콕 두싯 마하쁘라삿과 그 앞의 소법당

적 형태소의 반복을 통해 구성된다.

 지붕의 중첩과 미시적 형태소의 반복이 만드는 지붕 미학의 정점을 보여주는 것은 왓프라깨오 사원과 이어진 왕궁의 두싯 마하쁘라삿이다. 그 앞에 있는 소법당은 '이 건물에 있는 건 오직 지붕뿐이다' 싶을 만큼 지붕으로 가득한데, 놀랍게도 그 지붕들은 건물을 무겁게 내리누르지 않는다. 아주 역동적으로 춤추듯 상승한다. 다양한 크기로 작게 분할된 소지붕들이 겹겹이 중첩되어 있고, 그 위에는 첨탑형 지붕이 그 모두를 하나로 모아주고 있다. 지붕 가장자리나 첨탑의 탑신은 또 다른 미시적 형태소들의 반복이 촘촘하다. 반면 그 옆의

그림 12.24 _ 태국 방콕 왓포 사원의 중첩된 지붕

궁전인 짜끄리 마하쁘라삿은 소지붕들의 중첩과 첨탑형 지붕이 사용되었다는 점에선 동일하지만, 가로로 긴 지붕이 첨탑 지붕들을 '거느린' 채 전체 형상의 중심을 차지하고 있어 두싯 마하쁘라삿과는 아주 다른 모습이다. 방콕 왓포 사원의 법당에서는 사각형의 긴 지붕들의 반복이 지붕 전체의 형상을 직조하여 첨탑을 향해 중첩되는 두싯 마하쁘라삿과 다른 방향의 한 정형을 보여준다. 두싯 마하쁘라삿과 왓포 사원의 지붕은 미시적 형태소들의 반복이라는 방법이 갖는 조형적 능력이 얼마나 큰 가변성을 갖는지를 보여주는 양극이라 하겠다.

미시적 반복의 방법은 체디(불탑)에도 아주 촘촘하게 사용된다. 태국의 장인들이 이러한 조형술에 얼마나 매료되었는지는 태국 불교의 초기에 속하는 수코타이시대의 체디에서부터 확인할 수 있다. '스리랑카 양식'의 체디들이 종형 스투파의 아래와 위에 층층이 쌓인 얕은 테라스와 몰딩에 의해 다양한 형상으로 변주되는데, 미얀마와 달리 전체 불탑의 규모는 아주 작아진다. 반복되는 형태소들은 확대되는 반면 체디의 중심인 스투파의 비중은 크게 축소된다.(그림

그림 12.25 _ 방콕 왓아룬 사원에서 미시적 형태소들의 반복

5.23~25) 미시적 형태소의 반복에 '홀려', 애초 불탑의 중심이었던 스투파에서 관심이 점점 멀어지는 것이다. 때로 이 반복되는 성분들은 불가침이라고도 생각했을 법한 스투파 안까지 파고들며 스투파를 변형시킨다(그림 5.25~5.27).

수코타이부터 아유타야, 그리고 짜끄리 왕조의 방콕에 이르기까지 일관되게 선호되었던 것은 '크메르 양식'의 체디인 프랑인 것 같다. 분포하는 영역도 그렇거니와 사원에서 지니는 중심성이나 크기 등에서 프랑이 가장 두드러진다. 선호된 이유는 직선과 곡선이 섞인 미시적 형태소들이 가로세로 모든 방향, 모든 크기로 자유롭게 변형이 가능하고, 이 형태소들의 반복이 만드는 형상 또한 대단히 넓은 선택지에 열려 있었기 때문인 듯하다. 불탑의 신체를 조형하는 반복적 형태소와 대조되며 프랑의 '입'을 만드는 네 방향의 감실의 형태, 그 감실의 박공 윤곽선을 반복하며 수직으로 올라가 프랑의 '코'를 만드는 미시적 형태소들이 불탑에 다른 표정을 부여한다. 층층이 쌓인 작은 테라스와 불탑의 비율, 그리고 쌓아올린 불탑의 높이 등도 대단히 다양하다. 이로 인해 불탑 전체의 가소성은 매우 커진다. 감실의 지붕이나 각각의 테라스도 다시 더 작은 미시적 형태소들로 가득 채워져 있고, 작은 지붕선 위의 장식 또한 더 작은 형태소의 반복을 다시 보여준다. 방콕의 왓아룬 사원에 있는 프랑은 이런 양식의 체디 가운데 가장 장대하고 아름다운 불탑이라 하겠다. 이 불탑의 반복되는 테라스들에는 도깨비나 사람, 가루다 등이 줄을 지어 늘어서 있다. 즉 불꽃상이나 입방체, 작은 면이나 선만이 아니라 인물의 형상조차 미시적 형태소로 사용되는 것이다. 불탑 상부에는 코끼리 코 세 개가 가까이 달라붙어 반복되며 시선이 모이는 중심을 이루고 있다. 온통 반복이고 반복의 반복이다. 미시적 형태소의 부가와 중첩에 의해 전체 형상을 조성하는 미학적 조형술이 불탑마다 아름답게 반짝인다.

사실 테라스나 기둥, 지붕, 창문 등의 건축적 성분이나 직선, 사각형, 원, 호 등의 기하학적 성분, 꽃이나 식물의 줄기, 잎, 동물의 머리 등 장식적 성분이 반복되는 것은 굳이 미얀마나 태국 등의 불교 건축이나 조형물이 아니어도 쉽게 볼 수 있다. 그러니 반복이라는 말만으론 이러한 미학을 특정화하기 어렵다. 중요한 차이는 **어떤 반복인가**다. 전체를 조형하는 주도적 방법으로서 반복을 사용하는가, 아니면 선(先)규정된 틀이나 형식 안에서 형식적 규칙을 가시화하거나

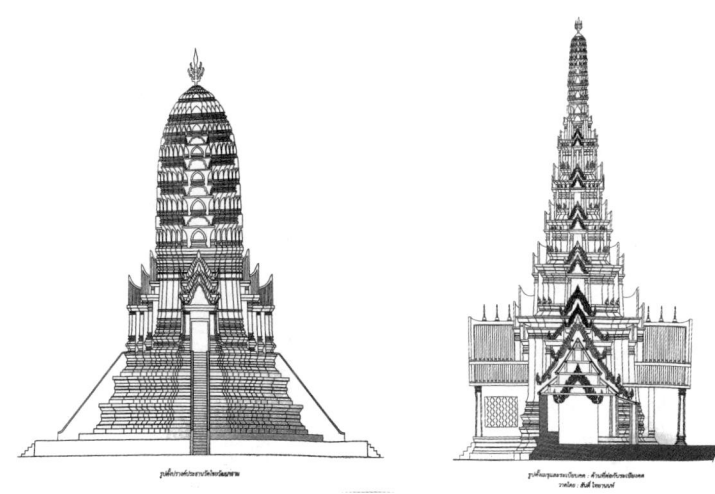

그림 12.26 _ 아유타야의 왓차이와타나람 사원의 프랑

여백을 장식하는 제한적 방법으로 사용하는가가 관건이다. 좀 더 간단히 말해 반복이 **확고한 형식의 윤곽선이나 프레임 안에서 거기를 채우는 장식적 요소로 사용되는가**, 아니면 **반복이 프레임을 흘러넘치거나 윤곽선을 만들고 변형시키는가**가 결정적 차이다. 가령 지붕선 아래 곧고 긴 수평면을 채우는 장식의 반복은 그 프레임을 보완하는 제한적·부차적 역할을 할 뿐 주도적인 조형적 힘을 행사하지 못한다. 이런 반복은 대단히 낮은 가소성을 갖는다. 반면 왓차이왓타나람 사원의 두 프랑(그림 12.26)은 미시적 반복에 따른 거시적 형상의 가소성이 얼마나 큰지를 잘 보여준다.

서양의 주류 건축에서 두드러진 특징은 평면이나 입면, 파사드 등의 윤곽선이 지배적이라는 것이다. 가령 평면의 경우 십자형이나 원형, 사각형 등 일정한 기하학적 형태로 먼저 그려지고, 그것을 다시 일정한 비례로 분할하며 기둥이나 벽 등의 자리를 배정한다. 파사드나 다른 입면들도 윤곽선의 비례와 형태가 정해지고, 그것을 일정한 규칙에 따라 **분할**하여 기둥과 문, 창문 등의 자리를 배정하여 전체 형상을 만들어간다. 반복이 윤곽선을 넘지 못하는 것은 바로 이 때문이다. 기하학적 형상에 갇힌 한에서는 아라베스크 문양도 이와 다르지 않다.

미얀마나 태국의 사원이나 불탑에서 형상의 조성을 주도하는 것은 미시적 형태소들의 **부가와 중첩**이다. 부가되고 중첩되는 형태소들의 반복이 윤곽선을 만든다. 물론 건축물의 형상을 규정하는 윤곽선이 먼저 있지만, 그것은 반복되는 형태소들에 의해 얼마든지 변화될 수 있다. 윤곽선이 중요한 미얀마의 파고다에서도 윤곽선은 일정한 점근선 안에서 얼마든지 변형된다. 형태소 반복의 건축에서 윤곽선은 미시적 반복을 규제하는 가이드라인이다. 형태소의 반복은 이 가이드라인을 따르지만, 부가와 중첩에 의해 얼마든지 드나들 수 있다. 반복되는 형태소들과 윤곽선의 관계, 혹은 형태소들의 배열 양상을 살짝 바꾸는 것만으로도 전체 형상의 표정을 바꿀 수 있다. 가령 캄보디아의 시카라형 탑들은 그 영향하에 만들어진 태국의 프랑과 전체 형태는 유사해 보이지만 미시적 형태소들이 윤곽선을 비집고 삐죽삐죽 솟아나는 양상의 반복으로 인해 형태소들이 윤곽선을 침범하지 않아 깔끔하고 시원한 태국의 프랑과 달리 그로테스크한 표정을 갖는다.

미시적 형태소들은 윤곽선에 갇혀 있지 않다. 그것들은 서로 결합하고 '연대'하여 함께 윤곽선을 만들고 전체 형상을 조성한다. 그렇기에 역으로 미시적 형태소 또한 단지 기하학적 형식으로 제한되지 않는다. 꽃이나 식물 문양은 물론 사람이나 코끼리, 도깨비 같은 구체적 형상조차 미시적 형태소로 사용된다. 캄보디아 앙코르톰의 코끼리 테라스나 태국 수코타이의 왓소라삭 사원의 불탑은 나란히 선 코끼리의 머리와 코, 다리의 반복이 미시적 형태소로 기능하면서 조성하는 멋진 기단을 갖고 있다. 반복이 미학적 구성의 중심이기에 미시적 성분 또한 모든 형태, 모든 변형에 열려 있다. 멋진 반복을 위해서라면 어떤 것도 이용하고 어떻게도 변형할 수 있는 것이다.

요컨대 주어진 형식적 프레임을 적절히 분할하여 일정한 규칙에 따라 그 프레임을 미시적 요소들로 채우는 것과 달리, 미시적 요소들의 부가와 중첩이 형상을 만드는 조형력을 갖는 한편 그 조형력이 모든 방향으로 열린 가소성을 갖고 있을 때 반복은 능동적 조형 능력을 보이는 미학적 방법이 된다. 이러한 방법으로 구성된 형상은 하나의 가변적 다양체라 할 수 있는데, 이는 수적 다수나 반복의 형태로 다양체를 직접 가시화한다는 점 때문만은 아니다. 그보다 더 중요한 것은 다수의 미시적 형태소들이 반복되며 윤곽선이나 프레임의 기하학적 형식을 '가로질러' 형상을 구성하는 조형적 가소성을 갖는다는 점이다. 반복되며 연결되는 이웃한 형태소들과의 연대를 통해, 프레임을 횡단하고 정해진 형식을 횡단하여 새로운 형상을 만드는 조형적 능력, 그것이 이 미시적 형태소의 반복을 통해 작동하는 미학적 능력이다. 횡단의 미학이 발휘하는 또 다른 방법이 여기 있다.

역설의 철학, 역감의 미학

사천왕의 얼굴은 미묘하지 않다. 강하고 확실한 표정을 갖고 있기에, 표정을 명확히 드러내지 않는 불보살상의 은미나 은묘와는 거리가 멀다. '분노존'이라는 말 그대로 어리석은 중생이나 못된 악귀들에 대해 분명하게 분노를 표시하는 얼굴이다. 눈알이 빠져나올 듯 크게 부릅뜬 눈, 소리를 지르는 듯 커다란 입, 양끝이 치켜 올라간 눈썹이 그러한 분노의 표정을 결코 못 알아볼 수 없게 한다. 그러나 분노하는 얼굴은 무섭게 마련인데, 무섭다는 느낌은 주지 않는다. 앞서도 이야기했듯 익살과 웃음기가 느껴지고 종종 장난기마저 느껴진다.

한국의 사천왕상 중 가장 험한 표정을 하고 있다고들 하는 수덕사 사천왕을 보아도 그렇다. 지국천왕은 각이 지도록 부릅뜬 험한 눈에, 입을 크게 벌려 소리를 지르고 있다. 그러나 씰룩 솟은 볼 주위의 울룩불룩한 얼굴의 리듬감을 따라 분노는 춤추듯 옆으로 새어나간다. 증장천왕은 불룩한 볼과 볼만큼 큰 둥그런 눈, 좀 더 높이 솟은 코가 양끝이 올라간 눈썹과 양끝이 내려간 꾹 다문 입술의 곡선 사이에 밀려 올라온 듯 울퉁불퉁한데, 그 모습이 옹기종기 모여 있는 방울들 같다. 광목천왕은 꾹 다문 입과 커다란 눈이 차라리 놀란 표정에 가까운데, 턱수염과 눈썹의 둥글둥글한 곱슬머리 문양과 아이들이 그린 햇살 같은 입 주위 수염이 무구한 웃음을 감추고 있는 듯 보인다. 한 발을 치켜들어 무언가를 짓밟으려는 다문천왕은 눈을 부릅뜨고 속이 다 보이도록 입을 크게 벌려 고함을 지르고 있는데 그게 너무 지나쳐 오히려 '나 무섭지?'라고 말하는 듯하다. 혹시라도 이를 모를까 싶어서일까? 광목천왕을 제외한 세 천왕의 배에는 부릅떴지만 눈동자가 약간 안쪽으로 쏠려 웃음을 주는 둥근 눈으로 이빨을 드러내며 무언가를 물고 씩 웃는, 야차로 보이는 동물이 자리 잡고 있다. 그래서일 것이다. 화난 얼굴을 마주하면 어딘가 숨거나 피하고 싶게 마련인데, 사천왕상들은 거꾸로 시선부터 발걸음까지 보는 이를 끌어당긴다.

그림 12.27 _ 일본 나라국립박물관 애염명왕상

물론 무서운 표정의 사천왕도 있다. 일본 사찰의 사천왕은 무서운 얼굴을 한 경우가 적지 않다. 가령 도다이지의 사천왕상이 그렇다. 아스카시대에 대륙에서 건너간 장인이 만들었다는 호류지 사천왕들은 분노를 크게 표하지 않기에 무섭다고까지 할 표정은 아니지만 웃음기라곤 전혀 없는 무겁고 진지한 얼굴이다. 코죠(康尙)가 제작한 교토 도쥬인(同聚院)의 부동명왕(不動明王)상은 부릅뜬 눈과 이빨을 드러내고 앙다문 입이 무섭다. 나라국립박물관에 소장된 애염명왕(愛染明王)상은 입꼬리가 약간 올라갔는데도 정말 무섭다. 분노상이란

그림 12.28 _ 라싸 티베트박물관 소장 탕카의 야만타카(대위덕금강)

말이 문자에 그대로 부합하려면 이래야 할 것이다.

하지만 이렇듯 분노의 표정이 확연한 천왕, 명왕, 인왕은 오히려 예외에 속하는 것 같다. 분노상을 한 천왕이나 명왕, 인왕은 티베트 밀교를 기원으로 한다는데, 티베트의 경우에는 이런 인물이 더욱 많을 뿐 아니라 보살의 화신조차 분노상을 한 경우가 많다. 그런데 이들 티베트의 천왕, 명왕이나 화신들의 표정 또한 분노와 동시에 그와 상반되는 유머와 웃음을 동시에 드러내는 상을 하고 있다. 가령 라싸

그림 12.29 _ 라싸 티베트박물관 소장 장셈 호법신장상

티베트박물관 소장 탕카의 야만타카(대위덕금강)는 눈동자가 한쪽 옆으로 쏠려 삐딱한데, 가운데 눈동자 주위를 뱅글뱅글 도는 선이 둘러싸고 있어 장난기가 완연하다. 게다가 입은 양끝이 위로 확 올라가 있어서 싱글벙글 웃는 상이다. 해골들 위에 있는 또 다른 얼굴은 눈이 정면을 향하고 있지만 안쪽으로 쏠려 있고 역시 뱅글뱅글 도는 선들로 농을 치고 있으며 입을 크게 벌리고 있지만 눈동자로 인해 고함을 친다기보다는 당혹해하는 느낌을 준다.

티베트박물관 소장 장셈 호법신장상은 시뻘건 얼굴에 크게 벌린 입, 불타는 화염들, 높이 치켜든 칼로 격한 위협과 분노를 표하지만 정면에 있는 이에게서 벗어나 오른쪽 상단으로 삐딱하게 치우친 시선에 장난기가 가득하다. 그 옆과 아래에 있는 작은 신장들 역시 필경 악행을 위협하며 징치하는 자세를 취한 것이지만 그 과장된 동작으로 인해 춤추는 신체로 보이고 인상 쓰며 부릅뜬 눈들은 너무 둥글둥글해 개구쟁이 느낌을 준다.

뒤집어 말하면, 이런 상들은 익살과 호감을 주지만 그렇다고 그것만 준다고 할 순 없을 터이다. 그것은 분명 위협하는 얼굴과 징치하는 동작이 주는 만만치 않은 분노와 경고의 감응을 전면에 드러내고 있다. **상반되는 감응**이 섞여 동시에 드러난다. 실은 바로 이것이 사천왕이나 명왕, 인왕 등이 발하는 매혹의 이유일 것이다. 그저 호감을 주거나 웃기만 했다면 그건 캐리커처나 만화 속 인물 이상이 되기 힘들었을 터이다. 위협하는 표정으로 두려움을 주지만 동시에 익살을 섞어 어떤 편안함마저 느껴지는 따뜻한 호감을 주기에 매력적인 것이다. 무섭기만 한 상들이 '공포감'(恐怖感)을 준다면, 이들 천왕이나 명왕은 **'공호감'(恐好感)**을 준다. 어떤 정당한 이유로 두려움을 주는 지고한 대상에게 우리가 느끼는 감응을 흔히 '외경심'이라 한다면 이들 천왕이나 명왕에게서 우리가 느끼는 감응은 익살이 주는 편안함을 동반하는 외경심이라는 점에서 **'외안심'(畏安心)**이라 해도 좋을 것 같다.

이런 감응은 강하고 확실하게 드러난다는 점에서, 드러내지 않으면서 은근히 드러나는 미묘함과는 다르다. 그러나 한 방향이 아니라 상반되고 상충되는 감응이 섞였다는 점에서 분명하고 익숙한 감정과도 거리가 멀다. 분노나 두려움 같은 하나의 감정에, 그것을 거스르는 감정을 섞어 넣어 '공호'(恐好)나 '외안'(畏安) 같은 새로운 감정 내지 감응을 만들어내고 있는 것이다. 그러니 이처럼 상반되는 감응을 주는 얼굴은 '분노존'(忿怒尊)이 아니라 **'분호존'**(忿好尊)이라 하는 게 더 적절할 것이다. 상반되는 것이 섞인 이런 모호한 감응은 단순명료한 표정이 주는, 익숙하기에 의문의 여지 없이 들어오는 감각적 판단을 정지시키고 '이거 뭐지?' 하는 의문의 감각을 슬며시 촉발한다. 상반되거나 상충되는 것들의 결합을 통해 익숙한 관념을 정지시키고 거기서 발생하는 물음을 통해 새로운 세계의 문을 열도록 하는 것이 '역설(逆說)의 철학'이라면, 이처럼 서로를 거스르는(逆) 상반되는 감응의 공존을 통해 익숙한 감정에서 벗어난 새로운 감응의 문을 여는 것을 **'역감(逆感)의 미학'**이라 할 수 있을 것이다.

고양이를 귀여워하고 맹수를 두려워하는 것은 누구나 하는 일이다. 꽃을 아름답다고 여기거나 쓰레기를 더럽다고 여기는 데 별다른 미감은 필요 없다. 이런 감정적 판단이나 감각적 분별은 다들 공유하고 있는 것이라는 점에서 상식적인 것이고, 옳은 판단이이라는 점에서 양식(良識)에 속한다. 그리고 거기에는 익숙한 호오의 판단이 동반된다. 아름다운 것은 좋고 추한 것은 싫다는 판단. 이런 판단은 당연하다고 간주되기에 어떤 대상을 만나기 전부터 확립된 선-판단으로 항상-이미 준비되어 있다. 감각은 우리가 접하는 것을 오는 그대로 수용한다고 믿지만, 결코 그렇지 않다. 이미 수립된 선판단이 감각을 방향 짓고, 이미 준비된 감각에 따라 접촉하는 대상을 만난다. 그래서 사태는 있는 그대로 파악되는 게 아니라, 이미 준비된 판단에 따라 파악된다. 아름다운 건 언제나 아름답고 악한 건 어떤 조건에서든 악하다고. 그렇기에 사태를 있는 그대로 파악하지 못하고 이미 지닌 생각과 감각에 따라 판단한다. 이것이 바로 '분별'이요 '분별심'이다.

'전과자는 악인'이라는 식의 판단이 얼마나 사람을 오해하게 하고 사태를 그르치는지 우리는 안다. 쓰레기를 보고 추하다고 느끼는 감각과 분별은 버려지는 것들의 슬픔이나 망가진 것들이 망가진 것이기에 갖는 아름다움을 보지 못하게 가로막는다. 준비된 분별을 떠날 때 감각은 이런 것을 감지하고 이로써 판단은 생각지 못했던 것을 향한다. 사태를 있는 그대로 보고 적절하게 행동하게 하는 것이 지혜라 한다면 이처럼 미리 준비된 호오의 판단이나 미추의 감각은 아무리 그걸 정당화해주는 지식이 있어도 지혜와는 반대 방향에 있는 '무지'라 하겠다.

다들 아름답다고 하는 것을 '아름답다'고 하는 데는 굳이 '미학'이 필요하지 않다. 그건 따로 가르치지 않아도 누구나 하는 일이다. 그런 아름다움의 이유를 설명하는 것을 쓸데없다 할 순 없겠지만 그뿐이라면 미학은 사후적 정당화 이상이 되기 어렵다. 강한 의미에서 미학이라는 게 따로 있을 이유가 있다면, 그렇게 미리 수립된 감각들이 놓치는 것의 아름다움을 찾아내고, 준비된 감각이 너무 빨리 내리는 판단을 정지시키는 일을 할 때다. 상식과 양식, 익숙해진 감각 등에 의해 너무 빨리, 보기 전부터 항상-이미 작동하는 분별심을 정지시킬 때다. 감각의 순조롭고 순탄한 작동을 저지하는 마찰로 기능할 때다. 자동기계처럼 작동하는 감각에 브레이크를 걸고, 익숙한 감각을 정지시켜 보이지 않던 것을 보게 하고 느끼지 못하던 것을 느끼게 할 때 미학은 비로소 따로 존재할 이유를 갖는다. 미감 또한 그렇다. 익숙한 감각의 바깥에 있는 것을 감지하는 능력, 그래서 아름답다고 느끼지 못한 것에서 아름다움을 느끼고, 싫다고 내치던 추한 것에서 아름다움이라 할 것을 감지할 때 우리는 미감이라는 말에 가장 큰 가치를 부여한다. 흔한 밥그릇으로 사용되던 '막사발'을 일본의 국보로까지 승격한 것이 바로 이런 미감이었다. 재현적 회화나 패턴화된 그리스풍의 멋진 장식들을 아름답다고 하는 미감에 "장식은 죄악"이라며 브레이크를 걸 때 '근대적' 아름다움의 세계가 시작되었다. 물론 이렇게 창안된 미감 또한 패턴화되고 익숙해진다. 이때 다시 필요한 것이 익숙한 판단을 **정지시키는 미감**이다.

정당화가 필요할 때 그리스어를 활용하기 좋아하는 이들은 미감과 감각이 같은 어원을 갖는다고 강조하지만, 최대치의 가치를 갖는 이런 미감은 감각과 나란히 가는 게 아니라 **감각을 거슬러 간다**. 익숙한 감각을 정지시킨다. 그 정지가 야기하는 공백을 통해 이제까지 느끼던 것과 다른 감각을 향해 눈과 귀를 돌리게 하며 보이지 않던 것을 보게 한다. 확립된 하나의 미학을 밀쳐내 다른 미학이 들어서게 하고, 빛을 따라가던 감각이 어둠 속에 있는 것을 보게 하는 것은 '미감'이 갖는 이 정지 능력이다. 바로 이 정지 능력이 확립된 미추의 범주를 횡단하고 자동화된 호오의 분별을 거스르게 한다. 추하다고 믿던 것에서 아름다움을 보고 아름답게 보이던 것에서 추함을 보게 한다. 따라서 진정 중요한 미감이 있다면 그것은 감각을 따라가는 감각이 아니라 감각(感覺)을-거스르는(逆) 감각인 역감(逆感)이다. 이 **역감이 가진 정지 능력**이 미학의 역사를 갱신하며 지속하게 하고 미감의 역사를 끝없는 것이 되게 한다.

천왕이나 명왕의 상에 공포감 아닌 '공호감'을 새겨 넣고, 보는 이에게 외경심 아닌 '외안심'을 주고자 했던 것은 바로 이런 역감의 능력이었으리라 나는 믿는다. 역감이란 서로 상충하는 감각을 하나로 섞어 익숙한 감각을 정지하는 능력이다. 그 능력이 작품 속에 새겨 넣은 감응이다. 이런 식의 역감은 사실 우리가 흔히 보는 천왕이나 명왕뿐 아니라 더 넓은 영역에서도 발견된다. 캄보디아 바이욘 입구에 늘어서 있는 아수라의 얼굴은 눈을 부릅뜨고 인상을 쓰고 있지만 험악(險惡)하기보다는 **험안(險安)**하다. 화내고 싸우는 것을 '본성'으로 하던 악신을 악신으로 내치지 않고 그 힘을 역으로, 그 화내고 싸우는 악한 힘과 싸우는 힘으로 돌려놓은 부처의 역감 능력이 아수라의 얼굴에 역감적 감응을 새겨 넣은 것이리라. 어디든 있게 마련인 도깨비나 귀신, 요괴의 형상을 증폭했던 야차(야크샤) 또한 부처의 역감적 능력에 의해 본성에 반하는 본성을 갖게 된 경우다. 그래서인지 '야크샤'라는 애초 이름을 그대로 갖고 있는 태국의 도깨비도, 삐죽 튀어나온 송곳니와 경쟁하듯 머리 위에도 뿔을 달고 삐죽삐죽 뿔로 채워 넣은 방망이를 들고 있는 한국의 도깨비도 '험안'하기 그지없는 얼굴이다. 포탈라궁에 소장된 야크샤의 탕카는 분노하며 악인의 몸에 화살을 박아 넣고 있는데 그 얼굴은 인상을 쓰고 있지만 귀엽고 장난스러운 '험안'한 표정이다.

    천왕이나 아수라, 야차와는 아주 다른 유형의 형상에서도 우리는 역감의 미학을 볼 수 있다. 원래 최고 수준의 깨달음을 얻었기에 부처와 '동급'이었으나, '대승'의 개념을 통해 그로부터 밀려나며 독자적 위상을 갖게 된 북방불교의 나한들이 그렇다. 영천 거조암의 오백나한상은, 비록 '소승'이라며 과소평가되곤 하지만 실은 최고의 깨달음을 얻은 성인인 나한들이 우리가 일상에서 흔히 하는 동작과 표정을 조금 더 과장된 양상으로 보여주며 큰 편안함과 작은 웃음을 준다(그림 9.8~9.9). 깨달음이란 그것을 얻고자 따로 가부좌를 틀고 곧게 앉아 있는 것이 아니라 기지개를 켜고 옆을 돌아보고 인상 쓰고 웃는 일상 하나하나에 있다고 몸으로 말한다. 그렇게 평범한 일상 속에서 번뇌 없이 사는 것이 깨달음이라고 몸으로 말하려는 것일 게다. 평상의 모습이 바로 깨달은 자의 성스러운 모습이라는 것일 게다. 이로써 속(俗)과 성(聖), 일상과 성스러움의 상반되는 감응이 하나의 형상으로 드러난다. 이런 역감적 감응을 '**평성심**'(平聖心)이라 한다면, 이를 불교에서 말하는 '평상심'이라는 개념과 쉽게 짝지을 수 있을 것 같다. 앞서 살펴본 영월 창령사 터에서 발굴된 오백나한상은 이런 '평성'의 역감을 거조암의 나한상과는 다른 양상으로 표현한다(그림 7.10~7.11). 거조암의 나한들처럼 익살스럽다기보다는 소박한 얼굴이고, 눈을 끄는 의외의 동작이라기보다는 모난 곳 없는 무심한 동작을 하고 있다. 신체 또한 그런 표정과 동작에 맞추어 변형된다. 두드러질 수 있는 부분 모두가 시간의 흐름에 닳아 없어진 무난한 마멸(磨滅)의 신체가 그것이다. 이런 방식으로 일상(日常) 속의 일성(日聖)이 표현된다고 해도 좋을 듯하다. 덧붙이면 앞서 언급한 바 있는, 아무리 가까이 있어도 결코 가깝다고 할 수 없는 미학적 여래의 '**친원감**(親遠感)' 또한 이러한 역감의 감응에 속한다 할 것이다. 마주한 이를 향해 시선을 주는 조각상의 친근감(親近感)과 달리 아무리 가까워도 결코 가깝지 않은 역감적 거리의 감응이 거기에 있다.

이러한 역감의 미학이 반드시 상반되거나 대립하는 감정을 섞는 것만은 아니다. 하나의 감각이나 개념에 거스른다 함은, 익숙하고 확실한 판단을 제공하는 감각이나 사고의 작용을 정지시키는 다른 종류의 감응을 만나고 충돌하게 하는 것이다. 이 다른 감응이 꼭 대립되거나 반대되는 것이어야 할 이유는 없다. 감각적이고 개념적인 분별을 정지해 익숙한 방향에서 이탈한 감각과 사고가 익숙함을 등진 채 '처음부터' 다시 시작하게 하는 것은 모두 이런 역감의 미감을 가동한다.

역감의 미학은 **역설의 철학**과 가장 가까운 친구다.[13] 중생이 곧

---

(13) 통념적 의미를 거스르는 이 역설의 철학에 대해서는 들뢰즈, 이정우 역(1999), 『의미의 논리』, 한

부처고, 번뇌가 보리(菩提)이며, 윤회가 곧 해탈이라고 주장한다는 점에서 북방불교의 교리는 삶을 둘러싼 근본적인 역설적 명제를 요체로 한다. '색즉시공 공즉시색'을 설파하는 『반야심경』은 가장 잘 알려진 경우일 것이며, 『금강경』은 '공'이라는 압축적 개념이 아직 등장하기 이전에 이 역설의 논리를 최대한 확장하려는 시도로 보인다. "중생이란 중생이 아니다. 그래서 중생이라 한다", "이름은 이름이 아니니, 그래서 이름이라 한다", "불법은 불법이 아니다, 그리하여 불법이라 한다", "완성은 완성이 아니다, 그래서 완성이라 한다", "장엄하는 것은 장엄하는 것이 아니니, 그래서 이를 장엄이라 한다" 등의 반복적인 문장들이 모두 그렇다.

  이러한 역설적 사유의 방법을 잘 알려진 변증법으로 오인해선 안 된다. 변증법도 "대립물의 동일성"을 말하기는 하지만 그 대립을 '나쁜 건 제거하고 좋은 것만 남기는' 선별의 형식('변증법적 지양')으로 이미 정해진 목적 안에 귀속시킨다. 즉 긍정과 부정이라는 두 손을 가진 꼭두각시를 이용해 대립물을 이미 '고양된 지위'를 선점한 목적성에 포섭하는 것이다. 역설적 사유는 이와 반대로 기원과 목적, 낮은 것과 높은 것, 열등한 것과 우등한 것 등의 위계와 분별에 넘을 수 없는 장애물을 설치하고 통념과 손잡은 그 목적성을 지워버린다. 위계와 분별이 선악의 형식으로 미리 설정한 사고의 방향을 지워 어디로 가야 할지 알 수 없게 함으로써 모든 방향으로 사유의 문을 연다. 역설을 통해 대립되는 개념이나 생각을 무력화하여 그 대립을 통해 작동하던 분별을 정지시킨다. 이로써 부처와 중생, 번뇌와 깨달음, 윤회와 해탈의 경계를 가로질러 횡단하게 한다. 또한 역설이나 역감은

길사, 12장 참조.

대립보다 더 당혹스러운 차이를 끌어들이기도 한다. "달마대사께서 오신 이유가 뭡니까?"라며 선의 요체를 묻는 질문에 "뜰 앞의 잣나무"라고 한 대답이 난감한 것은 그것이 대립조차 벗어난 답이어서다. "몸은 좀 어떠하십니까?"라는 질문에 "일면불 월면불"이라 답하고, "일체는 하나로 돌아가는데 하나는 어디로 돌아갑니까?" 묻는데 "내가 청주에 있을 때 적삼을 하나 지었는데 무게가 일곱 근이더라구"라 답하며 물음에 전제된 사유의 방향을 생각지 못했던 곳으로 돌려놓는다.

역감의 미학은 이런 역설적 사유의 방법을 개념 아닌 감각의 영역에서 가동시킨다. 상충되는 것들의 혼합과 공존을 통해 감정 내지 감각의 교란을 야기하고 그 교란된 감각을 통해 새로운 감응과 감각을 시동케 한다. 사유 이상으로 단단하게 짜인 감각의 격자를 벗어나 일상의 삶을 다른 감각으로 살도록 촉발한다. 혼성과 혼종, 횡단의 감각을 통해 그 일상의 세계 속에서 다른 세계로 난 문을 열게 한다.

횡단의 미학과 불교의 트랜스내셔널리즘

끊임없이 달라지는 세상에서 변치 않는 것을 찾으려는 시도는 분석과 환원이라는 방법을 요체로 한다. 이는 두 방향의 극을 갖는데, 크고 복잡한 것을 작고 단순한 것으로 환원하여 본질적인 원소적 성분에 이르는 것이 하나이고, 모든 것을 포괄하고 지배하는 단일한 법칙이나 원리에 이르는 것이 다른 하나다. 원자나 원소 같은 것이 전자의 발상이 애호하는 개념이라면, 이념이나 법칙 같은 것이 후자의 발상이 애호하는 개념이다. 종합이란 이 원소나 법칙에 조건으로 추가

되는 것을 결합하는 것이다. 이로 인해 다른 현상이 해명되고 다른 형상이 그려지지만, 그래도 그것은 조건 속에서 법칙이나 원리가 관철되는 양상일 뿐이다. 이것이 초월성의 사유와 감각에 본질적임은 물론이다.

이러한 발상은 명료하고 뚜렷하게 대상을 구별하는 것을 중요하게 여긴다. 성별이나 종차에 대한 잘 알려진 관념이 그것이다. 여기서 대상을 구별하는 경계선은 대상만큼이나 본질적인 것이며, 따라서 쉽게 섞이거나 넘나들 수 없다고 여겨진다. 무상한 변화 속에서 변치 않는 것, 빛이 달라져도 변치 않는 형상의 본질 같은 것을 추구한다. 이는 사물이나 사람을 뜻대로 하기 위해 자신이 파악한 대로 멈추어 있기를 바라는 욕망의 표현이기에, 뒤섞인 형상이나 변하는 것들을 적으로 삼는다. 이들에게 '괴물'이란 그 적의 이름이다. 그러나 확고부동한 불변의 실체, 명료하고 뚜렷한 형상이란 언제나 섞이며 변하는 존재자의 한 면을 고정하려는 애달픈 시도가 붙들고 있는 허상일 뿐이다.

내재성의 사유와 감각은 어떤 것의 본성이란 무엇과 어떻게 만나는가에 따라 달라진다고 본다. 따라서 만남이란 만나는 것들이 서로에 대해 원인이자 결과가 되도록 만드는 사건이다. 모든 것은 '만남'에 의해 정의되는 사건 속에서 섞이고 달라진다. 서로가 서로에게 스며든다. 사람도 동물도 불상도 불탑도 만남의 양상에 따라 다른 것과 섞이고 달라진다. 생존 환경이나 지리적 조건 또한 만나는 것들 모두에 섞여든다. 개라는 종도 눈 유전자도 모두 그렇게 어떤 것들이 섞이며 만들어진 것이다. 섞여드는 것은 층위나 위상, 성격이나 영역의 어떤 동질성도 가볍게 넘나든다. 환경과 신체가 섞이고 미시적인 것과 거시적인 것이 섞이고 미감과 철학이 섞여든다. 진화란 그런 혼합의 역사고 우리가 아는 종들은 모두 혼합의 결과물이다. 그러니 경계가 흐려지며 뒤섞인 형상을 '괴물'이라 한다면 이 세상에 괴물 아닌 것은 없다. 만남을 긍정하는 연기적 사유는 **괴물의 존재론**이다. 모든 괴물을 친구로서 긍정하는 길을 찾으라 설한다. 그 사유가 연 상상의 공간에서 미감은 관음보살이나 문수보살 같은 이상적 인물마저 동물과 섞어 하야그리바, 야만타카 같은 괴물로 만들고, 머리와 팔다리를 수도 없이 늘려 하나의 인물인지조차 알 수 없게 변형하며 즐거워한다. 그렇게 괴물을 우리 옆에 세우며 친구로 만든다. 이 무시무시한 친구가 옆에 있으면 든든하지 않겠느냐며 웃는다.

이런 사유와 감각이 경계를 횡단하며 명확한 것을 뒤섞는 예술의 세계를 창안하고 다시 창안하게 한다. 힘을 과시하는 남성적 정복자의 이미지를 지우고 남성인 인물에 여성화된 신체를 섞어 넣도록 만든다. 인간 아닌 것을 하대하고 손 밖의 동물을 적대시하는 감각을 뒤집게 한다. 혼성과 혼종, 좀 더 일반화하자면 '합종'(合種)을 통해 탄생한 괴물을 친구로 만들고 보살을 천의 얼굴, 천의 수족을 가진 다양체로 바꾸는 익살스러운 미감은 미시적 형태소들을 중첩하여 반복하는 방식으로 형상을 만드는 '연횡'(連橫)의 표현형식과 손잡는다. 미시적 형태소의 '대중'들이 기하학적 가이드라인을 범람하며 얼굴이나 신체를 만들고 불탑을 만들고 건축물을 만든다. 이 횡단적 연대(連橫)는 만남의 연기적 힘이 이념적 형상을 횡단하며 거시적 형상을 만드는 것이라는 점에서 연횡(緣橫)이라 바꾸어 써도 좋을 것이다. 이로써 '합종연횡'(合從連橫)의 오래된 정치학을 '합종연횡'(合種緣橫)의 새로운 미학으로 바꾸어 쓸 수 있을 것이다.

합종연횡의 횡단적 미학은 혼종적 다양체와 미시적 형태소들이 만나는 지점마다 그 만남에 끼어드는 다른 친구들을 다시 불러들이며 극도로 다기한 가변적 형상의 세계를 창안한다. **내용**의 층위에서 작동하는 합종(合種)의 감각과 **표현**의 층위에서 작동하는 연횡(緣橫)의 횡단적 미감은 상반되는 감정이나 감응을 섞어 다양한 양상의 '역감'을 창안한다. 지혜를 향한 역설의 철학을 감각의 영역에서 가동시킨다. 이 **혼종(混種)의 미감**을 보건대 불교란 분명 **혼종(混宗)의 종교**라고 해도 좋을 듯하다. 하나의 지고한(宗) 가치는 없다고 가르치고, 보살 같은 이상적 인물조차 괴물 같은 혼종으로 만드는 종교, 최고(宗)의 가르침(敎)이 있다고 한다면, 그건 무엇과 만나는가에 따라 모든 것이 달라진다는 것뿐이라고 하는 종교니 말이다.

그래서 불교는 산을 넘고 강을 건너면, 나라를 달리하고 만나는 조건이 달라지면 다른 모습으로 달라진다. 만나는 종교에 따라 달라지는 혼종적(混宗的) 종교다. 때로는 한쪽이 다른 한쪽을 '소승'이라고, 혹은 '비불교'라고 비판하기도 하지만, 서로의 존재를 부정하여 동일화하기 위한 전쟁은 벌어지지 않았다. 종종 '파불'(破佛) 같은 탄압으로 피폐화되기도 했지만, 대개는 다른 종교와 병존했다. '대승불교'와 상좌부불교(上座部佛敎), 힌두 신전과 불교 신전이 한 지역에 병존하고, 도교적 인물과 토속 종교의 인물이 불교적 인물과 한 사원 안에 공존하는 일은 아시아 전 지역 어디서든 아주 흔한 일이다. 연횡(緣橫)을 통해 종교적 동질성을 횡단하며 그때마다 만나는 종교와 스스로를 혼합하여 새로운 형태로 재탄생하는 혼-종(混-宗)의 종교라 하겠다. 자신이 만나는 외부를 오는 대로 긍정하며 스스로 합종(合種)의 '괴물'이 되는 종교, 비슷한 것끼리 묶이고 비슷하지 않은 것은 배척하기 십상인 동물적 생존방식에 '거슬러' 이질적인 것과의 만남을 친구로 삼도록 가르치는 합-종의 종교.

합종연횡에 열린 이러한 감각과 사유가 나라나 민족, 문화나 기질을 가로지르는 '국제주의'를 가능하게 했을 것이다. 이때 국제주의는 실체로 설정된 나라나 민족 사이에서 이루어지는 연대를 뜻하는 인터내셔널리즘(internationalism)이 아니라 나라나 민족의 경계를 잠식하여 서로가 섞이는 방식으로 이루어지는 연대로서의 트랜스내셔널리즘(transnationalism)을 뜻한다. 이웃과의 만남에서 **스스로가 바뀔 생각이 없다면** 연대란 이익을 위한 담합 아니면 자신의 동일성을 확장하는 제국주의적 발상의 다른 이름에 지나지 않는다. 인간의 역사를 전 지구적 침략과 전쟁으로 밀고 갔던 제국주의의 서구가 '문명화'나 '계몽'이라는 말로 이런 발상을 실행한 바 있음을 우리는 안다. 이런 서구와의 대결을 대의로 내걸고 동아시아의 연대를 주창했던 '대동아공영권'이 국제주의가 아닌 제국주의의 이데올로기였음을 단적으로 보여주는 것은 '팔굉일우'(八紘一宇, 핫코이치우)의 중심에 그걸 제창한 자 자신이, 자국의 천황이 가장으로 자리 잡고 있었다는 사실이다. 이런 사고방식은 최고의 지위와 능력을 자처하는 중심이 주변에 할당된 것들과 섞여들며 자신이 '괴물'이 되는 미래를 상상도 하지 못한다. 힘 있고 잘났다고 믿는 자신들의 모습을 모델로 그들을 동일화하려 할 뿐이다. '그들'의 깃발이 자국 땅에서 펄럭이는 것을 수긍하지 못한다. 오직 자신들의 깃발이 그들의 땅에서 펄럭이게 하려 할 뿐이다. 이는 정확히 서양의 제국주의가 하려고 했던 것이다.

    종교적 가르침을 전파하려는 선교가 이런 발상을 반복했음 또한 우리는 잘 안다. 불교가 적어도 아시아 지역 전체로 확산되어간 과정 역시 종교적 교의가 확산되는 과정이었지만 그 어디서도 종교적 식민주의 내지 폭력적 제국주의가 되지 않았던 것은 자신의 동일성을 확장하는 게 아니라 만나는 것들과 섞이며 스스로를 바꾸려는 트랜스내셔널리즘이었다는 사실에 크게 기인하는 것 아닐까. 교리에서도 그렇지만 미술과 미감의 영역에서 불교는 확실히 트랜스내셔널하다. 합종연횡(合種緣橫)의 트랜스내셔널리즘으로서의 불교, 그것이 바로 아시아 지역을 가로지르며 지역마다 다른 모습으로 나타나는 불교미술의 추상적 초상이다. 특별한 연대의 이념을 내세운 적 없음에도 극도로 다양한 아시아 지역을 '동양'이라는 이름으로 하나로 묶을 수 있도록 해준 것이 있다면, 그것은 어디서나 스스로를 바꾸며 섞여들어 수많은 초상을 만들어낸 이 합종연횡의 사유와 감각이었을 터이다.

닫는 글

불교미학의 얼굴들

하나의 단일한 미감이 있을 수 없듯이 하나의 단일한 미학은 없다. 지리와 문화, 서로 접촉하는 것들의 **만남에 따라** 달라지는 수많은 미감이 있을 뿐이다. 그만큼 수많은 미학이 있다. 그렇지만 '미학'이나 '예술사'라는 이론 자체를 만들어낸 발생사가 식민주의적 지배의 역사와 중첩되어 있었다는 사실로 인해 우리는 그 하나의 미학에 갇혀 있었고, 그로 인해 아주 다른 유형의 미감들마저 하나의 미감에 복속시키는 역사를 모면할 수 없었다. 이류의 초월성, 삼류의 재현, 그것이 그 미학 안에서 비서구 작품들에 할당된 자리였다. 그 역사가 석탄을 때며 지구를 헤집어놓은 기술적·경제적 힘과 무기와 군대를 앞세워 침략과 정복을 자행한 정치적 권력으로 인해 단단하고 안정적인 지반을 얻었음을 우리는 안다. 이제 우리는 그 정치적 지배의 역사를 뒤집어야 함을 안다. 미학이나 예술사에서도 그것을 전복하려는 사유가 많은 영역에서 탈영토화의 선을 그리고 있음 또한 안다.

하지만 초월성의 미학에서 벗어나지 못하는 한 탈영토화는 그들의 영토를 끝내 벗어나지 못할 것이다.

보편적 척도의 권력에 기대온 미학적 전제주의의 역사를 정지시켜야 한다. 초월성의 구도에 모든 것을 포섭하는 단일한 미학을 거슬러 수많은 미학을 분기시키고 발산시킬 수 있는 대결의 지대들을 창안해야 한다. 초월성의 사유에 반하는 연기적 사유의 불교미술은 이런 대결을 위해 대단히 효과적인 거점을 제공한다. 무엇보다 먼저 숭고라는 서양 미학의 중심 개념과 대비하여 미학적 여래와 현묘의 미학을 모두에 배치한 것은 '미학의 내재론적 전회'라 해도 좋을 이러한 대결의 방향을 표시하기에 적절하리라는 생각에서다. 거대한 것을 통해 작동하는 숭고의 미감에 반하여 미시적 벡터들의 흐름으로 작동하는 묘-공과 묘-유의 감각적 작용은 초월성을 향한 상승과 반대로 대상의 경계를 지우며 모호해지고 멀어지는 다른 유형의 거리화를 가동한다. 묘-공이 산출하는 분위기와 묘-유가 산출하는 대기를 통해 작동하는 현묘의 미감에서 '금빛 여래'라 명명한 미학적 여래에 어울리는 명사와 형용사를 얻을 수 있을 것이다. 이러한 개념들이 '성스러움'이나 '신성함'이라는 말이 사용될 때면 어느새 습관처럼 튀어나오는 '숭고'라는 개념을 가능한 한 빠르게 알아차리고 정지시키는 역할을 해주지 않을까 하는 생각이다.

다음으로 형상에서 본성을 찾고 형식을 특권화하는 서구 미학의 오랜 전통과 달리 재료가 형상 안으로 끼어들고 형식과 더불어 형상을 구성하는 '공작(共作)의 미학'을 불교미술에서 다양한 양상으로 확인할 수 있었다. 그리고 금욕주의적 이념의 표현인 강박증적 최소주의와 가감을 허용하지 않는 완전성의 기하학주의와 대비하여 불완전성과 삐딱함, 파격이라는 상이한 미감이 만드는 미적 공간 속에서 적절성의 감각이 가동하는 '대충의 미학'이 존재함을 또한 드러내고자 했다. 여기서는 완결 없는 완성—'미완'—을 통해 정의되는 불완전성이란 완전성 이상의 완전성이고, '대충'이라는 말로 표시되는 적절성은 하나 아닌 답들 가운데 적절한 답을 선별하는 탁월한 감각의 짝임을 강조하고자 했다. 이러한 미학이 주어진 재료를 형상 속으로 적극 불러들이는 공작의 미학과 가까이 있음은 이해하기 어렵지 않을 터이다.

단일한 미학 개념을 떠받치는 단일한 기하학주의적 관념과 달리 미감에 따라 다른 양상으로 구성되는 기하학이 있다는 사실은 아마 여전히 받아들이기 어려울 것으로 보인다. '매달림의 미감' 속에서 사용되는 기하학이나 '상승의 미감' 속에서 가동되는 기하학을 단지 단일한 기하학의 상이한 '적용'으로 보려는 태도는 저 단일한 기하학주의의 '보편적' 이상을 가동시키는 중요한 성분 중 하나이기 때문이다. 그러나 화용론적 언어학에서 말하듯 사용법이 달라지면 단어의 의미가 달라지며 언어의 사용법을 바꾸면 언어 게임의 규칙, 즉 언어의 규칙 자체가 달라진다는 사실을 안다면, 이토록 다른 사용법에도 불구하고 변치 않는 단일한 기하학이란 형이상학적 영혼이 만든 불변성의 환상에 속함을 수긍할 수 있을 것이다. 고딕 성당에서 필요로 했던 절석술의 삐딱한 곡선으로 인해 후일 만들어진 사영기하학이 유클리드 기하학과 전혀 다른 기하학이었다는 사실은 서구적 사고방식에 포획된 영혼들이 이 고집스러운 기하학적 단순성을 벗어나는 데 좋은 자원이 되지 않을까 싶다. 비서구의 미감을 통해 서구의 기하학적 미감을 비판하는 데 대한 배타적 감각에 대해서는 또 다른 서구 기하학의 사례를 들이대는 것이 차라리 설득하기 쉬운 방법 같으니 말이다.

내부와 외부를 뚜렷하게 구별하는 감각을 벗어나면 무한의 공간 그 자체와 동일한 유한의 공간을 건축 안에 끌어들일 수 있다. 은유적 무한이 아니라 현실적 무한이 된 마당과 길은 다른 한편에선 형상과 배경을 명확히 구별하는 사변형의 시각적 프레임을 해체하며 건물과 마당이 서로를 안으며 서로의 모습을 형성하는 '호옹' 내지 '포옹'의 미감을 가동한다. 외부성을 내부의 형상으로 불러들이고 내부가 외부의 형상을 조성하는 역설적이고 역감적인 공간을 통해 우리는 '외부성의 미학'이라 명명할 또 다른 미학의 존재를 확인할 수 있었다. 이러한 미감이 구성한 공간에서는 풍경의 주인을 내부자가 아니라 외부자에게 내준다. 이 또한 외부성의 미감이 작동하는 중요한 장치라 하겠다.

다양한 표정을 하나의 얼굴 안에 은밀하게 접어 넣어, 볼 때마다 다른 상으로 은묘하게 펼쳐지는 것, 조각이나 그림에서 형상들의 차원수를 낮추거나 시선을 탈초점화하는 방식으로 깊이감을 줄여 평면화함으로써 은미한 매혹의 힘을 은연중에 가동하는 것은 '은근의 미학'을 구성한다. 이는 자극을 최대한 강렬히 표현하기 위해 대립과 대조 속에서 최대 낙차를 갖도록 하는 포르티시모의 미학과 달리 피아니시모의 힘을 응결하여 강밀함을 만드는 상이한 방향의 미학이다. 이 은근의 미학은 작품 안에 보는 이의 자리를 마련해둔다는 점에서 외부성의 미학과 이어져 있고 다른 한편으로는 명령어를 침묵 속에 묻는 '내맡김의 미학'과 바로 이어져 있다. 불보살들이 자기들 옆으로 불려온 이 외부자를 촉발하지만 어쩌면 '뻔할' 수도 있을 어떤 사건으로 애써 이끌지 않고 그들 각자가 알아서 하도록 내맡겨두는 모호한 중간 지대가 거기에 있다. 서사나 사건을 완결된 형태로 재현하지 않으며, 완결된 사건으로 보는 이를 밀고 가는 것과 대비해 작품 안에 보는 이의 자리를 마련해두고 그에게 도래할 사건을 함께 기다리는 기다림의 시간이 그 내맡김의 장을 관통한다. 반개한 눈의 불보살들이 주는 '친원의 감응'이, 바로 앞에 있지만 동시에 저 멀리 있는 어떤 세계로 명령어 없이 보는 이로 하여금 다가가게 하는 이 내맡김의 시선을 통해 작동한다.

슬퍼 우는 불제자들을 망가뜨려 웃기고, 팔을 잘라 바치는 행동 앞에서 딴청을 부리는 달마의 표정으로 보는 이를 웃게 하는 '유머의 미학'은 불상을 뽀개 장작불을 지피는 놀라운 언행이나 부처를 만나면 부처를 죽이라는 파격의 철학과 짝을 이룬다. 이를 좀 더 세심하게 들여다보기 위해 우리는 내용상의 익살과 표현상의 해학을 구별한 바 있다. 이러한 유머의 미학에서 중요한 것은 남보다 우월한 지위로 상승하여 얻어지는 웃음과 자기를 낮추며 하강할 때 얻어지는 웃음의 차이다. 종조(宗祖)마저 웃음의 대상으로 삼고 자기를 망가뜨리며 웃는 유머의 감각은 주어진 상황에서 몸을 돌려 출구를 찾는 능력과 짝을 이룬다. 유머의 미학은 웃는 능력을 적극적으로 긍정한다는 점에서 초월자에 대한 충실성의 시험을 견디는 비극성의 미학과 아주 다른 미감을 함축한다.

이 책의 모두에서 제안한 미학적 여래는 일차적으로 형상을 갖는 불보살상을 둘러싼 어떤 분위기를 지칭하지만, 이는 역으로 그런 방식으로 불보살을 장엄하는 미학적 방향을 뜻하기도 한다. 우리는 이를 최대치의 값진 어떤 것으로 장엄하는 것이라는 점에서 '금빛 여래'라 명명했는데, 이는 애써 만든 것이나 정성들여 그린 그림을 어둠 속에 묻는 방식으로 상을 지우며 상 없는 여래를 향해 감각을 이끄는 '검은 여래'의 미학과 대비된다. 석굴의 어둠과 어둠 속의 산사는 이 '어둠의 미학'이 작동하는 상이한 양상을 보여준다. 다른 한편 미적 대상을 따로 얻으려 하지 말고 일상의 사물 하나하나에서 그 나름의 아름다움을 보라고 하는 '나름의 미학'을 우리는 선가의 가르침에서 만나게 된다. 한적하고 고요한 탈속의 장소를 만드는 것으로 오인되기도 하는 이 미학은 어떤 색도 아니기에 오는 색을 있는 그대로 드러내준다는 점에서 '하얀 여래'라 명명할 수 있다. 금빛 여래와 검은 여래, 하얀 여래는 모든 존재자에게 존재하는 순수 잠재성으로서의 여래를 향해, 존재 그 자체를 뜻하는 '존재론적 여래'를 향해 감각을 이끄는 세 방향을 표시한다.

본문의 열 개 장에서 제안한 이 미학적 다양체에 우리는 '횡단의 미학'이라 명명한 또 하나의 미학을 추가했다. 정복자나 지배자의 형상이 배어 있는 남성적 인물이 아니라 아이인 듯 여성인 듯한 인물을 이상적 형상으로 하는 미감은 시간이 지나면서 아시아 전역에서 수렴하는 양상을 보인다. 남성의 신체를 '여성화'하는 이 혼성적(混性的) 미감은 인간과 동물, 이런 동물과 저런 동물이 혼합된 괴물을 친구나 수호자로 세우는 혼종(混種)의 미감과 더불어, 하지만 그것과는 다른 이유에서 경계를 횡단하는 미학을 가동시킨다. 내용의 층위에서 작동하는 이러한 미감은 표현의 층위에서 작동하는, 미시적 형태소들이 모이고 흘러가면서 거시적 형상을 조성하는 미감과 친화성을 갖는다. 가이드라인을 초과하는 동일한 형태소들의 부가적 반복이나 동형적 형태소들의 중첩은 미시적 형태소들의 연합을 통해 가소성이 최대인 거시적 형상을 조성한다. 합종과 연횡이라는 말을 다른 방식으로 불러들이는 이 횡단의 미학은 모든 종류의 만남을 긍정하라 설하는 연기법의 가르침이 이질적인 것들의 만남인 괴물의 형상에 대한 긍정으로 변환되는 지점을 보여준다. 이는 어디서나 그 지역의 종교나 문화와 섞이는 방식으로 확산되었던 혼종적(混宗

的) 종교인 불교에서 적극적으로 찾아낼 수 있는 트랜스내셔널리즘(transnationalism)의 철학적이고 미학적인 특이성이다.

이 책에서 이처럼 적지 않은 미감의 체제를 나열했지만, 이것이 다는 아닐 터이다. 또 다른 미학적 개념이 여기에 계속 추가되어야 할 것이다. 불교미학이란 이 다양한 미감의 체제들 모두를 포괄하는 하나의 다양체다. 역으로 불교미학이란 상이한 이름들로 명명된 이 미감의 얼굴들로 이루어진 하나의 신체라 할 수 있을 것이다. 새로이 추가될 얼굴들을 포함하여 천의 얼굴을 가진 하나의 신체, 그것이 불교미학이다. 그런데 이 다양한 미학을 하나로 묶어주는 것은 무엇일까? 그런 게 과연 있기는 할까? 하나라고 하기엔 너무나도 상이한 미감의 체제들 아닐까?

나는 적어도 이 책에서 다룬 미감의 체제들을 묶어주는 하나의 끈이 있다고 믿는다. '내재성'이라는 말로 명명될 어떤 일관성이 그것이다. 그 끈은 두 개의 면을 갖는다. 그 한쪽 면이 초월성의 미학에 대한 비판적 거리라고 한다면 다른 한쪽 면은 내재성의 미학이라 명명할 수 있는 긍정적 연속성이다. 바꾸어 말하면 서구적 사유를 특징짓는 초월성의 미학에 대한 비판이 한쪽 면이라면 그와 대비해 내재성을 가동하는 상이한 양상의 개념적 연속체가 다른 한쪽 면이라 하겠다. 물론 초월성도 내재성도 미학적 개념이 아니라 철학적 개념이다. 즉 '내재성'이란 미학적 분석에 직접 사용할 수 있는 개념은 아니다. 하지만 그것은 상이한 미학적 개념들을 하나로 묶어주는 사유의 특이성을 표시한다. '내재성의 미학'이란 내재성이라는 개념으로 대상들을 분석하는 미학이 아니라 미학적 여래에서 횡단의 미학까지 상이한 미감의 체제들을 하나로 묶어주는 구도(構圖)의 철학적 명칭이다. '불교미학'이란 내재성의 미학적 장을 표시하는 영토적 명칭이다.

나는 연기법이 초월성의 사유와 대비되는 사유의 구도, 사유의 방법임을 반복하여 강조했다. 지금까지 본 것은 어쩌면 감각 내지 미감의 작동에서도 이 상이한 구도가 동형적 양상으로 작동한다는 사실이라 할 수 있을 것이다. 감각과 사유, 미감과 지성을 관통하는 이 하나의 구도 위에서 불교미학과 불교철학은 만나고 갈라지고 섞이고 나뉜다. 불교미술과 불교철학을 하나로 묶어주는 '불교'라는 말은 어떤 교조의 이름이나 최고 교의가 아니라 감각과 사유가 작동하는 양상의 특이성을 표현하는 이 공통의 일관성을 표시한다. 내재성이란 예술의 영역에서 미감이 작동하는 양상과 철학의 영역에서 사유가 작동하는 양상을 하나로 묶어주는 이 일관성의 철학적 이름이다.

참고문헌

가라타니 고진, 김재희 역(1998), 『은유로서의 건축』, 한나래.
강우방(1990), 『원융과 조화』, 열화당.
강우방(2007), 『한국미술의 탄생』, 솔.
강우방(2013), 『수월관음의 탄생』, 글항아리.
강희정(2006), 『관음과 미륵의 도상학』, 학연문화사.
고혜련(2011), 『미륵과 도솔천의 도상학』, 일조각.
구노 미키, 최성은 역(2011), 『중국의 불교미술』, 시공사.
국립중앙박물관(2005), 『인도네시아 미술』, 시월.
국립중앙박물관(2019), 『당신의 마음을 닮은 얼굴 영월 창녕사 터 오백 나한』, 국립중앙박물관.
국립춘천박물관(2018), 『창녕사 터 오백 나한』, 국립춘천박물관.
권중서(2010), 『불교미술의 해학』, 불광출판사.
그레이, 캐밀러, 전혜숙 역(2001), 『위대한 실험: 러시아 미술 1863~1922』, 시공아트.
기디온, 지그프리드, 김경준 역(2005), 『공간·시간·건축』 시공문화사.
길렌, 장·자미트, 장, 박성진 역(2020), 『전쟁 고고학』, 사회평론아카데미.
김명배 편역(2016), 『중국의 다도』, 명문당.
김봉렬(1999), 『시대를 담는 그릇』, 이상건축.
김봉렬(1999), 『앎과 삶의 공간』, 이상건축.
김봉렬(1999), 『이 땅에 새겨진 정신』, 이상건축.
김소영·천득염·곽유진(2016), 「쉐다곤 불탑의 상징적 의미와 구성 형식에 대한 연구」, 『건축역사연구』 25권 6호, 한국건축역사학회.
김영욱(2020), 『선의 통쾌한 농담』, 김영사.
김용운(2000), 『프랙탈과 카오스의 세계』, 우성.
김율, 「중세 미학사상의 흐름」, 미학대계간행회, 『미학의 역사』, 서울대출부.
김율, 「토마스 아퀴나스의 미학사상」, 미학대계간행회, 『미학의 역사』, 서울대출부.
김정희(2009), 『불화』, 돌베개.
김현희(2019), 「원효의 정토 사상과 무애의 미학」, 경상대학교 박사학위 논문.
김형규(2005), 『붓다의 나라 미얀마』, 운주사.
김홍식·조유전(2006), 『중국 산서성 고건축 기행』, 고즈윈.
낭시, 장 뤽, 「숭고한 봉헌」, 낭시, 장 뤽 외, 김예령 역(2005), 『숭고에 대하여』, 문학과지성사.
노이마이어, 프리츠, 김무영·김영철 역(2009), 『꾸밈없는 언어: 미스 반 데어 로에의 건축』, 동녘.
데혜자, 비드야, 이숙희 역(2001) 『인도 미술』, 한길아트.
돌람, 센덴자빈, 이평래 역(2007), 『몽골 신화의 형상』, 태학사.

동국대학교 편(1990), 『중국대륙의 문화』 1~5, 한국언론자료간행회.
동국대학교 편(1993), 『실크로드의 문화』, 한국언론자료간행회.
둔황연구원·판진스 편저, 강초아 역(2019), 『실크로드 둔황에서 막고굴의 숨은 역사를 보다』, 선.
드기, 미셸, 「고양의 언술」, 낭시, 장-뤽 외, 김예령 외 역(2005), 『숭고에 대하여』, 문학과지성사.
들뢰즈, 질, 김상환 역(2004), 『차이와 반복』, 민음사.
들뢰즈, 질, 이정우 역(1999), 『의미의 논리』, 한길사.
들뢰즈, 질·가타리, 펠릭스, 이진경 외 역(2023), 『천의 고원』 1-2(수정판)], 연구공간 너머 자료실.
랑시에르, 자크, 양창렬 역(2013), 『정치적인 것의 가장자리에서』, 길.
랑시에르, 자크, 오윤성 역(2008), 『감성의 분할』, 도서출판b.
랭보, 아르튀르, 김현 역, 『지옥에서 보낸 한 철』, 민음사.
레비스트로스, 클로드, 박옥줄 역(1998), 『슬픈 열대』, 한길사.
레빈슨, 제럴드 편, 김정현 외 역(2018), 『미학의 모든 것』, 북코리아.
레스니코프스키, 보이시치, 박순관·이기민 역(1995), 『합리주의와 낭만주의 건축』, 도서출판 국제.
로스, 아돌프, 현미정 역(2018), 『장식과 범죄』, 미디어버스.
로울랜드, 벤자민, 이주형 역(1996), 『인도 미술사』, 예경.
로젠크란츠, 카를, 조경식(2008), 『추의 미학』, 나남.
로트레아몽, 황현산 역(2018), 『말도로르의 노래』, 문학동네.
류종영(2005), 『웃음의 미학』, 유로서적.
르 코르뷔지에, 장성수·장성주 역(1999), 『새로운 건축을 향하여』, 태림문화사.
르 코르뷔지에, 정성현 역(2003), 『도시계획』, 동녘.
리오타르, 장 프랑수아, 김욱동 편(1990), 「포스트모더니즘이란 무엇인가」, 『포스트모더니즘의 이해』, 문학과지성사.
리윈허, 이상해 외 역(2000), 『중국 고전 건축의 원리』, 시공사.
리쩌허우, 이유진 역(2014), 『미의 역정』, 글항아리.
릴케, 라이너 마리아, 김재혁 역(2000), 「두이노의 비가」, 『두이노의 비가 외: 릴케 전집 2』, 열린책들.
마조, 백련선서간행위원회(1989), 「마조록」, 『마조록/백장록』, 장경각.
마츠바라 사부로, 김원동 외 역(1998), 『동양미술사』, 예경.
먼로, 토마스, 백기수 역(2002), 『동양미학』, 열화당.
명법(2014), 『미술관에 간 붓다』, 나무를심는사람들.
문명대(1990), 『고려불화』, 열화당.
문명대(1997), 『한국불교미술사』, 한언.
미셸, 조지, 심재관 역(2010), 『힌두 사원』, 대숲바람.
믹식, 존 외, 김성훈 역(2019), 『보로부두르』, 학연문화사.
박영신(2007), 『고딕 회화』, 재원.
박원길(2001), 『유라시아 초원제국의 샤머니즘』, 민속원.

배진달(2009), 『연화장 세계의 도상학』, 일지사.
베르그손, 앙리, 박종원 역(2005), 『물질과 기억』, 아카넷.
베르그손, 앙리, 정연복 역(1992), 『웃음』, 세계사.
베버, 막스, 박성수 역(1996), 『프로테스탄트 윤리와 자본주의 정신』, 문예출판사.
베키아, 스테파노, 이영민 역(2009), 『크메르, 고대 문명의 역사와 보물』, 생각의나무.
벤야민, 발터, 최성만 역(2007), 「기술복제시대의 예술작품」, 『기술복제시대의 예술작품/사진의 작은 역사 외』, 길.
벤야민, 발터, 최성만 역(2008), 「초현실주의」, 『역사의 개념에 대하여/폭력비판을 위하여/초현실주의 외』, 길.
보드리야르, 장, 이상률 역(1991), 『소비의 사회』, 문예출판사.
보링거, 빌헬름(1982), 『추상과 감정이입』, 권원순 역, 계명대출판부.
볼프강, 카이저, 이지혜 역(2011), 『미술과 문학에 나타난 그로테스크』, 아모르문디.
봉일범(2001), 『구축실험실』, 시공문화사.
뵐플린, 하인리히, 박지형 역(1994), 『미술사의 기초 개념』, 시공사.
부르크하르트, 야코프, 안인희 역(2002), 『이탈리아 르네상스의 문화』, 푸른숲.
비트루비우스, 모건, 모리스 히키 편, 오덕성 역(2006), 『건축십서』, 기문당.
빙켈만, 요한 요하임, 민주식 역(2003), 『그리스 미술 모방론』, 이론과실천.
사이드, 에드워드, 박홍규 역(2015), 『오리엔탈리즘』, 교보문고.
소병국(2020), 『동남아시아사』, 책과함께.
손묵광(2022), 『한국의 마애불 기억록』, 페스트북.
슈타인, R. A., 안성두 역(2018), 『티벳의 문화』, 씨아이알.
스피노자, 베네딕트 데, 강영계 역(1990), 『에티카』, 서광사.
승찬, 승찬·영가, 원순 역(2013), 「신심명」, 『신심명/증도가』, 법공양.
신대현(2010), 『우리 절을 찾아서』, 혜안.
신영훈 외(1988), 『한국의 고궁건축』, 열화당.
아르노, 앙투안·랑슬로, 클로드, 한문희 역(2000), 『일반이성문법』, 민음사.
아리스토텔레스 외, 천병희 역(2002), 『시학』, 문예출판사.
아리스토텔레스, 김진성 역주(2007), 『형이상학』, 이제이북스.
아리스토텔레스, 천병희 역(2013), 『니코마코스 윤리학』, 숲.
아리스토파네스, 천병희 역(2010), 『아리스토파네스 희극 전집 2』, 숲.
알베르티, 레온 바티스타, 김보경 역(2011), 『회화론』, 기파랑.
알튀세르, 루이, 김동수 역(1991), 『아미엥에서의 주장』, 솔.
야나기 무네요시, 구마쿠라 이사오 편, 김순희 역(2010), 『다도와 일본의 미』, 소화.
야나기 무네요시, 최재목·기정회 역(2005), 『미의 법문』, 이학사.
어윈, 데이비드, 정무정 역(2004), 『신고전주의』, 한길사.
에우리피데스, 천병희 역(2021), 『에우리피데스 비극 전집 2』, 숲.
에코, 움베르토, 손효주 역(2009), 『중세의 미학』, 열린책들.

에코, 움베르토, 이윤기 역(2002), 『장미의 이름』 상·하, 열린책들.
엘리시츠키, 김원갑 역(1994), 『세계혁명을 위한 건축: 러시아』, 세진사.
엘리아데, 미르치아, 이윤기 역(1992), 『샤마니즘』, 까치.
엘리아데, 미르치아, 이은봉 역(1998), 『성과 속』, 한길사.
엘리아데, 미르치아, 정진홍 역(1976), 『우주와 역사: 영원회귀의 신화』, 현대사상사.
염승훈·천득염·김소영(2016), 「버강 시기 불탑의 형식적 특성과 분류」, 『건축역사연구』 25권 5호, 한국건축역사학회.
오오누키 에미코, 이향철 역(2004), 『사쿠라가 지다 젊음도 지다』, 모멘토.
요네타 미요지(2021), 『조선 상대 건축계획의 수학적 연구』 1~2, 온이퍼브.
원오, 백련선서간행위원회(1993), 『벽암록』 상·중·하, 장경각.
윤병상 편역(2007), 『다도 고전: 차신전·동차송·차경』, 연세대출판부.
윤소희(2019), 『문명과 음악』, 맵씨터.
윤소희(2021), 『세계 불교음악 순례』, 운주사.
윤장섭(2000), 『일본의 건축』, 서울대출판부.
이인범(2003), 「종교적 무는 어떻게 표상 가능한가」, 『미술사학보』 제20권, 미술사학연구회.
이인범(2006), 「불교미학 예술학 시론」, 『미학 예술학 연구』 23집, 한국미학예술학회.
이주형(2006), 『인도의 불교미술』, 사회평론.
이주형(2007), 「종교와 미학 사이: 불상 보기의 종교적 차원과 심미적 차원」, 『미학 예술학 연구』 25집, 한국미학예술학회.
이주형(2015), 『간다라 미술』, 사계절.
이지민·이예원·박지현(2024), 「석굴암 원형의 실내 및 빛 환경에 관한 연구」, 2024년 대한건축학회 추계학술발표대회 논문집 44권 2호(통권 82집), 대한건축학회.
이진경(2002), 『노마디즘』 1~2, 휴머니스트.
이진경(2009), 『외부, 사유의 정치학』, 그린비.
이진경(2010), 『코뮨주의』, 그린비.
이진경(2018), 『설법하는 고양이와 부처가 된 로봇』, 모과나무.
이진경(2019), 『예술, 존재에 휘말리다』, 문학동네.
이진경(2021), 『수학의 모험』, 생각을말하다.
이진경(2022), 『불교를 철학하다』, 도서출판휴.
이진오(2006), 「형상언어를 통한 불교의 경계의 표현과 예술」, 『미학 예술학 연구』, 23집, 한국미학예술학회.
이태호·이경화·유남해(2002), 『한국의 마애불』, 다른세상.
임영애 외(2007), 『동양미술사』 하권, 미진사.
자현(2012), 『사찰의 상징 세계』, 상·하, 불광출판사.
장미진(2007), 「불교미학의 기초개념 연구 시론」, 『미학 예술학 연구』, 25집, 한국미학예술학회.
장주, 안병주 역(2008), 『장자』 1~4, 전통문화연구회.
정환승(2019), 『황톳길 위해서 미소를 만나다』, 한국외국어대학교 지식출판콘텐츠원.

정환승(2021), 『태국 들여다보기』, 한국외국어대학교 지식출판콘텐츠원.
제켈, 디트리히, 이주형 역(2002), 『불교미술』, 예경.
조주, 백련선서간행위원회(1991), 『조주록』, 장경각.
주성옥(2006), 「중국 산수화 발전에 끼친 선종의 영향」, 『미학 예술학 연구』, 23집, 한국미학예술학회.
주수완(2020), 『한국의 산사 세계의 유산』, 조계종출판사.
주수완(2021), 『불꽃 튀는 미술사: 삼국시대』, (재)백두문화재연구원출판부.
주수완(2022), 『미술사학자와 읽는 삼국유사』, 역사산책.
주수완·유남해(2012), 『솔도파의 작은 거인들』, 다할미디어.
차일드, 고든, 고일홍 역(2011), 『인류사의 사건들』, 한길사.
차일드, 고든, 김성태·이경미 역(2013), 『신석기 혁명과 도시 혁명』, 주류성.
차장섭(2010), 『인간이 만든 신의 나라 앙코르』, 역사공간
차장섭(2013), 『아름다운 인연으로 만나다 미얀마』, 역사공간.
천득염·김준오(2012), 「인도 쿠샨시대의 스투파 형식」, 『건축역사연구』 21권 6호, 한국건축역사학회.
천득염·염승훈(2018), 「미얀마 불탑의 기원과 형식 유래에 대한 고찰」, 『건축역사연구』 27권 2호, 한국건축역사학회.
천득염·최정미(2018), 『인도 불탑 형식과 전래 양상』, 심미안.
천득염·허지혜(2017), 『동양의 진주, 스리랑카의 역사와 문화』, 심미안.
최순우(2008), 『무량수전 배흘림 기둥에 기대서서』, 학고재.
최영성(2011), 「최치원의 현묘지도와 유·선 사상」, 『한국고대사 탐구』 9권.
최응천 편(2003), 『구도와 깨달음의 성자 나한』, 국립춘천박물관.
최태만·신장식(2007), 『다섯 빛깔 룽다와 흰색 까닥』, 다할미디어.
카프카, 프란츠, 조원규 역(2024), 『변신·어느 개의 연구』, 그린비.
칸트, 임마누엘, 백종현 역(2006), 『순수이성비판』 1-2, 아카넷.
칸트, 임마누엘, 백종현 역(2009), 『판단력비판』, 아카넷.
칸트, 임마누엘, 백종현 역(2019), 『실천이성비판』, 아카넷.
클라인, 펠릭스, 한경혜 역(2012), 『19세기 수학의 발전에 대한 강의』, 나남.
키르케고르, 쇠렌, 임규정 역(2007), 『죽음에 이르는 병』, 한길사.
키르케고르, 쇠렌, 임춘갑 역(2007), 『불안의 개념』, 다산글방.
타가와 준조, 박도화 역(1999), 『돈황석굴』, 개마고원.
파노프스키, 에르빈, 김율 역(2016), 『고딕건축과 스콜라철학』, 한길사.
파노프스키, 에르빈, 심철민 역(2014), 『상징형식으로서의 원근법』, 도서출판b.
파노프스키, 에르빈, 이한순 역(2002), 『도상해석학 연구』, 시공사.
포스터, 할 외, 배수희·신정훈 외 역(2007), 『1900년 이후의 미술사』, 세미콜론.
포시용, 앙리, 정진국 역(2004), 『로마네스크와 고딕』, 까치.
포이어바흐, 루트비히, 강대석 역(2008), 『기독교의 본질』, 한길사.

프랑클, 파울, 김광현 역(1989), 『건축형태의 원리』, 기문당.
플라톤, 이기백 역(2020), 『필레보스』, 아카넷.
플라톤, 전헌상 역(2020), 『파이돈』, 아카넷.
피렌, 앙리, 강일휴 역(1997), 『중세 유럽의 도시』, 신서원.
하이데거, 마르틴, 신상희 외 역(2008), 「기술과 전향」, 『강연과 논문』, 이학사.
하이데거, 마르틴, 신상희 역(2000), 「시간과 존재」, 『시간과 존재의 빛』, 한길사.
하이데거, 마르틴, 신상희 역(2005), 「형이상학이란 무엇인가」, 『이정표 1』, 한길사.
하이데거, 마르틴, 신상희 역(2020), 「예술작품의 기원」, 『숲길』, 나남.
하이데거, 마르틴, 이기상 역(1998), 『존재와 시간』, 까치.
하진희(2013), 『아잔타로 떠나는 불교여행』, 인문산책.
한국미술연구소 편(2007), 『高麗時代의 佛畫』, 시공사.
한국밀교문화총람사업단 진언문화연구팀(2019), 『밀교예술과 도상』, 진각종해인행.
한린더, 이찬훈 역(2012), 『한 권으로 읽는 동양미학』, 이학사.
한정희 외(2017), 『동양미술사』 상·하, 미진사.
허균(2008), 『사찰 장식의 선과 미』, 다할미디어.
허지혜·천득염(2015), 「스리랑카 불탑 형식에 대한 고찰」, 『건축역사연구』, 24권 6호, 한국건축역사학회.
홍병화(2020), 『조선시대 불교건축의 역사』, 민족사.
홍윤식(2007), 「불교미학에 있어 정토와 자비의 개념」, 『미학 예술학 연구』 25집, 한국미학예술학회.
황보봉(2014), 「엔타시스와 배흘림에 관한 건축사적 고찰」, 『대한건축학회연합논문집』, 2014, vol.16, no.3, 통권 61호, 대한건축학회지회연합회.
황상진(2021), 「탄허 택성 사상의 고유성과 독특성」, 『불교철학』 9권, 동국대학교 세계불교학연구소.
황수영(1989), 『석굴암』, 열화당.
후지하라 다쓰시, 박성관 역(2022), 『분해의 철학』, 사월의책.
흄, 데이비드, 김성숙 역(2016), 『인간이란 무엇인가』, 동서문화사.
히사마츠 신이치, 후지요시 지카이 편, 김수인 역(2020), 『다도의 철학』, 동국대출판부.
힐트만, 요헨, 이정재 외 역(1997), 『미륵』, 학고재.

Damisch, H.(1995), J. Goodman tr., *The Origine of Perspective*, MIT.
Edgerton, S.(1975), *Renaissance Rediscovery of Linear Perspective*, Basic Books.
Gan, A.(1922), *Constructivism*, Charles Harrison and Paul Wood ed.(2003).
Graeber, D. & Wengrow, D.(2021), *The Dawn of Everything*, Allen Lane.
Jantzen, H.(1987), *Kunst der Gotik: Klassische Kathedralen Frankreichs*, Reimer, Dietrich.
Lacan, J.(1977), *Ecrit: A Selection*, A. Sheridan tr., W.W.Norton.
Laugier, M-A.(2009), *An Essay on Architecture*, Hermann tr., Osborne and Shipton.

Losal, Jamyang(1981), *New Sun Self Learning Book on the art of Tibetan Painting*, Sherig Parkhang Trust.

Panofsky, E.(1967), Bourdieu, P. tr., *Architecture gothique et pensée scolastique*, Minuit.

Penrose, F.(1988), *An investigation of the principles of Athenian architecture*, Macmillan.

Serre, M.(1968), *Le Système de Leibniz et ses modèles mathémathiques*, Plon.

Thompson, P. et al.(June 2007), "Entasis: architectural illusion compensation, aesthetic preference or engineering necessity?", *Journal of Vision*, Vol. 7.

Gyaltsan, Tuden ed.(1996), *The Potala, Holy Palace in the Snow Land*, China Travel & Tourism Press.

Worringer, W.(1968), *Formprobleme der Gotik*, 中野勇 역, 『ゴシック美術形式論』, 岩崎美術社.

Wright, L.(1983), *Perspective in Perspective*, RKP.

菊竹淳一·鄭于澤(2000), 『高麗時代の仏画』, 時空社.

劉守安 主編(2003), 『中國書法藝術史』, 寧夏人民出版社.

山本陽子(2025), 『入門日本美術史』, 筑摩書房.

今泉篤男 et al.(1952), 『日本の彫刻 4』, 美術出版社.

柳宗悅(2012), 『佛教美學の提唱: 柳宗悅セレクション』, 書肆心水.

李治國 主編(2000), 『雲崗』, 文物出版社.

西藏博物館 編(2001), 『西藏博物館』, 中國大百科全書出版社.

汝信 主編(2000), 『中國雕塑藝術史』, 寧夏人民出版社.

陳鈍之 主編(2016), 『龍門四品』, 中國書店.

กรมศิลปากร(1997), 『วัดไชยวัฒนาราม』, กรมศิลปากร กระทรวงวัฒนธรรม.

불교를 미학하다 — 내재성의 미학을 위하여

초판1쇄 펴냄 2025년 9월 23일

지은이 이진경
펴낸이 유재건
펴낸곳 (주)그린비출판사
주소 서울시 서대문구 이화여대2길 10, 1층
대표전화 02-702-2717 | **팩스** 02-703-0272
홈페이지 www.greenbee.co.kr
원고투고 및 문의 editor@greenbee.co.kr

책임편집 이진희
편집 문혜림, 민승환, 남미은 | **디자인** 심민경, 조예빈
독자사업 류경희 | **경영관리** 장혜숙

저작권법에 의하여 한국 내에서 보호를 받는 저작물이므로 무단전재와 무단복제를 금합니다.
책값은 뒤표지에 있습니다. 잘못 만들어진 책은 구입처에서 바꾸어 드립니다.
ISBN 979-11-94513-30-8 03600

독자의 학문사변행學問思辨行을 돕는 든든한 가이드 _(주)그린비출판사

이 도서는 2025년 문화체육관광부의 '중소출판사 도약부문 제작지원' 사업의 지원을 받아 제작되었습니다.